2022

中国粮食和物资储备年鉴

Yearbook on Food and Strategic Reserves in China 2022

国家粮食和物资储备局 主编

人民出版社

责任编辑：刘敬文

图书在版编目（CIP）数据

2022 中国粮食和物资储备年鉴 / 国家粮食和物资储备局 主编 . —北京：人民出版社，2022.12
ISBN 978 – 7 – 01 – 025344 – 2

I. ① 2… II. ①国… III. ①粮食 – 国家储备 – 中国 –2022– 年鉴②国家物资储备 – 中国 –2022– 年鉴
IV. ① F324.9–54 ② F259.21–54

中国版本图书馆 CIP 数据核字（2022）第 247086 号

2022 中国粮食和物资储备年鉴
2022 ZHONGGUO LIANGSHI HE WUZI CHUBEI NIANJIAN

国家粮食和物资储备局 主编

人民出版社 出版发行
（100706 北京市东城区隆福寺街 99 号）

中煤（北京）印务有限公司印刷 新华书店经销

2022 年 12 月第 1 版 2022 年 12 月北京第 1 次印刷
开本：889 毫米 ×1194 毫米 1/16 印张：42.5
字数：1193 千字

ISBN 978 – 7 – 01 – 025344 – 2 定价：380.00 元

邮购地址 100706 北京市东城区隆福寺街 99 号
人民东方图书销售中心 电话：（010）65250042 65289539

★ 2022 年 7 月 14 日至 15 日，国家发展和改革委员会党组成员，国家粮食和物资储备局党组书记、局长丛亮（左一）赴河北督导调研夏粮收购工作。

★ 2022 年 7 月 4 日，国家发展和改革委员会党组成员，国家粮食和物资储备局党组书记、局长丛亮（左一）到国家粮食和物资储备局科学研究院调研。

★2021年5月25日至27日，国家粮食和物资储备局党组成员、副局长卢景波（左三）带队赴福建省开展粮食安全省长责任制考核部门抽查工作。

★ 2021年4月8日，国务院新闻办公室举行国务院政策例行吹风会，介绍《粮食流通管理条例》有关情况，国家粮食和物资储备局党组成员、副局长黄炜（左三）出席会议并答记者问。

★2021年5月12日至13日，国家粮食和物资储备局党组成员、副局长梁彦（前排中）带队，赴山东省调研粮食产业经济发展和“十四五”粮食和物资储备专项规划编制工作。

★ 2021 年 12 月 21 日至 22 日，国家粮食和物资储备局党组成员、副局长贾骞（左二）在宁夏局五三六处开展党建专题调研。

编委会

编　辑

刘珊珊　高丹桂　王　娟　崔菲菲　张慧杰　胡耀芳

编写说明

《中国粮食和物资储备年鉴》是经国家新闻出版管理部门批准出版，由国家粮食和物资储备局主编，中国粮食研究培训中心组编，逐年编撰、连续出版的资料性年刊，主要汇集粮食和物资储备系统重要时事、文献和统计资料，全面客观记述年度工作，完整记录中国粮食和物资储备发展历史足迹，为科学决策和理论研究提供参考，为社会了解粮食和物资储备发展状况提供帮助。

《2022 中国粮食和物资储备年鉴》由综述、专文、全国粮食和物资储备工作、各地粮食和物资储备工作、各垂直管理局工作、政策与法规文件、附录七部分组成，记录了全国与地方粮食和物资储备工作及各垂直管理局相关工作。收集的数据和资料未包括我国香港特别行政区、澳门特别行政区和台湾地区。各省（自治区、直辖市）的排列顺序按照全国行政区划的统一规定排列。

本期年鉴在编辑出版过程中得到了国家发展和改革委员会、农业农村部、国家统计局以及国家粮食和物资储备局有关司局单位、各垂直管理局，各省、自治区、直辖市、计划单列市及新疆生产建设兵团粮食和物资储备局（粮食局）等部门单位的大力支持，在此，我们表示衷心的感谢！不足和疏漏之处，敬请读者批评指正。

《中国粮食和物资储备年鉴》编辑部

中国粮食研究培训中心

2022 年 10 月

目　录

1

第一篇

综　述

2021 年全国粮食和物资储备工作综述

2021 年是党和国家历史上具有里程碑意义的一年。全国粮食和物资储备系统坚持以习近平新时代中国特色社会主义思想为指导，全面贯彻党的十九大和十九届历次全会精神，坚决落实党中央、国务院决策部署，继续扎实做好“六稳”“六保”工作，抓重点、补短板、强弱项，防风险、稳市场、保安全，大力推动改革发展，切实发挥职能作用，坚决守住管好“大国储备”和“天下粮仓”，推动“十四五”开局之年各项工作取得新成效。

一　深化储备安全管理改革，强化“两项考核”，粮食和物资储备管理体制机制不断完善

组织起草关于改革完善体制机制加强战略和应急物资储备安全管理的若干意见，经中央全面深化改革委员会第二十一次会议审议通过，成为今后一个时期战略和应急物资储备“管总”的政策文件，为构建统一的国家储备体系提供了路线图。持续深入推进粮食储备安全管理体制机制改革，配套政策制度设计不断完善，粮食储备安全管理能力明显提升。按照实行党政同责要求，从严开展 2020 年度粮食安全责任制考核，省级党委政府落实粮食安全责任的思想自觉和行动自觉明显增强，形成了上下联动、部门协同、一体推动的工作格局。采用“考核办法 + 年度重点”新机制，强化中央储备粮棉管理和中央事权粮食政策执行情况年度考核，实现中央储备粮棉油考核“全覆盖”和中储粮直属企业考核“全覆盖”，有力促进了企业主体责任落实。

二　提升收储调控能力，坚持产购储加销协同保障，粮食市场运行保持总体平稳

密切监测粮食供需形势，多措并举稳定预期，粮食市场保持供应充足、运行平稳的态势。着力抓好市场化收购和政策性收购，全年累计收购粮食近 4 亿吨，没有发生农民“卖粮难”。坚持分品种分区域施策，灵活安排政策性粮食投放，适时采取针对性措施加强调控，合理把握销售时机、节奏、力度，满足市场消费需求。督促中央和地方各级储备企业把握好轮换节奏，切实发挥储备吞吐调节作用。把优质粮食工程作为加快粮食产业高质量发展的主要抓手和全面推进乡村振兴的重要载体，印发《关于深入推进优质粮食工程的意见》，强化完善财税金融政策支持，召开现场会推广阜南经验，加快推进“六大提升行动”，粮食产业发展和粮食安全保障能力达到新水平。新建 3 个国家粮食产业技术

创新中心，启动首批技能大师选拔，推动高水平人才队伍建设。开展粮食节约行动，推广应用气调储粮、低温和准低温储粮等技术，抓实适度加工和综合利用技术降低损耗，积极开展粮食节约减损宣传教育工作。共同举办首届国际粮食减损大会，习近平总书记发来贺信，受到国际社会广泛好评。总结运用疫情防控应急保障经验，印发《关于完善粮食供应保障体系建设的意见》，确定首批国家级粮食应急保障企业，应急保障能力持续增强。

三 周密组织投放调运，着力增强储备实力，防范化解重大风险能力基础更加坚实

认真落实国务院关于大宗商品保供稳价的部署，积极做好保障粮食、能源和产业链供应链安全相关工作。分四批投放 57 万吨国家储备铜铝锌，在缓解阶段性供应紧缺、引导市场预期、促进产业链供应链稳定方面发挥了积极作用；首次以轮换方式投放国家储备原油，有效缓解生产型企业原材料价格上涨压力；紧急轮换出库国家储备成品油，增加市场资源，缓解供应紧张。充实各类储备，储备保障水平不断提升，储备实力显著提高，储备品种结构持续优化。中央应急物资增储采购稳妥有序完成，储备规模、品种大幅增加；紧急调运中央应急救灾物资，有力保障抗洪抢险、抗震救灾、疫情防控等急需。

四 抓好规划引领和项目建设，抓紧建章立制和安全治理，储备本质安全水平不断提升

编制印发“十四五”相关专项规划，全面部署“十四五”时期粮食和物资储备发展目标和任务举措。国家石油储备基地建设进展顺利，多个成品油库项目建成投用，成品油储备能力持续增强；加强储备设施资源整合优化，综合性国家储备基地建设深入实施；一批中央级救灾物资储备库项目竣工验收，垂管系统民生工程 23 个项目全部完成。中央储备糖管理办法、政府储备粮食质量安全管理办法、粮食应急保障企业管理办法等制度颁布施行。国家储备仓库安全综合整治三年行动计划顺利完成，安全治理提升三年行动谋划启动，安全生产形势继续保持总体稳定。

五 加快立法修规进程，配合开展专项整治，推动形成“大国储备”和“天下粮仓”强监管新格局

粮食安全保障法立法工作取得重要阶段性成果，新修订的《粮食流通管理条例》正式实施，粮食流通依法治理的力度加大。多个省份出台或修订地方粮食安全保障条例，为完善粮食安全法律制度积累了有益经验。扎实开展粮食购销领域专项整治，联合印发开展突出问题排查治理的通知，全面“大排查、大起底”；开展“亮剑 2021”专项执法行动，结合夏粮、秋粮收购监督检查，严肃查处不及时支付售粮款、违反政策性粮食经营管理规定等违法违规案件。制定印发《粮食储备管理问责办法（试

行）》等系列文件，健全与中央储备垂直管理相适应的制度体系。加强科技赋能，中央储备粮库存动态监管系统以先进信息技术为支撑，实时获取中央储备粮基层业务数据，运用分析模型即时判断、发出预警信息，为实现穿透式监管提供技术支持。

六 开展党史学习教育，提升干部队伍素质能力，推动全面从严治党向纵深发展

深入学习贯彻习近平总书记在党史学习教育动员大会、庆祝中国共产党成立 100 周年大会上的重要讲话和党的十九届六中全会精神，深刻领悟“两个确立”的决定性意义。组织党领导粮食和物资储备事业的光辉历程和宝贵经验专题研究，国家粮食和物资储备局党组每月一次集体学习，近 6000 名党员、干部接受专题培训；623 个“我为群众办实事”事项得到落实，达到学史明理、学史增信、学史崇德、学史力行的效果。国家粮食和物资储备局新办公区正式启用，实现集中办公，完善设施功能，创造了与机构充实强化、职能整合优化相适应的环境条件。深化落实垂管单位纪检监察体制改革试点任务，开展“监督执纪质量年”活动。国家粮食和物资储备局党组巡视达到全覆盖，各垂管局分党组巡察工作扎实开展。大力选拔敢于担当、善谋实干、锐意进取的优秀干部，选优配强各垂管局和司局单位领导班子。立足发展所需公开招聘各类人才，显著改善系统人员结构。一大批“两优一先”受到各级党组织隆重表彰，学先赶先争先氛围更加浓厚。

（撰稿单位：国家粮食和物资储备局办公室；撰稿人：王勇；审稿人：方进）

庆祝中国共产党成立 100 周年系列活动

隆重热烈庆祝中国共产党成立 100 周年，是全面贯彻落实习近平新时代中国特色社会主义思想和党的十九大精神的重要举措，是党和国家政治生活中的大事。2021 年以来，国家粮食和物资储备系统各级党组织和广大党员干部自觉提高政治站位，深刻认识庆祝建党百年的重大意义，紧紧围绕爱党爱国爱社会主义主题，紧密联系粮食和物资储备实际，认真组织开展系列庆祝活动。

研究制定总体方案。国家粮食和物资储备局认真落实党中央关于庆祝活动的各项部署安排，印发《庆祝中国共产党成立 100 周年活动方案》，把开展庆祝活动作为深化政治机关意识教育和模范机关创建的重要载体，结合开展党史学习教育、“四史”宣传教育，明确重点任务，开展具有系统特色的庆祝活动，取得良好成效。

组织开展主题党日活动。组织开展“沉浸式”“情景式”主题党日、网上祭英烈等活动，组织参加、收听、收看中央庆祝建党 100 周年文艺演出和 7 月 1 日庆祝大会。组织党员干部赴西山无名烈士广场缅怀革命英烈，参观“‘不忘初心、牢记使命’中国共产党历史展览”和“新时代中央和国家机关党的建设成就巡礼展”；在福建龙岩古田干部学院设立干部党性教育培训基地。各基层党组织安排党员就近就便瞻仰参观香山、北大红楼、中国人民抗日战争纪念馆和嘉兴南湖、西柏坡等革命旧址，传承红色基因、赓续红色血脉、牢记初心使命。

组织开展主题宣传活动。开展“赓续辉煌成就、谱写粮安新篇”专题宣传，召开专题座谈会，深入研讨在中国共产党的坚强领导下，全面实施国家粮食安全战略和保障国家粮食安全取得的历史性成就、实施的战略举措和探索的主要经验，增强把住粮食安全主动权的使命担当。举办国家粮食安全展，聚焦学习习近平总书记关于粮食安全的重要论述精神，集中展示粮食和物资储备改革发展的亮点成效。开展“粮储心向党、奋斗新征程”主题征文，评选优秀征文 70 篇。举办“庆祝中国共产党成立 100 周年”干部职工书画展和“粮食和物资储备安全文化”主题书画展。组织离退休党员举办“再唱山歌给党听”红歌会，录制《初心百年 奋斗有我》离退休干部访谈系列短视频，请老同志结合自身经历忆党史讲传统。组织 200 余名青年党员干部参加中央和国家机关读书接力赛，汇编《请党放心强国有我》学习心得近百篇。青年党员自编自演情景剧，生动再现“五四”爱国运动、“南陈北李”相约建党等历史场景。举办“党在我心中”青年党史知识竞赛。组成 10 个青年干部调研组，深入一线开展“根在基层”专题调研，在深学细悟中增强历史定力、坚定历史自信。

加强宣传营造学先争先赶先浓厚氛围。在《人民日报》《求是》等媒体发表文章，宣传粮食和物资储备百年发展成就。“学习强国”学习平台登载《党领导百年粮食改革发展的历史经验与重要启示》，点击量达 1000 多万次。粮食和储备系统 2 名优秀共产党员和优秀党务工作者受到中央和国家机关工委表彰，1 个单位获中央和国家机关青年文明号、5 个青年集体获全国青年文明号荣誉称号，4 名优秀党员和优秀党务工作者、1 个先进党组织受到国家发展和改革委员会表彰，39 个模范机关创建先进单位、先进个人和 46 名优秀共产党员、优秀党务工作者和先进基层党组织受到国家粮食和物资储备局表彰，2294 名老党员荣获“光荣在党 50 年”勋章，营造了学先争先赶先的浓厚氛围。

（撰稿单位：国家粮食和物资储备局办公室、直属机关党委、中国粮食研究培训中心；
撰稿人：孔晶晶、肖赟、张永福、朱江、张倩、崔菲菲；
审稿人：方进、王永圣、刘铁宏、陈书玉、王世海、刘珊珊）

党史学习教育

周密部署"一体学"，党史学习教育务实扎实成效显著。一是加强组织领导。国家粮食和物资储备局党组成立党史学习教育领导小组，印发学习教育实施方案及"四史"宣传教育方案，召开党组扩大会进行动员部署，明确学习教育内容、进度、目标。二是加强宣传引导。国家粮食和物资储备局办公网、门户网，《中国粮食经济杂志》开设专栏，"国储党建"微信公众号登载相关信息800余条，编发专题简报100期。各垂管局通过壁报、专栏、简报等方式加强宣传引导，实现"人人学党史、时时受教育、处处是课堂"。三是加强督促指导。组建巡回指导组开展现场检查指导，挖掘先进经验、纠正工作偏差、督促提质增效。国家粮食和物资储备系统各级党组织开展专题民主生活会、组织生活会1000多次，党员干部谈认识、谈收获，找问题、查不足，严肃认真开展批评和自我批评。

以上率下"带头学"，党员干部政治理论素养有了新提高。一是，党组中心组示范引领。国家粮食和物资储备局党组中心组分3个阶段、列出12个专题，每月至少开展一次集体学习研讨。原汁原味学习习近平《论中国共产党历史》等学习材料，及时跟进学习习近平总书记在福建、广西、青海、陕西、西藏等地考察期间的重要讲话精神和重要文章。在集体学习中，国家粮食和物资储备局负责同志重点发言31人次，司局单位负责同志交流发言44人次，教育引导党员干部切实做到学史明理、学史增信、学史崇德、学史力行。二是，专题党课示范领学。邀请中共中央党校（国家行政学院）专家为国家粮食和物资储备系统党员干部作专题辅导讲座，国家粮食和物资储备局党组同志、司局级领导干部为党员干部讲专题党课，累计200余次。三是通读精读自主学。组织党员认真通读中央指定的学习材料，认真学习新民主主义革命时期、社会主义革命和建设时期、改革开放和社会主义现代化建设新时期、新时代党的历史。用好"学习强国"学习平台、"支部工作"APP等信息化资源，方便党员干部线上阅读学习，扎扎实实读原著学原文悟原理。

善作善成"办实事"，党员干部为民服务能力水平有了新进步。统筹抓好政策性粮食和市场化粮食收购，切实维护种粮农民利益。灵活把握政策性粮食销售时机节奏力度，满足企业用粮需求，增加绿色优质粮油产品供给，及时回应社会关切，稳定市场预期，切实维护粮油消费者权益，满足人民群众从"吃得饱"到"吃得好""吃得营养健康"的消费升级需求。及时投放国家储备铜、铝、锌和原油，维护大宗商品市场稳定，调运中央防汛救灾物资，支援疫情防控和抗震抗洪救灾需要。推广粮食产业助力乡村振兴"阜南样板"经验，发动全系统力量采购脱贫地区农产品，组织开展结对共建、"我为群众办实事"主题党日活动。实施垂管系统"民生工程三年行动计划"，完成民生项目23个，推动规划建设、人事编制以及基层单位医疗、养老等历史遗留问题解决取得积极成效。广泛开展岗位建功活动，粮食和储备系统设立党员先锋岗797个，成立志愿服务队261个，开展学雷锋志愿服务1049次。开展"爱粮节粮 健康消费"宣传主题党日和党员志愿服务活动。

真抓实干"开新局"，粮食和物资储备改革发展迈出新步伐。深入推进"三项改革"、立法修规，管好"大国储备"和"天下粮仓"的顶层设计进一步完善。扎实开展"两项考核"、专项整治，粮食监管新格局进一步巩固。积极做好规划编制、重大专项，粮食和战略应急物资储备实力进一步增强。强化"三链协同""五优联动"，粮食产业高质量发展进一步提升。

（撰稿单位：国家粮食和物资储备局直属机关党委；

撰稿人：张永福、朱江、张倩；审稿人：王永圣、刘铁宏、陈书玉）

党领导百年粮食改革发展的历史经验与重要启示

中共国家粮食和物资储备局党组

粮食安全事关国计民生，是实现经济发展、社会稳定和国家安全的重要基础。习近平总书记深刻指出：“解决好十几亿人口的吃饭问题，始终是我们党治国理政的头等大事。”“中国人的饭碗任何时候都要牢牢端在自己手中。决不能在吃饭这一基本生存问题上让别人卡住我们的脖子。”在党的坚强领导下，全国人民同呼吸、共命运，推动粮食事业发展，解决了千百年困扰中国人的温饱问题，谱写了粮食安全的壮丽新篇章。历史证明，只有中国共产党才能救中国，只有中国共产党才能发展中国；只有坚持和完善中国特色社会主义制度，深入实施国家粮食安全战略，才能解决好中国人自己的吃饭问题。以史为鉴，我们要不忘初心、牢记使命，坚决扛稳管好“大国储备”和“天下粮仓”的政治责任，在更高层次上保障国家粮食安全。

一 党领导百年粮食改革发展的光辉历程

回顾百年粮食改革发展史，从食不果腹到丰衣足食，从“国无三日蓄、家无隔宿粮”到库存充裕、物阜民丰，从“谁来养活中国”的百年之问到成为维护世界粮食安全的重要力量，我们党领导粮食事业改革发展走过了波澜壮阔的光辉历程。

（一）百年粮食改革发展史是一部忠诚担当的历史

回首百年，在中国共产党的领导下，粮食人爱党爱国，始终以稳定粮食供给、保障粮食安全为己任，为经济社会发展和国家安全奠定了赖以生存的物质基础。

新民主主义革命时期，为解决根据地粮食供应严重困难，我们党不怕牺牲、克服万难，采取发动群众筹集粮食、打土豪没收粮食、建立统一战线获取粮食等多种方式解决粮食短缺问题，如农民自卫军总指挥袁文才为工农革命军提供几千担军粮，何长工发动群众没收地主林凤和家的全部稻谷，中央红军长征出发前，党带领人民群众，半个月时间昼夜不眠，筹集了 8 万多将士 7 天的口粮，缓解了军民粮食供需的重大矛盾，有力保障根据地军需民食，集中物力支援革命斗争。

新中国成立后，在党的领导下，以浙江余杭粮食干部为代表的新中国第一代粮食人，艰苦创业，艰辛探索，灭鼠保粮、虫口夺粮，创建“四无粮仓”。河北柏乡粮库，坚持走改革路、打创新牌，爱粮敬业、诚信担当，在粮食管理、科学保粮等方面创下 10 项全国之最。河北玉田粮库，咬定艰苦奋斗的信念不动摇，“宁流千滴汗，不坏一粒粮”，在保障供应、防灾备荒、服务发展等方面发挥了举足轻重的作用。

党的十八大以来，以习近平同志为核心的党中央把粮食安全作为“国之大者”，实行党政同责，加强粮食生产能力、储备能力、流通能力建设，逐步建立更高层次、更高质量、更有效率、更可持续的粮食安全保障体系。我国用占全球不到 10% 的耕地、6.5% 的淡水资源生产的粮食，养活了近 20%

的人口，确保“谷物基本自给、口粮绝对安全”。面对突如其来的新冠肺炎疫情，粮食和物资储备部门全力做好粮食保供稳市，在大战大考中经受了现实考验，体现了粮食人的忠诚担当。习近平总书记指出：“这次新冠肺炎疫情如此严重，但我国社会始终保持稳定，粮食和重要农副产品稳定供给功不可没。”

（二）百年粮食改革发展史是一部心系人民的历史

回首百年，在中国共产党的领导下，粮食人始终牢记党的性质宗旨，坚持以人民为中心的发展思想，不断提升人民群众的获得感、幸福感、安全感。

2006 年，《中华人民共和国农业税条例》被废止，终结了沿袭两千年之久的“皇粮国税”，实现了由“种田纳粮、天经地义”到“种粮免赋、国家补贴”的历史性跨越。2013 年 12 月 23 日，习近平总书记在中央农村工作会议上讲话指出，悠悠万事、吃饭为大。2020 年 5 月 23 日，习近平总书记看望参加全国政协会议的经济界委员时，深情回忆在陕北黄土地上的一段往事，他曾饿着肚子问周围的老百姓，你们觉得什么样的日子算幸福生活？老百姓讲了几个心愿：第一个目标是希望不再要饭，能吃饱肚子；再进一步，就是能吃上纯高粱米、玉米面；第三个目标是，想吃细粮就吃细粮，还能经常吃肉。解决好群众吃饭问题，是民之所盼，政之所向。为民造福、扛稳重任是强粮兴粮的初心使命。在党的领导下，经过百年不懈努力奋斗，成功解决了 14 亿人口的吃饭问题，2020 年，我国人均粮食占有量超过 470 公斤，粮食人均占有量稳定在世界平均水平以上。

当前，我国社会主要矛盾已经转化为人民日益增长的美好生活需要和不平衡不充分的发展之间的矛盾。粮食和物资储备部门适应新时代社会主要矛盾新变化，深入实施优质粮食工程，促进粮食产业高质量发展，建成粮食产后服务中心 5400 多个，基本实现产粮大县全覆盖；全面提升 1500 多个质检机构功能，5 万吨以上产粮县覆盖面提高到 60%；扶持 389 个“中国好粮油”行动示范县和 1200 多个示范企业，遴选 236 个“中国好粮油”产品，直接带动增加优质粮食逾 5000 万吨，满足人民群众由“吃得饱”向“吃得好、吃得健康”转变的诉求。

（三）百年粮食改革发展史是一部自力更生的历史

回首百年，在中国共产党的领导下，粮食人为解决粮食问题进行了艰苦卓绝的斗争，为我国经济社会发展提供了坚实基础。

新民主主义革命时期，面对日本侵略者的疯狂进攻扫荡、国民党的军事包围和经济封锁，党领导中国人民，开展“发展生产，自力更生”运动、“大生产运动”和“丰衣足食”运动，特别是王震率领的三五九旅在南泥湾开展的军垦屯田，经过 3 年奋战，在缺乏生产资金和生产工具的极端困难的情况下，把南泥湾变成了“陕北的好江南”，成为大生产运动的模范。毛泽东指出：“这是中国历史上从来未有的奇迹，这是我们不可征服的物质基础。”

正是依靠这种自力更生、艰苦奋斗的精神，我国粮食事业取得长足进步。新中国成立后，我国粮食总产量逐步增加，到 1978 年超过 6000 亿斤。党的十八大以来，粮食产量连续 7 年保持在 1.3 万亿斤以上，谷物自给率超过 95%，稻谷和小麦产需有余，完全能够自给。粮食储备从无到有，从少到多，粮食储备体系逐渐建立完善，政府粮食储备数量充足，质量良好，储存安全，宏观调控能力逐步增强，粮食市场运行总体平稳。改善仓储基础设施，实施粮安工程，新建、改造和提升了一批仓储设施，全国标准粮食仓房仓容 6.8 亿吨，仓储条件总体达到世界较先进水平。粮食物流骨干通道全部打通，公路、铁路、水路多式联运格局基本形成，粮食物流效率稳步提升。粮食应急体系逐步健全，在大中城市和价格易波动地区，建立了 10—15 天的应急成品粮储备，在应对地震、雨雪冰冻、台风等重大自然灾害和公共突发事件等方面发挥了重要作用。在庆祝新中国成立 70 周年之际，正式发布《中国的粮食安全》白皮书，集中展现了我国保障粮食安全的重大成就，系统宣示了我国粮食安全的政府立场和政策主张，在国内外产生了良好反响。

（四）百年粮食改革发展史是一部开拓创新的历史

回首百年，粮食事业始终在党的坚强领导下，不断深化粮食流通体制改革，粮食安全保障能力明显增强，逐步建立了适合我国国情、粮情的粮食流通体制和粮食产业发展体系，保障了国家粮食安全。

党的十一届三中全会以来，稳步放活粮食经营。1979 年实行超购粮食加价和调减征购基数，开始放活粮食流通。1985 年取消统购制度，形成了合同定购的计划价格与议价收购的随行就市价格并存的"双轨制"。1993 年，放开粮食统销，粮票退出历史舞台。1995 年，放开粮食价格和经营，实行"两条线"运行，粮食政策性和经营性业务分开。1996—2003 年，实行敞开收购、顺价销售，实行"三项政策、一项改革"。2004 年，全面放开粮食购销、价格和市场，提出实施粮食最低收购价制度等。

党的十八大以来，在习近平新时代中国特色社会主义思想指引下，粮食人不断推动粮食安全理论创新、制度创新和实践创新，推动粮食宏观调控逐渐向充分发挥市场决定性作用、更好发挥政府作用方向转变，我国粮食收储市场化改革步伐明显加快，储备管理体制机制改革不断深化，国家储备基础和实力不断增强，在防范化解重大风险、有效应对新冠肺炎疫情中发挥了重要作用。

二　党领导百年粮食改革发展的经验与启示

百年实践波澜壮阔，纵观我们党领导我国粮食流通体制改革的百年奋斗历程和光辉成就，始终坚持党的领导，坚持以人民为中心，走出了一条具有中国特色的粮食安全之路。

（一）坚持党的领导，充分发挥中国特色社会主义制度优势

中国共产党是领导我们事业的核心力量。粮食事业的一切成就，最根本的就是党的坚强领导。实践证明，坚持和加强党的全面领导，全面贯彻落实国家粮食安全战略，牢牢把握保障国家粮食安全的正确方向，是解决"吃饭"问题的根本保障。我们党和政府始终高度重视粮食安全问题，始终把解决吃饭问题作为头等大事。奋进新征程，我们必须坚持以习近平新时代中国特色社会主义思想为指导，继续坚持和加强党对粮食工作的全面领导，充分发挥我国社会主义制度的优越性，在变化复杂的国际环境中牢牢把住保障国家粮食安全的主动权。

（二）坚持人民至上，把一切为了人民、依靠人民贯穿到粮食事业发展全过程

党的根基在人民、血脉在人民、力量在人民，人民是党执政兴国的最大底气。在党中央的坚强领导下，我们坚持为耕者谋利，为食者造福、为业者护航，千方百计维护种粮农民利益，以农业投入、价格支持、财政补贴、金融保险为重点的多元化支持政策体系逐步完善，积极帮助企业增品种、提品质、创品牌，努力满足人民群众从"吃得饱"到"吃得好""吃得营养健康"的消费升级需求。同时，充分尊重人民主体地位和首创精神。揭开农村经济改革序幕的小岗村"大包干"，是中国农民的伟大创造，在此基础上形成的以家庭承包经营为基础、统分结合的双层经营体制，成为我们党农村政策的重要基石。奋进新征程，我们必须始终牢记江山就是人民、人民就是江山，进一步抓好兴粮之策、惠农之道、利民之举，不断提升人民群众获得感和满意度，将粮食安全各项政策举措真正转化为人民的

切身利益。

（三）坚持立足国情，走好中国特色粮食安全之路

方向决定道路，道路决定命运。百年粮食发展历程启示我们，只有坚持从国情出发，实事求是制定制度举措，才能端牢“中国饭碗”。党的十八大以来，党中央立足国情，明确提出“十几亿人口要吃饭，这是我国最大的国情”，确立“以我为主、立足国内、确保产能、适度进口、科技支撑”的国家粮食安全战略，守住“确保谷物基本自给、口粮绝对安全”的底线，深入推进“藏粮于地、藏粮于技”，抓住“广积粮、积好粮、好积粮”的关键，全面增强粮食生产、储备、流通能力。奋进新征程，我们必须进一步做好粮食市场和流通的文章，切实把住粮食安全的主动权。

（四）坚持守正创新、深化改革，增强粮食安全保障能力

纵观我们党领导我国粮食流通体制改革发展的百年光辉历程，经历了从统购统销到全面放开粮食流通市场的转变。粮食流通体制市场化改革不断深化，粮食价格形成机制逐步完善，逐步建立起适应社会主义市场经济要求的粮食流通新体制和运行机制。粮食储备安全管理体制机制改革持续深化，粮食安全省长责任制、中央储备粮管理和中央事权粮食政策执行情况的考核体系先后建立。随着各项改革创新深入推进，我国粮食安全制度框架逐渐建立健全，粮食安全治理能力现代化水平稳步提升。奋进新征程，我们必须顺应时代潮流，回应人民要求，勇于推进改革，准确识变、科学应变、主动求变，为保障国家粮食安全提供不竭动力。

（五）坚持系统观念，在统筹发展和安全中实现优化协同高效

粮食安全事关经济发展、社会稳定、国家安全，必须全面系统认识国情粮情，统筹把握“多”和“少”、“质”和“量”、生产和流通、当前和长远、国内和国外、政府和市场六对关系。实践证明，只有认真落实总体国家安全观，统筹发展和安全，整体谋划、协同推进，才能实现各项举措在政策取向上相互协同，在实际成效上相得益彰，增强保障国家粮食安全的总体效应。奋进新征程，我们必须系统把握、统筹协调，加快构建更高层次、更高质量、更有效率、更可持续的国家粮食安全保障体系，让“中国粮食、中国饭碗”的成色更足。

三 奋力开启粮食改革发展新征程

新时代新征程，我们要更加紧密地团结在以习近平同志为核心的党中央周围，全面贯彻习近平新时代中国特色社会主义思想，大力弘扬伟大建党精神，以史为鉴、开创未来，立足新发展阶段，完整、准确、全面贯彻新发展理念，构建新发展格局，推动高质量发展，加快构建更高层次、更高质量、更有效率、更可持续的国家粮食安全保障体系，切实守住管好“天下粮仓”，做好“广积粮、积好粮、好积粮”三篇文章，把中国人饭碗牢牢端在自己手中，为实现第二个百年奋斗目标、实现中华民族伟大复兴的中国梦不懈奋斗。

（一）实行粮食安全党政同责，落实粮食安全责任制

坚持和加强党的全面领导，实行党政同责，强化落实粮食安全责任制考核，压紧压实保障粮食安全政治责任，增强各级党委和政府重农抓粮的思想行动自觉。坚持“藏粮于地、藏粮于技”，进一步夯实保障粮食安全的基础。运用改革的办法、法治的方式和市场化手段、创新性举措，强化“产购储

加销”协同保障，注重解决好法律体系、政策导向、储备实力、调控能力等关键方面，着力提高粮食安全治理能力现代化水平。健全粮食安全风险管控体系，切实增强重大风险应对能力。

（二）积极稳妥推进粮食收储制度改革，扎实做好粮食保供稳市

坚持市场化政策取向与保护农民利益并重，分品种施策、渐进式推进，坚持并完善稻谷、小麦最低收购价政策，完善玉米、大豆生产者补贴政策，进一步健全粮食价格市场形成机制，完善种粮农民补贴制度，优化农业补贴结构，稳定种粮收入预期，保护和调动农民种粮积极性。充分发挥市场主体粮食收储能力，积极培育多元化市场主体入市收购，深化产销合作、推广订单收购、强化信息宣传，防止出现农民“卖粮难”。完善产粮大县补偿政策，增加对产粮大县的转移支付，强化主销区对主产区的利益补偿，调动地方重农抓粮积极性。

（三）改革完善粮食储备安全管理体制机制，提升粮食安全保障能力

建立政府粮食储备规模动态调整和联动机制，推动落实调节储备制度，调整优化政府储备规模、品种结构和区域布局，确保关键时刻拿得出、调得快、用得上。改革完善粮食储备管理体制，促进政府储备、政策性库存、企业商品库存和城乡居民储粮等多元发展，推动形成功能互补、协同高效的多元承储体系，增强全社会抵御粮食安全风险能力。健全储备运行机制，强化中央储备和地方储备协同运作，促进两级储备在库存品种结构、吞吐轮换机制等方面的协同互补，有效发挥中央储备粮“压舱石”和地方储备粮“第一道防线”的重要作用。强化储备内控管理和外部监督，确保储备数量真实、质量良好，急需时调得动、用得上，发挥重要的调控作用。

（四）深入推进优质粮食工程，加快粮食产业高质量发展

坚持“粮头食尾”和“农头工尾”，以实现高质量发展为目标，围绕服务国家粮食安全战略和乡村振兴战略，打造优质粮食工程升级版，抓好产业链、价值链、供应链“三链协同”，推进优粮优产、优购、优储、优加、优销“五优联动”，完善现代化粮食产业体系，构建从原粮到成品、产区到销区、田间到餐桌的“大粮食”“大产业”“大流通”格局。推广“湖州模式”，把创新建设绿色共享粮仓作为重要突破口向两端发力，运用绿色储粮装备、现代信息技术、精细管理手段、共享发展模式，对现行粮食仓储物流体系进行改造升级、系统集成，推动粮食产业基础高级化、产业链现代化，促进生产方式绿色转型；借鉴“阜南样板”，培育龙头企业，壮大粮食产业。大力实施建链、补链、强链，促进一二三产业融合发展，就近就地实现粮食转化增值，带动地方农民持续增收、企业持久受益、消费者得到实惠。

（五）开展粮食节约行动，促进节粮减损和健康消费

落实习近平总书记重要指示批示，大力开展粮食节约行动，加强全链条管控。加强农业机械研制推广，提高机械化作业水平。充分发挥粮食产后服务中心作用，促进粮食提档升级。加快仓储设施升级改造，大力推广绿色低温储粮技术，推动地方做好农户科学储粮工作。引导口粮适度加工，注重副产品综合利用，鼓励发展粮食循环经济，最大限度减少损失。把粮食安全教育纳入国民教育体系，深入开展世界粮食日和全国粮食安全宣传周等主题活动，倡导简约适度、绿色低碳的生活方式，营造爱粮节粮、健康消费的新风尚。

（六）健全粮食法治体系建设，全面推进依法治粮

加快粮食立法修规，进一步推动《粮食安全保障法》《粮食储备安全管理条例》立法相关工作，更好发挥法治固根本、稳预期、利长远的保障作用，把国家粮食安全问题全面纳入法治轨道。切实强

化粮食监管执法，更加注重创新执法方式，严格规范公正文明执法，用“长牙齿”的硬措施，严查涉粮违法违规行为，维护好粮食流通秩序。坚持有法必依、执法必严、违法必究，显著增强执法监管的震慑力，形成知法用法、依法监管和守法诚信经营的良好局面，以良法促进善治、破解难题、保障安全。

国家粮食和物资储备局启用新办公区

2021 年 10 月 25 日，国家粮食和物资储备局整体搬入月坛北街 25 号院办公区，结束了国家粮食和物资储备部门长期没有独立办公场所、机关和事业单位多处分散办公的历史。新办公区总建筑面积 4.3 万平方米，包括综合改造后的 1 号楼、2 号楼、3 号楼和东南平房等建筑面积约 3.2 万平方米，以及新建的地下三层车库 1.1 万平方米，具备 8 级地震设防能力，绿化率从 3.4% 提高至 6.9%，布局功能明显优化，办公环境提升美化。

2019 年 4 月 24 日，国管局批准国家粮食和物资储备局新办公区综合改造项目立项，当年底完成设计、项管、监理、造价、施工等 5 项招投标，以及规划调整和许可、水电气热等建设手续。2020 年初起，在做好新冠肺炎疫情常态化防控的同时加快推进项目施工，用时 1 年 5 个月完成办公楼抗震加固维修改造、新建三层地下车库、全面重构院内水电气热和小市政项目等任务，未发生一起安全生产事故。2021 年 10 月 15 日至 25 日，搬迁工作顺利完成。国家粮食和物资储备局各司局和相关直属单位进驻新办公区后，实现统一管理、统一标准、统一运转，机关整体面貌为之一新。

（撰稿单位：国家粮食和物资储备局办公室、国家粮食和物资储备局机关服务中心；
撰稿人：周全、牛妍；审稿人：钟海涛、周海扬、孔伟娟）

2

第二篇

专　文

切实端牢中国人的饭碗
(2022 年 10 月)

国家发展和改革委员会党组成员
国家粮食和物资储备局党组书记、局长 丛亮

悠悠万事，吃饭为大。党的十八大以来，以习近平同志为核心的党中央把解决好十几亿人的吃饭问题作为治国理政的头等大事，提出确保谷物基本自给、口粮绝对安全的新粮食安全观，确立以我为主、立足国内、确保产能、适度进口、科技支撑的国家粮食安全战略，走出了一条中国特色粮食安全之路。立足新发展阶段，完整、准确、全面贯彻新发展理念，构建新发展格局，我们要深入学习领会习近平总书记关于粮食安全的重要论述，牢记“国之大者”，强化底线思维，从初级产品供给保障的战略高度，坚决扛稳保障国家粮食安全的政治责任，更好服务于全面建设社会主义现代化国家、实现中华民族伟大复兴中国梦的大局。

一 我国粮食安全事业取得巨大成就

习近平总书记强调指出:“经过艰苦努力，我国以占世界 9% 的耕地、6% 的淡水资源，养育了世界近 1/5 的人口，从当年 4 亿人吃不饱到今天 14 亿多人吃得好，有力回答了‘谁来养活中国’的问题。”在以习近平同志为核心的党中央坚强领导下，各地各有关部门认真落实重农抓粮政策举措，我国粮食生产能力持续增强，粮食储备实力明显提升，粮食流通效率进一步提高，国家粮食安全保障更加有力，“中国粮食、中国饭碗”成色更足。

综合保障水平稳步提升。2021 年全国粮食总产量达到 13657 亿斤，连续 7 年保持在 1.3 万亿斤以上；人均粮食产量 483.5 公斤，高于国际公认的 400 公斤粮食安全线，做到了谷物基本自给、口粮绝对安全。粮油产品更加丰富，粮食供给结构持续优化。现行标准下 9899 万农村贫困人口全部脱贫，包括“不愁吃”在内的“两不愁三保障”全面实现。当前，世界处于百年未有之大变局，新冠肺炎疫情、乌克兰危机等接踵而至，国际粮食市场屡受冲击，粮食价格起伏较大。与之相比，我国粮食产业链供应链稳定性凸显，粮食安全保障能力经受住了国际国内复杂局面的现实检验。习近平总书记深刻指出:“这次新冠肺炎疫情如此严重，但我国社会始终保持稳定，粮食和重要农副产品稳定供给功不可没。”在经济下行压力加大、外部环境发生深刻变化的复杂形势下，发挥好粮食安全的“压舱石”作用，依靠自身力量端牢自己的饭碗，就能为应对各种风险挑战赢得主动，为保持经济持续复苏、社会大局稳定奠定基础。

粮食生产基础不断夯实。第三次全国国土调查结果显示，全国耕地面积为 19.18 亿亩；划定 10.58 亿亩粮食生产功能区和重要农产品生产保护区，并落实到省、到县、到地块；累计建成 9 亿亩高标准农田。农业科技进步贡献率达到 61%，粮食作物良种基本实现全覆盖，农作物自主选育品种面积占

比超过 95%。设施农业等机械化水平较大提升，小麦、玉米、水稻综合机械化率分别超过 97%、90% 和 85%。新型农业经营体系加快构建，全国家庭农场超过 100 万家，农民合作社超过 220 万家，农业社会化组织 95 万多个。

粮食收储调控持续完善。坚持市场化改革取向和保护农民利益并重，粮食收储制度和价格形成机制改革稳步推进，多元市场主体购销格局基本形成，政策性收购托底作用有效发挥，没有发生过大面积“卖粮难”。新建、改造和提升了一批粮食仓储设施，机械通风、粮情测控等储粮技术广泛应用，低温、气调等绿色储粮技术逐步推广，仓储条件总体达到世界较先进水平。粮食储备体系进一步完善，有效发挥了守底线、稳预期、保安全的关键作用。调控手段不断创新完善，粮食市场运行保持总体平稳。

粮食国际合作继续深化。在坚持立足国内的前提下，用好两个市场两种资源，适度进口，调剂品种余缺。与数十个国家和国际组织签署了粮食和农业多双边合作协议，在农业种植、粮食仓储、农业机械及农产品加工等领域向有需要的国家实施援助项目。以“减少粮食损失浪费，促进世界粮食安全”为主题，召开国际粮食减损大会，取得十项减损共识成果。在新中国成立 70 周年之际，国务院新闻办公室发布《中国的粮食安全》白皮书，在国内外反响良好。

二　保障国家粮食安全的主要经验

党的十八大以来，国家粮食安全保障取得巨大成就，根本在于以习近平同志为核心的党中央坚强领导，在于习近平新时代中国特色社会主义思想科学指引。我们要认真总结党领导粮食安全事业的宝贵经验，不断深化对保障国家粮食安全的规律性认识，切实增强工作的系统性、预见性、创造性。

（一）坚持和加强党的全面领导，从战略上把握和推动国家粮食安全

中国共产党领导是中国特色社会主义最本质的特征，是中国特色社会主义制度的最大优势。习近平总书记多次在重要会议上作出重要论述，从东北到海南、从中原到边疆，从产区到销区、从科研一线到田间地头，一次次谆谆告诫、殷殷嘱托，引领和推动了粮食安全的理论创新、制度创新和实践创新。习近平总书记系统阐述了确保粮食安全的极端重要性，明确指出“粮食安全是‘国之大者’”“粮食安全是国家安全的重要基础”“我国是人口众多的大国，解决好吃饭问题，始终是治国理政的头等大事”“悠悠万事、吃饭为大，只要粮食不出大问题，中国的事就稳得住”“粮食多一点少一点是战术问题，粮食安全则是战略问题”“不能把粮食当成一般商品，光算经济账、不算政治账，光算眼前账、不算长远账”；科学分析了我国粮食安全形势，指出“在粮食问题上不可能长期出现高枕无忧的局面”“保障国家粮食安全是一个永恒课题”“在粮食安全这个问题上不能有丝毫麻痹大意”“要牢牢把住粮食安全主动权”；深刻揭示粮食安全的内在规律，明确提出了保障粮食安全的战略举措，指出“推动藏粮于地、藏粮于技”“农业现代化，种子是基础，必须把民族种业搞上去”，深入推进优质粮食工程，延伸粮食产业链、提升价值链、打造供应链，做好粮食市场和流通的文章；特别强调了保障粮食安全的责任担当，地方各级党委和政府要扛起粮食安全的政治责任，粮食安全要实行党政同责，“米袋子”省长要负责，书记也要负责。党的十九大报告强调：“确保国家粮食安全，把中国人的饭碗牢牢端在自己手中。”党的十九届三中、四中、五中全会对完善保障国家粮食安全的体制机制、制度政策、关键举措等作出重要决策；中央经济工作会议、中央农村工作会议和中央财经委会议、中央深

改委会议等均作出重要部署，中央政治局会议将“保粮食能源安全”列入“六保”任务之一。这些重要论述和重要部署，为新时代保障国家粮食安全指明了正确方向，提供了根本遵循。实践表明，只有坚持和加强党的全面领导，把党的领导制度优势转化为治理效能，牢牢把握保障粮食安全的正确方向，才能办好头等大事、解决好吃饭问题，使中国特色粮食安全之路越走越宽广。

（二）坚持以人民为中心的发展思想，增强广大人民群众对“中国粮食、中国饭碗”的获得感幸福感安全感

切实端牢14亿多中国人的饭碗，促进农民增收、企业增效、消费者受益，更好满足人民美好生活需要，是做好粮食安全工作的出发点和落脚点。围绕“为耕者谋利”，各级各有关部门强化农民种粮收益保障，坚持和完善最低收购价制度，完善稻谷补贴、玉米大豆生产者补贴等政策，推动三大主粮完全成本保险和种植收入保险实现主产省产粮大县全覆盖；发挥政策性收购托底作用，精心组织好市场化收购，形成优质优价导向。围绕“为食者造福”，深入推进优质粮食工程，加快粮食产业高质量发展，提高粮油加工技术和装备水平，促进增品种、提品质、创品牌；完善城乡配送供应网络，推广新业态新模式，加强粮食质量监管，为消费者提供优质粮油产品和服务，着力满足人民群众从“吃得饱”到“吃得好”“吃得营养健康”的需求。围绕“为业者护航”，实施“放管服”改革，加大财税扶持力度，落实用电用地等优惠政策，发挥政策性金融支持作用，建立健全粮食贷款信用保证基金，不断优化涉粮企业发展环境。实践表明，只有切实抓好兴粮之策、惠农之道、利民之举，才能将粮食安全各项政策举措转化为人民的切身利益，得到群众认可，经得起实践检验。

（三）坚持全面深化改革，完善政策体系，不断增强粮食安全事业发展的动能

近年来我国粮食连年丰收，主要得益于体制机制和支持政策的日益健全完善，得益于耕地等基础设施保障能力的不断增强，得益于品种改良、科技进步带来的单产提高。中央一号文件连续聚焦“三农”，实施重要农产品保障战略、建立粮食生产功能区和重要农产品生产保护区、加强耕地保护和改进占补平衡、加强高标准农田建设等政策文件相继出台，成为保障国家粮食安全的重要制度安排。涉及粮食安全的重点领域改革不断向纵深推进，农村承包地“三权分置”、土地承包关系保持稳定并长久不变等举措全面落地，以绿色生态为导向的农业补贴制度改革深入推进，粮食储备安全管理体制机制改革持续深化。粮食安全责任制、中央储备粮管理和中央事权粮食政策执行情况的考核体系先后建立。中央强调，任何省区市，无论耕地多少，都要承担粮食生产责任。与此同时，不断加大对主产区的支持力度，调动主产区积极性。加快培育新型农业经营主体，实施家庭农场培育计划和农民合作社规范提升行动，支持发展粮食耕种、产后、储销等环节社会化和专业化服务，促进小农户和现代农业发展有机衔接的政策体系初步建立，着力解决好“谁来种地”和“怎样种地”等问题。先后出台一系列激励农业科研人员创新举措，允许科研人员自主创业、持股兼职，调动科研人员积极性。实践表明，只有始终保持开拓进取的锐气、攻坚克难的勇气，不断向改革的广度和深度拓展，才能加快补短板、强弱项、激活力，为保障国家粮食安全增添新动能。

（四）坚持系统观念，强化底线思维，持续提高粮食安全综合保障能力

系统观念是具有基础性的思想和工作方法。对我们这样一个大国来说，保障好粮食等初级产品供给，做到“中国人的饭碗任何时候都要牢牢端在自己手上”“我们的饭碗应该主要装中国粮”是现实所需也是长远战略；既需要规模数量，也需要合理布局；既需要足够的粮食产量和库存，也需要相应的加工流通和产业链掌控能力。明确排出优先序，科学合理配置资源，永久基本农田重点用于保障

稻谷、小麦、玉米三大谷物的种植面积，集中力量首先把最基本最重要的保住。突出协同保障，统筹“产购储加销”各个环节综合施策，着力构建完备的法律制度体系，着眼中长期制定国家粮食安全规划纲要，实施衔接配套的制度政策和改革举措，不断增强粮食供给体系韧性，推动全链条协同保障粮食安全，牢牢守住了国家粮食安全底线。强化创新驱动，坚持以创新激发活力、培育动能，加快农机农艺、良种良法等科技突破，加强农机农艺融合和集成示范，推广绿色仓储和现代物流技术，促进粮食全链条高质量发展。树立大食物观，全方位多途径开发食物资源，向森林要食物，大力发展木本粮油、森林食品；向草原要食物，积极推动草原畜牧业集约化发展；向江河湖海要食物，稳定水产养殖，积极发展远洋渔业；向设施农业要食物，发展现代化设施种养业，探索智慧农业、植物工厂，有效缓解我国农业自然资源约束。实践表明，只有系统把握、统筹协调，才能实现各项举措在政策取向上相互协同，在实际成效上相得益彰，增强保障国家粮食安全的总体效应，以国内稳产保供的稳定性来应对外部环境的不确定性。

三 立足新时代走好中国特色粮食安全之路

习近平总书记要求，“在粮食安全这个问题上不能有丝毫麻痹大意”“要未雨绸缪，始终绷紧粮食安全这根弦”。当前，资源环境约束加剧与粮食需求刚性增长的矛盾突出，粮食品种、区域等结构性矛盾突出，成本刚性上升与增加种粮收益的矛盾突出，个别品种外采率高与国际贸易风险的矛盾突出。立足新时代新征程，要坚决贯彻习近平总书记关于保障国家粮食安全的重要论述精神，认真落实总体国家安全观和国家粮食安全战略、乡村振兴战略，保持战略定力，增强忧患意识，抓住关键环节，着力补短板、强弱项、固底板、扬优势，加快构建更高层次、更高质量、更有效率、更可持续的国家粮食安全保障体系。

（一）强化依法治理、责任落实和规划引领，健全保障国家粮食安全的制度政策

不断提高运用法治思维和法治方式深化改革、推动发展、化解矛盾、维护稳定、应对风险的能力，更好发挥法治在粮食安全领域固根本、稳预期、利长远的作用。坚持立法先行，力争粮食安全保障法、粮食储备安全管理条例等早日出台，支持各地制订粮食安全地方性法规；认真贯彻修订后的《粮食流通管理条例》，用好行政执法手段，严格落实法律责任，提高粮食流通法治化规范化水平。坚持立足当前、着眼长远，编制和实施新一轮国家粮食安全中长期规划纲要，认真落实“十四五”规划纲要和专项规划确定的相关目标任务、政策措施。全面落实粮食安全党政同责，强化粮食安全责任制考核，完善主产区、产销平衡区、主销区考核指标，加大对耕地保护、面积产量、收储调控、保供稳价、应急保障和粮食质量安全等考核力度，压紧压实地方党委政府保障粮食安全责任。扎实开展中央储备粮管理和中央事权粮食政策执行情况考核，强化考核结果运用，督促承储企业严格履行主体责任，保证数量真实、质量良好、储存安全。认真落实强农惠农富农政策，完善农业支持保护制度，健全农民种粮收益保障机制，增加种粮综合效益，使务农种粮有效益、不吃亏、得实惠。发挥新型农业经营主体对小农户的带动作用，健全农业专业化社会化服务体系，实现小农户和现代农业发展有机衔接。鼓励种粮大户发挥规模经营优势，积极应用现代农业科技，带动广大小农户多种粮、种好粮。

（二）落实“藏粮于地”，加大耕地保护和农田建设力度

按照耕地和永久基本农田、生态保护红线、城镇开发边界的顺序，统筹划定落实三条控制线；落

实最严格的耕地保护制度，强化“长牙齿”的耕地保护硬措施，严防死守18亿亩耕地红线；加强用途管制，规范占补平衡，强化土地流转用途监管，建立健全耕地数量、种粮情况监测预警及评价通报机制，坚决遏制耕地“非农化”、严格管控“非粮化”。持续抓好高标准农田建设，加大中低产田改造力度，提升耕地地力等级。加快发展高效节水灌溉，在水土资源条件适宜地区建设改造一批大中型灌区。推进耕地宜机化改造，解决耕地碎片化问题。实施国家黑土地保护工程，因地制宜推广保护性耕作，提高黑土地耕层厚度和有机质含量，切实把黑土地用好养好。挖掘潜力新增耕地，支持将符合条件的盐碱地等后备资源适度有序开发为耕地。

（三）坚持“藏粮于技”，强化现代种业等科技支撑

大力实施种业振兴行动，实现种业科技自立自强、种源自主可控，用中国种子保障中国粮食安全。支持现代种业提升工程，加强种质资源保护和利用，推进种业领域国家重大创新平台建设，抓紧抓实种源等农业关键核心技术攻关，提高种业企业自主创新能力，推进育繁推一体化发展。加强农机装备工程化协同攻关，提升农机装备研发应用水平。坚持需求导向，注重产学研用融合，加大绿色储藏、质量安全、高效物流、营养健康、粮油加工、粮机装备等技术研发和应用力度。立足抗灾夺丰收，健全农作物病虫害等防治体系，全面提高粮食生产抗风险能力。

（四）优化粮食生产布局，增强粮食综合生产能力

将有限的资源优先用于口粮等必保品种，稳口粮、稳玉米、扩大豆、扩油料，多措并举促进稳产增产，将粮食年产量保持在1.3万亿斤以上。加强粮食生产功能区建设，以东北平原、长江流域、东南沿海地区为重点，建设水稻生产功能区；以黄淮海地区、长江中下游、西北及西南地区为重点，建设小麦生产功能区；以东北平原、黄淮海地区以及汾河和渭河流域为重点，建设玉米生产功能区；以产粮大县集中、基础条件良好的区域为重点，打造国家粮食安全产业带。实施大豆和油料产能提升工程，在黄淮海、西北和西南地区推广玉米大豆带状复合种植，在东北地区开展粮豆轮作，充分挖掘大豆增产空间和潜力，开展盐碱地大豆种植示范。加强重要农产品生产保护区和特色农产品优势区建设，落实大食物观，宜粮则粮、宜经则经、宜牧则牧，形成同市场需求相适应、与资源环境承载能力相匹配的现代农业生产结构和区域布局。

（五）以人民群众需求为导向，提高粮油产品供给质量

深化农业供给侧结构性改革，既保数量，又保多样、保质量，稳定发展优质粳稻，大力发展强筋、弱筋优质专用小麦，鼓励发展青贮玉米等优质饲草饲料，增加高油高蛋白大豆供给。扎实推进优质粮食工程，抓好粮食绿色仓储、品种品质品牌、质量追溯、机械装备、应急保障能力和节约减损健康消费“六大提升行动”，推进粮食优产、优购、优储、优加、优销“五优联动”，促进品种培优、品质提升、品牌打造和标准化生产。坚持“粮头食尾”和“农头工尾”，以龙头骨干企业为引领，以粮食产业集群为带动，促进粮食产品提质进档，推动粮食产业优化升级，建设与高质量发展要求相适应的现代化粮食产业体系。大力促进主食产业化，鼓励开发绿色优质、营养健康的粮油新产品。按照“最严谨的标准、最严格的监管、最严厉的处罚、最严肃的问责”的“四个最严”要求，加强粮食质量检验监测和监管，守护好广大人民群众“舌尖上的安全”。

（六）不断提升收储调控能力，在更高水平上实现粮食供需动态平衡

强化产购储加销协同保障，完善粮食监测预警体系，加强精准调控和预期管理，合理把握政策性粮食销售节奏和力度，保持粮食市场运行总体平稳。积极推动主体多元、渠道多样、优粮优价的市场

化收购，认真抓好政策性收购，守住"种粮卖得出"底线。深化粮食产销合作，提高省际粮食流通的组织化程度，构建长期稳定、高效精准的粮食产销合作关系。健全粮食储备体系，保持合理储备规模，优化储备品种结构布局，加强协同运作，充分发挥中央储备粮"压舱石"和地方储备粮"第一道防线"作用。推进高标准粮仓建设，优化升级粮食仓储设施。修订完善粮食应急预案，加强各级粮食应急保障中心建设，规范管理粮食应急保障企业，加强城市、社区、城际、农村配送的有效衔接，提高应急响应能力和配送效率。以"一带一路"国家和地区为重点，支持粮食企业"走出去""引进来"开展国际合作，打造国际大粮商，拓展多元化粮食来源市场。

（七）深入开展粮食节约行动，促进节粮减损和营养健康

粮食生产、流通、加工、消费环节浪费现象不容忽视，减少粮食损耗是保障粮食安全的重要途径。认真落实《粮食节约行动方案》，加强全链条管控，最大限度减少损失浪费。推广应用智能绿色高效收获机械，提高机械化作业水平。开展绿色仓储提升行动和绿色储粮标准化试点，加快仓储设施升级改造，大力推广绿色低温储粮技术。针对不同地区、不同品种，研发先进适用储粮装具，指导帮助农民实施科学储粮项目。制订修订小麦粉等粮油加工标准，合理确定加工精度等指标，引导水稻、小麦等口粮适度加工，大力发展全谷物等新型营养健康食品，提高粮油加工转化率，减少加工损耗和营养流失。鼓励发展粮食循环经济，提高副产品综合利用水平，实现循环利用、高值利用和梯次利用。加强饲料粮减量替代，提高饲料利用效率。发展规范化、标准化、信息化散粮运输服务体系，开展多式联运高效物流衔接技术示范。深入实施《国民营养计划（2017—2030 年)》，引导公众养成科学合理膳食习惯，多措并举制止粮食消费领域浪费。举办世界粮食日和全国粮食安全宣传周等主题活动，倡导简约适度、绿色低碳的生活方式，大力营造爱粮节粮、健康消费的新风尚。

（八）创新强化监管执法，坚决守住管好"天下粮仓"

深化专项整治，抓紧抓好问题整改，从严惩治涉粮腐败，深入推进粮食储备和购销领域监管体制机制改革，务求取得持久性成效。粮食购销点多面广、专业性强，传统执法检查方式已难以适应，急需广泛运用现代数字技术，实时掌握各粮库库存及交易情况，发挥大数据的作用，建立起全程即时在线的粮储管控体系，推进粮储管理现代化。为此，要聚焦建立粮食购销数字化监管系统，加快推进国家、地方和央企平台及粮库信息系统建设，确保按期高质量实现监管范围全覆盖、监管链条全过程、监管效果穿透式。同时，不断强化日常执法检查，加大"四不两直"抽查、交叉检查、"飞行检查"力度，探索实行信用监管，充分发挥 12325 监管热线作用，依法从严查处涉粮案件，曝光典型案例，形成有力震慑，保持高压态势。

在全国夏季粮油收购工作会议上的讲话（2021年5月10日）

国家粮食和物资储备局党组成员、副局长　卢景波

夏粮即将陆续上市，作为全年粮食收购的首战，抓好夏粮收购至关重要，五一劳动节前，国家六个部门单位已联合印发通知，对做好夏粮收购工作提出了8个方面的工作措施和要求。今天会议的主要任务是分析研判夏粮收购形势，调度前期准备情况，认真贯彻党中央、国务院关于做好夏粮收购工作的决策部署，落实国家有关部门关于夏粮收购工作的安排和要求，在粮食和物资储备系统对切实做好夏粮收购工作进行全面部署和安排。刚才，几个重点省份和中储粮集团公司作了发言，既分析讨论了新形势新变化，也提出了很多有针对性的意见建议。大家讲得都很好，听了很受启发，会后我们将认真梳理研究。下面，我就做好今年夏粮收购工作讲两个方面的意见。

一　深入分析加强研判，准确把握夏粮收购形势

综合各方面情况，对于今年夏粮收购形势主要有以下四个基本判断：

（一）夏粮有望获得丰收，产量处于历史较高水平

今年以来，各地各有关部门认真落实党中央、国务院决策部署，采取多种措施，切实抓好粮食生产。从目前情况看，今年夏粮生产基础较好，播种面积稳中有增，苗情长势良好，如果后期不发生大的自然灾害，有望获得好收成。据农业农村部门调度，冬小麦播种面积较去年增加300多万亩，为近4年来首次增加。据调研了解，河北、江苏、安徽、山东、湖北等主产省小麦一、二类苗比例占比在九成左右。从早籼稻生产情况看，近两年江西、湖南等主产省按照中央有关决策部署，积极鼓励双季稻种植，今年早籼稻播种面积总体保持稳定。

（二）小麦、稻谷供需形势没有发生根本改变，但是需要高度关注玉米市场给小麦带来的联动影响

近年来，我国小麦和稻谷保持产大于需，当年产需余量分别在100亿斤和300亿斤左右。去年以来小麦饲用消费增加，产需形势有所收紧，由于小麦和稻谷库存仍处于历史较高水平，加之5月下旬新产小麦将陆续上市，口粮供应绝对是有保障的。需要特别注意的是，由于玉米形势发生逆转，价格上涨较多，当前玉米和小麦市场价格持续倒挂，市场联动性进一步增强，市场普遍认为今年小麦饲用消费将继续增加。在这种背景下，一旦玉米市场出现大幅波动，必然会对小麦市场带来连锁反应。去年以来，国家有关部门就做好玉米保供稳市采取了多项调控措施，如扩大玉米及替代品进口、引导增加玉米种植面积等等。在上述调控措施综合作用下，应该说今年国内玉米市场供应是没有问题的，但玉米价格上涨仍然面临较大压力，可能会进一步传导到小麦市场，需密切关注、妥善应对。

（三）小麦、早籼稻市场价格稳中有涨，托市收购启动的可能性不大

今年以来，粮食市场价格维持较强态势运行，玉米、大豆涨幅较大，小麦、稻谷相对温和。目前，主产区小麦市场均价每斤为 1.25 元，较年初上涨 3.3%；早籼稻每斤为 1.31 元，与年初基本持平。从各方面反映的情况看，饲料企业、面粉加工企业、储备企业等市场主体都普遍看好后市，纷纷着手谋划新麦收购，有的企业已提前签订单锁定粮源，贸易企业也都"摩拳擦掌"，希望多收多存。与此同时，由于粮价普遍上行，加之种粮成本上涨，农民和种粮大户售粮的心理价位也相应抬高。在上述因素综合作用下，新麦上市初期很可能出现企业抢购和农民惜售"双碰头"现象，这与去年玉米收购情况类似。初步预计，新麦开秤价格每斤在 1.16—1.22 元，同比涨幅 5% 左右，高于最低收购价格水平，启动托市收购的可能性比较小。和小麦形势不同的是，早籼稻市场相对平稳，江西省预计上市初期开秤价格在最低收购价水平上下浮动，部分地区可能启动托市收购；湖南省的价格略高于最低收购价水平。

（四）多种因素交织叠加，粮食市场形势依然错综复杂

总的来说，当前粮食库存充实、储备充足、供给充裕，我们完全有基础、有条件、有能力、有信心保障国内供应充足和市场运行平稳。但也还存在一些不确定性，需要引起高度关注，绝不能掉以轻心。从生产端看，目前夏粮具备丰收的基础，但现在距夏粮大量集中上市还有一段时间，关键节点的天气变化可能对最终产量和品质情况造成影响。从消费端看，随着经济社会加快发展、人民生活水平持续改善，口粮消费呈下降趋势，但饲用消费在持续上升，粮食总消费量仍在稳步增加。从各方面反馈的情况看，今年以来非洲猪瘟疫情出现局部反弹，后期猪瘟疫情如何发展，将直接影响市场预期，甚至可能影响消费需求。从外部环境看，全球粮食供求还是延续宽松的大趋势，但美元持续"放水"，全球流动性充裕，推动大宗商品价格上涨，势必带动影响国内粮价。此外，全球新冠肺炎疫情发展、"粮食危机"炒作等，也都会给粮价带来较多不确定性。为此，大家要时刻绷紧粮食安全这根弦，始终保持清醒头脑，做到心中有数、手上有招，以国内稳产保供的确定性来应对外部环境带来的不确定性。

二　强化统筹协同联动，全力做好夏粮收购各项工作

今年是中国共产党成立 100 周年，也是"十四五"开局之年，保障国家粮食安全的重大战略意义进一步凸显。为了做好今年的夏粮收购工作，前期国家有关部门已联合印发通知作出具体安排。各地也正按通知要求，结合实际抓好落实。夏粮收购工作涉及方方面面，大家要增强系统观念，既弹好钢琴、又抓住重点，做到统筹兼顾、协同联动。根据今年新的形势，我再强调以下六个方面。

（一）认真落实党政同责要求，增强做好夏粮收购工作的责任感使命感

粮食安全是"国之大者"。习近平总书记对此始终高度重视，多次作出重要指示批示。去年底，习近平总书记在中央农村工作会议上作出"粮食安全要实行党政同责，米袋子省长要负责，书记也要负责"等重要论述，这为我们做好今后工作提供了根本遵循、指明了正确方向。前不久颁布实施新修订的《粮食流通管理条例》，第一次在国务院行政法规中明确规定省、自治区、直辖市应当落实粮食安全党政同责。各地党委、政府非常重视，许多省份党委、政府主要负责同志亲自谋划部署粮食工作，这对于我们做好粮食流通工作是一个重要的机遇。

近日，李克强总理主持召开国务院常务会议，部署进一步促进粮食生产稳定发展，切实提高粮食安全保障能力，专门强调要"做好粮食收购、储备和市场调节，保障供应和价格稳定"。抓收购、管

储备、保供应，是粮食和物资储备系统的重要工作职责。收购是粮食进入市场流通的第一个环节，抓好收购是管好储备、保障供应的前提和基础，对于保护农民利益和种粮积极性、端稳端牢中国饭碗的重要作用不言而喻。特别是在当前错综复杂的粮食市场形势下，抓好今年夏粮收购不仅是一项重大政治任务，也是一项重要民生工程，绝不能丝毫懈怠，容不得半点闪失。大家一定要提高政治站位，深刻认识抓好粮食收购工作的极端重要性，将收购工作摆在更加突出的位置，在当地党委、政府统一领导下，坚持问题导向和底线思维，及早建立完善工作机制，周密制定工作方案和应对预案，把粮食收购抓紧抓实，切实抓出成效。

（二）多措并举务求实效，全力抓好市场化收购

随着粮食收储制度改革深入推进，粮食收购由“政策市”加快进入“市场市”，市场化收购逐渐占据主导地位。在这个大背景下，各地要牢固树立市场化理念，摒弃等靠要思想，摆脱路径依赖，开动脑筋想方设法抓好市场化收购，决不能再回到之前的老路上去，这也是这几年我们反复强调的。应该说，江苏、山东、湖北、湖南、四川等地在鼓励开展市场化收购、支持品牌化生产经营方面积累了好经验好做法，大家要及时总结借鉴推广。同时，各地要结合当前正在开展的党史学习教育“我为群众办实事”实践活动，切实优化营商环境，强化为农为企服务意识，真正做到为耕者谋利、为食者造福、为业者护航。

一要充分做好收购准备。要围绕“有人收粮、有钱收粮、有仓收粮、有车运粮”，做到及时开秤收粮，重点强化收购资金、运输运力等保障，千方百计扩大市场化购销。二要优化收购现场服务。要积极推广预约收购、上门服务等方式，尽量减少收购现场人员聚集、排长队，做到疫情防控和粮食收购两不误，必要时早开门晚收秤，延长收购时间，确保随到随收。三要大力推进节粮减损。要充分发挥粮食产后服务中心作用，促进粮食提质进等，帮助农户降低损失、增加收益。需要关注的是，在前期的调研中有一些省份反映多数经纪人和种粮大户储粮条件有限，有的搭建简易帐篷甚至露天堆放，霉粮坏粮的风险较大。对此，各地一定要重点关注，既要指导他们做好这部分粮食的保管，又要引导他们适时出售，尽可能及时消除安全储粮隐患，决不能让辛辛苦苦种出来的粮食因为保管不善而白白损失浪费。

（三）有效发挥托底作用，精心组织政策性收购

今年国家继续对小麦稻谷实行最低收购价政策。从近年情况看，随着托市政策逐步回归托底功能，收购启动的范围在缩小，数量也在减少。前面说到，从今年的形势看，主产区启动托市收购的可能性不大，但也不排除局部地区形势发生变化需要启动。大家一定要克服麻痹思想，严格按照政策要求，细化操作办法，合理把握收购节奏，认真做好托市收购工作。中储粮集团公司作为政策执行主体，要切实履职尽责担当作为，严格按规定条件启动和停止托市收购，严格执行质价标准，合理布设收购网点。各地也要积极配合，共同把最低收购价政策执行好落实好。要严把政策性粮食验收关，加强政策性粮食监管，确保粮食数量真实、质量合格、储存安全。

近两年，有关方面和地方多次反映预案启动审批程序繁琐复杂，如果加上确定收储库点、空仓验收等手续，往往需要十天半个月。应该说，国家粮食和物资储备局接到申请后，基本都当天办理批复，不存在应批不批和推迟批复的情况。我们对此也向有关方面作了解释和回应，但有一些前期准备工作并不属于预案启动审批环节。这里我再强调一下，中储粮集团公司和有关省份一定要把工作做在前面，绝不能出现国家批准启动后再开展确定收储库点、空仓验收等，导致预案实际启动时间严重滞后的情况，影响最低收购价政策实际执行效果。

（四）密切跟踪妥善应对，确保粮食市场平稳运行

去年以来，受全球粮价上涨和流动性充裕、疫情灾情等多重因素影响，国内粮食价格保持高位运行态势，炒作题材多，关注程度高，市场变化快。对此，我们要一分为二地看。既要充分认识到当前我国粮食市场形势总体是好的，供应是有充分保障的，在工作中要保持战略定力，坚定信心底气；又要始终密切跟踪市场变化，及时掌握第一手情况，把形势分析得更准一些，把问题想得更深一些，把措施拿得更实一些，既要有防范风险的先招，也要有解决问题的后手，确保供给、市场不出问题。

具体来讲，要重点做好以下工作：一要强化监测预警。要加强市场分析预判，增强对市场的灵敏度，见微知著、防微杜渐，做到未涨先知、未抢先知。二要强化信息引导。要及时发布收购进度、价格等信息，指导各类市场主体理性开展购销，引导农户适时适价出售。三要强化市场调控。国家有关部门将根据市场形势变化，及时调整库存粮食投放政策。中央和地方各级储备要把握好轮换和增储的节奏力度，避免在粮源紧张时与市场“抢粮”。其他中央粮食企业和地方国有骨干企业也要合理安排购销。

（五）不折不扣执行条例规定，着力加强粮食收购管理和服务

为认真贯彻落实党中央、国务院决策部署，坚持总体国家安全观，立足于保障国家粮食安全的基本定位，国家有关部门组织对《粮食流通管理条例》进行了修订，国务院审议后从 4 月 15 日开始施行。国家发展改革委和国家粮食和物资储备局已经联合印发文件，对做好条例贯彻实施工作明确了具体要求，各地一定要结合夏粮收购工作，抓好条例贯彻落实。

一是，条例第九条明确提出，“县级以上地方人民政府粮食和储备行政管理应当加强粮食收购管理和服务，规范粮食收购活动。具体管理办法由省、自治区、直辖市人民政府制定”。夏粮收购马上就要开始了，各地要抓紧出台管理办法，绝不能因此影响到收购工作的顺利开展。

二是，条例已经将粮食收购许可改为企业备案，前期国家粮食和物资储备局也专门下发通知，提出明确要求。各地一定要按照公开透明、灵活高效、便民利企的原则，做好备案及备案变更工作。在执行过程中，绝不能打折扣、搞变通，绝不能“明放暗不放”、变相搞收购许可或以备案之名行审批之实，更不能一放了之。一定要认真领会和贯彻落实“放管服”改革精神，做到规范备案管理、优化收购服务。这里特别强调一下，粮食收购现场人多车多，环境复杂，要切实强化安全生产意识，压实企业安全储粮和安全生产主体责任，严格执行“一规定两守则”，须臾不可放松，坚决防范重特大粮食储存和安全生产事故发生。

（六）强化粮食流通市场监管，坚决维护好粮食市场秩序

新修订的条例进一步强化了粮食流通监管部门职权，丰富了行政强制、信用约束、风险监测等监管手段，进一步增加了粮食经营者的违法违规成本，加大了行政处罚力度，对粮食流通依法监管提出了更高要求。各地要以贯彻新修订的条例为契机，切实履行收购监管职责。在持续强化“双随机、一公开”抽查、“四不两直”暗查暗访方式，做好例行粮食收购监管工作的同时，更要突出问题导向，结合往年暴露的突出问题和今年实际情况，做好以下三方面工作。

一是，要针对拖欠农民售粮款问题适时开展专项整治。条例第十一条明确，粮食收购者收购粮食，应当及时向售粮者支付售粮款，不得拖欠；不得接受任何组织或者个人的委托代扣、代缴任何税、费和其他款项。各地要高度重视，适时开展专项整治，对辖区内各类粮食企业兑付粮款情况进行全面集中排查，严格约束收粮企业，切实做到“一手粮、一手钱、现款结算”，防止发生以高息骗用、

拖欠农民售粮款等违规违法行为。

二是，要积极配合有关部门严厉打击囤积居奇、哄抬价格、恶意炒作等扰乱市场秩序的行为。在当前粮食价格波动频繁、收购市场投机增大的背景下，依法打击扰乱市场秩序的行为至关重要。粮食和物资储备部门作为粮食收购业务的主管部门，要加强沟通、积极协调、主动配合相关部门，依法开展监管，严厉打击扰乱市场秩序的行为，共同维护好正常的粮食流通市场秩序。

三是，要适时集中曝光一批违法违规案件。为了有效震慑粮食流通领域违法违规行为，今年 4 月国家粮食和物资储备局专门公布了一批典型案例，取得较好效果。为加快形成政府依法公正监管、经营者守法诚信经营的良好氛围，国家粮食和物资储备局还将利用半年时间，在全国范围内开展粮食和物资储备部门“亮剑 2021”行政执法专项行动，突出关键领域，聚焦重点问题，集中时间集中力量查处一批粮食流通违法违规案件。各地要按照专项行动有关要求，在今年粮食收购中，加大执法力度，查处一批违反《粮食流通管理条例》及国家粮食收购政策的违规违法行为，并适时予以曝光，提高行政执法的威慑力，维护粮食法律法规的权威性。

同志们，做好今年夏季粮油收购工作意义重大、责任重大。大家一定要凝心聚力、真抓实干，多措并举、齐心协力，全力以赴做好夏粮收购各项工作，确保打赢打好全年粮食收购第一战，以优异成绩迎接建党 100 周年！

加快推进与大国地位相适应的国家储备体系建设（2021 年 9 月 15 日）

国家粮食和物资储备局党组成员、副局长　黄炜

习近平总书记在中央深改委第二十一次会议上作出重要讲话，就加快推进与大国地位相适应的国家储备体系建设提出了明确要求，为在更高起点、更高层次、更高目标上走好中国特色"大国储备"之路，指明了方向，提供了根本遵循。习近平总书记的重要讲话，把国家储备提高到前所未有的新高度，是新时代统筹发展和安全，全面推进大国储备体系建设的重要宣示，标志着国家储备事业发展进入了全新发展阶段。粮食和物资储备系统要把思想和行动统一到习近平总书记重要讲话精神上来，以更加昂扬的精神状态、更加务实的作风，更加主动作为、奋发有为、担当善为，扎扎实实把习近平总书记重要讲话精神贯彻好、落实好、执行好。

一　清醒认识大国储备对国家安全的重要意义

实现中华民族伟大复兴，面对世界百年未有之大变局，我国发展环境正面临深刻复杂变化。国家储备事关国家安全，对于应对各种可以预见和难以预见的风险挑战具有重大战略意义。

（一）从国际形势看，大国博弈压力明显加大

美国连续发布《对华战略报告》《国防战略报告》等政府政策文件，把我国作为 21 世纪最大的竞争对手，从经济、意识形态、安全等全方位提出战略遏制措施。特朗普政府挑起中美贸易摩擦，对我实施全面竞争、无底线打压，大幅提高中国制造的商品关税，设置实体清单，将中国的三百多家高新技术企业列入其中。2018 年 8 月，美国在《2019 财年国防授权法案》中明确禁止美国防部将国防储备中的敏感物资销售给中国。2019 年 6 月，美国国务院发布资源能源政府治理倡议，联合澳大利亚、巴西等 9 个国家成立国际资源控制联盟。随着我国经济实力和国际地位的不断提升，保障供应链作为公共产品的稳定供给重要性更加突出。

（二）从产业安全看，能源资源对外依存程度明显较高

近年来，随着我国深入推动供给侧结构性改革，进出口贸易结构不断优化，贸易顺差逐步趋于平衡。但我国能源资源对外依存明显加大，与进出口贸易变化趋势形成强烈反差。例如，我国大豆的对外依存度超过 80%；石油对外依存度超过 70%；天然气对外依存度超过 40%；战略性矿产资源中 2/3 是净进口，多种矿产资源对外依存度超过 50%，天然橡胶自给率不到 20%。多种重要资源能源仍要依赖进口，容易为他国所限，一旦发生重大风险情况，将严重影响国家安全。

（三）从经济运行看，供应中断风险因素明显增加

我国经济总量大，经济运行周期性变化、内外部各种冲击容易引发粮食、资源、能源供需波动，甚至演变成区域性、系统性风险。从国际看，外部环境不稳定不确定因素增多，疫情防控仍有变数，

世界经济增长动能减弱，主要经济体流动性泛滥外溢交织逐步显现，通胀压力加大。地缘政治格局持续动荡，不稳定因素持续积累、风险上升。从国内看，我国经济发展面临需求收缩、供给冲击、预期转弱三重压力，一方面，宏观经济下行压力加大，供给约束持续显现，有效需求依然不足，粮食、能源安全保障存在短板。另一方面，随着工业化、城镇化、全球经济一体化不断发展，特别是交通运输和网络信息的高度发达，各类突发公共安全事件的影响传导更快、叠加影响更大，一旦应对处置不当，可能引发重大风险，甚至影响政治和社会稳定。

习近平总书记强调要具备同大国地位相符的国家储备实力和应急能力，高瞻远瞩、思想深邃，直面问题，论述精辟。我们必须深刻领会，从落实总体国家安全观、防范化解重大风险、提高国家治理体系和治理能力现代化的高站位出发，坚持底线思维、增强忧患意识，充分认识国家储备在大国遏制与反遏制中的作用，充分发挥平时保循环的“稳定器”、战时保生存的“家底子”的作用，通过国家储备应对供应中断风险、维护产业安全、争取主动权。

二 深刻把握储备改革发展面临的矛盾和问题

总的来看，经过近 70 年的建设发展，国家储备在品类规模、仓储设施、管理体制、运行机制和制度建设方面取得显著成效，为维护国家主权安全、促进经济社会持续健康发展提供了坚实物质保障，作出了重要贡献。但对照职责使命和统筹发展与安全新形势新要求，国家储备还存在诸多短板弱项。具体表现在以下几个方面：

（一）储备实力偏弱

总体来看，石油等能源储备规模仍偏低，现有原油储备和社会库存规模低于美国、日本等国储备水平；资源短缺、来源集中，重要原材料储备规模尚不足以支撑核心需求；有色金属等储备规模难以满足大宗商品保供稳市、逆周期调节需要；现有生活类救灾、防汛抗旱等应急储备物资品质不高等问题较为突出，部分产品功能更新和升级换代较慢；重要性下降或市场适用性不强的储备品种，亟需调整优化。

（二）储备体系单一

维护国家安全是全社会共同的责任，国家储备作为维护国家安全的重要公共产品，同样需要全社会共同参与。长期以来，国家储备在体系建设方面缺乏多元、开放、系统的顶层设计，储备体系尚不完善，储备参与主体单一、责任边界不清晰。具体表现为，一是国家储备过度依赖政府。与产业链上下游结合紧密、社会民生和应急管理等领域社会责任储备等发展滞后。二是政府储备过度依赖中央。政府储备责任主要集中在中央层面，地方政府储备品种较少，多数省份仅有粮食、肉类、救灾、医疗等储备品类，且规模较小，应对风险能力明显不足。三是储备形态过度依赖实物。重产品（实物）储备，轻产能产地储备，现有各级各类储备布局与重要物资生产、流通、加工生产力和产能布局衔接不足。另外，央地、地区间储备协同保障作用发挥不够，平时战时快速转换、应急应战一体保障能力有待提升。

（三）储备效能不高

国家储备效能的充分发挥，必须确保化解重要物资供应的不确定性。一方面第一时间应对供应急需，解决即时供应问题；另一方面可以为后续生产能力动员和后续应对跟进提供合理和必要的时间。

目前来看，在担负好“为国管储”工作职责的基础上，国家储备“向前拓展”和“向后延伸”仍有很大空间。一方面，精准匹配国家安全需要的能力不足。国家储备体系建设以及品类、规模、结构与新形势新任务新要求不够匹配，从实现国家储备的功能目标出发，监测预警和需求形成机制不够完备。另一方面，适应市场经济主动发挥宏观调控作用的能力不足。储备管理长期以静态为主，除必要的轮换动用，适应宏观经济变化“趋势决策、适时吞吐、主动调节”的调节储备实施和运作机制尚未形成。

（四）储备防风险能力不强

在产能保证和区域布局方面，统筹考虑产业融合不足，与上下游企业融合发展不够，应急响应、处置能力和物流配送效率不高，原料供应、定点生产、质量标准等工作脱节。在应急调配的管理方面，信息共享不充分，应急预案体系和工作机制有待完善，应对急需和防范风险的统一指挥、统一调度、统一投送保障能力薄弱。在基础设施建设方面，硬件不硬，缺少满足多样化任务需要的综合性保障基地，重点区域和重点品种储备设施保障能力不足。在预警监测能力方面，大数据、互联网等现代信息技术应用不充分，主动防范应对重大风险能力不足。

（五）储备政策支持和法治保障不充分

在财政支持方面，投入保障水平与新时代“大国储备”的新要求相比还存在一定差距，资金渠道和保障方式单一。在法治保障方面，习惯于用计划和行政的手段实施管理，不善于运用法治思维和法治方式解决问题，一些涉及国家储备战略决策、宏观管理、预算保障、管理体制、社会责任等基础性、重大性、根本性问题尚未通过立法从源头加以解决，在国家储备需求决策、市场参与、多元责任、管理体制、预算保障等基础性、重大性、根本性问题上，缺乏必要的法律支撑。

三 扎实推进落实储备体系建设各项改革任务

（一）以全面提升储备实力为核心，夯实国家安全保障物质基础

强化国家储备发展规划引领，健全储备需求研判和生成机制，加强重点领域关键品类储备。充分考虑可能出现的各类风险情形，充实重点领域储备，提升保循环、保国防、保急需的能力。着力加大重要能源储备，多措并举分品种分阶段扩大储备规模。着力加大资源短缺、来源集中的战略性矿产品储备，持续增加储备实力。优化中央储备结构布局，整合中央应对重大自然灾害、事故灾难的各类应急物资储备，统一规划管理，逐步提升公共卫生、自然灾害、安全生产、核污染、疫情防控等重大突发事件的应急保障水平。优化棉花、食糖储备规模和布局，完善储备制度和机制，提升储备调控能力。

（二）以健全储备责任体系为目标，构建多层次多元化储备发展新格局

加快健全统一的战略和应急物资储备体系，坚持政府主导、社会共建、多元互补，健全中央和地方、实物和产能、政府和企业储备相结合的储备机制。一是分类分级落实储备责任。中央政府储备主要防范化解全局性、系统性和跨区域供应风险，由国务院相关部门根据储备职能组织实施；地方政府储备主要防范化解区域、局部供应风险，由地方政府按照属地管理、守土尽责要求，科学制定储备目录、合理确定储备规模，加强省级统筹、归口管理。二是加快补齐社会责任储备短板。健全落实社会责任储备的制度政策，明确相关生产、流通企业和产品用户的储备责任。引导企业在落实社会责任储备之外合理增加经营库存。三是充分衔接实物储备与生产能力、动员潜力。着力打造安全高效的产业

链供应链。在国防、科技等易受冲击、专业性强、生产周期长的重要领域关键环节，谋划预备必要的替代供应渠道，促进形成产业备份系统，加强维护管理，确保关键时刻链路通、循环畅。

（三）以健全体制机制为关键，全面提升储备效率效能

一是改革完善储备管理体制。进一步转变职能，划清职责，理顺储备战略、规划、计划、执行等职能职责，明确工作程序，落实工作责任。加强重大事项议事协调，从制度设计、规划引领、信息共享、设施统筹、健全监管等方面强化统筹管理协调，优化加强中央储备管理保障。二是探索完善储备市场调节机制。充分认识国家储备调节经济周期性波动、缓解供给侧结构性矛盾的功能，全面总结大宗商品保供稳价的有益经验，积极稳妥开展创新实践，健全战略和应急物资购销平台机制，完善中央政府调节储备制度，增强大宗商品储备和调节能力。三是创新政府储备运营机制。创新政府储备管理模式，优化收储轮换及日常管理流程，提高执行效率。中央政府储备采购销售原则上通过市场化方式组织实施。建立健全储备物资质量更新常态化轮换机制，创新轮换方式。在确保资产安全的前提下，探索运用长周期稳健操作、套期保值等方式，降低储备持有成本。

（四）以强化综合一体保障为抓手，着力增强储备防风险能力

从构建统一的国家物资储备体系和“拿得出、调得快、用得上”的要求出发，努力做到需求供应高度匹配，生产调度高效精准，调拨动用及时有序。一是加快推进储备数字化建设。加快完善统一的库存和产能调查统计、信息报告制度。完善涵盖实物储备库存、生产能力、物流配送能力、交通运输网络、专业救援力量等信息的统一国家储备数据库。建设统一高效的储备监测分析、决策支撑、指挥调度等一体化管理平台和智能系统。二是强化精准高效投送保障能力。加强重点领域重大风险监测预警，增强平急平战转换能力。按照峰值投放能力要求，健全运输枢纽体系和末端配送网络，掌握社会动员潜力，开展专业投送保障能力建设试点，构建一体化投放保障模式。三是统筹用好储备设施资源。改造和建设一批综合性国家储备保障基地。强化集散中转和综合保障功能，建设区域储备综合保障基地。加快油气储备设施建设。重组盘活资源存量，加强央地资源设施共享。制定国家储备设施统筹使用和征用利用社会资源管理办法，适应优化完善布局和应急应战多样化任务需要。

（五）以加大投入和加强依法治理为支撑，全面提升支持保障水平

明确国家储备是国家安全成本付出的理念，通过加大投入以及强化政策和法律保障，全面增强储备实力。一是推进依法治理。加强国家储备法律制度建设，抓紧论证国家储备方面的法律，加快研究战略和应急物资储备安全管理有关法规制度，健全地方储备相关法规制度。创新储备监管方式，强化信用分级分类监管，实施守信联合激励和失信联合惩戒。加强储备安全管理执法能力建设。二是完善财政支持政策。进一步完善各类中央政府储备财政财务管理制度，加强政府储备资产管理。明确地方政府保障地方政府储备支出。三是强化政策支持保障。探索运用多种方式，拓宽储备资金来源，支持多元主体加大储备投资建设力度，鼓励中央企业参与综合性国家储备保障基地建设；明确政府储备、社会责任储备的承储运营机构必要的优惠政策。省级人民政府协调保障中央政府储备重大项目建设涉及的自然资源利用。完善科技和人才支撑，制定实施科技和人才兴储中长期规划，加强国家储备学科和新型智库建设。

扛稳国家粮食安全重任 助力中华民族伟大复兴（2021 年 9 月 15 日）

国家粮食和物资储备局党组成员、副局长 梁彦

习近平总书记七月一日在天安门广场向全世界庄严宣告：“一百年来，中国共产党团结带领中国人民进行的一切奋斗、一切牺牲、一切创造，归结起来就是一个主题：实现中华民族伟大复兴。”早在十八届中央政治局常委同中外记者见面时，习近平总书记就指出，为了实现中华民族伟大复兴，无数仁人志士奋起抗争。我们的责任，就是要团结带领全党全国各族人民，接过历史的接力棒，继续为实现中华民族伟大复兴而努力奋斗。人民对美好生活的向往，就是我们的奋斗目标。民以食为天，吃得饱、吃得好、吃得健康是人民美好生活的基础。因此，扛稳国家粮食安全重任，不断满足十四亿人民群众对粮油消费升级的需要，是全体粮食和物资储备人奋战百年新征程、实现中华民族伟大复兴的使命和职责所在，也是党中央、国务院赋予我们的政治任务和政治责任。

一 落实保障粮食安全战略，对实现中华民族伟大复兴至关重要

粮食兴、国家兴，粮食足、社会稳，粮食安、百姓安，粮食安全与国家安全、社会稳定息息相关。中华民族在人类历史上一直是农耕文明的代表者、引领者，曾极大发展了粮食生产，并以粮食发展带来了国家的富强和社会的繁荣稳定。

我们讲复兴，从历史上看，中国自古是农业社会，粮食生产一直是衡量国家实力、经济社会发展的重要指标。据著名清史学家戴逸的研究，康雍乾时期 134 年的时间里，中国 GDP 在全世界名列前茅，是历史上极度繁荣时期。18 世纪末的乾隆时期，中国人口达到 3 亿，耕地面积有 10.5 亿亩，粮食产量约有 2040 亿斤，达到了前所未有的高水平，生产了能够养活 3 亿人口的粮食（同期全世界人口 9 亿人，中国占了 1/3），成为经济极为发达的国家。当时中国的农业生产技术水平也很高。英国农学家巴罗，18 世纪末跟随英国的使团到中国来，他考察了当时的中国农业，当时在中国播种 1 粒麦种可以收获 15 粒麦子，而当时在欧洲农业发展水平最高的英国，播种 1 粒麦种仅能收获 10 粒，可见，当时中国的农业技术水平是很先进的。法国学者谢和奈在《中国的现代化》一书中提到，18 世纪中国的农业达到发展的高峰，中国的粮食、中国的农业在全世界产量最高。

鸦片战争后，中国逐步沦为半殖民地半封建社会，国家蒙辱、人民蒙难、文明蒙尘。中国共产党成立后，带领全国人民前仆后继、顽强奋斗，深刻改变了近代以来中华民族发展的方向和进程，深刻改变了中国人民和中华民族的前途和命运，深刻改变了世界发展的趋势和格局。经过一百年来持续努力，贫穷落后的旧中国变成日益走向繁荣富强的新中国，中华民族伟大复兴展现出前所未有的光明前景。这次党史学习教育，重温了中国共产党早期对粮食工作的论述，一个最突出的感受就是我党对粮食和仓储设施建设工作由来已久的一贯重视。早在 1933 年革命战争年代，毛主席在建设中央革命根

据地时就指出：“要大家懂得经济建设在革命战争中的重要性，努力推销经济建设公债，发展合作社运动，普遍建设谷仓，建设备荒仓。每个县要设立一个粮食调剂分局，重要的区，重要的圩场，要设粮食调剂支局。”新中国成立后，我们党更是始终把农业、粮食放在各项工作的突出位置，毛主席把“抓钢铁”“抓粮食”作为两件大事来抓，提出了著名的“深挖洞、广积粮、不称霸”的主张。党的十八大以来，习近平总书记把14亿人的吃饭问题作为治国理政头等大事，把粮食安全作为重大战略问题，高度重视、反复强调要牢牢把握粮食安全的主动权。这是深入探究中国历史和人类社会发展规律后作出的重大而正确的判断。深入学习习近平总书记“七一”重要讲话精神，以史为鉴、开创未来，就要时刻牢记粮食安全是国之大者，对实现中华民族伟大复兴至关重要，必须坚决扛稳保障国家粮食安全的重任，采取各种有效措施，沉下身子抓好落实。

二　落实保障粮食安全战略，补短板强弱项任重道远

在扛稳粮食安全重任、认真落实保障粮食安全战略方面，我们取得了令人自豪的成效。粮食生产“十七连丰”，粮食市场供应充裕，粮食储备数量充足，粮食加工能力和应急能力增强，经受住了突如其来的新冠肺炎疫情大考，充分说明了我国粮食安全保障战略、制度和应对措施的正确，充分彰显了“大国粮仓”的成色和中国粮食安全之路的特色。近年来优质粮食工程深入推进，中国特色的粮食安全之路越走越宽，粮食安全保障能力持续增强，中国人饭碗端得更牢，发展底气更足，发展实力更强。但按照习近平总书记强化忧患意识，坚持问题导向，以更宽视野、更长视角考虑粮食安全的要求，检视我国当前粮食产业发展格局，还有许多短板弱项，保障我国粮食安全依然任务艰巨、任重道远。

（一）“大国小农”生产体制下，粮食生产规模化、现代化协同发展任重道远

根据第三次农业普查数据显示，我国小农户数量占到农业经营主体98%以上，小农户从业人员占农业从业人员90%，小农户经营耕地面积占总耕地面积的70%。我国小农户生产经营主要面临着劳动力短缺、土地集中难、技术水平低、种植成本高、抗灾能力弱等风险，如何有效解决这一问题，让我国从农业大国转型升级为农业强国，实现小农户与现代农业的有机衔接，是我国农业生产领域的当务之急，更是保障粮食安全的首要前提。一段时间以来，我们在定点帮扶的安徽阜南县推广集中连片规模化种植，形成龙头企业引领小农户聚焦粮食产业助力乡村振兴的“阜南样板”，取得了可喜成效，目前已在全国64个产粮大县稳步推进。前几天去北大荒调研，建三江粮食生产机械化水平保持在99%以上，农业科技贡献率达76.28%，科技成果转化率达82%。科技赋能保护了北大荒黑土地的战略资源和核心资产，也为构建现代种业体系、开展种源“卡脖子”技术攻关、为“中国粮”装上更多“北大荒芯”提供了重要支撑。特别是大企业通过规模化、集约化、现代化粮食种植，持续实现稳产增产，让人看到了中国现代化“大粮食”生产的范例，令人对“中国饭碗”充满信心和希望。

（二）构建“北粮南运”通道，做好粮食生产和流通这篇大文章任重道远

当年康熙皇帝曾说他有三件大事，一是漕运，畅通京杭大运河，把南方的粮食通过运河运到北方，供北方官吏、士兵食用，再就是河务和三藩（黄河治理和民族问题治理）。当年是“南粮北运”，现在的突出问题是“北粮南运”通道。目前我国粮食生产向东北、黄淮海和长江中下游地区集中，特别是产销平衡区和主销区的主粮自给率明显下降。新时代中国特色社会主义的主要矛盾是人民日益增长的美好生活需要和不平衡不充分的发展之间的矛盾，产销不平衡、粮食主产区和粮食主销区缺乏高

效畅达的通道，是新时代主要矛盾在粮食行业的具体体现。构建畅通全国、四通八达的粮食物流体系，是破解我国粮食生产结构性失衡，构建统一、畅通的国内大市场的必然要求。

（三）粮机装备自主创新能力弱，推进科技兴粮、科学储粮任重道远

到稻谷、小麦加工企业调研，发现许多设备来自国外。我国是机械制造大国，但先进高端的粮机机械研发制造落后，大型粮机基本都是进口设备，与粮食生产和制造大国地位极不匹配，这方面短板亟待补齐。要通过开展粮机装备提升行动，增强粮机装备自主创新能力，提高粮食机械行业整体发展水平。

我国是产粮大国，有人统计，我国每年粮食产后损失达 700 亿斤，相当于四川省全年粮食产量。在粮食加工领域，如何通过适度加工、深加工、增加附加值，提高资源综合利用率，减少粮食产后损失，需要加大技术创新力度。粮食仓储方面，政府储备仓储设施近年来不断改进提升，但农户的储粮由于设施简陋，每年因发霉、虫蛀或遭老鼠雀鸟啃食的粮食损失达 400 亿斤以上。提高绿色仓储水平，通过科学储粮减少损失，也必须提上日程。

（四）种粮比较效益低，提高农民种粮积极性、推进粮食产业高质量发展任重道远

我国是一个以农业立国的国家，农民在总人口中的占比达到一半以上。过去农民依靠种地为生，如今种粮比较效益低，很多农民宁肯外出打工不愿在家种地。尤其是年轻农民种粮意愿直线下降，从事种粮的农民越来越少，随着人口的增长粮食需求越来越多，这是我国粮食安全重大隐患。如何针对种粮效益低、农民种粮积极性下降的现状，通过与农户建立紧密的利益联结机制，让农民更多分享产业链、价值链增值收益，以持续提高粮食生产比较效益和种粮农民积极性任重道远。粮食产业一头连着农业、农民、农村，一头连着工业、居民、餐桌，关系千家万户，涉及每日三餐，满足人民对美好生活的需求，首先要把直接关系老百姓生存健康的粮食产业发展好。但我国粮食产业现状是，小企业、大市场，2.3 万户粮油加工企业中，98% 的属于“小散弱”企业，支撑着超大规模的粮油消费市场；小产值、大行业，粮食产业位居衣食住行四大传统行业之首，是关系国计民生，关联农业、工业、流通、消费等领域的大行业，但产值仅 3 万多亿元，产业化程度、科技水平、企业规模化程度都比较低。因此深入推进优质粮食工程，补上粮食产业发展规模化严重不足的短板，把粮食产业作为扩大内需、构建新发展格局的主导产业，实现高质量发展，是“十四五”时期的重大任务。

三 扛稳粮食安全重任，助力中华民族伟大复兴

在党中央领导下，我国的粮食安全得到前所未有的保障，中国粮食发展取得举世瞩目的成绩，改革开放几十年的时间，告别了饥饿，告别了人种牛耕，告别了农业税交皇粮，告别了绝对贫困。但在肯定成绩的同时也应看到，我国的粮食安全基础还很薄弱，告别粮票也仅仅不到三十年时间，中国粮食供给还处于紧平衡状态，粮食安全须臾不能放松。国家“十四五”规划纲要对保障粮食安全做了总体部署，我们要深入学习贯彻纲要精神，按习近平总书记“七一”重要讲话中指出的“增强忧患意识、始终居安思危，贯彻总体国家安全观，统筹发展和安全”的要求，切实扛稳粮食安全重任，为中华民族伟大复兴贡献粮食储备人的力量。

（一）坚持以储为本，推进粮食产购储加销体系建设

列宁曾说，真正的经济基础是粮食储备，没有它社会主义制度只是一个愿望。考虑到国家粮食

储备在稳定粮食安全和市场预期中的作用，要结合我局承担的职责，充分履职尽职，发挥粮食储备一头稳市场预期、消费者预期，一头稳种粮预期、粮农预期的重大调节作用，坚持做大做强粮食储备，同时加速推进储备环节对粮食全产业链各环节的带动传导作用，加快建立粮食产购储加销协同联动体系。

（二）坚持高质量发展，深入推进优质粮食工程、壮大粮食产业

深入推进优质粮食工程，以粮食产业链、价值链、供应链“三链协同”，优粮优产、优加、优储、优购、优销“五优联动”，以及绿色仓储、品质品牌、质量追溯、粮机装备、应急保供、节粮减损“六大提升行动”为主要内容，打造优质粮食工程升级版，是进入高质量发展阶段，推进粮食领域高质量发展的重大举措和主要行动。在下一步具体推进工作中，要注意两个结合：“抓大”与“扶小”相结合，“扶优扶强”与“扶贫扶弱”相结合。一方面扶持中化、中粮、北大荒等大型龙头企业，大力实施优质粮食工程，继续通过龙头企业带动小农户扩大优质粮食规模化种植，引领中小粮食加工企业向适度加工、精深加工发展，做大做强龙头企业和粮食产业，不断提高粮食产业经济效益和竞争力；另一方面，扶持中小粮食企业发展，扶持原产粮贫困县积极推进优质粮食工程，提高种粮的比较效益。我国1063个产粮县中许多是原来的贫困县，我们已扶持中化农业在64个原产粮贫困县推广阜南县聚焦粮食产业实现脱贫攻坚的做法，以确保粮食种植，把更多的效益留在产粮县，让更多农民获利。

（三）坚持科技创新，推进粮机装备和绿色储粮取得重大进展

通过技术创新，推进粮机装备的研发和应用，提升我国粮食产业竞争力，对保障粮食安全意义重大。“十四五”时期，要改造提升粮食机械装备水平，实施粮机装备产业提升行动，加强关键粮油机械制造自主创新，开发具有自主知识产权和核心技术的粮食加工成套设备，大力实施技术改造，加快设备升级换代，推动粮油机械设备向自动化、精准化、智能化、绿色化方向发展，大幅提高粮食产业整体技术和设备“中国造”水平，改变我国粮机设备通用机型多、重大装备主要依赖进口的现状，在建立与粮食大国相匹配的自主研发的粮机制造体系上取得重大进展。

大力推进粮食绿色仓储提升行动，着力构建不同生态区域、不同品种的绿色储粮技术体系，以先进储粮技术的优化升级和深度应用为主线，广泛吸收电子、信息等新兴科技成果，全面推进粮食储备管理的升级，建好用好保管好储备仓库这个产后“粮田”，全面提升科学储粮水平。

（四）坚持转型发展，全面筑牢国家粮食安全的根基

要推进与粮食大国相适应的粮食生产方式、经营方式与组织形式，建设更高层次、更高水平、更有效率的粮食安全保障体系。要在产粮大县建成一批优质粮食工程示范基地，保障优质粮食种植和供给，实现优质粮食持续稳产增产。通过“三链协同”，推进“粮头食尾”“农头工尾”，做好一、二、三产融合的典型引领和先行示范。要做大做强一批粮油龙头企业，培育一批具有国际竞争力的大粮企、大粮商、大粮仓，重塑我国粮食产业全球竞争力，提高粮食安全的产业支撑。要壮大一批中小粮油企业产业集群，强化集群内加工、物流、销售以及储存、包装、杀菌、保鲜、提取、化验、分析、检测等服务，带动整体产品质量、品质提高，利用技术进步为粮食产业发展赋能。要通过对生产主体、产业主体、技术创新的全面扶持提升，推进粮食产业高质量发展，全面筑牢国家粮食安全的根基。

从严从实推进储备仓库安全治理提升三年行动（2021 年 10 月 13 日）

国家粮食和物资储备局党组成员、副局长 贾骞

国家粮食和物资储备局坚决贯彻习近平总书记关于安全生产的重要指示精神，认真落实韩正副总理到国家粮食和物资储备局调研座谈时的重要讲话精神，在扎实推进安全生产专项整治三年行动集中攻坚的基础上，制定《储备仓库安全治理提升三年行动方案》，广泛动员部署，着力推动全系统安全生产形势持续稳定向好。

一 自觉对标看齐，深刻认识开展储备仓库安全治理提升三年行动的重大意义

（一）开展储备仓库安全治理提升三年行动，是认真贯彻落实党中央、国务院关于安全生产决策部署的重要举措

以习近平同志为核心的党中央一以贯之高度重视安全生产工作。党的十八大以来，习近平总书记 8 次主持召开中央政治局常委会会议和专题会议，听取安全生产工作汇报，作出近百次重要指示批示。李克强总理多次就做好安全生产工作作出重要批示，明确要求压实各环节安全生产责任，坚决防范遏制重特大事故。韩正副总理在国家粮食和物资储备局调研座谈时特别强调，要把仓储领域安全生产放到突出位置，完善相关管理体制，提高储备安全管理水平。要深入贯彻习近平总书记重要指示精神，认真领会李克强总理、韩正副总理重要指示批示要求，深刻认识开展储备仓库安全治理提升三年行动对于筑牢守好安全底线，切实保障人民群众生命财产安全的重大意义，不断提高政治判断力、政治领悟力、政治执行力，强化红线意识和底线思维，驰而不息、久久为功，以实际成效践行“两个维护”。

（二）开展储备仓库安全治理提升三年行动，是全系统深化改革、转型发展的现实要求

“没有安全和稳定，一切都无从谈起”。对于国家粮食和物资储备局这样一个以安全为核心职能的部门而言，具有特别重要意义。国家粮食和物资储备局党组对此高度重视，在粮食和物资储备深化改革、转型发展的实践中，始终坚持人民至上、生命至上，统筹发展和安全，不断推动加快构建更高层次、更高质量、更有效率、更可持续的国家粮食安全和战略应急物资储备安全保障体系。要站在全局的高度，扎实推进储备仓库安全治理提升三年行动，不断增强防风险守底线的能力，为全系统深化改革、转型发展提供坚强的安全保障。

（三）开展储备仓库安全治理提升三年行动，是防范化解安全生产领域重大风险的具体行动

当前，全系统安全生产形势保持总体稳定，但对于存在的风险隐患绝不能掉以轻心、习以为常、麻痹大意。开展储备仓库安全治理提升三年行动，就是要坚持问题导向，聚焦储备仓库运行中各重点

环节和部位存在的安全风险，健全完善安全生产标准规范和规章制度，规范各岗位人员作业行为、管理行为，筑牢守好防范化解重大安全风险的责任网络、制度体系、管理规范，并通过与安全生产专项整治的协同互补，从“软”“硬”两个方面，全力促进储备仓库本质安全水平提升。

二 坚决扛稳责任，着力强化储备仓库安全治理提升三年行动中的担当作为

（一）落实领导责任是安全治理提升三年行动的重要保证

将储备仓库安全治理提升三年行动摆到重要位置，严格落实领导责任和监管责任。一是加强组织领导。将扎实推进安全治理提升三年行动列入重要议事日程，成立专门的工作推动机构，定期研究、协调推动各项工作。二是完善工作机制。建立完善专班推动、跟踪指导、协同联动、情况报告、信息报送、效果评估等工作机制，努力构建分级负责、分类管理、全员参与的工作格局。三是发扬务实作风。在推动落实上下更大功夫，结合自身实际，建立工作台账，明确时间表和路线图，坚决杜绝工作停留表面、落实力度层层衰减、抓工作不主动不落实的倾向。

（二）夯实主体责任是安全治理提升三年行动的关键所在

必须始终牵住主体责任这个“牛鼻子”，鼓足干劲、一抓到底，确保取得实效。一是织密安全责任网络。健全完善全员安全生产责任制，做到守土有责、守土负责、守土尽责。二是坚持高标准严要求。紧扣提升本质安全水平的目标，以更高的标准和更严格的要求，深入细致梳理储备仓库安全管理规章制度，及时查漏补缺，修订完善。三是落实落细各项制度。结合本单位实际，制定实施细则，打通安全规章规定落实的“最后一公里”，将各项制度落实落细、到岗到人。

（三）担当“一岗双责”是安全治理提升三年行动的基本路径

严格落实“党政同责、一岗双责、齐抓共管、失职追责”和“三个必须”要求，进一步凝聚合力。任务牵头单位要发挥好统筹谋划、沟通衔接的作用，指定专人负责，协调推进各项工作任务。参与单位要“争主动、真落实”，积极担当作为，靠前对接沟通，认真完成职责范围内工作任务。

三 整体协调推动，扎实推进储备仓库安全治理提升三年行动走深走实

（一）广泛动员部署

深刻领会指导思想，坚持人民至上、生命至上，树牢安全发展理念。要深入把握目标要求，切实增强与储备仓库安全综合整治提升三年行动成效相匹配的软实力。

（二）全员积极参与

树立“一盘棋”思想，协同发力，整体推进。建立完善系统内部人才动态“活水”机制，调动全系统力量合力推进。鼓励储备仓库干部职工全员积极参与，人人有责任、人人有事做，心往一处想、劲往一处使。

（三）坚持试点先行

部分“老典型”“老标杆”要先行一步，在现有的基础上更进一层，切实发挥示范作用。遴选先进典型，按照成熟一个、试点一个的原则，分步骤分阶段组织召开现场会，推介有关单位好的经验

做法。

（四）着力防控隐患

这次行动是对安全生产专项整治三年行动的更进一步拓展，安全隐患排查整治仍是重点内容。要建立健全常态化分析查摆重点难点问题隐患的机制，采取强有力措施，及时发现和解决新问题、新矛盾，妥善防范化解重大安全风险。

（五）加强督导检查

综合运用通报、约谈、警示、曝光等有效措施，加强督促检查，强化工作导向。定期分析季度安全形势分析，调度情况、跟踪进度、督促成效，要加大频次，督导储备仓库落实各项工作任务。

3

第三篇

全国粮食和物资储备工作

粮油生产

2021年，农业农村部门认真学习贯彻落实习近平总书记重要指示批示和党中央、国务院决策部署，采取超常规举措，立足抗灾夺丰收，克服新冠肺炎疫情持续反复、局部严重洪涝、北方罕见秋汛及病虫害等不利影响，全力以赴抓粮食生产，全年粮食和农业生产再获丰收、实现高位增产，连续7年保持在65000万吨以上。

一 粮食生产

（一）粮食生产概述

1.粮食面积稳中有增。2021年粮食播种面积11763.1万公顷，比上年增加86.3万公顷，增幅0.7%，粮食面积连续两年增长。

2.单产保持基本稳定。2021年粮食平均单产每公顷5805.0公斤，比上年增加71.5公斤，增幅1.2%。

3.全国粮食产量实现多年连丰。2021年粮食总产68284.7万吨，比上年增加1335.6万吨，增幅2.0%，粮食产量连续7年稳定在65000万吨以上。

（二）粮食生产品种结构

1.三季粮食产量均实现增加

夏粮面积、产量均增：2021年夏粮播种面积2643.8万公顷，比上年增加26.6万公顷，增幅1.0%；产量14595.7万吨，比上年增加310.1万吨，增幅2.2%；单产每公顷5520.7公斤，比上年增加62.5公斤，增幅1.1%。

早稻面积略减、产量增加：2021年早稻播种面积473.4万公顷，比上年减少1.7万公顷，减幅0.3%；产量2801.6万吨，比上年增加72.3万吨，增幅2.7%；单产每公顷5918.0公斤，比上年增加173.0公斤，增幅3.0%。

秋粮面积、产量均增：2021年秋粮播种面积8645.0万公顷，比上年增加61.4万公顷，增幅0.7%；产量50887.4万吨，比上年增加953.4万吨，增幅1.9%；单产每公顷5885.7公斤，比上年增加68.4公斤，增幅1.2%。

2.主要粮食品种产量“三增一减”

稻谷面积略减、产量略增：2021年稻谷播种面积2992.1万公顷，比上年减少15.6万公顷，减幅0.5%；产量21284.2万吨，比上年增加98.3万吨，增幅0.5%；单产每公顷7113.4公斤，比上年增加69.2公斤，增幅1.0%。

小麦面积、产量均增：2021年小麦播种面积2357.0万公顷，比上年增加19.0万公顷，增幅0.8%；产量13694.4万吨，比上年增加269.1万吨，增幅2.0%；单产每公顷5810.8公斤，比上年增加68.6

公斤，增幅 1.2%。

玉米面积、产量均增：2021 年玉米播种面积 4332.4 万公顷，比上年增加 206.0 万公顷，增幅 5.0%；产量 27255.1 万吨，比上年增加 1188.5 万吨，增幅 4.6%；单产每公顷 6290.9 公斤，比上年减少 26 公斤，减幅 0.4%。

大豆面积、产量均减：2021 年大豆播种面积 841.5 万公顷，比上年减少 146.7 万公顷，减幅 14.8%；产量 1639.5 万吨，比上年减少 320.6 万吨，减幅 16.4%；单产每公顷 1948.2 公斤，比上年减少 35.2 公斤，减幅 1.8%。

（撰稿单位：农业农村部种植业管理司；撰稿人：冯宇鹏、陈明全；审稿人：吕修涛）

二 绿色高质高效行动

（一）示范带动玉米油料面积恢复增长，瓶颈技术攻关速度加快

以稳粮保供为核心，紧紧围绕全年粮油生产目标任务，积极引导玉米和油料作物种植。全年安排玉米示范县 122 个，油料示范县 73 个，占总任务的 41.5%。切实扩大玉米面积，2021 年全国玉米面积增加 3089.7 万亩；开发利用长江流域冬闲田扩种油菜，在北方农牧交错区和风沙干旱区因地制宜扩种花生，油料面积得到恢复性增长。针对玉米和油料等作物生产中的制约瓶颈，组建农技部门、科研院校相协作的专家指导组，重点对玉米籽粒机收，油菜开三沟、播种移栽、收获，花生全程机械化等加强攻关试验，因地制宜优化玉米、油料绿色高质高效技术，项目县耕种收综合机械化水平 71% 以上，夯实了玉米油料面积增长基础。宁夏回族自治区开展水肥配合、全生物降解膜应用、抗旱保水剂

在吉林省长春市九台区龙嘉街道红光村，农民驾驶农机进行水稻收割作业。（新华社记者摄）

应用等田间试验 30 项。江西省组建由 43 名专家组成的省级绿色高质高效行动技术服务专家团队，开展攻关试验 110 项。

（二）深入挖掘大宗作物产能潜力，品种技术转化应用效果明显

各地加强绿色高质高效试验示范片建设，全年建设试验示范片 1200 余个，积极引进新品种、新技术，集成组装技术模式 200 余套，单产水平高于周边区域 10% 以上。创建了一批高产纪录，安徽省涡阳县三块小麦高产田块亩产分别达 860.6 公斤、847.1 公斤和 823.81 公斤，均刷新全省上年小麦亩产 819.85 公斤的高产纪录；新疆维吾尔自治区奇台县冬小麦高产示范田平均亩产 858.72 公斤，再次刷新全疆冬小麦高产记录，新疆玉米创建县平均亩产分别达到 913 公斤，高于全国平均 493.6 公斤。推广了一批优质品种和成熟技术，内蒙古玉米无膜浅埋滴灌技术 2021 年示范推广面积近 900 万亩，实现了连续三年三个百万亩台阶的跨越式发展，创建县核心区绿色生产技术覆盖率达 100%；陕西加强玉米密植技术集成推广，带动全省亩均增密 329.69 株；贵州组织专家论证了一批优质水稻主导品种，集成绿色高效技术模式，2021 年水稻平均亩产 595.8 公斤，比非项目区亩增产 99.55 公斤，亩综合纯收益 1748.66 元，较非项目区增 697.85 元。

（三）重点打造“三品一标”基地，口粮质量效益得到提升

聚焦种植业品种培优、品质提升、品牌打造和标准化生产，打造示范基地，统一良种供应、统一肥水管理、统一病虫防控、统一技术指导、统一机械作业，实现良田、良种、良法、良机、良制配套，促进种植业绿色规模化生产，加快种植业产业化发展进程，提升产品质量安全水平和质量效益。江苏省推行“企业 + 合作社 + 基地 + 农户”的示范片建设模式，将示范片建成优质粮食生产示范基地，培育形成“苏垦”“蟹园”“隆元”“金陵味稻”等一批优质品牌；发展订单种植，落实优质优价政策，项目区参与订单种植企业 106 个，订单种植面积 98.26 万亩。浙江省水果实施区精品果园面积超过 65%，精品果率提高 10%；蔬菜实施区优质产品率提高 10% 以上。云南省河口县大力推行“合作社 + 创建区”经营模式，借助河口“瑶态”旱稻商标，从营销环节上提高河口旱稻市场知名度，并以“瑶家彩谷”农耕文化为主题，拓展农业观光旅游，增加项目区农户收益。

（四）多元发展涉农经营主体服务机制，全环节节本增效初步实现

通过政策扶持、培训引导、项目倾斜等方式，进一步加大了对种粮大户、家庭农场、合作社、龙头企业、社会化服务组织等新型农业生产主体的扶持力度，全年累计组织培训 1600 余次，培训人员 61 万人次，发放技术资料 184 万份，项目县新型主体数量明显提升。湖南省各行动县共培育带动新型农业生产经营主体 16420 个，同比增加 632 个，开展粮食生产社会化服务面积 381.1 万亩，同比增加 15.3 万亩。江西省行动县共培育带动农业新型经营主体 1920 余个，项目实施区社会化服务组织达 266 个，服务面积达 64.7 万亩，占创建面积 90.1%。

积极组织产业链全环节金融保险、机械服务、种植管理、加工销售引导帮扶，引进大数据和“互联网 +”机制，鼓励新型经营主体和有实力的企业多元参与创建工作，不断提升经营组织服务内容和水平，项目区农户满意度 90% 以上，有效实现项目区节水 5%、节药 2%、节肥 2% 以上，节本增效 10% 以上。黑龙江省“农业大数据 + 金融”支农模式全面推广，2021 年投放贷款 317 亿元，惠及 4900 个主体，26 万农户。福建省针对耕地碎片化现状，扩大“滴滴农机”试点，支持开展农业机械化跨区作业服务，为农民提供农机定制服务，扩大代耕代种代防代收等水稻生产托管服务面积。

（撰稿单位：农业农村部种植业管理司；撰稿人：刘武、李静；审稿人：吕修涛）

三 基层农技推广体系改革与建设

（一）聚焦三农中心工作，形成农技服务支撑新格局

实施农技推广特聘计划，围绕地方优势特色产业发展需求，招募了一批具有丰富实践经验、较高技术专长、较强服务意识和协调能力的特聘农技员。引导农业科技服务公司、专业服务组织、科技服务能力较强的农民合作社、家庭农场等社会化服务力量为生产经营主体提供优质科技服务，推动稻田综合种养、小麦节水省肥高产、水稻优质高产高效、大豆带状复合种植、玉米豆粕减量替代、非洲猪瘟常态化防控、鱼虾混养生态防控等一大批先进适用技术大范围推广应用。各地以补助项目为载体，在国家乡村振兴重点帮扶县推行包村联户服务机制，广大农技人员积极宣传帮扶指导、产业发展、生态补偿、社会保障、农村公共服务等过渡期强农惠农政策，开展技术指导和人员培训，带动农民增收致富，巩固拓展脱贫攻坚成果。

（二）聚焦区域重大问题，健全多元协同推广新机制

围绕产业发展重大问题，在山西、内蒙古、吉林、黑龙江、江苏、浙江、江西、湖北、广西、四川、重庆、青海等省份实施农业重大技术协同推广计划，12 个省组建的各类协同推广团队覆盖了水稻、食用菌、猕猴桃、肉牛等 106 个产业，组建的 119 个协同推广专家团队，累计推广 703 个重大新品种，476 项重大新技术，建设 1246 个协同推广基地，带动 4420 个经营主体发展，全方位提升农业科技服务的供给和服务能力。

（三）聚焦优质技术落地，构建农技集成展示新平台

完善部、省、县三级主推技术推介制度，在全国范围内遴选推介了一批支撑保障粮食安全、产业提质增效、耕地质量提升等要求的先进适用技术。基于大数据、云计算和移动互联网等信息化技术，构建国家现代农业科技示范展示基地、县域农业科技示范展示基地、中国农技推广信息平台等线上线下融合展示平台，加强技术示范展示和推广应用，促进农业科技快速进村入户到田。2021 年，大范围推广应用稻田生态综合种养技术、非洲猪瘟常态化防控技术、玉米秸秆覆盖保护性耕作技术、大豆带状复合种植技术等优质绿色高效技术，全国农业主推技术到位率达到 95% 以上。9000 余名专家、47 万余名农技人员，通过中国农技推广信息平台，开展在线问答、云上学习、互动交流、远程诊断，实现农技指导全天候、跨时空高效服务，解决新冠肺炎疫情防控下“农技人员难找、先进技术难寻、生产问题难答”的难题，保障春耕备耕、草地贪夜蛾防治、非洲猪瘟防控等工作。

（四）聚焦关键少数骨干，实现队伍素质能力新提升

遴选一批“愿干事、真干事、干成事”的农技推广骨干人才，分类别、分专题、分批次对骨干人才进行精准化、针对性培训，全面提升骨干人才的专业知识。推动山西、福建、江苏、浙江、江西、山东、湖南、广西等省份通过“定向招生、定向培养、定向就业”的培养方式，吸引本地户籍具有较高素质和专业水平的大学生作为储备人才进入基层农技推广队伍，提高农技推广队伍的整体素质。支持基层农技推广人员，通过脱产进修、在职研修等方式进行学历提升教育，补齐专业知识短板。

（撰稿单位：农业农村部种植业管理司；撰稿人：崔江浩、何晓丹；审稿人：吕修涛）

四　农机购置与应用补贴

2021 年 3 月，印发《2021—2023 年农机购置补贴实施指导意见》，对新一轮政策实施工作作出全面部署，全国中央财政补贴资金申请额度 210.7 亿元，超过全年 190 亿元预算规模，补贴购置各类农机具 209 万台（套），受益农民 174 万户、农业生产经营组织 5 万个。2021 年全国农机总动力 10.7 亿千瓦左右，农作物耕种收综合机械化率超过 72%。

（一）为稳产保供提供装备支撑

全国补贴机具品目范围包括 25 个大类 53 个小类 145 个品目，基本涵盖粮食等主要农作物以及生猪等重要畜禽产品全程机械化生产所需的主要机具装备。各地补贴购置拖拉机、水稻插秧机、谷物收获机、玉米收获机 40 多万台，使用补贴资金 130 多亿元，资金占比近 70%，江西、湖北、北大荒农垦集团实现对水稻育秧中心进行补贴，为全年粮食丰收提供了坚实的装备支撑。生猪生产、奶牛、蜜蜂养殖所需的 27 个品目机具被纳入补贴范围，全年使用补贴资金 3 亿元，支持 10 万个养殖场（户）购置机具 10 多万台（套），促进了生猪等重要农畜产品生产机械化水平稳步提升。

（二）推动农机装备科技创新

通过新产品试点、专项鉴定补贴等方式，为创新农机产品补贴开辟绿色渠道，湖北等 8 个省份将用于畜牧车辆消毒、废弃物处理等方面 16 个成套设施装备纳入了补贴范围，云南等 9 个省份将辣椒除柄机、大葱收获机、玉米去雄机等 26 个通过专项鉴定的创新产品纳入了补贴范围。

在江西省吉安市吉州区兴桥镇湖田村水稻生产功能区，当地农民抢抓农时，充分发挥农业机械化在春耕生产上的作用，提高农业机械化作业水平，确保粮食产业增产、农民增收。（人民网记者摄）

（三）促进农机装备结构优化

通过补贴标准“有升有降”的组合措施，助推农机装备结构进一步优化，高性能作业机具占比实现稳步提升。12 个省份对高性能免耕播种机、水稻插秧机、大蒜播种机等 48 种粮食生产薄弱环节机具、丘陵山区特色产业发展急需机具以及智能、复式、高端产品提高了补贴额测算比例。北大荒农垦集团先行开展北斗产品“优机优补”试点，深化北斗系统在农业生产中的推广应用。各地对轮式拖拉机等区域内保有量明显过多以及技术相对落后的机具降低了补贴标准。

（四）提高政策实施满意度

围绕政策稳定实施、补贴机具投档、补贴资金申领与兑付等事关农民和农机生产企业切身利益事项，实现一系列便民利企具体举措。全面运用农机购置补贴机具自主投档平台，实行常年受理，方便企业随时便捷投档。全面实行农机购置补贴申请办理服务系统常年连续开放，推广使用手机 APP 等信息化技术，方便购机者随时在线提交补贴申请、应录尽录。全面实行补贴受益信息、资金使用进度实时公开，主动接受社会监督。全面推行补贴申请审核和资金兑付限时办理，进一步缩短办理时限，将农业农村部门审核时间由 30 个工作日缩短至 15 个工作日，将公示时间由 20 天缩短至 5 个工作日，将财政部门兑付时间由 30 个工作日缩短至 15 个工作日，让农民尽快享受政策实惠。

（五）促进农机工业健康发展

在政策实施过程中，通过拖拉机分档引入“K 值”参数等做法，推行优机优补，切实排除一批质量性能相对较低的产品，淘汰一些小散乱企业，促进行业集中度提升。1—11 月份，行业骨干企业大中马力拖拉机产销量同比增长 12.6%，轮式谷物联合收获机产销量同比增长 24.85%，插秧机产销量同比增加超过 30%。2021 年，全国规模以上农机企业 1965 家，实现主营业务收入 3068.1 亿元。

（撰稿单位：农业农村部种植业管理司；撰稿人：李伟；审稿人：吕修涛）

五　化肥减量增效

（一）工作措施

一是深入实施化肥减量增效行动。建立有效工作机制，将化肥使用强度指标纳入对省级政府生态文明建设目标考核，推进化肥科学合理使用。支持化肥减量增效技术推广，对新型经营主体施用配方肥、缓释肥予以补助。大力推进科研创新，成立国家化肥减量增效科技创新联盟和高效复合肥国家农业科技创新联盟，联合行业专家推动化肥减量增效新技术攻关。集成高效技术模式，实施测土配方施肥，摸清土壤养分状况，发布配方信息，推进精准施肥。推广种肥同播、化肥深施等机械施肥技术，加快推进机械深施、种肥同播、机械追肥。大面积推广应用水肥一体化技术，促进水分生产效率和肥料利用率双提高。推广“配方肥 + 有机肥”“果（菜、茶）—沼—畜”“自然生草 + 绿肥”等技术模式，以有机替无机。探索高效服务方式，大力发展专业化服务组织，开展统测、统配、统供、统施“四统一”服务。充分利用测土配方施肥工作积累的海量数据，应用互联网、物联网、手机等开展土壤养分、施肥方案、肥料价格等信息查询。积极创新金融支农方式，撬动政策性金融资本投入，引导商业性经营资本进入，共同推进化肥使用量零增长行动。强化培训宣传普及，国家、省、市、县农业农村部门联动，科研教学、行业协会、肥料企业参与，开展多种形式科学施肥技术培训。发挥科学施肥专家指导组和省级专家团队技术支撑作用，开展“百名专家联百县”科学施肥指导行动。开展科学施肥专题宣传，编印科学认识化肥挂图等资料，报道化肥减量增效好成效好做法，提升宣传效果。

二是大力开展化肥减量增效试点。选择300个粮棉油生产大县(市、区）开展化肥减量增效试点，每个县（市、区）建设2个以上化肥减量增效示范区，累计示范面积2万多亩。在此基础上，择优选择100个地方政府重视、工作基础较好的县开展肥料包装废弃物回收处理试点。充分发挥示范区的示范引领作用，突出重点区域、重点作物，在东北和黄淮海玉米产区、北方设施蔬菜集中产区和南菜北运基地、黄土高原和渤海湾苹果优势产区等创建300个化肥减量增效试点县，创建示范区4000多个，示范面积4000多万亩，成为集中展示化肥减量增效效果的样板。围绕“精、调、改、替”技术路径，示范区重点集成和集中展示水稻侧深施肥、玉米种肥同播、小麦机械深施等高效机械施肥技术和缓控释肥、水溶肥、微生物肥等新型肥料应用效果。在此基础上试点主要农作物化肥定额制，创新高效科学施肥技术集成应用。通过政策支持、资金扶持、技术指导，有力培育了一批种植大户、家庭农场等新型经营主体，发挥以点带面的积极作用，带动农户参与化肥减量增效行动。

三是扎实做好测土配方施肥基础性工作。按照“测、配、产、供、施”的技术路径，夯实测土配方施肥基础，在全国范围开展取土化验和植株测试21.8万个，完成作物肥效、化肥利用率、肥料新产品新技术等田间试验1.5万个，开展农户施肥调查3万户。加强科学施肥技术指导服务，系统总结国内外研究和十五年测土配方施肥成果，建立了苹果、茶叶产区氮肥定额用量（试行），制定了春秋两季科学施肥技术指导意见。选择一批粮棉油生产大县，加快集成以侧深施肥、种肥同播、机械深施、适期施肥、水肥一体化等为核心的高效施肥技术模式，大力推进轻简化施肥，探索向社会化服务组织购买“统测、统配、统供、统施”服务。

（二）主要成效

强化绿色引领，依靠科技进步，主攻质量效益，深入开展化肥减量增效、测土配方施肥等工作，取得显著成效。据统计，2020年全国农用化肥施用量5251万吨（折纯），分别比2019年、2015年减少152.6万吨、771万吨；我国水稻、玉米、小麦三大粮食作物化肥利用率40.2%，比2015年提高5个百分点。

一是测土配方施肥不断深入。各级农业农村部门根据“大配方、小调整”的原则，因地制宜制定发布肥料配方3万余个，发放施肥建议卡和技术资料4000多万张（份），有力指导了农民科学施肥、合理施肥。2021年全国测土配方施肥技术推广面积约21亿亩次，技术覆盖率达90%以上。

二是施肥结构不断优化。通过科学施肥技术推广，“重化肥、轻有机肥，重大量元素肥料、轻中微量元素肥料，重氮肥、轻磷钾肥”的“三重三轻”问题逐步改善，施肥结构得到优化。增施有机肥、种植绿肥等成为促进化肥减量增效的有力方式，有机肥替代化肥理念逐步深入人心。钙、硫、锌等中微量元素在促进生长、提升品质等方面的作用得到广泛认知和应用。氮肥用量逐步降低，化肥利用率逐步提高，氮磷钾肥复合化率逐步提升。

三是施肥方式不断改进。技术方面，水稻侧深施肥、玉米种肥同播、小麦一次性深施、经济作物水肥一体化等高效施肥技术应用面积不断增加，极大提高肥料利用效率和农业生产水平。产品应用方面，作物专用配方肥、缓控释肥料、水溶肥料、微生物肥料等新型肥料用量不断增加。

四是服务模式不断创新。采取政府购买服务方式，大力发展和培育专业化服务组织，全国科学施肥社会化服务组织逐步发展壮大，服务面积不断增加。创新应用互联网、物联网、手机等媒介开展土壤养分、施肥方案、肥料价格等信息查询，促进了科学施肥技术应用和科学施肥水平的提高。宣传培训服务进一步加强，2021 年共组织技术培训 2 万余场次，培训超过 300 万人次，组织现场观摩 6000 余场次，宣传报道近 2 万条次。

（撰稿单位：农业农村部种植业管理司；撰稿人：徐晶莹；审稿人：吕修涛）

六 病虫害绿色防控

2021 年小麦条锈病、赤霉病、水稻“两迁”害虫、草地贪夜蛾、粘虫、玉米螟、玉米锈病等重大病虫害呈重发态势，全力组织开展“虫口夺粮”保丰收行动，增加统防统治、绿色防控覆盖率，减少病虫危害损失、化学农药使用量，农作物绿色防控水平得到持续提高。

（一）强化绿色防控技术推广运用

组织创建第三批全国农作物病虫害绿色防控示范县 120 个，整县制推动应用生态调控、生物防治、物理防治、免疫诱抗和科学用药等绿色防控技术。推动全国共建立各级绿色防控技术示范区 2.53 万个，示范面积 3.54 亿亩，建立果菜茶全程绿色防控技术试验点 1 万余个，集成推广果菜茶全程绿色防控技术 5325 万亩、蜜蜂授粉与绿色防控技术模式 6 套，绿色防控技术的大面积推广应用。首次构建了全国农作物病虫害绿色防控覆盖率网络直报系统，推进了绿色防控覆盖率数据采集报送规范化。据测算，2021 年全国农作物病虫害绿色防控面积 11.0 亿亩，病虫害绿色防控覆盖率达到 46%，比上年提高 4.5 个百分点。

（二）推进统防统治与绿色防控融合

发布《农作物病虫害专业化防治服务管理办法》，规范防治服务行为。通过政府购买服务等方式，支持专业化防治组织在统防统治中采用绿色防控技术，推进统防统治与绿色防控融合。据统计，2021 年全国专业化服务组织数量 92893 个，经注册备案的规范组织达到 43684 个，从业人员 122.3 万人，拥有大中型药械 68.5 万台，日作业能力达到 1.2 亿亩。三大粮食作物实施病虫害统防统治 17.31 亿亩次，统防统治覆盖率达到 42.4%，比上年提高 0.5 个百分点。

（三）推进绿色防控技术培训

根据作物种植分布和病虫害发生特点，在河北、甘肃、贵州等地分别举办小麦、果菜茶、棉花等绿色防控技术专项培训班，培训各级植保技术人员 400 多人，同时积极克服新冠肺炎疫情影响，组织举办草地贪夜蛾暨玉米重大病虫害等 3 期绿色防控技术线上培训班，各级植保机构参训人员达到 2000 余人。组织编撰了稻飞虱、条锈病等 17 种一类农作物重大病虫害防治技术挂图和手册，提高绿色防控技术普及率和到位率。

（四）进一步提高科学安全用药水平

制定“百万农民科学安全用药活动”实施方案，编印下发科学安全用药挂图等宣传培训资料 750 多万份。2021 年，共开展培训 3.8 万场、累计培训 910 余万人次。开展植保无人机驾驶员安全用药培训 1997 场，培训无人机飞手 2.6 万名。组织开展新型植保机械标准化作业示范、植保无人机联合试验、农药利用率测试等工作，累计开展新农药新剂型新助剂试验 237 个。据测算，2021 年全国三大粮食作物的农药利用率 41.1%，比上年提高 0.5 个百分点。

（五）开展国家救灾农药储备与投放

按照《国家救灾农药储备管理办法（暂行）》要求，由9家承储企业依法依规储备农药制剂5928.42吨、货值4.5亿元。根据河南、陕西、江苏、湖北、福建、广西、海南、四川、云南、浙江等10省（区）农业农村部门提出投放申请，积极组织相关企业做好投放工作。据统计，2021年各承储企业累计投放储备农药1184.69吨，约占原计划储备总量的20%，为病虫害防治提供了有力支持。

（撰稿单位：农业农村部种植业管理司；撰稿人：常雪艳、任彬元；审稿人：吕修涛）

七 农业防灾减灾

（一）灾情及影响

2021年极端气象灾害多发频发，区域集中、局地灾重、总体偏轻。据农业农村部农情调度，全国农作物累计受灾1.76亿亩，比上年减少1.23亿亩，其中成灾7020多万亩、减少4960多万亩，绝收2490多万亩、减少1560多万亩。受灾、成灾和绝收面积均是近十年最低值。

一是干旱总体偏轻，局部偏重。全国农作物因旱受灾5130多万亩，同比减少2480多万亩，其中成灾2110多万亩、减少1650多万亩，绝收690多万亩、减少360多万亩。受灾、成灾面积为近十年最低值，绝收面积为近十年次低值。华南出现冬春连旱，影响局部早稻面积落实、适时播栽。陕西、甘肃、宁夏等省区遭遇严重夏伏旱，受旱面积1560多万亩、成灾820多万亩，绝收140多万亩。

二是洪涝全国总体轻于上年，局部明显偏重。全国农作物因洪涝受灾7140多万亩，较上年减少3640多万亩，其中成灾3090多万亩、绝收1300多万亩，分别减少1450多万亩和670多万亩，受灾、成灾和绝收面积明显轻于近十年平均值，分别居近十年第9位、第10位和第7位。河南遭遇历史罕见的极端洪涝灾害，造成农作物受灾1470多万亩、成灾970多万亩，绝收570多万亩，因灾减产66亿斤。黄淮海主产区出现罕见秋汛，秋收秋种严重受阻，冬小麦晚播面积达到1.1亿亩。

三是台风登陆时间偏晚，个数偏少，总体偏弱，灾情偏轻。造成农作物受灾660多万亩、减少5130多万亩，其中成灾160多万亩、绝收67万亩，分别减少1100多万亩、190多万亩。受灾、绝收面积均为近十年第9位。

四是风雹灾情轻于上年，轻于常年。全国农作物因风雹受灾累计4060多万亩，同比减少80多万亩，其中成灾1430多万亩、减少420多万亩，绝收300多万亩、减少120多万亩。

五是低温冻害明显轻于上年，轻于常年。全国农作物因低温冻害受灾累计560多万亩，同比减少1010多万亩。其中成灾220多万亩，绝收67万亩，分别减少330多万亩和250多万亩，低温冻害为近十年最轻水平，受灾、成灾面积均为近十年最低。

（二）科学抗灾救灾

一是及早部署安排。2021年4月召开部防汛抗旱领导小组会议，对防汛抗旱工作再安排、再落实。制定防灾预案，召开视频会，聚合力量推动农业防灾减灾工作。8月17日，召开全国农业防灾减灾和秋粮生产视频调度会，胡春华副总理对农业防灾减灾和灾后恢复生产进行再动员、再部署。10月20日召开抓好当前秋收和秋冬种切实保障粮食生产视频调度会，对防灾减灾和秋收秋种再动员、再部署。

二是加强灾情监测预警。加强与气象、应急、水利等部门信息共享，完善农气会商机制，首次实施天气月会商和重大天气实时会商，全年制定发布 100 多期灾害预警信息，指导各地及早落实科学抗灾措施，减轻灾害影响。强化应急值守，坚持 24 小时值班制度，加强旱涝灾情监测，启动灾情日报制度，分区域分时段召开视频调度会，持续跟踪监测雨情、墒情、农情和灾情，及时反映生产和灾情动态。

三是加强督导指导。组织开展奋战 100 天夺夏粮丰收行动、奋战 100 天抗灾夺秋粮丰收行动，实行农业防灾减灾夺丰收包省包片督导，每个部领导联系一个片区，每个司局联系 1—2 个省，在秋粮收获前开展全程督导联系。根据作物生育进程和灾害发生特点，组织专家及时制定发布 40 多个防灾减灾技术指导意见，先后派出 70 多个工作组和专家小分队，分赴重灾区和秋粮主产区，实地调查评估灾害影响，开展巡回技术指导，落实防灾减灾、稳产增产关键技术措施。累计下拨农业生产救灾资金 40 亿元，支持受灾地区抗灾救灾和灾后生产恢复。

四是全力支持河南抗灾救灾。组织专业力量，加强指导服务。制定 10 个抗洪涝促生长技术意见，编印农业防灾减灾手册。创新指导机制，首次组织全国农技中心、中国农科院等单位派出 50 多个专家小分队下沉到重点县，带技术、带物资，蹲点包片指导到乡、到村、到户，灾情不退不撤回。组织农机作业服务队和植保专业化服务组织，帮助受灾农户抢排积水，施肥打药，抓紧恢复生产。创新救灾方式，在下拨中央救灾资金的基础上，组织行业协会和企业为河南等重灾区捐赠化肥 9200 吨、农药 460 多吨、消毒剂 3.16 万件（箱），援助抽排设备 2072 台，支持灾后恢复生产。

（撰稿单位：农业农村部种植业管理司；撰稿人：秦兴国、朱维卓；审稿人：吕修涛）

粮食生产扶持政策

一　加强粮食生产能力建设

（一）持续加强农田水利建设

印发实施《全国高标准农田建设规划（2021—2030 年）》，2021 年共安排中央各项资金 1000 多亿元，建成高标准农田 10551 万亩、高效节水灌溉面积 2825 万亩，分别完成年度建设目标任务的 105.5% 和 188.3%，建成后的项目区粮食综合生产能力明显提升，亩均粮食产能增加约 10%。规划建设一批重大引调水工程、重点水源工程、江河湖泊治理骨干工程等节水供水重大水利工程，对合理调度、统筹保障全国农业和粮食生产用水发挥了重要作用。2021 年安排中央预算内投资约 75 亿元，用于大型灌区续建配套与节水改造、新建大型灌区工程等项目建设，保障农业灌排用水需要，提高灌排保障能力和农业用水效率。

（二）加强东北黑土地保护利用

2021 年，印发实施《国家黑土地保护工程实施方案（2021—2025 年）》，启动实施国家黑土地保护工程。聚焦黑土地保护重点县，集中连片加强黑土地保护，强化培育肥沃耕层，旱地推进秸秆深翻还田、碎混还田等技术，水田推行秸秆秋翻压春搅浆还田等技术，增加耕地土壤有机质、打破压实层，开展综合提质培肥。继续稳步实施东北黑土地保护性耕作行动计划，支持在适宜区域推广应用秸秆覆盖免（少）耕播种等关键技术，有效减轻风蚀水蚀、增加土壤有机质、增强保墒抗旱能力、提高农业生态效益和经济效益。2021 年，中央财政投入资金 28 亿元，支持黑土地保护性耕作实施面积 7000 万亩。

（三）加强粮食生产科技创新

出台《种业振兴行动方案》，全面启动种业振兴行动，新收集农作物资源 2.6 万多份、水产种质资源 4 万多份，基本完成畜禽资源普查。编制印发《“十四五”现代种业提升工程建设规划》，聚焦种质资源保护、育种创新、品种测试和良种繁育四大环节，建立健全现代种业体系。2021 年安排中央预算内投资 10 亿元，支持各地加快推进现代种业提升工程等项目建设，加快补上种业自主创新短板。深入总结草地贪夜蛾等疫情防控经验和存在的问题，安排中央预算内投资 10 亿元实施动植物保护能力提升工程，加强重大植物疫情监测预警和应急防控，提升对重大病虫害的监测、诊断、预警和防治能力。实施农机装备补短板行动，农机装备加快转型升级，农作物耕种收综合机械化率超过 72%，全国农业科技进步贡献率超过 60%。

（四）开展耕地轮作休耕试点

立足资源禀赋、突出生态保护、实行综合治理，2021 年中央财政继续支持开展耕地轮作休耕制度试点，扩大轮作，减少休耕。轮作每亩补助 150 元，主要在东北地区推行大豆薯类—玉米、杂粮杂豆春小麦—玉米等轮作，在黄淮海地区推行玉米—大豆或花生—玉米等轮作，在长江流域推行稻油、稻稻油等轮作；休耕每亩补助 500 元，主要在河北地下水漏斗区、黑龙江三江平原井灌稻地下水超采区、新疆塔里木河流域地下水超采区实施休耕试点。

二 完善粮食生产补贴和价格支持政策

（一）进一步提高种粮补贴水平

一是农业支持保护补贴。2016 年，国家将农作物良种补贴、种粮农民直补和农资综合补贴合并为农业支持保护补贴，用于支持耕地地力保护和粮食适度规模经营。其中，耕地地力保护补贴对象原则上为拥有耕地承包权的种地农民，补贴资金通过“一卡（折）通”等形式直接兑现到户，2021 年补贴资金规模达到 1205 亿元。二是玉米、大豆生产者补贴和稻谷补贴。在玉米和大豆价格由市场形成的基础上，国家继续在东北三省和内蒙古自治区实施玉米和大豆生产者补贴政策。2021 年，玉米、大豆生产者补贴资金规模合计达到 408 亿元。为支持深化稻谷收储制度和价格形成机制改革，国家在有关稻谷主产省份继续实施稻谷补贴政策，2021 年补贴规模为 187 亿元。三是实际种粮农民一次性补贴。为保障农民种粮有合理收益，保护好农民种粮积极性，根据农资价格上涨情况，2021 年中央财政安排 200 亿元对实际种粮农民发放一次性补贴，释放支持粮食生产积极信号，稳定农民收入，补贴资金向粮食主产区倾斜。

（二）加大农机购置补贴力度

2021 年农机购置补贴政策继续在全国所有农牧业县（场）范围内实行，中央财政共安排农机购置补贴资金 190 亿元，比 2020 年增加 20 亿元。补贴对象为从事农业生产的个人和农业生产经营组织，实施方式为自主购机、定额补贴、先购后补、县级结算、直补到卡（户）。补贴额依据同档产品上年市场销售均价测算，一般机具测算比例不超过 30%，中央财政资金单机补贴限额不超过 5 万元。补贴范围确定上，优先保障粮食和生猪等重要农产品生产、丘陵山区特色农业生产以及支持农业绿色发展和数字化发展所需机具的补贴需要。

（三）强化产粮（油）大县奖励

2021 年，中央财政下达产粮（油）大县奖励资金 482 亿元，用于支持产粮大县、产油大县、商品粮大县、制种大县粮油生产和产业发展，比上年增加 15 亿元。常规产粮大县入围条件为：近五年平均粮食产量大于 4 亿斤，且商品量大于 1000 万斤；或者在主产区产量或商品量列前 15 位，非主产区列前 5 位的县级行政单位。在此基础上，近五年平均粮食产量或者商品量分别位于全国前 100 名的县为超级产粮大县，在获得常规产粮大县奖励的基础上，再获得超级产粮大县奖励。常规产粮大县奖励资金作为一般性转移支付，由县级人民政府统筹使用；超级产粮大县奖励资金用于扶持粮食生产和产业发展。

（四）坚持和完善小麦、稻谷最低收购价政策

2021 年国家继续在粮食主产区实行小麦、稻谷最低收购价政策。2021 年生产的小麦（三等）最低收购价格为每斤 1.13 元，比 2020 年提高 1 分钱。2021 年生产的早籼稻、中晚籼稻和粳稻最低收购价分别为每斤 1.22 元、1.28 元、1.3 元，早籼稻、中晚籼稻均比上年提高 1 分钱，粳稻价格保持与上年不变。同时，完善最低收购价政策的实施方式，更好适应 WTO 规则要求。

（五）大力支持发展粮食等农业保险

2007 年实施农业保险保费补贴政策以来，中央财政累计投入 2500 多亿元，年均增长 20% 以上。2021 年，中央财政农业保险保费补贴规模达到 333 亿元，较上年增长 16.8%，全国农业保险市场规模达到 965 亿元，比上年增加 150 亿元。我国已成为全球农业保险保费规模最大的国家，农业保险在提高农户抵御自然风险能力、保障农户收益等方面发挥着重要作用。进一步扩大粮食作物完全成本保险和种植收入保险试点方位，提高保费补贴比例。2018 年中央财政在内蒙古、辽宁、安徽、山东、河南、湖北等 6 个粮食主产省份的 24 个产粮大县开展粮食作物完全成本保险和种植收入保险试点，目前已实现 13 个粮食主产省份产粮大县全覆盖，对稳定农民种粮收益发挥了重要作用。

（撰稿单位：国家发展改革委农村经济司；撰稿人：陈曦、黄通；审稿人：吴晓）

粮食流通

一 粮食收购与销售

2021 年，国家粮食和物资储备局加强粮食收购工作的统筹组织和协调指导，先后于 5 月、9 月召开夏季粮油收购工作会议和秋粮收购工作会议安排部署。指导各地严格落实粮食安全党政同责要求，多措并举抓好粮食市场化收购，做到“有人收粮、有钱收粮、有仓装粮、有车运粮”。及时批复符合条件的地区启动最低收购价执行预案，安徽、江西、河南、湖北、湖南、黑龙江等 6 个省份启动了中晚稻托市收购，督促有关央企认真落实政策执行主体责任，牢牢守住农民“种粮卖得出”底线。全年累计收购粮食 37730 万吨，其中最低收购价稻谷 1450 万吨，未发生农民“卖粮难”。

“一站式”全自动粮食收购机正有序工作。(人民视觉)

认真落实国务院批复同意的粮食库存消化方案，坚持常年常时在国家粮食交易平台公开投放政策性粮食，灵活安排投放数量、时机、节奏，适时调整细化交易规则，坚决抑制投机行为，确保形成有效供给。累计销售成交政策性粮食 3415 万吨，有效满足了广大企业用粮需求。

（撰稿单位：国家粮食和物资储备局粮食储备司；
撰稿人：董祥、王聪、孟凡璠、毕一卓、董炳坤、毕毅琛；审稿人：秦玉云、唐成）

二 粮食保供稳市

紧盯元旦、春节、两会、中秋、国庆等重大节日和重要时段，安排部署粮食保供稳市工作。面对疫情多点散发的实际情况，按程序多次启动应急保供工作机制，定期召开工作例会研究会商；建立粮油市场日监测日报告机制，及时调度了解有关地区粮油库存和市场供应情况，全力抓好保供稳市工作。指导有关企业合理把握政府粮食储备轮换时机和节奏，充分发挥稳市场、保供应等方面作用。召开新闻发布会和通气会，发布权威信息，通报粮食收购进度、市场形势变化等有关情况，积极释放粮油市场供给充足、运行平稳等信号。定期在国家粮食和物资储备局官网公布粮食供求、收购、销售等市场信息，帮助各类市场主体合理安排生产经营活动。

云南省出台粮油保供稳市“八条措施”，严密做好 8 个州（市）25 个边境县疫情期间粮油供应；江苏省南京市在疫情期间连续 6 次向禄口等应急保供重点地区累计配送大米 200 万斤、食用油 35 万升，保障群众生产生活需要；青海省积极应对果洛州玛多县“5.22”地震、海北州门源县“1.8”地震，扎实开展粮库灾情排查、核损和库存清查，保障粮食储备安全；内蒙古自治区立足东西跨度大的实际，建立自治区内盟市就近支援、快速处置的区域联动保障机制；陕西省疫情期间积极协调交通、商务部门为粮油应急运输车辆办理通行证，开辟“绿色通道”，保障粮油应急运输车辆顺畅通行。

（撰稿单位：国家粮食和物资储备局粮食储备司、应急物资储备司；
撰稿人：向玉旭、温江波、高明、崔粹、李燕博、张晴伟；审稿人：秦玉云、王宏、唐成、陈林、石磊）

三 粮油竞价交易

2021 年共组织政策性粮食竞价销售交易 203 场，成交国家政策性粮食 5497 万吨，出库履约率 94.57%。其中，小麦成交 3300 万吨左右，稻谷成交 2100 万吨左右。通过国家粮食交易平台开展的中央储备粮轮换，进场交易量较上年增长 22%。组织各级地方储备粮油竞价销售和采购 2406 场，成交 2800 多万吨，同比增加 1190 万吨；成交金额 810 亿元，同比增加 421 亿元。组织“阜南优质粮食帮扶交易专场”，成交近 8 万吨。坚持国家粮食交易平台公益性定位，配合银行研发合同履约、订单融资等产品，帮助企业降低融资成本，缓解资金压力，为平台企业累计放款超 500 亿元。

（撰稿单位：国家粮食和物资储备局粮食交易协调中心；
撰稿人：姜青志、李杨、郝晋彬；审稿人：许策）

粮食流通体制改革

一 改革总体情况

2021 年 1 月，全国粮食和物资储备工作会议在北京召开。会议强调，全国粮食和物资储备系统要坚持以习近平新时代中国特色社会主义思想为指导，全面贯彻党的十九大和十九届二中、三中、四中、五中全会精神，坚持稳中求进工作总基调，立足新发展阶段，贯彻新发展理念，构建新发展格局，推动高质量发展，认真落实总体国家安全观和国家粮食安全战略、乡村振兴战略，扎实做好“六稳”工作、全面落实“六保”任务，聚焦国家粮食和物资储备安全核心职能，突出“深化改革、转型发展”时代主题，坚守安全稳定廉政“三条底线”，抓重点、补短板、强弱项，防风险、稳市场、保安全，加快构建更高层次、更高质量、更有效率、更可持续的国家粮食安全和战略应急物资储备安全保障体系，以优异成绩庆祝建党 100 周年。

一是深化粮食收储制度改革。坚持市场化政策取向与保护农民利益并重，分品种施策、渐进式推进，坚持并完善稻谷、小麦最低收购价政策，完善玉米、大豆生产者补贴政策，进一步健全粮食价格市场形成机制。完善种粮农民补贴制度，优化农业补贴结构，稳定种粮收入预期，保护和调动农民种粮积极性。充分发挥市场主体粮食收储能力，积极培育多元化市场主体入市收购，深化产销合作、推广订单收购、强化信息宣传，防止出现农民“卖粮难”。完善产粮大县补偿政策，增加对产粮大县的转移支付，强化主销区对主产区的利益补偿，调动地方重农抓粮积极性。

二是改革完善粮食储备安全管理体制机制。调整优化政府储备规模、品种结构和区域布局，确保关键时刻拿得出、调得快、用得上。改革完善粮食储备管理体制，促进政府储备、企业储备和居民储粮等多元发展，推动形成功能互补、协同高效的多元承储体系，增强全社会抵御粮食安全风险能力。健全储备运行机制，强化中央储备和地方储备协同运作，促进两级储备在库存品种结构、吞吐轮换机制等方面的协同互补，有效发挥中央储备粮“压舱石”和地方储备粮“第一道防线”的重要作用。强化储备内控管理和外部监督，确保储备数量真实、质量良好，急需时调得动、用得上，发挥重要的调控作用。

三是深化粮食流通监管改革。坚持和加强党的全面领导，实行粮食安全党政同责，严格粮食安全责任制考核，压紧压实保障粮食安全政治责任，增强各级党委和政府重农抓粮的思想行动自觉。配合中央纪委国家监委扎实开展粮食购销领域腐败问题专项整治，督促指导各地扎实开展粮食购销各环节问题漏洞“大排查、大起底”，持续抓好发现问题整改。进一步巩固两项“大清查”成果，开展问题整改情况“回头看”，全面加强中央储备库存监管。创新方法，深入推进信息化监管，出台信用监管办法，采取突击抽查、交叉执法检查等方式，敢于碰硬，严格执法。

四是健全粮食应急保障体系。总结运用新冠肺炎疫情以来粮食应急保供经验，修订完善各级粮食应急预案，构建系统化、可操作的预案体系。完善动态优化机制，定期评估修订，立足实战开展演练，加强跨部门、跨层级联动，提高快速响应能力。夯实应急保障物质基础，在大中城市建立成品粮储备，其他地区可根据实际需要，科学合理建立一定规模的成品粮库存。合理布设粮食应急加工企业，优化应急加工能力布局，与市场日供应需求相适应，做到需要时原粮快速加工、成品粮迅速投放。加快粮食产业与应急体系融合发展，分级建立综合应急保障基地和保障中心、配送中心，确保应急状态下拿得出、调得快、用得上。

五是健全粮食法治体系建设。积极推动粮食安全保障立法修规，从加强国家安全法治保障出发，在立法宗旨上向保障国家粮食安全聚焦，围绕粮食数量、质量、产业安全的核心目标，重点确定粮食生产、储备、流通能力保障制度，健全粮食产业安全保障、粮食应急保障、粮食质量安全保障等方面规范。加快推动《粮食安全保障法》《粮食储备安全管理条例》立法相关工作，认真做好新修订的《粮食流通管理条例》宣传工作，更好发挥法治固根本、稳预期、利长远的保障作用，把国家粮食安全问题全面纳入法治轨道。

（撰稿单位：国家粮食和物资储备局法规体改司；撰稿人：张亚奇、王镭、彭双五；审核人：周海佳）

二　粮食安全责任制考核

（一）考核工作

国家考核工作组各成员单位积极配合、有序组织、扎实开展2020年度粮食安全省长责任制考核，圆满完成省级自评和部门评审，顺利推进部门联合抽查，统筹做好综合评价等后续工作。一是细化工作要求，提前完成省级自评。各地及早研究谋划，将自评各环节工作分解步骤、明确时限、规范流程，最大限度保障“减负提速”，在3月底前后提前完成了省级自评。二是强化统筹协调，高效开展部门评审。压茬推进部门评审等工作，省级自评接近尾声时，对部门评审工作进行了提前安排，并于4月底完成部门评审。三是统筹谋划开展部门联合抽查。制定部门联合抽查工作方案，组织7个抽查组，召开抽查工作动员会，明确抽查工作要求和纪律。5月中下旬，国家发展和改革委员会、农业农村部、国家粮食和物资储备局、海关总署、统计局、中国农业发展银行等6部门单位的负责同志带队，11个部门单位的业务骨干及7个省级考核办专家参加，组成7个组分别对主产区的江苏、湖北、四川，主销区的福建、浙江，产销平衡区的云南、宁夏等7省（区）进行了实地抽查。四是圆满完成年度考核。在省级自评、部门评审、部门联合抽查的基础上，梳理各省（区、市）亮点成效和问题短板。考核结果呈报国务院审定后，由国家考核工作组成员单位联合通报各地。此外，各省（区、市）考核工作机制进一步健全，上传下达、协调左右的作用充分发挥。国家考核办及时掌握各地动态，对考核工作的部署会议、领导调研、典型做法、先进经验，以及落实粮食安全责任制的突出成效，编印工作简报供各地学习借鉴。通过以点促面，营造氛围，形成合力，进一步强化日常监督考核工作。

（二）成效亮点

在粮食生产方面，黑龙江省粮食总产量稳居全国首位；山东、河北、新疆等省（区）粮食产量均增加。贵州省构建“数量、质量、生态”三位一体的耕地保护监督新格局；海南省组织开展耕地“非农化”排查清理行动。辽宁等省超额完成高标准农田建设任务。重庆市加快推进农田宜机化改造。湖南省实现国标一等杂交稻品种零突破；江苏省大力提升种业建设和种业市场监管能力；广西壮族自治区举办首届中国（广西）—东盟现代种业发展大会。

在粮食储备方面，各省（区、市）先后出台储备改革实施意见，加强地方粮食储备安全管理和吞吐调节，地方储备较好发挥了守底线、稳预期、保安全的关键作用。安徽省提高省级储备优质品种比例，探索"优粮优储"轮换试点。广东等省调整优化储备规模和布局，增强区域保障能力。宁夏回族自治区重点建设原粮生产基地，提高自产粮食储备占比。

在粮食流通方面，各地推动有效市场和有为政府更好结合，加强宏观调控，强化执法督查和进口粮食安全监管，积极引导多元主体入市收购，没有发生大面积"卖粮难"和粮食抢购现象；粮食产销协作持续深化，国内循环更加通畅高效。山东等省建立粮食收购贷款信用保证基金。甘肃省进一步规范惠农财政补贴政策。西藏自治区向农户发放储粮仓，强化节粮减损储粮设施应用。

在粮食应急保障方面，各地优化粮食应急加工能力布局，强化应急体系管理，在应对疫情大战大考中，组织粮食应急加工企业复工复产，确保粮食持续稳定供应。

在粮食产业高质量发展方面，全国纳入粮食产业经济统计范围的企业涌现出水韵苏米、齐鲁粮油等一批区域公共品牌。浙江省创新推广从仓储环节入手、向头尾两端发力的"湖州模式"。安徽省深入推进优质粮食工程，打造了"阜南样板"。青海省积极推进青稞高原生物产业高质量发展。内蒙古自治区推进粮油类地理标志商标品牌创建。陕西省挖掘"丰图义仓"历史文化，建设国家级粮食安全宣传教育基地。

（三）党政同责

各省（区、市）高度重视粮食安全责任制考核工作，将粮食安全责任落实情况纳入高质量发展综合绩效评价、目标管理绩效考核或重点督查事项。福建等省出台进一步强化落实粮食安全责任制的文件，推动责任落细落实。吉林、云南等省强化粮食安全责任制落实情况在综合考评中的分值权重；上海市将承担政策性粮食业务的市属国企纳入考核。

（撰稿单位：国家粮食和物资储备局执法督查局；撰稿人：游泳、张军杰、闫飞；审稿人：钟海涛、唐茂）

三　粮食收储制度改革

国家有关部门认真落实党中央、国务院有关决策部署，坚持市场化改革取向和保护农民利益并重，深入推进粮食收储制度改革。2021 年国家继续在粮食主产区实行小麦、稻谷最低收购价政策。2021 年生产的小麦（三等）最低收购价格为每斤 1.13 元，比 2020 年提高 1 分钱。2021 年生产的早籼稻、中晚籼稻和粳稻最低收购价分别为每斤 1.22 元、1.28 元、1.3 元，早籼稻、中晚籼稻均比上年提高 1 分钱，粳稻价格保持与上年不变。同时，完善最低收购价政策的实施方式，更好适应 WTO 规则要求。

（撰稿单位：国家发展改革委农村经济司、国家粮食和物资储备局粮食储备司；
撰稿人：陈曦、黄通、李洵、纪展、孙哲、杨璐、周培宏、陈晓雅；审稿人：吴晓、秦玉云、唐成）

四 国有粮食企业经营管理情况

2021年末，纳入汇总范围的国有粮食企业1.06万户，从业人员32.4万人。随着国有粮食企业改革发展的深入推进，企业结构不断优化，改革发展质量效率不断提升。2021年，国有粮食企业职工年人均工资收入10.14万元，绝大部分职工参加了基本养老保险、基本医疗保险等。

截至2021年末，全国国有粮食企业净资产3748.23亿元，同比增长6.26%。2021年末固定资产净额和在建工程之和达到3138.47亿元，同比增加243.84亿元。固定资产中，2021年末土地、房屋及构筑物等合计2661.41亿元，随着各地不断加大投资建设力度，持续推进优质粮食工程、粮食等重要农产品仓储设施中央预算内投资专项等重大建设项目，企业有效资产明显增加。

2021年，全国国有粮食企业主营业务收入11976.97亿元，实现利润总额182.38亿元，连续十五年统算盈利。分地区看，24个省（区、市）实现统算盈利，其中广东、黑龙江、北京、江苏、浙江、安徽、重庆、陕西、天津、新疆、福建、上海等12省（区、市）盈利超亿元。

（撰稿单位：国家粮食和物资储备局财务审计司；撰稿人：郭建、张雷、于嘉颖；审稿人：刘翔宜）

粮食流通监管

一 粮食流通监督检查

国家粮食和物资储备局印发《关于进一步加强 2021 年夏季粮油收购监督检查工作的通知》《关于做好 2021 年秋粮收购监督检查工作的通知》。组织 3 个督导组分赴江苏、河南、山东等 6 个主产区开展夏粮收购现场督导，并视频督导秋粮收购工作，确保了国家收储政策的严格落实和粮油收购工作的顺利进行。国家有关部门印发《关于进一步明确国家政策性粮食日常管理和依法监管有关问题的通知》，压实政策性粮食收储各参与主体责任，明确政策性粮食定点到销售出库全流程管理要求，严格内部管理和外部监管措施。

国家有关部门单位组织开展 2021 年全国政策性粮油库存检查，拓展检查范围，将政策性植物油纳入库存检查范围，强化对政策性库存的全面监管。修改完善《粮食库存检查暂行办法》，制定出台《粮食储备管理问责办法》。开展粮油库存检查发现问题整改"回头看"，依法严肃查处违反《粮食流通管理条例》等法律法规的问题。

完成粮食企业信用监管平台（一期）项目建设主体功能框架搭建工作和系统功能优化，组织部分地方粮食和储备部门进行使用测试培训。开发建设中央储备粮库存动态监管系统，全程实时获取中央储备粮承储库点业务数据，排查预警违规行为，初步实现深入粮仓穿透式监管，填补信息化监管方式空白。在粮食购销领域腐败问题专项整治行动中，动态监管系统发挥重要作用。

修订发布《12325 全国粮食和物资储备监管热线举报处理规定》，指导督办承办单位查处粮食流通违规违法案件，做到提早收集举报线索、启动快速处置机制、防范风险隐患。2021 年，12325 热线受理有效投诉举报 859 件，较 2020 年增加 632 件，同比增长 278%。经查办，全年共帮助兑现拖欠的农民售粮款 3600 多万元，协调出库粮食约 8.7 万吨，避免了近 2500 吨食品安全指标不合格的粮食流向口粮市场。

召开粮食执法督查典型案件通报会，通报 2020 年以来查处的涉粮违法违规案件；召开新闻通气会，介绍全国粮食流通"亮剑 2021"专项执法行动进展情况，通报 10 个专项执法行动中查处的典型案件。公布执法督查专业人才库 497 名人员名单，其中粮食类 315 人，物资储备类 182 人。对省市县三级粮食和储备部门、垂管局 9200 余名执法督查人员进行培训。

（撰稿单位：国家粮食和物资储备局执法督查局；撰稿人：展飞、王福东、杨焕成、李尚、李功静、丁矗、邓立、安佳宁、李昭、吕冰；审稿人：钟海涛、廖小平、朱之光、杨卫辰）

二 中央储备粮棉管理和中央事权粮食政策执行情况年度考核

强化年度考核工作组职责，扎实推进考核工作，实施“考核办法＋年度重点”新机制，努力确保考核成效。国家粮食和物资储备局各垂管局对中储粮直属企业进行实地考核，考核直属库比例均在30%以上，通过连续3个年度考核，实现中储粮直属企业“全覆盖”和粮棉油“全覆盖”目标。组织6个督导组对辽宁、吉林、安徽、广东、广西、四川、浙江7个垂管局实地考核工作进展情况进行督导，对中储粮内蒙古、黑龙江、河南、湖南、贵州5个分公司开展年度考核随机抽查。到中储粮集团公司考核总体情况，“既考基层、又考顶层”。

坚持问题导向、结果导向，系统梳理实地考核、随机抽查、总体情况考核等阶段成果，结合企业自评，形成考核结果报告。从考核结果来看，中储粮集团公司紧扣储备轮换、政策性粮食收储等核心工作，聚焦重点难点问题持续发力，中央储备粮棉管理总体良好，中央事权粮食政策执行情况较好。国家粮食和物资储备局各垂管局积极发挥在地监管作用，以考核推动监管，以监管支撑考核，成为保障中央储备安全的重要力量，实施中储粮年度考核已经成为夯实中央储备管理“两个责任”的有力手段。

（撰稿单位：国家粮食和物资储备局执法督查局；
撰稿人：温朝晖、杨乔伟、郭坚、段岫；审稿人：钟海涛、廖小平）

三 “亮剑2021”专项执法行动

2021年6月起，国家粮食和物资储备局组织全国粮食和物资储备部门集中开展全国粮食流通“亮剑2021”专项执法行动（以下简称“专项执法行动”）。各省（区、市）制定印发专项执法行动方案，及时召开动员部署会，进行周密细致部署；全国32个省级粮食和储备部门、26个垂直管理局结合实际，细化具体任务，成立专项执法行动领导机构，参与人员共计547人。

2021年7月，组织9200余人参加全国粮食流通执法督查队伍政策业务视频培训。12月，组织开展行政执法证暨粮食监管执法业务培训。组织召开新闻通气会6次，及时通报专项执法行动部署、进展、成效等情况。地方各级粮食和储备部门同步开展执法宣传，营造“有法必依、执法必严、违法必究”氛围。国家粮食和物资储备局印发信息报送通知，建立专项执法行动进展情况半月调度和每月通报机制，省级粮食和储备部门加强对市县的调度指导，确保专项执法行动方向不偏、温度不降、力度不减。各级粮食和储备部门和市场监管等相关部门加强沟通协调，推动完善联合执法、联合办案机制，并强化行纪、行刑衔接，将违纪和涉嫌犯罪问题线索，及时移送纪检监察和司法机关。截至2021年12月底，各级粮食和储备部门依法作出警告及以上行政处罚271例，罚款724.53万元。

2021 年 6 月 10 日上午，国家粮食和物资储备局召开视频会议，对全国粮食流通“亮剑 2021”专项执法行动以及夏季粮油收购监督检查工作进行动员部署。国家粮食和物资储备局党组成员、副局长卢景波出席会议并讲话。

（撰稿单位：国家粮食和物资储备局执法督查局；
撰稿人：展飞、王福东、杨焕成、李尚、李功静、丁矗；审稿人：钟海涛、廖小平）

四 粮食监测预警

国家粮食和物资储备局多次召开粮食监测预警委员会会议，分析研判市场供求形势，研究提出政策建议。地方各级粮食和储备部门组建重点粮油品种首席分析师团队，同时与地方各省级粮食监测预警委员会建立定期联络机制，实现市场信息互通共享。通过健全会商工作机制、调整优化市场监测点布局、丰富数据信息来源，提高粮食市场监测预警能力。扎实开展监测预警工作，形成月报、专报、信息、专题研究报告等监测预警成果，发布粮食市场价格、收购进度、购销情况分析等市场信息，服务政府决策和企业经营。

（撰稿单位：国家粮食和物资储备局粮食储备司；
撰稿人：袁海波、赵泽林、耿晓頔、沈洁；审稿人：秦玉云、唐成）

五　粮食质量安全管理

出台《政府储备粮食质量安全管理办法》，修订《粮食质量安全监管办法》，制定《粮食质量安全风险监测管理暂行办法》，明确储备玉米相关标准执行要求。加强粮食质量安全检验监测体系建设，构建以国家和省级为龙头、市级为骨干、县级为基础的粮食质量安全检验监测体系。截至2021年底，全国隶属于粮食和储备部门的粮食质量安全检验机构712个，其中国家级1个、省级26个、市级213个、县级472个；通过国家及省级认证认可部门资质认定的283个，其中国家级1个，省级26个，市级169个，县级87个；在职人员4974人，其中检验人员3071人，省级一般20人左右，市级10人左右，县级5人左右。

开展粮食质量安全风险监测，放心粮油、好粮油等成品粮油监测，有关部门以及粮食企业委托的检验业务等，2021年累计检验样品55万份。各地根据当地粮食产量制定新收获粮食质量安全监测方案，2021年全国累计采集检验新收获粮食样品6.4万份。相关省份开展2021年小麦、玉米生产收获期间雨雪等异常天气造成的粮食污染情况应急监测。组织重点省份开展重点品种粮食质量安全专项异地监测，提高监测效用。在2021年全国政策性粮油库存检查工作中，组织各地共采集检验库存粮食质量安全样品6700多个，覆盖近2300个库点，获得数据6万余个。从检查结果来看，全国库存政策性粮油整体质量安全处于较好水平。

落实国务院食品安全委员会《2021年食品安全重点工作安排》，配合完成2020年度、2021年度食品安全工作评议考核。组织开展2020年度全国粮食质量安全工作考评，评选出18家优秀单位（省级粮食和储备部门）和41名优秀个人。

（撰稿单位：国家粮食和物资储备局标准质量中心；撰稿人：刘卓、祁潇哲、尹诗文、袁强、魏铭、汪啸天、窦幽璇；审稿人：王耀鹏、孙长坡、李玥、徐广超、张艳）

六　主要粮食品种收获质量与品质状况分析

（一）总体状况

2021年，新收获粮食质量调查、品质测报等质量安全监测结果：全国新收获油菜籽整体质量较好，小麦整体质量为近5年来中等水平，早籼稻整体质量正常，中晚籼稻出糙率平均值、等级比例处于正常水平，整精米率较正常年景略有下降，粳稻整体质量好于上年，玉米整体质量为近3年较低水平，大豆整体质量正常。

（二）主要粮食品种收获质量

2021年，相关省份粮食和储备部门共采集质量调查样品6.4万余份，主要检验国家标准规定的质量指标，获得检验数据40余万个。

1. 早籼稻。安徽、福建、江西、湖北、湖南、广东、广西、海南等8个省（区）采集检验87个主产市的3463份样品，整体质量较上年提升，属于近5年平均水平，但一等比例有所下降。全部样品检验结果为：出糙率平均值77.9%（二等），与前4年平均值持平；一等至五等的比例分别为23.5%、40.1%、27.5%、5.0%、2.6%，等外品为1.3%；中等以上的占91.1%，中等以上比例与前4

年平均值基本持平，但一等比例下降 15 个百分点。整精米率平均值 53.4%，与前 4 年平均值持平；其中不低于 44% 的比例为 88.6%，不低于 50% 的比例为 68.9%，均与前 4 年平均值基本持平。不完善粒平均值 4.3%，与前 4 年平均值持平，主要是未熟粒、病斑粒。

2. 中晚籼稻。安徽、江西、河南、湖北、湖南、广东、广西、四川等 8 个省（区）共采集检验 111 个地市的 9212 份样品，出糙率平均值、等级比例、不完善粒平均值等各项指标都处于正常水平，整精米率较正常年景略有下降。全部样品检测结果为：出糙率平均值 77.7%，一等至五等的比例分别为 23.7%、46.1%、25.0%、3.7%、1.1%，等外品为 0.4%；中等（三等，出糙率不低于 75%）以上的占 94.8%；整精米率平均值 56.5%，不低于 44%（对应三等以上）的比例为 94.6%；不完善粒平均值 3.5%。

3. 粳稻。辽宁、吉林、黑龙江、江苏、安徽、宁夏等 6 个省（区）共采集检验样品 6328 份，涉及 59 市 247 县（区），整体质量好于上年。全部样品检测结果为：出糙率平均值 80.2%（二等），中等以上的占 95.3%。整精米率平均值 65.1%，不低于 55% 的比例为 97.5%，各项指标均较上年略有提高；不完善粒平均值 4.1%，与上年基本持平。

4. 小麦。河北、山西、江苏、浙江、安徽、山东、河南、湖北、四川、陕西、宁夏等 11 个省（区）共采集检验 12520 份样品，涉及 11 省份的 112 个主产市，整体质量为近 5 年来中等水平（不如上两年），平均容重、等级比例各项指标均与前 4 年平均值基本持平。平均等级二等，中等以上比例超过九成。全部样品检验结果为：容重平均值 787g/L（二等），一等至五等比例分别为 51.6%、29.5%、12.5%、3.5%、1.6%，等外品为 1.4%；中等以上占 93.6%，各项指标均与前 4 年平均值基本持平。不完善粒率平均值 5.4%，较前 4 年平均值增加 0.8 个百分点；其中符合国标中等相应要求（≤8%）的比例为 87.0%。

5. 玉米。河北、山西、内蒙古、辽宁、吉林、黑龙江、安徽、山东、河南、湖北、广西、重庆、四川、贵州、云南、陕西、甘肃、宁夏等 18 个省（区、市）共采集检验样品 21591 份，涉及 189 个市的 1156 个县（区），玉米整体质量为近 3 年较低水平，平均容重和一等比例有所下降。其中，东北产区整体质量较上年有所提高；黄淮海产区受生长、收获期间降雨影响，整体质量下降较明显；西南产区整体质量正常，其中云南、广西一等比例超过或接近九成。全部样品检测结果为：容重平均值 717.9g/L（二等），较上年有所下降，一等至五等比例分别为 50.1%、29.5%、16.3%、3.4%、0.5%，等外品为 0.1%；中等以上比例为 95.9%，与上年持平，一等比例较上年下降 21 个百分点。不完善粒含量平均值 3.8%，较上年增加 0.1 个百分点；不超过 8% 的比例为 92.6%，与上年基本持平。霉变粒含量平均值 0.3%，达标（不超过 2.0%）比例 96.9%。

6. 大豆。内蒙古、辽宁、吉林、黑龙江、安徽、河南、湖南、云南等 8 个省（区）共采集检验样品 1469 份，样品覆盖 61 个市，整体质量基本正常，完整粒率平均值 89.8%（三等），国标中等以上的占 85.2%。损伤粒率平均值 4.0%，符合等内品（不高于 8%）的比例为 94.8%。

7. 油菜籽。江苏、安徽、江西、河南、湖北、湖南、四川等 7 个省共采集检验样品 2421 份，涉及 7 省 71 市，整体质量与上年基本持平，仍属于近年来较好水平。全部样品检验结果为：平均含油量 40.6%（二等），一等至五等比例分别为 31.2%、29.2%、21.6%、11.5%、5.2%，等外为 1.3%；中等以上比例为 82.0%，各项指标均与上年基本持平。不完善粒方面，未熟粒较多，其他基本正常。未熟粒平均值 1.2%，较上年有所增加，符合中等以上要求的（≤ 6.0%）比例为 95.9%。热损伤粒平均值 0.07%，符合中等以上要求的（≤ 1.0%）比例为 99.0%。生芽粒平均值 0.6%，符合标准要求

（≤ 2.0%）比例为 94.9%。生霉粒平均值 0.5%，符合标准要求（≤ 2.0%）比例为 96.6%。芥酸含量平均值 16.6%，符合低芥酸油菜籽标准（≤ 3.0%）的比例为 29.6%，略低于上年。

8. 花生。河北、吉林、安徽、山东、河南、湖南、广西 7 个省（区）共采集检验样品 1076 份，涉及 7 省（区）68 市，整体质量良好。按产量权重换算后，7 省份全部花生果样品纯仁率平均值 69.9%（二等），变幅 57.1%—99.3%，符合中等以上要求的占 79.7%；花生仁纯质率平均值 95.7%（二等），含油率平均值 48.1%，变幅 29.9%—57.6%，其中达到 50% 以上的比例为 33.8%。

（三）优质和专用粮食品种质量

2021 年，19 个省（区、市）开展品质测报工作，共采集样品 7000 余份，获得检验数据 8 万余个。

1. 早籼稻。相关省份采集的优质品种样品份数和整精米率、食味品质评分、直链淀粉、垩白度四项指标符合国家优质稻谷标准的样品比例（以下简称“达标率”）分别为：江西采集样品 184 份，达标率 13.0%；湖南采集样品 50 份，达标率 14.0%；广东采集样品 50 份，达标率 64.3%；广西采集样品 219 份，达标率 57.1%。

2. 中晚籼稻。相关省份采集的优质品种样品份数和整精米率、食味品质评分、直链淀粉、垩白度四项指标符合国家优质稻谷标准的样品比例（以下简称“达标率”）分别为：江苏采集样品 34 份，达标率 11.8%；浙江采集样品 239 份，达标率 36.8%；安徽采集样品 203 份，达标率 89.2%；福建采集样品 204 份，达标率 57.4%；江西采集样品 173 份，达标率 85.5%；湖南采集样品 72 份，达标率 69.4%；广东采集样品 109 份，达标率 73.2%；广西采集样品 194 份，达标率 88.1%；贵州采集样品 80 份，达标率 87.5%；云南采集样品 79 份，达标率 51.9%。

3. 粳稻。相关省份采集的优质品种样品份数和整精米率、食味品质评分、直链淀粉、垩白度四项指标符合国家优质稻谷标准的样品比例（以下简称“达标率”）达标率分别为：辽宁采集样品 275 份，达标率 44.0%；吉林采集样品 180 份，达标率 68.3%；黑龙江采集样品 417 份，达标率 83.7%；江苏采集样品 441 份，达标率 29.0%；浙江采集样品 10 份，达标率 12.2%；安徽采集样品 31 份，达标率 16.1%；云南采集样品 29 份，达标率 13.8%；宁夏采集样品 319 份，达标率 19.4%。

4. 小麦。相关省份采集检验小麦样品份数和符合强筋小麦国家标准的比例(以下简称“强筋比例”)分别为：河北采集样品 236 份，强筋比例 25.0%；山西采集样品 49 份，强筋比例 4.1%；江苏采集样品 312 份，强筋比例 16.3%；安徽采集样品 274 份，强筋比例 8.3%；山东采集样品 387 份，强筋比例 15.5%；河南采集样品 562 份，强筋比例 31.7%；湖北采集样品 150 份，强筋比例 71.1%；四川采集样品 189 份，强筋比例 35.3%。

5. 玉米。天津、河北、山西、内蒙古、辽宁、吉林、黑龙江、安徽、河南、湖北、湖南、贵州、云南、甘肃、宁夏 15 省（区、市）玉米内在品质指标整体属于正常水平。其中，淀粉含量平均值 73.3%，较上年增加 1.8 个百分点；粗蛋白含量平均值 9.2%，较上年增加 0.1 个百分点；粗脂肪含量平均值 4.2%，与上年持平。

6. 大豆。内蒙古、辽宁、吉林、黑龙江、安徽、河南、湖南 7 个省（区）大豆粗蛋白质含量平均值 39.8%，符合高蛋白质大豆标准（粗蛋白质含量不低于 40%）的比例为 29.6%。粗脂肪含量平均值 20.2%，符合高油大豆标准（粗脂肪含量不低于 20%）的比例为 26.0%。

（撰稿单位：国家粮食和物资储备局标准质量中心；撰稿人：刘卓、祁潇哲、尹诗文、袁强、魏铭、汪啸天、窦幽璇；审稿人：王耀鹏、孙长坡、李玥、徐广超、张艳）

七 粮食标准化

印发《粮食和物资储备标准化工作管理办法》《粮食和物资储备行业标准化技术委员会管理办法》，修订《国家粮油标准研究验证测试机构管理暂行办法》。截至2021年底，国家粮食和物资储备局负责归口管理的粮食标准共655项，其中国家标准377项、行业标准278项，基本建成粮食收购、储存、加工、销售等粮食全产业链标准体系。围绕绿色优质、节粮减损、绿色储粮等重点领域，下达48项粮食行业标准制修订和标准样品计划，推动完成《小米》《粟》等24项国家标准制修订计划立项。推动发布《青稞》《小麦粉》《挂面》《菜籽油》《食用调和油》等12项国家和行业标准，完成《荞麦米》《中国好粮油 花生》等15项标准的征求意见。全国粮油标准化技术委员会4个分技术委员会提出国家标准修订建议13项，继续执行的国家标准计划22项。

2021年10月16日，世界粮食日和全国粮食安全宣传周主会场活动在湖北武汉举办，活动现场发布了2021年粮油产品企业标准“领跑者”名单。国家粮食和物资储备局党组成员、副局长黄炜出席活动。

开展粮油产品企业标准“领跑者”活动，确定中粮福临门食品营销有限公司等32家企业61项企业标准为2021年粮油产品企业标准“领跑者”，于2021年10月16日在世界粮食日和全国粮食安全宣传周主会场活动上正式发布。2021年7月起，在全国范围内组织开展了绿色储粮标准化试点工作，助力减少粮食损耗。确定中央储备粮秦皇岛直属库有限公司、北京市京粮潞河粮食收储有限公司大杜社粮库等59家粮食储备企业为绿色储粮标准化试点单位，北京市粮食和物资储备局等28家单位为指导单位。组织开展粮食领域团体标准培优计划活动，确定“中国粮油学会”等10家社会团体和《山西小米》等 24 项团体标准为 2021 年培优计划对象。2021 年 12 月，组织举办了粮食和物资储备标准化管理线上和现场相结合的培训班，近 300 人参加培训。组织开展《青稞》《小麦粉》《挂面》《方便面》等国家标准解读宣贯。

履行国际标准化组织（ISO）谷物与豆类分委员会（ISO/TC34/SC4）秘书处职责，发布《稻米 规格》《小麦 规格》等 5 项国际标准，组织 19 项标准制定投票，促进粮食公平贸易、提高粮食质量安全水平。组织召开分委员会第 41 次会议，14 个国家成员体的 55 位代表参会。国际食品法典油脂委员会第 27 届会议审议通过我国提出的《油茶籽油》标准提案。国际标准化组织发布由我国牵头制定的《谷物中镉含量的测定》国际标准。参加国际标准化组织动植物油脂分委员会（ISO/TC34/SC11）第 29 次会议，介绍我国牵头的《植物油中黄曲霉毒素测定》国际标准项目进展。参加国际标准化组织油料和饼粕分委员会（ISO/TC34/SC2）第 38 次会议，介绍《油料中杂质含量的测定》标准修订建议。发布《玉米》国家标准外文版，推动国家标准委下达《富硒稻谷》等 9 项粮食标准外文版和《动植物油脂紫外吸光度的测定》等 3 项采用国际标准项目计划。启动申报首批粮油国际标准研究中心，推荐 8 名粮食行业专家入选中国食品法典委员会专家咨询委员会。

（撰稿单位：国家粮食和物资储备局标准质量中心；撰稿人：刘卓、祁潇哲、尹诗文、袁强、魏铭、汪啸天、窦幽璇；审稿人：王耀鹏、孙长坡、李玥、徐广超、张艳）

粮食流通体系建设

一 优质粮食工程

《中华人民共和国国民经济和社会发展第十四个五年规划和2035年远景目标纲要》《"十四五"粮食产业高质量发展规划》和中央一号文件都明确深入推进优质粮食工程。2021年首轮优质粮食工程全面收尾总结，新一轮优质粮食工程抓紧谋划推进。国家粮食和物资储备局、财政部印发《关于深入推进优质粮食工程的意见》，立足在更大区域范围、更高发展水平抓好产业链、价值链、供应链"三链协同"，实施优粮优产、优购、优储、优加、优销"五优联动"，更好保障国家粮食安全、促进乡村产业振兴、带动农民增收，实现集中连片集聚集约集群式发展的典型经验，持续放大成效。国家粮食和物资储备局配套印发"六大提升行动"方案，部署粮食绿色仓储、品种品质品牌、质量追溯、机械装备、应急保障、节约减损健康消费行动，打造优质粮食工程升级版。

2021年6月18日，国务院新闻办公室召开深入推进优质粮食工程加快粮食产业高质量发展发布会。6月22日，国家粮食和物资储备局召开全国深入推进优质粮食工程、加快粮食产业高质量发展

2021年6月22日，全国深入推进优质粮食工程加快粮食产业高质量发展第二次现场经验交流会在安徽省阜南县召开。图为参会代表观摩阜南县优质粮食工程建设现场。

第二次现场经验交流会，打造“阜南样板”示范，交流成效做法。新华社、经济日报、光明日报和央视《新闻联播》、《焦点访谈》等围绕优质粮食工程，进行了宣传报道。

（撰稿单位：国家粮食和物资储备局规划建设司；
撰稿人：展圣洁、刘增强；审稿人：钱毅、张保国、晁铭波）

（一）粮食产后服务体系建设

印发《粮食产后服务中心运营指南》，提出 4 个方面 29 项措施，指导各地加强粮食产后服务中心管理。一是夯实基础服务主业。优化清理干燥、应急保粮、储粮保管、加工转化、市场销售等基本服务，不断提高设施设备利用率和服务质量、效率，提升农民满意度。二是拓宽增值服务业务。着力补齐“产购储加销”链条中的短板，提供交售运输、种植服务、信息服务、粮食兑换、公益服务、技术服务等增值服务，推动产业链升级和各环节增效。三是探索创新运营模式。鼓励开展合作运营、业务委托、产销衔接、委托运营、共享服务等新型运营模式，用好用活各类社会资源，提高经营服务市场化水平。四是加强制度规范约束。加强行业自律，规范服务经营，强化资产管理，确保符合环保要求。同时，指导各地粮食和储备行政管理部门强化组织领导和统筹协调，做好政策服务保障、宣传引导等，持续巩固放大粮食产后服务中心在节粮减损、助农增收方面成效。

推广热泵烘干等新型环保烘干新技术，更好支持粮食烘干绿色发展。印发《关于做好东北地区异常天气安全储粮和粮食产后服务工作的紧急通知》，指导相关省（区）科学应对复杂天气，全力做好安全储粮和粮食产后服务工作，最大程度减少粮食损失，切实保护好种粮农民利益。

（撰稿单位：国家粮食和物资储备局安全仓储与科技司；
撰稿人：夏丹萍；审稿人：周冠华、张成志、姚磊）

（二）粮食质检体系建设

优质粮食工程粮食质量安全检验监测体系项目总投资逾 60 亿元，新建和改造提升粮食质量安全检验机构、粮食企业检化验室 1500 余个。各项目建设单位累计增加检验参数 2.9 万个，月均检验样品数量增加 2.6 万个，实验室用房建筑面积增加 22.4 万平方米，配置仪器设备 3.5 万台套。多数项目建设单位在检验场地、仪器设备、配套设施等方面实现全面改造升级，基本满足了当地粮食质量安全检验监测需要。2021 年累计检验粮食样品 80 万份，对守住管好“天下粮仓”的质量安全发挥了重要技术支撑作用。印发《粮食质量追溯提升行动方案》，明确建立粮食质量安全监测平台、粮油标准体系、粮食质量安全检验监测体系，以及“好粮油”产品追溯技术规范、追溯标签标识制度和追溯管理办法“一平台两体系三制度”等建设内容。

（撰稿单位：国家粮食和物资储备局标准质量中心；
撰稿人：张庆娥、尹诗文、窦幽璇；审稿人：王耀鹏、齐朝富）

（三）“中国好粮油”行动计划

“中国好粮油”行动计划实施以来，全国累计增加优质粮食超过 5000 万吨，促进农民增收 200 余亿元。加强“从田间到餐桌”的品质控制与提升，推进种出好粮食、收购好粮食、储藏好粮食、加工好粮食、销售好粮食，健全产业链。聚焦粮食物流和销售体系构建，打造高效的物流体系、完善线下销售网络、构建线上销售平台，建设“中国好粮油”电子交易平台，打造优质粮油供应链。挖掘新的研发营销价值增长点，研发粮食新产品、新工艺，发布“中国好粮油”系列标准 12 项、地方“好粮油”标准 100 余项，推进品牌建设，提升价值链。

（撰稿单位：国家粮食和物资储备局科学研究院；
撰稿人：周明慧、欧阳姝虹、张丽；审稿人：翟江临、张永奕）

二 粮食应急保障体系

2021 年，国家粮食和物资储备局确定中粮集团等 68 家企业作为首批国家级粮食应急保障企业。各地积极充实省市县三级粮食应急加工企业和供应网点。鼓励有条件的地区充实更多粮食加工企业和应急供应网点纳入粮食应急保障体系。截至 2021 年底，全国共有粮食应急加工企业 6000 家，日加工能力达到 147 万吨；粮食应急供应网点 52983 家，日供应能力达到 160 万吨；粮食应急储运企业 4199 家，粮食应急配送企业 3047 家。36 个大中城市及市场易波动地区成品粮油库存保障能力都在 15 天以上，部分省份地级市建立了 10 至 15 天的成品粮储备。

各地扎实做好粮油应急体系建设。安徽省根据区域交通半径，明确提出粮油配送供应时间省辖市、市辖区、县辖区内分别不超过 24 小时、12 小时和 6 小时的要求，确保关键时刻保障及时到位。辽宁省建立日加工能力 3 万吨的省级粮食应急加工企业队伍，有效满足应急保障需要；江西省统筹省内粮食加工布局和辐射带动效应，择优遴选 22 家重点粮油加工企业纳入省级粮食应急保障队伍；广东、内蒙古等省区要求每个地级以上市至少有 1 家稻谷（或小麦）日加工能力 200 吨（或 300 吨）以上的应急加工企业，切实保障应急加工能力。湖北省鼓励原粮储备入库和销售“两头在外”的地区提高成品粮储备比例，保障应急所需；北京市按照平急结合原则，委托企业采用“库存保持常量、实物顶替轮出”方式结合企业生产经营储存成品粮。完善成品粮储备制度。多地加强成品粮储备制度建设，积极制定省级储备粮管理办法、仓储管理办法、储备粮轮换管理办法、省级储备粮代储资格管理办法等，对成品储备的代储企业、储存、轮换等环节作出制度规定。吉林省出台《吉林省省级储备粮管理办法》；湖南省出台《地方储备粮年度考核管理办法》，以考核促地方储备粮管理。

各地加强粮食应急区域保障中心建设。北京市根据全市“南面北米”加工能力布局，推动顺义牛栏山粮食收储公司建设北京市应急保障中心，京东线上成品粮营销进驻综合保障中心，增强首都粮食加工应急保障能力。湖北省将粮食应急保障中心建设纳入省疫后重振补短板强功能“十大工程”，在 2020 年支持 44 个粮食应急保障中心建设基础上，2021 年继续支持建设 24 个应急保障中心。广东省持续推进粤港澳大湾区粮食应急保障中心建设，谋划“供应链 + 基地 + 企业联盟”新模式，以粮食应急保障中心建设为抓手，推动粮食应急加工与配送、供应等有效衔接。其他地区也积极谋划区域应急保障能力，山东省明确围绕省会、胶东、鲁南和黄河三角洲经济圈，建设 4 个省级区域性粮食安全应急保障基地。浙江省谋划建设若干省级应急保障中心，每个市县建设一个应急保障中心。云南省立足滇中、滇东北、滇南、滇西区域粮食应急保障一体化统筹布局，加紧推动区域粮食应急保障中心、应急配送中心建设。

（撰稿单位：国家粮食和物资储备局应急物资储备司；
撰稿人：李燕博、张晴伟；审稿人：王宏、陈林、石磊）

三 粮食仓储管理

印发《政府储备粮食仓储管理办法》，明确政府储备仓储管理责任、基本要求和管理规范，加强政策宣贯和业务指导。印发《粮食绿色仓储提升行动方案（试行）》，支持高标准粮仓建设，改造升级粮仓关键性能和储藏功效，因地制宜适配绿色储粮技术，发展智能粮情系统，提升除尘降噪能力，促进粮仓分类分级管理等，逐步实现粮食仓储控温储藏保质保鲜、药剂使用减量增效、仓储作业环境友好。搭建仓储管理技术应用和交流一站式专业化平台，开展粮食仓储保温隔热技术系统、绿色优储概念及评测方法、有害生物综合防治与主流熏蒸剂应用现状等研究，拍摄制作仓储保管规范操作示范片和绿色储粮技术短片，创新方式加强业务指导。推动废止《中央储备粮代储资格管理办法》，废止《中央储备粮代储资格管理办法实施细则》。组织研究起草中央储备棉糖仓储管理办法。

（撰稿单位：国家粮食和物资储备局安全仓储与科技司；
撰稿人：黄雨；审稿人：周冠华、张成志、彭扬）

四 粮食仓储物流体系

印发《粮食等重要农产品仓储设施建设中央预算内投资专项管理办法》，支持中央企业和地方建设粮食仓储物流设施项目，进一步规范粮食等重要农产品仓储设施专项管理，提高中央预算内投资使用效率。依托“四横、八纵”粮食物流重点通道，对接国家综合交通运输骨干网络及枢纽，布局具有综合支撑能力的粮食关键节点和物流枢纽，形成节点支撑、枢纽引领、通道顺畅的粮食物流骨干网络。组织编制《高标准粮仓建设技术要点（试行）》，鼓励采用新技术新材料新工艺，提升粮食仓房防水、保温隔热、气密等性能和设施及装备智能化、信息化水平，推动粮食仓储设施建设和仓储管理高质量发展，确保粮食数量、质量和储存安全。

（撰稿单位：国家粮食和物资储备局规划建设司；
撰稿人：樊利楠、展圣洁；审稿人：钱毅、张保国、晁铭波）

五　粮油统计与信息体系

（一）粮油统计信息

开展粮食收购进度五日报和粮油市场价格监测等工作，加强粮油市场分析监测预警。做好年度购销存、产业经济、仓储设施、基础建设投资、科技、从业人员年报统计和购销存月报统计工作，开展全国粮食供需平衡调查和农户存粮专项调查。完善《国家粮食流通统计调查制度》《国家粮食流通统计调查制度实施细则》《关于防范和惩治粮食流通统计造假弄虚作假责任制规定（试行）》，优化国家粮油统计信息系统。完善信息发布制度，及时发布粮食购销、收购进度、市场价格等信息。

（撰稿单位：国家粮食和物资储备局粮食储备司；
撰稿人：袁海波、赵泽林、耿晓頔、沈洁；审稿人：秦玉云、唐成）

（二）粮油市场信息体系建设

推进构建新型粮食监测预警体系，印发粮食数据资源管理和共享办法，建立分品种专家库，加快组建完成国家、省级和基层三级分析人员队伍，完善分品种首席分析师团队和专家库，遴选确定省级分析师，启动基层信息员布局，加强信息技术手段应用。开展重大问题和风险隐患分析研判，建立分析师团队会商机制，组织专题专家会商会和月度市场形势会商会。国家粮油信息中心建立公益性视频直播制度，聚焦粮食安全和市场热点、舆情等，接受主流媒体采访。举办第十届中国油菜籽产业发展大会，打造高质量信息交流平台。加快构建新时代粮油信息工作体系，组织开展省级分析师培训。国家粮油信息中心与湖北省粮食局开展战略合作，促进信息工作协同发展，协助新疆、西藏两地培养分析人员。北京、天津、河北加强市场分析研判，联合开展会商、调研，编印《京津冀粮食信息快讯》。南昌国家粮食交易中心完善省级价格采集系统、数据资源中心。贵州省粮食和物资储备局信息中心持续推进粮食市场监测预警工作，编发《粮情监测动态》。

（撰稿单位：国家粮油信息中心；撰稿人：孙恒；审稿人：刘冬竹、张立伟）

（三）粮食政务信息公开

依法履行政务信息公开义务，提高政务信息公开效率。国家粮食和物资储备局网站全年发布各类信息 1951 条，包括粮食购销政策和市场运行、国家储备投放和轮换、优质粮食工程建设、行政执法和监管、国家标准和行业标准、提案建议答复、人事和财务等相关信息。召开新闻通气会 13 次，刊发主题报道 880 余篇，同时通过署名文章、专家访谈、培训宣讲、出版读本等方式，解读有关法律法

国务院新闻办公室于 2021 年 4 月 2 日举行新闻发布会，国家粮食和物资储备局党组成员、副局长梁彦（左二），规划建设司司长、新闻发言人钱毅（右二），粮食储备司司长、新闻发言人秦玉云（右一）介绍“十四五”时期粮食和物资储备发展有关情况，并答记者问。

规和政策规定。按时办结政务信息公开申请 20 件、局长信箱来信 329 件。设置“行政规范性文件”专栏，集中公开现行有效的 82 件行政规范性文件文本。

（撰稿单位：国家粮食和物资储备局办公室；撰稿人：赵胜君；审稿人：周海扬）

粮食和物资储备法治建设

一 粮食安全保障立法修规

十三届全国人大常委会把《粮食安全保障法》列入立法规划一类项目和 2021 年度立法工作计划，立法工作进展顺利。国务院第 121 次常务会议修订通过《粮食流通管理条例》，李克强总理签署第 740 号国务院令予以公布，自 2021 年 4 月 15 日起施行。《粮食储备安全管理条例（征求意见稿）》面向社会公开征求意见。

江苏、浙江、福建、广东、四川、贵州等 6 个省出台粮食安全保障省级地方性法规规章，天津、辽宁、宁夏等 20 多个省（区、市）出台粮食流通、粮食储备等涉及粮食安全保障的省级地方性法规规章，山东、湖北等地将粮食安全保障地方性法规列入立法计划。

二 粮食和物资储备依法治理

国家粮食和物资储备局制定法治机关建设工作计划，组织开展法治机关建设年度考核评议。取消粮食收购资格行政许可，规范备案管理，健全粮食经营者信用档案制度，强化粮食收购活动事中事后监管，指导各地加强粮食收购管理和服务。编制权责清单，梳理粮食和物资储备行政职权、履责方式等，保障依法、全面、正确履职。健全粮食和物资储备制度体系，完善规范化管理。加强国家粮食和物资储备局规范性文件合法性审查工作，提升粮食和物资储备工作制度化水平。加大执法监管力度，提高执法人员专业素质，加强公职律师队伍建设。依法办理行政复议案件，发挥行政复议层级监督作用。制定粮食和物资储备领域基层政务公开标准指引，推进基层政务公开标准化、规范化。

三 粮食和物资储备法治宣传教育

制定《全国粮食和物资储备法治宣传教育第八个五年规划（2021—2025 年）》，奠定粮食和物资储备高质量发展法治基础。举办国家粮食和物资储备局党组理论学习中心组学习扩大会暨《粮食流通管理条例》贯彻实施培训班，推动领导干部带头学法用法；采取线上线下培训、现场咨询答疑等方式，结合“我为群众办实事”开展条例宣传活动。组织学习贯彻党章、准则、条例等党内法规，以及安全生产法、突发事件应对法、反食品浪费法等法律法规。开展 12·4 宪法日和宪法宣传周集中宣传活动，落实宪法宣誓制度。组织开展 4·15 全民国家安全教育日普法宣传。

（撰稿单位：国家粮食和物资储备局法规体改司；
撰稿人：许莹、宋凯强、于涛、齐倩、刘森、王铎羲；审稿人：周海佳、肖玲）

棉花和食糖储备

一 棉花和食糖市场运行

（一）棉花市场运行情况

棉花产量。据国家统计局数据，2021 年全国棉花播种面积 4542.2 万亩，比上年减少 211.2 万亩，下降 4.4%。其中，新疆地区种植面积 3759.1 万亩，比上年增加 6.2 万亩，增长 0.2%，占全国棉花种植面积的比重上升至 83%；其他棉区棉花播种面积为 783.1 万亩，比上年减少 217.4 万亩，下降 21.7%。全国棉花产量 573.1 万吨，比上年减少 18 万吨，下降 3%。其中，新疆棉花产量 512.9 万吨，比上年减少 3.2 万吨，下降 0.6%，占全国总产量的比重升至 89.5%；其他地区棉花产量 60.2 万吨，比上年减少 14.7 万吨，下降 19.6%。

棉花消费。据国家棉花市场监测系统数据，2020/2021 年度（2020 年 9 月—2021 年 8 月）国内棉花消费量 861 万吨，较新冠肺炎疫情前增加约 20 万吨，库存消费比下降至 73%。2021/2022 年度，预计国内棉花消费量 740 万吨，同比下降 14%，库存消费比上升至 87%。

棉花价格。2021 年前 9 个月，郑州商品交易所棉花期货主力合约从 14000 元 / 吨上涨至 18000 元 / 吨左右。9 月下旬进入新棉采收期后，期现货价格上涨，10 月中旬达到 23000 元 / 吨。11 月底期货价格跌破 20000 元 / 吨。年末期货价格总体维持在 21000—22000 元 / 吨之间，现货价格运行在 22000—23000 元 / 吨。

中央储备棉。2021 年 7 月至 9 月累计轮出中央储备棉 63 万吨，成交 63 万吨，成交率 100%，成交均价 17153 元 / 吨，折标准级（3128B）价格 18431 元 / 吨。10 月至 11 月分两批投放中央储备棉 91 万吨，实际成交 57 万吨，成交率 63%，成交均价 18930 元 / 吨，折标准级（3128B）价格 20565 元 / 吨。

（二）食糖市场运行情况

糖料生产。据中国糖业协会数据，2020/2021 年度（2020 年 10 月—2021 年 9 月）全国糖料种植面积 2035.4 万亩，较上年度减少 1.7%。其中甘蔗种植面积 1691.5 万亩，同比减少 3.2%，甜菜 343.9 万亩，同比增长 6.6%。糖料收购价格较上年度略有上涨，其中甘蔗平均收购价（地头价，不含运输及企业对农民各种补贴费用等）498 元 / 吨、甜菜 509 元 / 吨，分别较上年度上涨 9 元 / 吨和 10 元 / 吨，农民收入略有增加。

食糖产量和消费量。据中国糖业协会数据，2020/2021 年度全国累计产糖 1066.6 万吨，同比增长 2.4%。其中，甘蔗糖 913.4 万吨、增长 1.2%，甜菜糖 153.3 万吨、增长 10%。全国食糖消费量 1580 万吨，较上年度增加 50 万吨。消费结构继续调整，民用消费比例上升 8 个百分点至 46.3%，工业消费比例下降至 53.7%。

食糖市场价格。据中国糖业协会统计，2020/2021 年度全国制糖工业企业成品白砂糖累计平均售价 5379 元 / 吨，较上年度下跌 145 元 / 吨；制糖企业利润基本持平，全国制糖行业盈利 9.3 亿元。10 月份进入新年度后，食糖价格偏弱运行。

二　棉花和食糖储备管理

国家发展和改革委员会、财政部 2021 年第 41 号令颁布《中央储备糖管理办法》，对部门职责、计划管理、仓储管理、质量管理、监督检查等作出规定，自 4 月 10 日起施行。制定轮换管理办法，明确中央储备棉轮换运作流程和规范要求。严格储备计划管理，规范购销轮换操作，根据市场形势等适时公开销售部分中央储备棉。

（撰稿单位：国家粮食和物资储备局粮食储备司；
撰稿人：邢文煦、李萌、李治萱；审稿人：秦玉云、唐成）

物资储备

一 战略物资储备管理

组织投放57万吨国家储备铜、铝、锌，发挥储备市场调节作用。有序开展国家物资储备收储轮换工作。稳步推进专项工作。推动建立相关品种的储备常态化轮换机制。进一步深化相关品种产供储应急保障研究，为“十四五”时期持续增加储备实力夯实工作基础。开展国家物资储备库存大清查和问题整改“回头看”，巩固大清查成果。加快国家物资储备标准规范编制工作，提高库存物资管理的标准化水平。

（撰稿单位：国家粮食和物资储备局物资储备司；
撰稿人：夏保强、潘瑶、王敏、王爽；审稿人：徐高鹏、邱永峰）

二 应急物资储备管理

落实《国家粮食和物资储备局应对突发事件总体应急预案》，制订应急调运预案，建立快速调拨机制、灾情共享机制、应急值守抽查通报机制、在库物资安全报送机制。完成中央应急救灾物资增储采购专项。增加西北、西南等地区储备库点，补齐布局“空白点”，实现31个省（区、市）全覆盖。截至2021年底，储存有中央应急救灾物资的储备仓库共89座。中央应急救灾储备物资品种主要包括帐篷、折叠床、棉大衣、棉被、夏凉被、毛毯、毛巾被等，中央应急救灾物资储备品种更加丰富。

持续深化国家战略应急物资大清查效果，加强在库物资风险隐患排查整改。开展汛期专项督查，抽查应急预案修订、应急演练、仓储设施安全、在库物资质量及存储状况等。加快推进应急救灾物资储备管理规范和标准制订工作、应急救灾物资管理信息平台建设，建立突发状态应急调运机制、在库物资安全报送机制。

2021年以来，紧急调运15批次、1.28亿元中央应急救灾物资，全力保障河北省疫情防控、河南郑州等地重特大暴雨抗洪抢险和青海玛多7.4级地震救灾、山西等13省冬春救助急需。

（撰稿单位：国家粮食和物资储备局应急物资储备司；
撰稿人：杨林、丁祎；审稿人：王宏、李国强）

2021 年 7 月 22 日，按照国家粮食和物资储备局调运指令，中央防汛抗旱物资郑州仓库紧急调运冲锋舟、大流量排水泵等中央防汛物资支援河南郑州“7·20”特大暴雨抗洪抢险。

三 物资储备基础设施建设

严格执行《中央级救灾物资储备库项目建设管理暂行办法》，压实项目单位主体责任和上级行政单位监管责任，统筹应急救灾物资等战略物资储存和集散调运功能需要，优化项目设计方案，提升物资储存适用性和快速调运能力。截至 2021 年底，中央级救灾物资储备库项目部分已投用运行，部分完成竣工决算部分完成竣工验收。

国家粮食和物资储备局办公室印发《民生工程三年行动（2020—2022 年）》，全面梳理、分类民生突出问题，集中力量解决民生突出问题。截至 2021 年底，2020、2021 年共累计实施垂管系统民生项目 127 个，重点解决了取暖、用水、用电等突出问题。

（撰稿单位：国家粮食和物资储备局规划建设司；
撰稿人：何晓伟、胡艳豪；审稿人：钱毅、张保国、晁铭波）

四 物资储备标准化

召开第二批物资储备标准评审会。第一批 20 项物资储备行业标准已发布 1 项，《物资储备通用术语》等 6 项标准已完成专家技术审查。《国家储备天然橡胶包装、标识、堆码和存储》等 8 项标准已形成送审稿并送专家技术审查。聚焦安全生产类、应急管理类、“卡脖子”技术类标准等的制定，下达第二批《国家物资储备消防技术标准 通用仓库》等 35 项物资储备行业标准制修订计划。

（撰稿单位：国家粮食和物资储备局标准质量中心；
撰稿人：付伟铮、颜婷婷；审稿人：王耀鹏、孙长坡）

五　安全管理

印发《领导班子成员安全生产职责和安全生产领导小组成员单位任务分工》，落实“三个必须”原则，建立完善工作例会制度和协调会商机制。成立国家粮食和物资储备局安全生产领导小组，印发2021年安全生产工作要点，组织开展“安全生产月”活动，签订《安全稳定责任书》，统筹推进全年安全生产重点工作。印发《储备仓库安全治理提升三年行动方案》，明确5个方面17项101条重点任务。国家粮食和物资储备局各垂管局向当地省级政府安委会提交了书面申请，主动接受属地监管。开展新修改《安全生产法》宣贯工作，启动修订《垂直管理系统安全生产监督管理办法》，起草《重大生产安全事故隐患判定标准（试行）》，印发《安全生产约谈实施办法》《“四不两直”安全监督管理办法》《垂直管理系统安全生产工作考核办法》。推动粮食和物资储备安全生产标准树建设，编制完成危险化学品仓库安全防范技术标准、安全标志及使用规范等7项标准。开展安全生产督导检查和“四不两直”明查暗访安全检查，强化粮食出入库作业安全管理，实行安全隐患清单动态调整，建设“安全生产监测平台”，开发事故隐患在线监管系统APP。开展安全评价评估、治理安全隐患、应急演练以及安全生产信息化建设，开展储地警大型危险化学品综合应急演练，做好危险化学品仓库负责人及相关岗位人员学历提升培训。

2021年10月13日，国家粮食和物资储备局召开垂管系统储备仓库安全治理提升三年行动动员部署视频会，认真贯彻落实习近平总书记关于安全生产重要论述，贯彻落实韩正副总理在国家粮食和物资储备局调研座谈时重要讲话精神，对垂管系统储备仓库安全治理提升三年行动作出部署。国家粮食和物资储备局党组成员、副局长贾骞（主席台中）出席会议并讲话。

（撰稿单位：国家粮食和物资储备局应急物资储备司；
撰稿人：皇甫志鹏、黄硕；审稿人：王宏、葛宁）

能源储备

组织国家储备原油投放和成品油轮换，缓解生产型石化企业原材料价格上涨压力和部分区域成品油供应紧缺局势。加快推动《能源法》《国家石油储备条例》出台，修订完善了国家原油、成品油储备相关管理办法，出台国家储备油库成品油出入库作业操作有关管理规定。开展国家储备原油、成品油大清查问题整改“回头看”和安全生产督导检查，开展原油监管业务和储备油库专业技术岗位人员培训。推动建立石油储备数字化动态台账，开展国家储备成品油数据统计分析和年度损耗溢余核销处理。

（撰稿单位：国家粮食和物资储备局能源储备司；
撰稿人：葛连昆、曹志鹏、王晨；审稿人：车英）

信息化建设

一　“十四五”信息化谋篇开局

（一）构建形成“十四五”信息化“一中心七平台”总目标和“三个一”新格局

落实国家“十四五”规划《纲要》，积极对接国家储备发展规划等上位规划，广泛征求行业系统专家意见建议，印发《“十四五”粮食和物资储备信息化发展规划》，形成以涵盖储备全品类和粮食全产业链“十字形”数据体系为基础、“一中心七平台”为支撑、“一网通、一张图、一张表”的信息化新格局。

（二）对接公共安全保障工程推动项目实施

推动“十四五”信息化重点建设内容纳入公共安全保障工程统筹建设。以现有粮食和物资储备安全数据中心及管理平台为基础，提升和拓展总体架构模块的功能，扩容和完善软硬件资源和信息数据资源，加强人工智能、大数据分析等新技术应用，重点打造一体化云服务能力，优化提升大数据功能，丰富提升业务应用，完善应急指挥调度系统。以“十四五”规划实施为抓手，实现粮食和物资储备信息化统一规划建设、统一标准规范、统一数据共享、统一安全防护、统一运行维护。

二　重点项目加快推进

建成全国粮食储备布局地理信息系统。在“一整两通”基础上，实现数据质量监控、视频级联和采集建档、地理信息展示等功能，形成全国粮食储备布局“一张图”，业务数据“一张表”，有序做好向能源、中央救灾和防汛抗旱物资、医疗物资、战略物资拓展，逐步实现储备全品类覆盖和互通，实现“数据全知道，现场能看到”，为储备全品类动态监管、应急指挥调度等奠定基础。

三　信息化资源整合应用成效显现

（一）完成机房、网络和系统整合迁移

充分整合利用局机关及直属单位现有信息化设施，在25号院新办公区搭建信息化办公环境。31个省（区、市）粮食和物资储备局（粮食局）节点，整体迁移接入粮储专网。实现安全数据中心、应急指挥中心，涉密网络无缝迁移，专网、互联网整合扩容、云资源优化扩充，机关司局和单位信息化获得感进一步增强。

（二）整合贯通视频会议系统

结合基建进度，完成各类视频会议室基础建设，具备召开各类视频会议的条件。切实保障疫情防控期间业务工作开展，增效降费效果进一步显现。

（三）建成安全数据中心、应急指挥中心

建设安全数据中心机房，汇集粮棉糖、能源、战略救灾物资业务信息及办公系统政务信息，为全面提升监管、服务、应急和决策支持信息化水平提供支撑。应急指挥中心整合视频会议、储备布局地理信息系统、粮食应急企业监测系统、中央救灾物资管理等系统，完善提升应急指挥调度功能，集成视频会议、视频监控、移动通信等方式，建立融合指挥通信系统，保障应急状态下政令畅通、多方协同。根据应急指挥调度需要，进一步完善应急信息整合协同、应急资源集中显示、应急预案管理、调度实时跟踪等功能。

（四）实现 OA 办公系统和门户优化升级

会同局办公室完成 OA 办公系统功能优化升级和内网门户升级，与各垂直管理局 OA 办公系统具备贯通条件，实现收发文线上办理和流转，提升办公便利程度。

（五）整体提高运维服务保障水平

规范运维服务流程，形成“10 分钟响应、一般问题 1 小时内解决、重大问题倒排工期按时清零”运维服务保障机制，不断提升运维服务质量。实现系统集中管理、资源按需分配、统一安全防护和数据备份，运维保障质量明显提升。

（撰稿单位：国家粮食和物资储备局信息化推进办公室；
撰稿人：修阳、邝琼、刘欣欣、袁鸿珊、马伯骏、唐剑、赵文博；审稿人：卜铁彪、于英威）

科研发展

一 科技进步与创新

编制《“十四五”粮食和物资储备科技和人才发展规划》，印发《关于“科技兴储”的实施意见》。举办2021年全国粮食和物资储备科技活动周，在四川成都启动仪式上现场展示科技成果和四川等地好粮油产品，为国家粮食产业（仓储害虫防控）技术创新中心等3家技术创新中心授牌，为“粮食科技特派员”小分队授旗。依托“国家粮食技术成果转移中心”网络平台，开展科技成果、科研机构、科技人才与企业网上“三对接”活动，线上开展科技成果对接签约30余项目，对接意向金额约2000万元。在四川成都召开全国科技和人才兴粮兴储工作经验交流现场会，建立以企业为主体、市场为导向、产学研深度融合的技术创新体系，展示节粮减损方面重大科技成果。完成“国家粮食产业（城市粮油保障）技术创新中心”“国家粮食产业（青稞深加工）技术创新中心”“国家粮食产业（仓储害虫防控）技术创新中心”批复授牌；完成“国家功能粮油科技创新联盟”信息留存。国家核桃油及核桃加工产业创新战略联盟、国家亚麻籽油及欧米伽—3油脂产业创新战略联盟、国家功能粮油科技创新联盟在科技活动周期间召开年会。以国家粮食和物资储备局科学研究院为主依托单位，河南工业大学、南京财经大学为共建单位的粮食储运国家工程实验室竣工验收，并向国家发展和改革委员会备案。粮食储运国家工程实验室等4家粮食产后领域国家工程实验室被纳入新的国家工程研究中心序列管理。

印发《粮食机械装备提升行动方案（试行）》。推荐有关科研人员参评“国家高层次人才特殊支持计划科技创新领军人才”。推荐中国储备粮管理集团有限公司牵头承担2021年度国家重点研发计划“食品制造与农产品物流科技支撑”重点专项的“粮食产后收储保质减损与绿色智慧仓储关键技术集成与产业化示范”项目；推荐武汉轻工大学牵头承担“大宗油料加工副产物综合利用关键技术及新产品创制”项目。国家粮食和物资储备局科学研究院相关团队分别牵头承担2022年度国家重点研发计划“政府间国际科技创新合作”重点专项的“粮食中新兴和隐蔽型真菌毒素高效识别、产生规律及联合毒性研究”“优质粳稻提质减损关键技术研究与示范”项目；南京财经大学相关团队牵头承担“太阳能—热泵双核低碳智耦互补的粮食烘储关键技术及装备研发”项目。完成对“主要真菌毒素、重金属污染粮油的安全合理利用技术研究”“粮堆多场耦合模型调控与区域标准化应用研究”项目的验收。

（撰稿单位：国家粮食和物资储备局安全仓储与科技司；
撰稿人：管伟举、杨道兵、王旸；审稿人：周冠华、张成志、姚磊）

◆ 国家粮食和物资储备局科学研究院

粮食储运研究方向，“粮食收储保质降耗关键技术研究与装备开发”项目形成了粮食收获后入仓变温保质降耗干燥、智能保水通风工艺、虫霉绿色生物防控等新技术 10 项，新装备 17 台（套）；建立示范基地 10 个、科技示范线 1 条；形成“基于横向通风系统的稻谷收储链保质减损集成技术和装备应用体系”重大成果。

粮油质量安全研究方向，申报获得国家有证标准物质 24 项，国家有证标准物质数量增长 50%；编制黄淮海小麦主产区呕吐毒素污染风险监测预报、2021 年我国典型玉米产区真菌毒素风险监测研究报告；“粮食真菌毒素检验监测技术体系创建和应用”集成成果，获得 2021 年度中国粮油学会科学技术奖一等奖。

粮食品质营养研究方向，建成粮食品质营养基础数据库平台；完成《小麦》《小麦粉》《青稞》等重大国家标准、《中国好粮油 稻谷》等 9 项“中国好粮油”标准的制修订工作、完成《饲料添加剂 第 5 部分：微生物 乳酸乳杆菌》国标制定；服务“爱粮节粮”“适度加工”“粮食营养健康”等主题科普工作。

粮油加工研究方向，积极推进院科研规划和重点项目，出版《全谷物营养健康与加工》专著；联合院士提出的《关于大力发展全谷物食品的对策建议》得到中办、国办采纳，写入了《粮食节约行动方案》；真菌毒素污染防控相关产品已进入市场。

粮食产业技术经济研究方向，开展粮食产业高质量发展目标指标、优质粮食工程实施效果、粮食应急体系、节粮减损等研究；完成《浙江省“十四五”粮食产业高质量发展研究》等课题研究；完成《“十四五”粮食产业高质量发展规划》和《“十四五”粮食仓储物流设施布局和建设规划》编制工作；完成河北、新疆维吾尔自治区、新疆兵团、聊城、舟山、拉萨等 9 项“十四五”规划编制。

战略物资储备管理技术研究方向，完成关于《战略性新兴产业发展对储备品种的影响研究》课题。

（撰稿单位：国家粮食和物资储备局科学研究院；
撰稿人：郭伟群、张丽；审稿人：翟江临、张永奕）

◆中国粮油学会

（一）科技助力保障国家粮食安全

节粮减损方面，开展围绕食品、油脂、储藏、饲料等专业方向专题性学术会议，为节粮减损提供精准咨询和技术服务；授予 11 家单位为“中国粮油学会科普教育基地”，推荐 7 家单位参加中国科协全国科普教育基地遴选；制作科普宣传图，发放科普图书《粮油食品安全与营养健康知识问答》，发布节粮减损科普文章、海报和微视频；出版《全国粮食和物资储备科技活动周专刊》，重点报道粮食产后节粮减损科技成果，汇编粮食产后节粮减损研究论文，为世界粮食减损大会提供会议材料。

标准化建设方面，围绕绿色低温储粮、适度加工、综合利用及农户科学储粮等开展团体标准相关工作，共立项 58 项；发布 12 项适度加工、绿色储藏、综合利用类等节粮减损方面的团体标准，其中《花生油质量安全生产技术规范》等 2 项团体标准入选粮食领域团体标准培优计划；作为第三方评估机构，开展“菜籽油、葵花籽油、芝麻油”三类食用植物油企业标准领跑者的评估工作，5 家企业

9 项标准入选 2021 年粮油产品企业标准“领跑者”名单；举办团体标准编制规范培训班，举办《高油酸菜籽油》《芝麻油感官评价》团体标准宣贯活动暨产业发展论坛。

优质粮食工程方面，参加 2020 年度“中国好粮油”产品发布会，介绍产品遴选情况，制修订《“中国好粮油”产品遴选管理办法》，组织遴选 2021 年“中国好粮油”产品 220 个。

（二）推动科技与人才兴粮兴储

研判科技前沿发展，组织专家研判粮食行业未来科技发展趋势和创新突破口，推荐具有前瞻性、先导性和探索性的重大科学问题1项、工程技术难题5项，推荐2021年“科创中国”先导技术榜单2项；被中国科协评为“重大科技问题难题征集发布 2018—2021 年度优秀组织单位”。

服务科技创新支撑，参与国家粮食和物资储备局全国粮食科技活动周组织工作；完成 2021 年度中国粮油学会科学技术奖评审工作，评选出获奖项目 39 项，其中一等奖 8 项，二等奖 20 项，三等奖 11 项；2 项曾获 2019 年度中国粮油学会科学技术奖一等奖的获奖项目，荣获 2020 年度国家科技进步奖二等奖；组织完成 39 项粮油科技成果评价；学会会员单位主持研发的 2 项科技成果入选科技部主办的国家“十三五”科技创新成就展。

推进人才队伍建设，配合制修订《职称评审管理办法》、2021 年高级职称评审程序和评价指标等，完成工程系列高级职称评审工作；制订《粮食行业青年智库实施办法》，入库人数由 400 人增加到 600 多人；完成高层次人才发掘和举荐，先后向中国科协推荐 1 名 2021 中国工程院院士有效候选人、2 名 2021 最美科技工作者候选人、2 名 2021 年度中国政府友谊奖候选人；评选出 4 名 2021 年最美粮油科技工作者；举办“中国粮油学会第一期粮新青年沙龙”。

推进一流期刊建设，《中国粮油学报》引证指标稳步提升，学报录用的稿件通过中国知网直接发布，稿件网络首发时间缩短，传播速度加快。

加强国际交流合作，参加国际谷物科技协会（ICC）谷物与面包大会、ICC 第七届全谷物峰会、美国油脂化学家协会（AOCS）年会等活动；与 ICC 共同举办了第一期在线学术研讨会，聚焦“后疫情时代粮食产业发展和健康升级”主题，展示最新研究成果，分享粮食产业发展与健康升级的前沿理念。

（撰稿单位：中国粮油学会；
撰稿人：王莉蓉、魏然、左巍；审稿人：王莉蓉）

二 重点课题调研

2021 年，国家粮食和物资储备局围绕贯彻落实习近平总书记关于粮食和物资储备工作的重要指示批示精神，聚焦保障国家粮食安全、能源安全、产业链供应链安全大局，形成全局性重点调研课题 12 篇、司局单位重点调研课题 28 篇。有关调研成果转化形成多篇专报、信息上报党中央、国务院和国家发展和改革委员会，有的已转化为政策储备和可行措施印发实施，在立法修规、政策制定、重要文件出台、做实重要举措等方面发挥了服务决策、指导实践、推动工作的支撑作用。2021 年评选出国家粮食和物资储备局机关优秀调研成果 15 篇、系统优秀调研成果 20 篇。

（撰稿单位：国家粮食和物资储备局办公室；
撰稿人：张亚龙；审稿人：方进）

三 战略性课题研究

2020 年，国家粮食和物资储备局批准 4 项战略性课题研究，由中国粮食研究培训中心自主完成。

课题一：关于粮食节约减损立法制度研究。指出了规制粮食损失浪费的重要意义，梳理了美国、日本、加拿大等国外规制粮食损失浪费的主要措施，针对我国粮食损失浪费规制现状及问题，借鉴发达国家反对粮食损失浪费做法，提出建立健全标准规范体系、加强节粮减损的技术支持、明晰各主体节粮减损法律责任与义务、加强爱粮节粮宣传教育等有效措施。

课题二：创新建设绿色共享粮仓培育粮食产业高质量发展新动能研究。阐述了创新建设绿色共享粮仓的重要性和必要性，客观分析评估了我国创新建设绿色共享粮仓具有的现实基础和发展潜力，研究提出了创新建设绿色共享粮仓的指导思想、基本原则以及协同推进绿色储粮装备、现代信息技术、精细化管理和共享发展模式等重点任务。在加强组织领导、战略规划、政策扶持、系统设计、人才培养、典型培塑和完善制度标准等方面提出了保障措施建议。

课题三：建党百年来中国共产党领导粮食流通体制改革历程及未来发展方向。梳理了建党以来我们党领导在革命、建设和改革中粮食流通体制改革发展的的光辉历程。研究提出了未来发展方向，坚持党的领导、坚持人民至上、坚持立足国情、坚持守正创新、坚持系统观念的基础上，积极稳妥推进粮食收储制度改革，扎实做好粮食保供稳市；改革完善粮食储备安全管理体制机制，提升粮食安全保障能力；深入推进优质粮食工程，加快粮食产业高质量发展；开展粮食节约行动，促进节粮减损和健康消费；健全粮食法治体系建设，全面推进依法治粮。

课题四：当前全球粮食安全形势与保障国内粮食供给和市场稳定的政策建议。从总量、区域、品种和价格等角度分析全球粮食安全形势，研判风险隐患和对我国的影响。认为全球粮食供需总体宽松，但区域性结构性矛盾突出，需警惕全球粮食结构性缺口加剧我国粮食结构性矛盾、资本炒作推动全球粮食价格持续上涨和全球粮食贸易链供应链梗阻影响我国粮食进口。研究提出进一步压实地方党委、政府保障粮食安全的政治责任，优化农业生产结构，加快短缺品种海外布局，提高宏观调控精准度，强化监测预警和市场监管等对策建议。

（撰稿单位：中国粮食研究培训中心；
撰稿人：胡文国、姜明伦、李慧强、曾伟；审稿人：颜波、陈玉中）

四 软科学课题研究

2021 年，中国粮食研究培训中心组织各省级粮食和物资储备局（粮食局），国家粮食和物资储备局各司局、直属单位、联系单位，各垂直管理局，有关中央企业、院校及科研机构，以及“特约调研员”牵头组成的研究团队等，紧密结合全国及各地工作实际，针对粮食和物资储备改革发展面临的重大现实问题，紧扣全面加强粮食安全治理制度体系建设、加快推动战略和应急物资储备体制机制改革、深入推进优质粮食工程、全面提升粮食收储调控能力、着力提高管粮管储效能、有效促进节粮减损等 6 个研究方向，全面深入开展调查研究，形成了 50 项研究成果，转化运用取得新突破，为服务政策决策、创新思路举措、推动改革发展提供了强力支撑，发挥了咨政辅政的积极作用。

经评价，有 49 项软科学课题符合结题要求，研究成果摘要通过《国家粮食安全研究》和《国家储备安全要情》刊发。其中，国家粮食和物资储备局规划建设司《聚焦国家储备安全核心职能 健全统一高效的国家储备体系研究》等 25 项课题研究成果摘报，获得国家粮食和物资储备局领导肯定性批示，对制定政策、科学决策起到重要参考作用，被评定为具有较高学术水平和实用价值；国家粮食和物资储备局能源储备司《完善政府原油和成品油储备体制机制研究》等 24 项课题研究成果，被评定为具有一定学术水平和实用价值。

（撰稿单位：中国粮食研究培训中心；
撰稿人：刘珊珊、高丹桂、崔菲菲、胡耀芳、张慧杰；审稿人：颜波、王世海）

专家决策咨询

重大政策咨询方面，2021 年 3 月 19 日，召开“实行党政同责强化落实粮食安全省长责任制”专家咨询论证会议，粮食专咨委顾问王春正、陈锡文，粮食专咨委副主任委员赵中权等领导专家出席会议，对修改完善有关重要文件提供咨询建议。2021 年 3—4 月，粮食专咨委秘书处收集整理省级有关部门意见建议，形成了完善主产区利益补偿机制有关政策研究报告，粮食专咨委顾问王春正、陈锡文，主任委员张晓强、副主任委员赵中权等专家为完善主产区利益补偿机制提供咨询建议。2021 年 4 月 8 日，粮食专咨委主任委员张晓强出席《粮食流通管理条例》贯彻实施座谈会，座谈研讨《条例》修订主要内容。粮食专咨委 10 多名专家围绕《粮食流通管理条例》有关内容，从严格政策性粮食管理、优化市场监管措施、强化质量安全监管、加大违法行为惩处力度、粮食安全省长责任制等方面发表了解读文章。粮食专咨委还对《国家粮食应急预案（修订稿）》《关于深入推进优质粮食工程加快粮食产业高质量发展的指导意见》等提供了专家咨询论证意见 。

重大课题研究方面，一是开展玉米产需矛盾与保持供求平衡的政策研究，由粮食专咨委顾问陈锡文牵头的课题组承担，形成《专家建议“三管齐下”化解玉米供求矛盾保持供求平衡》报告，得到韩正副总理和胡春华副总理的肯定性批示。二是探索建立口粮产销区横向利益补偿机制研究，由粮食专咨委秘书处承担，形成《专家建议完善粮食主产区利益补偿制度探索建立口粮产销区横向利益补偿新机制》，获得韩正副总理、胡春华副总理重要批示。三是玉米大豆复合种植技术推广应用政策研究，由粮食专咨委秘书处承担，形成《关于加快玉米和大豆间作新农艺推广应用切实增强玉米和大豆供给保障能力的报告》，得到国务院领导同志肯定性批示，有关内容写入了 2022 年中央 1 号文件。

（撰稿单位：中国粮食研究培训中心；撰稿人：郝晓燕、亢霞；审稿人：颜波、陈玉中）

人才队伍建设

一 高水平人才队伍建设

国家粮食和物资储备局制定印发《全国粮食和物资储备高水平人才选拔培养管理办法》，明确全国粮食和物资储备领军人才、青年拔尖人才、技能大师等高水平人才的范畴，以及工作原则、资格条件、选拔程序、培养措施、服务管理责任等。组织开展首批全国粮食和物资储备技能大师选拔，确定首批 14 名全国粮食和物资储备技能大师，支持入选人员牵头组建技能大师工作室。举办全国粮食和物资储备高质量发展高级研修班，组织各省级粮食和物资储备行政管理部门、各垂直管理局、有关中央企业和高校学员，围绕“十四五”期间粮食和物资储备行业发展规划、实施创新驱动发展战略、现代应急物资管理体系建设、现代种业技术、绿色生物制造和油气安全及储备等内容开展专题讲座与研修。截至 2021 年底，相关高研班项目已为全国粮食和物资储备行业累计培训了具备高级职称的专业技术人才 1111 人次。

（撰稿单位：国家粮食和物资储备局人事司；
撰稿人：程鹏、曲贵强、王奇；审稿人：廖小平、李寅铨）

二 青年人才托举工程

中国粮油学会承担实施四届青年人才托举工程，选拔培养青年科技人才 15 人，申请中国科协第七届（2021—2023 年）青年人才托举工程项目获批资助名额 4 人。搭建学术交流、科技创新、国际合作、职业发展和跟踪服务 5 个支撑平台，根据青年个性化成长需求给予跟踪支持。

（撰稿单位：中国粮油学会；撰稿人：王莉蓉、魏然、左巍；审稿人：王莉蓉）

三 粮食行业职业技能等级认定与职业教育发展

国家粮食和物资储备局推荐的中国粮食行业协会、中国信息协会和中国农产品流通经纪人协会开展（粮油）仓储管理员、农产品食品检验员、制米工、制粉工、制油工等职业的技能等级认定工作。安徽粮食工程职业学院、安徽粮食经济技师学院（安徽科技贸易学校）和新疆经济贸易技师学院（新疆工业经济学校）分别获批成为安徽省和新疆维吾尔自治区社会培训评价机构。中国储备粮管理集团有限公司开展企业自主等级认定评价。

全国粮食职业教育教学指导委员会（2021—2025 年）成立，完成中等职业学校《粮油储运与检验技术专业简介》修订、《粮油和饲料加工技术专业简介》《粮油和饲料加工技术专业标准》修（制）订，高等职业院校《粮食工程技术与管理简介》《粮食工程技术与管理标准》《粮食储运与质量安全简介》《粮食储运与质量安全标准》（制）订，高职本科《现代粮食工程技术专业简介》制订工作，通过教育部评审。组织 10 所粮食专业中高职、本科院校的 10 名中青年教师开展为期 2 个月的岗位实践锻炼活动。

（撰稿单位：中国粮食研究培训中心；撰稿人：沈红、王小可；审稿人：颜波、赵广美）

节粮减损

派员出席并主持联合国粮食系统峰会、国家粮食安全与可持续发展对话会，推动落实亚太地区粮食减损合作、中非粮食安全合作项目，持续推进粮食领域南南合作，交流分享我国粮食产后减损技术经验。国家发展和改革委员会、国家粮食和物资储备局与农业农村部、山东省人民政府组织召开国际粮食减损大会。习近平主席给大会发来贺信。大会现场展示了粮食产后减损技术成果，交流了中国粮食产后减损技术经验。

印发《关于推进粮食产后节粮减损工作的实施意见》《粮食节约减损健康消费提升行动方案（试行）》，推进粮食收购、清理烘干、仓储物流、加工利用、销售和消费等环节粮食减损。印发《粮食产后服务中心运营指南》，已建成5500多个粮食产后服务中心，覆盖全国1000多个产粮大县，为种粮农民提供清理、干燥、收储、加工、销售等服务，新增粮食清理能力约40万吨/小时、粮食干燥能力约110万吨/天。

举办2021年世界粮食日和全国粮食安全宣传周主会场活动，全国粮食安全宣传教育基地交流宣讲科技助力节粮减损、保障粮食安全的事迹。编印《2020年度粮油科技成果汇编》，推介节粮减损科技成果。以节粮减损、适度加工、高标准粮仓建设为重点，面向社会公开征集2021年粮食标准制修订项目，9项节粮减损相关标准项目获优先支持。提出13项需修订的减损相关国家标准建议，启动4项团体标准研究。加大减损相关标准宣传力度。积极参与国际标准修订研究，体现中国粮食减损经验。

下达中央储备粮食仓储设施项目投资计划，编制“十四五”粮食仓储物流设施布局和建设规划，支持央企和各地谋划高标准粮仓项目，鼓励采用节能技术改造仓房。启动实施粮食绿色仓储提升行动，印发《高标准粮仓建设技术要点》，推广应用绿色储粮技术，提高粮食保质保鲜储存水平。推进粮食运输技术指导意见编制，指导粮食高效运输，科学降低粮食运输损耗。推动“节粮减损”工作责任纳入地方各级党委和政府职责。

（撰稿单位：国家粮食和物资储备局安全仓储与科技司；
撰稿人：姚磊、李鹏飞；审稿人：周冠华、张成志）

◆国际粮食减损大会

为贯彻落实习近平主席在二十国集团领导人第十五次峰会上提出“适时召开国际粮食减损大会”的重要倡议，2021年9月9日至11日，农业农村部、国家发展和改革委员会、国家粮食和物资储备局、山东省人民政府在山东省济南市共同举办国际粮食减损大会。大会主题为“减少粮食损失浪费，促进世界粮食安全”，方式是线上线下结合，目的是搭建二十国集团成员、各区域国家代表、国际组织、跨国公司、学界等多方参与对话的平台，探讨国际粮食减损挑战、合作、责任和治理等重大议题。

2021 年 9 月 9 日至 11 日，国际粮食减损大会在山东济南召开。（中新网）

9 月 10 日，国家主席习近平向国际粮食减损大会致贺信。习近平主席指出，粮食安全是事关人类生存的根本性问题，减少粮食损耗是保障粮食安全的重要途径。当前，新冠肺炎疫情全球蔓延，粮食安全面临挑战，世界各国应该加快行动，切实减少世界粮食损耗。习近平主席强调，召开国际粮食减损大会是中方 2021 年在二十国集团领导人第十五次峰会上提出的倡议。希望各方以此次大会为契机，携手合作，落实 2030 年可持续发展议程，为实现零饥饿、零贫困目标贡献力量，为维护世界粮食安全、推动构建人类命运共同体作出更大贡献。

全国人大常委会副委员长吉炳轩出席开幕式，宣读习近平主席贺信并致辞。农业农村部部长唐仁健，山东省委书记刘家义、省长李干杰等出席并致辞。16 国驻华大使、24 国农业部长、6 国农业部副部长、6 个国际和区域组织负责人分别通过现场或视频连线等方式致辞。各国粮农领域专家学者围绕粮食“产购储加销”充分交流了减损的思路建议。大会还安排与会代表实地参观了粮食收购环节和农业种植环节的减损成效。

来自 50 多个国家及国际组织、企业、非政府组织的 300 多名代表围绕“减少粮食损失浪费，促进世界粮食安全”主题展开交流，达成了行动减损、机制减损、平台减损、生产减损、收获减损等 10 项减损共识成果。大会发布了《国际粮食减损大会济南倡议》，从加强基础设施建设、倡导可持续生产方式、降低产后损失、推行可持续消费方式等方面，为各国开展粮食减损提供借鉴。山东省率先发布《山东粮食减损行动方案》，将围绕全链条节粮减损重点任务开展先行先试。

（撰稿单位：国家粮食和物资储备局外事司；撰稿人：胡瑶庆、张怡；审稿人：曹颖君）

定点帮扶、对口支援与援疆援藏

一 定点帮扶

2021年，国家粮食和物资储备局定点帮扶安徽省阜南县工作，在2021年中央单位定点帮扶工作年度成效考核评价中连续第三年获评“好”，有关帮扶经验做法被国家发展和改革委员会、人民网分别评为全国消费帮扶助力乡村振兴优秀典型案例。

（一）重点帮扶任务

国家粮食和物资储备局成立乡村振兴工作领导小组，完善定点帮扶工作机制，制定定点帮扶年度工作计划，细化产业帮扶、消费帮扶、党建结对、扶志扶智等方面18项措施。成立挂职副县长任组长的定点帮扶工作队，选派国家粮食和物资储备局科学研究院办公室副主任、农学博士挂职任副县长，继续选派1名处级干部任驻村第一书记,3名科级干部在县农业农村局、商务粮食局、乡镇挂职。全年投入帮扶资金500多万元，引进帮扶资金9400多万元，培训人员约1700人次；购买脱贫地区农产品近600万元、帮助销售约560万元。

（二）经验亮点

帮扶工作聚焦粮食产业形成“阜南样板”。优质粮源基地拓展到60万亩，占全县粮食种植面积一半以上；产业园首批项目全部完工，每年助农增收和纳税均将超亿元，引进江南大学科技赋能园区发展。支持中化农业组织60万亩优质小麦订单种植，建成4000平方米现代农技服务中心和27个村级服务站，与当地近百家新型农业经营主体成立联合体，分工协作、抱团发展，实施“六统一”标准化生产。建立“公司+农民合作社+基地+农户”机制，实现亩均增产100多斤，每亩助农增收200元以上，带动4.9万名脱贫群众受益。组织专家论证优选5个小麦良种，在26个乡镇推广“一村一品”适度规模经营。国家粮食和物资储备局在阜南县召开粮食产业助力巩固拓展脱贫攻坚成果同乡村振兴有效衔接现场会，支持龙头企业在19省140个县复制推广“阜南样板”，实施优质粮食订单500多万亩，带动100多万小农户稳定增收，促进小农户同现代农业有效衔接。

（三）党建就业帮扶

突出党建引领，帮扶指导阜南县两个脱贫村党支部创办“党建引领、村社合一”合作社，建立“党建+产业+合作社+脱贫户”利益联结机制，开展粮有袋、菜有篮、油有瓶、蛋有盒、果有箱、蜜有罐“六个有”农产品初加工，销售收入147万元，村集体盈利26万元，带动脱贫户就业39人、平均增收1000余元，实现党支部建强、村集体壮大、脱贫户增收、农产品畅销“四方共赢”。强化项目带动，国家粮食和物资储备局近年来累计投入帮扶资金1270万元，帮助村集体建设13个车间、2座光伏电站和1个保鲜库。采取“村集体+车间+企业+脱贫户”模式运营，已建成的8个车间带动

500 余人就业，其中脱贫户 115 人，每年增加村集体收入 60 万元。国家粮食和物资储备局牵头举办 14 期乡村振兴理论和实用技术技能培训班，培训各类人员近 1700 人次，协调中国中化依托现代农业技术服务中心开展种粮技术培训 1150 人次。

（四）消费帮扶

开展直采帮扶行动，助力解决卖难问题，购买脱贫地区农产品 587 万元，其中阜南县农产品 56 万元。举办展销会推介阜南县及安徽省其他脱贫县优质特色粮油产品，现场成交 32 万元。帮助阜南县粮油产品参加 2021 脱贫地区农副产品产销对接会，75 家商家发出意向订单。国家粮食交易平台设专场帮助阜南县销售优质小麦 7.98 万吨，成交 2.1 亿元。协调对口支援的江西省于都县与本来生活网合作，助力提升当地特色农产品品质，畅通销售渠道，帮助销售 152 万元。

此外，垂管单位积极完成地方帮扶任务。20 个垂管局帮扶 30 个脱贫村，选派干部 56 人，投入资金 380.9 万元。垂管系统 1 个集体荣获“全国脱贫攻坚先进集体”称号，6 个集体、11 名个人受到省级脱贫攻坚表彰。

国家粮食和物资储备局积极组织阜南县参加 2021 脱贫地区农副产品产销对接会，推介阜南特色产品。

二 对口支援

国家粮食和物资储备局明确 9 个方面支援举措对口支援江西省于都县，着力构建人才、产业、项目、技术等相结合的对口支援工作格局，以更大力度助力于都县全面推进乡村振兴，逐步实现共同富裕。支持于都县深入实施优质粮食工程，建成高标准富硒水稻基地 2 万亩，升级改造国有粮库，创建于都富硒大米区域品牌，注册“雩都大米”商标，成立于都粮油行业协会，同时还协调河北垂管局投入 90 万元支持建成日烘干能力 90 吨的烘干厂，全力推动当地富硒大米特色产业加快发展。组织团购于都特色农产品开展消费帮扶，累计采购超 50 万元；协调本来生活网助力提升当地特色农产品品质，畅通销售渠道，帮助销售 152 万元。

三 援藏援疆

召开全国粮食和物资储备系统对口援藏援疆工作会议，全面总结“十三五”系统对口援藏援疆工作成效，研究部署“十四五”重点工作。印发“十四五”时期对口援藏和对口援疆工作两个实施意见，明确支援举措，细化责任分工，着力推动西藏、新疆粮食和物资储备事业高质量发展。

（撰稿单位：国家粮食和物资储备局规划建设司；撰稿人：刘晨；审稿人：钱毅、张保国、晁铭波）

财务资产管理和内部审计

一 行业财务

粮食收购资金。协调农发行及时出台夏粮秋粮收购信贷政策，加大信贷投放，满足政策性粮食收购、地方储备增储、成品粮储备建设等资金需要，保障政策性粮食收储轮换资金及时足额供应。各省份因地制宜建立健全粮食收购贷款信用保证基金机制，帮助企业增信融资、有钱收粮，切实保护种粮农民利益。搭建基金银企对接服务平台，充分发挥 16 个省份 150 多只基金融资增信作用，支持各地多渠道筹集粮食市场化收购资金。截至 2021 年末，通过基金累计向 3000 多户企业放贷 1848 亿元。

财税金融政策。开展优质粮食工程重点示范企业信贷支持行动，截至 2021 年末，累计向 345 户粮食企业投放信贷资金超过 300 亿元。各地深入实施相关粮、棉、糖等储备企业印花税、房产税和城镇土地使用税优惠政策，减轻企业负担、优化行业发展环境，促进企业降本增效。完善粮食风险基金相关管理规定，调度分析粮食风险基金使用情况，指导统筹用好粮食风险基金，为推动粮食产业高质量发展提供有力支持。

二 预算财务

科学编制年度预算，持续加强预算绩效管理，有效提升资金使用效益，保障战略应急物资和中央储备粮棉监管、战略应急物资储备和储备安全专项等重大战略、重要改革、重点项目开展。落实 2022 年住房改革支出预算 1.81 亿元。稳步推进解决垂直管理系统住房改革支出、养老保险改革、医疗费挂账等问题。

三 资产管理

完成行政事业单位国有资产报告与决算、事业单位出资企业财务会计决算及政府储备物资报告的编报。开展垂管系统国有资产清查，摸清资产底数，为统筹解决历史遗留问题、盘活资源、加强国家储备集中统一管理奠定基础。审批 35 个基建项目竣工决算，制定竣工财务决算管理办法，部分项目竣工决算审批权下放给垂管局。

四　内部审计

做好预算执行审计、政府财务报告试审和经济责任审计，开展垂管局所属企业专项审计，完成22名同志经济责任审计，建立审计整改落实情况台账，督导相关单位严格整改落实。完善粮食和储备财务审计制度规范，研究制定政府采购管理办法，印发进一步加强和规范对外投资合同项目管理的通知，构建长效机制，夯实监管基础，防范廉政风险。

（撰稿单位：国家粮食和物资储备局财务审计司；
撰稿人：付祥伟、冯雅博、于嘉颖；审稿人：刘翔宜）

新闻宣传

一 强化正面宣传引导

国家粮食和物资储备局党组在学习强国APP刊发署名文章，全面阐述党领导百年粮食改革发展的光辉历程、伟大成就以及历史经验和重要启示；围绕“十四五”规划纲要、粮食流通依法治理等相关负责同志多次出席国务院新闻办公室新闻发布会，介绍贯彻落实“十四五”规划纲要、粮食流通依法治理、深入推进优质粮食工程有关情况、回答记者提问；相关司局负责同志出席局例行新闻发布会、通气会，发布粮食节粮减损、粮食收购和保供稳市等重点工作情况。中央主流媒体推出《以“良法”促“善治”：为粮食市场流通保驾护航》等报道。人民日报刊发《我国秋粮收购平稳有序优质优价》《“中国好粮油”行动计划扶持389个示范县 为百姓餐桌增加好粮油》等11篇报道；新华社刊发《“粮食安全党政同责”首次进入我国法规》等14篇报道，中央广播电视总台《新闻联播》播出《优质粮食工程增加优质粮食超过5000万吨》《第二批国储铜铝锌今天投放》等21条报道，《焦点访谈》推出《新征程 新气象 从“吃得饱”到“吃得好”》《从田间到餐桌 让粮食更安全》等专题报道，全面介绍优质粮食工程和《粮食流通管理条例》修订出台有关情况。光明日报、经济日报、中央人民广播电台《全国新闻联播》《新闻和报纸摘要》等推出专版报道、深度报道、系列访谈、公益广告等70余篇（条）。

二 回应公众关切

针对公众关注粮食价格上涨、粮食流通执法监管、大宗商品保供稳价等热点，及时发出权威声音，注重发挥专家独特作用，组合运用通气会、专家采访、实地报道等方式，讲清政策导向，澄清疑虑疑惑。人民日报、新华社等发布《国家粮食和物资储备局部署开展专项执法行动严查粮食流通领域违法违规案件》《我国粮食库存充足 口粮绝对安全》《国家抛“储”稳有色——聚焦第二批国家储备物资投放》《国储精准投放为铜市显著降温》等报道100余篇（条）。新浪微博话题“全球粮价上涨是否影响中国人”“今年小麦普遍质优价高”累计阅读量超2.6亿人（次）；中央广播电视总台《国家粮食和物资储备局：我们供给充裕》观看量达144万人（次），点赞人数过万。

2021 年 10 月 16 日，中央电视台第 1 频道晚间新闻播出专题节目《世界粮食日 · 保障粮食安全 中国在行动》。

三 强化协同联动

建立粮食安全宣传协调机制，印发工作方案，明确国家粮食安全战略和政策等 12 个方面主题宣传和科技活动周等 4 个方面活动宣传任务。相关司局单位负责同志共 35 人次出席新闻通气会发布相关情况；相关司局负责同志发表粮食应急保障、节粮减损等主题署名文章，有效引导社会预期。各省级粮食和物资储备部门制定方案创新方式，组织做好粮食安全宣传报道。天津、山西等省（市）建立专门工作机制，宁夏会同省级宣传部门统筹开展各项工作。全年，国家粮食和物资储备局、省局联合召开新闻通气会 1 次，各省级粮食部门主要负责同志以署名文章、新闻发布会、接受记者采访等形式发声 40 余次。主要媒体刊发全系统主题报道 2800 余篇（条），形成上下联动态势。

（撰稿单位：国家粮食和物资储备局办公室；撰稿人：王辉、孔晶晶；审稿人：方进）

◆宣传教育中心

（一）《中国粮食经济》

聚焦中心工作，策划重大主题宣传。宣传习近平总书记关于粮食安全和物资储备安全的重要指示精神，宣传党的十九届六中全会精神，展示行业发展成就，开展理论研究，交流工作经验，宣传先进典型。开设“粮储学习进行时”“粮储心向党 奋斗新征程 庆祝中国共产党成立 100 周年”等栏目。专题报道粮食和物资储备系统抗击疫情保供稳价、脱贫攻坚、“亮剑 2021”专项执法行动、粮食安全责任制考核和落实、夏粮和秋粮收购、节粮减损、粮食科技活动周、全国粮食安全宣传周、优质粮食工程等重大主题。出版《非凡“十三五”奋进“十四五”》《高扬法治之帆 护航粮食安全》《多措并举助力粮食产业高质量发展》等专刊；推出了“推进节粮减损 保障粮食安全”“奋发实干开新局”“脱贫攻坚 粮储力量”“汇聚起科技和人才兴粮兴储磅礴之力”等专题。发表《牢牢把住主动权 奋力开创新气象》《在更高水平上保障国家粮食安全 助推全面乡村振兴》《沿着党指引的方向奋勇前进!》《深入推进优质粮食工程 更好端牢十四亿中国人的饭碗》等社论。

改版升级刊物，提高办刊质量。推出社论、特稿、粮储学习进行时、庆祝中国共产党成立 100 周年、粮安论坛、特别关注、学习进行时、节粮减损、应急保障、安全生产等栏目，采写刊发深度报道、政策解读和理论文章。刊发国内外知名专家的理论研究文章 22 篇，省（区、市）粮食和物资储备局长、垂管局长署名文章 20 篇，具有较高学术水平的国家粮食和物资储备局软科学课题研究成果 30 余篇。

创新宣传渠道载体，推动传统媒体和新媒体融合发展。中国粮食经济公众号推出了“国际粮食论坛”系列文章，“发展粮食产业 助力乡村振兴”专题报道，联合国粮农组织总干事、联合国驻华协调员有关负责人文章，与“联合国粮农组织”公众号互开白名单。推出“图解 2021 年全国粮食和物资储备工作会议”“数说‘十三五’”“一图读懂《粮食流通管理条例》”“耕好‘无形良田’助力粮食安全”

2021 年第 9 期《中国粮食经济》杂志封面。

等栏目。截至 2021 年 12 月 31 日，新媒体平台发布信息近 2000 条，总阅读量近 200 万人次。

（二）地方粮食期刊

各地粮食期刊结合重要时间节点设置重要栏目，大力策划宣传庆祝建党 100 周年、深入推进优质粮食工程、节粮减损、助力粮食产业高质量发展等保障国家粮食安全相关重要主题，服务地方粮食流通大局。《安徽粮食》开设“庆祝建党 100 周年”“党史学习教育”“优秀微党课选登”等专栏；《吉林粮食和物资储备》出版专刊，刊登局领导讲话、老干部文章、图片等；《齐鲁粮食》开辟“党史学习教育”“粮储心向党 奋斗新征程”专栏，刊登获奖文章。《江苏粮食和物资储备》开辟专栏，宣传省内各地粮食产业发展典型经验做法；《吉林粮食和储备》和《安徽粮食》分别设置“吉林大米”“皖美粮油”专栏，重点宣传当地粮食产业发展现状及成效和区域粮食品牌。《浙江粮食经济》和《贵州粮食》分别开辟“爱粮节粮”“脱贫攻坚”栏目，图文并茂，宣传好经验、好做法。

经验探讨与理论研究相结合。《黑龙江粮食》注重理论探讨，开设“龙粮特稿”“龙粮观察”“龙粮学术”等重要栏目，刊发政府官员、权威专家学者等理论文章；《粮食科技与经济》作为湖南粮食行业的代表刊物，更加注重学术研究，与涉农、涉粮高校联系紧密，在粮食产业、仓储与物流、检测与标准、技术与设备等方面刊发大量学术成果；《粮食问题研究》由四川省粮食和物资储备局主管，开设“粮食安全”“粮食储藏”专栏，刊发理论文章帮助读者了解粮经政策、涉农法规、“三农”问题等。《江苏粮食和物资储备》在“面对面”“公平秤”“K 线图”“升级版”等栏目，刊发各地调研报告、对策研究、市场分析等一些兼具实用性和指导性的内容。

丰富栏目类型，美化版面设计。《江西粮食和物资储备》推出“粮友文苑”栏目，《晋粮经济》推出“话杂粮”栏目，《江苏粮食和物资储备》推出“文化魂”栏目，《陕西粮食经济》开设“粮油知识”“读者驿站”栏目，满足读者阅读需求，传播行业文化。《黑龙江粮食》《贵州粮食》《齐鲁粮食》《江西粮食和物资储备》等期刊对封面设计、印刷用纸、内文版式等进行调整改进，版式设计有所创新，图片质量较高，印刷质量得到提升。

（撰稿单位：国家粮食和物资储备局宣传教育中心；撰稿人：刘博文、李雯雯；审稿人：方进）

机关党建与文化建设

一 党史学习教育和庆祝建党百年系列活动

国家粮食和物资储备局党组中心组每月组织至少一次集体学习。全系统200多名司局级领导干部讲专题党课。组织开展网上祭英烈活动，组织党员干部参观红色教育基地、“不忘初心牢记使命”百年党史展览，开展“沉浸式”主题党日活动。在中央民族干部学院举办近300名副处级以上党员干部参加的专题培训。组织200余名党员干部参加中央和国家机关读书接力赛以赛促学。组织青年干部开展“根在基层”调研活动。以党支部、党小组为单位开好党史学习教育专题组织生活会，党组同志以普通党员身份参加所在支部专题组织生活会。开展“我为群众办实事”实践活动，组织细化落实重点任务事项21项，各司局单位和各垂管局任务事项602项。为117名老党员颁发“光荣在党50年”纪念章。国家粮食和物资储备局2名优秀共产党员、优秀党务工作者受到中央和国家机关表彰，4名优秀党员、优秀党务工作者和1个先进党组织受到国家发展改革委表彰。制定《创建模范机关先进单位和先进个人评选表彰办法》，召开全局系统视频会议，表彰39个模范机关创建先进单位、先进个人和46个优秀共产党员、优秀党务工作者和先进基层党组织等“两优一先”。编发党史学习教育简报100期，在“国储党建”微信公众号登载相关信息800余条。

2021年7月15日，国家粮食和物资储备局组织党员干部参观“让党中央放心、让人民群众满意——新时代中央和国家机关党的建设成就巡礼展”。

二 全面从严治党

制定《关于加强对司局单位和垂管局“一把手”和领导班子监督的实施意见》《关于新时代加强和改进思想政治工作的实施意见》。开展国家粮食和物资储备局党组第四轮巡视，对内蒙古局分党组等 12 个单位开展巡视，对 18 个垂管局分党组开展巡察情况进行专项检查。印发《关于推动巡视巡察上下联动的若干措施》，明确 10 项具体措施。召开全面从严治党和警示教育大会，通报全面从严治党突出问题，签订年度党风廉政建设责任书，落实全面从严治党“两个责任”。制定党组年度民主生活会整改落实方案，针对问题细化整改措施，抓好贯彻落实。做好巡视“后半篇”文章，前三轮巡视整改完成率达到 95% 以上。

三 机关党建

印发《关于促进党建和业务工作深度融合以高质量党建推动粮食和物资储备高质量发展的实施意见》《持续深入推进制止餐饮浪费行为工作的实施方案》，修订《直属党组织书记抓党建工作述职评议考核实施办法》。持续加强党的政治建设，推动党建和业务深度融合，抓好法治机关建设，组织党建述职评议考核。开展“爱粮节粮健康消费”宣传主题党日和党员志愿服务活动。开展《2019—2023 年全国党员教育培训工作规划》实施情况中期评估。新成立直属党支部 1 个，基层党组织换届 3 个，任免 14 名支部书记、副书记，7 个基层党组织补选委员，新发展党员 11 人。全年召开机关党委会议 6 次，机关纪委会议 2 次，执纪审查专题会议 6 次，严格落实集体民主决策制度。1 名党员获中央和国家机关青年学习标兵，1 个垂管局党建工作经验获中央和国家机关工委第三届党建创新成果“百优案例”，垂管系统 5 个青年集体荣获全国青年文明号。对所有直属党组织书记抓党建工作情况进行评议考核。实施“青年理论学习提升工程”，组织庆祝建党 100 周年主题书画展、粮食和储备安全主题书画展，修订文体协会管理办法，成立 9 个文体协会并组织开展相关文体活动。

四 党风廉政建设和反腐败

制定印发开展“监督执纪质量年”活动实施方案，修订《直属机关纪委处理检举控告工作规程》。加强纪律作风建设，组织各单位对落实中央八项规定及其实施细则精神配套制度制定及执行情况进行自查自纠。开展“入新址、树新风、展新貌”专项检查，督促党员干部新起点有更高政治站位、更强使命担当、更好机关效能和作风形象。实事求是践行监督执纪“四种形态”特别是第一种形态，组织处级及以上党员干部按季度报告不当用权和插手干预重大事项情况。机关纪委查办问题线索 7 件，其中谈话函询 4 件，初核 2 件、立案 1 件，截至年底了结 4 件、在办 3 件，给予开除党籍处分 1 人、诫勉谈话 2 人、谈话提醒 1 人；出具廉政意见 55 份 480 人次。针对有关问题向相关司局单位出具纪检建议书 1 份。研究制定《监督工作贯通协同机制（试行）》，建立“1+N”协调配合机制，形成以协同机制为主导、专项制度高效运行的协调配合机制。组织开展“学重要讲话、抓《意见》落实、改突出问题、强作用发挥”活动。组织纪检干部参加监督执纪业务培训。

（撰稿单位：国家粮食和物资储备局直属机关党委；
撰稿人：张永福、朱江、张倩；审稿人：王永圣、刘铁宏、陈书玉）

国际交流与合作

一　国际粮食减损大会

贯彻落实习近平主席在二十国集团领导人第十五次峰会上提出“适时召开国际粮食减损大会”的重要倡议，农业农村部、国家发展和改革委员会、国家粮食和物资储备局、山东省人民政府 2021 年 9 月 9 日至 11 日在济南共同举办国际粮食减损大会。会议达成行动减损、机制减损、平台减损、生产减损、收获减损、储运减损、加工减损、流通减损、消费减损、意识减损等 10 项减损共识成果，通过了《国际粮食减损大会济南倡议》。

二　亚太粮食安全合作

作为亚太经合组织（APEC）粮食安全政策伙伴关系机制（PPFS）中国政府代表单位，协调多家单位组成 PPFS 中国代表团，完成 APEC/PPFS 全体会议、专业研讨会等多项参会任务，向亚太各经济体宣介中国在粮食产后管理、粮食电子交易平台发展等方面的进展成就。推动完成《亚太经合组织 2030 年粮食安全路线图》制定。

三　中非粮食安全合作

会同驻非盟使团，与非盟委员会农业司开展线上工作会谈，就落实双方关于加强粮食领域合作的谅解备忘录，推进中非粮食安全合作相关工作。2021 年 9 月，非盟农业委员萨科代表非盟委员会在国际粮食减损大会开幕式环节致辞，感谢国家粮食和物资储备局为推动中非粮食安全合作付出的努力。

四　推动实现联合国 2030 年可持续发展目标

加强与联合国驻华国别小组、联合国世界粮食计划署（WFP）中国办公室、联合国粮农组织（FAO）驻华代表处、国际农业发展基金（IFAD）驻华代表处等联合国驻华机构的交流与合作，参加推动实现联合国 2030 年可持续发展议程的多边讨论，宣介中国在推动粮食产业高质量发展、保障粮食安全方面的政策举措。主持国家粮食安全与可持续发展对话研讨会粮食产后减损议题。参加联合国粮食系统峰会及预会。承担落实联合国 2030 年可持续发展议程部际协调机制成员职责。

五 粮食领域南南合作

分享中国粮食领域经验成果，联合 WFP 中国办公室在浙江、江苏、山东等地调研我国粮食仓储设施的新能源利用和粮食产业信息化建设情况，推动将中国现代化储粮管理技术和经验纳入南南合作框架；支持 WFP 中国办公室召开中非稻米价值链研讨会，主持稻米储备与加工专题研讨；实施合作项目，开展肯尼亚制粉和营养强化及粮食产后管理和减损培训；为加纳小农户电子商务准入项目提供专业技术支持；就中国科学储粮与粮食储备体系开展联合专题研究。

六 “一带一路”双边交流合作

强化与“一带一路”相关国家在粮食领域的交流与合作。与乌克兰、加拿大、日本、阿联酋、乌拉圭等国家粮食主管部门、驻华使馆和粮食企业就减少粮食损失浪费体制机制、法律法规、技术手段等方面加强交流。推进双边政企合作与交流，新加坡丰益国际集团董事局主席、益海嘉里集团董事长郭孔丰到访国家粮食和物资储备局，就推动双方就我国粮油产业高质量发展和深入推进优质粮食工程等方面开展交流。支持鼓励我国有关企业参与“一带一路”建设，开展粮食领域合作。帮助北大荒、黑龙江农垦、西安爱菊等企业开展“一带一路”粮食合作，依托中哈农产品贸易与合作工作组会议，助力我国企业打造海外粮仓。

七 粮食科技国际学术交流

线上线下相结合举办中奥粮食安全科技研讨会、亚洲合作对话框架下绿色生态储粮技术研修班；线上举办国际标准化组织谷物与豆类分委员会第 41 次会议、后疫情时代粮食产业发展与健康升级学术研讨会等粮油领域科技学术会议。派出专业学者及技术人员在线参加了由国际食品法典食品污染物委员会、国际食品法典油脂委员会、国际标准化组织、国际谷物科技协会、美国油脂化学家协会等国际粮油领域科技学术组织召开的专业会议。

2021 年 12 月 7 日至 8 日，国家粮食和物资储备局在北京举办 2021 年"亚洲合作对话框架下绿色生态安全储粮技术"研修班。

八 引进国外智力项目

2021 年，科技部批复中粮营养健康研究院有限公司国家引才引智示范基地项目 1 项，高端外国专家引进计划"健康食堂关键技术研究与示范项目"1 项。外国专家通过在线方式，就健康配餐、数字化管理、科普教育等一揽子健康餐厅关键技术相关内容开展了专题报告和学术交流，推动项目单位营养健康食堂的建设工作。

（撰稿单位：国家粮食和物资储备局外事司；撰稿人：胡瑶庆、张怡；审稿人：曹颖君）

信访工作与建议提案办理

一 信访工作

2021 年，国家粮食和物资储备局共接到群众信访 116 件次，其中来信来电 75 件，来访 41 批 303 人次，均得到及时办理。相关单位主要负责同志一线接访，切实做好信访群众的思想疏导、政策宣传和化解稳定工作，切实维护好信访人的合法权益。排查重要领域、重点问题信访隐患，抓好信访矛盾纠纷预判预警和排查化解工作，做到事前预防、源头治理，把问题化解在基层、化解在萌芽状态。排查涉及粮食收购、粮食交易、储备经营、工资待遇等重点问题、重点群体、重点人员信访矛盾隐患，制定有针对性的防范化解措施。

（撰稿单位：国家粮食和物资储备局办公室；撰稿人：黎霆、李华华、杨雪；审稿人：方进、陈玲）

二 建议提案办理

2021 年，国家粮食和物资储备局共承办十三届全国人大四次会议代表建议和全国政协十三届四次会议委员提案共计 95 件（含闭会期间转来的委员提案 1 件）。其中，人大代表建议 67 件（主办 26 件、分办 2 件、协办 26 件、参阅 13 件）、政协委员提案 28 件（主办 17 件、会办 7 件、参阅 4 件）。收到全国人大农业与农村委员会转来的议案 5 件。建议提案内容主要涉及建设国家粮食安全保障体系、提升粮食收储调控能力、推进优质粮食工程、促进节粮减损、强化落实粮食安全省长责任制考核、加快《粮食安全保障法》立法进程、完善粮食主产区利益补偿机制、加强粮食市场监测预警、建设粮食和物资储备安全高端智库、加强粮食应急保障体系建设、加强战略和应急物资储备安全管理、加强应急物资储备库建设等方面。印发《关于认真做好 2021 年人大代表建议和政协委员提案办理工作的通知》，就加强与代表委员的联系沟通、重点建议提案办理、办理格式及规定时限、做好答复公开工作等方面提出具体要求。加强与代表委员的沟通联系，准确把握建议提案内涵，结合工作实际进行答复，确保答复的合理性和有效性。应公开的建议提案复文已按规定全部公开。

（撰稿单位：国家粮食和物资储备局办公室；撰稿人：牛妍；审稿人：周海扬）

老干部工作

截至 2021 年底，国家粮食和物资储备局机关共有离退休人员 399 人（含代管的事业单位退休人员）。其中，离休 49 人，退休 350 人。在离休干部中，抗战时期参加革命 10 人，解放战争时期参加革命 39 人。共有党支部 8 个，其中在职党支部 1 个，离退休党支部 7 个（含文体兴趣小组临时党支部 1 个），离退休党员 235 人，获颁“光荣在党 50 年”纪念章老党员 107 人。离退休干部办公室（以下简称“离退办”）在职人员 27 人。

举行粮食和物资储备局“光荣在党 50 年”纪念章颁发仪式。组织老干部开展“再唱山歌给党听”红歌会、“翰墨光影颂党恩”书画摄影展、“我看建党百年新成就”系列主题活动等。研究制定离退休干部党史学习教育方案，开展“用朗诵致敬建党百年”活动，请老领导老党员讲党课、过政治生日、参观红色教育基地开展主题党日等多种形式，组织老党员老同志积极参加党史学习教育。

2021 年 4 月 14 日，国家粮食和物资储备局组织老干部赴香山革命纪念馆开展党史学习教育活动。

开展“讲好粮食和储备故事，传播好粮食和储备声音”活动，制作推送《初心百年、奋斗有我——国家粮食和物资储备局离退休干部访谈录》系列短视频，开展“老手拉小手”帮扶活动。邀请老干部代表参加新办公区升旗仪式，参观“粮食安全展”和应急指挥中心。开展“绽放巾帼风采、献礼百年华诞”——讲述我心中的优秀女共产党员“三八”妇女节活动。组织老同志赴北京大运河森林公园开展“健康‘森’呼吸，运动享生活”春游活动。开展到家理发、洗澡、保洁、送餐和预约挂号、取药等15项个性化助老服务。开展智能信息技术运用培训，让老同志共享“数字”福利。推进老同志档案电子化建设，开发直接联系服务老同志的微信小程序。抓好法治宣传教育，学习《民法典》《粮食流通管理条例》和中老年人应知应会法律知识、防骗技能。

2021年7月18日至23日，国家粮食和物资储备局结合党史学习教育活动，联合安徽省阜南县盛郢村党支部组织开展第三届“老手拉小手”扶智扶志活动。

（撰稿单位：国家粮食和物资储备局离退休干部办公室；撰稿人：赵前宁；审稿人：金贤）

4

第四篇

各地粮食和物资储备工作

北京市

基本情况

2021年，北京市粮食播种面积60.9千公顷，同比增长24.7%；粮食总产量38万吨，同比增长24.6%，粮食自给率8.3%，同比提升1.6%。其中，小麦7万吨、玉米29万吨、其他粮2万吨。2021年，全市粮食消费稳中略增，食用油消费恢复性增长，粮油供需总体平衡，库存保持稳定。全市粮食直接消费量459.7万吨，同比增加3.8万吨，增幅0.8%。其中，居民口粮消费352.7万吨，同比增加10.5万吨，增幅3.1%；饲料用粮82.3万吨，同比减少9.5万吨，减幅10.3%；工业用粮23.9万吨，同比增加2.8万吨，增幅13.3%。食用油消费量57.9万吨，同比增加11万吨，增幅23.5%。全年粮食供给554.3万吨，食用油供给64.4万吨。

2021年工作

一 聚焦依法管粮管储，着力推动治理能力现代化

坚决落实习近平总书记重要批示，对标中央纪委国家监委、市纪委监委部署要求，扎实开展粮食购销领域腐败问题专项整治。制定自查自纠工作方案和工作细则，及时印发两个指引，对涉及储备粮业务的国有粮食企业进行全面清查。同时，自觉接受市委巡视组涉粮领域专项巡视，坚持边巡边改、立行立改，以点带面，切实提高粮食和物资储备管理服务水平。切实落实粮食安全党政同责，市委、市政府对粮食安全市长责任制落实情况总结报告进行双审批。积极发挥牵头抓总职责，科学制定考核方案，强化统筹协调，推进粮食安全责任制各项考核任务完成。通过现场核查、第三方评估等方式提高考核科学性，考核机制逐步完备。坚定不移抓好粮食储备安全管理改革任务落地见效，修订《北京市储备粮管理办法》，全面完成各项重点任务，在区域布局和品种结构、储备粮轮换、承储库点条件等方面形成一系列管理机制，资金和实物统一管理体制更加完善，购销轮换机制更加高效有序。探索建立企业社会责任储备机制，两家加工企业分别建立5500吨小麦和400吨面粉的社会责任储备。运用改革经验建立临时市级成品粮储备2万吨、成品油储备2万吨，经受住了新冠肺炎疫情等冲击的压力测试。开展“亮剑2021”专项执法行动，推行“双随机、一公开”，全市开展执法活动473次，检

查单位 484 家次，出动检查人员 1525 人次，依法作出行政处罚 32 例。深入开展“业务体检”，启动市储备粮管理和政策执行情况年度考核“首考”。制定《北京市粮食收购备案管理办法》，本市粮食收购备案实现“一表即办”，现场即时办结，网上 0.5 个工作日办结。推动形成安全生产“管理对象清单”和“管理事项清单”，健全完善风险分级管控机制。

二　聚焦稳市场保民生，统筹做好安全保障各项工作

高质量完成建党 100 周年庆祝活动供应服务保障工作，高标准开展冬奥会和冬残奥会筹办期间粮油供应服务保障。认真落实市委、市政府保供稳价工作部署，积极做好常态化疫情防控下，保障粮食安全相关工作。充分发挥储备吞吐调节作用，精准安排政策性粮食销售，粮食市场保持供应充足、运行平稳的态势。北京国家粮食交易中心全年累计交易各类粮油 130.4 万吨，交易金额 40.7 亿元。形成 33 家应急加工企业、44 家应急配送中心和近 900 个应急投放网点为支撑，市区两级储备为基础的粮食应急保障体系。调运市级救灾物资 8 批次 3.8 万件、代储中央救灾物资 0.5 万件，保障疫情防控、防汛救灾等急需。积极协调调配民用口罩，圆满完成中国南亚储备库、印尼雅加达捐赠防疫物资的运输以及东京奥运会中国体育代表团在京隔离观察人员防疫物资供应等专项工作。

三　突出发挥规划引领作用，着力筑牢基础提高效能

科学编制北京市粮食流通和物资储备“十四五”发展规划，提出了完善粮食产销合作体系等 6 大体系、开展 8 大专项建设的总体思路。北京市粮食安全保障调控和应急设施 4 个项目建设总规模 34.58 万吨，总投资 8.18 亿元。支持成品粮及应急保障粮食仓储设施维修改造、信息化升级改造和绿色储粮相关设施改造，拨付维修资金 313.08 万元。积极推动粮库智能化升级改造，建设三级架构视频监控系统，实现市级储备粮承储库点视频全覆盖。中央企业“优质粮食工程”奖励资金项目完成竣工验收，初步实现粮食出入库作业信息化、仓储管理智能化、粮库安全可视化。加快推进标准化建设，制定《成品粮储藏技术规范》，持续推进粮库安全生产标准化达标（二级）创建，23 家粮库达标。启动粮食存储、加工、运输节约减损规范等三项地标申报，推动芝麻酱、芝麻香油、小麦粉等三项团体标准制定。针对医用外科口罩、84 消毒液等临时储备，制定《北京市市级民用防疫物资政府临时储备管理办法》。

四　坚持以服务首都发展为引领，推进粮食产业高质量发展

积极发挥多元主体作用，推动粮食产业经济优化发展，国有粮食企业发展活力不断增强，北京市国有粮食企业营业收入同比增长 60.61%，其中粮油销售收入 624.8 亿元，同比增长 41%。益海嘉里、古船福兴等加工企业稳定生产，不断提升优质粮源供给能力。盛华宏林、中联正兴等批发企业在巩固传统现货交易模式基础上，积极发展网上交易，实现线上、线下融合发展。物美、京客隆、超市发等连锁企业积极发展粮油零售业务，方便群众生活。京东、美团、美菜等电商的兴起，适应快节奏、

便利化的粮油消费需求。推动“北京好粮油”产品遴选工作的开展，共有 13 个产品入选。成功举办 2021 年服贸会粮食现代供应链发展及投资国际论坛并荣获最佳会议活动。论坛成立“国际粮食现代供应链联盟”，为中国与国际粮食供应企业和组织建立了常态化的粮食行业高端国际交流平台。统筹推动京津冀协同发展，举办第七次局长联席会议，会议聚焦粮油市场保供稳市、粮食和物资储备安全、做强粮食流通产业，签订了应急协同、执法协作等协议，有效推动行业高质量协同发展。推广应用科学储粮技术，市储备粮油科学保粮率达到 100%。推广应用绿色储粮技术，市内市储备粮库总仓容 325 万吨，配备制冷和内环流控温设备的仓容分别达到 146 万吨和 119 万吨。加强人才队伍建设，指导各区建立完善技能人才培养实施方案，统筹推进党政人才、企业经营管理人才和专业技术人才队伍建设。组织参加“北京大工匠”选树活动，鼓励大工匠所在单位设立“工匠创新工作室”，提供创新项目助推资金。举办科技活动周、世界粮食日等主题突出、特色鲜明的宣传活动，有序推进粮食科普进企业、进社区，为市民了解粮食知识，共同参与“爱粮节粮”提供了平台。

五　扎实开展党史教育，以党建助推队伍建设

深入开展党史学习教育，认真组织专题学习，提升干部政治素质。举行建党 100 周年系列庆祝活动，开展全行业“学党史、知党恩、跟党走”和“光荣在党 50 年”“两优一先”活动，掀起全市粮食行业知史爱党、爱国敬业的热潮，引导党员干部传承优良传统，扛稳肩上粮食安全职责。坚持党建与业务深度融合，落实全面从严治党主体责任，转变工作作风，深入基层解决实际问题，扎实完成“我为群众办实事”项目，不断提升服务粮食企业能力水平，满足首都市民对高品质粮油产品需求。持续推进全面从严治党工作，抓实市委巡视组反馈问题整改，通过整改有力推动工作、出台制度，补齐短板漏洞。

北京市粮食和物资储备局领导班子成员

柯永果　市商务局党组成员，市粮食和物资储备局党组书记、局长，一级巡视员（2021 年 2 月任一级巡视员）

张志刚　党组成员、副局长（2021 年 9 月任职）

任昌坤　党组成员、副局长

王德奇　党组成员、副局长

（撰稿单位：北京市粮食和物资储备局；撰稿人：蔡奇敏、赵静；审稿人：任昌坤）

2021 年 9 月，北京市粮食和物资储备局党组书记、局长柯永果（左一）检查市储备稻谷出库情况。

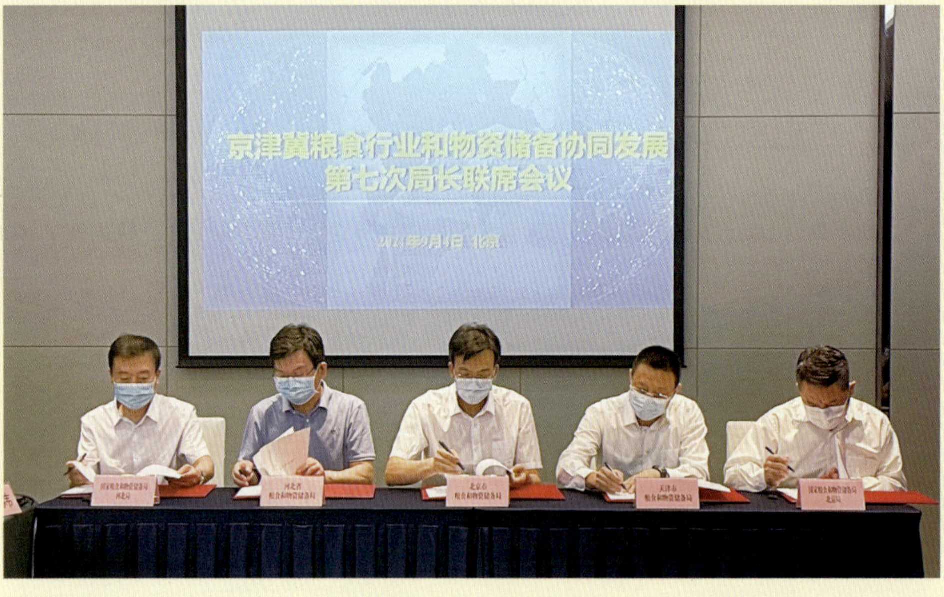

2021 年 9 月 4 日，京津冀粮食行业和物资储备协同发展第七次局长联席会议在北京举行。

2021 年 10 月 13 日，北京市“世界粮食日”和“粮食安全宣传周”主会场活动在密云区金樱谷农场举行。

天津市

基本情况

天津地处太平洋西岸，华北平原东北部，海河流域下游，东临渤海，北依燕山，西靠首都北京，是海河五大支流南运河、子牙河、大清河、永定河、北运河的汇合处和入海口，素有“九河下梢”“河海要冲”之称。2021 年，全市地区生产总值（GDP）15695.05 亿元，按可比价格计算，比上年增长 6.6%。全市建成高标准农田 1.81 万公顷，新增设施农业 1.33 万公顷，粮食总产量达到 249.9 万吨，连续 6 年稳定在 200 万吨以上，增长 9.5%，粮食播种面积和产量稳定增长。

2021 年工作

一 扛稳政治责任，推动国家和本市重大决策部署落地落实

一是粮食储备安全管理改革持续深化。细化制定任务分工方案，推动 8 类 16 项重点工作 81 项改革任务全部完成。推动出台《天津市地方粮食储备管理条例》，加强和规范地方粮食储备管理。规范政府粮食储备轮换、仓储、质量、动用等工作，完善粮食储备管理体制，优化健全粮食储备运行机制。

二是粮食安全保障责任持续落实。科学精准分解 2020 年度粮食安全责任制考核指标，召开 5 次会议进行推动、培训，促进责任落实。组织开展部门评审和实地抽查，圆满完成粮食安全区长责任制考核工作。在 2020 年度粮食安全省长责任制考核中被评定为“优秀”等级。

三是京津冀协同发展持续深化。与京冀两地粮食行政管理部门联合签订《新冠肺炎疫情防控常态化下粮食应急协同联动机制》和《京津冀地区粮食流通监督检查联合执法协作协议书》，进一步加强工作对接和执法协作，强化协调联动，共同维护粮食市场秩序，服务京津冀区域经济发展。

四是专项整治自查自纠工作持续深入。成立协调小组和工作专班，多次召开局党组会议和专题会议，学习领会习近平总书记重要批示精神和上级部署要求，研究落实举措，梳理突出问题，推动问题整改，切实见人见事见底。截至 12 月底，全市粮食购销领域共自查自纠各类问题 169 项，完成整改 126 项，正在推进整改 43 项。

二 突出核心职能，粮食和物资储备保障能力全面提升

一是保供稳市持续强化。全年各类涉粮企业共收购地产新粮 70 万吨，没有发生农民“卖粮难”问题。妥善实施 2021 年市级储备粮油轮换计划，适时提前启动 7.63 万吨市级储备小麦轮出工作，保障重要时段粮油市场供应。及时修订《天津市粮食应急预案》。适时召开粮食监测预警分析会，不间断监测全市 16 家重点商超主要粮油品种，积极构建新型粮食市场监测预警机制。

二是粮食和物资储备能力持续增强。联合下发通知，推动实施年度增储任务。签订粮食社会责任储备委托承储协议，建立社会责任储备 3100 吨。落实新增救灾物资 68475 件，完成 4 次国家紧急调拨命令，发运各类救灾物资 58385 件（套）。对宝坻粮食购销公司闲置的 4 栋仓房进行升级改造和竣工验收，增加了约 2 万人救灾物资的储备仓容。

三是粮食和物资储备管理水平持续提高。制定市级储备粮管理工作流程，进一步加强储备粮规范化管理。制定地方储备粮品种结构及布局方案，促进储备粮区域布局和品种结构不断优化。强化储备粮出入库检验和储存期间质量强检，共检验小麦、稻谷样品 2481 批次，质量指标、储存品质判定指标和主要食品安全指标合格率均为 100%。持续优化市级综合粮食管理和服务平台模块系统功能和操作流程，开展现场培训、模拟实操和日常监管，提升监管效率。

四是粮食产业发展持续推进。组织行业专家对 5 个 2018—2020 年度优质粮食工程项目进行验收。遴选并发布 4 大类 24 个产品为 2021 年“天津好粮油”产品，推荐 3 个产品参选“中国好粮油”产品。制定了深入推进节粮减损制止粮食浪费的实施意见，创新办好世界粮食日和全国粮食安全宣传周、食品安全宣传周和粮食质量安全宣传日等主题活动，广泛开展粮食安全、爱粮节粮、科学减损等宣传教育。

三 依法管粮管储，粮食和物资储备监管效能持续强化

一是法治政府建设持续深入。多方式广泛宣传《粮食流通管理条例》，提高全社会对内容的知晓度。全面梳理权责清单，及时调整 21 项职权。在市网上办事大厅上线粮食收购企业备案操作规程，确保了取消行政许可与建立备案工作的有序衔接。出台粮食行业信用监管办法，推进依法治粮依法管粮。

二是粮食和物资储备“两个安全”持续巩固。签订《安全生产责任书》，印发年度工作要点、职责清单和任务清单，全面压实安全生产责任。修订《安全生产隐患排查治理工作制度》，建立并施行《安全生产约谈工作制度（试行）》，加大行业安全检查、隐患排查和执法监管，全年粮食和物资储备安全生产形势继续保持总体稳定。

三是政策性粮油库存检查和问题整改持续展开。成立库存检查工作领导小组和办事机构，明确责任分工，落实检查经费，购置检查器材，开展检查预演，同时成立 6 个交叉检查组、1 个飞行检查组和 3 个督导组，对 7 个辖区内 9 个政策性粮油承储库点 292 个仓房货位 76.45 万吨库存粮食和 3.2 万吨库存油脂的数量、质量、储存安全情况进行检查。

四是粮食流通“亮剑 2021”专项执法行动扎实开展。印发《天津市粮食流通“亮剑 2021”专项执法行动实施方案》，明确检查重点、检查对象、检查方式和工作要求。全市共出动各类检查人员 2334 人次，检查企业 1043 家次，共对 4 家企业的违法违规行为做出行政处罚，有力维护了粮食流通正常秩序。

四 履行主体责任，政治生态持续向上向好

一是强化理论武装，夯实全面从严治党思想基础。持续深入广泛开展习近平总书记“七一”重要讲话精神及关于粮食安全、网络强国、意识形态等的重要论述、重要指示集中学习宣讲，制定具体落实举措，坚决抓好贯彻落实。深入开展“我为群众办实事”实践活动，建立工作台账，深入开展调研，全力排忧解难。持续跟进督导入列轮值党员干部，开展常态化志愿服务，注意解决群众身边困难，注重体现组织关怀温暖，真正把学习教育成效体现在行动上。

二是加强政治建设，推动管党治党不断从严从紧。制定 2021 年党的建设工作要点和落实全面从严治党主体责任清单、任务清单，明确具体工作措施，推动党的建设和全面从严治党持续走深走实。严格落实意识形态工作责任制，密切关注粮食舆情动向，通过《天津日报》《今晚报》及津云、央广网、新华网等媒体，及时发布粮油市场库存充实、储备充足、供应充裕等新闻消息，主动回应社会关切，稳定市场预期。

三是加强组织建设，全力打造坚强战斗堡垒。开展“基层党建工作示范点”和“党员教育活动阵地”创建等活动，着力提高党支部创造力、凝聚力、战斗力。严格落实“凡提四必”、考察预告、任前公示制度，树立良好选人用人导向。

天津市粮食和物资储备局领导班子成员

刘东水 市发展和改革委员会一级巡视员（2022 年 3 月任职）

卢有喜 局党组成员、中国天津粮油批发交易市场总裁（2022 年 2 月任职）

吴维吉 局党组成员、中国天津粮油批发交易市场总裁（2021 年 6 月调离）

司志强 局党组成员、二级巡视员

朱庆忠 局党组成员、副局长

（撰稿单位：天津市粮食和物资储备局；撰稿人：庞金辉；审稿人：徐剑）

2021 年 6 月 16 日至 21 日，天津市粮食和物资储备局开展“安全生产月”活动和“迎百年华诞 创平安天津”安全生产综合整治行动，局党组成员、二级巡视员司志强（右二）带队督查局所属单位安全生产及燃气（液化气）隐患排查整改工作。

2021 年 2 月 8 日，天津市粮食和物资局党组成员、副局长朱庆忠（左二）带队深入对口帮扶的武清区河西务镇韩庄村、秦营村，调研帮扶成果，慰问困难党员、困难家庭和驻村干部。

2021 年 10 月 16 日，天津市 2021 年世界粮食日和全国粮食安全宣传周系列宣传活动启动仪式在红桥区欧亚达商业广场主会场隆重举行。

河北省

基本情况

河北省是中国唯一兼有高原、山地、丘陵、平原、湖泊和海滨的省份，是中国重要粮棉产区，是粮食生产大省、流通大省和储备大省，也是全国 13 个粮食主产省之一，粮食作物以小麦、玉米为主。2021 年，全省粮食播种面积 6428.6 千公顷，比上年增加 0.6%。粮食总产量 3825.1 万吨，增长 0.8%。其中，夏粮产量 1482.7 万吨，增长 2%；秋粮产量 2342.4 万吨，增长 0.02%。

2021 年工作

一 抓好粮食收储，提升粮油保供能力

在未启动小麦最低收购价政策的情况下，鼓励和引导多元市场主体入市收购，6—9 月份收购小麦 24.8 万吨，同比增加 6.5 万吨，针对 2021 年秋粮收获期间持续阴雨天气，紧急印发《关于切实做好秋粮收获后减损工作的通知》和《秋季玉米收获后防霉变指引》，引导农民科学储粮，全年全社会累计收购粮食 100.4 万吨。落实省委办公厅、省政府办公厅有关要求，制定出台新增政府储备计划，调整确立全省粮食应急网点 3193 个，强化市场监测预警，建立疫情防控常态化联动保障机制，保障粮油市场稳定。省粮食和物资储备局被评为 2021 年度全国粮食流通统计工作优秀单位、全国粮食和物资储备财务会计信息工作优秀单位。

二 强化物资储备日常监管

扎实推进省级救灾物资增储代储。全年分 8 个批次组织调拨价值 891.8 万元的救灾物资 5.3 万件，支持各地疫情防控和防汛救灾。推进储备布局调整，新增张家口市代储部分省级救灾物资，提高北部偏远地区应急保障能力。食糖、食盐储备监管进一步规范，省级 5000 吨食糖、3 万吨食盐储存安全。

三 积极推进粮食产业转型升级

加快第一轮“优质粮食工程”建设扫尾，督促指导项目建设，粮食产后服务中心、粮食质量安全检验监测体系和“中国好粮油”示范县的项目建设基本完成。积极探索粮食产购储加销协同发展的有效路径，发布了“燕赵粮油”区域公共品牌，63 家企业的 85 个产品获得第一批“燕赵好粮油”称号，其中 4 家企业 7 个产品荣登 2020 年度“中国好粮油”产品目录。下半年，又遴选了 10 家企业的 13 个产品获评为 2021 年度“燕赵好粮油”产品。成功举办了世界粮食日和全国粮食安全宣传周等活动，推介好粮油产品，促进跨区域产销合作，扩大“燕赵粮油”品牌影响力。发布了《河北省粮食收储供应安全保障体系建设“十四五”规划》，为粮食产业中长期发展提供了遵循。

四 组织开展粮食安全责任制考核

根据国家考核部署，完成了 2020 年度落实粮食安全省长责任制考核省级自评，向国家有关部委作了专题报告。制定了《河北省 2021 年度落实粮食安全省长责任制工作方案》，提出 6 个方面 24 项重点任务；按照河北省人民政府办公厅《关于开展 2020 年度粮食安全责任制考核工作通知》，从严从实开展省对市考核，通报了考核结果。其中承德等 9 市获“优秀”等级，邯郸等 4 市获“良好”等级。

五 扎实开展粮食购销领域专项整治，加强依法管粮治粮

坚决贯彻落实习近平总书记关于根治粮食购销领域腐败的重要批示精神，全力配合省纪委监委开展专项整治。通过召开动员部署会议、制定工作方案、印发工作指引等，落实专项整治重点任务。组织全省各级粮食行政管理部门扎实开展自查自纠，逐级压实责任，对辖区内 417 个国有粮食企业进行了“拉网式”大排查大起底。坚持边查边整边改，对发现问题和隐患建立台账，明确整改措施、时限和责任人，实行清单管理、跟进督办，逐一对账销号，努力推进专项整治取得实效。扎实推进积极推动地方粮食立法修规，根据国务院新修订的《粮食流通管理条例》，制修订了《河北省地方储备粮食质量安全管理办法》等 8 个部门规范性文件。《河北省粮食安全保障条例》等 3 个项目列入了“十四五”时期省政府立法规划，其中《河北省粮食流通管理规定（修订）》列入省政府 2022 年立法计划一类项目，《河北省地方储备粮管理办法》列入调研项目。实施粮食流通“亮剑 2021”专项执法行动，常态化开展夏秋粮收购监督检查，完成了政策性粮油库存检查，维护粮食流通秩序。

六 持之以恒抓好安全生产

印发了《关于明确行业监管责任及安全生产管理机构调整情况的通知》，明确行业监管责任，调整安全生产管理机构，完善处室单位安全职责分工。认真组织安全风险分级管控和隐患排查治理双重

预防机制建设，编修印发了粮食仓储企业、加工企业“双控”机制建设指导手册。深入开展“防风险、除隐患、保安全”大排查大整治行动，认真做好春节、国庆、防汛度夏、冬春防火等重要时节、重大活动期间的安全防范工作。积极组织行业安全素质提升工程、“安全生产月”“消防宣传月”等宣教活动，不断提升行业安全素质。2021 年，全省粮食和物资储备系统未发生安全生产事故，安全生产形势持续稳定有序。

七 加强机关党建，提升党组织政治引领力和组织力

认真学习习近平总书记“七一”重要讲话精神和党的十九届六中全会精神，用党的创新理论统一思想和行动，坚决拥护“两个确立”，增强“四个意识”，坚定“四个自信”，做到“两个维护”，把维护和加强党中央集中统一领导的要求落实到粮食和物资储备改革发展实践中，做到学思用贯通、知信行统一。深入开展党史学习教育，以“学党史、悟思想”为先导，以“办实事、开新局”为落点，开展“百年党史答百题”、“知识共答”活动，全面准确掌握党史发展脉络。组织党员干部集中收听收看庆祝中国共产党成立 100 周年大会，召开局党组理论学习中心组学习会和各支部学习会，为全局党员、干部配发习近平《论中国共产党历史》等 4 本必读书目，推动学习往深里走、往实里走、往心里走。结合省情、粮情，利用党组会、中心组集体学习、宣讲会等形式，带领党员干部职工学习中央和省重要会议、重要文件精神，联系实际组织粮食和物资储备业务知识测试，使全体干部职工进一步夯实业务知识，压实工作责任，激发干事热情。各党支部利用“三会一课”等时机，通过学习强国等多种形式，广泛开展“学原著、强信念、做表率”活动，推进理论学习常态化制度化。

河北省粮食和物资储备局领导班子成员

霍彦飞 省发展和改革委员会党组成员，省粮食和物资储备局党组书记、局长(2021 年 7 月任职)
杨洲群 党组书记、局长（2021 年 7 月调离）
刘荷香 副局长
李秀梅 党组成员、副局长
范建平 党组成员、副局长
刘志安 党组成员、副局长

（撰稿单位：河北省粮食和物资储备局；撰稿人：牛聪；审稿人：李志明）

2021 年 6 月 8 日，河北省委书记、省人大常委会主任王东峰（左一）到衡水市调研，在景县龙华镇彭村查看小麦长势。

2021 年 6 月 8 日，河北省省长许勤同志（左一）来到辛集马兰农场“马兰一号”高产田，察看小麦长势和土壤墒情。

2021 年 8 月 12 日，河北省发展和改革委员会党组成员，省粮食和物资储备局党组书记、局长霍彦飞（右一）到省救灾物资储备中心检查工作，深入库区现场查看救灾物资储备、仓储安全以及储备物资品种和保管情况。

山西省

基本情况

2021 年，山西省粮食总产量 1421.2 万吨，比上年减少 3.1 万吨，下降 0.2%。其中，夏粮产量 243.4 万吨，增长 2.8%；秋粮产量 1177.8 万吨，下降 0.8%。全省粮食消费量 1407.3 万吨，比上年增加 66.7 万吨，增幅 1.86%，消费量相对保持稳定。小麦产消缺口 275.1 万吨，稻谷产消缺口 103.4 万吨，玉米产大于消 407.3 万吨，大豆产消缺口 56.6 万吨。总体看，粮食产消基本平衡，品种结构矛盾依然突出。2021 年，全省粮食收购量 597 万吨，比上年减少 92 万吨；全省销售粮食 776.5 万吨，比上年减少 57.5 万吨。截至 2021 年末，全省国有粮食企业 419 个。粮食行业从业人员 47430 人，比 2020 年末减少 1066 人。

2021 年工作

一　粮食安全保障实现新加强

积极落实党政同责要求，省政府召开粮食安全责任制工作会议，与各市政府签定责任书，将粮安考核纳入全省目标责任考核体系，加大考核力度。全面完成 2020 年度省级自评和对市考核，及时通报考核结果，强化结果运用，再次获得全国粮安考核“优秀”等次。健全完善规章制度。推动省政府出台《省级储备粮管理办法》，配套制修订省级储备粮油轮换管理办法、轮换入库验收办法、地方储备粮分级动用方案、加强成品粮油储备管理等 14 项制度，长治、运城、临汾等市也出台了相关管理办法，制度体系进一步完善，储备粮监管、动用更加规范。荣获 2020 年度全国粮食质量安全工作优秀单位。提升收储调控能力。向省政府报送了省级储备粮规模调整及优化布局、品种结构方案。印发《关于在规模以上粮食加工企业试点建立企业社会责任储备的指导意见》，推动形成政府储备与企业社会责任储备功能互补、协同高效的新局面。深化“放管服”改革，与行政审批部门共同推动粮食收购资格认定备案改革的落实。推进专项整治深入开展。主动配合做好专项巡视巡察、审计工作，全面进行自查自纠、排查清查，深入开展影响储备粮安全机制体制问题的调研，坚持边查边改边治，强化督查调度落实。

二 粮食应急保供能力取得新提升

狠抓粮食市场化收购。召开夏秋粮收购会议，部署收购工作。创新融资机制，在晋中、晋城两市和盂县建立收购担保基金和信用贷款风险补偿机制，构建多渠道融资体系。发挥新建成的57个产后服务中心功能，强化为农服务。开展新收获粮食质量安全监测和市场调研。强化粮食流通统计，编发《山西粮食流通发展报告》，服务政府决策。坚决守住保供稳市底线。加强监测预警，做好市场调控工作。结合疫情防控形势，启动粮油市场信息“日监测、日报告”制度，确保粮油市场稳定。督导各市县落实成品粮储备规模，太原、吕梁、忻州等市已落实主城区成品粮储备。筛选确定7家省级应急粮油加工企业，推动省、市、县三级粮食应急预案体系建设，坚守保供稳价底线。深化拓展粮食产销协作。召开央地政府储备轮换协同联动工作会议，健全完善信息共享、上下联动机制。深化粮食产销协作，举办线上专场交易会，成交22.7万吨。强化执法检查。加强《粮食流通管理条例》宣贯，引深“储备粮管理提升年”活动，开展政策性粮油库存检查和“亮剑2021”专项执法行动，坚决维护市场秩序。印发《关于建立粮食流通跨部门综合执法和协调联动机制的指导意见》，提升执法效率和监管水平。忻州、阳泉、晋中等市积极探索粮食流通监管执法新模式，委托市场监管综合行政执法队行使行政执法权。运城、朔州、大同等市积极受理“12325”热线线索，及时反馈核查情况，消除风险隐患。强化安全责任落实。召开专题会议，出台行动方案，举办专题培训，开展“两个安全”大检查、消防培训和应急演练，推行省级储备库主要负责人安全生产履职尽责承诺制度，推动“三管三必须”落实落细。

三 项目建设实现新突破

认真编制“十四五”规划。全面贯彻新发展理念，认真研判发展趋势，对接国家有关规划，编制完成粮储行业“1+2”发展规划，明确重大举措、重大工程、重大项目。抓好储备设施建设。推进中央预算内投资项目建设，落实7297万元。出台现代化高标准粮库建设规范、实施意见，安排3000万元用于仓储设施维修和提升改造。投资1.9亿元用于粮食物流产业园区项目，10个粮调专项顺利实施。省救灾物资储备库竣工完成。加快推进“数字晋粮”行动。完成“四系统两平台”和131个库点粮库智能化升级改造。启动中国杂粮网二期建设及省级储备粮储存企业监督管理评价系统和物资在线监管系统的研发。编制省级军粮综合信息平台项目建设报告。

四 粮食产业发展迈出新步伐

打造优质粮食工程升级版。开展优质粮食工程一期项目抽验，通报抽验结果，提出整改意见，投资完成率达99%。积极谋划优质粮食工程二期，推进方案制定、项目遴选、资金争取、政策跟进等工作。积极培育特色品牌。持续加强“山西小米”品牌建设，举办第四届产业联盟大会，召开“发展思路、线上营销”主题座谈会，总结阶段性成果，部署工作任务；印发联盟企业综合管理办法，完善进出机制，开展品牌标识授权。稳步推进“山西主食糕品”品牌建设，制定财政补助资金管理办法，下达 2200 万元用于产业扶持；加强产业联盟管理，制定品牌标识授权和使用管理办法，发布馒头、面条等产品加工规范团体标准 4 项；组织参展特色农产品博览会，加强品牌宣传和营销工作。夯实产业发展基础。出台粮食产业强县认定和管理办法，以产粮大县、杂粮主产县为重点，加强资源整合、政策集成，建设粮食产业优势县、特色县。培育壮大市场主体，评定省级粮油产业化龙头企业 31 家，遴选确定年度“山西好粮油”优质产品 30 个，获评“中国好粮油”产品 6 个。统筹推进乡村振兴与粮食产业融合发展，获全省乡村振兴考核“优秀”等次。

五 物资储备工作展现新作为

主动履行协调机制职责。成立国家安全领导小组，制定工作制度，完善工作机制，加强会商研判，及时向省委国安办报送相关情况，确保国家安全工作高效运转。强化重要生活物资应急保障。建立省级猪肉储备调节和平急转换机制，引导企业建立社会责任储备，构建“官储”“民储”互为补充新格局。聚焦重要时点，组织开展储备猪肉投放工作。开展成品油储备调研，强化物资保障基础。完善应急救灾物资储备管理。高质量完成救灾物资调拨任务，配合中部战区紧急向河北调拨 1000 顶棉帐篷；防汛期间，向有关市县调拨各类救灾物资 11.8 万件。认真做好救灾物资补库工作，确保常储常新。

六 部门自身建设有了新变化

高标准开展党史学习教育。将“学四史”与“学粮史”相结合，组织开展了红色宣讲、红色培训、红色表彰、红色缅怀等“四红”活动。落实“我为群众办实事”要求，解决问题 38 个。持续加强队伍建设。完成事业单位转企改制和所办企业脱钩阶段性任务。创新开展“学思践悟好讲师”“粮储工作好公文”“争先创优促发展好工作”评选，举办干部职工能力提升培训，推动人才兴粮兴储。积极开展文明单位创建。制定工作要点，压实工作责任，组织开展志愿服务和双拥、“我为灾区献爱心”等活动。加强对老干部的关怀慰问和服务工作，为老党员颁发“光荣在党 50 年”纪念章。省粮食和物资储备局被评为 2020 年度省直文明单位标兵。

山西省粮食和物资储备局领导班子成员

王云龙　省发展和改革委员会党组成员，省粮食和物资储备局党组书记、局长
韩华雄　党组成员、副局长（2021 年 11 月退休）
徐晓峰　党组成员、副局长
李　辉　党组成员、副局长
刘　鹏　二级巡视员
孙克强　二级巡视员

（撰稿单位：山西省粮食和物资储备局；撰稿人：赵钢；审稿人：薛绛力）

2021 年 2 月 1 日，山西省粮食和物资储备工作视频会议召开。省发展和改革委员会党组成员，省粮食和物资储备局党组书记、局长王云龙（主席台右三）作工作报告。

2021 年 10 月 8 日至 9 日，山西省发展和改革委党组成员，省粮食和物资储备局党组书记、局长王云龙（右四）一行，深入阳泉市、晋中市调研秋粮收购、执法监督工作。

2021 年 10 月 15 日，山西省 2021 年世界粮食日和全国粮食安全宣传周活动启动仪式在太原举行。

内蒙古自治区

基本情况

2021年，内蒙古自治区区常住人口2400.0万人，比上年末减少2.8万人。其中，城镇人口1637.0万人，乡村人口763.0万人；常住人口城镇化率达68.2%，比上年提高0.7个百分点。全年地区生产总值完成20514.2亿元，按可比价计算，比上年增长6.3%。农作物总播种面积688.3万公顷，较上年小幅增长0.7%，种植结构仍以玉米为主，大豆和杂粮杂豆为辅，玉米播种面积占总播种面积的61.1%。除玉米和杂粮杂豆播种面积增长外，口粮和马铃薯播种面积逐年减少，大豆播种面积大幅减少。其中玉米播种面积420.5万公顷，同比增长10%；小麦播种面积44.2万公顷，同比减少7.7%；稻谷播种面积15.5万公顷，同比减少3.6%；大豆播种面积89.3万公顷，同比下降25.7%；马铃薯播种面积27万公顷，同比减少3.6%；杂粮杂豆播种面积91.9万公顷，同比增长3.6%。

2021年工作

一 粮食购销存

2021年，自治区入统范围内商品粮收购1578.7万吨，同比下降16.9%。其中，玉米仍为主要收购品种，占全部收购量的90.5%，共收购1428.4万吨，同比下降17.5%；收购稻谷27.7万吨、大豆11.3万吨，同比分别大幅下降44%和47.8%；收购小麦53.2万吨，同比小幅增长5.3%；收购杂粮杂豆42.6万吨，同比增长24.1%；收购油料14.5万吨，同比大幅增长88.3%。全区入统范围内商品粮销售1688.4万吨，同比小幅下降4.6%，其中销往区外404.4万吨，同比大幅下降29%。从销售品种看，以玉米销售为主，销售量1408.8万吨，同比小幅下降4.8%；小麦138.2万吨，杂粮杂豆63.4万吨，与上年同期基本持平；稻谷59.1万吨，同比下降6.2%；大豆18.9万吨，同比大幅下降32.4%；油料8万吨，同比增长28.6%。

二 储备粮管理体制机制改革取得新进展

一是粮食储备管理法规制度逐步健全完善。《内蒙古自治区粮食安全保障条例》已纳入人大常委会立法调研计划。出台完善了《政府储备粮食仓储管理办法》《储备粮轮换管理办法》《政府储备粮食质量安全管理细则》等一系列政策制度，政策的集成效应日益显现。

二是区域布局和品种结构进一步优化。自治区本级和通辽、赤峰、鄂尔多斯、锡林郭勒分别调增了口粮储备，全区储备口粮比例提升到 77.3%。新增自治区级储备油 1 万吨，做实了储备规模、优化了区域布局。呼和浩特、赤峰、锡林郭勒、巴彦淖尔、乌海等盟市增加了应急成品粮油储备，可满足 10 天以上的市场供应量。

三是粮食安全监管力度不断加大。聚焦重点环节、重点问题，深入开展“亮剑 2021”专项执法行动、政策性粮油库存检查、秋粮收购监督检查、12325 等举报案件调查处理，持续推进中央纪委国家监委调查摸排发现问题整改，粮食流通事中事后监管水平不断提升，企业规矩意识不断增强，轮换秩序大大改善。

三 粮食宏观调控能力进一步提升

一是扎实做好粮食收购。采取多种有效措施，坚守“种粮卖得出”的底线。修订了粮食贷款信用保证基金管理办法，优化了信贷支持政策。召开新闻发布会，宣讲政策，加强引导，有力地维护了市场秩序。面对通辽强暴雪灾害，自治区和通辽市粮食和物资储备部门通过指导农民庭院保粮、赴国家争取政策支持、协调央企和地方政府商谈等方式，保粮抢收，守住了不坏粮和不出现卖粮难底线。

二是全力做好粮油应急保供。建立了价格监测周报、日报制度。布设粮食应急保障企业 1505 家，其中，供应网点 1210 家，加工企业 122 家，储运企业 83 家，配送中心 57 家，应急保障中心 33 家。建立了粮油运输保障机制和部门间、地区间、央地间、政企间联动机制。修订了《自治区粮食应急预案》，各盟市都组织了应急演练，应急保供能力进一步增强。2021 年，阿拉善盟、满洲里、二连浩特市发生疫情后，7 个盟市迅速响应，驰援面粉、大米、杂粮、食用油 214 吨，保证了市场供应，稳住了市场预期。

三是不断拓展产销协作关系。粮食购销渠道进一步拓宽，促进了余粮外销和口粮购进。

四 疫情防控和应急救灾物资保障进一步加强

2021 年，自治区共向 12 个盟市调拨 24 批次 25.6 万件应急救灾物资、101 万余件（份）疫情防控物资，有力地支持了呼伦贝尔、锡盟太仆寺旗、乌兰察布四子王旗抗洪救灾和呼和浩特、呼伦贝尔等地疫情防控。协助自治区外办为蒙古国采购调拨 300 万元 17 万件疫情防控物资。呼和浩特、包头、呼伦贝尔、兴安盟、通辽、锡林郭勒盟等盟市调拨应急救灾物资达 151 批次 131 万件，调拨疫情防控物资达 227 批次 435 万件，为防灾救灾、疫情防控做出了粮食和物资储备部门的贡献。

五 粮食产业高质量发展稳步推进

“优质粮食工程”建设累计完成投资31.4亿元、完成国家核定规模的102.8%；建成粮食产后服务中心578个，实现产粮大县全覆盖。完善提高粮食质量安全检验监测体系项目68个，监测覆盖面达到60%以上。认定“中国好粮油”示范旗县27个、示范企业66个。完成“内蒙古好粮油”品牌商标注册，24户企业、64个品种获得“内蒙古好粮油”称号，7个品种获得“中国好粮油”称号。包头“金鹿”成为首批“中国好粮油”企业标准领跑者，内蒙古恒丰集团获“主席质量奖”，内蒙古禾为贵农业有限公司被认定为优势产业集群领军企业，获得小米产业突出贡献奖。发布全国首支粮食高质量发展指数，探索建立了内蒙古粮食高质量发展数字化评价体系。制修订莜麦、莜麦粉、动植物油脂滴定度测定3项国家标准，积极申报国家级杂粮标准研究验证基地建设，推动标准质量工作走向全国前列，质量监管工作受到国家粮食和物资储备局表彰。

六 粮食安全党政同责落地见效

2020年度粮食安全盟市长责任制考核情况首次通报给盟市党委、政府；自治区政府先后两次对整改情况进行通报督查；自治区考核办坚持每月向自治区党委、政府报告，向盟市通报落实情况。各级党政领导保障粮食安全的政治意识显著增强，工作力量薄弱等问题引起各级党委、政府关注。储备口粮比例不达标、政策性粮食视频监控经费不落实等问题得到解决。通辽、赤峰、鄂尔多斯等地口粮储备实现调增，巴彦淖尔、乌海等地应急成品储备增加，赤峰市地方储备做到了储备规模、品种结构、成品粮数量、财政补贴、信贷支持监管“五到位”。呼伦贝尔市优质粮食工程项目建设财政补助到位率低等问题得到顺利解决。呼和浩特市在成品粮储备模式上进行创新，在新一轮优质粮食工程项目库建设上先行一步。

七 粮食购销领域腐败问题专项整治取得阶段性成果

全区粮食和物资储备部门协调各地各部门履行职能职责，扎实开展粮食购销领域腐败问题专项整治。通过制定工作指引，建立自查自纠台账，加强问题审核，下发工作建议，及时催办和通报，建立一地区一档、一部门一档、一企业一档，逐级签字把关等方式，压实各方责任，推动整治工作走深走实。自治区层面，逐个盟市、逐个部门、逐个问题审核已开展3轮，累计审核问题5165个，并逐盟市、逐问题反馈审核意见。组成6个督导检查组现场“解剖麻雀”，发现问题241个并向盟市负责同志移交了问题清单，问题查纠质量明显提高，线索移交数量大幅增多。自查自纠问题共2837个，完成整改1521个，整改率53.6%，移交问题线索139条，移送公安机关案件4件。

八 “两个安全”稳定向好

制修订各类安全生产监管制度、标准、规范，提高安全生产标准化、安全管理规范化和风险管控智能化水平。先后组织开展专项调研督导，集中整治安全问题隐患，加强关键时点管控全年未发生安全储粮和安全生产事故。认真开展安全生产专项整治三年行动，严格落实“管行业必须管安全，管业务必须管安全，管生产经营必须管安全”要求，全面夯实“两个安全”责任。要按照“一规定两守则”和《粮食流通行业安全生产检查指引》，压实各方责任，提高“两个安全”管理水平。举办世界粮食日和粮食安全系列宣传活动，增强民众爱粮节粮和粮食安全意识。

内蒙古自治区粮食和物资储备局领导班子成员

赵国忠　党组书记、局长（2021 年 7 月任职）
王立杰　党组成员、副局长（2021 年 11 月任职）
宝　鲁　党组成员、副局长（2021 年 11 月任职）

（撰稿单位：内蒙古自治区粮食和物资储备局；撰稿人：辛建清；审稿人：宝鲁）

2021 年 3 月 22 日，内蒙古粮食高质量发展指数新闻发布会在北京举行，内蒙古自治区人民政府副主席、党组副书记张韶春（主席台）致辞。

2021 年 12 月，内蒙古自治区粮食和物资储备局党组书记、局长赵国忠（右一），党组成员、副局长王立杰（左二）在呼和浩特市督导专项整治工作。

2021 年 12 月，内蒙古自治区粮食和物资储备局党组成员、副局长宝鲁（前排中）在赤峰市国储公司调研。

辽宁省

基本情况

2021 年，辽宁省粮食产量 2538 万吨，较上年增加 199 万吨，再创历史新高，总产量稳居全国第 12 位。粮食市场购销积极、运行平稳、收小于支。全省全年粮食流通总量 18469 万吨，同比下降 13%。入统涉粮企业累计收入粮食 9123 万吨（不含中储粮，下同），同比下降 16%；支出粮食 9346 万吨，同比下降 10%。

2021 年工作

一 大力推动立法修规，不断完善依法管粮体系

加快推进粮食储备管理地方性法规立法进程，省人大审议通过了《辽宁省地方储备粮管理条例》。《辽宁省地方储备粮轮换管理办法》《地方储备粮管理政策性职能和经营性职能分开实施方案》等相关配套管理办法陆续制定完成，依法管粮体系不断完善。

二 统筹谋划布局结构，不断夯实粮食安全基础

辖区地方储备粮计划全部落实到位，经不断优化调整储备粮品种结构和区域布局，口粮品种比例达到 70% 以上。加快建立规模以上粮油加工企业社会责任储备制度，充分发挥社会责任储备调节区域粮食市场供求“缓冲器”的作用。扎实推进省级储备粮日常管理。2021 年省级储备粮全年轮换数量共计 50.96 万吨。完成 2020 年省级储备粮轮换验收。2021 年度秋粮收购进展顺利，收购进度与上年同期基本持平。粮食收购贷款信用保证基金运行正常，参与企业 37 家，缴存基金 1.23 亿元，投放粮食收购贷款 17.09 亿元。继续推进“粮安工程”信息化建设，全面实现储备粮承储企业与国家粮食和物资储备局平台互联互通，数据实时汇集，截至 2021 年底，联接视频 3800 余路，累计上传数据 38 万余条。

三 全力保供应稳市场，不断加强应急体系建设

截至 2021 年底，全省共设立粮油应急加工企业 120 个，粮食应急供应网点 1695 个，应急配送中心 104 家，应急储运企业 149 家，应急保障中心 53 家，实现省内各市全覆盖。持续加强粮油价格监测预警体系建设，全省设立价格监测点 150 个，每周统计发布粮油价格，开展价格分析。全省应急成品粮储备达到 6 万吨以上，沈阳、大连主城区基本达到 15 天以上市场供应量，其他市主城区基本达到 7 天以上市场供应量。加强秋粮收购形势研判，提前部署秋粮收购工作，确保粮食市场平稳运行。

四 强化粮食执法监督，不断压实粮食安全监管责任

进一步压实粮食安全省长责任制考核，将粮食安全省长责任制考核纳入省政府对各市政府绩效考核。完成 2020 年度粮食安全省长责任制考核自评工作。完成对 14 个市 2020 年度粮食安全省长责任制考核。强化粮食流通事中事后监管，严肃查处违法违规行为，组织开展“亮剑 2021”粮食执法督查专项行动。建立省级政策性粮食协同监管机制，明确分工，夯实各方责任，聚焦重点，防范和化解政策性粮食监管风险隐患。组织全省政策性粮食库存检查，共检查出企业在仓储管理、储备粮油管理、安全生产、质量安全、账务处理等方面的问题 85 个。深入开展地方储备粮政策执行和管理情况考核。强化涉粮案件查处力度，2021 年 9 月，省本级查处了锦粮集团擅自动用省级储备油案件，对企业罚款 50 万元，调出 1500 吨食用油承储指标。

五 完善基础设施建设，不断提升粮食安全保障能力

完成《辽宁省“十四五”粮食与物资储备行业发展规划》制定。全省各类涉粮企业标准仓房仓容 4671 万吨，同比增加 32 万吨，完好仓容 4556 万吨，占比 97.5%。共有粮油仓储企业 2272 户，总仓容 6317 万吨，油罐 926 个，罐容 104 万吨。烘干设施 1255 台（套），总烘干能力 36 万吨 / 日。铁路专用线有效长度 150 千米，专用码头总吨位 123 万吨，日出库能力 169 万吨。粮食仓储设施功能不断完善，安全储粮能力进一步增强。印发《粮食行业生产安全事故应急预案》，进一步加强全系统安全生产应急能力。加强粮食质量应急管理，组织开展粮食质量品质测评，印发《粮食行业重大粮食质量安全事故应急预案》。

六 品牌建设提质增效，不断推进“辽宁好粮油”行动计划深入发展

确定 18 个企业获评“辽宁好粮油”行动计划项目。完成“辽宁好粮油”网站搭建。注册“辽宁好粮油”商标，免费由“辽宁好粮油”产品企业使用。全省 12 家企业的 13 个粮油产品获得 2021 年度“中国好粮油”称号，12 个大米产品上榜，大米产品上榜总数在全国大米类产品中排名第三，粳

稻大米品类排名第一。积极推动“邮粮合作”，累计销售好粮油产品收入 6054 万元，邮寄产品 120 万件。在《战略框架合作协议》的基础上，结合粮油加工企业实际需要，遴选信誉良好的优质粮食加工企业，发放贷款 1.28 亿元。加大“辽宁好粮油”产品宣传力度。以“生态辽宁，多彩粮仓”“辽宁好粮油”为主题开展宣传。

七　规范救灾物资管理，不断加强应急调运保障

完成了 2020 年招标采购的 44520 件（套）以及新增的 52112 件（套）省级救灾物资的采购入库工作。完成 2021 年 24500 件（套）省级救灾物资购置工作。对存储的省级救灾物资进行盘点，对 2010 年入库的省级救灾物资进行质量抽样检验。为保障各地受灾群众生活，紧急调拨应急救灾物资 14 批次。全年共发出中央级救灾物资 15583 件（套）、省级救灾物资 61188 件（套）。

八　对标中央决策部署，坚决从严从实开展涉粮腐败问题专项整治

全面加强对专项整治工作的领导，成立工作专班，召开全省粮食系统配合开展粮食购销领域腐败问题专项整治动员部署会议，全面安排重点任务，全力配合省纪委监委开展专项整治工作。制定下发《粮食系统配合开展粮食购销领域腐败问题专项整治实施方案》《粮食购销领域腐败问题专项整治有关工作指引》，明确分工、压实责任，推动全省专项整治工作及时有序开展。制定《粮食购销领域腐败问题专项整治自查自纠工作方案》，开展自查自纠，认真梳理粮食监管工作落实情况，排查所有涉粮问题线索。积极配合省委巡视组开展专项巡视工作。针对巡视中发现的问题做到专题研究，举一反三，立行立改。

辽宁省粮食和物资储备局领导班子成员

于　衡　省发展和改革委员会党组成员，省粮食和物资储备局党组书记、局长
孙金荣　二级巡视员（2021 年 4 月任职，免去党组成员、副局长职务）
张玉超　党组成员、副局长
肖玉强　党组成员、副局长
杜　伶　党组成员、副局长（2022 年 1 月任职）
刘占春　总工程师

（撰稿单位：辽宁省粮食和物资储备局；撰稿人：杜柏林；审稿人：于衡）

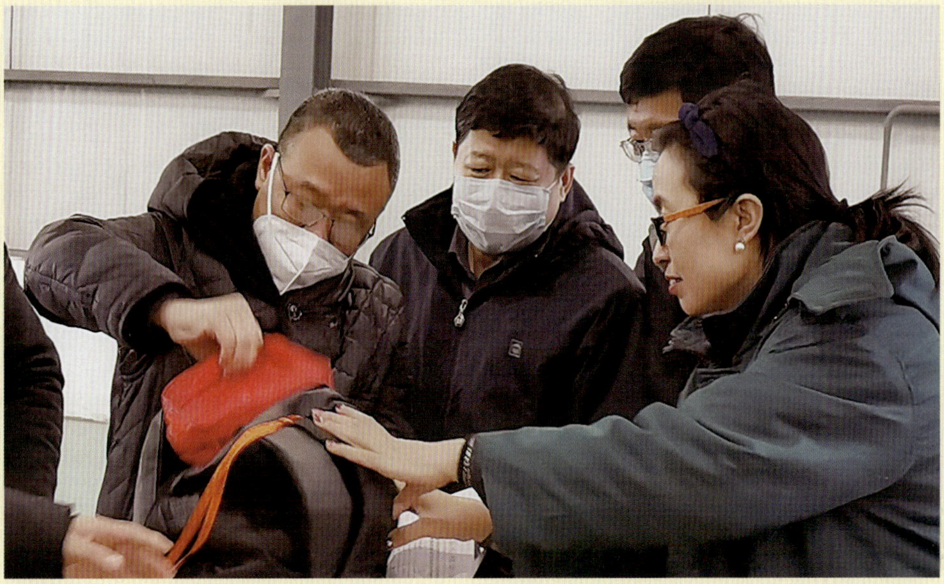

2021 年 2 月 15 日，辽宁省发展和改革委员会党组成员，省粮食和物资储备局党组书记、局长于衡(左二)到省粮食和物资储备事务服务中心调研物资储备工作。

2021 年 3 月 23 日，辽宁省粮食和物资储备局组织召开全省粮食和物资储备工作会议。

2021 年 6 月 18 日，辽宁省粮食和物资储备局在朝阳市举办 2021 年辽宁省粮食和物资储备科技活动周。

吉林省

基本情况

吉林省是国家重要的商品粮基地。主要粮食作物有玉米、水稻和大豆三大品种，2021年，玉米种植面积440.12万公顷，稻谷面积83.73万公顷，大豆面积25.27万公顷。2021年，玉米水稻产业集群总产值达到750亿元，其中玉米产业集群产值489亿元，水稻产业集群产值261亿元。全省收购粮食3290万吨，销售粮食2359万吨。积极应对疫情防控、防汛、冻雨、冬春救助等应急保障需要，及时向通化市、四平市、白山市等21个市县调拨储备物资，总价值926万余元。

2021年工作

一 粮食安全省长责任制考核获得优秀档次

省粮食和物资储备局发挥考核牵头部门作用，定任务、压责任、建机制、抓整改，粮食生产、收购、储存、销售、加工等各项工作任务顺利完成。各地认真落实党政同责、齐抓共管，考核工作组优化完善考核机制，细化优化目标任务，统筹协调解决重点难点问题。在省直有关部门和各地党委政府共同努力下，吉林省2020年度再次被国家评为优秀等次，自2016年考核以来连续第5年获此殊荣。

二 粮食安全重大政策有效落实

制定出台《吉林省储备粮管理办法》《吉林省储备粮轮换管理暂行办法》和《吉林省省级储备粮仓储管理办法》，储备粮管理法治化、规范化水平得到进一步提升。优化省级储备粮品种结构，口粮品种比例达到70%以上。省、市、县三级成品粮油储备合计10.37万吨，其中长春市1.5万吨成品大米储备全部实储到位，能够满足主城区人口15天口粮供应量。积极探索建立社会责任储备，在全省24个县（市）54户大米产业联盟企业中试行。完成省储备粮政策性和经营性业务分开任务，成立省储备粮监管考核办公室，强化考核约束，省级储备粮管理进一步规范。加强和完善应急保障体系建设，制定《省级储备粮油应急供应预案》，充实粮油应急供应网点，全省供应网点增加到 1088 个，达到乡镇街道全覆盖。制定省级储备粮油应对突发事件和粮油保供稳市两个应急预案，强化成品粮油市场监测，确保“两节”“两会”和疫情期间应急调控需要。

三　玉米水稻产业集群建设蓬勃发展

按照省政府推进十大产业集群建设的总体部署，制定玉米和水稻产业集群发展规划。建设鲜食玉米中高端品种试验基地，成立吉林鲜食玉米产业联盟，举办第二届鲜食玉米产业大会，搭建起鲜食玉米产业发展平台；结合地域优势，全力打造九大水稻产业集群。2021 年，玉米水稻产业集群总产值达到 750 亿元，其中玉米产业集群产值 489 亿元，水稻产业集群产值 261 亿元。

四　粮食品牌建设水平不断跃升

“吉林大米”第三次荣登“中国粮油影响力区域公用品牌”榜首，舒兰大米成为南极科考队三餐主食，梅河口大米入选国家地理标志保护示范区，鲜食玉米龙头企业在真空鲜食玉米行业创造了全国销售第一、电商销售客户全国第一、出口量全国第一的业绩，产品远销到 16 个国家和地区，吉林粮食品牌市场影响力不断拓展。与品牌建设之初相比，全省水稻种植面积增加了近 6.7 万公顷，优良品种覆盖率超过 80%，企业自有水稻基地面积从 8.7 万公顷增加到 22 万公顷，中高端大米年产量由 55 万吨增长到 100 万吨以上。推动吉林大米大数据平台建设，全省 166 户企业纳入吉林大米质量安全可追溯平台。制定吉林大米、吉林鲜食玉米全产业链标准，其中吉林鲜食玉米标准填补国内鲜食玉米标准空白。

五　粮食购销平稳有序

认真贯彻落实国家粮食收购政策，及时发布收购信息，加强监测预警，引导农民适时售粮、企业合理经营。发挥粮食信保基金功能，累计核定担保贷款 18.2 亿元，做到了“应担尽担、应贷尽贷”。落实稻谷最低收购价政策，合理布设收购网点，为稻农售粮“兜好底”。加强央地储备企业对接，实现价格联动，保护农民利益，维护市场秩序。产销合作得到进一步巩固深化，将与天津、广东、浙江粮食产销合作纳入省级政府间战略合作框架协议，支持云南建立动态储备，打造延边大米宁波公共仓。进一步加强吉浙粮食对口合作，与北京等 5 省（市）开展粮食储备合作，承储异地储备粮 59.49 万吨。

六　粮食流通监管水平持续提升

积极推动地方立法，完成《吉林省粮食流通条例》初稿，制订《吉林省粮食流通行政处罚自由裁量权基准制度》，出台《吉林省粮食收购备案管理办法》。认真组织开展中央事权政策性粮油和地方事权粮油库存检查，积极开展粮食收购政策执行情况检查，加强省内定向销售出库粮食和政策性粮食加工监管，深入开展“亮剑 2021”专项执法行动，认真核查“12325 热线”问题线索，粮食流通监管取得明显成效。行业安全生产形势持续稳定，深入开展安全生产三年整治行动，扎实推进安全生产双重预防机制和标准化建设，压紧压实安全生产责任链条，系统内没有发生安全生产责任事故。

七 农户储粮政策稳步落实

积极推进乡村安全储粮行动，打造 26 个示范乡镇，104 个示范村，1626 个示范户，中东部及南部市县农户立体储粮率由 95% 提高到 97% 以上。针对异常雨雪天气，全省上下迅速行动，加强新收获粮食品质检验监测，指导各地开展清雪保粮，降低粮食损失。按照省政府部署，开展“地趴粮”专题调研，研究根治措施，以省政府办公厅文件印发《关于解决“地趴粮”问题的实施方案》，从省粮食风险基金中列支 2.8 亿元，支持乡村安全储粮和粮食产后服务设施建设，力争用 3 年时间，到 2024 年底全省基本消除“地趴粮”。

八 物资储备保障能力得到强化

强化顶层设计，确立了体系化、信息化、智能化、标准化发展方向。修订完善疫情防控应急物资保障和省级储备物资应急保供两个预案，最大限度提升保障效能。全力推进省医疗物资储备库建设，正式进入施工招标环节。积极谋划省智能化储备基地建设，完成项目选址。指导推动 37 个市县重点工程建设，建立储备项目库。首次承担省级政府猪肉储备任务，在最短时间内保质保量储备到位。及时向通化市、四平市、白山市等 21 个市县调拨储备物资，全年累计发运 48 个批次，总价值 926 万余元，有效保障了疫情防控、防汛、冻雨、冬春救助等应急保障需要。

吉林省粮食和物资储备局领导班子成员

冯喜亮　党组书记、局长
魏茂义　党组成员、副局长
白忠凯　党组成员、副局长
孙浩明　党组成员、副局长（2021 年 3 月任职）
刘志刚　党组成员、纪检组长（2021 年 7 月任职）
张　炜　党组成员、副局长（2021 年 8 月任职）
田　涛　党组成员、副局长（2022 年 7 月任职）
刘红霞　党组成员、副局长（2021 年 2 月调离）
宋春辉　党组成员、纪检组长（2021 年 4 月调离）

（撰稿单位：吉林省粮食和物资储备局；撰稿人：张树山；审稿人：白忠凯）

2021 年 9 月 30 日，吉林省人民政府副省长韩福春（左二），吉林省粮食和物资储备局党组书记、局长冯喜亮（左一）等在长春共同为第二届中国·吉林鲜食玉米产业大会揭幕。

2021 年 4 月 8 日，吉林省粮食和物资储备局党组书记、局长冯喜亮在四川省成都市参加吉林大米暨吉林鲜食玉米推介会活动并致辞。

2021 年 4 月 8 日，吉林省粮食和物资储备局党组书记、局长冯喜亮（右二）在四川省成都市吉林大米暨吉林鲜食玉米推介会活动现场与群众交流。

黑龙江省

基本情况

黑龙江是全国第一产粮大省，粮食总产量、商品量、调出量均居全国第一位。2021 年，黑龙江省新建高标准农田 68.3 万公顷，建设 16 个国家级良种繁育基地，主要农作物良种基本实现全覆盖。全省粮食播种面积 1455.1 万公顷，其中，水稻、玉米和大豆分别为 386.7 万公顷、652.4 万公顷和 388.8 万公顷。绿色有机食品认证面积 587.8 万公顷，继续保持全国第一。新型农业经营主体加快发展，合作社达到 9.6 万个，家庭农场达到 6.2 万个，农业生产全程托管服务面积 136.1 万公顷。农业综合机械化率继续保持全国领先。粮食总产 7867.7 万吨，实现“十八连丰”，增产 327 万吨，新增产量占全国增量 24.5%，创历史新高。

2021 年工作

一 粮食购销

2021 年，黑龙江省主动适应新冠肺炎疫情防控常态化新形势，积极推动深化粮食收储制度改革，持续认真贯彻落实国家秋粮收购工作部署，扎实服务乡村振兴，持续完善强化了收储准备、政策宣传、市场引导、运力协调、收购服务和市场监测、监管等综合措施，严格规范落实国家秋粮收购政策，全面抓好政策性收购和市场化购销。2020/2021 年收购期（当年 10 月初至翌年 4 月末，下同），全省入统企业累计收购粮食 4945 万吨，其中市场化收购 4222.5 万吨，政策性收购 722.5 万吨，争取国家延长黑龙江省稻谷最低收购价预案执行期限 1 个月，克服新冠肺炎疫情等不利影响，更好满足了农民余粮变现备耕的需要。2021/2022 年收购期，全省准备收储能力 12040 万吨、烘干能力 12480 万吨、收购资金 1270 亿元，公布稻谷最低价收购委托收储库点 369 家、仓容 1990 万吨。截至 12 月 31 日，全省入统企业累计收购新粮 3517 万吨（市场化 2488.5 万吨、政策性 1028.5 万吨），同比增加 501 万吨，增幅 17%。按国家部署，全年累计销售国家政策性粮食 1745 万吨。促进了农民粮食销售顺畅，守住了不发生农民“卖粮难”的底线。保证了全省粮食购销顺畅平稳运行，持续巩固拓展了粮食收储制度改革成果。

二 粮食加工

2021年，黑龙江省大力推动粮食加工业高质量发展。按照省委、省政府部署要求，省粮食局持续完善落实工作推进措施，全省粮食加工业质量和效益不断提高，产业转型发展步伐加快，态势良好。全年粮食加工业实现工业总产值1695.56亿元，销售收入1745.20亿元，利润总额46.55亿元。围绕打造玉米、水稻、大豆三个千亿级产业集群，新培育3户年营业收入10亿元以上的大型加工骨干企业。水稻加工标准化生产水平得到提升，优质大米供给继续增加；玉米深加工业平稳运行，淀粉需求恢复性增长，政策调控影响逐步显现；为40户加工企业兑现2020年度大豆加工补贴资金9404.82万元，全省大豆食品加工业运行向好，大豆蛋白和豆奶粉等产能增速明显。

三 优质粮食工程

2021年，黑龙江省认真落实国家《优质粮食工程三年实施方案》和项目管理办法，第一轮优质粮食工程累计完成投资51.4亿元，资金完成率96%，项目完工率95%以上，全国排名第9位。全省粮食质量安全检验监测机构覆盖面达到产粮县的100%，年粮食质量安全检测能力达到9.8万份；全省粮食完好仓容和烘干能力分别达到19940万吨（含保温钢板平房仓14095万吨）、12490万吨，建成粮食产后服务中心201个，搭建农户科学储粮装具11.41万套，实现了产粮大县全覆盖，粮食产后服务体系基本建立；打造"中国好粮油"行动计划示范县29个、示范企业71个，培育182个"黑龙江好粮油"产品和23个"中国好粮油"产品，各地区域公共品牌价值持续提升，引导全省新增优质粮食产量1260万吨，为加快粮食产业高质量发展奠定了坚实基础。

四 粮食安全省长责任制

2021年，黑龙江省认真贯彻落实中央关于实行粮食安全党政同责、强化粮食安全省长责任制考核的重要部署，省委省政府把落实粮食安全省长责任制纳入全省年度重点目标任务。按照省委省政府关于实行年度重点工作目标任务季度考核的要求，省粮食局会同省粮食安全省长责任制考核组成员单位，及时制定实施了《2021年度市（地）人民政府（行署）落实粮食安全省长责任制考核工作方案》，在全国率先探索实行了对市（地）落实粮食安全省长责任制情况的分季度考核的"龙江新模式"，季度得分按1:2:2:5纳入年终考核总分，月调度、季考核，常抓不懈，以月保季、以季保年。省政府及时召开了全省推进落实粮食安全省长责任制工作会议，总结年初以来粮食安全责任制工作落实情况、对深入抓好粮食安全责任制落实提出新的部署要求，进一步推动各地党委政府压实落实粮食安全主体责任，强化组织领导和督导检查等综合保障措施，强力推进粮食安全重点任务高质量落实。全省各地按照省委、省政府部署要求，担当尽责，加大工作力度，完善强化措施，压茬整改问题，竞相争先晋位，全面提高了粮食安全省长责任制年度目标任务的落实质效。黑龙江省粮食安全省长责任制考核被评为优秀等次，实现"五连优"，排名跃居全国第4位，实现历史性突破。

五 保供稳市

认真贯彻落实中央关于统筹疫情防控和经济社会发展的重要部署，省粮食局把做好粮油市场保供稳市作为重要政治任务，突出加强疫情反弹期间粮油市场动态监测，将全省2300余户粮食应急企业纳入系统平台统筹管理，推动各环节有效衔接，保障粮油产品有效供给，全省粮食市场供应充足、运行平稳。落实哈尔滨市主城区15天市场供应量的成品粮储备4.13万吨，为疫情防控情况下应急保供提供了有力支撑。

六 政策性粮食安全监管

召开全省国家政策性粮食安全监管工作会议，对全面压实落实地方政府、粮食等部门属地监管责任、中储粮分（子）公司政策执行主体责任、承储企业直接责任、加强国家政策性粮食安全监管做出系统部署。组织全省粮食行政管理部门严格履行国家政策性粮食属地监管责任，结合认真落实新修订的《粮食流通管理条例》，先后持续开展了全省秋粮收购监督检查、地方国有粮食企业委托收储库点国家政策性粮食安全管理问题排查治理、全省政策性粮油库存检查、政策性粮食销售出库政策执行检查等系列检查，组织开展粮食流通“亮剑2021”专项执法行动，加大涉粮案件核查力度，全面强化国家政策性粮食安全监管。深入贯彻习近平总书记对根治粮食购销领域系统性腐败问题的重要指示批示精神，组织督导全省粮食系统深入开展粮食购销领域腐败问题专项整治自查自纠，对粮食购销领域问题进行大排查大起底。组织全省13个市(地）粮食行政管理部门对地方国有粮食企业开展了市(地)间异地交叉互查。从全省粮食系统抽调531人，对521户地方国有及国有控股粮食企业开展“拉网式”异地交叉互查，排查发现并移交整改问题1751个。认真落实新修订的《粮食流通管理条例》，扎实开展“亮剑2021”专项执法行动，核查办理涉粮案件线索168个，作出行政处罚29例，罚款401万元，形成了强化国家政策性粮食安全监管、从速从严从重严肃查处违法违规行为的强力震慑。积极探索建立健全长效机制，深入务实研究提出了龙江“五化管粮”的新举措。即：加快建立省级储备粮垂直管理体制，实现“体系化管粮”；组织开展地方国有(控股）粮食企业人员轮岗交流，实现“制度化管粮”；加强监管基础和队伍建设，实现“专业化管粮”；实施粮食绿色仓储提升工程，实现“标准化管粮”；实施粮食仓储智能化升级改造工程，实现“数字化管粮”。

七 行业安全

持续加强粮食行业安全管理，组织督导全省粮食行政管理部门持续压实粮食行业安全生产和安全储粮责任，强化安全监督检查和问题隐患排查治理。全省各级粮食行政管理部门累计派出314个检查组，开展安全生产督导检查557次，抽查企业1452户，整改安全隐患2251处，排查治理安全储粮问题隐患2234个，全省粮食行业运行总体安全稳定。

黑龙江省粮食局领导班子成员

辛敏超 省发展和改革委员会党组成员，省粮食局党组书记、局长
张伟志 党组副书记、副局长（2021 年 12 月任职）
王大明 党组成员、副局长
王绍雷 党组成员、副局长（2021 年 7 月任职）
陈立祥 二级巡视员

（撰稿单位：黑龙江省粮食局；撰稿人：杨忠山；审稿人：辛敏超）

2021 年 3 月 23 日，黑龙江省发展和改革委员会党组成员，省粮食局党组书记、局长辛敏超（右二）深入同江市，调研农民售粮情况。

2021 年 10 月 20 日，黑龙江省发展和改革委员会党组成员，省粮食局党组书记、局长辛敏超（左）深入大庆市农户家中调研秋粮购销情况。

2021 年粮食安全宣传周期间，黑龙江省齐齐哈尔市特殊教育学校举行世界粮食日和粮食安全主题班会。

上海市

基本情况

2021年，上海市粮食播种面积11.7万公顷（含市外，下同），比上年增加0.3万公顷，增幅2.6%；粮食总产量94万吨，比上年增加2.6万吨，增幅2.8%；单产为每公顷8034公斤，比上年增加0.4%。全年累计收购小麦6.4万吨，同比增加48.8%；收购粳稻66万吨，同比增加2.8%。4家大中型粮食批发市场全年粮食交易总量14.8万吨，其中粳米11.2万吨、食用油0.3万吨，上海粮食交易中心批发市场网上交易粮食159.6万吨，发挥了吸纳粮源、活跃流通、保障供应的重要作用。

2021年工作

一 坚决扛稳政治责任，聚焦三项重大决策部署抓推进强落实

落实粮食安全党政同责，完成2020年度省级自评和市级考核；开展考核发现问题“回头看”；修订2021年度考核指标，增加对“藏粮于企”的考核。推动粮食储备安全管理改革，市委办出台《关于改革完善体制机制加强粮食储备安全管理的实施意见》；督导光明集团实施“人、物、财、账、仓储设施”五分开；出台储备粮轮换、藏粮于企管理、异地储备管理等配套制度；试点完成1000吨粮食社会责任储备。配合做好粮食购销领域腐败问题专项整治，与纪检监察部门建立信访举报问题分析研判、具体工作沟通对接、监督力量统筹整合3项机制；召开粮食系统专项整治动员部署会，分类制定“1+4”工作方案，印发工作指引；建立3个专项工作组，全面开展“拉网式”大排查大起底。

二 着力夯实调控基础，围绕三项粮食主业和五优联动重规范促发展

“收好粮”守牢底线，编发粮食收购文件标准汇编，指导各区做好收购价补分离，落实收购政策。“储好粮”规范管理，印发《关于加强本市地方储备粮管理增强本市粮食安全保障能力的通知》《上海市地方储备粮食仓储管理办法》；调整“藏粮于企”承储企业；完成2万吨市级临储油出库；推进各区

粮库建设和市、区两级粮库信息化，推进粮食省级平台应用。“供好粮”提质增效，推进“上海好粮油”宣传和质量抽检；深化与产粮省产销对接；开展粮食供应应急演练，优化监测点布局，调整粮食应急企业。“五优联动”协同推进，印发《关于推进本市粮食五优联动试点工作的通知》，制订五优联动发展工作方案，研究市级储备粮储加一体模式试点；推进以光明米业为主体开展优质粮食品种银香38试种范围；办理第二批42家粮食企业享受农业用电政策。

三 着眼增强储备实力，紧盯三项物资储备重要职能提质量增效能

提高“储”的质量，与国家粮食和物资储备局上海局推进仓储共享、协同共保；市救灾物资储备库闵行分库启用并推广经验；形成重要物资渠道储备清单目录；联合进行公共卫生应急物资产能储备。提升“管”的能效，制订储备糖承储调整方案，完成储备棉承储企业调整；推进疫情防控剩余物资处置消化；动态调整民用口罩应急临时专项储备；与流通企业、用户单位建立轮换机制，实现保质期较短的生活保障类物资、公共卫生应急物资常储常新。发挥“用”的成效，组织调运7个品种、1.6万余件市级储备物资保障疫情防控；配合调运5个品种、3500余件抗震救灾物资至上海对口帮扶的云南大理和青海果洛；投放4000吨市级应急专项冻猪肉储备保障市场稳定。

四 深入推进立法修规，依法依规管粮管储出实招见实效

法治保障与规划编制工作取得新突破，《上海市地方粮食储备安全管理办法》公布；推进《上海市物资储备管理办法》调研；《上海市粮食和物资储备“十四五”规划》以部门规划方式发布。深化依法行政取得新成果，开展《粮食流通管理条例》宣贯；推进建立市粮食物资储备局行政执法公示、全过程记录和重大行政执法决定法制审核三项制度；稳妥推进副补相关工作。科技兴粮兴储和标准化工作取得新作为，推荐国家粮食产业（城市粮油保障）技术创新中心成功挂牌；《上海地方储备大米仓房设计规范》《上海救灾物资储备库运行管理规范》等地方标准通过立项评审。

五 大力强化行业监管，坚持问题导向守底线保安全

管库存，开展2021上海政策性粮油库存检查，抓好所发现43项问题的整改。抓专项，开展“亮剑2021”执法专项行动、国家政策性粮食定向销售监管、赴吉林洮南飞行检查、市区储备粮代储库点和藏粮于企专项检查等专项监督检查，抓好案件调查处理。保安全，对全市70.78万吨储备粮、13万吨储备油进行质量安全抽样检查，开展粮食加工企业原粮卫生抽查、成品包装大米质量专项调查和流通领域粮食质量卫生调查；强化安全生产，落实季度检查、定期座谈、第三方评估等新要求，推进安全生产三年行动计划；开展粮食出入库和外包作业专项整治。

六 牢固树立全局意识，落实三项重要战略下功夫求突破

推动央地协同运作，市政府与中储粮集团签署战略发展合作协议；市粮食物资储备局与国家粮食和物资储备局上海局联合印发《关于建立健全地方储备粮与中央储备粮协同运作机制的通知》，市粮食物资储备局、国家粮食和物资储备局上海局、中储粮上海分公司及良友集团签署上海市粮食安全保障框架协议。推进长三角粮食和物资储备安全保障一体化，落实"第十四、十五届长三角粮食和物资发展与合作会议"成果，推动长三角粮食物资储备一体化长效机制建设。

七 不断加强自身建设，推动党建与业务抓融合同提升

充分发挥党建引领作用，扎实开展党史学习教育，抓"深"专题学习，抓"活"主题活动，抓"实"为民办事；调研推进上海市粮食储备承储企业党的建设和长三角粮食物资储备部门党建一体化发展。不断深化党风廉政建设，制定市粮食物资储备局全面从严治党"四责协同"机制任务分解方案和责任分工表，排查年度局机关廉政风险点 47 条、重点廉政风险防控项目 3 个。积极推进人才队伍建设，开展行业人才队伍建设情况调研，制定"人才兴粮""人才兴储"实施意见；协调指导上海市贸易学校做好"粮油储运与检验技术专业"定向委培和为青浦区送教上门。

上海市粮食和物资储备局领导班子成员

殷　欧　市发展和改革委员会党组副书记，市粮食和物资储备局党组书记、局长
沈红然　党组成员、副局长
殷　飞　党组成员、副局长
张才新　党组成员、副局长

（撰稿单位：上海市粮食和物资储备局；撰稿人：王涛；审稿人：殷欧、殷飞）

2021 年 1 月 7 日，上海市政府与中国储备粮管理集团有限公司在沪签署战略发展合作协议。上海市委副书记、市长龚正（后排中），中储粮集团公司董事长邓亦武（后排右二）出席并为中储粮集团公司上海分公司揭牌。上海市委常委、常务副市长陈寅(签约台左）与中储粮集团公司总经理迟京涛(签约台右）代表双方签约。

2021 年 2 月 7 日，上海市救灾物资储备库闵行分库（闵行区应急物资储备库）启用仪式举行，市发展和改革委员会党组副书记，粮食和物资储备局党组书记、局长殷欧（左)，闵行区委副书记、区长陈宇剑（右）出席启用仪式并揭牌。

2021 年 11 月 17 日，上海市粮食供应应急保障演练在浦东新区外高桥良友新港举行。

江苏省

基本情况

江苏地处我国东部沿海地区中部，地域跨江滨海，湖泊众多，水网密布，海陆相邻，是全国唯一拥有大江大河大湖大海的省份。境内平原、水域面积分别占86.90%、16.90%，地势平坦，生态类型多样，雨量充沛，农业生产条件得天独厚，素有“鱼米之乡”的美誉；是我国南方最大的粳稻生产省份，也是全国优质弱筋小麦生产优势区。2021 年，全省粮食播种面积 5427.5 千公顷，粮食总产创历史新高，达 3746.1 万吨，连续 8 年保持在 3500 万吨以上；粮食产业呈现出经济总量持续增长，质量效益明显提升的发展势头，实现工业总产值 3368.42 亿元，同比增长 10.80%。

2021 年工作

一　坚决扛稳保障粮食安全政治责任，加快构建高水平粮食安全保障体系

一是强化粮食安全责任制考核。认真落实中央关于“‘米袋子’省长要负责，书记也要负责”的部署要求，坚持问题导向，采取扎实措施，加快构建更高层次、更高质量、更有效率、更可持续的粮食安全保障体系。全面压实各级粮食安全党政同责的政治责任，在国家对各省（区、市）的考核中，江苏继续取得优秀，位居全国第三；省对各设区市粮食安全责任制考核中，13 个市全部达到优秀等次。

二是多措并举抓好粮食收购。面对国内外粮食市场的复杂形势，全省各地始终坚持问题导向和底线思维，全力推动各项措施落细落实，严密收购工作组织，引导市场平稳有序运行。全年累计收购小麦 1015.4 万吨，收购量居全国第二。秋粮收购旺季，收购稻谷 875 万吨，其中：粳稻 681.5 万吨、籼稻 193.5 万吨。

三是深化改革提升收储调控能力。修订《江苏省地方政府储备粮管理办法》，出台《江苏省省级政府储备粮轮换管理办法》等政策文件，深化粮食收储体制机制改革，健全省、市、县分级储备、分级管理、分级负责的地方粮食储备体系，落实储备粮增储计划。

四是优化体系做好粮油保供稳市。印发《关于加强成品粮油储备管理增强安全保障能力的意见》，建立 44 个国家级、141 个省级价格监测点，落实粮食应急供应网点 2321 家、应急加工企业 381 家、

应急配送企业 81 家、应急储运企业 123 家、应急保障中心 26 家。南京、无锡、苏州等大中城市主城区成品粮油储备达到 15 天以上市场供应量，其他地区按照不低于 10 天的市场供应量充实了成品粮油储备。江苏粮油商品交易市场建成14家分市场，实现13个设区市和省属粮食企业全覆盖，徐州玉米、兴化稻米特色品种分中心全部纳入蓝图，省域粮食交易体系持续优化。

五是创新举措宣传推动节粮减损。大力支持爱粮节粮宣传教育基地建设，全省共创建 7 家国家级、57 家省级粮食安全宣传教育基地。关注粮食收购、储存、运输、加工等环节损失浪费问题，加强节粮减损科技创新、工艺设备更新和政策研究，利用世界粮食日、粮食安全宣传周、粮食科技活动周等重要活动，广泛开展爱粮节粮宣传教育，推动节粮减损取得实效。

六是规划引领行业高质量发展。编制《江苏省“十四五”粮食流通和物资储备发展规划》《江苏省“十四五”物资储备发展规划》《江苏省“十四五”粮食产业发展规划》《江苏省“十四五”粮食仓储物流建设规划》，对五年工作进行系统谋划，推动加快形成布局合理、设施完备、智慧高效、协同融合、绿色安全、保障有力的粮食流通和物资储备体系。其中，《江苏省“十四五”粮食流通和物资储备发展规划》首次列入省政府重点专项规划，对全省行业高质量发展起到良好引领作用。

二 自觉担当防范化解重大风险政治责任，加快构建高效率应急物资储备体系

一是完善储备工作机制。不断健全分级管理体制，建立区域合作机制，南通、泰州、扬州三市建立通泰扬区域联动机制，实现资源共享、优势互补。落实长三角应急物资储备保障区域协同机制，实现信息共享、协同联动、互相支援。经省政府批准，启动省级应急物资储备管理云平台建设。建立应急物资紧急运输协调机制，与江苏邮政等单位签订战略合作协议，聚力提高调运配送效率。

二是优化储备品类结构。科学测算应急物资储备规模，编制物资储备总体计划建议，优化实物储备品种结构。完成部分救灾物资招标合同签订，充实现有物资储备。收集各类应急物资生产企业信息，汇编形成《救灾物资生产商参考名录》。落实疫情防控省级医疗物资 5 日储备任务，储备医用外科口罩、医用防护服以及核酸检测试剂。继续做大协议储备规模，省级协议储备企业数量达到 40 多家，全省市以上协议储备企业已达 100 家。

三是夯实储备保障基础。推进“1+13+40+N”的物资储备仓储设施格局（即 1 个省级物资储备中心库、13 个市级物资储备库、40 个县级物资储备库和 N 个乡镇级、社区级物资储备点）建设。南京市推进应急保供中心项目建设，占地面积约 4.7 公顷，总投资约 10 亿元。无锡市投入 6.6 亿元建设粮食和物资应急保障服务中心。盐城市快速推进“1+9”物资储备仓储体系建设，市级物资储备库开工建设，大丰、建湖、射阳、阜宁、响水等县（区）已完成物资储备库新建或改造并投入使用。

四是提升应急保障效率。年初紧急调拨 25 万人份核酸检测试剂保障江苏支援河北核酸检测队工作需要，“七一”前夕为涉外防控一线人员配备优质夏季防护服。积极回应南京市疫情联防联控指挥部求助，启动军地联动保障机制，跨战区紧急调运军用级防毒面具和滤毒罐，缓解了南京禄口机场防疫工作燃眉之急。南京市为禄口机场疫情防控提供应急物资 708.8 万件。扬州市累计采购和争取省级调拨重点防控物资 800 余万件保障疫情防控需要。

三 着力推动粮食大省向产业强省转变，加快构建高效益粮食经济产业体系

一是深入推进优质粮食工程。研究制定“十四五”期间深入推进优质粮食工程的实施方案，推进“三链协同”“五优联动”，不断调优粮食产业结构，丰富粮油产品种类，推动江苏粮食产业从价值链低端向中高端跃升，全面提升粮食产业质量效益和竞争力。认定 31 家苏米核心企业生产基地 2.72 万公顷，累计达到 14.69 万公顷。“淮安大米”“射阳大米”“兴化大米”成功入选 2021“中国好大米”区域公用品牌榜单。

二是提升粮食仓储物流及产业园辐射带动能力。推进苏州、盐城、泰州、连云港等国家级粮食物流枢纽和 35 个粮食物流节点（产业园）建设，加快构建“通道 + 枢纽 + 节点”多层级一体化粮食物流体系，优化形成与生产和流通诸多要素协同匹配的仓储设施布局，按照急用先建、均衡发展原则，优先支持仓容紧缺地区建设仓储设施，缓解收储压力。支持 21 个粮食仓储设施项目建设，新增粮食仓容 44.5 万吨。稳步推进粮食产业园发展，17 个省级粮食物流产业园新增投资 23.5 亿元，完成粮食加工量 1097 万吨、吞吐量 4877 万吨。

三是大力发展粮食产业经济。全省入统粮油加工企业 1119 家，实现工业总产值 3368.42 亿元、销售收入 3468.35 亿元、利润总额 207.75 亿元，同比分别增长 10.80%、13.32%、—7.75%。全省成品粮油加工原料付出 3685.72 万吨，转化用粮油 1179.84 万吨，粮油转化率达 129.89%。粮油机械制造业产值为 102.28 亿元，多年来一直处于全国领先地位。

四是持续提升行业安全生产水平。制定《关于深化全省粮食和物资储备行业安全生产三年专项整治暨 2021 年安全生产工作的意见》，逐级制定安全生产责任清单，开展危化品使用安全专项治理行动，完成全行业 1051 个危化品使用单位排查、备案，完成 408 家规上、895 家规下谷物磨制类工业企业安全生产风险源填报。省市县共组织专项检查 480 余次，检查单位 1886 家，发现风险隐患 1241 条，整改率 100%。全年行业未发生较大以上安全生产、坏粮事故。

四 立足推进治理能力现代化，加快构建高质量效能监管执法体系

一是加强粮食法规标准制定实施。修正《江苏省粮食流通条例》，做好与《粮食流通管理条例》的衔接。出台地方储备粮食质量安全管理、《江苏省粮食企业严重失信行为惩戒办法》、《江苏省粮食经营者守法诚信评价实施办法》等 5 份行政规范性文件，完善地方粮食法律制度体系。组织制定《小麦腥黑穗病防治与鉴定方法》，成功申报团体标准。组织完成全国 2021 年度南、北方小麦粉加工精度实物标准制修订工作，并作为国家粮食和物资储备局粮食推荐性标准发布。联合人民网制作图解，宣传《江苏省粮食流通条例》实施一周年成效。会同省委改革办、省广电总台录制大型融媒体节目《黄金时间——改革政策 e 解读》，解读粮食政策法规，省网同时段电视收视率排名第一。

二是规范权力和机制运行。发布涵盖省市县三级粮食和物资储备部门的 54 项行政权力清单，指导市县开展行政权力动态管理。出台法律事务工作规则，提高机关法律事务工作规范化水平。将“粮食收购企业备案”事项纳入“江苏省政务服务网”，推动粮食收购企业在线备案。制发省局重大行政

决策事项目录，从严履行公众参与、专家论证、风险评估、合法性审查、集体讨论决定等法定程序。对涉及市场主体经济活动的增量及存量文件、措施进行公平性审查，未发现排除、限制公平竞争的情况。

三是强化粮食流通执法检查。深入开展粮食流通“亮剑 2021”专项执法行动，严肃查处涉粮案件。开展政策性粮油库存检查，重点检查了全省 162 家粮油储存库点、610 余万吨粮油库存，检查结果显示粮食库存数量真实、质量良好、账实相符。开展省级储备粮政策执行和管理情况年度考评，覆盖全部 54 个省储库点。全力抓好收购监管，加大部门联合检查力度。分级分类实施信用管理监督，提高精准性有效性。切实加强质量监管，加强原粮卫生风险监测以及政策性粮食出入库检验，“政策性粮食监测抽检合格率”纳入省高质量发展综合考核体系。

四是提升信息化管理能力。争取政策支持，推动粮食储备信息化系统改造升级。推进“互联网 + 监管”对接工作，完成局监管平台与省市场监管信息平台接口标准规范研究和前期工作对接。协调省政务办，将省粮食流通和物资储备监管平台接入国家“互联网 + 监管”非现场监管中心。落实国家粮食和物资储备局整合资源、打通数据、贯通应用“一整两通”要求，完成省级管理平台与国家粮食和物资储备局管理平台、全部省级储备粮企业（库点）和部分市县储备粮承储企业的数据互联互通，对企业采集上传数据合格率达到 83%，居全国前列。

五 以深入推进全面从严治党为引领，加快构建高素质干部人才队伍体系

一是全面加强机关党的政治建设。坚决履行全面从严治党责任，严格落实意识形态工作责任制、网络安全工作责任制，巩固马克思主义在意识形态领域指导地位。坚持用党的创新理论武装党员干部，强化习近平新时代中国特色社会主义思想学习宣贯，深入开展党史学习教育，不断提高党员领导干部的政治领悟力、政治判断力、政治执行力和百年未有之大变局下驾驭风险的能力。积极参加“服务高质量发展先锋队”培育，引领基层党组织在服务大局、抗疫保障、抗洪抢险中发挥战斗堡垒作用。着力推进“三个表率”模范机关建设，强化纪律规矩意识，大力加强制度建设，建立和完善涵盖党组议事、基层减负、作风要求、储备轮换、应急物资保障、安全管理共 6 大类数十项制度机制，规范机关高效运行。

二是全面加强干部人才队伍素质能力建设。加强干部教育培训，按照省委组织部要求组织参加省管干部进修班、处级干部任职培训班、中青年干部培训班、省级机关公务员大讲堂等各类型干部学习培训。开展人才供需对接活动，为院校与企业搭建沟通桥梁，有 56 家企业提出 604 个岗位需求。注重典型引领，江苏省经贸技师学院（连云港工贸高等职业技术学校）被人力资源和社会保障部评为国家技能人才培育突出贡献单位，省粮食和物资储备局 2 名同志被省委省政府表彰为全省防汛抗洪先进个人，1 名同志被表彰为全省脱贫攻坚和对口帮扶支援合作先进个人。

三是全面加强作风和纪律建设。坚持刀刃向内，勇于自我革命，全力做好粮食购销领域腐败问题专项整治和涉粮问题专项巡视巡察工作，深挖问题源头，推动体制机制改革，坚决防范化解系统行业重大廉政风险。推进“廉洁机关”建设，以强化学习教育、严明纪律规矩、深化制度建设、弘扬廉洁文化为抓手，扎实推进，务求实效。高质量完成“我为群众办实事”项目，推动落实涉粮初加工农用电价格政策。江苏粮油商品交易市场再获省级文明单位称号。

六 高效推进专项整治和专项巡视巡察，体制机制“两项改革”扎实推进

一是整体贯穿上下联动，高效推进专项整治。省市县粮食和储备部门逐级成立粮食购销领域腐败问题专项整治暨涉粮问题专项巡视巡察工作领导小组，组建工作专班，落实各项任务，上下联动、一体推进专项整治工作。制定《江苏省粮食和物资储备系统开展粮食购销领域腐败问题专项整治工作方案》，精准指引市县粮食和储备部门从 34 个方面、国有粮食企业从 33 个方面迅速开展自查自纠。

二是深查问题深挖原因，织密扎牢制度笼子。从贯彻落实中央和省委决策部署、防范粮食安全突出风险隐患、“靠粮吃粮”等腐败和作风问题、构建粮食安全长效机制等四个方面查找问题、剖析原因，研究提出整改措施。出台《关于进一步强化政策性粮食定向销售出入库监管工作的通知》等文件，着力补齐制度建设短板。

三是落实彻底整治要求，积极推动改革创新。根据专项整治要求，多次赴仪征市实地驻点调研，指导仪征市拿出彻底改革方案。仪征市委市政府印发实施《关于深化粮食和物资储备行业改革的实施意见》，从加强政府储备安全管理、落实储备和经营分开、管粮和管库分开、决策和执行分开等方面，采取针对性强的改革措施，深化推动企业改革、完善体制机制，完善后向全省推广。

江苏省粮食和物资储备局领导班子成员

夏春胜　党组成员、局长
张国梁　党组书记（2021 年 9 月任职）
张生彬　党组成员、副局长
陈一兵　党组成员、副局长
董淑广　党组成员、副局长
韩　峰　党组成员、总工程师
季俊秋　一级巡视员
张国钧　二级巡视员
孙　燕　二级巡视员

（撰稿单位：江苏省粮食和物资储备局；撰稿人：甘正新；审稿人：韩峰）

2021 年 10 月 13 日，江苏省委常委、常务副省长樊金龙（主席台中）出席全省秋粮收购工作会议并讲话。

2021 年 4 月 9 日，江苏省粮食和物资储备局党组理论学习中心组成员和机关全体党员干部赴南京市六合区桂子山烈士陵园，组织开展“清明祭英烈”活动，缅怀革命先烈，传承红色基因，扎实开展党史学习教育。

2021 年 10 月 16 日，江苏省粮食和物资储备局在世界粮食日主题宣传活动期间为第三批江苏省省级粮食安全宣传教育基地授牌。

浙江省

基本情况

2021年，浙江省粮食播种面积100.67万公顷，比上年增长1.4%；粮食总产量620.9万吨，比上年增长2.5%；国有粮食收储企业收购粮食164万吨，比上年增加16%。全年全省入统粮油加工企业完成工业总产值812.7亿元，产品销售收入859.0亿元，分别比上年增长11.7%、11.2%，利润总额36.3亿元，比上年略减0.3%。

2021年工作

一 粮食安全党政同责全面实施

认真落实习近平总书记"'米袋子'省长要负责，书记也要负责"的重要指示精神，2021年首次由省委书记、省长同时与各市市委书记、市长签订《粮食安全责任书》，进一步压实粮食安全政治责任；首次开展"四不两直"现场考核，确保工作任务落实。省人大也首次开展《浙江省粮食安全保障条例》执法检查，全省粮食物资系统和各有关部门协同联动、积极配合，切实抓好问题整改，推动粮食安全责任进一步压紧压实。在省委省政府正确领导、相关部门紧密配合和全省上下共同努力下，认真牵头完成粮食安全省长责任制考核工作，在国家粮食安全责任制考核中，连续第五年获得"优秀"等次。

二 "五优联动"深化扩面提质增效

重点推进以粮食产业"五优联动"为核心的优质粮食工程，制订《浙江好大米》系列团体标准，加快推进"湖州模式"复制推广。2021年全省实施"五优联动"面积达到30000公顷，优质稻谷收储数量20万吨左右，分别比上年增加28.6%和25%，有力促进了种粮农民增收、粮食企业增效、财政减负、消费者满意。比如，湖州市不断完善"粮库+粮企+粮农"新型粮食收储机制，巩固"农民增收、企业盈利、政府节支、消费者获益"的试点成效，嘉兴、金华等市深化实施"五优联动"，优质粮订单面积大幅增长。

三 粮食收购轮换工作扎实有序

全年全省国有粮食收储企业收购粮食164万吨，其中订单收购147万吨，比上年增加15%。主要品种收购量为：小麦9万吨，其中订单8万吨；早稻52万吨，其中订单49万吨；晚稻103万吨，其中订单90万吨。着眼“群众所盼”，继续实行早稻订单全覆盖、预购定金和粮食收购带订单余缺调剂等扶持政策，助力粮食播种面积和产量“双增”。全省发放订单粮食奖励资金超过6亿元。认真抓好“三季”粮食收购工作，确保不出现种粮农民“卖粮难”。省级储备粮油全年实施竞价销售和采购17次，竞价销售成交率95%，销售粮食30.4万吨，比上年下降6.7%，其中超标小麦定向竞价销售1次，销售4611吨。省级储备粮竞价采购2次，竞价采购成交率96%，采购粮食4万吨，较上年增加84%。省级储备食用植物油轮换招标2次，轮换食用植物油5900吨，同比下降9.2%。全省全年粮食批发市场线上线下交易量912万吨。

四 粮食物资保供能力稳步提升

编制粮食应急保供方案参考指南、粮情图与流程图，推动各地因地制宜编制粮食应急保供工作方案，积极打造省级统筹、市县为主的应急联动机制。截至2021年底，全省共确定应急加工企业246家，日应急加工稻麦能力为2.9万吨，应急供应网点2447家，日供应能力3.98万吨。加强物资储备制度建设，落实政府实物储备，丰富物资储备模式，拓宽应急物资保障范围。省粮食物资局与物产中大集团签订战略合作协议，与省内47家大型应急物资生产企业和8家生活保障类企业建立联系机制，初步形成多元化应急物资保障格局。省级综合性应急物资储备库完成项目立项，全省7个设区市、69个县（市、区）按照建设标准完成物资库建设任务，完成率达80%。落实全省冻猪肉、食糖、棉花储备，出台《浙江省省级食糖储备实物管理与投放办法》，开展省级冻猪肉和食糖储备的专项检查。

五 数字化改革阶段性成效初显

围绕“种粮吃饭”一件事，以“一颗种子从田间地头到餐桌饭碗”为主线，聚焦粮食收购、储备核心业务，建设跨部门多场景协同应用，构建贯穿粮食生产、收购、储备、加工、消费、检测、监测、监管、应急等各环节，着力打造粮食安全“一屏掌控”、主要事项“一览无遗”、服务群众“一网通办”、操作执行“一键智达”、监督检查“一贯到底”的数字化协同工作场景。围绕有效解决粮食安全突出问题，省粮食物资局牵头会同省农业农村厅、省自然资源厅等有关部门，在已有系统基础上，从群众需要的高频事项、政府监管的难点痛点等“小切口”入手，通过“保好耕地、选好种子、种好粮食、储好粮食、供好粮食”五项“一件事”集成改革，建设“浙政粮安”多跨场景应用，更好地为生产者、消费者和管理者服务。该项目被纳入全省S1一本账和数字政府“浙里安全”跑道重大任务，并列入数字政府第一批揭榜挂帅项目。

六 “藏粮于技”“藏粮于民”持续深化

全省粮食物资系统积极打造科技兴粮“重要窗口”，推进粮食产购储运加销全链条全环节节粮减损，鼓励省内企业深化“智能型柔性碾米装置”、家庭绿色智能米桶等装备研发，支持开展品牌优质大米掺混和纯度鉴别检测、粮食仓储减损增效技术研发等。湖州市开展15℃低温储粮技术运用研究，获得发明专利3项，相关先进做法被央视《中国粮仓》栏目连线直播报道；衢州市库米赛诺粮机公司研发的柔性智能大米加工装备技术被写入《粮食节约行动方案》；省储备粮公司积极探索新技术绿色储粮新路径，开展新型辐射制冷材料应用试验和优质晚稻耐储性研究，《基于横向风网五面控温绿色储粮实仓应用》荣获中国粮油学会科技二等奖。积极推进粮食产购储运加销全链条全环节节粮减损，组织遴选11个节粮减损工作典型案例。举办“浪费可耻，节约为荣”主题漫画作品展，打造“浙江省爱粮节粮云基地”，实现全省20个国家级、省级粮食安全宣教基地在互联网页面和手机客户端云展示、云参观。大力推动社会化储粮工作，探索构建政府引导、企业为主、家庭参与的社会化储粮格局。推广家庭节粮减损真空智能专用米桶等，引导鼓励城乡居民适度增加日常储粮；强化属地责任，依法推动落实用粮企业、伙食单位法定储粮要求；推动落实规模以上粮食加工企业建立社会责任储备制度，并配套提供仓储设施和科学储粮技术服务，共同构建社会化储粮“缓冲带”，增强抵御市场风险的能力，逐步建立粮食安全社会共担机制。

七 粮食产业经济发展稳中有进

全省粮食产业实现粮油工业总产值812.7亿元，比上年增长11.7%。全省89个“优质粮食工程”建设项目，已完工86个。浙江省拥有农业产业化国家重点涉粮龙头企业12家，获评“浙江好粮油”产品20个，其中入选“中国好粮油”产品5个。出台《浙江省粮食流通“255”工程政策指引》，明确省外粮源基地建设省市任务分配与基地认定标准。截至2021年底，省外粮源基地面积33.5868万公顷，按程序遴选认定省级粮食主渠道企业85家。全年从省外净调入粮食1756万吨，从国外进口粮食527万吨。在稳固东北等产区粮源基地基础上，加强长三角粮食产销合作，与安徽签署《粮食产销合作战略框架协议》，在安徽、江苏两省异地代储省级储备小麦、稻谷。2021年6月17日至19日，首届中国（宁波）粮油食品博览会成功举办，吸引了省内外200多家企业参展。

八 粮食流通监管力度全面加强

按照“谁主管、谁负责”“谁监管、谁负责”原则，围绕责任、作风和腐败问题，聚焦粮食收购、储存、轮换和政策执行的重点环节，从粮食购销领域9个环节36项重点内容，坚持刀刃向内，发扬斗争精神，以全覆盖、全环节的要求，全面开展大起底大清查，积极配合专项巡视巡察，深入基层开展督导检查，持续深化发现问题的整改，推进专项整治自查自纠各项工作在全省粮食物资系统全面扎实有效落实。大力推进“互联网＋监管”，实施年度“双随机、一公开”抽查监管，2021年全省共抽查粮食企业 3128 家次。加强重点环节执法监督，开展粮食重金属、呕吐毒素监测关口前移，监测范围覆盖三季粮食、全部主产县（市、区）。强化对超标粮食全过程闭环管理，杜绝超标粮食流入储备库存和口粮市场。开展政策性粮油库存检查，共抽查库点 120 个、地方储备粮 116.89 万吨、地方储备油 3.05 万吨；发现的 69 个问题已全部完成整改。开展“亮剑 2021”专项执法行动，围绕粮食收购、储存、销售出库、运输、统计制度执行等环节，组织开展专项执法行动。全年全省共办结 12325 热线转办投诉举报 2 起，在办 2 起；查办涉粮行政案件 3 起，给予 3 个违法企业行政警告，行政罚款 5 万元。扎实推进安全生产专项整治三年行动集中攻坚，组织开展形式多样的“安全生产月”活动，2021 年全省粮食物资系统未发生安全生产责任事故。

浙江省粮食和物资储备局领导班子成员

潘建漳　党组书记、局长（2022 年 4 月任职）
周维亮　党组书记、局长（2022 年 4 月调离）
鲍伟民　党组成员、副局长，一级巡视员
李益敏　党组成员、副局长
李武杰　党组成员、副局长
姚激扬　党组成员、副局长（2021 年 12 月任职）

（撰稿单位：浙江省粮食和物资储备局；撰稿人：余伟刚、魏骁；审稿人：胡淑平）

2021 年 4 月 8 日，浙江省人大常委会召开粮食安全执法检查动员部署视频会议。省人大常委会党组书记、副主任梁黎明（主席台左二）出席会议并讲话。

2021 年 10 月 16 日，浙江省 2021 世界粮食日暨粮食安全和社会化储粮宣传周启动仪式在全国粮食安全宣传教育基地——湖州市安吉县鲁家村举行。省政府副省长徐文光（主席台中）出席活动并为浙江省推进社会化储粮宣传队授旗。

2021 年 6 月 22 日，国家粮食和物资储备局在安徽省阜南县召开全国深入推进优质粮食工程加快粮食产业高质量发展第二次现场经验交流会。浙江省粮食和物资储备局党组书记、局长周维亮以《大力推广“湖州模式” 加快推进粮食产业高质量发展》为题作经验交流。

安徽省

基本情况

安徽地处长江、淮河中下游，长江三角洲腹地，土地面积14.01万平方公里，占全国的1.46%。2021年末全省常住人口6113万人，比上年末增加8万人；常住人口城镇化率为59.4%，提高1.1个百分点。全年全省生产总值42959.2亿元，比上年增长8.3%，两年平均增长6%。全省粮食播种面积730.96万公顷，比上年增加2.01万公顷；粮食产量4087.6万吨，比上年增产1.7%。其中，夏粮1699.9万吨，增产1.7%；早稻99.2万吨，增产8.8%；秋粮2288.5万吨，增产1.4%。油料产量167.1万吨，增产2.9%。

2021年工作

一 压实责任同向发力，安全基础更加牢固

一是党政同责落实落细。省委、省政府高度重视粮食安全，省委常委会、省政府常务会多次研究，省委、省政府主要负责同志和分管负责同志多次作出批示，精心部署、高位推动。省直相关部门相互支持、通力协作，共同推动各项考核指标落地见效。各市县党委、政府将粮食工作与中心工作一体谋划、一体推进，坚定扛稳主体责任，粮食安全省长责任制考核再获全国“优秀”等次。

二是专项整治走深走实。深入贯彻习近平总书记关于“根治粮食购销系统性腐败”重要批示精神，坚持同题共答、同向发力，自觉接受巡视巡察，全力配合纪检监察部门开展工作，认真做好自查自纠和整改落实，全省各级粮食行政主管部门自查发现问题244个，已完成整改142个，国有粮食企业自查发现问题1099个，已完成整改942个。

三是储备效能提质提效。省直和各市严格落实省级储备粮布局调整方案，推动承储库点将从99个优化至23个，2021年已调减至88个。全省建立企业社会责任储备21万吨。全面落实省级重点医疗物资和储备糖收储任务，完成12个品种3000万元救灾物资集中收储。安庆、黄山等地物资储备中心加快建设。

二 保供稳价协同高效，市场运行平稳有序

一是严格落实收购政策。备足仓容、资金，开展线上预约售粮，提供“五代”服务，确保应收尽收，全省夏粮收购小麦 669.5 万吨，均为市场化收购。淮北、阜阳、宿州、滁州、芜湖等 5 市帮助企业落实市场化收购资金 12.9 亿元。10 月 23 日启动中晚稻最低收购价执行预案，截至 2021 年 12 月 31 日，收购中晚稻 504 万吨，其中最低收购价收购 89.6 万吨。

二是加强粮情监测预警。密切关注粮油市场动态，全年开展形势分析 4 次，编制价格周报 46 期，发布收购进度 140 期。设立 287 个省级、73 个国家级粮油价格监测点，及时掌握销售、库存、价格情况，强化储备情况研判和市场动态分析，及时主动发声，回应社会关切，合理引导预期。

三是提升应急保供能力。全省建立成品粮油储备 7.6 万吨，布设应急供应网点 1719 家、应急配送中心 102 家，实现城乡全覆盖。认定应急加工企业 361 家，日加工能力超 10 万吨，1 天加工量能够保障全省居民 1 周消费。亳州、宿州各有 1 家企业入选首批“国家级粮食应急保障企业”。阜阳、滁州、池州、黄山等市进一步修订完善粮食应急预案，各地定期开展应急演练，粮食应急保障效能稳步提升。

三 转型发展蓄势赋能，产业经济再上台阶

一是“阜南样板”示范引领。全年粮油加工产值突破 3000 亿元，达到 3027 亿元，同比增长 7.9%。全国第二次优质粮食工程建设现场会在阜南顺利召开，总结形成优质小麦订单种植、就地加工转化、产业链集聚发展的“阜南样板”经验，为全国提供了粮食产业助力乡村振兴的安徽方案。全省各地积极复制推广，促进粮油产业“接二连三”融合发展，催生“一花引来百花开”格局。

二是“双招双引”顶格推进。制定实施行业“双招双引”十项举措，凝聚上下资源合力，全方位、深层次推进落实。全省系统招商项目63个，总投资214亿元，到位投资54亿元，招引各类人才77人。宣城市累计签约粮油类招商引资项目 12 个，项目总投资超 40 亿元，其中亿元以上项目 4 个。

三是优质粮食工程持续深化。联合省财政制定并印发推进新一轮优质粮食工程的意见，深入实施“六大提升行动”，打造“十四五”时期优质粮食工程升级版。遴选“安徽好粮油”产品 53 个并择优推荐参评“中国好粮油”，25 个产品荣获“中国好粮油”称号，新增数量位居全国第二位。召开“皖美粮油”产品新闻发布会、专场推介会、展示展销会，制定多项行业团体标准和地方标准，品牌影响力、竞争力大幅提升。

四 等高对接集成优势，区域合作结出硕果

一是推动理念对标。全省系统赴沪苏浙开展学习调研、交流互动，推动思想解放、观念更新，切实补齐短板、深化合作。围绕做好专项巡视“后半篇文章”，学习借鉴长三角和中部省份好经验好做法，结合实际，深入开展调研，形成改革完善体制机制全面提升粮食安全保障能力的研究报告，提请

省委巡视组就推动完善粮食管理体制机制，提出系列建设性意见方案。

二是推动政策衔接。学习借鉴沪苏浙粮食初加工用电政策，协调促成粮食初加工执行农业生产电价，累计为粮食加工企业减少电费支出3400多万元，助力企业节本增效。合肥市修订出台《成品粮油管理办法实施细则》，快速实现成品粮承储比例达到90%以上。全椒县借鉴沪苏浙先进理念，推动国有粮食企业改革取得新突破。

三是推动合作共赢。浙皖两省政府签订《关于推进粮食产销合作战略框架协议》。铜陵市引导地方龙头企业与沪苏浙企业开展产销对接，全年签订原料基地0.23万公顷。濉溪县在浙江举办“濉溪好粮油”专场推介并签订产销合作协议。阜阳、宿州等市发挥粮源丰富、交通便利及仓容充足优势，不断深化与沪苏浙代储代购代销等合作。

五 规划引领项目带动，发展支撑更加有力

一是明晰发展目标。高质量编制全省粮食和物资储备发展规划和基础设施建设、信息化建设、粮食产业高质量发展、人才发展等4个专项规划，谋定未来五年省粮食和物资储备发展方向。安庆、淮南、阜阳三市积极编制粮食和物资储备专项规划，其他市结合自身实际，推动“十四五”思路举措融入市级总体规划。

二是推进重大项目。加强督导调度，中央预算内项目进展顺利，8个省财政补助项目全部竣工。落实省财政建仓资金5100万元，支持9个市建设高大平房仓项目10个，仓容28.5万吨。合肥市、滁州市加快军粮区域性配送中心项目建设进度，淮北市先后投资5860万元推进粮食仓储物流基础设施项目建设，阜阳市在建粮食产业园项目4个，总投资8.1亿元。

三是提升信息化建管用水平。有序开展信息化建设，新建收纳库2个，储备库升级2个，1个重点粮食加工企业，5个其他涉粮信息化系统。完善“智慧皖粮”平台功能，完成灾备中心升级，实现与省政务平台深度对接。整合“售粮通”“管粮通”“储粮通”APP系统，推进“智能皖储”信息化建设试点工作。

六 依法监管纵深推进，行业环境持续净化

一是加快立法修规。跟进国家立法进程，借鉴外省经验，修改完善《安徽省粮食安全保障条例(草案)》，实现结构内容全面调整优化，并争取列入省人大审议类项目。以省政府令颁布《安徽省粮食储备管理办法》，出台《安徽省政府储备粮食轮换管理办法》《安徽省政府粮食储备执法督查暂行办法》等制度，完善监管长效机制。

二是加强监督检查。扎实开展粮食收购检查、粮食库存检查，年度“双随机、一公开”定向抽查，加强政策性粮食定向销售出库监管，依法打击粮食流通违法行为。合肥市建立驻县联合监管机制，解决基层监管力量不足问题。蚌埠市采取跨区域、跨部门、跨层级联动执法和引进第三方监管等方式，确保特殊性质粮食监管到位。

三是敢于亮剑执法。认真执行《粮食流通管理条例》，聚焦重点领域和关键环节，深入推进全省

粮食流通“亮剑 2021”专项执法行动，依法从严从重查处涉粮案件，发现涉嫌违法行为 9 起，已给予行政处罚 6 起。

七 全面加强党的建设，发展合力广泛凝聚

一是持续深化政治机关建设。严格落实“四个第一”学习对标制度，坚决执行省委关于贯彻落实习近平总书记重要指示批示若干规定，深入贯彻党中央决策部署，切实做到“总书记有号令、党中央有部署，安徽见行动”，始终衷心拥护“两个确立”，忠诚践行“两个维护”。

二是扎实开展党史学习教育。深入学习贯彻习近平总书记关于党史学习教育的重要论述和“七一”重要讲话精神以及党的十九届六中全会精神，组织编写《安徽百年粮食发展概览》，举办读书班、报告会、摄影展等“十个一”系列活动，认真开展“我为群众办实事”实践活动，8 项重点任务 24 条具体措施全面落实，有力推动“学党史、悟思想、办实事、开新局”。

三是不断加强党风廉政建设。全力配合纪检监察部门开展涉粮案件查处，及时通报有关案件。认真开展新一轮深化警示教育，做好中央和省委巡视等反馈问题整改，综合运用监督执纪“四种形态”，定期与驻省发展和改革委员会纪检组开展专题会商，做到警钟长鸣、防微杜渐。

安徽省粮食和物资储备局领导班子成员

侯锋平　省发展和改革委员会党组成员，省粮食和物资储备局党组书记、局长(2022 年 5 月任职)
马三九　省发展和改革委员会党组成员，省粮食和物资储备局党组成员、副局长
曹越方　党组成员、副局长

(撰稿单位：安徽省粮食和物资储备局，撰稿人：申晨；审稿人：吴龙剑)

2021 年 6 月 18 日，安徽省粮食和物资储备局在福州市举办“皖美粮油”专场宣传推介会。省发展和改革委员会党组成员，省粮食和物资储备局党组成员、副局长马三九（中）出席推介会并致辞。

2021 年 8 月 11 日，安徽省粮食和物资储备局召开全省粮食行业 2020 年度中国声谷首台（套）创新产品示范应用对接会，省粮食和物资储备局党组成员、副局长曹越方（后排中）出席会议。

2021 年 10 月 16 日，安徽省第 41 个世界粮食日和全国粮食安全宣传周主会场活动在蚌埠市举行。

福建省

基本情况

福建地处东南沿海，山海资源丰富，森林覆盖率66.8%，山地、丘陵占全省陆地总面积的80%以上，素有“八山一水一分田”之称。2021年末常住人口4187万人，比上年末增加26万人。全年实现地区生产总值48810.36亿元，比上年增长8.0%。福建是粮食主销区，2021年粮食种植面积83.51万公顷，比上年增加0.07万公顷。粮食产量506.42万吨，比上年增加4.10万吨，增长0.8%。其中，稻谷产量393.18万吨，增加1.43万吨，增长0.4%。全省建立粮食应急网点1476家，粮食应急加工企业152家（大米131家、小麦粉15家，植物油6家），应急配送中心87家，应急储运企业83家，形成覆盖全省1109个乡镇的应急供应网络。

2021年工作

一 严格落实党政同责，粮食安全保障合力进一步增强

福建省委省政府高度重视粮食安全工作，2021年省领导作出关于粮食安全和物资储备工作的批示逾60次，其中主要负责同志批示近20次。尹力书记专门召开粮食安全专题会议，研究部署全省粮食安全保障举措；赵龙代省长专程赴晋江调研粮食安全工作，强调要坚决扛稳粮食安全政治责任，巩固提升粮食安全保障能力。郭宁宁常务副省长深入长乐检查粮食安全工作，强调要以粮食购销领域专项整治为契机，补齐短板弱项，健全长效机制，坚决筑牢福建粮食安全防线。省直14个涉粮部门齐心协力、密切配合，强化考核、传导压力，共同抓好粮食安全责任制落实，充分发挥考核“指挥棒”作用，推动解决了一批重点、难点问题；各市县党委政府切实履行属地责任，加大财政补助和政策支持；各级粮食和物资储备部门主动做好牵头协调，推动粮食安全各项工作落到实处；各级各部门抓好粮食安全工作的责任感进一步增强、主动性进一步提高。

二 全力以赴保供稳价，粮食宏观调控体系进一步完善

一是保供抓手不断强化。制定《福建省省级大米应急加工重点企业管理办法》，认定公布了第一批省级大米应急加工重点企业名单。这些企业平时按市场化运作自主经营，粮食应急状态下，服从统一指挥和调度，保证大米的应急加工和销售，保持必要的库存量，切实做好供应配送工作。建立动态调整机制，对不具备应急保障能力、不履行应急保障义务的企业，给予调整淘汰，并适时补充增加一些企业。

二是应急体系不断健全。福州、厦门市主城区可保障 15 天以上市场供应、其他设区市主城区可保障 7 天以上成品粮市场供应。启动《福建省粮食应急预案》修订工作，构建全省 23 家省级大米应急加工重点企业、152 家应急加工企业、1476 家应急供应网点的应急网络，确保应急状态能够立即响应。

三是监测能力稳步提升。建立省市县三级价格监测点 289 个，日常实行每周一报，关键时间节点实行一日一报、一天一议、处室地市对口联系等工作机制，不断提高粮食市场监测预警能力。

三 牢固树立底线思维，粮油物资储备管理进一步规范

一是粮食储备监管不断强化。加强储备粮日常规范管理，引进最新储粮技术，推动仓储环节节粮减损转型升级。加强与纪委监委部门的联动监督，开展粮食安全专项监督检查问题整改“回头看”。严格执法督查，先后组织开展省市县成品粮储备落实和管理情况抽查、粮食收购监督检查、全省政策性粮油库存检查、粮油储存安全检查、粮食流通“亮剑 2021”专项执法行动，确保储备粮食数量真实、质量良好、储存安全、管理规范。

二是救灾物资调运高效有序。充分运用信息化手段，强化库存物资动态智能监管，顺利完成省本级年度救灾物资采购和调运任务。先后向南平 6 个县（市、区）紧急调运救灾物资 11891 件（套）、向莆田紧急调运疫情防控物资 6300 件（套）、向陕西和湖南两地调运冬春救助物资 10996 件（床）。

三是创新安全生产检查机制。借助消防救援部门在安全检查方面的优势，与省市县各级消防救援部门联合对省级各直属单位、粮库、物资储备库进行了一次拉网式、全方位、无死角的消防安全大排查，发现并整改问题隐患 356 个。

四 创新完善协同机制，粮食产购储运加销进一步畅通

一是收购政策有效落实。继续实施籼稻最低收购价和储备订单粮食收购直接补贴政策，省市县三级直接补助农民约 7200 万元。各地积极协调落实粮食收购资金，引导多元市场主体入市收购，强化粮食收购市场监督检查，有效保护了农民种粮积极性。

二是产销协作持续深化。成功举办第十七届福建粮洽会，签订各类粮食购销意向合同 376 项，数量近 500 万吨，协议金额近 160 亿元。深化央地联动，省政府与中储粮集团签订战略合作协议，推动

中央储备粮增加在闽储备仓容和规模。

三是粮食产业加速推进。积极争取省级财政设立粮食安全专项资金 5000 万元，支持引粮入闽、粮食应急加工能力提升、仓储设施维修改造等项目，推进粮食产业高质量发展。

四是质量安全监管不断加强。制定出台《福建省地方政府储备粮质量安全管理实施细则》，进一步加强对储备粮入库、储存、出库环节的质量安全规范管理。全年共抽检各类粮油 13741 批次样品，合格率超过 98%。

五 加快推动立法修规，依法管粮管储能力进一步提升

一是立法修规加快推进。《福建省粮食安全保障条例》列入 2021 年省政府立法计划提请审议项目，已向省人大常委会提交议案。《福建省地方政府储备粮安全管理办法》纳入政府规章立法计划，已进行多次修改征求意见，完成专家论证。

二是政策制度不断完善。先后制定完善了粮食质量安全监管、超标粮食收购处置、政府储备粮仓储管理、储备粮轮换管理、省级应急储备成品粮油管理、优化储备粮区域布局和品种结构、省级大米应急加工重点企业管理、粮食加工企业社会责任储备等相关制度。

三是规划引领夯实基础。福建省“十四五”粮食安全和物资储备发展规划列为省重点专项规划，共征集 132 个规划备选项目，总投资约 212 亿元。规划在沿海区域高起点、高标准建设一批生态型粮食储备库，补齐省级储备仓容缺口，加快完善现代粮食储备基础设施体系；规划全省县级以上中心粮库、储备粮代储库点智能化改造全覆盖，对各级政府事权粮食全覆盖，实现全程动态实时监控和穿透式监管，形成全省粮食储备信息化“一张网”。

六 从严从实开展整治，粮食购销领域监管进一步强化

各级粮食和物资储备部门积极配合纪检监察部门，扎实有序推进各项任务落实。先后召开 10 次局党组（扩大）会议、20 次专题会议研究部署相关工作，成立专项整治领导小组和工作专班，有序抓好各项任务。专项整治方面：各级粮食和物资储备部门共开展督导检查 264 次，全省梳理出落实粮食购销监管职责问题 184 个，已整改问题 113 个；各级粮食和物资储备部门检查及企业自查发现问题 938 个，已整改 706 个。严格落实线索移送相关规定，及时移交涉粮案件的线索 9 个。10 月 16 日至 11 月 6 日省委涉粮问题第一专项巡视组进驻。省粮食和物资储备局党组召开巡视整改工作专题会，成立专项巡视整改工作领导小组，按照巡视反馈的三个方面 12 个大问题细化分解为 31 个具体问题，并逐条对照分解任务，制定了 82 条具体整改措施。

七 深化全面从严治党，干部干事创业劲头进一步凝聚

一是机关政治建设不断加强。认真贯彻落实《中共中央关于加强党的政治建设的意见》，严格对标对表习近平总书记关于粮食和物资储备的重要讲话和重要指示精神，努力创建“让党中央放心，让

人民群众满意”模范机关，牢记“两个确立”，进一步增强“四个意识”、坚定“四个自信”、做到“两个维护”。严格落实意识形态工作责任制，成立新闻中心，开通微信公众号，坚持正向发声、扩大宣传影响。

二是党内集中教育持续深化。结合省委“再学习、再调研、再落实”活动，坚持一月一主题、一周一活动，组织开展“读红色书籍、看红色电影、唱红色歌曲、讲红色故事、扬红色精神”十个一系列活动，开展“强基固本保粮安、砥砺前行谋新篇”综合知识竞赛活动，推动党史学习教育在各级党组织中深入开展。认真开展“我为群众办实事”实践活动，针对广大职工急难愁盼的突出问题，为省级 9 个直属库新（扩）建员工宿舍楼和卫生间改造，进一步改善一线员工工作、生活条件。

三是全面从严治党纵深推进。进一步加强廉政风险防控，对局机关各个岗位的廉政风险点进行梳理，修订完善廉政风险防控机制建设工作手册；持续深入开展纪律教育，每月开设“廉政微课堂”警钟长鸣，建立干部廉政教育档案，落实廉政谈心谈话和节假日廉政短信提醒；不断完善制度建设，在各类检查问题整改中举一反三建章立制，完善党组落实主体责任清单、抓机关党建工作责任清单，进一步明确党组讨论决定重大事项的内容和局长办公会议议事范围，促进党组工作制度化、规范化。

福建省粮食和物资储备局领导班子成员

孙建平　省发展和改革委员会党组成员、一级巡视员，省粮食和物资储备局党组书记、局长
蔡立雄　党组成员、副局长
廖志松　党组成员、副局长
张耀和　党组成员、副局长

（撰稿单位：福建省粮食和物资储备局；撰稿人：陈昌炳；审稿人：孙建平）

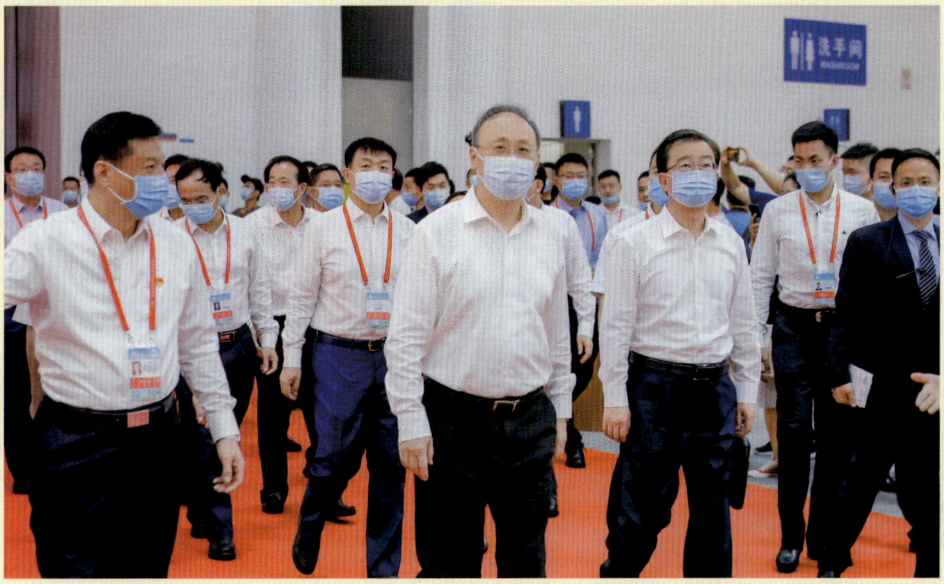

2021 年 6 月 18 日，第十七届粮食产销协作福建洽谈会在福州开幕。福建省委书记尹力（前排居中），省长王宁（前排右二），省发展和改革委员会党组成员，省粮食和物资储备局党组书记、局长孙建平（前排左一）参观展馆。

2021 年 10 月 13 日，福建省副省长郭宁宁（中），省发展和改革委员会党组成员，省粮食和物资储备局党组书记、局长孙建平（左二）调研检查储粮品质、储存数量等情况。

2021 年 12 月 21 日，福建省粮食和物资储备局举办福建省粮食应急保障企业集中授牌暨签约仪式。省发展和改革委员会党组成员，省粮食和物资储备局党组书记、局长孙建平（右五），省粮食和物资储备局党组成员、副局长蔡立雄（右三）、廖志松（左二）、张耀和（右一）为企业授牌。

江西省

基本情况

2021 年，江西省常住人口 4517.4 万人，地区生产总值 29619.7 亿元，同比增长 8.8%，人均 GDP 突破 1 万美元；一般公共预算收入 2812.3 亿元，同比增长 12.2%。2021 年，江西粮食播种面积 3791 千公顷，全省粮食总产量 2192.5 万吨，比上年增加 28.5 万吨，产量连续 9 年稳定在 2150 万吨以上。全年粮食收购总量 953.5 万吨，外销稻谷超 600 万吨；粮油加工业总产值 1002.96 亿元。

2021 年工作

一 粮安协同保障能力进一步提升

统筹抓好市场化收购和政策性收购，切实保护农民种粮积极性，全年累计收购粮食 953.5 万吨，其中市场化收购 920 万吨，占比达 96.4%，为近十年新高。早稻收购呈现价格高、品质优、需求旺、市场稳的良好形势，平均收购价格比往年每百斤高 10 元左右，促进了农民增产增收。充分发挥粮食政策性收购托底作用，在江西及时启动中晚稻托市收购，坚决守住了农民“种粮卖得出”底线。粮食收购贷款信用保障基金作用有效发挥，全省已有 28 个市县财政和 21 家企业参与，基金规模达 2.89 亿元，基金项下贷款余额 1.11 亿元。全面加强粮食调控能力建设，确保粮油市场供应。立足省情粮情，针对疫情防控形势和粮油应急保供需要，增加 30 万吨地方储备粮规模，进一步夯实区域粮食安全保障基础。优化储备粮结构，指导各设区市建立成品粮油储备。完善应急体系建设，组织遴选 22 家省级粮食应急重点加工企业，调整更新承担粮食应急供应保障任务的粮油应急加工、运输、供应企业，确保应急状态下有效运转。深化粮食产销合作，在南昌成功举办首届全国籼稻交易大会，现场签订意向合同成交 150 万吨，网上竞价交易成交 22.5 万吨，成交金额 6.5 亿元。

二 粮食储备管理体制进一步完善

立法修规取得突破。《江西省省级储备粮管理办法》2021 年 5 月正式颁布。认真落实新修订的《粮食流通管理条例》，出台《江西省粮食收购管理办法》，切实加强粮食收购事中事后监管，维护粮食收购市场秩序。规范地方储备粮管理，印发《关于进一步加强地方粮食储备安全管理的意见》，出台《推进省级储备粮规范化、专业化、精细化、生态化管理的意见》等文件，着力提高储备粮现代化管理水平。规范粮食执法监管，出台《江西省粮食储备管理失职失责行为调查和责任追究暂行办法》，明确涉粮企事业单位及其工作人员行为规范。规范省级生活类救灾物资储备日常管理，实行“定岗、定责、定人”“三定”监管，做到“保质、保量、保安全、保急需”“四保”，确保储备物资始终处于良好状态。全年向 47 个县(市、区）调拨冬春救助救灾物资共计 5.67 万件，向受强降雨等因素影响的 9 个县(市、区）调拨救灾物资共计 7839 件。上饶等地突发新冠肺炎疫情期间，紧急调拨救灾物资 1.42 万件，有力支持了疫情防控工作。

三 粮食行业发展基础进一步夯实

积极协调落实省财政资金 6.65 亿元，支持粮食仓储设施改造、粮食应急保障能力提升等基础设施建设，资金量创历年新高。大力推进规范化、专业化、精细化、生态化“四化”粮库建设和管理，13 个“一年执行项目”全面开工建设，此做法被国家粮食和物资储备局转发全国交流。大力推进粮食仓储物流设施建设，争取中央预算内投资 6300 万元，支持新建仓容 22 万吨；争取省财政专项资金，支持新建仓容 25 万吨，维修仓容 119 万吨，绿色储粮改造提升仓容 95 万吨。粮食产后服务体系项目建设全面完工并投入使用，全省 326 个粮食产后服务中心，全年累计烘干粮食 526 万吨，累计清理粮食 483 万吨，带动全省农民增收近 3 亿元。积极推广绿色储粮技术应用，全省国有企业充氮气调仓容达 65 万吨，低温、准低温储粮仓容达 145 万吨，其中 3 家企业被国家粮食和物资储备局评为绿色储粮标准化试点单位。推动已建成“智慧赣粮”平台应用，按时保质完成粮库数据对接至国家平台，提升基层粮库信息化管理能力。积极做好优质粮食工程项目收官收尾，加快推进项目投产运营。全省粮油加工业总产值保持在 1000 亿元以上。

四 粮食流通执法监管进一步强化

扎实有力开展涉粮问题专项整治，先后召开 11 次党组会议、12 次专题会议、4 次全系统会议、1 次专题政治谈话，系统部署，全面压实专项整治政治责任。突出问题导向，进行“全覆盖”和“大起底”自查自纠，坚持立查立改、边查边治，并积极探索从根上治、能治病根的举措。扎实开展库存粮食监管，按照市级普查、省级抽查两阶段开展检查，市级普查覆盖率为 100%，省级抽查比例超过 40%。加强粮食收购监管，组织开展早、中晚稻收购专项检查，严查各类违反国家政策、坑农害农行为。积极开展“亮剑 2021”专项执法行动，通过“12325”热线、网站公布举报方式、“赣粮执法”公众号等，拓展监督举报渠道，共收到各类投诉举报 44 起，已办结 32 起，取得较好成效，并被确定为信用监管平台试点应用省份（全国 2 个）。

五　安全生产安全储粮形势进一步向好

统筹安全与发展，扎实推进安全生产专项整治三年行动，严格按照“管行业必须管安全，管业务必须管安全，管生产经营必须管安全”的要求，进一步压实部门监管责任，组织各地加强日常性、季节性的指导检查和巡查，针对“两个安全”隐患开展全面排查治理，完善风险预防管控，进一步落实企业安全生产主体责任，全系统未发生一起安全生产事故。结合粮食行业特点，突出简易仓、罩棚仓、低洼处粮仓和化学药剂管理等重点方面，积极做好防汛保粮工作，确保全省粮食行业安全度汛。出台《江西省省级储备粮仓储管理办法》等规范性文件，切实强化粮油储存安全管理、改善粮油仓储保管条件、提升仓储管理智能化水平等工作，对全省粮油仓储物流设施拆迁，规模、用途发生变化等情况加大监督管理力度，按照“功能不降、先建后拆”的原则，严格审核批复程序，确保全省国有粮油仓储物流设施总量、布局及结构满足粮食安全需要。

江西省粮食和物资储备局领导班子成员

路文革　省发展和改革委员会党组成员，省粮食和物资储备局党组书记、局长（2022 年 6 月任职）
喻志勇　省发展和改革委员会党组成员，省粮食和物资储备局党组书记、局长（2022 年 4 月调离）
刘福元　党组成员、副局长（副厅长级）
林　华　党组成员、副局长
李湘晖　党组成员、副局长（2021 年 2 月任职）
张振华　二级巡视员（2022 年 9 月任职）
崔家楠　二级巡视员（2021 年 12 月免职）

（撰稿单位：江西省粮食和物资储备局；撰稿人：陈志伟；审稿人：林华）

2021 年 2 月 23 日，江西省发展和改革委员会党组成员，省粮食和物资储备局党组书记、局长喻志勇（前排右二）深入江西省储备粮永修有限公司调研科学储粮工作。

2021 年 12 月 20 日，江西省规范化、专业化、精细化、生态化“四化”粮库仓储设施建设现场推进会暨项目集中启动仪式在省储粮公司永修库举行，省发展和改革委员会党组成员，省粮食和物资储备局党组书记、局长喻志勇（前排左三）出席会议并讲话。

2021 年 7 月 27 日，江西、浙江、福建、广东、湖北、湖南、安徽、广西、贵州 9 省（区）粮食交易中心在南昌市共同举办第四届中国粮食交易大会——籼稻专场交易会。

山东省

基本情况

2021 年，山东省实现生产总值 83095.9 亿元，比上年增长 8.3%。农林牧渔业产值 11468.0 亿元，按可比价格计算，比上年增长 8.6%。粮食再获丰收，粮食总产量 5500.5 万吨，增加 54 万吨。全省各类粮食企业收购粮食 9739 万吨，同比减少 301 万吨，减幅 3%。其中，国有粮食企业收购 1387 万吨，占 14.2%，同比减少 28 万吨。全省各类粮食企业销售粮食 6179 万吨，同比增加 15 万吨，增幅 0.2%。全省纳入粮食部门统计范围的粮油加工企业完成工业总产值 4975 亿元，同比增长 7.3%；实现产品销售收入 5404.6 亿元，同比增长 6.4%。粮食深加工能力 2871.4 万吨，饲料年生产能力 5662.4 万吨，小麦加工能力 5057.4 万吨，食用油年油料处理能力 2637.2 万吨。

2021 年工作

一　抓改革，粮食安全保障有力

调整优化储备规模总量、区域布局和品种结构。充实地方成品粮油储备，16 个市均达到市场供应量 15 天以上要求，全省统算可供应城区人口 26 天以上。圆满完成年度省级储备粮轮换任务。全省地方储备粮库存数量真实、质量良好、储存安全。用好粮食风险基金，开展储备粮库绿色仓储升级改造和新建扩建。推进政府储备动态监管，全省 370 处库区、3300 口仓房安装视频监控系统，部分仓房实现粮面异动等情况的智能监测分析。制定地方储备粮承储单位选定管理暂行办法、质量安全管理实施细则，省级储备粮动用方案及社会责任储备暂行管理办法等一系列制度规定，为守住管好“齐鲁粮仓”提供有力保障。

二 保供给，粮食市场稳定有序

在做好最低收购价政策启动准备的同时，突出市场化收购，建立粮食收购贷款信用保证基金，鼓励引导多元市场主体积极入市，夏秋粮收购有序推进。全省累计从生产者购进粮食4168万吨，其中夏粮926万吨。强化监测预警，紧盯重点地区和重要时段，加强粮情监测。举办应急培训班并开展应急实战演练，全省应急加工、配送和储运企业719家，粮食应急保障有力。组织召开新闻发布会7场，在中央、省级以上媒体刊播稿件百余篇，加强舆论引导，稳定市场预期。参与举办国际粮食减损大会。聚焦全链条各环节，打造节粮减损齐鲁样板。收购环节，280家粮食产后服务中心为农民提供“五代”服务，夏收期间全省清理烘干粮食270万吨，节粮减损10万吨以上；储存环节，指导储备库推广应用储粮新技术，降低粮食损耗、单位能耗，中宣部《走进乡村看小康》央视专栏播发日照莒县“藏粮于民”做法；加工环节，指导企业大力发展全产业链经营和循环经济，科技引领适度加工、副产物再利用；宣教环节，开展2021年世界粮食日和全国粮食安全宣传周山东主会场活动，公布第三批粮食安全宣传教育基地20家、发出《爱粮节粮倡议书》。

三 强产业，粮食产业经济全国领先

深入实施优质粮食工程，在抓好13个示范县、56家示范企业既有成效的基础上，支持5家企业建设省级示范项目，助力农民增收、企业增效、产业发展。全省36家企业53款产品入选“齐鲁粮油”暨省级“好粮油”产品，22家企业35款产品入选2021年度“中国好粮油”产品，数量居全国第一；5家企业11项标准入选2021年粮油产品企业标准“领跑者”名单。省粮食和物资储备局和“好粮油”示范县滕州在全国优质粮食工程现场会上作典型发言。全省粮食产业工业总产值在2020年稳居全国首位基础上，初步统计，2021年达到4975亿元。持续打造“齐鲁粮油”公共品牌，连续三年入选“中国粮油影响力公共品牌”，品牌价值位居2021年中国品牌“产业集聚区区域品牌”第一位，“粮油金三角”“沂蒙花生油”“五星德粮”“胶东花饽饽”4个区域品牌引领带动作用逐步显现。发布实施山东粮油团体标准9项。举办“齐鲁粮油”品牌建设三周年研讨会，接续开展“中国行”和“六进”系列活动22场，山东粮油品牌知名度、美誉度和市场占有率进一步提高。发挥科技创新平台引领作用，支持小麦、玉米、大豆、高油酸花生油四大国家级创新中心建设，推进科研成果落地。搭建覆盖产购储运加销环节的“好粮有网”产业互联网平台，入驻企业374家，交易额累计达59.2亿元。

四 严监管，依法管粮管储不断加强

稳步推进立法修规，《山东省粮食安全保障条例》列入省人大、省政府立法项目，《山东省粮食收购管理办法》《山东省地方储备粮管理办法》修正工作积极推进。《山东省“十四五”粮食流通和物资储备发展规划》印发实施。从严开展监督检查，制定实施省级储备粮管理绩效年度评估暂行办法，开展“亮剑2021”专项执法行动，精心组织政策性粮食库存和夏秋粮收购监督检查，全省开展检查

1533 次，检查收购主体 2487 个次。加强粮食质量监管，组织开展新收获粮食和库存粮油质量安全监测，检验样品近 6000 个，省人大常委会食品安全专题询问反响良好。扛牢安全生产责任，扎实开展安全隐患大排查大整治，积极落实新增谷物磨制企业监管职责。落实粮食安全党政同责要求，地方成品粮油储备规模、储备粮油储存安全纳入各市高质量发展综合绩效考核。认真履行考核办公室职责，粮食安全责任制考核山东继续获“优秀”等级。启动省级应急物资保障基地项目建设，充实救灾物资储备，建立企业产能储备，完善“1+7”省级储备布局，开展应急预案演练，储存物资可满足 12 万人转移安置需求。支援日照五莲县抗击疫情，连夜组织调运应急物资，3 批 22 车次 2.55 万件物资在规定时间内全部送达指定地点。

五　讲政治，全面从严治党纵深推进

认真履行全面从严治党主体责任，党组书记落实第一责任人职责，班子其他成员落实“一岗双责”，坚持党建与业务工作同谋划、同部署、同推进、同考核，制定落实责任清单、任务清单、党风廉政建设和反腐败工作要点，印发加强对“一把手”和领导班子监督工作措施、落实网络意识形态工作责任制工作措施等，开展落实习近平总书记关于国家粮食安全重要讲话精神、整治形式主义官僚主义突出问题“回头看”，不断提高政治判断力、政治领悟力、政治执行力，以实际行动践行“两个维护”。抓实理论武装，局党组会落实“第一议题”学习 34 次，理论中心组学习研讨 13 次。夯实基层基础，制定模范机关建设 66 项措施，深入实施党支部标准化规范化建设提升工程，抓好党建责任制专项督查反馈问题整改，组织支部书记述职考核评议，每季度召开 1 次支部书记专题会议、督查 1 次党风廉政建设情况，开展精神文明创建活动，巩固提升规范化管理水平。扎实开展党史学习教育，召开专题组织生活会并开展“回头看”，深入推进“我为群众办实事”项目 21 件。全力推进粮食购销领域腐败问题专项整治工作，印发专项整治工作方案、深入排查治理通知、自查自纠工作指引等文件，成立工作专班，明确职责、压实任务。全力支持配合巡视审计工作，抓好问题整改，健全长效机制，提升监管效能。

山东省粮食和物资储备局领导班子成员

王伟华　省发展和改革委员会党组成员，省粮食和物资储备局党组书记、局长（正厅级）
李　伟　党组成员、副局长、一级巡视员（2021 年 7 月任职，2022 年 3 月退休）
刘开田　党组成员、副局长、二级巡视员
孟　军　党组成员、副局长
王　伟　党组成员、副局长
刘　萍　党组成员、副局长（2022 年 4 月任职）

（撰稿单位：山东省粮食和物资储备局；撰稿人：张伟；审稿人：刘开田）

2021 年 6 月 3 日，山东省政府召开全省夏粮收购电视会议，省委常委、常务副省长王书坚(主席台中)出席会议并讲话。

2021 年 7 月 15 日，山东省发展和改革委员会党组成员，省粮食和物资储备局党组书记、局长王伟华(前排）一行在青岛调研粮食流通“十四五”规划制定、优质粮食工程推进情况及安全生产等工作。

2021 年 7 月 22 日，“齐鲁粮油”中国行西宁推介会暨 2021 鲁青粮食产销协作洽谈会举办。

河南省

基本情况

2021年，河南省生产总值58887.41亿元，比上年增长6.3%，连续多年保持全国第5位，中西部省份首位。全省粮食种植面积10772.31千公顷，比上年增加33.52千公顷，其中小麦种植面积5690.69千公顷，增加17.02千公顷；玉米种植面积3853.33千公顷，增加34.32千公顷。油料种植面积1604.37千公顷，增加6.83千公顷，其中花生种植面积1292.93千公顷，增加31.09千公顷。全省粮食产量6544.19万吨，比上年减少281.61万吨，减产4.1%。其中，夏粮产量3803.19万吨，增产1.3%；秋粮产量2741.00万吨，减产10.8%。小麦产量3802.81万吨，增产1.3%；玉米产量2051.73万吨，减产12.4%。全省油料产量657.28万吨，比上年减产2.3%，其中花生产量588.21万吨，减产1.1%。

2021年工作

一 积极应对粮食市场波动，在复杂形势下有效发挥粮食储备“压舱石”作用

2021年，面对异常严峻的粮油供应形势，河南省粮食和物资储备系统精心组织粮食收购，有序充实政府粮食储备规模，加强监测预警和分析研判，精准把握政策性粮食投放的时机，适时主动发声，回应社会关切，全省粮食市场保持了供应充足、运行平稳的良好态势。加强应急联动，协调发改、商务、交通等部门为粮油保供企业发放近500张运输通行证，确保疫情期间粮油供应顺畅。郑州市紧急动用约4万吨市级储备粮定向销售给应急加工企业，有效保障了加工需求。焦作市提前准备1500吨面粉、大米和2000吨食用油，并与当地大型超市签订供应协议，确保了全市粮油食品供应。省粮食交易物流市场举办各类粮油竞价交易会252场，成交各类粮油1483.6万吨，有效平抑了市场波动。中原粮食集团多福多公司主动承担“郑州市粮食安全应急加工企业”责任，克服种种困难，扩大馒头等主食生产量，增加市场供应。面对郑州“7·20”特大暴雨灾害侵袭，郑州、新乡、鹤壁、安阳、周口、许昌等地基层粮库的同志们迅速进入“战时状态”，全力以赴抢险自救。省委、省政府高度关注粮食受灾情况，省政府专门召开会议进行部署，各级粮食和物资储备部门联合有关部门，认

真做好因灾受损粮食认定和处置、农户湿粮处理等工作，将粮食损失降到了最低。严格抓好不合格小麦处置工作，全程留痕管理，杜绝不符合食品安全标准的粮食流入口粮市场。

二 及时组织应急救灾物资调运，在服务大局中展现新担当新作为

根据防汛救灾和抗疫需要，省战略和应急物资储备保障中心紧急高效调运 8 批次 10 个品种的救灾物资，共计 10 万多件；同时申请接收中央救灾物资 13 万件，为转移安置受灾群众提供了有力保障。省战略和应急物资储备保障中心紧急采购了 1000 多万元的物资，确保紧急状态下应急调用。积极推动省级救灾物资储备库项目建设，土地、资金问题得到妥善解决。在做好救灾物资高效调运的同时，及时总结经验，加强管理，印发《关于救灾物资调拨使用的通知》《河南省省级救灾物资保障工作会商制度》《关于做好中央和省级救灾物资回收的通知》等，推动救灾物资管理制度化、规范化。

三 全方位提升收储调控能力，粮食储备体制机制改革取得实质性进展

统筹抓好粮食市场化收购和政策性收购，在小麦最低收购价预案未启动的情况下，积极引导多元主体入市收购。累计按市场价收购小麦 1270 万吨，平均收购价 1.26 元 / 斤，较 2020 年增加 0.1 元；及时启动了稻谷最低收购价预案，截至 2021 年底，全省共收购秋粮 310.9 万吨，其中最低收购价收购中晚籼稻 56.8 万吨，市场化收购秋粮 254.1 万吨，活跃了市场，保障了种粮农民基本收益。粮食产业投资担保有限公司多措并举服务粮食收购，典型做法被省政府“万人助万企”专刊刊发。新乡市积极推动优质小麦订单收购，真正实现了优粮优价。南阳市创新夏粮收购模式，指导镇平县、内乡县启动地方政府粮食调控收购，统筹解决辖区种粮农民卖粮难问题。不断优化地方储备规模和品种结构，新增了玉米储备，完成了省级储备粮油增储任务，省级储备达到全省储备规模的 50% 以上。联合印发《关于建立粮食加工企业社会责任储备的指导意见（试行）》，指导规模以上粮食加工企业建立一定数量的成品粮库存，推动形成社会责任储备和政府储备功能互补、协同高效的新格局。制定河南省地方储备粮仓储、质量、轮换管理暂行办法，涵盖省、市、县三级储备，为强化地方储备粮管理提供了政策依据。抓好粮食安全责任制考核工作，在国家考核中连续三年获得优秀；在对各省辖市考核中，新乡、安阳、鹤壁、开封、平顶山、商丘、南阳、驻马店、濮阳成绩突出，获得优秀等次。启动基层国有粮食企业改革试点工作，成立了由省政府副秘书长任组长的领导小组，确定了开封、漯河和辉县、舞钢等两市七县（市）作为试点市县，印发了《河南省深化国有粮食企业改革试点工作指导意见》。武国定副省长高度重视基层国有粮食企业改革工作，深入漯河市进行实地调研，召开座谈会听取开封市情况汇报。各试点市、县按照试点工作要求，成立组织机构，研究制定改革方案，积极探索改革路径，试点工作取得一定成效。

四　持续推进粮食产业高质量发展，较好满足城乡居民多样化需求

为增强人民的获得感、幸福感和安全感，加大力度支持粮油企业做大做强、转型升级。用好规模 5 亿元的粮油深加工扶持基金，完成支出 4.85 亿元，支持企业 11 家；争取中央财政稻谷补贴资金 4660 万元，支持全省规模以上稻谷加工企业开展市场化收购、科技研发、扩大生产和品牌宣传；争取省财政下达产粮大县粮食生产一次性奖励资金 5.66 亿元，60% 以上用于粮食产业发展；争取财政资金 800 余万元，开展公共粮油品牌集中宣传，在中央电视台新闻联播、朝闻天下节目前推介河南好粮油。23 个产品入选 2021 年度“中国好粮油”产品，数量位居全国第三。河南省共拥有“河南好粮油”产品 184 个、“中国好粮油”产品 36 个。平顶山市着力发展富硒小麦加工、杂粮酿造深加工、粮机制造等特色产业。南阳市将粮食生产一次性奖励资金支持粮食产业发展，由一般支出变为专项支出，在全省开创了先例。周口市发挥涉粮龙头企业“头雁”作用，形成了小麦加工、玉米加工、饲料加工三大产业集群。漯河市“建设全产业链粮食产业化联合体、探索五级订单开拓五优联动新路子”被全国推广。全省优质粮食工程项目进展顺利，首轮项目完工率达到 99%。在全国率先印发了新一轮优质粮食工程实施方案，协调财政部门在商品粮大省奖励资金中拿出 3.1 亿元，支持 2021 年优质粮食工程项目建设，带动社会投资超过 10 亿元。濮阳市 42 个粮食产后服务中心和 6 个粮食质检中心项目已基本完成。信阳市 113 个粮食产后服务中心项目全部竣工并投入使用，3 个“好粮油”示范县的 20 个项目已全部完成。经初步核算，2021 年全省粮食产业经济总产值达到 2650 亿元，继续保持 10% 以上的快速增长态势。

五　编制印发行业“十四五”规划，立法修规取得重大突破

《河南省“十四五”粮食和物资储备发展规划》2021 年底印发实施，明确了今后一个时期粮食和物资储备发展的总体要求、主要目标和重点任务，第一次将地方储备粮规模、粮食应急供应能力、政府储备承储库点信息化覆盖率、库存粮食质量安全总体合格率等 4 个指标设置为约束性指标，这意味着到期必须完成，体现了省委和省政府保障粮食安全的决心。有效推进立法修规进程，《河南省粮食安全保障条例》继续被列入省人大立法调研项目，形成了草案。《河南省储备粮管理办法》已公布实施，这是河南省首部综合性粮食储备管理政府规章，为保障粮食储备安全提供了重要的法律支撑。依法行政工作在考评中获得优秀等次，跻身全省第一方阵，取得历史性突破。扎实开展粮食购销领域腐败问题专项整治，取得阶段性成果。在做好自查自纠工作的同时，全省各级粮食部门加强研究论证、积极主动谋划，把改革完善体制机制作为根治的关键举措，推动解决粮食购销领域腐败问题取得持久性成效。“1+N”粮食安全长效机制正在陆续出台，全系统已新建和修订各类制度 349 项。郑州市组建市级储备粮管理公司，逐步实现政策性职能和经营性职能分离。开封市针对国有粮食企业党组织弱化问题，出台了强化企业党建工作指导意见，成立开封粮食集团，加快市直企业改革步伐。漯河市、商丘市通过自查自纠督促县区成立粮食执法大队，落实了监管职责、经费和编制。认真开展全省粮油库存检查、“亮剑 2021”专项执法行动和“除隐患、降风险、保安全”专项整治行动，全省共梳理问题清

单 2115 个，受理各类举报线索 88 起，给予行政处罚案件 15 例，罚款金额 101 万元，问责处理 21 人，为企业和售粮农民挽回损失 200 多万元。推进仓储规范化管理，全省库存粮油“一符四无”粮油率保持在 95% 以上。全方位进行宣传、加强教育培训、严格督导落实，行业安全生产形势持续向好。

六 深入推进全面从严治党，干事创业环境不断优化

坚持以习近平新时代中国特色社会主义思想为指导，认真落实全面从严治党主体责任，坚持高质量开展党建工作，推进各级党组织标准化、规范化建设，凝聚人心、引领发展能力不断增强。抓实党建述职、抓住骨干队伍、抓牢督查问责，推动管党治党责任向基层延伸。认真抓好省委第九轮巡视反馈意见整改，重大政策跟踪落实、粮食质量专项资金等 6 项专项审计反馈问题整改，圆满完成各项整改任务。对两家局属单位开展巡察，推进全面从严治党向纵深发展。牢牢把住意识形态主动权，坚持每季度开展意识形态风险研判和党员干部思想动态分析，重点加强局属院校意识形态形势研判和思想政治工作指导。工贸学院强化思政育人，城市轨道交通运营管理 102 团支部获评全国高校“活力团支部”；经济贸易技师学院持续深化学生德育系统工程，被团中央授予“全国五四红旗团委”称号；经济管理学校推进思政课程建设，课程成功入选河南省首批职业教育思政示范课程。扎实开展党史学习教育，紧扣学史明理、学史增信、学史崇德、学史力行，深刻领会党的百年奋斗重大成就和历史经验，用党的创新理论武装头脑，汲取智慧力量，强化使命担当。积极开展“我为群众办实事”实践活动，加强对粮食收购、保供稳市、产业发展、民生保障等问题的深度研判，精准聚焦、对症下药，带头落实民生实事，拿出实招硬招解决重点问题。切实维护了种粮农民利益，增强了基层粮食企业活力，提高了企业职工收益，营造了全社会关注粮食储备安全的氛围。

河南省粮食和物资储备局领导班子成员

黄道功　党组书记、局长（2021 年 10 月任职）
张宇松　党组书记、局长（2021 年 9 月调离）
刘大贵　一级巡视员
刘　云　副局长
赵连辉　局党组成员、副局长

（撰稿单位：河南省粮食和物资储备局；撰稿人：滕庆磊；审稿人：李刚）

2021 年 12 月，河南省粮食和物资储备局党组书记、局长黄道功（前排右一）深入基层粮库调研国有粮食企业改革工作。

2021 年 4 月 30 日，河南省粮食和物资储备局与华为技术有限公司签订战略合作协议，开启信息化新篇章。

2021 年 11 月 13 日，河南省粮食和物资储备局参加河南省人民政府新闻办公室举办的《河南省储备粮管理办法》新闻发布会，该《办法》是河南省首部综合性粮食储备管理政府规章。

湖北省

基本情况

2021 年，湖北省完成生产总值 50012.94 亿元，比上年增长 12.9%。全省农林牧渔业增加值 4923.06 亿元，增长 11.3%。全省农村居民人均可支配收入 18259 元，增长 12.0%。全省粮食总产量 2764.33 万吨，增长 1.4%，连续 9 年稳定在 2500 万吨以上；播种面积 4685.98 千公顷，增长 0.9%。油料产量 354.14 万吨，增长 2.8%，其中油菜籽产量 251.78 万吨，增长 4.4%。全省纳入统计的各类粮食经营主体收购粮食 1256.2 万吨，同比减少 37.7 万吨。销售粮食 2963.8 万吨，同比增加 377.5 万吨。全省各类粮油经营企业收购食用油及折料油 15.23 万吨，同比增加 3.56 万吨。收购油菜籽 31.5 万吨，同比增加 3.2 万吨。

2021 年工作

一 粮食安全责任进一步压实

认真履行粮安办职责，精心组织 2020 年度粮食安全责任制考核，武汉、荆门、潜江等 13 个市州评为优秀等次。提请召开粮食安全领导小组会议，省长出席会议并讲话。及时通报市州考核情况，反馈问题并督促抓好整改。调整完善 2021 年度考核指标，推动粮食安全党政同责落实。成功承办 2021 年世界粮食日和全国粮食安全宣传周主会场活动，湖北省人民政府省长王忠林出席启动仪式。

二 储备体制机制进一步优化

全面贯彻落实中办 48 号、省两办 22 号文件精神，大力宣传贯彻新修订的《粮食流通管理条例》，建立健全地方储备粮轮换管理、仓储管理、质量管理、政策性职能与经营性职能分开等制度。优化地方储备规模结构，探索建立企业社会责任储备。常态化开展“两个安全”隐患排查，启动实施国有粮库能力提升三年行动，及时整改地方储备粮审计发现问题，安全意识和规范管理得到强化。

三 收储供应能力进一步提升

综合运用托市兜底、储备轮换、市场化收购等措施，守牢农民“种粮卖得出”底线，全年收购粮食 1255 万吨。落实深化“放管服”改革要求，备案粮食收购企业 1700 多家。积极稳妥推进收购贷款信用保证基金扩面，24 个县市完成基金组建，枝江模式取得较好成效。加强市场监测预警，推动“放心粮油”网点融入应急保供体系，统筹抓好保供稳价工作。全国粮食应急保障体系建设现场经验交流会在武汉召开，4 家单位入选首批国家级粮食应急保障企业。

四 粮食流通监管进一步加强

统筹推进中央纪委国家监委国有粮库调查摸排反馈问题整改，117 个具体问题和 818 个举一反三问题全部整改销号，托市政策执行情况专题调研得到中央纪委国家监委肯定。全力配合开展涉粮专项整治，认真组织问题排查治理，召开动员会、培训会、推进会，制定自查指引，定期调度督导，部门企业自查发现问题 1027 个、整改率 94%；坚持“边查边改边治”，推动建立健全制度 161 项，形成重视整改、加强监管的合力。开展粮食流通管理能力建设和粮库信息化应用专题调研，探索建立长效机制，在中央纪委国家监委专项整治推进会议上作长效机制建设的典型发言。加强政策性粮食销售出库监管，认真开展政策性粮油库存检查。落实超标粮食收储管控措施，守住超标粮食不流入口粮市场的底线。组织开展“亮剑 2021”专项执法行动，办结行政处罚案件 23 起。受理并查处“12325”粮食监管热线举报 15 件。

五 基础设施建设进一步提速

制定粮食流通发展“十四五”规划，安排 11 个方面的重点任务和一批重点项目。持续抓好粮食应急储备保障中心建设，谋划支持 24 个项目建设，宜昌、十堰、随州 2020 年度的 29 个项目基本建成。建设改造准低温（低温）仓容 64 万吨，争取中央预算内资金 1.29 亿元支持粮食物流仓储项目建设。启动实施粮库信息化省级平台“一整两通”项目，定期通报信息系统应用情况，推动应用落地和数据归集。

六 产业发展动能进一步转换

深入推进优质粮食工程，强化通报、约谈、督办，加快项目实施进度，年底全省项目完工率达 97.9%、资金拨付率达 91.5%。积极争取省级财政支持，围绕绿色仓储、品种品质品牌、质量追溯、粮机装备、应急保障能力、节粮减损健康消费等“六大提升行动”，推动实施新一轮优质粮食工程。全面启动菜籽油和优质稻米产业链建设，集中资金支持培育龙头企业。完善省域公用品牌“荆楚粮油 +”

运行机制，带动16家企业35个产品品牌。培育“荆楚好粮油”产品108个，其中21个入选“中国好粮油”，总数达38个，位居全国第三。圆满完成“最美天使”感恩回馈活动，成功举办第22届“荆楚大地”好粮油展交会。探索粮食科技揭榜制，首批支持9个科技对接项目。组织企业参与提振消费行动，支持“荆楚粮油”进商超。

七 全面从严治党进一步深化

全面加强党对粮食工作的领导，不断提高政治站位，增强“四个意识”，坚定“四个自信”，做到“两个维护”，引导干部职工自觉把粮食工作置于“国之大者”和“省之要事”中谋划部署并狠抓落实。扎实开展党史学习教育、庆祝建党100周年系列活动，上下联动抓好省市县巡视巡察反馈问题整改，深入开展“四联四办”等“我为群众办实事”实践活动，粮食人的初心、使命不断强化。持续实施干部能力素质提升计划，加强粮食行业人才选拔培养。深入推进党风廉政建设和反腐败工作，强化监督执纪问责，大力整治形式主义官僚主义，粮食系统党风、行风更加清朗。

湖北省粮食局领导班子成员

胡新明　党组书记、局长
熊贵斌　党组成员、副局长
刘海涛　党组成员、副局长
唐学军　党组成员、副局长
李　硕　党组成员、副局长

（撰稿单位：湖北省粮食局；撰稿人：岳忠军；审稿人：胡新明）

2021 年 10 月 16 日，世界粮食日和全国粮食安全宣传周主会场活动在武汉轻工大学举行，湖北省委副书记、省长王忠林出席活动并致辞。

2021 年 9 月 14 日，湖北省粮食局组织召开全省菜籽油产业链发展专家座谈会。中国工程院院士傅廷栋（主席台左四）、李培武（主席台右三），中国农业科学院油料作物研究所等单位的专家教授，全省 50 多家粮油加工龙头企业负责人应邀参会。省粮食局党组书记、局长胡新明（主席台右四）出席会议并讲话。

2021 年 11 月 27 日，湖北省粮食局主办的 2021 第二十二届荆楚大地好粮油展示交易会在武汉国际博览中心举行，期间举办“荆楚好粮油”产品授牌仪式。

湖南省

基本情况

2021年，湖南省粮食种植面积4758.4千公顷，比上年增加3.6千公顷，增长0.1%。全年粮食产量3074.4万吨，比上年增加59.2万吨，增产2.0%。其中，夏粮产量45.2万吨，增加2.0万吨，增产4.7%；早稻产量743.8万吨，增加25.1万吨，增产3.5%；秋粮产量2285.4万吨，增加32.1万吨，增产1.4%。全省粮油加工业预计实现总产值1670亿元，增长5%。食用植物油、稻米、米粉、旱杂粮四个产业联盟全年粮油加工业总产值分别同比增长16%、7.9%、11%、11%。全省“优质粮油工程”示范县、省级示范企业粮油优质品率达到66%，优质粮油产品市场占有率突破45%。粮食市场化收购量占总收购量93%。

2021年工作

一 强化改革驱动，储备管理更加规范

粮食储备管理体制机制改革取得阶段性成效。开展储备粮规范管理提升行动，省政府修订《湖南省地方储备粮管理办法》。研究出台《湖南省地方储备粮管理年度考核办法》《湖南省企业社会责任储备实物管理办法》《湖南省地方储备粮管理政策性职能与经营性职能分开指导意见》，修订《湖南省省级储备粮轮换管理办法》等，编发《地方粮食储备规范化管理简明教程》《粮食收储管理法规政策制度选编》，建立储备粮管理考核等机制，推进企业社会责任储备试点，优化省储粮区域布局和品种结构，粮食储备安全管理水平不断提升。召开全省物资和能源储备体系建设暨业务培训现场会。着眼补齐当前缺乏的储备品种，深入调研论证并研究提出相关物资建储具体方案。会同省应急厅联合印发《关于加强应急物资保障体系建设的意见》。

二　强化党政同责，粮食安全考核更加严格

印发年度粮食安全责任制考核工作指导意见、工作要点及责任分工、考核细则等文件，精准落细省级13个成员单位和各市州粮食安全政治责任。完善考核模式，强化日常调度，12次召开粮食安全考核有关会议，3次组织开展赴基层调研督导，分市州下达通报及问题清单，年底组织实地核查，开设局官网“落实粮食安全责任制人民群众信箱”接受社会监督，有力推动各地党委政府主体责任落实。益阳、衡阳、怀化、岳阳、常德、邵阳、永州等7市获评“省考”优秀等次；省政府对益阳、衡阳、怀化、岳阳等4市，沅江市、湘潭县、安仁县、鼎城区、双峰县、洞口县、临湘市、衡南县、凤凰县、冷水滩区等10县市区给予落实粮食安全省长责任制真抓实干督查激励表彰。

三　强化安全发展，粮储保障更加稳定

聚焦“防疫保供”重点，建立与疫情防控常态化相适应的粮油保障模式，发挥省市县三级粮食应急保障体系作用，精准安排政策性粮食销售，灵活投放5批次23.3万吨粮食，有效引导市场预期，全年粮油市场价稳量足。张家界、株洲、湘潭等重点地区及时启动粮油保供日报告制度，加强监测预警、协同联动和快速响应，粮油市场未出现断档脱销。长沙市完善探索建立成品储备，全市成品粮储备数量到位、管理规范。全年高效调运10批次共6.5万件中央及省级救灾物资、省级防汛抗旱物资，保障抢险救灾、送温暖慰问等急需；完成3批次7.5万件省级救灾物资、976万元省级防汛抗旱物资收储入库及2批次省级储备糖轮换补库。以安全生产专项整治三年行动等为抓手，印发安全生产文件12个，排查整改风险隐患206处，全省粮储行业开展各类安全宣传咨询活动136场、辅导课168场次，组织灾害应急救援、避险逃生、自救互救演练培训143场，安全生产形势保持总体稳定。聚焦备战打赢，军供体系完善保障有力。高效完成跨区演练等数十次应急保障任务。

四　强化协同发展，粮食流通更加顺畅

以打造“优质粮油工程”升级版为抓手，推动“产购储运加销”协同发展。坚持先检后收、优粮优价、应收尽收，统筹市场化收购和政策性收购，支持省内优势骨干企业入市收购引领市场，常德3县启动中晚稻最低收购价执行预案，全省116个县市设置170个中晚稻临储收购网点及时开展临储收购，全年收购粮食620万吨，没有发生农民“卖粮难”。会同六部门联合建立省级粮食质量安全管理联席会议，推进粮食质量安全管理共商共建共管，印发《湖南省稻谷收购和销售出库质量安全检验重点必检项目》等文件，组织全省粮食质监机构技术培训与比对考核，从严规范在库保管和销售出库操作流程，落实销售出库质量检测及检测报告随行制度，实行不合格粮食召回制度，粮食质量安全管理得到进一步加强。创新“品牌引领、订单引导”产业发展模式，指导发布25个水稻主推品种和十大油菜主推种植品种，指导企业与农民结成利益共同体，开展订单收购，推进优势品种适度规模化种植。开展湖南粮油品牌振兴行动，持续打造“洞庭香米”“湖南菜籽油”“湖湘杂粮”“湖南米粉”等

省级公用品牌，支持 11 个区域公用品牌发展。12 款粮油产品入选“中国好粮油”，数量排名全国第六。37 家企业荣获全国放心粮油示范工程第十批示范企业，数量排名全国第四。12 家企业荣登全国粮油“50 强”“10 强”榜单，数量排名全国第四。坚持“湖南好粮油”团体标准引领，推动粮油产业高质量发展，39 家企业的 46 款产品入选“湖南好粮油”产品。

五　强化宣传引导，三湘粮安更入人心

组织粮食安全宣传报道，协调湖南日报、湖南卫视、湖南经视等主流媒体发布新闻 200 余条，红网刊发原创稿件 83 篇、制作专题 8 个，红网粮食频道和时刻新闻客户端、省粮食和物资储备局政务网及“湖南粮食”微信公众号发布信息超 5000 条。举办第 41 个世界粮食日暨全省粮食安全宣传周活动。开展第四届“湖南好粮油行动”学生手机摄影大赛。各地积极利用融媒体平台发声引导，营造了浓厚舆论氛围。出台《湖南省粮食安全宣传教育基地管理办法》，确定第三批全省粮食安全宣传教育基地 16 家，湖南杂交水稻研究中心、省粮油产品质量监测中心成功入选全国第三批粮食安全宣传教育基地。配合湖南卫视推出国庆特别节目《稻花香里说丰年》，集中展现湖南好粮油丰硕成果。全省开展节粮减损、科技兴粮、食品安全等宣传活动 500 多场次，爱粮节粮系列主题宣教活动受众 60 万人以上。

六　强化依法管粮，法治粮食更加有力

持续巩固“严”的氛围，强化“惩”的震慑，印发《粮食行政执法文书》《关于加强全省粮食和物资储备执法督查工作的实施意见》《进一步强化地方政策性粮食执法督查有关工作的通知》《关于建立国家政策性粮食日常管理和依法监管沟通协调机制的通知》等文件，部署开展全省政策性粮油库存检查等行动。开展全省粮食流通“亮剑 2021”专项执法行动，全省共出动检查 12301 人次，开展执法检查 3616 次，检查企业 4821 个次。及时对“12325 全国粮食流通监管热线”转办和本级接收的违法违规问题线索开展核查处置，受理投诉举报线索 31 起，查处案件 41 起。扎实开展粮食购销领域腐败问题专项整治，先后印发 4 个通知、2 个工作方案、1 个工作指引，一周一汇总、半月一调度，全省系统开展调研督导 711 批次。制定《宣传贯彻〈粮食流通管理条例〉实施方案》《加强全省粮储机关法治建设的指导意见》，举办全省系统《条例》贯彻实施培训班和粮食储备安全管理培训班，编发《2021 年湖南省粮食和物资储备局普法读本》。针对《条例》条文变化，出台 9 项配套制度，及时报审局本级权力事项调整。

七　强化政治建设，全力打造粮储湘军

始终把政治建设摆在首要位置，树牢“四个意识”、坚定“四个自信”、做到“两个维护”，确保党中央、国务院和省委、省政府重大决策部署落地生根。聚焦“忠诚、干净、担当”，将开展党史学习教育与打造粮储湘军活动深度融合，研究提出“政治生态好、用人导向正、干部作风实、工作环境

优”的政治建设目标，坚持以“政治过硬、爱粮爱储、创新担当、争创一流”为内涵，动员全省系统深入开展向袁隆平同志学习活动，争做国家粮食安全的坚定守护者，广泛开展粮储湘军“每周一星”优秀典型专题宣传和首届年度十佳“最美粮储湘军”评选活动，引发社会广泛关注，用粮储湘军“辛苦指数”换取三湘粮仓“安全指数”逐渐成为共识。

湖南省粮食和物资储备局领导班子成员

陈冬贵　党组书记、局长
周　辉　党组成员、副局长（2022 年 6 月退休）
刘初荣　党组成员、副局长
覃世民　党组成员、副局长
熊小兰　一级巡视员

（撰稿单位：湖南省粮食和物资储备局；撰稿人：任乐农；审稿人：兰录平）

2021 年 12 月 2 日，湖南省委副书记、省长毛伟明（前排中）在省粮食和物资储备局调研粮食安全工作。

2021 年 9 月 10 日，“湖南好韵味，一碗天下香”——湖南好粮油专场推介会暨湖南省米粉产业联盟成立仪式在长沙国际会展中心举办。

2021 年 10 月 14 日，湖南省暨怀化市 2021 年世界粮食日和粮食安全宣传周启动仪式在怀化职业技术学院举行。

广东省

基本情况

广东是全国第一常住人口大省、最大粮食销区。2021 年，广东粮食作物播种面积 2213.03 千公顷，比上年增长 0.4%；粮食产量 1279.87 万吨，比上年增长 1%；全省粮食消费量 5000 多万吨。全年居民粮食消费价格保持基本稳定，粮食消费价格指数比上年上涨 1.4%。

2021 年工作

一　粮食和物资储备体系建设稳步推进

抓实抓细粮食安全责任考核，推动落实粮食安全各级政府责任制和粮食安全党政同责。经国务院审定，2020 年度粮食安全省长责任制考核继续取得好成绩。以配合专项整治和接受专项巡视巡察为契机，研究健全根治粮食购销领域腐败问题长效机制。建立粮食安全保障工作部门间联席会议制度。印发实施省重点专项规划《广东省粮食安全和应急物资保障“十四五”规划》，出台省级部门规划《广东省粮食流通和物资储备设施建设“十四五”规划》。修订《广东省粮食安全保障条例》《广东省省级储备粮管理办法》《广东省粮食应急预案》《广东省省级储备冻猪肉管理办法》《广东省省级化肥淡季商业储备管理办法》等，贯彻落实新修订《粮食流通管理条例》，制定粮食收购企业备案的管理办法，修订粮食经营者最低和最高库存量标准等配套制度。

二　粮食收储调控能力持续增强

优化储备粮品种结构和布局，提高优质粮油及成品粮储备比例，地方储备粮可满足全省常住人口半年以上消费需求，成品粮储备可满足全省常住人口 1 个月以上消费需求。各地自主增加粮食储备规模超 150 万吨，其中广州新增 52 万吨、深圳新增 39 万吨。有序开展规模以上粮食加工企业社会责任储备试点。落实省级储备粮（黑龙江）异地储备规模 35 万吨，深圳、汕头、湛江市分别在双鸭山、鹤岗、绥化市落实异地储备任务超 16 万吨。规范粮食收购管理，落实备案制，指导各市抓好早稻、晚稻收购工作。

三　物资储备体系和应急能力不断强化

修订印发《广东省粮食应急预案》，完善央地保障协同机制。优化粮食应急网络布局，提升保乡镇街道全覆盖质量。增设阳江、茂名等地港口作为省级市场监测点，调整 8 个市场价格监测点，提升监测数据质量。谋划粤港澳大湾区粮食应急保障中心建设。省级和大部分地市冻猪肉储备任务已经落实，全省冻猪肉储备量较年初增加 10%、较 2019 年大幅增长。落实化肥淡季商业储备任务 10 万吨。完成省级救灾物资储备 11 个品类 5.8 万件采购任务。依托中央直达资金建立省和部分地市防疫物资实物储备。调拨省级救灾物资 14 种 4.7 万余件支援广州、梅州、韶关等地。在防控物资保障组框架下持续做好应急医疗物资保障工作。积极配合相关部门开展应急载体建设，中国—太平洋岛国应急物资储备库在我省启用。成立保供稳市工作专班，圆满完成重大节日、疫情期间粮油和重要生活物资保供稳市任务。

四　优质粮食工程和储备基础设施建设加快推进

全面完成 64 个优质粮食工程建设项目，共完成投资 3.79 亿元，投资完成率 102.5%，有效促进农民增收、企业增效、粮食产业提质升级。强化设施建设，修订印发《广东省粮食仓库建设指引》，加强项目管理。广州市安排资金 2.2 亿元专项支持粮食基础设施建设，江门市粮食直属库金岭粮库扩建项目启动，汕头潮南、潮阳，潮州湘桥、潮安，揭阳惠来，河源紫金，清远清城等 7 个县区仓储设施项目开工；广东省暨广州市应急物资保障基地项目成功立项，计划投资 2.73 亿元，粤东物资储备中心建设项目土建基本完成，佛山市物资储备综合基地项目开工，江门市应急救灾物资库建设方案获批，各地设施建设工作取得积极进展。粮食行业信息化建设步伐加快，智能化升级改造覆盖仓容超 1600 万吨。

五　安全仓储和安全生产管理水平显著提升

强化仓储管理，积极开展 2021 年度“等级粮库”评定工作。出台《广东省绿色储粮技术指南》，开展绿色储粮技术改造，提升储粮品质。印发《广东省政府储备大米堆码作业技术指引》，进一步规范仓储作业行为。狠抓安全生产，深入推进安全生产和安全仓储专项整治三年行动，部署开展粮食和物资储备领域安全生产大排查大整治行动，确保所有隐患全部整改到位。组织开展“安全生产月”系列活动，多种方式、多种渠道宣传安全生产理念，进一步强化从业人员安全意识。

六 监管工作力度不断加强

高标准开展全省政策性粮油库存检查，将地方储备粮检查数量从国家规定不低于库存总量20%提高到30%，油脂检查数量从40%提高到100%。抽调业务骨干265人，组建25个检查组，圆满完成省市联合交叉检查。检查结果显示，全省政策性粮油账实基本相符，质量总体良好，储存较为安全。组织开展全省“亮剑2021”专项执法行动，对粮食流通、政策性粮食购销等开展专项执法检查。始终保持粮食质量安全监管高压态势，委托第三方机构抽检粮油样品4023份，检查比例为地方储备规模的37.8%。

广东省粮食和物资储备局领导班子成员

肖晓光　党组书记、局长
林善为　党组成员、副局长
邢卫华　党组成员、副局长
邓伟珍　党组成员、副局长（2021年4月任职）
邵信辉　二级巡视员（2021年4月任职）
吴津伟　二级巡视员（2022年3月任职）

（撰稿单位：广东省粮食和物资储备局；撰稿人：张诣恒；审稿人：肖晓光）

2021年11月30日，广东省粮食和物资储备局举办《广东省粮食安全和应急物资保障“十四五”规划》实施部署工作视频会议。

2021 年 12 月 3 日，中国—太平洋岛国应急物资储备库启用仪式在广东省粮食和物资储备保障中心仓库举行。

2021 年，广东省积极打造现代化码头粮库群，地方储备粮总规模可满足全省常住人口半年以上消费需求。

广西壮族自治区

基本情况

2021年，广西壮族自治区生产总值（GDP）24740.86亿元，比上年增长7.5%。粮食种植面积2822.9千公顷，比上年增加16.9千公顷，增长0.6%。油料种植面积267.05千公顷，增加4.85千公顷。全年粮食总产量1386.5万吨，比上年增加16.5万吨，增长1.2%。其中，春收粮食产量26.6万吨，增长2.4%；早稻产量480.0万吨，增长0.7%；秋粮产量879.9万吨，增长1.5%。谷物产量1306.7万吨，增长1.2%。其中，稻谷产量1017.9万吨，增长0.4%；玉米产量285.2万吨，增长4.3%。全年油料产量75.86万吨，比上年增长2.7%。猪肉产量245.24万吨，增长40.9%；生猪出栏3113.89万头，比上年增长36.5%。年末生猪存栏2128.19万头，比上年末增长16.4%。

2021年工作

一 认真落实粮食安全党政同责要求，持续推进粮食安全基础不断稳固

认真履行自治区粮安考核办职责，推动自治区层面落实粮食安全党政同责要求，粮食安全责任列入自治区党委常委年度工作要点、写入2021年自治区《政府工作报告》，纳入各市县党政领导干部年度实绩考核；开展粮食安全责任制考核工作，按时完成2020年度粮食安全省长责任制考核，完成自治区对设区市落实2020年度粮食安全行政首长责任制考核。2021年全区粮食播种面积及产量均超额完成国家下达的任务，粮食安全基础进一步稳固。

二 落实落细保供稳市政治任务，粮食和储备物资调控保障有力有序

抓好政策性粮食收购，在全区55个粮食生产县继续实施稻谷收购补贴政策，向中国农业发展银行筹集粮食收购贷款23.45亿元、地方粮食储备和轮换贷款25.63亿元，有力推动收购工作，保护种粮农民利益，保证储备粮源。全年全区稻谷补贴收购粮食73.27吨，完成计划目标的90%。其中11

个设区市完成率超 91.6%、15 个县（市、区）完成率 100%，没有出现“卖粮难”。加强粮食产购储加销协同联动，落实地方粮食储备规模，增强粮食宏观调控基础。全区入统企业粮食总购进 2372 万吨，同比增长 3.2%，转化用粮 1158.32 万吨，同比增长 11.5%；全区各级储备粮轮入 190.42 万吨，轮出 199.53 万吨。新增食用植物油地方储备规模 2 万吨，新增与湖南、内蒙古两个粮食主产省（区）签订产销合作。全区生猪活体储备 33.2 万头、冻猪肉储备 9100 吨，储备任务超额完成；应急物资采购入库任务圆满完成，中央和自治区战略物资和应急救灾物资储备储存安全，调运任务高效完成。自治区救灾物资储备中心被自治区政法委、应急厅表彰为“广西应对突发事件突出贡献先进集体”。

三　全力配合开展专项整治和专项巡视，“两个专项”取得阶段性成效

紧紧围绕配合自治区党委涉粮问题专项巡视和开展粮食购销领域腐败问题专项整治，多次召开党组会议、局长办公会议、专题会议传达学习有关精神和研究部署推动工作落实，积极配合开展粮食购销领域腐败问题专项整治，对全区各级粮食主管部门全覆盖督导，对国有粮食企业“拉网式”全面清查。全力配合涉粮问题专项巡视巡察，做到即知即改、立行立改，自治区本级出台 5 项、市县粮食主管部门出台 29 项完善监管的措施办法。认真贯彻执行《粮食流通管理条例》，制定出台自治区本级储备粮轮换管理办法、应急救援救灾物资储备管理暂行办法；《广西壮族自治区粮食安全保障办法》纳入自治区人民政府年度立法计划预备项目。与广西垂管局建立完善执法监管、质量监管等七个方面协作机制。配合完成 2021 年政策性粮油库存检查国家有关部门联合抽查工作。加强粮食质量安全监管，完成粮油样品抽样检验 21191 份。获评 2020 年度全国粮食质量安全工作优秀单位，柳永英、陆小坚 2 名同志被评为 2020 年度全国粮食质量安全工作优秀个人。

四　大力推进粮食和储备行业基础设施建设，重点项目建设有新进展

全区新建或改造一批低温准低温仓，仓容 7.85 万吨。广西（中国—东盟）粮食物流园区等项目，完成投资 7.6 亿元。南宁项目竣工投入使用，其余项目工程形象进度已达 80%。广西工商职业技术学院武鸣新校区建设项目列入自治区层面统筹推进重大项目，完成投资 3.5 亿元；广西工商技师学院实训大楼竣工，新校区建设项目有序推进。深入推进国有企业改革三年行动，推动直属 5 家企业完成“三供一业”改造工程，310 名退休人员移交社会管理。自治区粮食和物资储备局机关大院、军粮供应公司、桂林粮库公司 3 个危旧房改住房改造项目建设稳步推进。

五　着力打造“广西香米”区域公用品牌，推动粮食产业发展有新进步

入统企业粮油加工业总产值突破一千亿元，达到 1284.69 亿元，同比增幅 38.3%，实现利润 45.55 亿元，同比增幅 39.5%。“广西香米”产业发展取得新成绩，《广西好粮油 广西香米》团体标准入选 2021 年国家粮食领域团体标准培优计划名单；“广西香米”图形商标完成注册，“广西香米”展示中心、旗舰店建成挂网；品牌形象宣传片在央视央广持续播报；相关粮油产品入驻 1200 多家中石化广西加油

站易捷便利店销售；“广西香米”8个产品入选“中国好粮油”产品，实现零突破。

六 始终坚持以党的建设统领各项工作，行业凝聚力和影响力不断提升

坚持把学习贯彻习近平新时代中国特色社会主义思想摆在首位，以党史学习教育为主线，抓住“关键少数”带头学引领学，紧贴“大多数”现场宣讲学、红色基地打卡学、竞赛演讲竞相学，一批群众“急难愁盼”问题得到解决，广大党员干部深刻领悟“两个确立”的决定性意义，进一步增强“四个意识”、坚定“四个自信”、做到“两个维护”，党组织政治功能得到强化。党史学习教育做法得到自治区党委第四巡回指导组肯定，在全区19个区直机关单位抓党建工作考核中位列第五。强化干部职工能力提升，全年开展各类培训22期，累计培训2700余人。继续巩固拓展脱贫攻坚成果与乡村振兴衔接，投入2400万元支持梧州、百色、来宾、崇左4个设区市、26个县（市、区）新建和改造升级一批粮仓；筹集并落实近400万元资金扶持4个定点帮扶村5个项目建设，选送5名优秀青年干部驻村帮扶。粮食安全宣传工作纳入2021年度自治区党委宣传思想工作要点、自治区重点工作新闻发布会计划和自治区媒体报道重点内容；组织开展“粮安记者万里行”主题采访活动，各大媒体平台相继播报展示自治区粮食和物资储备工作成果；广西落实粮食安全省长责任制新闻发布会如期举行，人民日报、光明日报、广西日报等22家中央和自治区主流媒体采用稿件48篇。2021年世界粮食日和全国粮食安全宣传周广西主会场活动成功举办，粮食公益短信首次全覆盖推送全区用户。自治区粮食和物资储备局党组中心组《深入推进优质粮食工程——确保广西壮族自治区口粮绝对安全的对策思考》获评区直机关“百优”优秀理论调研文章。被中央和自治区级各类新闻媒体刊登或转载稿件165篇，获评“政务信息先进单位”。

广西壮族自治区粮食和物资储备局领导班子成员

吴宇雄　自治区发展和改革委员会党组成员，自治区粮食和物资储备局党组书记、局长
秦全贵　副局长、一级巡视员
韦尚英　党组成员、副局长
李国平　党组成员、副局长
朱其俊　党组成员、总工程师
林愈溪　一级巡视员
邱　东　一级巡视员（2021年9月退休）

（撰稿单位：广西壮族自治区粮食和物资储备局；撰稿人：韦思华；审稿人：吴宇雄）

2021 年 2 月 8 日，广西壮族自治区主席蓝天立（前排中）在南宁检查春节粮油安全生产和市场供应保障等工作，自治区发展和改革委员会党组成员，自治区粮食和物资储备局党组书记、局长吴宇雄（右一）一同调研。

2021 年 10 月 15 日，世界粮食日和全国粮食安全宣传周广西主会场活动暨“粮安记者万里行”主题采访活动在广西柳州举行，广西壮族自治区发展和改革委员会党组成员，自治区粮食和物资储备局党组书记、局长吴宇雄（右三）出席开幕仪式并致辞。

2021 年 9 月 22 日，广西壮族自治区粮食和物资储备局在广西南宁邕州书院开展“玫瑰书香”女职工阅读活动。

海南省

基本情况

2021 年，海南省粮食种植面积 27.1 万公顷，粮食总产量 146 万吨。粮食总消费 468 万吨，其中，城乡居民口粮消费 190 万吨，食品及工业用粮 10 万吨，饲料用粮 267.6 万吨，种子用粮 0.4 万吨。居民消费口粮的中高档籼粳米、小麦粉和饲料用粮玉米基本依靠省外市场供给，全年省外购进和进口粮食 322.5 万吨。

2021 年工作

一 党建工作

一是扎实开展党史学习教育。认真学习贯彻习近平总书记在党史学习教育动员大会上的讲话、“七一”重要讲话和十九届六中全会精神，积极开展“不需提醒的自觉比学赶超”和“我为群众办实事”活动。

二是坚决落实全面从严治党两个责任。认真贯彻中央、省委全面从严治党决策部署，落细落实全面从严治党各项责任。

三是在知行合一中抓好意识形态工作。深入学习贯彻习近平总书记关于意识形态工作的重要论述，严格落实意识形态工作责任制，加强宣传教育管理，定期分析研判意识形态形势。

二 顶层制度设计

一是科学编制“十四五”规划。《海南省粮食和物资储备“十四五”发展规划》已经印发实施。

二是积极推动立法修规。提请将《海南省粮食安全保障条例》列入 2022 年立法计划项目。

三是建立完善各项规章制度。制定或修订《海南省粮食收购企业备案管理办法》等 10 多个管理新制度。

三 体制机制改革

一是推进粮食储备体制机制改革。出台加强粮食储备体制机制改革的实施意见，成立推进改革领导小组，推动改革事项落地见效。

二是推进省级储备肉管理体制机制改革，完善储备品种调整和轮换机制。

三是推进政策性职能和经营性职能分开的改革。制定印发职能分开改革实施方案，完善地方储备粮运营管理制度，强化行政监管，压实承储企业主体责任。

四是完成粮食收购许可管理改为备案管理，实现“后台办”“零跑动”。

四 粮食安全省长责任制考核

一是压实考核责任。将考核纳入市县高质量发展综合考核评价，压紧压实保障粮食安全政治责任。

二是提升考核实效。创新自查自评督办、清单制管理、难点工作挂牌督办、层层审核等各项制度，落实会商会办、月评、季通报制度和督查督办制度，上下左右联通、相互配合抓好省级自评、部门评审抽查和市县自评等工作，确保粮食安全责任落到实处。

三是跟踪抓好整改。印发《2020 年度粮食安全市县长责任制考核情况的通报》《2020 年度粮食安全市县长责任制考核发现问题清单》，对存在问题提出整改措施，跟踪督促抓好落实，以考促改，补短板，强弱项，充分发挥考核“指挥棒”作用，推动粮食安全工作取得实效。

五 粮食应急保供

一是全力服务疫情防控大局。认真贯彻落实省委省政府疫情防控决策部署和“六保”中的“保粮食安全”任务，成立应急工作专班，进一步完善和落实粮油储备、加工、运输、销售、监管“五联防”机制和“七防备”措施。常年保持地方储备粮库存 70% 以上，充分发挥 74 家应急加工企业和 288 家供应网点的作用，稳住粮油市场供应、稳住价格、稳住群众心理预期。

二是落实社会责任储备。全省共建立大米 3052 吨、面粉 2015 吨、食用植物油 6012 吨的社会责任储备，进一步增强应急保供能力。

三是加强粮油市场监测。完善 6 个国家级网上直报点、35 个省级粮情监测网点建设，加强对重点城市、重大节假日和台风汛期、特别是疫情期间粮油、猪肉市场价格的监测，及时报告和发布粮情信息。

四是搞活粮食流通。强化省际间产销合作，搞活粮食流通，省外调入粮食约 322.5 万吨，有效确保粮食供给。

五是夯实应急体系。修订完善应急预案，及时更新粮食应急数据，不断完善粮食应急体系，提升应急保供能力。

六 储备粮管理

一是做好省级储备粮轮换工作。完成地方储备轮换，充分发挥地方储备粮通过正常轮换调节粮食市场的作用，确保储备粮常储常新，质量良好。

二是优化省级储备粮品种结构和布局。根据海南自由贸易港建设的需要，建立并落实成品粮储备，并对地方储备粮品种结构进行调整，确保口粮不低于规模总数的 70%。

三是组织绩效评估。开展全省地方粮油储备企业 2020 年度储备粮油数量、质量、安全储粮和安全生产、轮换、基础工作、经营业绩等 6 个方面的情况进行绩效评估，推进管理规范化、制度化、标准化。

七 粮食流通监管

一是开展政策性粮油库存检查。从实物、质量、账实、账账、轮换、库贷挂钩、安全生产等方面进行全面检查。确保储备粮数量真实、质量良好、储存安全、轮换正常、库贷挂钩。

二是开展粮食收购专项监督检查。开展夏、秋两季粮食收购专项监督检查，落实粮食收购“五要五不准”要求，保障种粮农民利益、维护粮食收购良好秩序。

三是开展“亮剑 2021”专项执法行动。深入市县检查督促方案的落实，严肃查处涉粮案件，维护粮食流通秩序。

四是加强对粮食质量的监管。落实政策性粮食入库、出库质量检验制度，入库检验共检验样品 69 份，代表数量 278605 吨，出库检验共检验样品 42 份，代表数量 178816 吨。加强新收获粮食（稻谷）质量安全监测和质量调查工作，全省共监测样品 600 份，其中完成新收获粮食稻谷采集样品检测 450 份；完成新收获质量调查样品 140 份，实现全省 18 个市县全覆盖，以确保粮食质量安全。

五是开展粮食购销领域腐败问题专项整治。召开动员部署会，成立工作专班，制定工作方案，强化督查和调度，深化扎实开展专项整治自查自纠。同时，积极主动配合省纪委监委、省委巡视办抓好粮食购销领域腐败问题专项整治和专项巡视工作。

六是开展安全生产督查。认真落实全省粮食系统安全生产专项整治三年行动计划，对企业落实安全生产专项整治三年行动计划的情况进行专项监督检查，压实储备企业安全生产责任，促进储备企业落实好“一规定两守则”安全生产准则。

八 粮食产业经济发展

一是加快粮食流通基础设施建设。新增仓容 23.5 万吨，正在开工建设仓容 14.68 万吨，其中低温库 2.76 万吨，冷库 0.72 万吨。

二是推进优质粮食工程建设。已完成海口市、三亚市、儋州市、琼海市、琼中县 5 个市（县）级站的建设和 1 个省级站的设备采购；实施“中国好粮油海南行动计划”。投资金额约 1709.81 万元，完成优质粮食供给 2.39 万吨，优质稻谷订单农业成功推广面积 345.7 公顷，有效提升山兰米、富硒大米等品牌，海南符氏食品有限公司上榜全国放心粮油示范企业，“海南好粮油”示范企业海南恒达伟实业有限公司成为首批国家级粮食应急保障企业。

海南省粮食和物资储备局领导班子成员

陈　宙　省发展和改革委员会党组成员，省粮食和物资储备局党组书记、局长
邓玉妹　党组成员、副局长（2021 年 11 月任职）
符思法　党组成员、副局长
何兆智　党组成员、副局长（2021 年 2 月任职）
杨俊元　党组成员、副局长，二级巡视员（2021 年 11 月退休）
杨全光　二级巡视员（2021 年 11 月退休）

（撰稿单位：海南省粮食和物资储备局；撰稿人：于源；审稿人：黄泰平）

2021 年 4 月 1 日，海南省粮食和物资储备工作会议在海口召开，海南省发展和改革委员会党组成员，省粮食和物资储备局党组书记、局长陈宙（主席台中），党组成员、副局长符思法（主席台右），党组成员、副局长何兆智（主席台左）出席会议。

2021 年 4 月 20 日，海南省发展和改革委员会党组成员，省粮食和物资储备局党组书记、局长陈宙以“学党史 悟粮安 展未来”为题，为全局党员干部上党史学习教育专题党课。

2021 年 4 月 3 日，海南省粮食和物资储备局开展“红旗不倒”专题研学活动，组织党员干部前往海南省史志馆参观学习。

重庆市

基本情况

2021 年，重庆市粮食种植面积 2013.2 千公顷，较上年增长 0.5%。粮食总产量 1092.8 万吨，较上年增长 1.1%。其中：稻谷 493.1 万吨、小麦 6.2 万吨、玉米 254.6 万吨。油菜籽种植面积 261.5 千公顷，较上年增长 1.24%。油菜籽产量 52.5 万吨，较上年增长 2.2%；全市入统企业全年购进（不含进口）商品粮食（原粮，下同）713.9 万吨，同比增长 14.2%。全年销售商品粮食 402.2 万吨，同比增长 12.3%。全年购进（不含进口）商品食用植物油（油及料折油，下同）148.4 万吨，同比下降 17.6%。全年销售商品食用植物油 175.2 万吨（无出口），同比下降 0.1%；2021 年全市入统粮食产业经济单位 243 家，实现工业总产值 421.8 亿元，同比增加 95.5 亿元，增长 29.3%。食用植物油产量 87.8 万吨，同比增加 4.8 万吨，增长 5.8%。饲料产量 354.9 万吨，同比增加 62 万吨，增长 21.2%；全市粮食行业从业人员总数（含中储粮在渝机构）16606 人，同比增加 594 人，增长 3.7%。

2021 年工作

一 省长责任制考核

一是认真落实粮食安全省长责任制考核工作。按期完成 2020 年度粮食安全省长责任制考核省级自查评分、报告编写、评分依据编制、系统填报等工作。统筹推动 2016 年度以来考核发现问题整改督办，全部问题实现整改销号。

二是强化区县粮食安全行政首长责任制考核。严格落实粮食安全党政同责要求，统筹推进 2020 年度全市粮食安全行政首长责任制考核区县自评、实地考核和部门评审工作。制定 2021 年区县经济社会发展业绩考核细则，以及《2021 年粮食安全行政首长责任制考核工作方案（征求意见稿）》，一体压实市级部门和区县粮食安全责任。

三是推动开展中央和地方储备粮管理年度考核。积极配合国家粮食和物资储备局四川局完成 2020 年度中央储备粮棉管理和其他中央事权粮食政策执行情况年度考核与相关在地监管工作。积极完成食品安全评议、安全生产考核相关工作。积极推动建立地方粮食储备安全管理考核机制。

二 储备粮管理

一是推广科技储粮，提升储藏品质。在全市持续推广准低温储粮、氮气气调杀虫、仓顶光伏发电等新技术，促进地方粮食储备向“科技、绿色、生态”方向发展，储粮化学药剂使用大幅下降。全面推广横向通风“四合一”、屋顶隔热、谷壳压盖、门窗隔热、粮堆保冷、谷物冷却、空调控温等储粮新技术，有效提升储粮规范管理和科技储粮管理水平，大幅提升粮食储藏品质。积极组织开展绿色储粮标准化试点企业申报，经评审向国家推荐合川储备粮公司等 3 家企业申报全国绿色储粮标准化试点。

二是完善质检体系，提高服务能力。持续投入近 6000 万元财政资金，初步建立起以市粮油质检站为龙头，万州区、永川区粮油质检站为骨干，大型粮食企业质检室为节点的“1+2+30”粮食质量安全检验监测体系，实现粮食收储入库质检关口前移。

三是强化储备粮轮换监管，做到常储常新。通过召开秋粮收购工作会、形势分析会、现场调度会等形式，有效促进粮食收购市场化，切实保护种粮农民利益，同时稳定本地轮入粮源。积极向市交通局协调解决运粮船舶“三峡过闸”、向国家粮食和物资储备局粮食储备司协调东北运粮火车皮计划紧张等问题，确保市外粮源顺利入渝，起到守底线、稳预期、保安全的“第一道防线”作用。

四是持续推进储备粮管理体制建设。持续完善全市统筹、分级负责、协同保障的三级政府储备体系，强化粮食储备的集中管理与统筹协调，建立粮食储备体系分工协同机制，形成中央储备和地方储备相互配合，各级政府上下联动、分工明确、责任落实、密切配合、协同高效的管理模式，提升粮食储备效能。

五是加强制度建设，提升管理能力。制定出台《重庆市地方粮食储备管理办法》等行政规范性文件，印发《关于优化地方储备粮区域布局和品种结构的通知》等政策文件，形成了新时代全市强化粮食储备安全管理的政策体系。

三 粮食应急保供

一是粮食应急保供体系初步形成。建立粮食应急保障企业及网点 1709 家，其中：供应网点 1456 家，加工企业 79 家，储运企业 51 家，配送中心 66 家，应急保障中心 57 家，初步形成集应急储运、加工、配送、供应于一体的粮食应急保供体系。

二是加强粮油市场监测预警。制定印发《重庆市粮食市场监测预警工作方案》，成立粮食监测预警委员会。建立国家级价格监测点 11 个，市级价格监测点 68 个，形成上下联动的市场监测预警和分析研判机制。密切跟踪分析粮油市场形势，定期会商、研判市场行情，关注粮油供应市场舆情变化，确保全市粮油供应充足，市场秩序稳定。

三是强化粮食应急调度。修订《重庆市粮食应急预案》，持续开展粮食应急预案演练，强化全市粮食系统应急培训，不断提高实战化水平。制定《应对中心城区突发集聚性疫情粮食应急保供工作实施方案》，在监测预警基础上强化市场预判，做到风险早发现、早处置，及时启动应急调度，指导加工企业加大生产、储运企业保持合理库存、商超市场稳定货源，确保不断货、不空架，迅速稳定粮油供应市场。

四是加强应急保障企业管理。制定《重庆市粮食应急保障企业管理细则》，规范应急保障企业管理，增强应急保障能力；开展全市粮食应急保障企业调度，组织现场核查，做到企业信息准确、位置精确；开通市级粮食应急保障调度专用号码，建立市级、区县、乡镇（街道）、企业联系机制，做到平时、应急随时通讯调度；优化省级粮食信息管理平台的应急调度模块，将全市应急保障体系纳入其中，通过 GIS 地图进行实时应急调度。

五是加强信息化建设。基本建成重庆市粮食流通管理信息平台及粮库信息化项目。系统上接国家粮食和物资储备局，下连各区县粮食主管部门、粮食企业及基层粮库，横向对接市财政局、市农发行、市粮油行业协会、市粮油质检站等相关部门及单位，初步形成全市粮食流通现代化信息网络体系，实现了 43 个信息化实施粮库的数据、视频与“省级平台”“国家平台”互联互通，对于增强粮食安全保障能力、提升粮食储备治理能力具有十分关键的支撑作用。

四 粮食产业发展

一是扎实开展优质粮食工程项目实施工作。全市三年累计实施项目 177 个，总投资 15.9 亿元。其中：“中国好粮油”行动计划项目 154 个，粮食质量检测体系项目 7 个，粮食产后服务中心项目 16 个。特色优质粮油达到 1047.68 千公顷，优质率提高到 44.6%。其中，优质稻种植面积 401.13 千公顷，优质率提高到 60% 以上。通过产后服务体系降低农户储粮损失 5% 左右。

二是持续推进优质粮油品牌建设。2021 年，凯欣粮油有限责任公司生产的“红蜻蜓物理压榨一级菜籽油”“红蜻蜓香菜油”“红蜻蜓头道香榨菜籽油”“红蜻蜓潼南小榨菜籽油”以及重庆重粮健康产业股份有限公司生产的“横山有机贡米”共 5 个产品成功入选 2021 年度“中国好粮油”产品名单。

三是持续推进粮油产业园区建设。主动融入“一带一路”和“长江经济带”发展战略，科学谋划粮油产业园区。做强江津德感粮油产业园区，完善涪陵蔺市临江粮油加工园区，加速重庆西部粮食物流园区的提档升级，形成产业集群规模化优势，实现精细化管理、科学化生产、可持续的良性循环发展。

五 产销合作

一是签订《川渝粮食安全战略合作协议》。与四川省粮食和物资储备局、国家粮食和物资储备局四川局、中国储备粮管理集团有限公司成都分公司签订《川渝粮食安全战略合作协议》，深度融合成渝地区双城经济圈建设，进一步加强粮食产销合作，提升川渝两省市粮食安全保障水平。

二是扎实开展稳定政府收储市内粮源试点工作。探索构建产粮区储备企业支持非产粮区储备企业收储的模式，解决非产粮区储备企业“收粮难”问题，为推动全市政策性粮食收储形成“本地为主、外省为辅”模式积累经验，为政策性粮食收储与乡村振兴有效衔接探索路子。

三是探索建立市外粮源基地。与安徽、湖北、江苏等粮食主产省有稳定粮源或粮源掌控能力企业建立长期稳定合作机制，以保障全市政策性粮食储备轮换有稳定的粮源，更好地发挥产区资源优势和销区市场优势，促进区域粮食供求结构平衡。

六 党建工作

一是强化政治建设，引领粮食工作始终沿着正确方向前进。严守党的政治纪律和政治规矩，自觉同党的基本理论、基本路线、基本方略对标对表，同党中央决策部署对标对表，把中央决策部署和市委工作要求贯彻到粮食工作各方面、全过程，把“两个确立”的政治成果坚决转化为“两个维护”的政治自觉、思想自觉、行动自觉。扎实推动党史学习教育，深入学习贯彻党的十九届六中全会精神。认真开展庆祝建党一百周年活动。严格完成巡视工作任务，严肃党内政治生活。

二是着力抓好党的理论学习、干部思想教育、意识形态工作，强化思想建设，不断提升政治判断力、政治领悟力、政治执行力。

三是进一步规范组织设置，加强阵地建设，抓牢组织生活，强化组织建设，促使党员干部在党的旗帜下团结成一块坚硬的钢铁。

四是加强作风建设，纪律教育，加强监督执纪，强化正风肃纪，着力打造风清气正的政治机关。

五是抓好党内法规执行，持续完善党建工作制度，强化制度建设，以执行和构建长效机制扎紧制度笼子。

七 粮食宣传工作

一是成功举办“全国粮食质量安全宣传日主会场”活动。2021 年全国食品安全宣传周·粮食质量安全宣传日主会场活动在重庆市举行，活动集中展示了粮食行业近年来在强化粮食标准化和质量安全监管制度建设等方面取得的成效，呼吁广大消费者增强粮食质量安全意识，安全消费、健康消费、绿色消费。

二是认真开展 2021 年世界粮食日和粮食安全宣传周活动。举办“重庆市 2021 年世界粮食日和粮食安全宣传周主会场活动”启动仪式，各区县及相关部门在当地设立分会场，结合粮食安全宣传教育基地，通过张贴宣传海报、设置宣传展板、优质粮油展销、营养健康咨询、劳动体验等，开展形式多样的主题宣传活动，积极营造厉行节约、反对浪费的浓厚社会氛围，引领健康消费和爱粮节粮新风尚。

三是扎实组织开展《粮食流通管理条例》宣传学习。组织全市粮食系统积极参加普法视频培训会，结合年度“全民国家安全教育日普法宣传活动”、“粮食安全日”、“亮剑 2021”专项执法行动等，扎实组织开展《粮食流通管理条例》等法律法规普法宣传。

重庆市发展和改革委员会（粮食局）领导班子成员

董建国　党组书记、主任（局长）
涂亚雄　党组成员、二级巡视员
李茂涛　党组成员、副主任（副局长）（2021 年 9 月调离）
李坚平　副主任（副局长）（2021 年 11 月任职）
张瑞强　二级巡视员

（撰稿单位：重庆市粮食局；撰稿人：张斌；审稿人：张雷）

2021 年 11 月 8 日，重庆市发展和改革委员会（粮食局）党组书记、主任（局长）董建国（左四）带队调研江北区粮食保供稳价情况。

2021 年 10 月 15 日，重庆市 2021 年世界粮食日和粮食安全宣传周主会场活动在长寿区举行，重庆市发展和改革委员会（粮食局）党组成员、二级巡视员涂亚雄（前排）出席活动。

2021 年 3 月 5 日，《川渝粮食安全战略合作协议》签约仪式在重庆市永川区举行。

四川省

基本情况

2021 年，四川省粮食作物播种面积 635.8 万公顷，比上年增长 0.7%；油料作物播种面积 165.2 万公顷，比上年增长 4.3%。全年粮食产量 3582.1 万吨，比上年增长 1.6%，其中小春粮食产量增长 0.7%，大春粮食产量增长 1.7%。经济作物中，油料产量 416.6 万吨，增长 6%。全省收购粮食 280.85 万吨，收购油菜籽 45.82 万吨。全年销售粮食 1581.56 万吨，比上年减少 182.64 万吨。全年销售食用植物油 288.33 万吨，比上年减少 64.98 万吨。全省有粮食行业机构 1744 个，其中：行政管理部门 144 个，各级粮食行政管理部门所属事业单位 80 个，国有及国有控股粮食企业 526 个，内资非国有粮食企业 994 个，港澳台商及外商企业 43 个。粮食行业从业人员 105265 人。全省国有及国有控股粮食企业总资产 430.67 亿元，2021 年实现营收 210.14 亿元，盈利 8472.28 万元。

2021 年工作

一 粮食调控

一是做好疫情防控常态化下的粮油保供稳市工作。密切关注国际国内的疫情变化，加强粮油市场监测预警和分析研判，合理引导市场预期。落实市（州）成品粮储备满足 10—15 天消费量要求，重点做好成都、三州等地区和重大节日的粮油供应工作。调整完善粮食应急网点，粮食应急供应网点达 3790 个，日供应能力 6.2 万吨，应急加工企业 269 个，日加工能力 4.8 万吨，应急配送中心 180 个，日配送能力 1.1 万吨，设立国家级信息监测点 55 个，省级信息监测点 60 个，应急网络体系进一步健全。

二是抓好储备管理工作。分两批次下达 2021 年省级储备粮轮换计划。按照适度集中储存要求，优化调整省级储备粮油承储企业，推进省级储备由分散储存转向适度集中储存，提高运营管理效能。

三是有效加强协同运作。印发实施《关于建立健全地方储备粮和中央储备粮协同运作机制》，进一步强化地方储备粮与中央储备粮，以及各级地方储备粮之间的协同运作，推动形成吞吐联动、运转高效、优势互补、资源共享的储备管理新格局。与重庆市粮食局、国家粮食和物资储备局四川局、中储粮成都分公司签订了区域粮食安全保障战略合作协议，共同保障区域粮食安全。

二 体制改革

一是粮食安全保障立法实现突破。审议通过四川省粮食安全保障领域第一部地方性法规——《四川省粮食安全保障条例》，自 2021 年 5 月 1 日起施行。该条例是新中国成立以来四川首部地方性粮食法规，规范了粮食生产、储备、流通等粮食安全保障的全链条、各环节，标志着粮食安全保障进入了全面依法治理的新阶段。省政府常务会议审议通过了《四川省地方粮食储备管理办法》，自 2021 年 10 月 1 日起施行，为进一步加强地方粮食储备管理、提升地方粮食储备市场调控和应对突发事件能力、保障区域粮食安全提供了法律支撑。

二是持续完善地方粮食储备管理体制机制。修订完善了《四川省省级储备粮管理暂行办法》，进一步规范完善省级储备管理。出台《关于建立粮食加工企业社会责任储备的指导意见（试行）》，在全省规模以上粮油加工企业建立社会责任储备，进一步增强粮食安全保障能力。

三是修订完善《四川省粮食应急预案》。为全面提升应对突发事件能力，防范化解粮食领域重大风险，牢牢守住粮食安全底线，对《四川省粮食应急预案》进行了修订完善。2022 年 3 月 31 日，《四川省粮食应急预案（试行）》正式印发实施。

四是认真落实粮食安全责任制考核。出台《2021 年度市（州）粮食安全党政同责工作目标任务及考评细则》，形成 37 项考核指标、77 条具体评分标准，全面开展粮食安全党政同责“首考”。完成 2020 年度责任制落实情况省级自评及对市（州）考核评价，形成年度自查自评报告，梳理问题 153 条并通报市（州）政府，督促抓实问题整改。国家联合抽查组对四川省 2020 年度落实粮食安全省长责任制情况进行了检查。

三 督查监管

一是加强粮食流通执法督查。首先，加强对超标大米的处置。会同省级有关部门展开联合核查，跟踪督导德阳市整改落实情况。摸排全省国有粮食企业库存粮食质量安全，指导各地加强监管，规范处置超标粮食。其次，做好政策性粮油库存检查。抽调 322 人组成 28 个交叉检查组，全面检查 277 个库点、233.3 万吨政策性粮油数质量和问题整改“回头看”情况。组织专业人员重点抽查眉山市 3 个县（区）的 3 家地方粮食企业。第三，开展政策性粮食收储销监督检查。持续开展“双随机、一公开”监管，加大对政策性粮食收储销、夏秋粮食收购政策执行、政策性粮食销售出库、超标稻谷处置的执法检查，严防不符合国家食品安全标准粮食流入口粮市场。全省粮食和储备部门共开展检查 6672 次，出动检查人员 22687 人次，检查企业 8666 个次。

二是扎实开展“亮剑 2021”专项执法行动。精心部署、扎实推进专项执法行动，成立专项执法行动领导小组，制定工作推进方案，梳理典型问题 49 个，11 次调度全省进展情况，4 次通报案件查处情况，督促各地执法亮剑，以执法用法促全系统守法敬法。聚焦粮食购销重点环节，严肃查处不及时支付售粮款、违反政策性粮食经营管理规定等违法违规行为，移送粮食企业以陈顶新、挪用收购资金等案件线索 11 件。

四 粮食购销领域腐败问题专项整治

一是系统推进专项整治。省粮食和物资储备局党组 8 次召开专题会议，研究专项整治自查自纠工作。制定“1+2”专项整治、督导巡查、重点抽查工作方案，成立工作专班，深入开展自查自纠。召开全省粮食系统调度会议，做深做细大排查大起底，确保各项工作落地落实。

二是深入查摆整改问题。落实周调度、半月统计、月通报，全环节排查、全覆盖清查、全过程督导，落实问题排查和整改责任，抓紧抓实问题整改。全省组建 437 个检查组，出动检查人员 2596 人次，“拉网式”清查问题隐患。截至 2021 年底，全省粮食和储备部门自查问题 266 个，完成整改 96 个；企业发现问题 565 个，完成整改 415 个。移送“以陈顶新”、挪用收购资金等案件线索 11 件。

三是配合协作形成合力。在全省粮食系统抽调 72 名业务骨干，全力配合省委专项巡视巡察，提供专业支持，做实“同题共答”。与国家粮食和物资储备局四川局、省市场监管局、农发行四川省分行等建立专项整治协调机制，相互移交案件线索 3 件，强化中央、地方监管协作。

四是坚持边查边改边治。针对自查自纠发现的管理漏洞和薄弱环节，不断健全完善粮食购销领域制度规定，持续强化建章立制，截至 2021 年底，全省粮食和储备部门制修订地方粮食储备管理办法、加强政策性粮食监管、强化企业内控管理制度 100 项，切实加强粮食购销领域监管。

五 物资储备

一是高效完成中央及省级救灾物资储备保障任务。在应对泸县 9·16 地震灾害救灾物资应急保障工作中，先后 3 次向灾区紧急调运救灾物资 3.3 万件；向灾情多发易发区域前置调拨救灾物资 12.8 万件；筹集 17 万套价值 2000 万元共计 61 车御寒物资发往全省各地，救灾物资保障能力经受住考验。

二是健全完善工作机制。在全国率先出台《救灾物资储存技术规范》四川省地方标准；会同有关部门联合印发《四川省省级调拨救灾物资规程》《四川省省级前置救灾物资储备管理办法（试行）》《关于加强纤纺类应急救灾物资质量监管工作的通知》；会同应急厅、重庆市应急管理局召开川渝救灾物资协同联动保障会议，共同签署《川渝救灾物资协同联动保障协议》。

三是积极推进项目规划。争取到灾后重建和综合防灾减灾项目能力建设专项 28 个、中央投资 8867 万元，项目、资金数量均较上年翻番。

六 安全仓储建设

一是专项建设取得明显成效。下达 2021 年粮油产业高质量发展仓储项目资金 15230 万元，以绿色仓储为载体，提档升级仓房仓容，支持部分主产区及三州民族地区新建仓容 33 万吨、维修改造仓容 22 万吨，建设“仓顶阳光”专项 12 个，新建粮食质量安全检验监测体系项目 1 个。全省智能粮库项目完成建设 658 个，完工率达 99%，658 个项目与省级平台互联互通，接通率达 99%。231 个库区视频信息接入省级平台，与 23 个（含 2 个省属企业）市（州）视频会议分会场完成互联互通。

二是健全质检体系。“优质粮食工程”质检体系 88 个项目建设全面完成。基层粮食质检机构严重缺失短板得到补齐，以省粮油中心监测站为龙头，国家挂牌区域性粮食质检机构为骨干，县级粮油质检站和骨干企业检化验室为基础的粮食质量安全检验监测体系初步形成。

三是深入实施“科技兴粮”。2014 年至今共下达 265 个低温库项目，拟建设仓容 640 万吨，已完工项目 254 个，建成仓容 584 万吨。认真宣传贯彻《低温储粮技术操作规程》地方标准，积极开展绿色低温储粮技术应用。

四是抓实安全生产工作。以安全生产专项整治三年行动集中攻坚为重点，以推进清单制管理为抓手，有效防范和遏制各类生产安全事故发生。安排部署冬春火灾防控、集中整治专项行动、防汛减灾、专项整治三年行动“集中攻坚年”、安全生产法集中宣传月等重点工作，修订完善《行业安全生产事故应急总预案》等 6 个应急预案，加强各类安全生产事故及地质灾害的风险处置和应对响应。全年累计开展各类检查 3100 余次，受检单位 3860 个，消除安全隐患 1480 余处，投入整改资金 230 余万元。

七 产业发展

一是“川粮油”产业发展加力提效。印发四川省粮食和物资储备“十四五”发展规划。在巴中市南江县召开全省加快粮食产业高质量发展现场经验交流会。四川优质粮食工程省级建设和宜宾市南溪区粮食产后服务、宜宾市粮油质量监测站粮食质检体系、巴中市南江县“中国好粮油”行动等经验在全国推广。启动新一轮优质粮食工程，实施“六大提升行动”。加快建设 28 个粮油产业高质量发展示范县，引导“川粮油”产业集聚发展。2 个“四川好粮油”产品获评 2021 年度“中国好粮油”。2021 年全省入统粮油工业总产值继续保持 2000 亿元以上。

二是深入实施“天府菜油”行动。印发《四川省“天府菜油”行动三年计划（2021—2023 年）》《“天府菜油”公共品牌（商标）管理暂行办法》《四川省“天府菜油”行动推进情况统计调查制度（试行）》和“天府菜油”行动财政奖补政策。开展“天府菜油”走进科技周、城市快闪、建党百年暨消费者进油企等专题宣传推广，组织授权产品进驻成都红旗超市，开通微信公众号、微博、抖音等新媒体运营，加强品牌推介传播。《天府菜油—浓香菜籽油加工技术规范》《天府菜油—油菜籽》《天府菜油—浓香菜籽油》入选 2021 年粮食领域培优团体标准计划。

八 人才队伍建设

一是坚持人才兴粮兴储。人才兴粮兴储工作写入四川省“十四五”粮食和物资储备发展规划，纳入粮食安全党政同责考核。高质量承办 2021 年全国粮食和物资储备科技周人才供需对接活动。全省行业 2021 年共举办各类培训 6731 班次，培训粮食和储备干部职工 13.4 万人次。2021 年度，省粮食和物资储备局被评为“全国粮食流通统计工作优秀单位”，1 名同志被评为“全国食品安全工作先进个人”，2 名同志被评为“全国粮食流通统计工作优秀个人”。

二是推动粮油科技创新。省粮油中心监测站与中储粮成都粮科所联合组建“四川省粮油储藏与质量安全联合实验室”；四川粮油批发中心与四川师范大学联合组建“绿色储粮暨智能物流联合实验室”；

成都市与中国水稻研究所共建“农业农村部稻米及制品质量监督检验测试西南分中心”，与中国农业科学院油料作物研究所开展油菜产业发展战略合作。支持粮食企业联合高校、科研机构组建创新联盟，成都、泸州、遂宁、达州等17个市（州）开展校企、校地合作。组建四川“粮油产业专家库”、“天府菜油”服务团，开展2021年“科技下乡万里行”活动，助力乡村振兴。安排部署四川省第五届全省粮食行业职业技能竞赛有关工作。做好高技能人才申报职称工作，1名粮油保管高级技师取得粮油工程中级职称。

九　党群工作

一是推动党建工作全面进步全面过硬。抓牢党建工作责任，坚持党建和业务同部署、同落实、同考核，推动党建和业务工作一起抓、推动力度一样大、工作标准一样严。强化党员干部日常教育培训、作风建设和监管。

二是扎实开展党史学习教育。成立庆祝中国共产党成立100周年活动暨党史学习教育领导小组。印发《中共四川省粮食和物资储备局党组关于开展党史学习教育的实施方案》《全局党史学习教育总体安排》及4个专项方案。多形式开展学习教育，以党组中心组理论学习形式开展专题学习5次；各基层党组织利用“三会一课”、固定党日组织学习230次，开展“我讲党史半小时”93次；组织40余人赴泸州市纳溪区、古蔺县开展革命传统教育和党史党性教育。聚焦增强粮食流通和应急物资储备安全保障能力、推进粮食产业经济高质量发展、粮食安全党政同责等方面，深入开展“我为群众办实事”实践活动，全面完成办实事项目38件。

三是组织建党百年庆祝活动。精心组织开展庆祝建党100周年系列活动，大力营造“党的盛典、人民的节日”团结奋进、开创新局的浓厚氛围。隆重举行“光荣在党50年”纪念章颁发仪式。召开庆祝中国共产党成立100周年暨“七一”表彰大会。广泛开展走访慰问。深入学习贯彻习近平总书记在庆祝中国共产党成立100周年大会上的重要讲话精神，开展“七一”重要讲话精神宣讲，选派干部参加省发展和改革委员会组织的学习习近平总书记“七一”重要讲话精神主题演讲比赛、主题征文活动，分别获得二、三等奖。

四是持续深化党风廉政建设和反腐败工作。压紧管党治党责任，研究出台《局党组落实全面从严治党主体责任清单》《党风廉政建设和反腐败工作实施意见》《责任分解意见》。坚持教育与警示并重，开展“讲担当、守纪律、促作为”警示教育月活动，组织党员认真学习党章党规党纪、习近平总书记关于全面从严治党的重要论述，组织观看《正风反腐就在身边》《黑白人生》等警示教育片，学习《忏悔实录9》《深渊之诫》等警示教育书籍，赴革命老区参观廉政警示教育基地。以“零容忍”的态度，严肃查处各类涉粮腐败案件，核实处理2件信访件，查处8件违纪违法案件。

五是致力脱贫攻坚。开展“暖冬慰问”行动，走访慰问棉桠镇五保户、孤儿以及特困儿童。划拨3万元用于老中心村（原绵垭村）部分村组修建沉淀池、铺设饮水管道，扩充引用水源。在村委、村民聚集地安装30盏太阳能LED路灯，为当地群众日常生活提供便利。划拨帮扶资金3万元改善现村委会工作环境，满足日常工作需要。在冬季来临前为村幼儿园捐赠50床儿童棉被。组织“消费帮扶”活动，投入资金2万余元，购买贫困群众土豆、苹果、红米等产品，巩固脱贫攻坚成效。积极开展机关党支部与帮扶村结队共建。赵延华同志荣获“四川省脱贫攻坚先进个人”称号。

四川省粮食和物资储备局领导班子成员

张丽萍　省发展和改革委员会党组成员，省粮食和物资储备局党组书记、局长

王海林　党组成员、副局长（2022 年 5 月退休）

周光林　党组成员、副局长

黄　敏　党组成员、机关党委书记

王　程　党组成员、副局长（2022 年 2 月任职）

（撰稿单位：四川省粮食和物资储备局；撰稿人：李向东；审稿人：柳易）

2021 年 2 月 7 日，四川省发展和改革委员会党组成员，省粮食和物资储备局党组书记、局长张丽萍（右三）带队调研节日期间市场粮油等生活物资供应情况。

2021 年 10 月 13 日，四川省粮食和物资储备局、农业农村厅等联合主办的四川省 2021 年世界粮食日和粮食安全宣传周主会场活动在广元市举行。四川省发展和改革委员会党组成员，省粮食和物资储备局党组书记、局长张丽萍（左五）在开幕式上致辞，广元市委副书记、市长董里（右五）出席开幕式。

2021 年 10 月 31 日，以“丰收天府•由你精彩”为主题的第二场快闪活动在 339 天府熊猫塔举行，相关作品在微信、微博、抖音等平台发布后，引起强烈反响。

贵州省

基本情况

2021 年，贵州省全年粮食产量 1094.9 万吨，粮食消费总量 1605.3 万吨（其中：城镇口粮 226 万吨，农村口粮 399 万吨，饲料用粮 684.4 万吨，工业用粮 269.6 万吨，种子用粮 26.3 万吨），粮食产销缺口 510.4 万吨，粮食自给率 68.2%。全省入统企业购进粮食 846.37 万吨，同比增加 158.49 万吨；累计销售 564.37 万吨，同比增加 84.28 万吨，供需总体平衡。全年入统粮食企业全年累计从省外购进粮食 590.93 万吨，同比增加 115.35 万吨。全年粮油产业总产值 1261 亿元，同比下降 12%；传统粮油加工业总产值 227 亿元，同比增长 16%，产业经济稳步发展。全年产值超亿元的企业达 44 家，比上年增加 8 家。粮食和物资储备系统独立核算单位 679 个，在职职工 67886 人。

2021 年工作

一 深入推进改革创新

2021 年 8 月 29 日，颁布实施《贵州省地方储备粮管理办法》，启动《贵州省粮食安全保障条例》修订立法工作。陆续制定出台《贵州省地方储备粮轮换管理办法（试行）》《贵州省省级储备粮代储库点选定管理办法（试行）》《贵州省政府储备粮食仓储管理办法（试行）》《贵州省地方储备粮油竞价交易规则（2021 年修订）》《关于建立成品粮储备的指导意见》等政策文件，地方储备管理制度不断健全。扎实开展“十四五”规划工作。印发实施《贵州省“十四五”粮食和物资储备体系规划》，确定了“一大基地、三大示范区、五大体系、六大工程”1356 发展目标。制定出台“十四五”保障省内粮食安全行动1个主方案和产、购、储、加、销、优质粮食工程和节粮减损7个子方案，推动粮食“产购储加销”全链条综合施策、协同保障。制定实施《贵州省地方粮食储备区域布局和品种结构优化调整方案》，全省政府储备粮的区域布局和品种结构更加趋于合理。探索创新地方储备粮管理。制定《关于加强粮食储备管理增强粮食安全保障能力的实施方案》，推动全省地方储备粮管理政策性和经营性职能分开，逐步实现地方承储企业储备运营与商业经营人员、实物、财务、账务、管理相分离。制定《贵州省建立粮食加工企业社会责任储备的指导意见》，指导企业按不低于 5 天平均加工量水平落实社会责任储备规模，构建政府储备与社会责任储备协同保障的粮食储备安全格局。

二 全面提升保供稳价能力

加强粮食市场调控，统筹抓好粮食收购、市场调节、储备吞吐、应急保障、产销合作等工作，全省粮油市场原粮、成品粮油供应充足，未出现有断档、脱销的情况。全部省级储备粮和部分市县储备粮轮换已纳入贵阳国家粮食交易中心平台进行，实行公开公平公正竞价交易。截至2021年底，贵阳国家粮食交易中心共成交粮油127.96万吨，成交金额39.98亿元，成交量比上年同期增加44.94万吨。强化产销衔接，实施“引粮入黔”工程，落实与黑龙江、山东、河南、江西等14个粮食主产区签订的粮食产销合作协议。加强粮油市场监测预警，完成市场监测周(日）报50期，月报12期。修订《贵州省粮食应急预案》，明确涉粮部门工作责任。加快推进粮食行业信息化建设。2021年，制定实施《贵州省粮食和物资储备行业信息化“十四五”发展规划》，继续推动“粮安工程”粮库智能化升级改造项目，着力推动贵州省粮食行业信息化省级管理平台（以下简称“平台”）建设，平台依托“云上贵州”，建设内容包括1个平台、9大系统、30个子系统（简称“1930”）。平台面向省、市、县粮食和物资储备行政管理部门、各类涉粮企事业单位、售粮农民和消费者提供全方位服务，打造贵州省粮食和物资储备行业的“数据管理中心、决策指挥中心、市场监测中心、社会服务中心”。平台与国家粮食和物资储备局实现“一整两通”，2236余路储备库监控视频汇集到省级视频监管平台，同时接入省级应急视频平台。

三 大力发展粮食产业经济

深入实施“优质粮食工程”，项目总投资21.7亿元，争取国家支持6.51亿元。持续推进“优质粮食工程”三个子项建设。在湄潭县、兴仁市、榕江县等15个县实施“中国好粮油”行动，建设340个项目，其中：优粮优产项目72个，优粮优购57个，优粮优储项目37个，优粮优加项目79个，优粮优销项目95个。完成粮食产后服务体系建设项目55个，涉及全省9个县市，投资额0.64亿元。累计争取专项财政资金1.06亿元，完成省粮油质检站、省储备粮管理总公司、9个市（州）粮油质检机构和安顺市平坝区粮油检化验中心等12个粮食质量安全检验监测体系项目。组织开展年度新收获粮食质量安全监测工作，扦取检测新收获粮食质量调查样品786批次，新收获粮食安全监测样品119批次，开展“中国好粮油”行动计划优质粮食品质测评扦样检测160批次，为全省粮食收购提供了质量安全保障。截至2021年底，粮食产后服务体系和粮食质检体系已全部建设完成，“中国好粮油”行动项目建设已完成总工程量的80%。实施优质粮油订单种植。全年下达优质粮油订单种植计划52万公顷，为种粮农户创造收益102亿元。发展特色粮油产业。通过基地示范、品牌培育和构建全产业链，调整优化种植结构，提高粮食优质品率。大力推动茶油、薏仁等特色品种规模化、标准化、品牌化建设，全省薏仁种植面积46880公顷，产量达19.22万吨，约占全国总产量的34.95%，占全球的近5成；全省人工种植及野生油茶面积达22.6万公顷，产值近50.4亿元。

四 强化粮食安全责任制考核

实施粮食安全“党政同责”，坚持高位推动，省委主要领导亲自“抓”、政府主要领导直接“管”、分管领导具体“干”的工作格局。完成2020年度粮食安全责任制考核工作，被评定为良好等级。2021年，首次将粮食安全责任制考核工作纳入省级督查激励内容，组织开展对9个市（州）2020年度粮食安全责任制落实情况的现场考核，评出优秀单位6个、良好单位3个，对获得“优秀”的市（州）给予通报表扬，从省级粮食风险基金中分别给予150万元的财政资金奖励。首次将粮食安全责任制考核工作列入省直部门专项工作绩效管理，将省直10家成员单位列为考核对象，年终开展综合考评，排出位次、拉出档次，进一步压紧压实省直成员单位粮食安全责任。

五 从严开展粮食执法督查

强化对粮食收购、储存、加工、销售等环节的监督检查。深入全省9个市（州）16个产粮大县26个粮食企业，开展粮食收购工作督导重点检查，未发现压级压价、囤积居奇、哄抬物价、以陈顶新、掺杂使假等违法违规行为和“打白条”“高息”骗用农民售粮款等坑农害农行为。全省开展各项粮食流通监督检查等共计1296次，检查粮食经营主体1987个（次），出动检查人次3977次，有效防止不符合粮食质量标准的粮食流入口粮市场。加强对12325全国粮食和物资储备监管热线的运行和维护，建立和完善结案审核管理制度，做到办结案件流程规范、定性准确，处理及时。全年接到涉粮问题举报和投诉案件5件，办结5件，办结率100%。

六 组织开展政策性粮食库存数量和质量大清查

组织实施2021年度政策性粮食库存检查。按照“双随机一公开”要求，制定《贵州省开展2021年全国政策性粮油库存检查工作实施方案》，组成5个现场检查组，重点对贵阳等5个市38个县区64个政策性粮油承储企业库存粮油进行抽查；对全省地方储备油脂库存储备进行抽查；完成粮油质量样品扦样126批次，其中粮食91批次，代表数量9.1万吨；食用油35批次，代表数量2.8万吨。通过检验检测，质量达标率为97.7%，储存品质宜存率为95.2%，主要食品安全指标合格率为100%。地方储备粮数量真实、质量良好、储存安全。

七 强化粮食财务收支监管

2021年，全省国有粮食企业营业总收入349593.20万元，同比增加34251.18万元，增幅11%；营业总成本421480.07万元，同比增加43954.10万元，增幅11.64%。年度营业收入增长幅度小于营业成本增长幅度。全省国有粮食企业全行业实现扭亏为盈，净利润为9371.46万元。其中，购销企业盈利 9762.74 万元，加工企业亏损 3.17 万元，其他企业亏损 388.11 万元。分地区看，除六盘水亏损 560.07 万元外，其余市州均有盈利，但铜仁和毕节加工企业亏损 9.5 万元；贵阳市总体盈利额 877.30 万元。

八 加强干部队伍建设

坚持落实党管干部要求，加强干部队伍建设，定期对干部队伍建设现状进行分析研判，完成局机关 4 名正处级干部、2 名副处级干部试用期考核和正式任职，5 名职级公务员晋升。公务员招考 1 人，基层遴选公务员 1 人；强化年轻干部教育培训，安排 8 名基层优秀年轻干部到局机关跟班学习，比选调动 1 人；选派 5 名干部驻村帮扶，助力乡村振兴工作。加强干部教育培训，选派 4 人参加省委党校集中调训，共举办处级以上干部学习贯彻党的十九届五中全会精神集中教育培训一期，业务专题培训 10 次。落实全面从严治党要求，建立干部鼓励激励、容错纠错、能上能下三项机制。深入实施“人才兴粮兴储”工程，加强粮食和物资储备行业人才培养，依托贵州食品工程职业学院，开办食品质量与安全订单班，计划培养行业专业人才 96 名；举办三期全省行业仓储管理人员、检化验人员和行政管理人员培训；研究成立由 13 名省内推荐专家组成的粮食政策专家咨询组，为提高粮食工作科学化水平提供人才支撑。

贵州省粮食和物资储备局领导班子成员

彭显华　省发展和改革委员会党组成员、副主任，省粮食和物资储备局党组书记、局长
鲁黔灵　党组成员、副局长
杨光荣　党组成员、副局长
尹兴邦　党组成员、副局长
章　萍　一级巡视员（2022 年 5 月退休）

（撰稿单位：贵州省粮食和物资储备局；撰稿人：陈晋、王朝铭；审稿人：杨光荣）

2021 年 7 月 14 日，贵州省委副书记、省长李炳军（前排右二）在贵安新区西南粮食城省储备粮管理总公司贵安中心库主持召开座谈会，听取全省粮食生产和储备工作情况汇报。

2021 年 2 月 7 日，贵州省发展和改革委员会党组成员、副主任，省粮食和物资储备局党组书记、局长彭显华（右一）到贵阳市商超调研粮油市场行情。

2021 年 5 月 13 日，贵州省发展和改革委员会党组成员、副主任，省粮食和物资储备局党组书记、局长彭显华（右三）到贵州省储备粮管理总公司兴仁直属库调研粮食储备工作。

云南省

基本情况

2021 年，云南实现粮食播种面积、单产、总产“三增”。全年粮食总产量 1930.3 万吨，比上年增长 1.8%。粮食商品量 696.5 万吨，粮食消费量 2545.2 万吨，其中城镇口粮 362 万吨，农村口粮 563 万吨，饲料用粮 1354 万吨，工业用粮 210.7 万吨，种子用粮 55.5 万吨。

2021 年工作

一 稳步推进体制机制改革

全面落实党中央、国务院和省委省政府决策部署，推动落实改革完善体制机制的各项重点工作任务，切实加强省级储备粮管理，制定省级储备粮轮换管理、考核、质量监管等办法。有序推动《云南省政府储备粮管理办法》《云南省粮食加工企业社会责任储备管理暂行办法》等的制定出台，研究提出进一步优化省级政府储备粮布局和品种结构的实施方案。规范地方储备运营管理制度，加快推动承储企业政策性职能和经营性职能分开。深化“放管服”改革，取消粮食收购资格认定，建立粮食收购企业备案制度，省级储备粮代储资格认定实现“一网通办”，营商环境进一步优化。

二 压紧压实粮食安全责任

组织完成 2020 年度粮食安全省长责任制考核自评、迎考等工作，2021 年云南省被国家评为 2020 年度粮食安全省长责任制考核“优秀”省份。完善强化考核制度机制，压紧压实区域粮食安全的主体责任和重点任务，完成云南省 2020 年度粮食安全行政首长责任制考核工作，落实 2019 年度考核发现问题整改，有效发挥粮食安全责任制考核在确保粮食安全中的“指挥棒”作用。抓住生产、储备、流通、消费、产业发展等关键环节，科学制定 2021 年度粮食安全行政首长责任制考核指标。加强省级政府储备粮管理，制定《云南省省级政府储备粮管理考核暂行办法》，组织开展省级政府储备粮“首考”，进一步压实企业主体责任，加强外部行政监管。

三　稳步提升执法监管水平

完成《云南省粮食安全保障条例（草案）》（送审稿）的起草工作，修订印发《云南省〈粮食流通管理条例〉实施办法》。组织开展2021年全省政策性粮油库存检查，对12个州市41个库点108万吨原粮及1.8万吨食用植物油进行了检查。持续开展信息化粮库远程巡查，完善12325热线运行机制，开展涉粮问题整改"回头看"行动和粮食流通"亮剑2021"专项执法行动，开展2021年粮食收购监督检查工作。组织开展2021年新收获粮食质量安全监测、质量调查、品质测报、放心粮油监督抽检、省级储备粮质量抽检等工作，共安排抽检任务2441份。2021年，云南省获评"2020年度全国粮食质量安全工作优秀单位"称号。

四　持续增强应急保障能力

持续做好8个边境州（市）25个边境县疫情防控期间的粮油保供稳市工作，加强粮油市场监测预警，维护粮食市场平稳运行。认真落实国家粮食收购政策，2021年全省各类粮食企业收购粮食83万吨。完善粮油应急企业（网点）名录，认定3户国家级粮食应急保障重点联系企业和47户省级粮食应急保障重点联系企业。完成粮食应急供应网点建设，全省粮食应急保障企业（网点）2944个。开展省级救灾物资数量和质量全面清查，摸底省级救灾物资储备现状。完善省、州、县、乡四级救灾物资储备体系，省市县三级储备救灾物资达到转移安置100万名受灾群众标准，应对6级地震的物资保障能力。突发灾害应对措施高质高效，充分发挥应急防灾减灾保障功能。2021年共调运省级救灾物资35.22万件，其中，因疫情防控需要调运10.09万件，因灾和冬春救助调运25.13万件。

五　加快推动粮食产业发展

编制印发《云南省"十四五"粮食和物资储备发展规划》。强化产销合作，与黑龙江、吉林签订省际间产销合作协议。截至2021年底，优质粮食工程建设项目综合完成率达100%。开展"云南好粮油"产品遴选活动，授予33个产品"云南好粮油"称号，全省4个粮油产品上榜"中国好粮油"。全省138个粮库信息化建设项目完工，初步形成全省粮食行业信息化管理"一网通、一张图、一张表"新格局。组织实施51个救灾物资储备库建设，规模近6万平方米。以"产购储加销"一体化模式推动"五优联动"，促进企业转型升级和产业园区发展，全省已在昆明、红河、玉溪等地形成一批粮食聚集产业园区。2021年，全省粮油加工企业实现工业总产值约367亿元。

六　扎实推进专项整治工作

2021年，深入贯彻习近平总书记关于根治粮食购销领域腐败问题重要批示指示和中央纪委国家监委、云南省纪委省监委关于深入开展粮食购销领域腐败问题专项整治工作要求，全省各级粮食和储备部门成立工作专责机构，形成上下联动、协调一致、齐抓共管的工作格局。立足部门职责，紧紧围绕履职尽责、廉洁从政、工作作风开展管理监管职责落实情况自查自纠，并组织对国有粮食企业收购环节、库存环节、销售环节、轮换环节、政策执行环节开展全面“拉网式”大排查、大起底。

七 深入推进全面从严治党

开展党史学习教育和庆祝建党 100 周年活动，扎实推进“四史”学习教育和粮食史学习，推动党史学习教育走深走实。配合做好粮食购销领域腐败问题专项巡视巡察、审计等工作，较真碰硬抓好 2020 年巡视反馈问题整改落实。深入推动党建工作与粮食和物资储备业务工作有机融合，把讲政治要求落实到业务工作中，充分发挥党建对粮食安全、应急救灾、乡村振兴工作的促进引领。抽调选派驻村工作队做好巩固脱贫攻坚成果，接续推进乡村振兴工作。开展“我为群众办实事”活动，累计为民办实事 70 余件。

云南省粮食和物资储备局领导班子成员

徐鹏声　省发展和改革委员会党组成员（2022 年 5 月任职），省粮食和物资储备局党组书记（2022 年 4 月任职）、局长（2022 年 5 月任职）

海文达　省发展和改革委员会党组成员（2022 年 3 月免职），省粮食和物资储备局党组书记（2022 年 5 月免职）、局长（2022 年 4 月免职）

官悠房　局党组成员、副局长

王　江　局党组成员、副局长

陆春涛　局党组成员、副局长

（撰稿单位：云南省粮食和物资储备局；撰稿人：丁雪松、叶雯君；审稿人：官悠房）

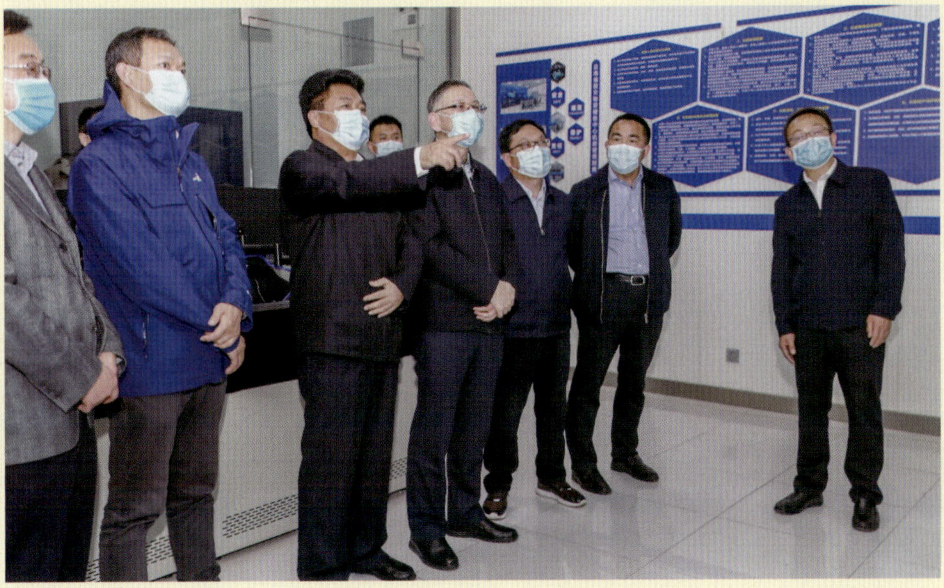

2021 年 4 月 9 日，国务院抗震救灾指挥部办公室工作组到云南开展防震应急准备专项检查，云南省副省长、省抗震救灾指挥部指挥长和良辉（左三）在省救灾物资储备库检查工作。

2021 年 1 月 23 日，云南省粮食和物资储备工作视频会议在昆明召开。

2021年10月16日，云南省人民政府新闻办公室召开云南省深入推进优质粮食工程加快粮食产业高质量发展新闻发布会。

西藏自治区

基本情况

2021 年，西藏自治区落实粮食播种面积 18.65 万公顷，其中青稞播种面积 14.07 万公顷，粮食产量达 106.15 万吨（其中青稞产量 80.12 万吨），比上年增产 3.28 万吨，连续 7 年稳定在 100 万吨以上。全区收购粮食 3.3 万吨，销售粮食 29.15 万吨，区外购进 23.55 万吨。

2021 年工作

一 粮食安全

扎实开展 2020 年粮食安全省长责任制工作，突出稳政策、稳面积、稳产量，优化完善考核指标体系，密切考核成员单位协同配合，有效衔接年度考核和日常监管，强化考核结果运用，层层传导压力，各地市抓粮稳产积极性更加主动，全区粮食安全基础更加牢固，总体形势稳中向好，促进了粮食安全各项政策措施落地生效。自 2016 年国务院开展粮食安全省长责任制考核以来，西藏自治区连续 4 年获评“良好”等次。认真推进粮食专员（市长）责任制工作，制定印发《西藏自治区粮食安全专员（市长）责任制考核工作操作细则》，以通报形式下发各地（市），考核结果报送自治区绩效考核办，充分发挥考核“指挥棒”作用，督促各地（市）党委、行署（政府）切实落实保障本辖区粮食安全主体责任，推动粮食生产流通各项政策措施落地生效。正式发布《青稞》国家标准，加大宣贯培训力度，《中国好粮油 青稞及其制品》行业标准已完成审定，《青稞米和青稞粉》行业标准获批立项，扎实推进《青稞储存品质判定规则》国家标准指标数据研究，有力支撑青稞安全和产业发展。

二 粮食储备

印发《关于改革完善体制机制加强地方粮食储备安全管理的实施措施》，初步形成调整优化自治区储备粮品种结构和布局的方案，相关配套政策文件陆续出台，粮食储备安全管理体制机制改革各项任务逐步落实。协同区司法厅完成《西藏自治区储备粮管理办法》立法前期工作，形成了《西藏自治区地方粮食储备增储及调整工作实施方案》初步方案。强化粮食储备管理，全年完成自治区第二批 0.5 万吨青稞和 0.05 万吨食用油增储任务，为确保自治区储备粮常储常新、区域市场保供稳价提供了充足粮源。按照《西藏自治区粮食应急预案（试行）》强化应急演练，开展集中性演练 1 次。进一步规范粮食储存和入库质量管理，粮食检验监测能力显著提升，发布《青稞》国家标准，开展青稞质量安全检测和品质测报，政策性粮油年均检验样品近 700 份，开展新收获青稞质量安全检测和品质测报，合格率达 100%。

三　粮食调控

聚焦粮食安全职能，围绕疫情防控和重要节点、节日粮食保供工作任务，抓好粮源组织调度和市场投放，加强粮食调控，扎实做好粮食收购和粮油保供稳价工作，加大市场监测预警，强化供求形势分析，全年上报市场动态监测 12 期，常态疫情防控周报 29 期，33 个监测直报点报送信息 1.02 万条。深化区内外粮食产销合作，巩固长期稳定的粮源渠道，确保粮食供需总量动态平衡。全年区外调入粮食 23 万余吨，销售粮食 29 万余吨，有效保障了市场粮食供应，满足了消费需求，维护了区域粮食安全。围绕做好“六稳”“六保”工作，继续实施青稞最低收购价、价补分离和售粮大户奖励政策，保护农民种粮积极性，促农丰产增收，全年青稞价补分离补贴约 240 万元，兑现售粮大户奖励 8 万元，全区售粮大户单户售粮数量达 67 吨，创历史新高。严格执行国家粮食收购政策，引导和鼓励各类市场主体积极收购农民余粮搞活收购市场，全年收购农民余粮约 3.3 万吨，种粮农民实现现金收入约 1.3 亿元，守住了“种粮卖得出”的底线。聚焦粮食安全和疫情防控、应急保障需要，扎实做好粮油保供工作，建成粮食应急保供网点 207 个，拉萨堆龙净土朗孜糌粑股份有限公司纳入第一批国家级粮食应急保障企业，不断推进放心粮油进农牧区、进工地，实施川藏铁路工地粮油保供。

四　粮食流通监管

强化市场监管力度，确保粮油市场有序开展，制定《西藏自治区粮食和物资储备执法督查工作规程》，规范粮食和物资储备执法程序和督查行为，扎实开展“亮剑 2021”专项执法行动，坚持库存专项检查和突击检查相结合，开展自治区级储备粮油库存检查 11 次，加大对全区粮油库存、批发、零售等重点环节的监督检查力度，对各地市粮油市场及动态应急地方储备企业粮油质量、价格、库存等情况进行抽查。保护粮农利益和种粮积极性，规范粮食收购市场秩序，对粮食收购企业执行最低收购价政策落实情况进行检查。与国家粮食和物资储备局青海局等部门建立中央储备粮协同联动监管机制，行业发展、粮食产销协作、储备监管助力进一步增强。大力推进节粮减损宣传，以粮食科技周、世界粮食日、粮食安全宣传周和“粮安记者万里行”为载体，宣贯《粮食流通管理条例》，开展粮食安全、爱粮节粮教育；通过发布西藏金麦穗农业科技发展公司等 4 家单位为第三批自治区级粮食安全宣传基地，开展“公众走进粮食安全”主题宣传活动，积极倡导光盘行动，形成爱粮节粮社会新风尚。西藏拉萨国家粮食储备库确定为第三批全国粮食安全宣传教育基地。始终坚持将涉粮问题专项整治工作作为重大政治任务，提高政治站位，积极动员部署，成立工作专班，认真制定方案，积极汇报沟通，自觉配合巡视巡察工作。扎实开展涉粮领域问题专项整治，聚焦作风、责任和腐败问题，实施自查自纠、拉网式排查和专项巡查，奔赴七地市开展督导检查。

五　应急物资储备

督促应急救灾物资移交工作，完成7地市73个县区应急救灾物资移交工作，完成率达99%。根据各地市第三方物资移交盘点核查报告，统计物资品种、数量，基本摸清全区应急储备物资家底。按照库点基本情况，配合信息化建设单位初步形成物资储备库库点分布图，为物资储备实现信息化管理奠定了基础。继续发挥应急协同机制作用，及时与自治区应急管理厅召开应急联席会议，研究磋商应急物资保障、"十三五"项目移交工作，有力保障物资储备应急工作顺利开展。切实加强应急救灾物资调拨工作，按照分级动用原则和物资调拨流程，根据自治区应急管理厅调拨指令，及时调拨自治区级救灾物资1333件，保障了那曲比如地震和昌都芒康、林芝察隅森林火灾应急救援需要。着眼于优化救灾物资储备布局和提升基层应急保障能力，再次向7地（市）、24个县（区）代储19个品种的救灾物资。

六　储备设施建设

围绕构建"储备、应急保障、基础设施"三大体系，提升"粮食收储调控、依法监管"两个能力，注重规划引领和项目支撑，编制完成《西藏自治区"十四五"粮食和物资储备行业发展规划》，"十四五"时期规划建设粮食和物资应急储备中心、粮食仓库、区域性救灾物资储备库、边境乡镇救灾物资储备库等70余个项目。主动对接国家支持西藏粮储工作重大政策和项目需求，协调召开全国粮储系统对口援藏工作会议，达成援藏项目11个，总投资1.3亿元。密切与区外粮储系统的联动，河北、福建、江苏等省粮储部门进藏对接援藏工作。高水准建成年度建设项目，完成第一批优质粮食工程建设内容，粮油质检体系建设项目完成验收并投入使用，中国好粮油行动初见成效。落实投资500万元实施12个基层粮库维修项目，全区粮食仓储设施条件继续改善。

七　储备设施管理

认真执行《西藏粮食和物资储备安全生产三年专项整治行动方案》，经常性开展监督检查，全系统实现安全生产"零事故"。切实加强储备信息化建设管理，粮库智能化升级改造项目通过初验，省级平台进入试运行阶段，32个库点软件设备实现对接，39个库点完成实操培训；配合推进应急救灾物资综合指挥平台建设，具备条件的库点基本完成既定建设内容。积极协调自治区民政厅加强中央库基础设施维修、配合推进救灾物资信息指挥平台项目建设。加强物资储备安全管理，加大维稳值带班、仓储管理日常巡查力度，定期开展安全隐患排查和安全生产检查，切实做好中央库、自治区救灾物资储备中心防火、防盗、防潮等各项工作，确保物资储备安全。

八 机关党建和党风廉政建设

坚持以党的政治建设为统领，把党的全面领导贯彻到粮储工作各环节，强化党建与业务融合，政治机关建设取得明显成效。坚持正确选人用人导向，提任正处级干部 4 人、职级晋升 8 人，激励干部担当作为。强化理论武装，深入推进党史学习教育和“政治标准要更高、党性要求要更严、组织纪律要更强”专题教育，在机关 OA 系统开设“学习园地”，利用微信小程序开展“温故知新”答题活动，建立“学习强国”西藏平台粮储局窗口，引导党员干部不断提高思想自觉行动自觉，深刻领悟“两个确立”决定性意义，增强“四个意识”、坚定“四个自信”、做到“两个维护”。认真贯彻落实中央八项规定精神及其实施细则和区党委实施办法，强化对人财物监管，加强部门预决算管理和执行力度，严格落实内控制度，新建修订管理制度 17 项，不断规范权力运行。严格执行民主集中制、重大问题集体研究讨论等制度。持续强化作风建设，发布廉政警示提醒 8 次、开展项目廉政提醒谈话 10 人次，开展廉政风险点排查并建立防控措施。统筹推进驻村和行业发展稳定各项工作，积极沟通协调，争取项目资金支持，着力为驻在村群众解决“急难愁盼”问题，为促进乡村振兴贡献粮储力量，2021 年自治区粮食和物资储备局和驻村工作队均被区党委、政府授予“全区脱贫攻坚先进集体”称号，1 名干部获得“全区脱贫攻坚先进个人”称号。

西藏自治区粮食和物资储备局领导班子成员

苏园明　自治区发展和改革委员会党组成员，自治区粮食和物资储备局党组书记、副局长
徐　海　党组副书记、局长
达　拥　党组成员、副局长（2021 年 3 月退休）
郭晓虹　党组成员、副局长（援藏干部）
边　增　党组成员、副局长

（撰稿单位：西藏自治区粮食和物资储备局；撰稿人：肖铮；审稿人：刘宝杰）

2021年8月26日，西藏自治区副主席甲热·洛桑丹增（前排左三）在全国粮食和物资储备系统对口援藏援疆工作会议西藏分会场作交流发言。

2021年10月16日，西藏自治区发展和改革委员会党组成员、副主任付玉寿（左二），自治区发展和改革委员会党组成员，自治区粮食和物资储备局党组书记、副局长苏园明（左三），自治区粮食和物资储备局党组成员、副局长边增（右二）参加世界粮食日和粮食安全宣传周活动。

2021 年 11 月 23 日，西藏自治区粮食和物资储备局党组副书记、局长徐海（右四）在日喀则市江孜县检查旺季粮食收购情况

陕西省

基本情况

陕西位于祖国内陆腹地，具有承东启西、连接西部的区位之便。2021 年，全省集中整治撂荒地 182.2 千公顷，扩种夏茬玉米 13.33 千公顷。推广玉米增密度提单产集成技术 423.87 千公顷、平均单产提升 0.049 吨（49 公斤）；推广小麦宽幅沟播集成技 86 千公顷、平均单产提升 50 公斤，两项技术合计增产粮食 37.89 万吨。全年粮食播种面积 3004.34 千公顷，粮食总产量 1270.43 万吨，种植面积增加、产量稳定，粮食生产实现“十八连丰”。总面积中，夏粮播种面积 1104.68 千公顷、秋粮播种面积 1899.66 千公顷；总产量中，夏粮产量 470.60 万吨、秋粮产量 799.83 万吨，其中，小麦 424.6 万吨、稻谷 73 万吨、玉米 601.5 万吨、大豆 25 万吨、杂粮 146.5 万吨。

2021 年工作

一 “两项考核”有效落实

全面落实粮食安全党政同责，坚决扛稳粮食安全政治责任。各级党委政府守土尽责，推动重点任务落实。西安、宝鸡、咸阳、渭南、汉中等市委市政府领导多次研究批示粮食工作。各级对粮食安全的重视程度空前提高。认真履行省粮食安全省长责任制考核小组办公室职责，主动对接协调，对标对表国家考核方案，及时分解指标、印发方案、督促指导。强化问题整改，运用督办、通报等手段推动整改责任落实。积极协调将省级粮安考核结果整体纳入全省目标责任考核体系，考核“指挥棒”作用有效发挥。结合全省政策性粮油库存检查工作，同步认真组织开展省级储备粮管理年度考核工作。

二 粮食调控能力持续增强

全省新增粮食储备 20 万吨，粮食保障基础更加坚实。指导西安市主城区及市场易波动地区进一步夯实成品粮油储备，其他市（区）按规定达到成品粮油储备规模要求，确保应急需要时调得动、用得上。疫情期间，省粮食和物资储备局动用商业周转储备 3.34 万吨，指导市县投放应急成品储备，以精准的措施保障了市场的稳定。西安市督导应急加工企业满负荷生产，紧急投放米面油，畅通运输渠道，有力保障了市场供应。精心安排部署，认真组织实施，扎实做好粮食购销工作，坚决守住农民“种粮卖得出”底线。全年收购粮食 811 万吨，销售粮食 1190.0 万吨。政策性粮食线上交易 75.78 万吨。省级储备粮体制机制改革重点任务基本完成，《陕西省省级储备粮管理办法》和《陕西省省级储备粮管理年度考核办法》《陕西省省级储备粮库点选定办法》等 10 余项规章制度颁布实施，依法管粮管储迈上新台阶。西安、榆林、铜川、汉中等市健全完善储备管理制度，重点任务落实有力。

三 物资储备体系更趋完善

认真履行物资储备管理职能，全力做好救灾物资和重要商品收储轮换调拨管理工作。按照采购计划，完成了 2020 年和 2021 年省级救灾物资采购工作。进一步健全完善重要商品和救灾物资储备管理模式、运行方式和技术规范，制定印发《中央暨省级救灾物资紧急调运工作流程》，提升储备管理标准化、规范化水平。制定了《陕西省省级重要商品应急储备动用投放预案》，组织开展了应急演练。及时完成物资调拨任务，按照有关指令，汛期及疫情期间，及时向河南、安康、汉中及西安地区紧急调运帐篷、折叠床、棉大衣等救灾物资。强化督查检查，组织开展了省级救灾物资和重要商品应急储备专项检查，救灾物资和重要商品储备数量真实、质量良好、储存安全。

四 粮食流通监管扎实开展

认真开展粮食流通“亮剑 2021”专项执法行动和政策性粮油库存检查，严肃查处违法违规行为，坚决维护粮食流通秩序。安排省级巡查组对涉粮问题整改“回头看”、年度夏秋粮收购等工作进行督导巡查。组成多个交叉检查组，对各地政策性粮油库存数量、质量、储存安全、政策执行等情况进行检查，针对检查问题，印发整改通知书，督促有关地区和单位落实整改工作。建立粮食质量安全风险监测体系，制定实施储备粮出入库质量检验制度和粮食收储企业超标粮食处置管理办法，坚决守好粮食质量安全“关口”。商洛市粮食执法开出全省首张罚单，组建市粮食执法稽查支队，破解了监管力量短缺的难题；渭南市亮剑执法立案处罚 7 起案件，发挥了强监管震慑作用。认真开展全系统安全生产综合整治提升三年行动，加强监督检查，全省粮食和物资储备系统安全生产形势总体平稳。

五 专项整治工作全力推进

全系统高度重视、积极配合，坚决落实专项整治任务。及时召开专项整治动员部署会议，印发《工作方案》，成立工作专班，组织开展全省国有粮食企业“拉网式”大排查，派出 5 个检查组，下沉到 19 个省级国有粮食企业，对粮食收购、存储、轮换、销售等环节风险漏洞进行“全覆盖”和“大起底”，建立问题台账，全力抓好整改落实。专项整治力度空前、成效突显。与此同时，坚持标本兼治，把问题整改与完善机制紧密结合。不断推动储备粮体制机制改革、第三方检测制度、第三方交易平台、监管经费落实等重点事项落地见效，完善监管体系，建立长效机制。

六 粮食产业发展提质增效

首轮优质粮食工程全面收尾，全省完成投资20.73亿元，建成项目199个。全省规划建设的58个粮食产后服务中心基本建成，产后综合服务水平不断提高。积极推进粮油质检体系建设，省市县三级粮油质量安全监测体系初步建立。坚持抓好“粮头食尾”和“农头工尾”，大力扶持龙头企业，统筹安排支持28个示范企业和33个基础条件好的县域，因地制宜开展“好粮油”就地加工转化，培育壮大陕西粮农集团等一批龙头骨干企业，促进了陕西特色粮油产业发展。鼓励西安爱菊集团在哈萨克斯坦、新疆建设油脂、面粉仓储物流加工基地，打通中亚粮食物流通道。深入实施“陕西好粮油1+N”品牌战略，发挥优势、突出特色、打造品牌产业发展理念落地见效，“延安小米”借力十四运高频亮相、大放异彩，被评为“中国粮油影响力公共品牌”，“延安小米”品牌影响力、产品价值力和市场占有率大幅提升，惠及广大种粮农民和粮食企业。“关中优质小麦”“榆林荞麦”“安康富硒粮油”“汉中洋县黑米”“商洛玉米”等区域特色子品牌的创建和优化提升，为广大消费者提供更多健康优质粮油产品。加强新收获粮食质量安全监测，组织开展粮食库存质量安全监管专项行动，严防不符合卫生指标粮食流入口粮市场。聚焦“六大提升行动”，第二轮优质粮食工程稳步推进。加强涉粮涉储关键技术研发，为粮食绿色仓储、节粮减损等提升行动提供技术支撑。认真做好节粮减损工作，印发《实施方案》《实施措施》，举办世界粮食日和全国粮食安全宣传周系列活动。2021年，全省粮油加工业实现工业总产值540.6亿元，国有粮食企业营业收入205亿元，利润总额同比增长20%。

七 机关政治建设全面加强

以党史学习教育为契机，开展庆祝“中国共产党成立100周年”系列活动，认真开展“我为群众办实事”实践活动。积极推动文明单位创建，注重丰富机关文化生活，组织开展“唱起来、跳起来、乐起来”、歌咏朗诵大会、军事实践体验等活动，不断增强机关凝聚力。以“人才兴粮兴储”战略为导向，加大领导班子和人才队伍建设，大力培养优秀年轻干部。持续强化干部教育培养，组织延安大学党史学习教育、上海复旦大学综合能力提升培训班和渭南军事博览园国防教育主题实践、处长讲座等活动，有效提升了干部综合素质和能力水平。严格执行中央八项规定及其实施细则和省委实施意见，持之以恒纠正“四风”，健全完善廉政风险防控管理机制，局系统风清气正的良好生态得到持续发展。

陕西省粮食和物资储备局领导班子成员

杨　林　省发展和改革委员会党组成员，省粮食和物资储备局党组书记、局长
张　翔　党组成员、副局长
王晓森　党组成员、副局长
王晓霞　党组成员、副局长（2021 年 4 月任职）
郭　明　二级巡视员
王志军　总工程师（2021 年 5 月任职）

（撰稿单位：陕西省粮食和物资储备局；撰稿人：姚进房；审稿人：杨林、张翔）

2021 年 3 月 30 日，陕西省粮食和物资储备局开展“学党史感党恩跟党走”主题党日活动。

2021 年 4 月 26 日，陕西省粮食和物资储备局组织举办领导干部党史学习教育和综合能力提升专题培训。

2021 年 8 月 2 日，陕西省粮食和物资储备局召开党史学习教育阶段性工作会议暨国防教育座谈会，组织开展军事训练活动。

甘肃省

基本情况

甘肃位于祖国的地理中心，地处黄河上游，位于黄土高原、青藏高原、内蒙古高原交汇处，是“一带一路”黄金路段。2021 年，全省地区生产总值 10243.3 亿元，比上年增长 6.9%。全省粮食种植面积 267.7 万公顷，比上年增加 3.8 万公顷。粮食产量 1231.5 万吨，比上年增产 2.4%。收购粮食 340.3 万吨、销售 390.9 万吨，收购食用油 55827.1 吨、销售 120784.7 吨。

2021 年工作

一 粮食安全责任制

甘肃省粮食和物资储备局协调发展改革、农业农村等 11 个部门，制定考核方案，优化考核指标，完成对 14 个市州政府 2020 年度粮食安全省长责任制“省考”工作。召开培训会议，收集印证材料，开展自评打分，向国家粮安考核办报送自评报告，按国家要求完成了 2020 年度“国考”任务。习近平总书记关于粮食安全党政同责要求提出后，深刻领会精神要义，密切关注政策动态，积极主动宣传汇报沟通，传导责任压力，凝聚粮安共识，全省上下粮食安全责任意识不断提升，“重农抓粮”的积极性、主动性进一步增强。

二 地方粮食储备建设和管理

全省地方储备粮数量真实、质量良好、储存安全，关键时刻调得动、用得上。认真推动粮食储备安全管理体制机制改革，13 个市州建立社会责任储备 2.8 万吨，政府储备、社会储备互为补充的储备格局基本形成；制定出台地方储备粮管理、成品粮管理、轮换管理、财务管理等制度，《甘肃省粮食储备安全管理办法》正在推动以省政府规章出台，地方储备粮管理制度体系不断完善；三级地方储备粮区域布局、品种结构不断优化；地方储备粮承储企业储备运营业务与粮食商业经营人员、实物、财务、账务管理“四分开”基本完成，保障地方粮食储备安全管理的运行体制机制正在形成。

三　物资储备管理

编制“十四五”应急物资储备体系建设规划，制定印发救灾物资回收和报废实施办法，开发设计信息管理软件，清查省级物资，抽查9个市州物资储备管理工作，全面摸清了物资数量、质量和库点布局情况。获得自然灾害防治体系建设中央专项资金2.73亿元，指导8个市州44个县区科学确定和购置了救灾物资。制定省级储备肉承储企业备选名录库管理办法，筛选11家企业入库。制定完善政府猪肉储备调节机制、做好猪肉市场保供稳价工作预案，推动10个市州落实临时收储计划，合理平滑“猪周期”波动。优化省级储备肉布局，增加了白银市、平凉市、甘南州3个储备区域。进一步规范肉、菜、糖等储备的日常管理，建立统计台账，经常性开展督导检查，时刻做好动用、投放准备。优化储备品类、规模、结构，在第13个全国防灾减灾日开展应急演练，确保关键时刻调得动、用得上。按照有关调运指令，快速反应、协同联动、高效组织，累计调运中央救灾物资5.7万件、省级救灾物资5000件，各市州按照实际需要调运市县级物资，保障了抗疫救灾急需。

四　粮食购销

立足省内、省外两个市场，在省内敞开收购、牢牢守住农民“种粮卖得出”底线，巩固拓展与河南、黑龙江等粮食主产省产销合作，推动形成主体多元、渠道多样、优粮优价的市场化收购新格局。发挥“一带一路”区位优势，支持省内粮食企业与省外、国外粮食企业开展广泛合作，引口粮入甘、输杂粮出省。按照《粮食流通管理条例》规定，指导538户粮食收购企业依法完成备案。宣传贯彻《粮食流通管理条例》，深入开展“亮剑2021”专项执法行动，全年开展执法督查993次，查处“未建立粮食经营台账”等案件10起，查办12325监管热线转办件3起，对涉粮违纪违法行为形成有力震慑，维护了粮食流通秩序。

五　粮食市场供给

聚焦粮食保供稳价主责主业，统筹实施政策性粮源投放、市场粮源调度、政府储备吞吐轮换等调控措施，修订完善并报请省政府办公厅印发《甘肃省粮食应急预案》，重新核定粮食应急保障企业2275个，覆盖全省的406个粮油价格监测点，及时预测、预报、预警市场粮油价格信息，各级粮食和物资储备部门适时发布权威信息，及时处置相关舆情，粮食市场运行平稳。特别在10月开始的新一轮疫情期间，及时启动监测预警机制，组织省级储备粮定向竞价交易拍卖专场，市场监控、舆论引导、供给保障共同发力，产购储运加销协同联动，有力保障了省内粮油稳定供给，应急保供能力再次接受了考验检验。

六 粮食产业发展

2021年，全省粮油工业总产值达到160亿元，比上年增加3亿元。在对全省2020年粮食产业发展情况进行统计摸底基础上，组织9个市州部分粮食企业召开座谈会，交流情况、解读政策、了解困难和需求，为推动出台引导支持粮食企业特别是民营企业发展的政策措施做好准备。争取国家粮食安全保障调控项目5个、获得中央投资补助3900万元，省发展和改革委员会支持省级预算内项目3个、获得省级投资补助3300万元，省军粮综合保障基地等4个项目争取到地方国债资金2.52亿元。已完成或即将完成的优质粮食工程及兰州、白银、天水、平凉4个粮食物流产业园区等重点项目的产业带动作用正在发挥，粮食产业发展基础不断增强。

七 保粮爱粮节粮工作

制定行业消防安全标准化管理规定，层层落实责任，推进安全生产专项整治三年行动。开展安全隐患大排查、春秋两季大检查，对15项安全储粮问题、20项安全生产问题建立台账，逐一整改到位。开展粮食节约行动，推进粮食产后“五代”服务，提高粮食企业“四散化”水平，科学保粮新技术新设备不断推广应用，全省科学保粮率稳定在96%以上。粮库智能化信息系统应用能力不断提升，远程管控、“穿透式”监管作用正在显现。省市县组织开展2021年世界粮食日和粮食安全宣传周活动49场次，发布国家及省市级粮食安全宣传教育基地15个，广泛宣传粮食安全知识，营造了爱惜粮食、杜绝浪费的良好社会氛围。

甘肃省粮食和物资储备局领导班子成员

段昌盛　党组书记、局长
王学书　党组成员、副局长
杨　峰　党组成员、副局长
马文静　党组成员、副局长

（撰稿单位：甘肃省粮食和物资储备局；撰稿人：贾峰；审稿人：刘建堂）

2021 年 6 月 22 日，甘肃省委副书记、省长任振鹤（左一）深入甘肃省天水粮油储备库有限公司，实地调研粮食储备和安全生产等工作。

2021 年 2 月 8 日，甘肃省副省长程晓波（左四）在兰州市调研粮油市场供应工作。

2021 年 10 月 16 日，世界粮食日和全国粮食安全宣传周活动之际，甘肃省在兰州新区开展“为党旗添光彩、为群众办实事”主题宣传活动。甘肃省粮食和物资储备局党组书记、局长段昌盛（右一），党组成员、副局长王学书（右二）在活动现场参观。

青海省

基本情况

青海省位于祖国西部，是长江、黄河、澜沧江的发源地，被誉为“江河源头”“中华水塔”。2021 年，全省常住人口 594 万人，比上年末增加 1 万人。生产总值 3346.63 亿元，按可比价格计算，同比增长 5.7%。粮食作物播种面积 302.41 千公顷，比上年增加 12.38 千公顷，主要品种包括小麦、青稞、玉米、豆类、薯类等。全年粮食产量 109.09 万吨，比上年增产 1.67 万吨；单位面积产量 3607 公斤 / 公顷。

2021 年工作

一 粮食安全省长责任制与法规制度建设

认真履行粮食安全省长责任制考核牵头职责，全面把握考核导向，细化市州考核指标，压实考核责任，顺利完成年度各项考核任务，成绩良好。圆满完成省对市（州）评审考核工作，其中，西宁、海东、海西、黄南 4 个市州为“优秀”，其他 4 个州为“良好”，优秀率同比增加。黄南、海南等地对责任制考核的重视程度不断增强，粮食安全责任进一步落地生根。认真组织新修订《粮食流通管理条例》的宣贯工作，制定《关于与时俱进做好粮食执法监督工作的实施意见》《青海省政府储备粮食质量安全管理办法》，充分发挥法治固根本、稳预期、利长远的保障作用，不断提升粮食流通监管和依法治理水平。联合省人大财经委、省发展和改革委员会，赴海东、海西开展粮食安全保障条例立法调研，进一步修改完善条例内容，稳步推进立法工作。

二 储备粮油管理体制机制改革

及时下达 2021 年省级储备粮油轮换计划，紧跟轮换进度，有效指导承储企业做好轮换工作。全省静态小麦、食用油、动态轮换大米全部完成轮换任务。坚持把“一规定两守则”作为“两个安全”工作的行为规范，认真开展春、秋季粮油普查工作，对省级储备粮进行了全面细致的自查和复查工作。对全省 21 家省级储备粮承储企业开展省级储备粮管理绩效考核，通过“拉网式”排查，发现各类问题 97 个，通过强化问题整改，进一步堵塞了管理漏洞，确保了储粮安全。结合实际研究制定《青海省省级政府储备粮轮换管理办法》《青海省地方政府粮油仓储管理办法》《青海省政府储备粮食质量安全管理办法》等 17 项制度，为进一步依法依规管理储备粮油夯实了基础。调整地方成品粮储备规模由原“8+5”模式为“10+5”，调增稻谷储备规模 4 万吨，调增青稞等特色高原农产品储备规模，促进实现产购储加销“五优联动”，稳定应急储备，进一步提升了全省粮食安全保障能力。与国家粮食和物资储备局青海局统筹建立青藏辖区中央事权粮食执法监督工作联席会议机制，与中储粮兰州分公司就建立健全储备粮管理联席会议机制达成一致，积极配合健全全国粮食储备布局地理位置信息和储备库存动态监管体系。联合印发《关于建立省级粮食加工企业社会责任储备的指导意见（试行）》，进一步增强全省粮食安全保障能力，夯实全省粮食安全基础。

三 安全储粮、生产和粮油质检

开展春、秋两季粮油普查和专项治理工作，围绕储粮安全、安全管理和“一规定两守”要求，对数量、质量、安全、账务、管理等情况进行全面检查，建立问题台账，以问责倒逼责任落实，促进安全储粮规范化管理，确保省级储备粮油储存安全、生产安全。以“双随机一公开”督导检查为契机，加大对重点区域、重点品种、重点企业政策成品粮的监管，充分发挥 12325 粮食流通监管热线作用，畅通投诉举报渠道，进一步夯实全省粮食流通监管基础。全面完成省级储备粮验收检验及出库检验工作，全年检测各类样品共计 1140 份。按时保质完成了全省库存粮食质量安全监测、收获粮食质量安全监测、收获粮食质量调查、军粮质量专项检查、“青海好粮油”产品遴选及监督抽查等专项检验监测任务。“5·22”玛多地震后，及时对果洛州政府储备粮食质量情况进行了全面摸排，并指导果洛州监测站对辖区内所有政策性粮油进行了一次全面检查和抽样检验，为后续应急保障供应工作做好了准备。按照粮食信息智能化项目建设要求，粮油质检工作初步实现了从扦样、检测到出具检测报告的全工作流程信息化。组织全省 7 个市州粮食质量监测站 10 名检验人员以“跟班带教”的方式开展了粮食质量安全监管法律法规、实验室运行管理和检测技术培训工作。积极指导海东市、海南州粮食质量监测站完成了项目建设任务，全面完成了“优质粮食工程”—粮食质量安全检验监测体系项目建设工作任务。

四 粮食收购交易、流通统计和应急调控

坚持市场化收购，密切跟踪市场动态，指导省内粮食储备、加工企业把握市场形势，做好粮食储备、采购、交易及加工工作。依托西宁国家粮食交易中心，全年完成储备粮轮换网上公开交易 5.77 万吨，交易金额 1.57 亿元。制定重大节假日、疫情防控期间粮油保供稳市方案，动态掌握储备轮换、成品粮油库存情况，统筹调度全省地方储备粮库存特别是成品粮库存，积极应对新冠肺炎疫情防控。针对“5·22”玛多地震期间个别地区出现抢购囤购等突发事件，积极组织粮油供应，稳定粮油市场，保障居民消费需求。强化全省粮油价格监测点数据采集工作，加大粮油市场预警监测力度、频率及供需信息发布，全年共编发周评 99 期、粮油信息网刊 12 期、价格监测周报 48 期、分析报告 4 期，为全省粮食行业及时提供价格信息参考。修订粮食流通统计制度，完成 7 大类统计年报统计分析上报和

粮油供需平衡、农户存粮 2 个专项调查等工作。修订完善省级粮食应急预案及实施细则，进一步明确部门职责、储备粮动用触发机制、处置方式方法，将应对疫情等突发事件下的市场保供等专项工作纳入预案。全面安排部署收购各项工作，统筹全省粮食收购情况和收购进度，指导省内粮食储备、加工企业把握市场形势，做好粮食储备、采购及加工工作。

五　规划编制及行业指导

实际完成《青海省“十四五”粮食行业发展规划》编制，提出建设粮食储备体系等 8 个方面、开展 6 大专项建设的总体思路和具体任务，并形成了“十四五”项目库。针对全省涉粮企业小散弱、市场化收购资金融资难的实际，进行专项调研并形成报告；政府出资统筹建立粮食收购贷款信用保证金，切实增强粮食企业融资和化解风险能力；按程序完成省属 5 家国有粮食企业公司制改革，指导果洛、黄南、海南、海西等地的国有粮食企业推进公司制改革。积极与新疆粮食和物资储备局沟通对接，做好省际间粮食产销合作相关事宜，签订《粮食产销战略合作协议书》，进一步加强了两省（区）粮食产销合作。持续巩固与其他 11 个省区市的战略合作关系，推动粮食产销合作向纵深发展。加快推进优质粮食工程项目。根据优质粮食工程三年实施方案，落实 2021 年省级配套资金 4000 万元，安排建设项目 32 个，督促市州落实配套资金及自筹资金，全面强化项目督导，强力推动项目建设。优质粮食工程“六大提升行动”，认真梳理并起草二轮优质粮食工程方案。

六　党建和队伍建设

加强党对全局工作的领导，切实把政治建设摆在首位，突出政治引领，增强“四个意识”，坚定“四个自信”，做到“两个维护”。扎实开展党史学习教育，坚持集中学习与个人自学相结合，规定动作与自选动作相结合，丰富学习内容，夯实学习成效，推动党史学习教育与做好中心工作两促进、两不误，确保高标准高质量完成党史学习教育各项任务。强化直属单位“五位一体”考核工作，采取平时考核和年终考核相结合的方式，完成年度经济责任目标、安全管理目标、重点工作目标、党支部目标、党风廉政建设责任目标等考核工作。加强干部职工思想淬炼、政治历练和实践锻炼，提升干部职工综合素质、创新意识和能力，进一步激发干事创业活力。突出干部作风建设，认真落实巡视整改，深化开展局属单位巡查，严格落实中央八项规定，强化执纪监督问责，狠抓效能建设，全局系统党风、政风、行风持续向好。

青海省粮食局领导班子成员

徐　强　党组书记、局长（2021 年 12 月任职）
白雪松　局党组成员、副局长（2022 年 6 月任职）
汪进魁　局党组成员、副局长（2022 年 6 月任职）

（撰稿单位：青海省粮食局；撰稿人：王艳秀；审稿人：韩百国）

2021 年 12 月 29 日，青海省粮食局党组书记、局长徐强（左二）一行前往青粮集团开展储备企业安全生产和粮食储备安全管理检查。

2021 年 6 月 22 日，青海省粮食局赴海东市循化县红光村红色教育基地开展党史学习教育暨主题党日活动。

2021 年 6 月 29 日，青海省粮食局组织开展“庆祝建党 100 周年歌唱党歌唱祖国主题红歌会”。

宁夏回族自治区

基本情况

2021 年，宁夏回族自治区粮食播种面积 689.3 千公顷，同比增加 10.1 千公顷，增幅 1.5%。其中，小麦 67.1 千公顷，同比减少 25.9 千公顷，减幅 27.9%；稻谷 50.9 千公顷，同比减少 10 千公顷，减幅 16.4%；玉米 367.4 千公顷，同比增加 44.7 千公顷，增幅 13.8%。全区粮食总产量 368.4 万吨，同比减少 12.1 万吨，减幅 3.2%。其中，小麦 19 万吨，同比减少 8.8 万吨，减幅 31.8%；稻谷 41 万吨，同比减少 8.4 万吨，减幅 17%；玉米 263.4 万吨，同比增加 14.3 万吨，增幅 5.8%。现有规模以上粮油加工业企业 170 家，年加工能力 743 万吨，加工总量 233 万吨，实现工业总产值 132 亿元。

2021 年工作

一 粮食安全保障得到新加强

一是认真落实粮食安全党政同责要求，将粮食安全工作列入 2021 年自治区党委督检考和效能目标管理考核，坚持强化考核压责任、领导挂帅抓关键、补齐短板创亮点、对标对表“挂图作战”、精准施策关口前移“五项措施”，形成一级抓一级、层层抓落实、责任一起扛的工作格局。

二是积极落实自治区储备粮增储调优计划，增加稻谷、玉米储备，压减小麦储备规模。截至 2021 年底，自治区储备粮油质量良好，储存安全，可保障全区总人口 4.5 个月的口粮供应量和 40 天的口油供应；市县级粮食安全保障能力持续增强。在疫情防控常态化期间，建立自治区临时储备粮油，在全国 11 个粮食产销平衡区中率先实现粮食综合保障能力 6 个月。

三是在永宁、平罗、青铜峡、中宁等县（市）建设自治区储备小麦、优质储备稻谷生产基地 13.3 千公顷，2021 年超额完成种植任务，实现了让“宁夏田”种出更多“宁夏粮”，让“宁夏仓”能装更多“宁夏粮”。

二 粮食和物资储备能力实现新提升

一是深入落实中办和自治区党办关于改革完善粮食储备体制机制加强粮食储备安全管理的文件精

神，细化改革内容 80 项，出台自治区储备粮油轮换管理、责任追究、建立企业社会责任储备等政策措施，妥善解决储备企业政策性业务与经营性业务分离问题。

二是稳妥有序推进脱钩改革工作，加强与国资委的对接协调，参与宁夏粮食集团有限公司组建和方案起草修改工作，组建方案已于 2021 年 12 月 31 日印发。积极做好宁夏粮食产业集团和宁丰宾馆的移交工作，2021 年 12 月正式与宁夏旅投签署协议，完成脱钩划转移交工作。稳步有序推进 6 家僵尸企业处置工作，向法院申请破产清算并得到受理。

三是重点围绕解决“储什么”“谁来储”“怎么储”的问题，在全国省级层面率先出台“救灾物资储备参考目录”。组织开展应急救灾物资大清查和救灾物资和代储商品检查，绘制《宁夏救灾物资储备布局图》《自治区行业主管部门物资储备分布图》，积极申请物资补库资金，做好自治区级物资采购入库工作，保障应急救灾物资储备需要。2021 年 10 月，自治区发生新冠肺炎疫情，第一时间分 23 批次紧急调运了帐篷、棉大衣、棉被、棉褥、折叠床等物资 1.8 万件，有力保障了疫情防控核酸检测点、交通要点和防疫卡口等物资需求。

三 粮食流通保障取得新成效

一是面对 2021 年大型养殖企业玉米供需告急，价格攀升至 1.6 元 / 斤的高位，玉米出现“买粮难”“买粮贵”的情况，通过研判及时启动保供稳市调控机制，向区内 58 家养殖、饲料企业定向销售调控玉米 6.5 万吨，实现了企业增效和市场稳定双赢。秋粮收购期间，全区收购市场低迷，部分质量较差稻谷无人收购，出现稻谷“卖粮难”。通过再次启动调控粮源收购机制，由宁储粮公司依质论价、挂牌收购，守住了“种粮卖得出”底线，保护了种粮农民利益和积极性。

二是指导督促市县建立成品粮储备 1.7 万吨、企业社会责任储备 1.5 万吨；建立应急粮油加工企业 74 家、成品粮配送中心 46 家、应急供应网点 307 家；全区应急成品粮储备 1.8 万吨，可满足全区 7 天市场供应；全区应急粮油加工企业日加工能力达 1.3 万吨，网点日供应能力达到 1.1 万吨，保证了疫情期间全区粮油市场供应充足、价格稳定，交出了合格答卷。

三是主动融入国家粮食战略，加强闽宁粮食协作，积极开展宁夏（中卫）“一带一路”粮食储加销基地研究和建设工作。

四 粮食产业发展迈出新步伐

一是深入实施优质粮食工程，着力打造“产购储加销”全产业链体系，全区共落实优质粮食种植面积 27.3 万公顷，建设“好粮油”示范县 5 个、示范企业 30 家，建成粮食产后服务中心 64 个，培育中国“好粮油”品牌 4 个、宁夏“好粮油”品牌 61 个。组织实施自治区粮食产业化项目 16 个，带动社会投资近亿元，粮油精深加工综合利用水平进一步提升。

二是宁夏粮食和物资储备发展“十四五”规划首次进入自治区“十四五”重点专项规划，自治区政府办公厅已于近日印发。紧扣未来五年国家支持重点和投资方向，建立“十四五”粮食产业发展和物资储备项目库，谋划 25 个重点项目、152 个储备项目，确保谋划一批、储备一批、实施一批，为推动粮食和物资储备高质量发展提供持续动力。

三是认真贯彻落实《粮食节约行动方案》工作任务要求，牵头制定贯彻落实任务分工和实施方案。建立健全粮食安全宣传教育长效机制，培育 2 个国家级和 12 个自治区级粮食安全宣传教育基地。联合有关部门印发《2021 年全区开展节粮减损和反对浪费活动的实施方案》。充分利用粮食科技周、世界粮食日和粮食安全宣传周活动，集中宣传节粮减损反对浪费，发出“节粮减损、反对浪费，从我做起”倡议，并开展公开承诺签名活动。制作粮食节约宣传公益广告和专题片，在区、市、县电视台投放，积极营造爱粮节粮反对浪费的良好氛围。

五 依法治粮管粮实现新发展

一是印发粮食购销领域腐败问题专项整治工作实施方案及五个子方案，围绕“人、责、粮、库、钱”，落实主管监管责任，开展粮食企业和基层粮库拉网式检查，取得了阶段性成效。

二是扎实推进“亮剑 2021”专项执法行动，累计开展执法督查 400 余次、检查粮食经营企业 1366 家，查办涉粮案件 24 起，办理国家 12325 热线转办案件 8 件，粮食流通领域行政执法工作取得突破性进展。

三是认真贯彻落实《粮食流通管理条例》，及时调整完善权责清单，实行目录化、编码化、动态化管理。制定出台自治区地方储备粮质量安全管理、仓储管理、区级应急救灾物资储备管理、应急救灾代储商品等办法规定，圆满完成国家政策性粮食出库监管任务。

六 安全稳定廉政底线工作展现新作为

一是扎实推进安全生产专项整治三年行动，开展“双百行动”、春秋季粮油安全普查，建立健全长效机制，全系统全年未发生安全生产事故。认真履行粮食质量安全监管职责，强化粮食质量安全风险监测，完成监测样品 2609 份，坚决守住“舌尖”上的安全，自治区粮食和物资储备局被评为“2020 年全国粮食质量安全工作优秀单位”。

二是及时启动粮油监测日报制度，紧密跟踪市场动态，适时主动发声，积极引导市场预期，确保了全区粮油市场供应充足、价格稳定，保障社会经济发展“压舱石”“稳定器”作用更加彰显。

三是全面加强监督执纪问责，灵活运用“四种形态”，保持正风肃纪的高压态势，深入开展工程建设、政府采购等重点领域突出问题专项治理工作，持续强化全面从严治党，切实守住廉洁从政底线。

七 全面从严治党开创新局面

一是以党史学习教育为主线，深入学习贯彻习近平新时代中国特色社会主义思想、习近平总书记视察宁夏重要讲话精神和对粮食和物资储备工作的重要指示批示精神等，通过举办专题读书班、专家辅导、主题演讲比赛等形式，强化广大党员干部职工“感党恩 跟党走”的政治自觉。

二是以争创“三个一流”为抓手，全面深化“三强九严”工程，制定党建工作要点，抓紧抓实党支部规范化管理，组织机关党委、机关纪委换届，开好局党组民主生活会和支部组织生活会。扎实开展“我为群众办实事”活动，梳理出8大实事16项具体任务，切实把好事办好、把实事办实。深化支部评星定级和党员评星定格双评双定，开展支部品牌创建。全年新晋5星级党支部1个，新晋四星级党支部4个，新发展党员9人。1个党支部被区直机关列入示范名录，1个微党课获区直机关三等奖；2名党员获国家粮食和物资储备局和自治区级表彰，29名党员和8个党支部获自治区机关工委和局机关表彰。

三是做好干部选拔任用，通过提拔晋级、交流轮岗、跟班学习、挂职锻炼、交流任职等形式，激励干部担当作为。全年提拔16人，内部轮岗交流24人，交流使用3人。

四是制定全面从严治党党风廉政建设和反腐败工作要点及全面从严治党“三个清单”，逐级签订党风廉政建设责任书，组织开展“廉政警示教育周”活动，安排党支部书记讲廉政党课，观看廉政警示教育片，参观廉政警示教育基地，以学促思、以案示警、以法促行效果明显。

五是扎实开展违规吃喝隐形变异问题和贯彻落实中央八项规定精神情况开展自查自纠，集中组织全体党员开展酒驾案件专题警示教育，释放驰而不息纠治“四风”的强烈信号。

六是严格落实意识形态领域形势分析研判制度，建立网络信息员队伍和网络评论员队伍。严格落实信息发布“三审三校”制度和讲座论坛报备制度，全年发布各类信息2000余条，政务新媒体推送566篇，无一问题。组织对各类微信公众号、工作群进行清理，对保留的工作群按照“谁建立、谁管理，谁使用、谁负责”的要求压实工作责任。严格落实重要时间节点24小时值班制度，对门户网站进行全时段监控。

宁夏回族自治区粮食和物资储备局领导班子成员

蒋文斌　党组书记、局长（2022年8月任职）
杨　刚　党组书记、局长（2022年1月离任）
霍振祥　二级巡视员（2022年4月任职）
褚一阳　党组成员、副局长（2021年9月离任）
王登科　党组成员、副局长（2021年1月任职）
金永灵　党组成员、副局长（2021年2月任职）
任洪峰　二级巡视员（2022年2月退休）

（撰稿单位：宁夏回族自治区粮食和物资储备局；撰稿人：白冰；审稿人：王登科）

2021 年 6 月 15 日，宁夏回族自治区粮食安全考核工作领导小组办公室主任，自治区粮食和物资储备局党组书记、局长杨刚（前排中）参加自治区原粮储备生产基地现场观摩暨推进会。

2021 年 6 月 18 日至 20 日，宁夏回族自治区粮食和物资储备局党组书记、局长杨刚（前排左一）在第十七届粮食产销协作福建洽谈会宁夏展厅巡展。

2021 年 6 月 29 日，宁夏回族自治区粮食和物资储备局召开庆祝中国共产党成立 100 周年表彰大会。

新疆维吾尔自治区

基本情况

2021 年，新疆维吾尔自治区粮食种植面积 2371.65 千公顷，比上年增长 6.3%，粮食产量（含薯类）1735.78 万吨，比上年增加 152.38 万吨，增产 9.6%。其中：小麦种植面积 1135.25 千公顷，增长 6.2%，产量 639.75 万吨，增产 9.9%；玉米种植面积 1110.26 千公顷，增长 5.6%，产量 1012.65 万吨，增产 9.1%；油料种植面积 113.17 千公顷，下降 36.1%，产量 54.4 万吨，减产 36.4%。全区累计收购粮食 996 万吨，其中小麦 337 万吨。

2021 年工作

一　粮食收储改革持续深化

深入贯彻自治区改革完善体制机制加强粮食储备安全管理的实施意见，修订《自治区地方储备粮管理办法》《自治区粮食应急预案》，完善地方储备粮仓储、质量、轮换、交易等配套制度。储备规模不断壮大，自治区和各地稳步扩大粮食储备规模，新增小包装食用植物油地方储备 1.1 万吨，全区成品粮油储备保障天数提高到了 15 天以上。自治区储备粮区域布局不断优化，连续两年调增南疆储存指标。粮食收储市场化改革不断深化，取消粮食收购资格许可，提高应急收购价格，支持粮食企业增信贷款，粮食市场营商环境进一步优化。发挥储备粮吞吐调节作用，完成自治区级储备粮油轮换 31 万吨，投放国家临储小麦 15 万吨，保障了市场供应。强化监测预警，做好供需分析和信息发布，稳定了市场预期。

二　规划引领持续强化

完成行业规划编制工作，印发自治区“十四五”粮食产业高质量发展规划、粮食流通和物资储备基础设施规划，谋划储备重大项目 53 个，总投资 21 亿元，将阿克苏、和田、塔城纳入国家“十四五”规划粮食物流节点。争取中央投资补助 1.28 亿元，塔城、吉木乃粮食物流园项目全面开工建设，阿克苏、和田、库尔勒、若羌粮食物流园等项目前期工作进展顺利。对口援疆工作稳步推进，全国粮食和物资储备系统对口援疆工作会议成功召开，印发《关于进一步促进新疆粮食和物资储备事业高质量发展的意见》，初步落实“十四五”援疆项目 34 个、总投资 3.18 亿元。和田地区落实“十四五”援疆资金 1.82 亿元，用于新建和改造仓储物流设施。

三 产业经济持续向好

粮油龙头企业发展势头良好，全区入统粮油加工企业工业总产值达到 446 亿元，同比增长 17%，利润 35.6 亿元，同比增长 60.4%。国有粮食企业改革发展取得新成效，和田昆仑粮油集团公司成立。“优质粮食工程”158 个重点项目全面建成并投入使用，84 个粮食产后服务中心和 51 个粮油质检项目在粮食购销中发挥了重要作用，23 个“中国好粮油”企业全产业链发展示范效应明显。新疆粮油品牌知名度不断提升，“新疆面粉”区域品牌影响力不断扩大，“奇台面粉”等一些品牌受到消费者青睐，天山面粉等 7 个产品被评为“中国好粮油”产品。

四 物资储备管理持续规范

制定印发自治区级救灾物资储备管理办法，健全完善救灾物资统计制度，完成区级储备物资清查工作，摸清了家底，夯实了物资保障基础。区级物资布局持续优化，新增代储点 9 个。完成 600 万元物资采购补库工作，与京东、南航等企业签订紧急调运协议，向“4·10”呼图壁煤矿透水事故、伊犁州等 7 地冬春救灾调运物资 3.8 万余件。救灾物资储备库建设加快推进，自治区救灾物资储备库北疆分库（奎屯库）通过竣工验收，乌鲁木齐中央级救灾物资储备库喀什分库建设全面启动，投资 2776 万元推动建设 12 个县（市）救灾物资储备库。

五 专项整治扎实推进

深入开展粮食购销领域腐败问题专项整治，坚持刀刃向内、自我革命，紧盯主管监管责任和国有粮食企业执行责任深入开展自查自纠，各级粮食和储备部门深入自查主管监管问题，建立问题台账，边查边改边治，强化建章立制，着力堵塞漏洞、补齐短板。主动接受“政治体检”，全力配合做好专项巡视巡察工作。各级粮食和储备部门全面开展粮食流通“亮剑 2021”专项执法行动，集中力量、从严从重查处涉粮违法违规案件 46 件，罚款 57 万元，没收违法所得 60.36 万元，形成了有力震慑，“强监管”态势初步形成。

六 党的建设全面加强

及时跟进学习习近平新时代中国特色社会主义思想和党的创新理论，精心组织开展党史学习教育，有力有序推进“我为群众办实事”实践活动，解决了一大批群众“急难愁盼”的问题，扎实开展建党 100 周年系列庆祝活动。以党的政治建设为统领，大力推进支部标准化建设，组织开展“百名书记讲党课”“学讲研”等系列活动，深入开展“让党中央放心、让人民群众满意”的模范机关创建和“讲政治、守纪律、懂规矩”活动。圆满完成机关党委、机关纪委换届选举。成功举办全区粮食储备安全管理改革暨信息化建设专题培训班。着力加强干部队伍建设，持续加强和改进作风，全面从严治党呈现新气象。

新疆维吾尔自治区粮食和物资储备局领导班子成员

葛　标　自治区发展和改革委员会党组成员，自治区粮食和物资储备局党委书记、副局长（2021 年 4 月任职）

孙永建　自治区发展和改革委员会党组成员，自治区粮食和物资储备局党委书记、副局长（2021 年 4 月免职）

谢　斌　党委委员、副局长

阿木提·塔西铁木尔　党委委员、副局长

马雪渊　党委委员、副局长

郑栋梁　党委委员、副局长（援疆干部）

杨振立　总经济师、一级调研员

张　伟　二级巡视员（2021 年 1 月任职）

（撰稿单位：新疆维吾尔自治区粮食和物资储备局；撰稿人：李海丹；审稿人：邱杰）

2021 年 11 月 1 日，新疆维吾尔自治区党委常委、常务副主席陈伟俊（中）到自治区粮食和物资储备局调研指导工作，专题研究审议《新疆维吾尔自治区粮食应急预案》。

2021 年 9 月 15 日，新疆维吾尔自治区党委常委、副主席艾尔肯·吐尼亚孜（右二）调研指导救灾物资储备管理工作。

2021 年 12 月，新疆维吾尔自治区发展和改革委员会党组成员，自治区粮食和物资储备局党委书记、副局长葛标（前排中）看望慰问“访民情、惠民生、聚民心”工作队员。

新疆生产建设兵团

基本情况

2021 年，新疆生产建设兵团（以下简称“兵团”）生产总值 3395.61 亿元，比上年增长 8%。全年社会消费品零售总额 817.08 亿元，比上年增长 17.0%。城镇居民人均可支配收入 43226 元，比上年增长 5.6%；连队居民人均可支配收入 27384 元，比上年增长 11.7%。2021 年，兵团粮食播种面积 300.14 千公顷，比上年增长 15.5%；全年粮食产量 280.88 万吨，比上年增长 16.3%。其中：小麦种植面积 140.67 千公顷，比上年增长 24.8%，产量 99.85 万吨，比上年增长 30.4%；玉米种植面积 128.59 千公顷，比上年增长 10.1%，产量 154.12 万吨，比上年增长 12.0%；水稻种植面积 15.63 千公顷，比上年减少 14.1%，产量 15.43 万吨，比上年减少 15.0%。

2021 年工作

一　认真抓好夏粮和秋粮收购工作

加强与自治区粮食和物资储备局沟通协调，将兵团纳入自治区小麦收购应急预案实施范围，做到同区域同政策。会同自治区粮食和物资储备局印发《2021 年自治区小麦收购应急预案》并向各师市印发《关于切实做好夏粮收购工作的通知》《关于切实做好 2021 年秋粮收购工作的通知》，要求各师市进一步提高政治站位，全力以赴抓好夏粮秋粮收购工作，牢牢守住农户“种粮卖得出”的底线。今年粮食收购工作顺利开展，收购价格在 2.19—2.5 元 / 公斤，兵团没有出现“卖粮难”等问题。结合夏粮收购工作，完成了小麦储备轮换任务。

二　抓好新收获粮油质量监测

制定《2021 年度兵团粮食质量安全监测工作实施方案》，根据兵团粮食产量，结合兵团现有检测机构检测能力，安排 2021 年国家级粮食质量安全监测任务小麦 16 份，兵团级粮食质量安全监测任务 100 份，其中，稻谷 18 份，小麦 63 份，玉米 19 份。共完成国家级任务 16 份，兵团级任务 100 份，检测合格率 100%，切实守护好广大群众“舌尖上的安全”，推动粮食产业高质量发展。

三 开展“亮剑 2021”专项执法行动

积极参加并贯彻落实全国粮食流通“亮剑 2021”专项执法行动暨夏粮收购监督检查动员部署视频会议，印发《关于开展粮食和物资储备有关工作自查的通知》，要求各师市按照粮食流通专项执法行动的要求开展自查自纠。同时，对四师、六师粮食流通领域执法情况进行抽查，切实解决粮食流通领域存在的问题。

四 编制印发粮食和物资储备专项规划

高质量高标准编制《新疆生产建设兵团“十四五”粮食和物资储备发展规划》。与国家粮食产业研究所对接，在修改完善《新疆生产建设兵团“十四五”粮食和物资储备发展规划（征求意见稿）》的基础上，征求相关部门意见和建议。2021 年 8 月，兵团发展和改革委员会组织专题讨论研究；2021 年 9 月，兵团发展和改革委员会主任办公会议第 14 次会议审议通过《规划（送审稿）》，于 11 月向社会公开发布，持续做好相关解读和贯彻落实工作。

五 完善应急体系建设

一是根据《粮食流通管理条例》《新疆生产建设兵团突发事件总体预案》要求，兵团发展和改革委员会牵头起草《新疆生产建设兵团粮食应急预案》初稿，按程序报请兵团行政常务会议审议，待审议通过后以兵团办公厅名义印发。

二是天康生物股份有限公司被确定为第一批国家级粮食应急保障企业。

三是积极开展 2021 年粮食应急保障企业申报审核和统计工作。2021 年，兵团粮食应急保障信息系统共有 27 家粮食应急加工企业，1 家储运企业，187 个供应网点。27 家应急加工企业日加工能力 1.1 万吨，可满足兵团辖区 348 万人 6 天以上的需要。总体上看，兵团加工、供应、储运的粮食应急保障体系已基本建立。

六 扎实开展粮食购销领域专项整治

一是摸底兵团现有涉粮企业情况，做到底数清、情况明。兵团现有涉粮企业 54 家，其中国有涉粮企业 15 家，民营涉粮企业 39 家。承担政策性粮食收储任务企业 1 家。

二是提出落实会议精神的工作建议，对承担政策性粮食收储任务的 1 家企业进行重点专项检查。

三是制定专项检查工作方案。会同兵团财政局印发《关于开展粮食购销领域腐败问题专项检查工作的通知》。

四是按照兵团纪委监委的统一部署，派两名同志参加七届兵团党委巡视“回头看”和涉粮问题专项巡视，对专项整治工作再落实再检查。

五是扎实开展检查工作，形成专项整治报告。在全面开展专项整治工作后，形成专项整治情况报告并报送国家粮食和物资储备局。

六是强化整改，建立长效机制。印发《新疆生产建设兵团储备粮质量安全管理办法》《新疆生产建设兵团储备粮仓储管理办法》《新疆生产建设兵团级储备粮轮换管理办法》等规章制度，依法依规强化监管，建立健全长效机制，守好粮食安全底线。

七 开展节粮减损工作

一是加大节粮爱粮宣传力度，积极组织开展世界粮食日和节粮爱粮宣传活动周。在兵团和师市机关、学校等场所举办节粮爱粮宣传活动，发放各类宣传品3.2万余份（条），共2万余人次参加。

二是确定发布粮食安全宣传教育基地。会同兵团农业农村局、教育局等部门确定2家单位为兵团省级粮食安全宣传教育基地，一师阿拉尔市文化馆被确定为第三批全国粮食安全宣传教育基地。

三是根据中共中央办公厅、国务院办公厅印发《粮食节约行动方案》精神，起草《新疆生产建设兵团粮食节约行动实施方案》初稿。

八 持续推进物资储备能力建设

一是正式启用新建兵团级救灾物资储备库。9月1日至9月8日开展“兵团本级救灾物资储备库移库搬迁”工作，救灾物资搬迁至兵团本级救灾物资储备库。共计搬迁救灾物资五大类36项，两万余件。兵团本级救灾物资储备库按照救灾物资的种类、属性、规格等特性规划布局、科学上架、码放整齐。

二是规范物资储备管理。开展物资储备质量数量大清查工作。梳理物资储备管理情况，确保物资储备底数清、质量好、管理安全。组织相关师市做好采购的救灾物资验收入库，确保救灾物资数量真实、质量达标。

三是保障应急需求。支持第四师可克达拉市做好疫情防控工作。

四是开展安全生产检查。2月、8月期间赴第六师五家渠市、第八师石河子市进行安全生产大检查，确保粮食和物资储备安全、保障到位。

五是会同兵团应急管理局、财政局印发《关于规范兵团本级救灾物资代储管理的通知》，且要求各师市从提高政治站位，确保救灾物资储得好，关键时刻调得动、用得上。

新疆生产建设兵团发展和改革委员会（兵团粮食和物资储备局）领导班子成员

张生龙　党组书记、主任
刘庆发　党组成员、副主任、一级巡视员
宋秀民　党组成员、副主任（援疆干部）
邓燕红　党组成员、副主任
于云方　党组成员、副主任
邢　涛　党组成员、副主任（2022年8月调离）

（撰稿单位：新疆生产建设兵团发展和改革委员会（兵团粮食和物资储备局）；
撰稿人：陈晖；审稿人：李澎涛）

2021 年 6 月 4 日，新疆生产建设兵团党委副书记、司令员彭家瑞（前排左二）参加兵团发展和改革委员会（兵团粮食和物资储备局）第一党支部、第二党支部主题党日活动，重温党的历史，缅怀革命先烈，传承红色基因。

2021 年 6 月 30 日，新疆生产建设兵团党委常委、副司令员姚新民(左二）赴兵团发展和改革委员会(兵团粮食和物资储备局）调研。

2021 年 6 月 28 日，新疆生产建设兵团发展和改革委员会（兵团粮食和物资储备局）以“赓续力量再出发 五强发改谱新篇”为主题，开展庆祝建党 100 周年主题活动。

大连市

基本情况

2021 年，大连市地区生产总值 7825.9 亿元，增长 8.2%；一般公共预算收入 737.6 亿元，增长 5%；规模以上工业增加值增长 15%；固定资产投资增长 1.2%；社会消费品零售总额 1909.7 亿元，增长 4.5%；居民消费价格涨幅 1.4%；城乡居民人均可支配收入分别为 50531 元和 23763 元，分别增长 6.7% 和 10.2%；粮食播种面积 26.86 万公顷，产量 132.9 万吨。食用植物油年产量达 40 多万吨。全年共收购粮食 116.9 万吨，同比增长 64.2%。

2021 年工作

一 粮食安全保障体系建设和地方储备粮轮换调整

针对粮食安全保障能力存在的短板，实施粮食仓储设施等粮食安全项目三年（2021—2023 年）建设计划，主要支持“粮食绿色仓储、质量追溯、应急保障能力、节粮减损健康消费”提升等四个方面项目建设，2021 年批准实施 7 个项目，市政府投资补助 4213 万元。提高粮食收储保障能力，有效保障储备粮安全。全年下达市级储备粮轮换计划，完成新轮入市级地方储备粮数量、质量验收，确保地方储备粮数量准确，质量良好。会同市财政局、农发行印发《关于调整大连市地方储备粮计划的通知》和《关于调增市级储备粮品种计划的通知》。调整地方储备规模，主城区的应急成品粮储备达到 15 天以上市场供应量的要求。

二 粮食监测预警和粮食产销合作

做好国家和省级重点粮食价格监测，做好全市 82 家重点企业成品粮油库存、销量、价格每周监测，监测粮油市场运行情况，适时公布市场信息，稳粮价、稳市场、稳预期。疫情期间，统筹调度，保证粮油储备充实、市场供应充足、价格基本稳定。陈绍旺市长率大连市代表团赴哈尔滨市、长春市对接“北粮南运”等工作，期间分别与哈尔滨市粮食局、长春市粮食局签订了《粮食产销合作框架协议》，相关粮食企业签订粮食购销合作协议 11 份，达成粮食购销意向 221 万吨，总金额 59.3 亿元。另外还与沈阳市粮食和物资储备局和新疆生产建设兵团农八师发展和改革委员会签订《粮食产销合作框架协议》，做好粮食产销衔接，强化粮源筹措保障。

三 粮食安全省长责任制与粮食科技宣传

2020 年度粮食安全省长责任制考核结果位列辽宁省第二，连续第 5 次获评优秀等次。落实分级考核责任，完成对涉粮区市县的考核任务。建立安全工作协调机制，加强信息联络、情报会商和危机管控，统筹做好维护粮食安全的各项工作。加强科技宣传，举办粮食科技宣传周和世界粮食日等爱粮节粮宣传活动。2021 年第 41 个世界粮食日和粮食安全宣传周紧扣“发展粮食产业助力乡村振兴”主题，立足当前粮食安全形势，引导绿色消费、健康膳食、爱粮惜粮、节粮减损等内容，通过粮食品种实物样品、粮食检验仪器设备、大米食味品质品鉴、健康绿色产品、党建等 6 个部分集中展示。采取中山公园主会场和旅顺、长海、瓦房店、普兰店和庄河 5 个分会场，上下联动、同步展开等鲜明特色，强化爱粮节粮意识。

四 粮食与物资应急保障建设

依据国家《粮食应急保障企业管理办法》的要求，争取财政资金支持，积极鼓励社会企业参与应急保障体系建设，在主城区范围内按照“每 3 万人应至少有 1 个应急供应网点”的标准确定应急供应网点 128 个。“11 · 3”新冠肺炎疫情发生后，各网点积极响应配合政府调控要求，持续加大粮油等重要民生商品的供应，有效稳定了粮油市场，整个供应体系经受住了疫情考验。印发《大连市市级救灾物资调拨协调机制（试行）》《大连市市级救灾物资管理工作制度》《大连市救灾物资应急保障预案》，强化协同配合，形成工作合力，进一步明确各相关部门职责分工和管理制度，理顺调拨程序，提出动用决策、调运、接收、发放、回收等方面工作要求，建立信息通报、应急联络、会商研判、资源共享、物资监督等工作机制。指导完成市级救灾物资调运，有效保障防台防汛和疫情防控等工作。积极推进储备库升级改造，夯实物资储存基础，完成储备库升级改造项目，调整了市级储备糖规模和承储企业，完成市级储备糖审计和费用拨付工作。

五 行业安全管理

提高思想站位，深入落实新《安全生产法》“三管三必须”要求，层层落实责任，坚持以涉爆粉尘三年行动为主线，把省粮食局和市安委会相关会议和文件精神作为重要抓手和依据，依法依规履行安全监管责任，加强调度、开展督导检查、组织全行业安全演练和培训，在消除盲区漏洞，不断提升安全生产监管能力和水平上取得了较好的成绩，指导帮助粮食企业加强安全管理，落实企业主体责任和各区市县粮食行政管理部门属地监管责任。实现了全年安全储粮、安全生产无事故。

六 粮食安全监管和质量安全检验监测

建立检查对象和执法检查人员名录库，实施“双随机一公开”“四不两直”等执法监管方式，加强事中事后监管。组织开展了 2021 年政策性粮油库存检查、粮食流通“亮剑 2021”专项执法行动、秋粮收购监督检查等以及 2021 年度库存检查发现问题整改和整改“回头看”工作，及时处置了 1 起玉米储存质量超标问题。配合做好粮食购销领域腐败问题专项巡察、专项整治工作，做好对区市县专项巡察工作的调度和指导，真正形成省市县专项巡察三级联动，全力配合组织开展部署专项巡察和专项整治工作。2021 年，共完成粮食质量风险监测任务 1548 批次；行业内委托检验任务 49 批次。创新式开展年度粮食质量调查、品质测报及安全监测工作。

大连市发展和改革委员会（粮食和物资储备局）领导班子成员

冷雪峰　党组书记、主任（局长）（2021 年 12 月任职）
邵龙馥　党组成员、市发展改革研究中心主任
肖生滨　党组成员、副主任（副局长）
兰良生　党组成员、副主任（副局长）
耿世忠　党组成员、副主任（副局长）（2022 年 1 月任职）
叶景岩　党组成员、副主任（副局长）（2022 年 3 月任职）

（撰稿单位：大连市发展和改革委员会；撰稿人：许成波；审稿人：王鹏）

2021 年 1 月 19 日，大连市举行市委涉粮问题专项巡察情况反馈会议，市发展和改革委员会（粮食和物资储备局）党组书记、主任（局长）冷雪峰（前排右三），市委巡查办主任佟永光（前排右四），市委常委、副市长方铁林（前排左四），市委巡察组组长宋黎（前排左三）出席会议。

2021 年 3 月 29 日，大连市发展和改革委员会与驻委纪检组对粮油市场开展调研。市发展和改革委员会（粮食和物资储备局）党组书记、主任（局长）冷雪峰（左一），党组成员、副主任（副局长）耿世忠（左二），纪检组长解红梅（右一）参加调研。

2021 年 3 月 17 日，大连市发展和改革委员会与驻委纪检组开展成品粮油保供稳市调研和安全督导检查。市发展和改革委员会(粮食和物资储备局）党组成员、副主任(副局长）耿世忠(右一）参加调研。

青岛市

基本情况

青岛是计划单列市、副省级城市、中国沿海重要中心城市和滨海度假旅游城市、国际性港口城市。2021 年，青岛市生产总值 14136.46 亿元，比上年增长 8.3%。全市粮食播种面积 720.1 万亩，粮食总产量 312.8 万吨，比上年增加 8.2 万吨，增长 2.7%，连续 4 年保持在 300 万吨以上。夏粮产量 143 万吨，增长 7.2%；秋粮产量 169.8 万吨，下降 0.8%。2021 年，收购粮食 195.3 万吨，其中，收购小麦 161.9 万吨、玉米 32.4 万吨。销售粮食 1158.0 万吨。粮食商品量为 195.3 万吨。全年粮食购销总量为 2163.5 万吨。全市粮食工业总产值实现 640.65 亿元，同比增长 14.8% ；销售总收入 804.97 亿元，同比增长 16.6%。

2021 年工作

一 强化粮食收储管理，提升仓储规范化管理水平

一是圆满完成夏粮收购工作。落实最低收购价执行库点，协调落实收购资金授信 9.9 亿元，在全市设置收购点 190 余个，准备收购仓容 68.4 万吨，输送机、清筛机和检化验仪器等机械设备 1249 台，培训人员 474 人次。建立夏粮收购五日报制度，全市收购小麦 58.34 万吨，同比增长 25%，创近年来新高。全市粮食企业市场收购小麦 161.9 万吨、玉米 32.4 万吨。

二是地方储备粮管理机制不断完善。制定 2022 年市级储备粮油轮换计划，建立市级储备粮动态管理台账，每周调度轮换进度，指导粮食储备企业把握市场形势，完成年度储备粮轮换，确保了储备粮油质量安全。督导承储企业严格储备粮入库质量管理，确保入库粮食符合规定质量标准。优化市级粮食储备和管理机制，改革承储企业选定方法，通过公开竞争方式新增市级成品粮储备，城区成品粮储备保障 15 天以上的市场供应，保障市场供应基础更加牢固。成立山东省粮油交易中心青岛分中心，推动储备粮网上公开交易。

三是粮食仓储设施监管有力。组织开展了仓储规范化管理提升年活动，组织开展了规范化管理现场会、仓储信息化建设现场会，举办了仓储单位业务比武，进行了查仓记录和应急预案演练资料评比，培树了全市规范化管理示范库、规范化管理标准仓。完成了仓储动态监管体系建设，补助资金

549 万，安装摄像头仓房总数达 276 口，加速信息技术与粮食仓储业务深度融合、粮食仓储企业数字化转型发展，实现地方储备粮管理流程规范化、业务数据电子化、远程监管可视化，进一步提高了全市粮食仓储企业监管效能。完成国信粮食产业发展有限公司莱西库建设项目，项目总投资 1.33 亿元，库容 9.3 万吨。

二 强化粮食应急保供，夯实粮食安全保障体系

一是粮食应急管理体系不断完善。制定工作方案，明确认定标准和程序，经第三方机构评审和公示，确定了市级粮食应急保障企业。市、区（市）两级认定粮食应急加工企业 19 个，粮食应急配送中心 21 个，粮食应急储运企业 20 个，粮食应急供应网点 360 个，满足了全市粮食应急加工、成品粮油储备轮换、应急储运、应急配送和应急投放的需要。胶东经济圈省级区域性粮食安全应急保障基地项目顺利落户青岛，省财政股权投资 7000 万元。

二是加强救灾物资储备管理。会同有关部门确定 2021 年市级救灾物资采购计划和资金安排，完成年度物资采购 550 件。扎实推进救灾物资规范化管理，建立救灾物资紧急调运应急工作机制，确保储备物资存放安全、质量良好，调得动、用得上，组织紧急出库 2 批次应急救生包 122 件，有力保障了海上溢油事故处置。认真做好防疫物资保管、监管和供应工作，全年接收防疫物资 563 万件、发放 668 万件。积极参与防汛抗旱、森林灭火、地质灾害、非煤矿山救援、重大突发事件应急等 54 个预案规划的编写工作。

三 强化粮食品牌建设，推进粮食产业高质量发展

一是粮食产业经济再创历史新高。全市共有 92 个粮油加工企业纳入统计范围，其中小麦粉加工企业 28 家、食用植物油加工企业 13 家、大米加工企业 3 家、粮食食品加工企业 13 家、饲料生产企业 31 家、制酒企业 4 家。工业总产值达到 640.65 亿元，较 2020 年同比增长 14.8%，位列全省第二；销售总收入 804.97 亿元，较 2020 年增长 114.39 亿元，同比增幅 16.6%；年粮食生产能力 1075.05 万吨，较 2020 年增长 57.36 万吨，同比增幅 5.6%。

二是优质粮食工程深入推进。落实“中国好粮油”行动计划，积极组织青岛市粮油企业参与“齐鲁粮油”品牌建设，先后参加西安、福建、泰安、西宁等地市粮油展以及“齐鲁粮油六进”活动，集中推介优质粮油产品，达成合作贸易 1 亿多元。完成了 2019 年度“中国好粮油”行动计划示范项目建设验收及绩效评价工作。推荐 9 家企业参加山东省 2021—2022 年度优质粮食工程项目方案评审，项目总资金 8.13 亿元。11 个优质粮油产品被评选为省级“好粮油”产品，6 个优质粮油产品被评选为“中国好粮油”产品。

三是爱粮节粮宣传活动扎实开展。历时 5 个月在全市开展了以“爱粮节粮反对浪费”为主题的“六进”系列宣传活动，其间认定第二批青岛市粮食安全宣传教育基地 8 个、主流媒体报道 30 余次。以青岛天祥食品集团为活动主会场举办“世界粮食日”和“粮食安全宣传周”主题宣传暨“粮食开放体验日”活动，全市 18 个粮食安全宣传教育基地向社会公众开放。开展“公众走进粮食安全”系列宣教活动和消费环节爱粮节粮宣传，为创建全国文明典范城市和保障全市粮食安全作出积极贡献。

四　强化粮食质量监管，维护粮食流通管理秩序

一是粮食质量监管力度持续加大。做好政策性粮油储备库存检查工作，组织完成市级全部食用植物油储备、成品储备粮和市级储备原粮的自查和抽查。组织进行全市夏秋粮质量调查、品质测报，共检测样品 367 个，检测指标 3390 项次。组织完成市级储备新入库粮食、新轮入食用油扦样检验等工作。加强粮食质量检测，全年检测 4881 批次，目标完成率 122%。组织抽查市粮油批发市场 4095 余批次、军供样品 186 份，合格率 100%。组织完成春秋两季粮油安全普查，对市级储备粮油进行全面检查，对区（市）粮油储备进行重点督查，共查出隐患 56 起，下达整改通知书 12 份，整改率 100%。

二是粮食流通市场秩序保障有力。聚力“亮剑 2021”专项执法行动，细化专项行动措施，充分发挥全国 12325 热线监管作用，全年共组织开展“双随机”检查 3 次、质量专项检查 3 次、新粮入库质量检查 10 次、夏秋粮收购秩序检查 9 次，出动检查人员 65 人次，检查企业主体 26 家，查实 12325 举报案件 1 起，完成市本级救灾物资储备监督检查调研工作，完成“2020 年度粮食安全省长责任制”工作落实情况评估。

五　强化粮食安全责任落实，筑牢粮食安全根基

一是高标准做好安全生产工作。实施《全面推进粮食流通行业安全生产大排查大整治行动决战决胜工作的通知》《督导检查方案》，按照安全生产三年整治行动要求，认真开展隐患排查整治、安全生产月等工作，开展集中检查 7 次，下达隐患整改通知书 32 份，组织集中培训 3 起，维护粮食行业生产安全。组织《安全生产法》《山东省生产安全事故应急办法》学习宣传培训。组织全市发改局及粮食仓储企业安全生产管理人员 24 人参加山东省粮食和物资储备局集中培训，45 人到中储粮青岛库公司观摩学习。开展粮食流通行业安全生产月活动和防汛部署工作展以及谷物磨制企业调查结果上报工作。

二是高质量完成涉粮问题专项整治。粮食购销领域腐败问题专项整治工作自 2021 年 9 月开展以来，青岛市高度重视，认真贯彻落实上级工作部署，强化使命担当，严格履职尽责，省委巡视反馈整改任务清单共 5 大类 11 项已全部完成对照整改，市委巡察反馈意见指出 9 项问题已整改 6 项，专项审计反馈问题 2 项已全部完成整改，整治期间建立完善相关制度 3 项，全市粮食系统通过开展自查自纠共查摆问题 205 个，已整改问题 175 个，整改率 85%。

三是高起点谋划《青岛市“十四五”粮食流通和物资储备发展规划》。以习近平新时代中国特色社会主义思想为指导，深入贯彻落实党的十九届五中全会精神，围绕新发展阶段、新发展理念、新发展格局，聚焦粮食高质量发展，根据国家、省粮食和物资储备工作“十四五”规划及《青岛市国民经济和社会发展第十四个五年规划和 2035 年远景目标纲要》编制，主要阐明未来五年粮食流通和物资储备发展总体战略，明确任务目标，确定主要任务，提出重大举措。

青岛市发展和改革委员会领导班子成员

解宏劲　党组书记、主任（2021 年 12 月任职）
李　刚　党组书记、主任（2021 年 12 月离任）
徐守国　党组成员
张旭东　党组成员、副主任
刘　凯　党组成员、副主任，二级巡视员
姜延贞　党组成员
孙　杰　副主任、党组成员
王好东　党组成员
于莲华　二级巡视员

（撰稿单位：青岛市发展和改革委员会；撰稿人：张向阳、颜康博闻；审稿人：于莲华）

2021 年 5 月 28 日，青岛市举办 2021 年全市粮油仓储规范化管理提升年活动业务竞赛，市发展和改革委员会二级巡视员于莲华（左一）巡视指导现场答题情况。

2021 年 7 月 5 日，夏粮收购期间，平度储备库敞开收购。

2021 年 10 月 16 日，青岛市举办 2021 年“世界粮食日”和“粮食安全宣传周”主题宣传暨“粮食开放体验日”活动。

宁波市

基本情况

2021 年，宁波市实现地区生产总值 14594.9 亿元，同比增长 8.2%。全市耕地面积 233.5 千公顷，永久基本农田 184.4 千公顷，均超过上轮规划确定数。全年粮食播种面积 112.8 千公顷，同比增长 1.4%，其中早稻 12.1 千公顷，小麦 17.3 千公顷，晚稻 60.2 千公顷，其他 23.1 千公顷。全年粮食总产量 67.8 万吨，同比增长 0.5%，其中早稻产量 7.6 万吨，小麦产量 7.5 万吨，晚稻产量 44.7 万吨。全年粮食订单合同 30.55 万吨，国有粮食购销企业共收购本地粮食 25.52 万吨，订单粮食收购总量继续位居全省首位。全市 58 家纳统粮油工业企业全年完成工业总产值 96.76 亿元，同比增长 7.93%。

2021 年工作

一 “强”责任基础

一是强化落实粮食安全责任。发挥考核“指挥棒”作用，紧紧压实粮食安全工作责任，提高站位补齐短板，力求全市粮食安全保障基础更加扎实稳固，较好完成粮食安全责任制考核工作。

二是加强应急保障体系建设。编制《宁波市粮食应急保供方案》，完善保障预案、应对措施和粮情监测预警机制，落实粮食加工、供应、配送、储运能力，进一步健全粮食应急保障体系。

三是确保市场供给平稳有序。加强粮食市场行情监测，坚持粮情周报和重要时期日报制度，研究落实春节、“两会”以及疫情等特殊时期粮食市场保供稳市工作措施，建立保供预案措施，切实把控政策性粮源投放。

四是做好社会粮油供需平衡调查。全面掌握市场粮情变化动态，多维度监测和分析区域粮食供需现状和变化因素，完成《宁波市 2020 年度社会粮油供需平衡调查报告》，为粮食调控决策提供了有效数据支撑。

五是推进粮食和物资储备基础设施建设。协调解决白沙粮库迁建工程土地征收、管线迁移等困难，积极争取中央预算内投资资金补助，该项目于 2021 年 8 月正式开工建设。积极推进市应急物资储备库、粮食储备和应急保障项目前期工作，落实规划选址、项目用地和资金保障，2021 年底已完成可研批复。

六是推进粮食工作数字化改革。组织推进“浙江粮仓”和数字政府“浙政粮安”多跨场景应用试点工作，市级和部分区县（市）参加省信息平台试点。

二 “稳”生产保供

坚持粮食生产扩面增收与提质增效并重，稳定和完善全市粮食收购订单政策。会同市农业农村局、市财政局制定《宁波市人民政府关于促进粮油生产高质量发展进一步提高保供能力的实施意见》。针对2021年小麦市场供需、收购市场价格和小麦卫生指标超标的新情况，在加强调研和沟通会商基础上，合理确定小麦收购建议指导价，提出做好超标小麦收购指导意见，及时为各区（县、市）提供市场化定价参考依据，保证小麦收购市场平稳有序。根据早稻和中晚稻价格行情和粮食市场供求形势，会同相关部门研究出台收购政策意见，指导各地落实好收购政策，提高为农服务水平。2021年早稻收购时恰遇台风“烟花”，全市各地粮食收储企业调整收储节奏提前开仓，减少台风受灾损失。中晚稻收购时因突发灾害性天气，全市种植晚稻出现大面积倒伏发芽现象，全市粮食部门积极组织做好泥芽谷收购工作，解决农民泥芽谷销售出路，切实维护种粮农民利益。全年全市国有粮食企业共收购粮食25.5万吨，其中小麦1.2万吨、早稻6.2万吨、晚稻18.1万吨。

三 “增”储备规模

一是落实新增粮食储备规模。根据浙江省下达粮食储备新增规模，结合年度储备粮轮换计划制定工作，将2021年度新增的3.4万吨粮食储备任务落实到各区（县、市），年底前如期完成新增任务，牢牢守住储备底线。根据疫情发展和粮食供需情况，引导各地把控储备粮轮换节奏，提高保供能力。

二是推进储备粮管理制度建设。会同有关单位修订印发《宁波市市级地方储备粮轮换管理办法》，按时启动《宁波市地方储备粮委托代储管理办法》修订工作。

三是加强粮食流通监管。建立完善粮食流通监管长效机制，规范“双随机、一公开”监管执法工作，全面推行“互联网＋监管”、移动执法和信用评价等监管执法方式，加强粮油质量安全监管，推进全市收获粮食质量安全风险监测关口前移到田间，建立超标粮食收购处置长效机制，加强粮食收购行为的监管。开展早稻和晚稻收购政策执行情况监督检查，部署开展全市春季、秋季粮油安全大检查、“星级粮库”考评、规范化管理水平评价和“一符四无”粮仓鉴定，深入排摸政策性粮食管理中存在的风险隐患。

四是加强应急救灾物资管理。制定《宁波市应急物资运输中转站实施预案》，建立2个应急物资运输中转站。协同相关部门制定年度应急救灾物资轮换计划，采购物资品种19个共19395件，切实增强抗风险能力。防御“烟花”台风期间，共调拨保应急救灾物资品种54个116731件套，应急采购品种27个270261件套，接收省级储备应急物资品种4个71008件套。北仑区应对疫情期间，市级储备调拨救灾帐篷110套，较好地保障了全市抗灾救灾和疫情防控行动。

四 “调”合作结构

一是着力推进与江苏、安徽长三角区域产销合作。在稳固原有合作基础上，合作区域向江苏、安徽两省产区引导和转移，与该两省主产区多次开展产销合作洽谈，涉及省级、市级和县级不同层面，研究形成了关于持续推进与江苏、安徽两地粮食产销和安全区域合作的意见和建议，与江苏盐城市建立了全面合作关系。

二是成功举办宁波首届粮博会。6 月 17 日，首届中国（宁波）粮油食品博览会在宁波国际会展中心开幕，共历时 3 天，来自黑龙江、吉林、江苏、安徽、江西、山东、新疆、宁夏等省（区）和浙江省内的中粮集团、浙粮集团、吉林松粮集团、华润五丰米业、嘉兴五芳斋等 206 家企业参展。展区面积约 1.2 万平方米，展位约 500 个，参与的业内人士近 500 人。展会期间，粮食产销合作与区域安全协作座谈会、山东临沂粮油进宁波产品推介会、“厉行节约、反对浪费”“爱粮节粮”主题宣传等活动同步展开。

三是调整 2021 年粮食异地储备方案。引导各地异储调增方向从吉林、黑龙江省调整到以江苏和安徽等长三角区域为主，通过区域布局的逐步调整，提高全市储备粮应急快速保供能力。

五 “优”保供质量

一是继续推进粮食“五优联动”提质扩面。制定下发“十四五”期间粮食产业“五优联动”4.54 千公顷实施面积任务，指导区县（市）开展相关工作。研究落实市级深入开展粮食“五优联动”提质扩面新举措，研究制定年度 0.67 千公顷“五优联动”面积实施方案，切实提高地产粮食有效供给。

二是优化地方储备粮品质结构，提高储备粮应急保供质量。指导协调各地完成储备粮年度轮换计划制定工作，确定全市储备粮轮换年度计划，确保全市提前两年完成省下达的品种结构优化目标。

三是推进省粮食流通“255”工程建设。制定打造粮食流通企业“主力军”确保粮食供应链安全实施办法，分解落实全市 17.3 千公顷省外粮源基地建设任务；从全市粮食批发、加工、贸易、转化以及食用植物油加工领域的企业中遴选确定 14 家粮油保供稳价骨干粮食企业列入市级粮食流通主渠道企业名录，重点支持名录内企业做大做强做优，增强粮油市场保供能力。

四是谋划建立粮食加工企业社会责任储备。在全面分析研究全市粮食加工企业库存动态基础上，研究拟定《宁波市粮食加工企业社会责任储备实施办法》，进一步提高社会库存水平，推进社会化储粮，逐步形成“政府储备、企业储备互为补充”的全社会储备共担机制，增强政府对粮食市场的调控能力和全社会对粮食安全的抗风险能力。

宁波市发展和改革委员会（粮食和物资储备局）领导班子成员

张文杰　党组书记、主任
任建成　党组成员
王光旭　党组成员
周嫒儿　党组成员（2021 年 11 月任职）
刘兴景　党组副书记、副主任（2021 年 11 月任职）

鲍佩云 党组副书记
王 星 党组成员、副主任（2021 年 11 月任职）
周 冉 党组成员（2021 年 11 月任职）
鲍正操 党组成员、副主任
高海军 党组成员、副主任（2021 年 11 月任职）
周坚巍 一级调研员
潘奇峰 二级巡视员
孙自武 二级巡视员
梁 峰 一级调研员
程宏友 一级调研员
蔡茂方 一级调研员
詹荣胜 党组副书记、副主任（2021 年 11 月离任）
谢月娣 党组成员（2021 年 11 月离任）
励志刚 党组成员（2022 年 1 月离任）
何军毅 党组成员（2022 年 1 月离任）
方建新 一级调研员（2021 年 11 月退休）
何竹明 党组成员、副主任（2021 年 5 月任职，12 月离任）

（撰稿单位：宁波市发展和改革委员会（粮食和物资储备局）；
撰稿人：汪洋；审稿人：鲍正操）

2021 年 2 月 6 日，宁波市发展和改革委员会党组副书记、副主任詹荣胜（左三）陪同国家粮食和物资储备局浙江局有关负责同志在宁波市庄桥粮油批发市场调研节日期间粮油保供工作。

2021 年 4 月 27 日，中央农办秘书局副局长吴晓佳（右九）在宁波市粮食收储有限公司甬江中心粮库调研粮食仓储及粮库智能化建设情况。

2021 年 9 月 26 日，宁波市发展和改革委员会党组成员、副主任鲍正操（右一）在海曙区开展“放心粮油示范县”创建复评考核。

厦门市

基本情况

2021 年，厦门市粮食总供给和总需求基本平衡，全社会粮食总供给（以下没有特别注明的都是指原粮口径）950.1 万吨，同比增加 23.9 万吨，增幅 2.6%。粮食产量 2.5 万吨，与上年持平。进口粮食 329.7 万吨，同比增加 17.6 万吨，增幅 5.6%。当年粮食总需求 945.6 万吨，同比增加 81.9 万吨，增幅 9.5%。其中：社会粮食消费量 165.5 万吨，与上年基本持平。在消费量中，口粮消费 96.7 万吨，同比增加 2.7 万吨，增幅 2.9%。全年食用植物油总供给 188.6 万吨，同比增加 51.6 万吨，增幅 37.7%；食用植物油需求总量为 186.8 万吨，同比增加 54.5 万吨，增幅 41.2%。

2021 年工作

一　做好保供稳价工作

2021 年新冠肺炎疫情发生以来，市发展和改革委员会迅速行动，落实粮油市场保供稳价工作。多次开展市场巡查，了解粮食加工贸易企业和连锁超市货源、价格情况，及时协调解决粮油加工、配送等环节出现的苗头性问题。启动了粮食加工、库存、供应和价格日报制度，制定同安封控区域粮油保障工作方案。疫情期间累计增加应急成品粮储备 0.21 万吨、食用植物油 0.05 万吨，向同安封控区域提供 18 万份粮油（每人 5 公斤大米 1 包，1.8 升食用油 1 瓶）。由于措施有力，厦门市始终没有出现粮油脱销、断供、抢购现象，粮食市场始终保持供应充足、品种丰富、价格平稳，为疫情防控工作和社会大局稳定提供了有力支撑。

二　落实粮食安全行政首长责任制

牵头组织各成员单位对标对表省政府年度考核评分标准，补短板、强弱项，逐一抓好考核任务落细落实。2021 年在省政府组织的粮食安全现场核查中，厦门市在保供稳价、储备粮增储、粮食应急保障、军粮工程建设等方面取得较好成效，在全省考核中再次取得第二名的成绩。同时，牵头组织对全市六个区落实粮食安全行政首长责任制进行考核，经综合评定，六个区考核成绩均为优秀，其中同安区、集美区、翔安区受到市政府通报表扬。

三 强化储备粮管理

落实轮换计划，及时调增市级储备规模。把握市场有利时机，精心组织招标采购和拍卖，完成年度储备粮轮出任务。根据全市人口增长的新情况及时增加储备粮规模。抓好储备粮规范化管理，完善储备粮管理各项规章制度，切实把好粮食入库质量、数量关，严禁不合格粮食进入仓库。认真学习贯彻储粮安全“一规定两守则”，加强仓储管理培训，提高仓储管理人员素质。积极推广科技兴储和绿色储粮技术，进一步提升充氮气调储粮仓容量，有效提升储粮品质，全市粮食宜存率达 100%。按照中央、省关于改革完善体制机制加强粮食储备安全管理的要求，开展规模以上粮食加工企业建立社会责任储备试点工作，在中粮海嘉（厦门）面业有限公司建立 500 吨小麦社会责任储备。

四 深化粮油市场监管

做好 2021 年全国政策性粮油库存检查工作，采取双随机抽查的办法，圆满完成检查任务，市储备粮数量真实、存储安全、账实相符、账账相符。持续强化粮食流通监督检查。积极配合食安城市创建和治理“餐桌污染”，严格粮食质量监管，开展粮油质量季度考评和粮食企业落实质量安全主体责任检查。做好省食品安全委员会到厦门开展创建国家第二批食品安全示范城市省级初评现场检查的相关工作，厦门市在执行国家粮食质量标准和食品安全标准、建立超标粮食处置长效机制、开展粮食质量安全检验监测工作、加强食品安全宣传教育等方面得到检查组肯定。市粮油质量监测站增加检测设备，加强技术人员培训，不断提升检验检测能力。

五 开展粮食安全宣传教育

认真贯彻落实习近平总书记关于厉行节约、反对浪费的批示精神，通过厦门日报、厦门电视台等媒体，以登载宣传文章、发送短信、播放短视频等形式进行粮食安全和爱粮节粮宣传。同时，各区以张贴宣传海报、绘画比赛、文艺表演、知识竞赛等多种形式开展爱粮节粮进校园、进社区、进企业、进家庭宣传活动，有效增强了社会各界的粮食安全和爱粮节粮意识。全市新增 2 家省级粮食安全宣传教育基地。

六 巩固产销协作关系

本着优势互补、互惠互利原则，与省内外主产区发改粮食部门签订产销协议，落实 2.8 万吨订单采购任务，比 2021 年增加 4000 吨。推动厦门市粮食行业协会积极组织 18 家企业参加 6.18 福建省第十七届粮食产销协作洽谈会。召开厦门市粮食产销协作对接洽谈会，与齐齐哈尔市粮食局签订《粮食产销全面战略合作框架协议》，不断巩固和拓宽引粮入厦渠道。

厦门市发展和改革委员会领导班子成员

孙建辉　党组书记（2021 年 11 月任职）、主任（2021 年 12 月任职）
潘力方　党组书记（2021 年 11 月免职）
张志红　主任（2021 年 12 月免职）
张伟生　党组成员、副主任

（撰稿单位：厦门市发展和改革委员会；撰稿人：陈学东；审稿人：张伟生）

2021 年 2 月 10 日，厦门市发展和改革委员会党组书记潘力方（右一）带队检查粮油市场供应情况。

2021 年 6 月 28 日，厦门市发展和改革委员会党组成员、副主任张伟生（左二）在基层单位检查安全生产工作情况。

2021 年 5 月 28 日，厦门市发展和改革委员会组织干部职工到粮油企业开展粮食科技周活动。

深圳市

基本情况

2021年，深圳市全年实现地区生产总值30664.85亿元，比上年增长6.7%。其中，第一产业增加值26.59亿元，同比增长5.1%；第二产业增加值11338.59亿元，同比增长4.9%；第三产业增加值19299.67亿元，同比增长7.8%。第一产业增加值占全市地区生产总值的比重为0.1%，第二产业增加值比重为37%，第三产业增加值比重为62.9%。2021年，全市一般公共预算收入4257.76亿元，比上年增长10.4%；一般公共预算支出4570.22亿元，同比增长9.4%。深圳市发展和改革委员会承担本市粮食（含食用植物油）和冻猪肉储备管理工作，具体工作由深圳市发展和改革委员会粮食和物资储备处负责落实。

2021年工作

一 强化粮食储备，筑牢粮食安全防线

一是强化管理制度建设，规范储备管理体系。深圳市积极完善粮食储备管理制度。印发《深圳市粮食安全“十四五”规划》，明确“十四五”期间市内粮食储备工作中长期目标。先后制定出台《深圳市发展和改革委员会粮食储备领域专项资金操作规程》《深圳市政府储备粮承储企业管理考核制度》《深圳市粮食应急预案》，从储备费用管理、储备粮管理考核、粮食应急供应三个方面，构建较为完备的粮食储备管理体系。

二是立足长远有序增储，提升粮食保障能力。根据《关于构建深圳市高标准粮食安全保障体系的实施方案》，深圳市将在“十四五”期间探索建立“政府储备为主、企业社会责任储备和商业库存为辅”“国有企业储备为主、民营企业储备为辅”的“政府＋企业＋家庭”的分级粮食储备体系。2021年11月，发布39万吨地方补充储备大米（折原粮）承储企业招标公告，正式启动地方储备粮的增储工作，年底完成28.3万吨招标任务，2022年1月完成10.7万吨增储招标任务。开展规模以上粮食企业社会责任储备试点工作，根据全市粮食储备实际和企业申报、经营情况，从15家企业中最终选定2家企业作为社会责任储备试点企业，试点期限1年。与企业签订《深圳市社会责任储备协议书》，

明确对试点企业包括数量、质量、统计、动用等 4 方面的管理要求，进一步提升全市粮食安全水平。

三是深入储备监督检查，确保粮食质量安全。为强化粮安责任落实，全力保障粮食储备安全，全年共开展 5 次储备粮油监督检查工作，包括全市政策性粮油库存检查、政策性粮油库存省市联合交叉检查、全市储备粮油秋季安全普查、涉粮问题专项整治自查自纠，以及对市政府储备粮承储库点安全生产的临时抽检等。全面排查政策性粮食库存数量、质量、储存安全、库存管理、销售出库和监管等方面存在的风险隐患，及时下发整改通知告知企业检查发现问题及整改要求，督促企业及时整改到位。此外，每年安排专项质量检测费用，对储备粮油、军供粮油和应急企业在库粮食进行质量抽检。2021 年，全市共抽取样品 342 份。储备油、军供粮油和应急企业在库粮食样品储存品质指标、食品安全指标、质量指标的达标率均为 100%；储备粮样品的储存品质指标、食品安全指标合格率为 100%，质量指标达标率 96.2%。不达标项目包括谷外糙米、水分、不完善粒等，企业已完成整改。

四是深入配合专项整治，坚持边查边改边治。根据粮食购销领域腐败问题专项整治有关工作要求，迅速行动，全力配合开展专项整治和巡察工作，组织全市粮食储备系统启动全面自查自纠。制定印发配合专项整治工作方案及自查工作指引，成立配合工作领导小组，强化市区协同联动；对粮食储备部门履行储备粮管理职责、宏观调控职责、监督检查职责、储备粮财政资金拨付职责等情况，及关键岗位权力寻租、权钱交易、官僚主义等问题进行自查自纠；组织国有粮食企业、库点，紧紧围绕粮食销售、储存、补贴申领和发放等重点环节，开展“拉网式”自查自纠，重点关注转圈粮、空气粮、损耗粮等靠粮吃粮问题，严查国有粮食企业领导班子弄虚作假、行贿受贿等行为；对巡察反馈的问题逐一梳理落实，细化具体整改举措清单，明确整改时限，强化跟踪督办。

二　狠抓体系建设，增强储备应急保障

一是完善应急管理，强化体系建设。2021 年 12 月 28 日正式印发《深圳市粮食应急预案》，建立市区一体的粮食应急供应协同机制。构建粮食应急供应保障网络。2021 年，全市共有 64 家粮食应急保障企业，加工—批发—运输—供应四个环节齐备，其中应急加工企业 19 家，小麦、大米日加工能力分别达 1000 吨、5966 吨。全市粮食应急供应网点超过 850 个，实现全市所有街道全覆盖（含深汕特别合作区）。

二是组织宣教培训，提升安全意识。组织开展多次粮油库存检查、储备粮仓储、粮食应急演练等专项培训，培训规模超 200 人次，邀请专家培训讲解实物检查、仓储安全、安全生产、质量检查、账卡簿管理等方面内容，并组织开展经济动员物资保供领域演练（包含军粮、储备粮食应急演练等），有效提升从业人员的安全生产意识和储备粮管理水平，进一步强化了应对突发事件快速反应能力和综合保障能力。

三是加强市场监测，确保价格平稳。严格执行国家粮食流通统计制度。全市纳入国家粮油统计信息系统企业共 108 家，每年安排专项经费开展粮食统计培训，指导督促辖区内入统对象建立统计台账，按照国家粮食流通统计制度及时、准确上报数据；加强粮食市场价格监测和分析。在全市设置 13 家粮食零售价格监测日报点，监测范围包括东北米、晚籼米、泰国香米、面粉、花生油、调和油等 12 个粮食品种的零售价格，每日报送给国家、省、市相关单位。每月发布《深圳重要食品价格监测月报》，分析粮油价格变动情况；高质量开展粮油消费调查工作。按照广东省粮食和物资储备局的部

署要求完成 2021 年 3 季度（7—9 月）期间深圳市 341 个城镇居民调查点的粮油消费调查工作，掌握了 2021 年度全市城镇居民粮油消费总体情况。

三 推进粮库建设，提升储粮管理水平

一是加快粮库建设，补齐仓储设施短板。一方面，积极推进市内仓储设施建设。按照《深圳市粮食安全“十四五规划”》“建立高效能仓储设施”任务要求，深圳市积极推进粮食仓储基础设施建设。深汕粮库已于 3 月底完成项目立项，西坑粮库、宝安粮库（二期）、西部粮库等 3 个粮库也已完成项目备案，4 个粮库预计 2022 年均可实现开工建设，力争实现“十四五”期间新增仓容 100 万吨。另一方面，深化央地合作增强粮食储备安全。按照 2021 年 11 月市主要领导会见中储粮集团领导时的有关精神，深圳市与中储粮集团围绕仓储设施建设、粮食储备协同监管等方面，推动双方签订战略合作协议。

二是推进信息化改造，提高科学保粮水平。一方面，推进等级粮库建设。组织市级等级粮库初审，鼓励引导企业不断加强粮食储备管理和提高粮库硬件设施水平。截至 2021 年底，深圳市共有 1 个粮库被授予广东省“AAAA 级粮库”称号，16 个粮库被授予广东省“AAA 级粮库”称号。另一方面，鼓励引导科学储粮。在承储招标、委托承储合同以及年度考核中均将科学储粮、仓库智能化作为重要条件，有效引导企业升级改造粮库，促进全市绿色储粮发展。

三是打造智慧管理平台，提升储粮监管水平。为进一步提升粮食监管效能，深圳市加大投入，推动粮食储备管理信息平台建设，分期建设“深圳市智慧粮食监管平台”，充分利用全市政务云资源和现有的信息化底座，融合信息技术和粮食监管业务需求，基于数据共享交换资源体系，与广东省粮食监管平台对接，推动打造实时监测、智能审批、自动预警、全程留痕的粮食监管系统，目标实现对全部储备库点进行全覆盖、全链条、全天候智能化监控。按照计划，智慧平台项目将于 2022 年 6 月底完成平台一期建设。

四 打造特色品牌，建设优质粮油城市

一是加强粮食品牌培育，保障粮食消费安全。着力构建供深食品标准体系，打造“圳品”品牌，有效推动粮食产业提质增效，让市民“吃得健康”“吃得放心”。全市共有 2 家粮食企业入选 2021 年农产品质量安全规范管理 AAA 级企业名单；3 家粮食企业的 19 种粮油产品入选 2021 年“圳品”名单；6 家粮食企业入选全国放心粮油示范工程第十批示范企业名单，其中 4 家为示范加工企业、2 家为示范配送中心。

二是开展粮食安全宣传，营造节粮良好氛围。世界粮食日和全国粮食安全宣传周期间，举办以“何以节粮 唯有空盘”为主题的粮食日公益活动、粮食安全线上知识竞答、粮食安全点亮城市地标、粮食安全体验日等活动，并借助微博、报纸、公众号、微视频等媒体平台，向市民宣传国家粮食生产政策，提高市民科学用粮意识，营造爱粮节粮良好氛围。

深圳市发展和改革委员会领导班子成员

郭子平　党组书记、主任
秦世杰　党组成员、二级巡视员
余　璟　党组成员、副主任
郑铁军　党组成员、副主任（2021 年 7 月任职）
郭跃华　党组成员、副主任
贾英竺　党组成员、副主任（2021 年 3 月任职）
王　浚　党组成员、副主任（2021 年 7 月任职）

（撰稿单位：深圳市发展和改革委员会；
撰稿人：郑铁军、郑淑蕾、王海林、赖向群、游文佳、郑展鹏；审稿人：郭子平）

2021 年 6 月 21 日，深圳市发展和改革委员会党组书记、主任郭子平（前排右一）在深圳市救灾物资储备中心调研。

2021 年 6 月 21 日，深圳市发展和改革委员会党组书记、主任郭子平（左六）在深圳市救灾物资储备中心调研。

2021 年 5 月 12 日，深圳市发展和改革委员会在深圳国家高技术产业创新中心举办深圳市政策性粮油库存检查动员培训。

5

第五篇

各垂直管理局工作

国家粮食和物资储备局北京局

基本情况

国家粮食和物资储备局北京局（以下简称“北京局”）实行以国家粮食和物资储备局与北京市双重领导的管理体制，监管范围是北京市、天津市，正局级单位，党的关系在北京市直机关工委。设办公室、粮棉糖监管处、能源监管处、战略应急物资监管处、规划建设和法规体改处、财务审计处、安全仓储与科技处、执法督查处、人事处、机关党委等 10 个处室。所属企事业单位分别是国家粮食和物资储备局直属储备物资管理处（代管）、八三三处、八三八处、六五四工程筹建处、机关服务中心和天津国储物流有限公司。

2021 年工作

一　突出政治建设，在全面从严中推动党的建设不断向纵深发展

一是坚决做到“两个维护”。严格落实“第一议题”制度，自觉在思想上政治上行动上同以习近平同志为核心的党中央保持高度一致。一体谋划、统筹推进党史学习教育与模范机关建设，注重用党的光辉历史和宝贵经验，教育引导党员干部不断提高政治判断力、政治领悟力、政治执行力，切实增强“四个意识”、坚定“四个自信”，坚决做到“两个维护”。

二是党史学习教育扎实开展。深入学习贯彻习近平总书记“七一”重要讲话精神和党的十九届六中全会精神，原原本本研读“四史”。创新开展理论中心组专题读书班、领导干部党课“大讲堂”、青年干部党史研学班、党史知识竞赛等学习活动 25 次，推动学习不断往深里走、往实里走、往心里走。坚持引进来、走出去相结合，邀请党建专家学者开展“讲党史、谈党建”专题讲座 3 次，走进毛主席纪念堂等红色教育基地开展现场教学 7 次，不断激励党员干部传承红色基因，赓续红色血脉。认真开展“我为群众办实事”实践活动，梳理制定事项清单，建立双周督办机制，19 项纾难解困举措有序落实，有效解决基层单位和干部职工急难愁盼问题，中央第十九指导组对北京局党史学习教育给予充分肯定和高度评价。

三是组织建设全面加强。隆重举行“光荣在党 50 年”纪念章颁发仪式暨“两优一先”表彰大会，组建 9 个机关党支部、1 个基层处党支部和 1 个重点项目临时党支部，实现党的组织和工作全覆盖。

编制北京局“十四五”干部职工队伍能力素质提升专项规划，制定实施干部挂职交流锻炼计划，全年安排 18 名年轻干部到粮储中心业务以及重大项目工程的主战场锻炼培养。调整优化基层单位领导班子人员结构，完成 2021 年度事业单位公开招聘，为事业单位改革转型提供有力组织保障。建立干部荣退机制，为所有退休干部举行荣退仪式。

四是正风肃纪反腐持续强化。深化垂管系统纪检监察体制机制改革试点工作，在全系统率先成立分党组纪检室，配备专编专人充实纪检工作力量。组织开展袁昌模严重违纪违法案专题警示教育，召开专题民主生活会，以身边事警示教育身边人知敬畏、存戒惧、守底线。紧盯“关键少数”、重点部门和关键岗位，建立权力清单、职责清单和监督清单，做到廉政风险动态防控、靶向监督。围绕全年重点工作开展完成 22 项调研课题，推动调研成果向建章立制转化，制修订 25 项规章制度，管人管权管钱管物的制度体系更加完善。创新运用“第一种形态”，对重大项目参与人员开展集体廉政谈话提醒，敲响拒腐防变的警钟。

二　立足长远发展，在攻坚克难中破解各类问题取得重大突破

一是八三八处合同纠纷案扭转不利局面。在一审判决不利的情况下，通过多种方式争取理解与支持，最终推动天津市高院就八三八处与中储经销公司合同纠纷案作出撤销一审判决并发回重审的裁定。历时 8 年之久的疑难复杂案件取得转机，成为全系统合同纠纷案件实现利好转机的首例。

二是国家成品油储备能力建设 654 工程取得突破性进展，实现整体开工。面对 654 工程项目连续 7 年无法开工的难题，有关负责同志先后 8 次带队前往天津市发展和改革委员会等单位，现场协调解决海域使用权等疑难问题，目前已取得报经国务院同意的海域使用手续，工程进入整体施工阶段。

三是涉及干部职工切身利益问题有效解决。顺利完成北京市机关事业单位养老保险和北京市城镇职工基本医疗保险开户工作。经批准同意，机关 25 名公务员及 11 名随迁子女的进京落户工作有序推进，干部职工切身利益得到充分保障。

四是基层事业单位转型发展破冰前行。直属处立足综合性国家储备基地建设，打造综合性物资储备平台、融合深度发展平台和首都重大专项任务服务保障平台。八三三处调整优化业务结构，完成与天津国储物流股份有限公司的事企剥离，着力提升服务主责主业能力，探索建设港口大宗物资储备（转运）基地。八三八处以安全综合整治提升项目为抓手，提升仓库功能，逐步向专业化战略应急物资储备库发展。组织召开基层单位经营创收形势分析会，分析研判生产经营风险及应对措施，推动基层单位平衡有序发展。深入贯彻中央改革要求，编制北京局“十四五”深化改革转型发展规划。

三　牢记国之大者，在敢于斗争中牢牢把住在地监管主动权

一是专项整治工作稳步推进。成立工作专班，制定专项整治工作方案和自查自纠工作方案，配套直属企业全面清查督导方案、代储库点“四不两直”检查方案、涉粮问题线索核查工作方案，形成“2+3”工作系，有效保障工作的针对性和操作性。认真组织开展自查自纠，针对存在的 9 项问题，制定落实整改措施，自觉提高在地监管能力和水平。积极配合地方纪委监委开展工作，对 3000 余条

出入库单据信息逐一分析研判，确定 300 余条可疑信息后第一时间对接移交，并安排专人协助做好线索核查。加大现场执法检查力度，对中储粮北京分公司京津两地 9 个直属库点、3 个代储库点进行 6 次现场检查，严格督促企业压实专项整治责任。

二是专项执法行动成效明显。精心组织开展粮食流通“亮剑 2021”专项执法行动，成立领导小组，制定实施方案，层层压实责任。全面梳理各类线索，形成问题清单，将 12325 热线转办案件纳入清单，聘请粮食行业专家组成核查工作组，认真开展现场核查，依法提出处理意见。始终坚持“零容忍”态度，严格把关问题整改，其间与中储粮北京分公司面对面沟通 3 次，约谈主要负责人 2 次，督促北京分公司直面问题，按规定渠道退还架空期外整改置换的粮食财政补贴，追责问责举报线索涉及的 5 名干部。通过以案促改促治，监管权威充分彰显、监管机制更加完善，释放了有案必查、一查到底的强烈信号。

三是年度考核取得综合效果。发挥区位优势，加强同京津冀粮储部门的协同联动，牵头开展并圆满完成 2020 年度京津冀地区中央储备粮棉管理和中央事权粮食政策执行情况考核，同步完成 2021 年度政策性粮油库存大检查，给国家交上了一本“明白账”。强化考核结果运用，针对考核发现问题，完善日常监管机制，加强整改督导检查，推动年度考核和日常监管有机融合。认真总结考核经验做法，研究制定《北京局粮棉糖监管办法》，监管规范化、制度化、科学化水平进一步提升。

四是在地执法监管能力不断提升。建立北京局执法督查人才咨询库并制定人才咨询库管理办法，监管力量专业化水平不断提升。坚持干什么学什么、缺什么补什么，紧紧抓住年度考核和《粮食流通管理条例》宣贯契机，认真组织开展考前培训会、执法培训会和检查座谈会等学习培训活动，强化提升监管能力。建立原油储备监管联系机制，制定《北京局国储原油监管办法》，召开京津地区国家石油储备库安全风险深度评估专项工作推进会，不断加强原油监管。

四 聚焦核心职能，在守正创新中提升储备效能迈出坚实步伐

一是重大项目建设取得积极进展。直属处突出“立足首都、保障华北、辐射全国”功能设计，高起点谋划建设综合性国家储备基地，基本完成库房智能化设备采购安装，土建公司实现进场施工。积极克服疫情影响，精心筹备综合性国家储备基地现场会，优化提升岗位设置、制度规定、管理水平，确保现场会办出质量、办出风采、办出特色。严格按照“三高一样板”推进安全综合整治提升项目落地实施，直属处项目完成库房改造、龙门吊基础浇筑和安装等相关工作；八三八处项目按照国家粮食和物资储备局批复的初步设计，有序推进施工图设计和总包招标、监理招标等工作。

二是周密实施物资收储工作。精心组织实施专项任务，按时保质保量收储入库，做到数量真实、质量可靠、储存安全。验收入库应急救灾物资，进一步提升应急保障能力。扎实开展国家战略应急物资储备大清查发现问题整改和整改“回头看”工作，对 11 家单位开展“回头看”现场检查，认真核实整改效果取得实实在在成效。

三是安全高效调运储备物资。认真落实国务院大宗商品保供稳价工作部署，严格按指令安全高效完成四个批次国家储备铜铝锌的市场投放任务。始终坚持人民至上，以最快速度圆满完成中央应急救灾物资的出库调运，为河北疫情防控、青海抗震救灾和河南防汛抢险提供坚实的物资保障，用实际行动落实应急物资关键时刻拿得出、调得快、用得上。

五 坚持底线思维，在综合治理中储备本质安全得到有效提升

一是风险隐患有效管控。组成工作专班，全面开展风险隐患“大排查、大起底、大整治”专项行动，对合同风险等 5 大类问题进行拉网式梳理排查，形成问题清单，实行挂账整改，真正做到心中有数、精准管控。依法收回直属处外租土地 121.4 亩，解决收回土地 1.3 万余平方米违建拆迁问题，保障了直属处基地建设项目的顺利实施。组织开展“庆七一、保安全、促稳定”专项检查，发现问题风险及时整改防范，实现建党 100 周年重大庆祝活动期间零上访、零事故、零案件。

二是制度机制更加健全。全力推进安全生产专项整治三年行动计划，健全安全制度体系，制定落实生产安全事故隐患排查治理实施细则、安全生产风险分级管控与事故隐患排查治理工作指南，规范安全生产闭环管理工作流程，双重预防机制发挥有效作用。建立安全信息日报告制度，积极组织安全生产月、科技活动周系列宣教活动，不断强化安全防范意识和应对能力。

三是应急能力持续提升。研究制定突发事件总体应急处置预案，加强基层处兼职消防队建设，组织开展消防应急演练及技能培训，增强消防应急处突能力。积极联系加入京津地区安委会，强化与属地应急、物储部门协同联动，提升联防联控反应能力。

国家粮食和物资储备局北京局领导班子成员

钱　毅　分党组书记、副局长
魏洪波　分党组副书记、局长
安海东　分党组成员、纪检组长
向　禹　分党组成员、副局长

（撰稿单位：国家粮食和物资储备局北京局；撰稿人：王崇远；审稿人：隋萍）

2021 年 2 月 6 日，北京局举行揭牌仪式。北京局分党组书记、副局长钱毅（左四）出席。

2021 年 6 月 30 日，北京局分党组副书记、局长魏洪波（中）出席北京局处级干部宪法宣誓仪式。

2021 年 4 月 22 日，北京局机关党委组织党员干部赴香山革命纪念馆和香山爱国主义教育基地开展党日活动。

国家粮食和物资储备局河北局

基本情况

国家粮食和物资储备局河北局（以下简称“河北局”）内设10个处室：办公室（法规体改处）、粮棉糖和救灾物资监管处、战略物资和能源监管处、规划建设处、财务审计处、安全仓储与科技处、执法督查处、人事处、离退休干部处、机关党委。所属事业单位共13个，分布于石家庄、承德、秦皇岛、保定、邯郸、邢台六市所辖区县。所属企业1个，按照原国家物资储备局规范体制机制要求，2011年9月8日成立河北国储物流有限责任公司。

2021年工作

一 坚持强基固本，锤炼过硬素质本领

一是全面加强分党组自身建设。把学懂弄通做实习近平新时代中国特色社会主义思想、履行国家储备核心职能作为首要政治任务，充分发挥分党组理论学习中心组领学作用，及时跟进学习习近平总书记关于粮食和物资储备的重要论述，始终在思想上政治上行动上与党中央保持高度一致，忠诚拥护“两个确立”。认真坚持民主集中制，制定“三重一大”事项决策办法，进一步规范议事决策程序流程，细化局领导包联责任，切实强化局领导对包联单位的全面指导。深入学习贯彻习近平法治思想，强化班子成员法治思维，落实意识形态主体责任。组织开展法治宣传教育，强化意识形态主阵地建设，坚定走好第一方阵。

二是切实加强各级领导班子建设。配强主要领导，调整轮换8个单位副职，选拔14名干部走上处级领导岗位，基层领导班子与机关处室力量得到进一步加强。安排3名正处级领导干部到基层挂职，组织4名科级干部上下挂职，进一步优化基层领导班子结构，增强人才上下流动。着眼事业单位长远发展，新招聘专业人才58名，优化人才结构。修订事业单位绩效考核办法，发挥考核“指挥棒”的激励鞭策作用。

三是着力提升干部能力素质。认真贯彻落实人才兴储实施意见，持续加强干部教育培训，在大战大考中加强干部思想淬炼、政治历练、实践锻炼、专业训练，在急难险重任务中强化年轻干部责任担当。举办粮棉糖与执法督查、新任职处科级干部、纪委书记等9期培训班，410余名处科级干部与专业人员接受培训考核，多措并举实施干部素质能力提升工程；组织4人到储备仓库和地方粮库跟班学

习，在实践中锤炼党性作风、开拓工作视野、提升能力本领；举办“粮储河北局大讲堂”9 期，16 名处级领导干部讲业务、谈体会，全局学理论、学业务、学技能的氛围更加浓厚。

二 突出主责主业，扛稳保障国家粮食和物资储备安全政治责任

一是突出政治站位，强化责任担当，不断提升监管能力。制定河北局中央储备棉、糖、中央救灾物资监管暂行办法，原油监管工作方案。举办粮棉糖监管暨执法督查业务培训、综合库保管员培训，开设原油监管“空中课堂”，建立执法监管人才库，监管能力有效提升。认真开展“执法监管规范年”活动，大力开展推进粮食购销领域腐败问题专项整治，统筹推进“亮剑 2021”执法专项行动，依法严查快办涉粮问题线索，督导问题整改“回头看”新发现 29 项问题全部整改完成。高标准实施对中储粮 2020 年度考核和政策性粮油库存检查，发现问题 38 项，督促整改完成 36 项。圆满完成专项收储、国家储备铜铝锌出库、国家成品油出库、中央救灾物资和中央防汛抗旱物资增储任务。

二是突出储备保障能力建设，推进重点建设项目落地落实。四五七处国家成品油储备能力建设项目圆满收官。一三三、一三二和九七四处 3 个安全综合整治提升项目完成年度目标任务。高质量编制河北局 2022—2024 年民生项目储备计划。一三四处 4500 平方米戊类库房建设等 16 个自筹项目完成投资 1191.73 万元。围绕京津冀协同发展、雄安新区建设等国家战略，谋划研究一三二处京津冀联勤保障基地和一三三处应急保障特色储备基地建设项目。

三是突出隐患风险防控，安全生产保持良好态势。持续开展安全生产专项整治三年行动，强化安全生产措施，狠抓 5S 定置化管理和标准化推广，储备仓库现场管理、操作行为、设备设施管理规范化标准化水平明显提升，“双控”体系建设试点取得新进展。充分发挥安全联合监管机制作用，开展联合演练 90 余次，接受地方检查 39 次。实施安全隐患备案和重大隐患挂牌督办管理，消除隐患 101 项，安全风险管控水平得到新提升。

四是突出建章立制，进一步提升基础管理质量效能。以制度建设为抓手，开展“管理提升年”活动。聚焦国有资产出租出借、合同管理、投资管理、项目管理以及企业监管等重点领域，新建制度 39 项。加强内控管理，开展专项检查，规范经营流程，排查经营风险，实行资产出租评估定价、公开招租，全局预算、内控与资产管理水平实现新提升。

五是突出改革转型发展，仓储物流收入实现新增长。推进河北国储物流公司改革，研究制定《规范河北国储物流有限责任公司管理的意见》，健全完善公司法人治理结构，配强公司领导班子，理顺公司和事业单位关系，强化管理服务职能，为改革转型发展奠定了基础。克服疫情、环保和经济增长放缓等多种不利影响，统筹用好仓库资源，面向社会提供仓储物流服务，全年完成仓储物流服务收入首次突破亿元大关，达到 1.13 亿元，比上年增长 20.4%。一三三处纯碱管理标准被郑商所推荐为行业标准，鑫兴仓储（外租库）被定为纯碱交割仓库存货点，成为全国最大注册仓单量交割仓库，储备仓库美誉度与业内影响力大幅提升。九七四处与河北省人工影响天气办公室达成合作，新增人工增雨弹储存业务，蹚出了火工库储地融合新路子。

六是突出解决民生难题，保持系统和谐稳定良好局面。牢固树立以人民为中心的发展思想，深化“服务基层专项行动”，扎实开展“我为群众办实事”实践活动，为基层职工群众纾难解困，35 件实事有效落地落实。成立工作专班，全力推进历史遗留问题解决。积压近 20 年的历史遗留问题均取得

突破性进展。认真做好信访维稳工作，开展“依法信访宣传月”活动，实行领导包案接访，用心用情用力解决信访难题，信访量同比下降67%，信访形势发生根本性转变。

三 坚持党建引领，强力推进党风廉政建设

一是压实全面从严治党责任和监督责任。建立和完善党风廉政建设长效机制，定期分析研究党建和党风廉政建设工作。印发党建、党风廉政建设和反腐败两个工作要点，逐级签订责任书，召开全面从严治党工作会议、专题分析会，层层传导压力。认真开展“全面从严治党调研月”活动，推动国家粮食和物资储备局党组巡视反馈和驻委纪检监察组指出全面从严治党问题整改落实。加强对基层单位“一把手”和领导班子成员的监督，通过廉政谈话、谈话提醒，推动基层党委全面从严治党主体责任落实。充分发挥各级纪检机构专责监督作用，选优配强基层单位纪委书记，调整工作分工，聚焦主责主业，全面落实监督责任。扎实开展“监督执纪质量年”活动，突出政治监督，对一三二、一五〇、九三四、二十七处党委组织开展巡察和问题整改。

二是扎实开展党史学习教育。制定党史学习教育、“四史”宣传教育实施方案，组织召开党史学习教育动员大会和推进会，引领带动各级党组织扎实开展学习教育活动。分党组理论中心组开展专题学习研讨8次，开展主题党日与党组织书记讲主题党课150余次。组织开展文艺汇演、技能练兵比武、书画作品展“三项活动”，党员干部爱党爱储、建功立业、事争一流、拼搏竞进的工作热情极大增强。召开专题组织生活会，严肃认真开展批评和自我批评。紧扣“我为群众办实事”实践活动目标任务，为职工群众解决“急难愁盼”问题139项，职工群众的获得感、幸福感、安全感进一步增强。

三是切实加强基层党组织建设。规范基层党组织换届工作，完成11个基层单位党委换届选举工作。开展机关基层党支部书记述职评议，进一步压实支部书记管党治党政治责任。加强队伍建设，举办党支部书记培训班，严格按照程序发展党员11名。印发《关于促进党建和业务工作深度融合以高质量党建推动粮储事业深化改革转型发展的实施办法》，推动全局各级党组织围绕中心、建设队伍、服务群众，2个单位、3名个人被评为国家战略和应急物资储备大清查先进单位和先进个人。认真开展“两优一先”评选表彰工作，2名同志、1个基层党组织分别被国家粮食和物资储备局、河北省直工委评为创建模范机关先进个人、优秀共产党员和先进基层党组织。落实党内关怀帮扶办法，向全局100名离退休党员发放“光荣在党50年”纪念章，走访慰问老党员、老干部。

四是切实加强作风建设。认真开展纠正“四风”和作风纪律专项整治，开展违规发放福利情况专项检查。对落实中央八项规定精神情况进行自查和专项检查。深化“服务基层专项行动”，深入基层问需求、解难题、转作风、办实事，办事效率进一步提升，促进作风持续向好。

五是深化“固初心、明纪律、守底线”集中学习教育。组织开展党风党纪党规与廉政警示教育167次，以案释纪、以案说法。贯彻落实国家粮食和物资储备局“以案为鉴”警示教育大会精神，组织党员干部深入学习党章党规党纪，局分党组召开专题民主生活会，汲取袁昌模案深刻教训，切实增强对党规党纪国法的敬畏戒惧意识。

国家粮食和物资储备局河北局领导班子成员

阎会力　分党组书记、局长
谷国才　分党组成员、副局长
张雪峰　分党组成员、纪检组长
冯建中　分党组成员、副局长
李　涛　分党组成员（2021 年 3 月挂职）
郭忠民　一级巡视员

（撰稿单位：国家粮食和物资储备局河北局；撰稿人：王媛媛；审稿人：阎会力）

2021 年 7 月 16 日，河北局分党组书记、局长阎会力（中）到中储粮保定直属库调研检查中央储备粮保管情况。

2021 年 6 月 23 日，河北局举办“国储匠心 红色先锋”技能比武活动。

2021 年 6 月 24 日，河北局隆重举办庆祝建党 100 周年文艺汇演。

国家粮食和物资储备局山西局

基本情况

国家粮食和物资储备局山西局（以下简称“山西局”）挂牌成立于 2019 年 9 月，前身是山西储备物资管理局。下设机关服务中心 1 个直属事业单位，12 个所属储备仓库，共有职工 2094 人，其中在职人员 951 人（机关在职人数 42 人，事业单位在职 909 人），离退休人员 1143 人。山西局党的组织关系隶属中共山西省直属机关工作委员会，截至 2021 年底，设有直属机关党委 1 个，基层党委 12 个，党支部 48 个，党员 946 人。

2021 年工作

一 把握改革机遇，全力转型发展

一是保持中央储备粮强监管态势。深刻学习领会习近平总书记重要批示精神，坚决落实粮食购销领域腐败问题专项整治行动部署，迅速制定方案、成立专班、开展自查自纠和全面检查。针对问题线索，抽调 2 名同志参加山西省纪委线索核查专班，配合做好核查工作。针对涉嫌严重违纪违法情况，约谈中储粮山西分公司主要领导及分管领导。扎实开展“亮剑 2021”专项执法行动，制定“一库一方案”，发现问题 32 项。及时查办 12325 监管热线反映问题，强化监管震慑作用。圆满完成辖区内中央储备粮棉管理和中央事权粮食政策执行情况 2020 年度考核。认真开展全国政策性粮油库存检查。与山西省粮食和物资储备局等单位建立中央储备粮“储加”衔接工作机制、中央事权粮协同监管机制，与国家粮食和物资储备局陕西局建立在晋中央储备棉协同监管机制，邀请财政部山西监管局、山西省纪委、山西省市场监管局、中储粮山西分公司有关负责同志举行“增强部门协同力、提升监管穿透力”座谈会，不断增强监管合力。

二是强化战略和应急物资储备监管。精心组织国储物资出库，一三八处、一三九处圆满完成铜铝锌物资投放任务，一五二处圆满完成成品油轮换出库任务。四七五处圆满完成拟核销出库物资取样送验。加强中央防汛救灾物资储备监管，完善物资调运预案，与太原仓库协同开展实战演练，一三八处完成增储应急物资验收入库。紧急组织调运应急排水设备支援清徐抗洪抢险。

三是储地融合发展成效显著。一三八处整合客户资源，做优做大太钢集装箱业务，全年收入突破 1500 万元。一五二处与多家大客户签订合作协议，全年吞吐量 50 余万吨，创收 1400 余万元。2021

年，实现仓储物流服务收入 8523.45 万元，同比增长 12.62%，进一步夯实了山西局转型发展物质基础。与周边省份垂管局联动，组织成品油供应链上下游数百家企业举办“推动储地融合助力地方经济”促进会。一三九处配合完成太原仓库搬迁物资移库任务。7 个基层处为山西省红十字会周转 10 多个品种、2000 余万元防疫物资，出库防汛救灾物资 4.8 万余箱（包）。推进储地融合发展工作受到山西省委省政府充分肯定，连续多年被评为促进山西经济社会发展突出贡献单位。

四是仓库长远发展基础不断巩固。三五一处和二五四处克服工程延期和洪灾水毁不利影响，完成扩容改造工程竣工验收。一三八处安全改造项目获批并完成招投标，已开工建设。与晋中市政府协调，重启一三九处资产整体置换。积极谋划未安改仓库发展，一七一处编制了中央级救灾物资储备仓库建设项目可行性研究报告；二七三处投入 260 万元实施仓库安全改造，持续拓展融合业务；六三九处抢抓市场机遇启动铁路专用线扩能改造，转型发展之路越走越宽。

二 坚持久久为功，解决遗留问题

扎实推进国家粮食和物资储备局巡视组反馈问题整改，制定的 193 项整改措施，已完成 165 项，持续推进 28 项。对照国家粮食和物资储备局印发的驻委纪检监察组指出全面从严治党问题整改落实方案，提出 147 项整改措施，有序推进落实。持续推进历史遗留问题解决，54 项历史遗留问题有 40 项得到妥善处理，涉及资产出租、合同履行、工程建设、事企权责不清等遗留问题已基本解决完成。结合问题整改，开展往来账款清理和固定资产清理工作，持续规范国有资产管理。同时，完善内控体系、开展制度“立改废”，全年制修订制度 45 项，构建制度链条有机“闭环”。

三 聚焦“急难愁盼”，切实关注民生

完善 2021 年事业运行基本支出财拨预算分配，突出体现公平公正、激励干事创业。对二五四、三五一处等因扩容改建开展仓储物流服务困难的仓库予以财拨倾斜。落实《绩效考核结果运用及兑现办法》，实现发展成果共享。有序开展基层单位技师评聘，理顺取得技师资格人员评聘机制，全年聘用技师 14 名。推动养老保险制度改革顺利进行，与山西省社保局完成二次清算，资金已全部到账。落实老干部“两项待遇”，离退休老干部积极参与“我看建党百年新成就”主题活动，入展和获奖作品数量在粮储系统排名前列。着力提高职工收入，2021 年基层在职职工人均收入同比增长 15.86%。以开展党史学习教育为契机，大力推进“我为群众办实事”，年内垂管局提出的 23 项实事，已办结 20 项；基层单位提出的 74 项实事，已办结 71 项。全年共投入约 600 万元用于解决民生问题和重大安全隐患。

四 注重党建引领，营造和谐环境

一是加强政治机关建设。开展“强化政治机关意识”专题研讨，教育引导党员干部自觉对标对表，提高政治“三力”。坚持理论学习中心组学习制度，不断夯实“两个维护”的思想基础。落实意

识形态工作责任制，定期研判分析形势，坚决守好阵地。完善 8 个基础台账，持续提升党支部工作标准化规范化水平。制定党建业务深度融合促进山西局高质量发展实施办法。选派新一轮驻村帮扶工作队员，持续推进乡村振兴工作。2021 年，二七三处党委被山西省直工委授予“先进基层党组织”。李青同志被国家粮食和物资储备局评为创建模范机关先进个人。

二是落实全面从严治党责任。召开年度全面从严治党工作会议，层层签订党风廉政建设责任书。定期专题研究全面从严治党工作，加强对各级党组织落实全面从严治党主体责任的检查考核。制定加强对基层企事业单位“一把手”和领导班子监督的具体措施，强化压力传导。落实国家粮食和物资储备局警示教育大会精神，开展“以案为鉴”专题警示教育，督促指导有关党支部召开“严守纪律规矩”专题组织生活会，以案促改、以案促治。

三是高质量推进党史学习教育。按照学史明理、学史增信、学史崇德、学史力行的要求，加强组织领导、宣传引导和督促指导，推动党史学习教育走深走实。党史学习教育开展以来，广大党员干部系统深入学习党史，重温入党誓词、祭奠革命先烈，参观红色教育基地，精心组织庆祝建党 100 周年主题党日、专家讲座、主题征文、专题培训、知识竞赛、书画作品展、先进典型巡回宣讲等系列活动，扎实开展“我为群众办实事”实践活动，广大党员干部历史自信更加坚定，理论自觉显著增强，宗旨意识更加牢固，达到了学党史、悟思想、办实事、开新局的目的。全年在相关单位组织的调研成果评选、青年论坛、知识竞赛、主题征文、书画展览等活动中获奖 40 余人次，4 次荣获“优秀组织奖”。

四是严肃监督执纪问责。严格落实“三为主一报告”要求，开展十九大以来问题线索“大起底”“回头看”专项行动，规范问题线索处置流程。开展“监督执纪质量年”活动，加大纪检干部培训力度，基层处纪委书记全部异地交流，强化监督专责。完成对一五二处、四七六处、一三九处和机关服务中心、国储物流公司巡察，实现十九大以来巡察全覆盖。综合运用多种监督方式，开展所属单位对外投资、合同管理、项目管理和内控建设自查，认真开展盈余油专项清理整治，规范关键领域、重点环节管理。针对出现的醉驾、出省不报备等问题，严肃追责问责。

五是建强班子和干部队伍。贯彻落实新时代党的组织路线，选优配强领导班子，畅通多向交流渠道，搭建培养锻炼平台。完成机关党委、纪委换届改选，2 名干部被国家粮食和物资储备局进一步使用和提拔重用，全年选拔处级干部 9 名，公务员职级晋升 15 人次，交流调整基层领导班子 14 人次，选派 6 名基层科级干部跨单位交流，派出乡村振兴、跟班学习干部 7 名，安排 9 名干部到机关或基层挂职，新招聘事业单位人员 19 名。建立年轻干部人才库，组织处级干部研讨班和新聘人员岗前培训，举办首届安全生产岗位技能比武大赛，为山西局深化改革转型发展奠定坚实的人才基础。2021 年，一三九处、四七六处和王嘉、李强、吕小海同志分获国家粮食和物资储备局大清查“先进单位”和“先进个人”。

五 夯实基础管理，守稳“三条底线”

一是确保安全万无一失。压实安全生产主体责任。持续推进三年行动攻坚，建立健全风险分级管控和隐患排查治理双重预防机制，扎实开展成品油库安全风险深度评估和整改。面对罕见的暴雨洪灾，动员全处干部职工积极抢险自救，确保了职工人身安全和仓库正常运行。落实安全生产检查、督查和隐患分级挂牌督办整改制度，2021 年发现的 582 项安全隐患，已整改销号 507 项。在油库全面推开安全管理标准化规范化提升行动，一五二处试点的做法受到国家粮食和物资储备局充分肯定；

九七二处、一三八处、四七六处分别试点开展专项作业、施工安全责任和安防系统管理安全专项工作，印发规范试行稿，有效提升仓库基础管理水平。

二是做好廉政稳定工作。修订大额资金使用管理办法和经费支出管理办法、公务用车使用管理办法，进一步完善廉政风险防控机制。重视常态化警示教育和重要时点廉政教育，教育党员干部筑牢思想防线，切实做到心有所守、身有所循、行有所止。设置局长信箱，畅通信访渠道，定期分析研判“三性问题”，加大政策宣传解释力度，及时了解掌握干部职工思想状况和利益诉求，确保了山西局系统和谐稳定大局。

国家粮食和物资储备局山西局领导班子成员

杨永宁　分党组书记、局长
张三中　分党组成员、纪检组长（2021 年 9 月调离）
段　鹏　分党组成员、副局长
韩静涛　分党组成员、纪检组长（2021 年 9 月任职）
柴亚敏　一级巡视员
胡润贵　二级巡视员

（撰稿单位：国家粮食和物资储备局山西局；撰稿人：梁晋；审稿人：杨永宁）

2021 年 7 月 22 日，山西局分党组书记、局长杨永宁（左二）赴中央防汛抗旱物资太原仓库，督导检查物资调运准备和物资管理工作。

2021 年 11 月 17 日至 18 日，山西局分党组书记、局长杨永宁（右三）带队对中央储备粮寿阳直属库、忻州直属库开展粮食购销领域腐败问题专项整治行动督促检查。

2021 年 11 月 15 日，山西局在太原举行战略合作协议签约仪式。

国家粮食和物资储备局内蒙古局

基本情况

国家粮食和物资储备局内蒙古局（以下简称“内蒙古局”）主要职责是监管辖区内中央储备粮、石油、天然气、食糖和中央救灾物资等中央储备，负责辖区内国家战略物资收储、轮换、出库的组织实施和日常管理。所属事业单位共5个，分布于呼和浩特市、包头市、乌兰察布市所在辖区县。事业单位出资企业2个，分别为内蒙古国储物流公司和乌兰察布映山饭店。

2021年工作

一 精准推进改革发展

一是抓好中央事权粮食储备安全管理改革。与自治区粮食和物资储备局建立中央事权粮食在地协同监管机制，梳理辖区承储单位信用情况，确定信用等级，实施联合惩戒。深入推进信息化监管，提高监管质量和水平。建立东北地区联合执法协作机制，构建联席会议制度，交叉执法检查，联合查办跨地区涉粮案件。

二是推动战略和应急物资储备安全管理改革。推动事业单位“三定三转”改革，以“三定”为抓手，推动职能、作风、工作方向转变。制定科级干部、专业技术岗位和工勤技能岗位聘任办法，改革事业单位绩效考核和绩效工资分配方法。修改完善映山饭店公司章程，推动企业建立现代法人治理结构，制定班子考核激励办法，支持拓展经营创收途径，促进国有资产保值增值。制定《内蒙古局储备仓库安全生产管理守则》《内蒙古局出租库房（货场）安全管理守则》《内蒙古局国家战略应急物资在库日常管理守则》《内蒙古局成品油库进出油品作业守则》4项守则，组织“岗位大练兵、技能大比武”专项活动。制订出台《红旗单位、红旗班组、红旗库房评比办法》，开展“创红旗品牌”活动。制定《国家粮食和物资储备局内蒙古局突发事件总体应急预案》，加强突发事件应急处置，推动改革任务落实。

二 强化储备监管和执法督查

扎实履行中央储备粮糖在地监管职能，突出“考核办法+年度重点”模式，全面推行“嵌入式”

监管和工作会商式常态化监管，完成对辖区中储粮库点的年度考核任务。做好辖区粮食购销领域腐败问题专项整治工作，从严从速从重查处涉粮违法案件。深入推进“亮剑 2021”专项整治工作。扎实开展中储粮年度考核、粮油库存检查、中央储备粮糖大清查发现问题整改和问题整改“回头看”，确保辖区中央储备粮糖数量真实、质量良好、储存安全。结合防汛抗旱和应急救灾物资的日常管理与调运要求，一三七处和八三六处完成物资接收入库、日常监管及紧急调用演练等工作。顺利完成 3 批次国储铝锭出库任务。督促包钢稀土公司开展代储物资轮换工作。扎实开展战略和应急物资大清查发现问题整改和整改“回头看”工作。

三　抢抓“科技兴储”机遇

突出抓好干部职工科技素养提升，建立处长讲业务“微学习”制度，举办青年科技兴储沙龙，学习与工作相关的最新知识、科技新知识等。制定《内蒙古局“科技兴储”十条措施》，支持新技术在国储系统的应用。支持一三六处、一三七处建立职工创新工作室，开展小发明小创造小革新，相关成果已经应用到物资垛卡信息化管理、库房通风防鼠等方面。争取科技部“科技助力经济 2020”重点专项，在八三六处建设智能化控制恒温仓库。成立信息化工作领导小组和工作专班，重点推进储备仓库信息化建设，在一三七处和八三六处建设应急物资编码追溯智能管理系统，在一三六处建设糖情在线监测系统，在一七〇处建设安防与作业自控相结合的信息系统。以期改善新时代储备职工的工作条件，促进老职工转变老观念，跟上新时代。

四　大力实施“人才兴储”

树立正确用人导向，落实能力素质提升方案，有序组织各类业务培训 11 个班次。组织 29 名 2020 年度新招聘人员赴浙江省粮食和物资储备局直属粮油储备库开展“三同”实践培养活动。选派干部到国家粮食和物资储备局、垂管局和储备仓库进行双向挂职锻炼，各储备仓库干部间实行交流轮岗，建立轮岗常态化机制。顺利完成 2 名公务员、16 名事业单位人员的考录工作。

五　强化安全生产工作

强化安全生产监管责任，签订《安全稳定责任书》和《安全生产责任状》345 份。加强风险隐患排查，实行安全生产清单式检查和百分制考核，制定并印发《内蒙古局安全生产检查办法》《内蒙古局安全检查百分制清单》，重点开展危化品仓库和酒店餐饮行业的安全生产检查，全年共组织各类安全检查 87 次。安全生产专项整治三年行动计划重点任务完成率达 95%。开展一七〇处成品油储备库安全风险评估工作，全部隐患均整改完成。认真落实安全治理提升三年行动方案。建立完善了《内蒙古局分党组成员联系基层（党组织）制度》，内蒙古局领导定期下基层调研，及时化解信访问题，解决职工的各类诉求。

六　全力抓好在建项目

在一七〇处成品油储备库装油试运行一年后，正式通过国家粮食和物资储备局竣工验收。一七〇处成品油储备库工程武警营区及附属设施主体部分已施工完成。八三六处安全综合整治三年提升项目和机关办公楼维修改造民生工程全部完成。一三七处安全综合整治工程三年提升项目严格按照实施方案开展建设。

七　开展党史学习教育

开展多种形式的学习研讨和主题党日活动，举办党史学习教育读书班和青年干部读书班，组织党史知识竞赛、“两优一先”表彰和“唱红歌”文艺汇演等庆祝建党百年主题活动及党史学习教育活动 19 次。各储备仓库建设储备史、处史展览室。完成“我为群众办实事”实践活动 22 项。认真学习习近平总书记“七一”重要讲话精神和党的十九届六中全会精神。

八　推动全面从严治党向纵深发展

贯彻《党委（党组）落实全面从严治党主体责任规定》，制定下发了《内蒙古局 2021 年党建和党风廉政建设工作要点》。持续推进垂管系统纪检监察体制改革试点任务。以国家粮食和物资储备局警示教育大会为契机，开展经常性的廉政警示教育。结合国家粮食和物资储备局党组巡视反馈问题，制定 111 项具体整改措施，建立整改台账，明确整改责任。对 6 个直属单位开展巡察及巡察“回头看”，完成直属单位巡察全覆盖。对 3 个直属单位开展经济责任专项审计。开展财务资产大检查，着力提高财务管理规范化水平。加大监督执纪力度，规范开展问题线索处置。全面落实“监督执纪质量年”工作部署，以巡察、离任审计、经济责任专项审计问题整改为抓手，梳理问题线索，严明纪律规矩、严格制度执行。

国家粮食和物资储备局内蒙古局领导班子成员

李福君　分党组书记、局长
王兰柱　分党组成员、副局长
李迎春　分党组成员、副局长（2021 年 10 月任职）
穆良权　分党组成员、纪检组长

（撰稿单位：国家粮食和物资储备局内蒙古局；撰稿人：张春蕾；审稿人：黄永恒）

2021 年 11 月 24 日，内蒙古局分党组书记、局长李福君(右二）带队到中储粮达拉特直属库有限公司，检查库存粮食质量。

2021 年 12 月 27 日，内蒙古局分党组书记、局长李福君（左二）和分党组成员、副局长李迎春（左一）一行，到一三七处开展安全大检查。

2021 年 11 月 19 日，内蒙古局组织开展“技能大比武”专项活动。

国家粮食和物资储备局辽宁局

基本情况

国家粮食和物资储备局辽宁局（以下简称“辽宁局”）于 2019 年 9 月挂牌成立，主要职责是：负责监管辖区内中央储备粮棉管理情况，承担有关年度考核工作；按权限查处有关案件，并提出相关处理意见和追责建议；负责辖区内国家战略物资收储、轮换、出库的组织实施和日常管理，监督检查储备物资数量、质量和存储安全；负责监管辖区内石油、天然气、食糖和中央救灾物资等中央储备；按照国家粮食和物资储备局指令，落实重大灾害及突发性事件的有关中央储备物资保障工作等。截至 2021 年底，机关在职公务员 43 名，离退休人员 46 名。所属事业单位 8 个，分别是：二十四处、二三九处、三三〇处、六三六处、七三五处、八三四处、九七三处、机关服务中心。

2021 年工作

一 履行核心职能，扛稳保障国家粮食安全和战略应急物资储备安全政治责任

一是认真落实在地监管职责。开展中央储备粮棉管理和中央事权粮食政策执行情况 2020 年度考核工作，完成对 63% 的直属库（企业）、28 个油脂油料承储库点的实地考核，上报问题 50 项。强化中储粮在地常态化监管，探索建立监管机制，完善日常监管内容、方法、频次等，全年共开展中央储备粮日常监管 7 次，中央储备糖监管 4 次，并督促建立台账，推进整改，促进企业主体责任落实。加强对辖区内国家储备原油监管，全年通过质数监管、安全检查、轮换计划执行监管等多种方式开展 6 次现场监管，辖区内储备原油账实相符，各承储企业全年未发生突发事件和生产安全事故。

二是持续强化战略物资和应急物资监管工作。按照国家粮食和物资储备局部署推进专项工作，分党组靠前指挥，业务部门一线蹲守，二三九处、九七三处全员作战，保质保量完成相关任务。扎实做好中央救灾物资和防汛抗旱物资监管工作，坚持每季度督导检查，实行库存台账、监管台账动态监管，全年完成 2 次紧急调运任务，体现了中央应急物资、防汛抗旱物资关键时刻“管得好、调得出、用得上”。

三是认真推进粮食购销领域系统性腐败问题专项整治工作。成立专项整治工作领导小组和工作专

班，召开动员部署会，制定工作方案，及时向辽宁省政府汇报情况。统筹结合“亮剑 2021”专项执法行动开展工作，积极向辽宁省纪委监委汇报沟通有关工作情况。认真开展部门自查自纠，年底前完成了对辖区内中储粮辽宁分公司直属企业以及中储粮储运公司、油脂公司在辽直属企业专项整治自查自纠全覆盖检查。

四是加大执法监管力度。深入学习宣传贯彻新修订的《粮食流通管理条例》，主动履职担当，严格依法监管。全年重点开展了 2021 年全国政策性粮油库存检查及问题整改“回头看”、全国粮食流通“亮剑 2021”专项执法行动、辖区内国家战略应急物资储备大清查发现问题整改和整改“回头看”等专项工作，对各专项检查中发现的问题，建立整改台账，实行销号管理，确保整改到位。推进建立东北四省区粮食储备协同监管机制，粮食执法实效得到进一步增强。持续做好中央储备粮库存动态监管系统运行维护，为中央储备粮日常监管提供有力支撑。加强 12325 全国粮食和物资储备监管热线维护，全年收到分办案件线索 1 条，并完成核查反馈工作。

五是积极推动重大工程项目建设。积极推动东北地区应急中转物流基地建设项目。建立重大项目建设推进情况调度工作机制，定期调度工程项目进展情况，压实主体责任，狠抓项目进度。持续推进国家储备仓库安全综合整治建设项目，1 项基本完工。顺利推进 3 个基层单位基本建设投资计划，全部完成竣工验收。

二 坚守“三条底线”，提升守土尽责的责任意识

一是牢牢守住安全底线。严格落实安全生产责任制，按照“谁主管，谁负责”的原则，逐级签订安全稳定责任书。严格落实新冠肺炎疫情防控常态化要求，持续加强疫情防控。严格贯彻落实国家粮食和物资储备局安全生产专项整治三年行动计划，建立基层单位安全隐患和风险点清单，并逐步整改解决。组织现场学习中储粮仓储企业安全仓储先进经验和做法，对各基层单位进行季度检查和季度分析，结合“四不两直”检查，及时发现问题并督促开展隐患整改和风险管控，夯实安全管理基础，提升安全管理水平。

二是加快解决突出问题和历史遗留问题。高度重视国储物流公司“辽本案”进展情况，主动做好案件应诉工作，为案件胜诉打下扎实基础。按照国家粮食和物资储备局部署扎实推进全民所有制企业公司制改革工作，顺利完成营口经济开发区八三四招待所、辽宁华储物资公司和辽宁储备物资管理局沈阳招待所三家全民所有制企业公司制改革任务。积极咨询政策，测算数据，明确津补贴类历史遗留问题解决方案，通过预算调剂，积极推进解决。

三是持之以恒正风肃纪反腐。持续强化纪检监督工作，并调动各有关部门，构建起多部门协同的全方位内部监督协调机制，积极与驻委纪检监察组汇报沟通，与省直机关纪工委联系交流。持续开展巡察工作，完成对两个基层单位的巡察，开展“以案为鉴”警示教育活动，紧盯重要节点开展教育提醒，邀请专家开展落实中央八项规定精神专题讲座，完善廉政风险防控机制。严肃问题线索处置，全年共收到涉及问题线索举报 34 件次，办结 24 件次，统筹运用监督执纪“四种形态”，特别是第一种形态，对处级干部开展提醒谈话 16 人次，谈话提醒 7 人次，函询 7 人次，函询党组织 4 个；完成上年度巡察机关服务中心发现问题线索的审理工作，全体党员干部红线意识进一步增强。深入推进纪检监察体制改革试点工作，修订完善“1+5”方案及配套制度。定期分析研究全面从严治党存在问题，

扎实推进驻委纪检监察组指出国家粮食和物资储备局全面从严治党存在问题整改工作，以问题整改推进全面从严治党向纵深发展。

三 突出政治建设，落实全面从严治党主体责任

一是扎实推进巡视整改。多次召开专题会议研究部署，成立巡视整改领导小组和工作专班，认真推进巡视整改工作，对照国家粮食和物资储备局反馈意见细化梳理“问题清单”，对应制定 130 条整改细化措施，明确责任清单和整改时限，截至年底已完成绝大部分整改任务。

二是深入开展党史学习教育。全年共召开分党组理论学习中心组学习 13 次，分党组书记及成员围绕学习习近平总书记“七一”重要讲话精神讲专题党课 4 次，分党组书记围绕学习贯彻党的十九届六中全会精神讲专题党课 1 次，通过主题党日活动、演讲比赛、参观学习等方式开展党史革命传统教育，学党史、悟思想、办实事、开新局。持续推进我为群众办实事，及时协调解决基层实际问题。

三是突出政治机关建设。强化政治机关意识教育，强化机关政治属性，牢牢把握意识形态正确舆论导向，落实意识形态工作责任制，加强宣传阵地建设，全年国储党建登载辽宁局信息 17 篇。积极评先树优，1 名同志被评为国家粮食和物资储备局模范机关创建先进个人。深入推进干部素质能力提升工作，运用处长讲坛、业务培训、岗位练兵、青年读书论坛等多种方式推进干部政治素质进一步提升。

四是持续加强领导班子和干部队伍建设。认真配合完成垂管局领导班子年度考核工作，积极开展机关公务员考核和事业单位领导班子考核工作。严格组织开展干部选拔任用和人员调整工作，转任处级干部 1 人，组织开展 14 人次的职务职级晋升工作，调整 6 个事业单位主要负责人，对 9 名事业单位处级干部进行轮岗交流。选派驻村第一书记和驻村干部，有效调动了广大干部干事创业劲头。组织开展机关和事业单位人员招录招聘工作，招录事业单位人员 33 人，全部入职，完成 1 名机关公务员招录网上资格审查工作。落实双向学习、跟班学习等要求，机关与基层单位双向交流挂职处级干部 2 人次，选派 8 名基层人员到局机关跟班学习。

四 强化基础管理，提升工作规范化标准化水平

一是加强信息化建设。推进信息化建设二期分级保护测评工作及安可替代工作，维护好专网视频会议系统，做好涉密信息设备维护管理，未发生失泄密问题。

二是严格财务、资产管理。严格预算管理，强化预算监督，大力压缩一般性支出，按照年初安排严格执行预算标准，过好紧日子。加强政府采购管理，硬化预算执行约束。完善财务制度建设，加强内部控制，提高风险防控能力。规范财务收支行为，维护国有资产的安全和完整，提高财政资源配置效率和资金使用效率。规范审计流程，对三个基层单位主要负责同志开展了经济责任审计工作。加大财务资产检查力度，全年对各事业单位及其投资的现经营企业开展 2 次年度检查，覆盖 8 个事业单位和 1 个企业（包括 6 个分公司），发现三类 28 项问题，并督促整改。

三是深化法治机关建设。高度重视机关法治建设，全年召开法治机关建设工作领导小组会议 3 次，研究解决法治建设有关重大问题。结合工作实际制定印发《重大执法决定法制审核细则（试行）》

《法律顾问管理办法（试行）》《合法性审核暂行办法》，制度建设进一步完善。健全机关法律顾问工作机制，加强机关法律顾问团队力量，充分发挥法律顾问和公职律师作用，加强有关事项的合法性审核工作，建立合法性审核台账，全年开展合法性审核 30 余项。机关对外签订合同，必须经法律顾问和公职律师双重审核，最大限度规避法律风险。持续加强法治教育，干部职工法治意识和依法办事能力充分提高。

国家粮食和物资储备局辽宁局领导班子成员

张显斌　分党组副书记、副局长（主持工作，2022 年 4 月任职）
苏立伟　分党组成员、副局长
曹　智　分党组成员、纪检组长
王纯禄　分党组书记、局长（2022 年 4 月任一级巡视员）
张庆坤　分党组成员、副局长（2022 年 4 月调离）
李卫宁　二级巡视员（2021 年 9 月任职）
宁相林　二级巡视员

（撰稿单位：国家粮食和物资储备局辽宁局；撰稿人：周明；审稿人：张显斌）

2021 年 3 月 22 日，辽宁局召开全面从严治党工作会议。辽宁局分党组书记、局长王纯禄（左二），分党组成员、副局长苏立伟（右二），分党组成员、纪检组长曹智（左一），分党组成员、副局长张庆坤（右一）出席会议。

2021年5月14日，辽宁局分党组书记、局长王纯禄（左一）在中储粮大连直属库进行2020年度中储粮考核督导。

2021年7月29日，辽宁局分党组书记、局长王纯禄（左一），分党组成员、副局长张庆坤（左二）赴武警辽宁省总队开展“八一”建军节走访慰问。

国家粮食和物资储备局吉林局

基本情况

国家粮食和物资储备局吉林局（以下简称“吉林局”）成立于2019年6月5日。负责监管辖区内中央储备粮棉管理情况，会同地方有关部门监督检查中央事权粮棉政策执行情况，承担有关年度考核工作。按权限查处有关案件，并提出相关处理意见和追责建议。负责辖区内国家战略物资收储、轮换、出库的组织实施和日常管理，监督检查储备物资数量、质量和存储安全。负责监管辖区内石油、天然气、食糖和中央救灾物资等中央储备。按照国家粮食和物资储备局指令，落实重大灾害及突发性事件的有关中央储备物资保障工作。内设机构10个，行政编制48名。全局共有8个基层单位，事业编制824名。

2021年工作

一 深刻把握建党百年重大政治要求，全面加强党的建设党的领导

牢记“首先是政治机关”，突出加强党的政治建设。举办党的十九届五中、六中全会精神读书班和“七一”重要讲话培训班，忠诚拥护“两个确立”，做到“两个维护”。接受国家粮食和物资储备局党组政治巡视，对基层单位全覆盖开展“巡察回头看”，加强班子自身建设，政治生态持续巩固。坚定不移举旗铸魂。把党史学习教育作为重要政治任务，创新“四位一体”学习教育机制，开展庆祝建党100周年“七个一”活动，举办“礼赞百年路、奋进新征程”文艺汇演、“砥砺前行、走进名企”主题党日，落实52项“我为群众办实事”清单，做法得到国家粮食和物资储备局、吉林省肯定，11篇文章被吉林省委、国家粮食和物资储备局刊物刊发。坚持夯实基层基础。贯彻全面从严治党，深化党建质量提升，高标准完成BTX建设试点任务，7个党委、36个在职党支部全部五星达标。6名党员干部受到国家粮食和物资储备局和吉林省直机关工委表彰。隆重表彰吉林局系统建立70年“十大先模人物”，走访慰问困难党员、“光荣在党50年”老党员，把组织关怀做到实处。

二 坚决扛稳粮食安全监管重任，助力粮食安全产业带建设

一是“两项考核”强职能。坚决贯彻落实《粮食流通管理条例》，通过抓好“两项考核”，吉林省

委省政府高度重视粮食安全省长责任制考核，吉林省委省政府拨付专门工作经费，有力保障了考核工作顺利开展。吉林局作为全国首家参与粮食安全省长责任制考核的垂管单位，为国家粮食和物资储备局当好考核“前哨”，把好第一道关口，通过与地方各有关单位共同努力，吉林省在年度考核中被评为“优秀”。加大对中储粮年度考核力度，压实各方责任，严格执法打破利益藩篱。以严考核提升监管效能，有效发挥了考核“指挥棒”作用。

二是集中整治敢亮剑。落实习近平总书记重要批示指示精神，通过粮食购销领域腐败问题专项整治工作确保辖区粮食安全，全力维护吉林省粮食流通秩序。完善“四方案一指引”，与吉林省纪委监委密切协作，统筹推进专项整治、“亮剑 2021”专项行动、库存检查及“回头看”、秋粮收购监管，共同整治粮食购销生态。督促中储粮吉林分公司对 2 起涉粮案件追责问责，累计追责 89 人，党纪处分 2 人，组织处理 1 人。吉林省的专项整治工作成效明显，得到中央纪委国家监委肯定。

三是创新举措提效能。创新监管机制，强化协同监管和信息化监管。发起建立“东北四省粮食储备协同监管工作机制”，成功举办首次联席会议。与吉林省粮食和物资储备局建立协同监管机制，配合相关部门开展最低收购价粮食监管。关于辖区“产购储加销”全产业链情况调研报告在国家粮食和物资储备局获奖，关于加强粮食质量监测软科学课题研究成果被国家粮食和物资储备局评为“具有较高学术水平和实用价值”等次。突出问题导向，探索创新总结粮食监管体制机制和操作层面的方式方法，编写中央储备粮和中央事权粮食《监管知识 100 问》《常见问题 100 例》，发行 1000 余册，相关做法在全系统引起较好反响。成功承办动态监管系统全国培训，完成吉林局信息化监管中心一期工程。

四是助力产业显担当。积极参与粮食安全产业带建设，支持农民合作社等新型经营主体发展，《扶持“粮食银行”支持农民合作社等新型经营主体发展》论文在国家粮食和物资储备局获奖。加强秋粮收购监管，鼓励中储粮企业与农民合作社加深合作，做到农民售粮应卖尽收，维护了粮食流通秩序，未出现“卖粮难”。

五是积极协助筹备第四届中国粮食交易大会。2020 年底，吉林省争得第四届中国粮食交易大会主办权，吉林局积极配合吉林省、市主办单位做好筹备工作。受新冠肺炎疫情影响，延后召开。

三　谋划推动国家级重大项目，增强服务地方发展的能力

以“十四五”规划为引领，主动对接国家安全发展战略。在吉林省委省政府、国家粮食和物资储备局和长春市委市政府大力支持下，争取国家战略应急物资东北基地项目立项，并有序推进。吉林省、国家粮食和物资储备局将建成东北地区现代化信息化程度最高、具备“四基地二中心”和海关口岸功能集群的国储物流中心列入“十四五”规划，实现改革发展重大突破。完成国家成品油能力建设二五三处（磐石）工程竣工验收，成品油保供能力大幅提升。启动国家级成品油库项目进展顺利。对接吉林省“十四五”规划，启动谋划在一七九处（辉南）建设国家成品油库项目，召开专题会议积极研究推动。加快闲置资源开发，做大做强储备基数。谋划在一七九处存储物资，改造 10 栋库房做好接收准备。重新制定考核办法，提高经营指标，推进国储物流公司改制，拓展经营范围，推进应急物资物流保障平台项目，打造省际物资供配体系，年度经营创收增加近 30%。

四 探索“军事化管理”，战略和应急物资储备工作大幅提升

认真贯彻党中央《关于改革完善体制机制加强战略和应急物资储备安全管理的若干意见》，探索实行“军事化管理”，下好体制机制改革先手棋，确保“大国储备”发挥“压舱石”作用。立起“准军事化”新标准。制定“军事化管理”实施方案、细则和标准化手册，编制吉林局综合及应急物资规范化管理《实施细则100条》，制定《军事训练动作标准》，开展军事训练，以“军事化”提升物资保障能力和水平。为基层干部职工统一制作服装，保障日常工作和军事训练需求。通过一年的努力，初步实现“四化三保”的军事化管理目标。打赢专项任务攻坚战。严密组织专项任务，提前22天完成物资入库。针对大宗物资价格上涨，为稳定市场、平抑物价，按照国家粮食和物资储备局部署要求，全年顺利完成3批铜铝锌投放。开展物资大清查整改“回头看”，加强中央防汛物资汛前检查、库存质检，完善应急预案，组织应急演练，24小时值班随时响应。精准落实调运指令，调运防汛物资长丝土工布10万平、编织袋150万条，高效率完成防汛物资调运黑龙江抗洪抢险任务。顺利完成重点专项工作。

五 “四线”建设全面发力，以大变样的实际成效展现新作为

围绕生产线、生活线、文化线、安全线“四线”建设全面发力，改进思想观念、工作作风、管理水平、硬件设施，累计投入213万元，旧貌换新颜。紧盯隐患防治抓好“生产线”，安全基础全面巩固。深入开展“安全生产专项整治三年行动”，健全安全责任体系，压实安全责任。每季度分析研判安全稳定形势，强化安全管控和隐患治理。连续开展3个“安全生产百日专项行动”，着力打好“重大安全”“消防安全”“人身安全”隐患整改三大攻坚战，全年安全生产无事故。加强关心关爱抓好“生活线”，人心士气全面提升。用好国家粮食和物资储备局“民生工程三年行动”延长大好契机，积极申报维改项目。为基层改造食堂、整修家属院，加装电梯、建设立体停车场，解决办公和生活条件问题29项，办公生活环境得到全面改善，职工满意度持续提升。想方设法提高职工福利待遇，解决新招聘大学生食宿问题，解决困扰18年的吉储大厦产权办理问题。着眼以文育人抓好“文化线”，发展动力全面激发。打造吉林局特色文化体系，制定《基层单位文化建设标准规范》，建设吉林局文化云平台。建强宣传阵地，创办《东北风》内刊、《吉林局信息》简报，《东北风》广受欢迎，累计发行2200余册。聚力夯基保底抓好“安全线”，三条底线全面守牢。用好监督执纪“四种形态”，扎实开展“监督执纪质量年”活动，推进“三不”机制建设。落实信访责任制，做好矛盾排查化解。加强保密工作，以全省最高分通过年度保密检查。常态化落实疫情防控，实现零感染。

六 加快工作作风转变提升，为深化改革转型发展提供可靠保证

坚持改作风正风气，落实中央八项规定精神，大力纠治“四风”。部署开展“作风建设提升年”活动，干部职工工作作风明显提升、工作效能明显提高。坚持抓班子带队伍，树立忠诚干净担当鲜明

导向。全年提拔 12 名处级干部，职级晋升 14 名干部，上下任职交流 6 名干部，基层领导班子功能得到优化。坚持育人才建梯队，印发《吉林局分党组关于加强人才梯队建设的实施意见》，建立后备干部人才库、任（挂）职锻炼人才库。新招录公务员、选调科级干部、事业单位招聘 50 多名优秀人才，人才队伍结构得到改善。统筹抓好近两年新入职人员培训，加快素质能力提升。坚持重激励激活力，完善平时考核办法，健全目标考核体系机制，调整下发基层单位绩效工资总量，营造了重实干重实绩的良好氛围。

国家粮食和物资储备局吉林局领导班子成员

孟令兴　分党组书记、局长
李景宏　分党组成员、一级巡视员、纪检组长
肇恒超　分党组成员、副局长
王　涛　分党组成员、副局长
李大勇　分党组成员（2021 年 9 月任职）

（撰稿单位：国家粮食和物资储备局吉林局；撰稿人：姜传鑫；审稿人：孟令兴）

2021 年 3 月，吉林局在长春市组织召开 2020 年度基层党组织书记抓基层党建述职评议考核大会。吉林局分党组书记、局长孟令兴作会议总结。

2021 年 11 月，吉林局分党组书记、局长孟令兴（前排右二）在梅河口市督导检查粮食购销领域专项整治工作和秋粮收购工作。

2021 年 4 月 9 日，吉林局六三五处与宽城区人民政府签订《国家战略应急物资东北基地（六三五处）项目实施协议》。

国家粮食和物资储备局黑龙江局

基本情况

国家粮食和物资储备局黑龙江局（以下简称“黑龙江局”）最早成立于 1954 年 8 月，时称“黑龙江省物资储备局”。1995 年 10 月，改称“黑龙江储备物资管理局”。所属二三三处、二三五处始建于 1947 年，是国家物资储备系统最早建立的储备仓库。2019 年 6 月，更名为“国家粮食和物资储备局黑龙江局”。内设办公室、粮棉糖和救灾物资监管处、战略物资和能源监管处、法规体改处、规划建设处、财务审计处、安全仓储与科技处、执法督查处、人事处（离退休干部处）、机关党委 10 个处室，编制 50 人，在职 42 人，离退休 55 人。局属事业单位 9 个，编制 1108 人，在职 722 人，离退休 834 人。

2021 年工作

一 在组织抓好政治生活大事中践行“两个维护”

一是党史学习教育出新出彩。黑龙江局分党组带头学习习近平总书记在党史学习教育动员大会上的重要讲话和党史学习教育重点书目，开展领导干部带动党员职工、机关学习带动基层活动、党史教育带动“四史”教育“三带动”，确定 11 个事项 22 条具体措施扎实开展“我为群众办实事”活动，促进了学党史、悟思想、办实事、开新局。

二是庆祝建党百年鼓舞斗志。深刻学习领会习近平总书记“七一”重要讲话精神，大力弘扬伟大建党精神。召开系统表彰大会，颁发“光荣在党 50 年”纪念章。举办优秀党员先进事迹报告会，开展手抄“七一”讲话评比等活动，极大激发了广大党员干部奋斗新时代、奋进新征程的磅礴力量。

三是宣贯六中全会扎实深入。印发宣贯方案，分党组、基层党委理论学习中心组与青年干部同题共学，党组成员深入基层宣讲，党员干部撰写体会研讨交流，迅速掀起宣贯热潮。邀请黑龙江省委党校专家作专题辅导，编写《决议》问卷“每日一答”，举办从严治党专题研讨班，持续推动走深走实，在深刻领悟“两个确立”中自觉做到“两个维护”。

二　成功举办危化品仓库综合应急演练

在国家粮食和物资储备局和黑龙江省委、省政府的坚强领导下，9 月 14 日，黑龙江局成功承办了垂管系统历史上规模最大、科目最复杂、参演单位最多、动员力量最强的储地警大型综合应急演练。公安、应急、消防、森防、武警等部门出动参演人员 600 余人，动用应急处突车辆 60 余台。五项反恐处突科目一气呵成、高潮迭起。演练准备充分、要素齐全、规范严谨，场景设置科学，流程顺畅有序，集中展示了粮储系统崭新的精神风貌和为国管粮管储的使命担当，彰显了龙江粮储人保障战略物资储备安全的时代风采。

三　稳步实施"一个中心、双轨并行、四轮驱动"发展战略

一是"一个中心"突出时代主题。坚持以"深化改革、转型发展"为中心，立足龙江粮储实际，以更高站位、更宽广的视野学习贯彻、统筹落实"三项改革"文件要求。主动向黑龙江省委、省政府汇报，根据省内相关实施意见和方案分工，建立联系机制，对接储备需求，谋划转型发展。编制完成黑龙江局"1+2 规划"（"十四五"事业发展规划、信息化建设专项规划、人才发展专项规划）。开展调查研究，形成较高质量调研报告 11 篇。

二是"双轨并行"聚焦主责主业。坚持粮食监管和物资管理"双轨并行"。优质高效完成年度考核工作，核查粮食货位 1218 个、383.2 万吨，共发现问题 114 项。抓实年度政策性粮油检查工作，有序开展"亮剑 2021"专项执法行动，深入开展粮食购销领域腐败问题专项整治。建立"三省一区"垂管系统粮食执法协同机制，开展粮食和物资储备信息化监管系统项目可行性研究，积极向"穿透式"监管方式迈进。安全完成战略物资收储轮换和市场投放。向大兴安岭、黑河等 14 个市县调运纺织袋近 500 万条、复膜纺织布 349 万平方米等中央级防汛物资，向吉林等地调运中央救灾棉衣 1.7 万件，有效履行了宏观调控、应急救灾等战略物资储备职能。以标杆库建设带动提升各项基础管理，投资 200 余万元，建设标杆库（洞、罐）34 个，保持"四无六净一畅通"。

三是"四轮驱动"厚植发展基础。坚持党的建设、队伍建设、安全管理、仓储物流"四轮驱动"。坚持政治统领，推动全面从严治党向纵深发展。分党组扛牢主体责任，召开 4 次全面从严治党工作推进会，积极推动问题整改"回头看"。建立纪检组与分党组专题会商机制，深化纪检监察体制改革。深入开展违纪违法案专题警示教育、"五个一"廉政警示教育活动，充分发挥典型案例的威慑镜鉴作用。注重"选育管用"，着力建设高素质干部职工队伍。加强事业单位领导班子建设，选拔 6 名处级干部，形成较为合理的梯队层次。构建"选育管用"全链条培养机制，事业单位新招聘 59 名工作人员，充实主责主业一线岗位墩苗历练。制定挂职锻炼和跟班学习计划，13 名年轻同志得到多岗位实践锻炼。严守安全底线，坚决扛牢"两个安全"重任。举办安全生产专题学习班，开展"安全生产月"活动、"除隐患保平安迎大庆"百日专项行动，开展两个"三年行动"，推进专项整治集中攻坚，集中化解重大风险。开展各类安全检查共计 61 次，积极整改隐患，完善基础设施，提升全链条全方位整体安全度。着眼国家安全，持续提升仓储物流水平。坚持从维护国家安全高度，发挥地域优势、品牌优

势、资源优势，在仓储物流服务中练职工队伍、优储运程序、扩物流链条，积极开展社会化服务，为全局预算平衡提供有力支撑。

四 有力提升干部职工的获得感、幸福感、安全感

一是以为人民的朴素情感深化“我为群众办实事”成果。认真编制“我为群众办实事”事项清单，筹措资金解决事业单位以前年度政策性补贴兑现、退役士兵养老金和企业年金补缴问题。解决新招录公务员、事业单位公开招聘大学生食宿问题。清理职工家属区排水系统、更换燃气软管、改善值班人员伙食、为防疫卡口提供生活用电。持续巩固脱贫攻坚成果，投入资金近 30 万元，为定点扶贫村从脱贫攻坚扶上马到乡村振兴再送一程。

二是以保稳定的底线思维着力解决历史遗留问题。坚持“新官理旧账”，投入资金解决超损油料补库、安全改造资金不合理列支问题。盯住隐患，实施仓库低压线路改造和安防系统更新换代。抓住事业单位养老保险并轨改革契机，在有力解决历史遗留问题的同时释放政策红利，把党的关怀送进职工心坎，进一步提升了全局干部职工的获得感、幸福感。

国家粮食和物资储备局黑龙江局领导班子成员

张继祥　分党组书记、局长
孙万军　分党组成员、副局长
潘　升　分党组成员、副局长
刘国君　分党组成员、纪检组长（2021 年 10 月任职）
孙大威　分党组成员（2022 年 2 月任职）
王敬华　一级巡视员

（撰稿单位：国家粮食和物资储备局黑龙江局；撰稿人：刘贵友；审稿人：张继祥）

2021 年 8 月 18 日，黑龙江局分党组书记、局长张继祥（右三）赴中央防汛抗旱物资哈尔滨储备库督导应急备汛工作。

2021 年 8 月至 10 月，黑龙江局认真部署、积极参与第二、三、四批国家储备铜铝锌市场投放任务。

2021 年 9 月 14 日，国家粮食和物资储备局在黑龙江局一五三处成功举办危险化学品仓库大型综合应急演练。

国家粮食和物资储备局安徽局

基本情况

国家粮食和物资储备局安徽局（以下简称“安徽局”），主要职责是：贯彻落实党中央关于粮食和物资储备工作的方针政策和决策部署，履行全面从严治党责任；监管辖区内中央储备粮棉管理，并会同地方有关部门监督检查中央事权粮棉政策执行情况；按权限查处有关案件；负责辖区内国家战略物资收储、轮换、出库的实施和管理；监督辖区内石油、天然气、食糖和中央救灾物资等中央储备；按照上级指令，落实重大灾害及突发性事件的有关中央储备物资保障。

2021年工作

一 坚持高举旗帜、坚定践行“两个维护”，走好“第一方阵”的步伐更稳更实

旗帜鲜明讲政治，把学懂弄通做实习近平新时代中国特色社会主义思想作为首要政治任务，把不折不扣贯彻落实党中央和国家粮食和物资储备局党组决策部署作为讲政治的具体衡量标准，把学习贯彻习近平总书记最新讲话指示精神作为分党组“第一议题”、中心组“首要内容”，始终胸怀“两个大局”、心系“国之大者”，始终在政治立场、政治方向、政治原则、政治道路上同以习近平同志为核心的党中央保持高度一致。巩固深化“不忘初心、牢记使命”主题教育成果，深入开展党史学习教育，创新形式、丰富载体，形成了专题导学、集中研学、干部讲学、专家辅学、个人自学、活动促学、竞赛比学的“七学联动”样式，做到了学习有深度。践行宗旨办实事，妥善解决群众“急难愁盼”14项民生项目，做到了办事有温度。把开展党史学习教育与想干要干在干的事结合起来，积极谋划深化改革转型发展，研究确定年度工作思路，深化大学习深调研真落实，《长三角地区战略和应急物资储备保障高质量一体化发展研究》软科学课题研究成果被国家粮食和物资储备局评为“具有较高学术水平和实用价值”，做到了结合有高度。建党百年之际，安徽局被授予创建模范机关先进单位称号。

二 坚持精准定位、坚定聚焦主责主业，储备“稳定器”作用突显彰显

自觉在党和国家大局中找准定位，坚决落实国家粮食和物资储备局下达的物资轮换任务，确保了战略和应急物资储备“收得进、储得好、调得出、用得上”。“闻令而动”，坚决贯彻落实国务院关于做好大宗商品保供稳价工作部署，连续组织中央储备物资投放任务，有效缓解长三角地区中小加工企业经营压力。10 月份，紧急向安徽省内部分城市投放中央储备成品油，及时纾解成品油市场供应偏紧局面，落实了保能源安全的重任。督导辖区内中央应急救灾、防汛抗旱物资外调，全力支援河南、陕西等地救灾工作。加大应急预警，提前向合肥、马鞍山、宣城、黄山等地调运中央防汛救灾设备和物资，有效应对台风灾害和汛期影响，切实强化了中央储备应急保障的“压舱石”作用。

三 坚持守正创新、坚定统筹发展和安全，系统大局安定稳定

加入安徽省安全生产委员会，研究编制系统《安全稳定工作责任清单》，全方位构建起安全责任体系。主动对接安徽省应急厅开展成品油库安全风险评估，接受应急管理部督导检查，系统检视差距不足，积极整改隐患问题，堵漏洞、控风险，同时按照危化品管理国家标准落实监管，进一步提升安全理念、拉高安全标杆，切实提高危化品仓库安全管理水平。在六三四处开展应急物资调运演练，进一步增强应急协同处置能力。牢固树立“隐患就是事故”的理念，加强风险管控，组织开展各类安全检查，切实抓好问题整改落实。突出重大安全隐患攻坚，完成三五二处越野管线安全距离不足的隐患整改。严格安全监管，未发生一起安全事故，守住了安全底线，夯实了发展基础。

四 坚持夯基固本、坚定推进精细化管理，效能建设提质提效

聚焦基层基础管理能力提升，坚持大抓基层、大抓基础，进一步抬高工作标杆，提升工作效能。以精细化管理质量提升三年行动为抓手，全局上下联动，协同发力，坚持问题导向，进一步细化量化部门职能职责界定、运行机制、工作标准、评价体系，将高标准、严要求、细管理、优服务的要求贯穿到全部管理工作中。通过持续发力，重新梳理规范制度规定 192 条、优化工作流程 368 项，规范岗位管理 347 个，机关、基层各项工作机制更加完善，管理更加规范，效能更加凸显。

五 坚持规划引领、坚定抓好项目支撑，发展潜力激活激发

提高站位，主动在大局中标定方位，对接各层级“十四五”规划，主动开展多轮项目规划调研。在融合中激活发展潜能，牢牢把住融合发展主动权，“放眼长三角”与苏浙沪垂管局共同推进一体化融合发展机制建设。与阜南县、中石化安徽分公司深化合作，分别签订战略合作框架协议。抓好重大工程建设，开展百日攻坚行动，推进国家成品油储备能力建设三五二处工程顺利投产运行。加强项目

管理，四七一处、三五九处安全综合整治提升工程竣工验收，六三四处安全综合整治项目开工。持续推进民生项目，四七一处、六三四处工勤房改造项目有序推进。

六 坚持问题导向、坚定亮剑出鞘，监管职责扛住扛稳

全力配合安徽省纪委监委落实粮食购销领域专项整治行动，扎实做好问题线索核查，以“五个精准”全面“大排查大起底”，着力增强执法的“穿透力”。创新工作机制，根据辖区内监管特点，构建“1+6”执法监管新模式，制定中央储备粮、棉、糖日常监管办法，与山东局、陕西局签订了中央储备糖联合协同监管协议，切实形成监管合力，规范执法行为，提高执法监管水平。积极推进“亮剑2021”专项执法行动，与安徽省粮食和物资储备局成立专项执法行动小组，建立常态化信息通报机制，统筹推进全省专项行动开展。统筹任务分工、时间安排和人员组织，同步组织政策性粮油库存检查和2020年度考核，完成辖区内粮食、油脂的实地核查，为打造干净、纯洁的“江淮粮仓”贡献力量。同时还优选了近20名新入职的同志充实到监管队伍之中，在日常监管中轮流抽调、边干边学，在干中提高，实行平时分散、专项检查时集中的动态工作机制，逐步打造一支安徽局执法监管队伍。

七 坚持“三严三实”、全面从严治党，政治生态持续净化优化

深入整改国家粮食和物资储备局党组巡视反馈意见和驻委纪检监察组指出全面从严治党问题，扎实开展“以案为鉴”专题警示教育，年内召开3次全面从严治党形势分析会议，逐步压实分党组主体责任和纪检组监督责任。制定《关于加强对“一把手”及其领导班子监督的实施意见》等规定。纪检监察体制改革向基层延伸取得新进展，配备五个基层纪委书记并明确专司监督职责。落实新时代党的组织路线，扎实推进基层党组织标准化规范化建设，推动支部建在处室，组织完成2个基层党委换届。优化干部选育管用机制，完成处级干部选拔和交流轮岗，调整配强基层党委班子。开展基层党委巡察，做好所属企业专项审计整改，认真做好盈余油专项整治。开展谈心谈话、函询，持之以恒正风肃纪，积极回应群众关切，纠偏了一些不规范行为，促进党风政风持续好转。做好“两优一先”推荐表彰，四七一处党委被评为安徽省直机关先进基层党组织，2人获安徽省直机关“无偿献血”活动先进个人表彰，评选表彰全局优秀党员、优秀党务工作者11人，先进基层党组织6个，为69名老党员颁发“光荣在党50周年”纪念章。“没有人际交往压力，只有工作压力”的氛围渐成气候，心齐劲足的干事创业环境和风清气正的良好政治生态初步形成。

国家粮食和物资储备局安徽局领导班子成员

荀　旭　分党组书记、局长
汪光灿　分党组成员、一级巡视员
谢伟运　分党组成员、纪检组长（2022年3月调离）
王　涛　分党组成员、副局长
刘　暄　分党组成员、副局长（2022年3月任职）
曹吉鹏　分党组成员、纪检组长（2022年3月任职）

（撰稿单位：国家粮食和物资储备局安徽局；撰稿人：刘尚；审稿人：荀旭）

2021年7月27日，安徽局分党组书记、局长荀旭（台左）带队走访慰问省消防总队。

2021 年 8 月 4 日，安徽局分党组书记、局长荀旭（右二）带队前往安庆市物流园调研。

2021 年 6 月 9 日，安徽局三五九处联合休宁县公安局、武装部、驻库武警等开展“联防—2021·宁盾”综合活动。

国家粮食和物资储备局江西局

基本情况

国家粮食和物资储备局江西局（以下简称“江西局”），内设 9 个职能处室：办公室、粮棉糖监管处、战略物资和能源监管处、规划建设处、财务审计处、安全仓储与科技处、执法督查处（法规体改处）、人事处（离退休干部处）、直属机关党委；下辖 7 个事业单位和 2 个公司。主要职责是：负责江西省内国家战略物资储备收储、轮换、出库的组织实施和日常管理，监管江西省内中央储备粮棉管理情况，监管江西省内石油、天然气、食糖和中央救灾物资等中央储备，落实重大灾害及突发性事件的有关中央储备物资保障工作。

2021 年工作

一　坚持政治统领，加强党的建设

一是政治机关建设不断加强。深入学习贯彻习近平总书记“七一”重要讲话和党的十九届六中全会精神，开展分党组理论学习中心组集中学习 16 次，基层党委理论学习中心组集中学习 82 次，各支部集中学习 536 次。

二是党史学习教育扎实推进。赴井冈山江西干部学院及甘祖昌干部学院开展三期党史学习教育专题培训，扎实开展四史教育，开展形式多样的主题党日活动，召开专题组织生活会，350 余名党员进一步锤炼党性修养、坚定理想信念，特别是公交线路开通、工勤房改造等 118 项“我为群众办实事”事项得到落实、效果得到群众认可，实现学党史、悟思想、办实事、开新局的初步成效。

三是意识形态工作责任制落实有力。制定印发局分党组《贯彻落实党委（党组）意识形态工作责任制实施办法实施细则》和《关于新时代加强和改进思想政治工作的实施意见》，全局意识形态工作基础更加深厚坚实。

四是组织基础持续夯实。持续推进模范机关创建和支部建设，圆满完成机关、各基层单位党委换届工作，召开了基层党组织书记抓党建集中述职考评会议，基层党组织建设进一步规范。有效推进国家粮食和物资储备局巡视反馈问题整改、驻委纪监组指出全面从严治党问题整改，整改成效得到国家粮食和物资储备局认可，为事业发展做好保障。

五是党建成效更为明显。在庆祝建党百年之际，向局在党 50 周年老党员发放纪念章，开展“高歌奋进新时代 舞动粮储新风采”主题党日活动暨“七一”表彰大会，以形式多样活动展现对党的深厚感情和担当作为的决心，一大批“两优一先”受到表彰，学先争先赶先作先氛围更加浓厚。

二 坚持依法治理，强化执法监管

一是重点工作任务顺利完成。扎实开展中央储备粮棉管理和中央事权粮食政策执行情况年度考核，首次实现考核全覆盖，首次实现人员“本土化”；圆满完成年度全国政策性粮油库存检查工作，摸清了江西辖区政策性粮油库存家底情况；严格“亮剑2021”专项执法检查，推动五大类67个问题持续整改，释放“强监管”高压态势信号；开展涉粮问题线索核查，办理12325监管热线转办、地方移交问题线索7条；配合省纪委监委开展专项核查，分批次排查车辆问题线索4000余条，粮食购销领域腐败问题专项整治行动扎实推进，取得阶段性成果。

二是执法监管能力素质显著提高。认真学习宣贯新修订的《粮食流通管理条例》，派员参加国家粮食和物资储备局行政执法证相关培训、考试，组织开展两次粮食监管业务培训，完善江西局执法监管人员库，有计划地统筹安排人员参与日常监管及重点工作任务，在推动任务完成的同时，自身能力素质、队伍建设得到明显提高，得到了上级相关方面和系统其他单位的充分认可。

三是工作方式方法更加创新丰富。坚持目标导向、问题导向、结果导向，将粮食收购尤其是重金属检测环节作为检查重点，注重与国家粮食和物资储备局关于“中央储备粮库存动态监管系统”的预警信息和年度考核发现问题“回头看”相结合，以强监管推动党中央、国务院重大决策部署落地落实；坚持制度先行、督导跟上，强化中央应急物资监管，出台《中央防汛抗旱和救灾物资储备管理工作办法》，严格落实储备管理要求，在九三三处成功举办中央防汛抗旱物资紧急调运首次演练。

四是法治体系建设效果更加明显。制发《江西局重大执法决定法制审核暂行办法》《行政执法证管理暂行办法》《“谁执法谁普法”普法责任清单》等，推动强化法治思维，坚持依法决策、依法指导、依法行动、依法履职，使执法监管各项工作开展有章可循、于法有据。

三 坚持理念创新，推动高质量发展

一是圆满完成国家储备铜铝锌出库任务，高效完成二五六处国家储备油料年度轮换出库任务，顺利完成六三二处、六七三处、九三三处部分国储物资转库并库工作，六三二处、九三三处接收应急救灾物资，顺利接收入库并做好日常管理；圆满完成盈余油问题专项清理整治。

二是安全综合整治提升建设项目稳步推进，二五六处安全环保达标改造项目顺利通过竣工验收，九三三处安全综合整治提升建设工程完工，六三二处安全综合整治提升建设工程完成招标并进场施工；“民生工程三年行动”扎实推进，六七三处工勤房改造工程投入使用；积极统筹各类资金，不断加大统筹资金项目支持力度，一批“急难愁盼”问题得到有效解决。扎实做好项目谋划申报，三七〇处工勤房等改造工程纳入2022年度部门自身建设项目并获批立项，二五六处管输项目立项取得积极进展。

三是以“储备仓库安全综合整治提升三年行动”为契机，推动“科技兴储”，推进通用仓库安全综合整治，提升通用仓库设施设备现代化水平。引进机械作业成功经验，定制气动式码垛机，提高火炸药库机械化作业效率和科技含量。

四 坚持筑牢基础，严守三条底线

一是多措并举保安全。召开 2021 年安全维稳工作会议，强化责任落实，逐级签订安全稳定、平安建设责任书 660 份；强化宣传教育，分层次、多方式深入学习贯彻习近平总书记关于安全生产重要论述，开展“安全生产月”活动，大力营造安全氛围；强化动态管控，建立灾害预警工作机制，严格落实值班备勤和应急处突准备，开展各类实战演练 23 次；强化管理提升，创新筹建微型消防站，研究制定平安建设（综治工作）考评办法，并以此为抓手严格考核奖惩。

二是综合施策护稳定。不断加强矛盾纠纷排查调处工作力度，修订完善矛盾纠纷排查调处工作制度，组织各单位深入开展大排查工作，从源头上预防和减少信访问题发生。高度重视干部职工普遍关切和正当利益诉求，结合调研工作开展，听取干部职工和老同志意见建议，在工作中以务实举措及时回应。

三是“三化三提”促廉政。坚持“严”的主基调，以党史学习教育、“监督执纪质量年”活动为契机，以教育预防为先、风险防控为要、制度落实为重，突出“三化三提”，即：狠抓学习多元化，提升政治“三力”；狠抓履职规范化，提炼完善制度机制；狠抓监督常态化，提高纪检工作水平。坚持每月开展“一月一主题”学习讨论，编印《江西局纪律教育参考》，组织系列廉政党日活动；开展廉政警示教育，动态调整廉政风险防控手册，依规依纪查办违纪案件；立项开展政治监督，注重“两个责任”同向发力，切实加强对“一把手”和领导班子监督，充分发挥监督保障执行促进完善发展作用。

五 坚持素能提升，建强干部队伍

一是全面统筹谋划干部能力素质提升工作布局，取得良好成效。明确工作机制，制定工作计划，从加强政治历练、作风锤炼、实践锻炼、专业训练等多个方面锻炼干部队伍，把干部能力素质提升落到实处；利用江西特有红色资源，开展培训学习教育，有序完成 18 个培训班次；坚持上挂和下派相结合，加强在乡村振兴、支援中央苏区、国家粮食和物资储备局跟班学习等不同岗位的历练，抽调优秀年轻干部参与执法监管专项工作任务，边干边学、以干代训，加强实践锻炼；推动局领导讲党课、处长讲业务走进基层，深入开展，形成上下联动、共同推进的良好局面。

二是选优配强人才队伍，持续培养关怀干部，干部交流实现新突破。年内录用公务员 2 人、事业单位招聘人员 25 人，事业单位人员平均年龄老化问题得到缓解，人才资源实现积累；事业单位领导班子调整，干部交流力度不减，轮岗挂职有序进行，结合基层单位党委班子换届选举，积极调配交流事业单位处级干部 4 名；持续加强干部培养、激励、关怀，用好各层面各年龄段的干部，选拔任用 5 名处级干部；增强乡村振兴帮扶力量，选派优秀处级干部和科级干部驻村工作；选派 2 名科级干部协助国家粮食和物资储备局对口支援原中央苏区建设，畅通系统内外干部交流，实现干部交流新突破。

六 坚持量质并重，夯实经济基础

一是结合经营工作实际，研究出台关于进一步加强经营工作的指导意见，成立经营工作领导小组。

二是在最大化地发挥现有资源优势的基础上，将人员、资产调整配置到更能创造价值、更能打造核心竞争力、更能适应市场需求的业务领域。划清国储石油公司与事业单位经营界面，对油品经销业务开展集中攻坚，油品经销创收实现突破，同比增长 51.2%；以融合发展为契机，推动仓库资源合理利用。

三是健全涵盖各经营主体及纪检、人事、财务审计、物管、安全等部门的管控工作体系，从整体与全局对经营活动各环节进行全方位的管控。

国家粮食和物资储备局江西局领导班子成员

甘　军　分党组书记、局长
杨和荣　分党组副书记、一级巡视员
王良成　分党组成员、副局长
李建辉　分党组成员、副局长
欧阳建勋　分党组成员、纪检组长

（撰稿单位：国家粮食和物资储备局江西局；撰稿人：熊园园；审稿人：罗擎杰）

2021 年 6 月 28 日，江西局在九三三处举办“高歌奋进新时代 舞动粮储新风采”主题党日活动暨国家粮食和物资储备局江西局“七一”表彰大会，江西局分党组书记、局长甘军（前排中）出席会议。

2021 年 11 月 16 日，江西局六七三处举行“抚州（崇仁）至执勤中队公交直通车”开通仪式，江西局分党组成员、副局长王良成（右四）出席仪式。

2021 年 12 月 2 日，江西局二五六处圆满完成 2021 年度国家储备成品油轮换出库任务。

国家粮食和物资储备局山东局

基本情况

国家粮食和物资储备局山东局（以下简称“山东局”）是国家粮食和物资储备局在山东的垂直管理机构，主要负责辖区内中央储备粮棉、石油、天然气、食糖、中央救灾物资等中央储备的监管和辖区内国家战略物资的收储、轮换、出库的组织实施和日常管理。山东局内设10个处室，下辖8家事业单位和1个公司。截至2021年12月底，实有机关公务员43人，事业单位在编人员243人，聘用制人员118人，离退休人员455人。

2021年工作

一 突出导向引领，思路举措不断丰富完善

一是以有力部署明确方向。召开年度工作会议，制定印发《2021年工作要点》，细化12个方面36项重点工作，推进国家粮食和物资储备局部署落实落地。

二是以廓清思路明晰路径。以“巩固、深化、提升”为主线，扎实开展“规范化建设巩固年”“履行监管职能深化年”“能力素质提升年”，细化分解17个方面54项措施，制定责任清单，定期调度推进。深入开展“制度缺失与执行”“工程项目建设”“重大事项请示报告”三个专项整治，制修订制度46项，基层单位制修订201项，完善制度体系，提升工作效能。

三是以系统思维推进落实。坚持“任务清单化、清单责任化、责任数字化，明确路线图、落实施工图”“三化两图”工作推进机制，定性定量相结合，责时效相统一。

二 突出监管考核，为国管粮不断拓展深化

一是扎实开展专项整治和执法行动。先后5次召开分党组会和专题会，明要求，定方案，建专班。对问题线索第一时间梳理研判，按“低、中、高”风险等级分类建账，建立“传达精神有函告、抽查问题有反馈、整治进程有督导、存在漏项有提醒、工作线索有查处、整治结果有报告”的监管模式，持续释放粮食执法“强监管”信号。开展“亮剑2021”专项执法行动，建立152人执法督查专

业人才库，制定年度执法督查计划，积极参加属地“双随机一公开”监管。

二是认真组织年度考核和库存检查。继 2020 年出台中储粮年度考核办法后，今年又制定出台储备棉糖日常监管办法，监管制度体系更加完善。创新“六步闭环流程模式”和“五步法”，完成年度考核，压实责任推动整改。

三是积极构建协同监管格局。与山东省粮食和物资储备局签署《粮食协同监管协议》，与财政部山东监管局签署《储备物资监管协作机制备忘录》，与国家粮食和物资储备局安徽局签订《储备糖协同监管协议》。组成联合检查组对枣庄、临沂两市部分中储粮库点、地方粮食企业库存检查开展情况进行随机抽查。

三　突出重点任务，储备效能不断强化提升

一是规范日常管理。定期开展物资管理检查，规范物资日常保管和出入库作业流程。建立山东辖区战略应急物资储备数据库和“三看一报”工作制度，对承储单位整改情况进行“回头看”，全力做好大清查“后半篇文章”。辖区内 2 家单位、4 名个人获评国家发展和改革委员会、财政部等四部委大清查先进集体和个人。

二是聚力重点任务。快速响应，精心组织，圆满完成四批铜铝出库和中央储备糖收储。与山东省发展和改革委员会共同牵头，成立由山东省公安厅、山东省应急厅、武警山东省总队、国铁济南局组成的专项工作省级协调联动机制，坚持“早、联、保、细”工作要求，集中攻坚，连续作战，圆满完成出库任务。认真开展自查复查，不折不扣完成“盈余油”清理整治。

三是强化应急保障。开展防汛抗旱物资监管检查 3 次，核实大清查及“回头看”问题，全部督促整改到位。组织开展灾害避险逃生、自救互救演练 13 场，参演 488 人次。组织三三四处、中央防汛抗旱济南仓库开展应急物资调运协同演练。根据国家粮食和物资储备局指令，连夜调运折叠床驰援河南省抗洪救灾。

四是推动融合发展。与国铁济南局签订《战略合作协议》。加强与济南市政府沟通协调，推动制约三三四处安全和发展的南门道路改造工程进入实施阶段。三三四处调整库容 2000 平方米打造济南市、区两级应急储备仓库，三七二处融合破题效应进一步放大。2021 年欧亚班列累计开行 624 班，逆势增长 36%，发运货值超 30 亿元。

四　突出保障提升，发展基础不断巩固加强

一是重点项目落实落地。协调联系泰安市政府，解决了多年未能办理的二五二处工程行政许可手续，同时通过依法依规审核审计，保证了工程不甩项不超概，实现库区面貌大变化。三三四处、八三二处安全综合整治提升工程加快实施。

二是科技兴储成效显著。在综合仓库推广建设智慧用电系统，开发应用电子垛卡和电子展示平台，创新使用定制货笼码放救灾物资，二五二处汽运收发油“七联锁”装置、三七二处双光谱热成像系统有效应用，八三二处组织编制箱式托盘技术标准、物资混装装卸操作标准。“1+10”视频系统扩

展到中央储备糖等企业，用好动态监管系统，推动穿透式和在线实时监管。

三是安全稳定有效保障。组织收看《生命重于泰山——学习习近平总书记关于安全生产重要论述》专题片25场，邀请专家就新《安全生产法》进行专题培训。严格落实“一岗双责”和“三管三必须”要求，签订安全稳定责任书401份，修订安全考评细则，明确各级安全责任。制定《安全治理提升三年行动方案》和《事故隐患排查整治暂行办法》，开展各类安全检查95次，发现隐患446项，整改完成436项，实现全年安全稳定无事故。

五 突出政治统领，党的建设不断走深走实

一是抓好学习教育。坚持“第一议题”，用习近平新时代中国特色社会主义思想武装头脑，组织理论中心组学习12次。制定印发党史学习教育实施方案，成立指导组，分阶段对基层单位进行3次督导。分党组书记带头讲授专题党课2次，“七一”党课荣获山东省直工委优秀党课。举办专题培训班，组织参加“党史百年”网上专题学习班，到济南战役纪念馆等地开展党性教育8次。坚持每月主题党日、每季度政治生日活动，组织离退休老同志开展“重阳观摩看发展、基因赓续启新程”活动，认真做好党史学习教育总结。

二是夯实党建基础。制定印发《关于加强分党组和基层单位党委自身建设的意见》，采取“一述一评”方式召开年度党建述职评议考核会议。深入开展“争优秀、建四强、创五好”活动，加强党支部标准化建设，26个党支部全部达到标准以上水平。把党组织建在考核组上，促进党建业务融合。各级工、青、妇等群团组织积极发挥作用，“担使命强实践、青年走一线”“时代新粮储、魅力巾帼行”健步走、青年志愿服务等活动丰富多彩。

三是培树典型引领。被国家粮食和物资储备局评定为“创建模范机关先进单位”和法治机关建设“优秀”等次，作为26家垂管局唯一代表在国家粮食和物资储备局表彰大会上做典型发言。2名“第一书记”荣获考核“优秀”等次，3名同志分别获评“山东省脱贫攻坚先进个人”“山东省直机关优秀共产党员”等称号。三三四处综合办荣获国家粮食和物资储备局“三八红旗集体”。“七一”前夕评选表扬45名“争优建强创好”先进典型，为61名老党员发放“光荣在党50年”纪念章。

四是传承红色基因。建成国家粮食和物资储备局山东局红色基因纪念馆，被授牌命名为“山东省党史教育基地”，全年先后接待80批一千余人参观，成为宣传粮储窗口、服务发展阵地、开展活动载体、党性教育基地。

六 突出压力传导，从严治党不断推向深入

一是扛牢两个责任，严守纪律规矩。全面落实分党组主体责任，认真贯彻《中共中央关于加强对“一把手”和领导班子监督的意见》，分党组书记切实承担“第一责任人”职责，分党组成员履行“一岗双责”，纪检组充分发挥监督专责。分党组成员带队到基层单位开展全面从严治党调研，扎实开展落实中央八项规定及其实施细则精神自查评估。

二是重视整改落实，自觉对标对表。对国家粮食和物资储备局党组巡视反馈指出问题，建立“一

周一督查，半月一调度，一月一小结”工作机制和整改完成即时专报制度，已按时全部完成整改。对驻委纪检监察组2021年两次指出全面从严治党问题和国家粮食和物资储备局企业审计反馈问题，建立台账清单，压实责任整改，确保如期完成。

三是强化监督执纪，形成警示震慑。坚持“审计全前置、巡察全覆盖、谈话全员化”，年内完成对三三四处等4家单位原主要负责人的离任审计和八三二处等3家单位预算执行专项审计，完成对8家基层单位巡察。强化警示教育，分党组成员开展廉政谈话120多人次。组织召开全面从严治党会议和全局廉政教育大会，赴山东省廉政教育馆开展现场警示教育，年内调查处置问题线索31件。

七 突出队伍建设，能力素质不断优化提升

深入贯彻《关于加快提升干部综合素质和专业能力的实施方案》，制定实施“干部人才队伍建设三年行动”，招录29名专业人才，机关提任处级干部3人，职级晋升12人，基层提任科级及晋升专业技术人员29人。会同山东省直工委举办库房应急消防暨物管岗位“一口清”技能比武，组织开展新录用人员入职培训，全年累计培训3242人次。1名职工获评国家粮储系统首批“技能大师”，为垂管单位第一人。持续推进“大学习、深调研、真落实”活动，完成年度调研课题12项，举办三期“我来讲”论坛。深入开展交流轮岗，机关基层轮岗交流26人次，分批安排80余名骨干参与中储粮考核等重点任务。选派10名干部参加国家粮食和物资储备局重点工作，6人参加山东省安全生产专项督导，工作成效得到各方面高度评价。

国家粮食和物资储备局山东局领导班子成员

张　凯　分党组书记、局长
潘　青　分党组副书记、副局长
张晓晖　分党组成员、纪检组长
雷　阳　分党组成员（2021年2月挂职）

（撰稿单位：国家粮食和物资储备局山东局；撰稿人：高晓磊；审稿人：曹吉鹏）

2021 年 4 月 15 日，山东局红色基因纪念馆举行开馆仪式。山东局分党组书记、局长张凯（右三）等出席仪式。

2021 年 9 月 27 日，山东局与中国铁路济南局集团有限公司在济南签订战略合作协议。山东局分党组书记、局长张凯（后排右五）出席签约仪式。

2021 年 12 月 21 日，山东局分党组书记、局长张凯（左一）带队赴中央储备粮山东分公司有关库点督导工作。

国家粮食和物资储备局河南局

基本情况

国家粮食和物资储备局河南局（以下简称“河南局”）机关内设 10 个处室，下属 14 个正处级事业单位和河南国储物流股份有限公司、河南中天迎宾馆有限责任公司，辖区内中央储备粮棉、食糖、油脂、中央救灾物资等库点（基地）近两千个。截至 2021 年底，机关和事业单位职工总数 2407 人（在职 1140 人、离退休 1267 人）。

2021 年工作

一 打好考核整治攻坚战，监管工作迈出新步伐

针对河南中央储备粮量大、点多的实际情况，制定河南局《中央储备粮棉糖监管办法》和《“四不两直”监督检查办法》，突出禁止性经营行为检查考核，推动改革任务落地见效。对照中央储备粮棉管理和中央事权粮食政策执行情况年度考核评价细则，周密制定方案，运用“考核办法 + 年度重点”新模式，严格按标准完成了任务。认真开展政策性粮油库存清查，建立台账督促整改发现的问题，促进质清量准、安全合规。扎实开展粮食购销领域腐败问题专项整治，持续推动“亮剑 2021”专项执法行动，震慑作用更加凸显，监管效能稳步提升。

二 打好收储轮换攻坚战，储备管理取得新成效

针对大宗商品价格高企局面，提前做好出库准备，接到国家粮食和物资储备局指令后快速响应，安全高效完成铜铝锌出库、成品油出库，有效保障了区域市场稳定。认真落实国家重大专项任务，周密组织，严守规程，出库效率进一步提升，任务圆满完成。精心组织物资收储轮换，持续强化物资管理，四三一处试点引入了温湿度智能监测和人机安全距离智能报警系统，使物资管理的科技水平得到了进一步提升。

三 打好抗汛救灾攻坚战，应急保障彰显新担当

2021 年河南省灾害多发，郑州等地遭遇极端暴雨灾害，不仅考验了河南局自身的防汛能力，也检验了河南局在应急保障工作中的新职责、新担当。汛期来临前，河南局各单位及时落实了防汛措施。灾害发生后，河南局先后 5 次接到应急调运任务，均在指令规定时间内完成了起运出库，向郑州、新乡、鹤壁等地调运毛毯、折叠床及大量救生衣、棉被等物资。河南局直属单位在自身受到严重灾害的情况下安全高效完成了应急物资调运，有力保障了受灾群众的救援安置工作。

四 打好灾后重建攻坚战，单位面貌得到新改善

2021 年河南的极端灾情造成河南局损毁比较严重，经济损失超 3800 万元。河南局不等不靠，组织职工及时抢险，积极筹措资金开展自救，确保了国储物资的完好无损。在灾后重建工作中，统筹考虑发展需要，集中解决了一批干部职工关切的生产生活问题，单位面貌焕然一新，提升了办公效能。

五 打好项目建设攻坚战，储备能力得到新增强

积极协调地方政府和有关部门，彻底解决了制约国家成品油储备能力建设工程的瓶颈问题，年内，二五九处实现了竣工验收和带油运行，七三七处铁路专用线开工，为投产奠定了良好的基础，增强了发展后劲。五七三处工勤房建设、生活区改造等民生工程顺利完工，解决了职工急难愁盼问题。四三二处、四三三处安全综合整治提升项目陆续开工。

六 打好安全防范攻坚战，本质安全得到新强化

严格落实全员安全生产责任制，修订操作规程 399 项，不断完善“交警式管理”模式，持续强化现场管理。扎实推进“安全生产专项整治三年行动”，开展各类安全检查 117 次、消除安全隐患 126 项。坚持安全生产形势季度分析会议制度，联合消防、应急等部门开展演练 42 次，安全保障能力得到进一步提升，全年未发生安全责任事故。抓紧抓实抓细常态化疫情防控，干部职工零感染，志愿服务和帮扶工作受到驻地政府表彰和好评。

七 大力强化自身建设，稳步提升“软实力”

一是提升管理水平，事业发展打开新局面。持续推进管理规范化、制度化，新制定和修订制度 398 个；扎实开展经营风险专项整治，促进社会化服务健康发展，全局企事业单位克服不利局面，创

收增幅 16%，有力保障了事业发展。

二是提升素质能力，队伍建设展现新活力。分步实施了 40 项计划，开展“处长讲业务”活动，编发专刊，助推形成比学赶超的浓厚氛围；与河南工业大学合作共建示范性培训平台，坚持理论与实务结合，培训近两年新招聘事业人员近百人。

三是提升党建质量，聚力领航挺进新高度。扎实开展党史学习教育，组织了建局以来“十大优秀共产党员”评选表彰和巡回宣讲，让干部职工学有榜样、行有示范、赶有目标；大力推进支部标准化规范化建设，召开全局党建工作现场会，通过打造党建文化园地“六室一家”、强化标杆意识、培树党建品牌等，逐步形成了标准统一、全面规范的党建工作模式。

四是提升监督质效，廉政防线得到新巩固。深入推进巡视、审计整改工作，对直属单位开展了政治巡察和离任审计，集中整治问题 126 个，深化以案为鉴、以案促改，大力营造风清气正的政治生态和干事创业的良好环境。

国家粮食和物资储备局河南局领导班子成员

李　强　分党组书记、局长
饶冬华　分党组成员、副局长
张庆坤　分党组成员、纪检组长
李春平　分党组成员、副局长
傅　刚　分党组成员、副局长（2022 年 3 月退休）
何羽超　分党组成员、纪检组长（2022 年 3 月调离）

（撰稿单位：国家粮食和物资储备局河南局；撰稿人：陈璐；审稿人：李强）

2021 年 2 月，河南局有关工作人员到中储粮河南分公司走访会商工作。

2021 年 6 月 27 日，在庆祝中国共产党成立 100 周年之际，河南局隆重举办建局以来十大优秀共产党员颁奖典礼。

2021 年 7 月，极端暴雨灾害发生后，河南局主要负责同志（右二）到三三九处、四三一处督导救灾物资调运。

国家粮食和物资储备局湖北局

基本情况

国家粮食和物资储备局湖北局（以下简称“湖北局”）于 2019 年 9 月 20 日正式挂牌，机关现有 10 个职能处室，在职人员 44 人（含局级干部 7 人），离退休人员 64 人。下属 14 个基层事业单位和 1 个湖北国储物流股份有限公司。基层事业单位正处级编制单位 13 个（11 个储备仓库、设计院、机关服务中心）和副处级编制单位 1 个（物资检验所）。现有基层在岗职工 918 人，离退休职工 1135 人，共计 2053 人。

2021 年工作

一 重主责、聚主业，在地监管物资保障更加有力

一是认真落实国储物资收储、轮换、保管保养任务。圆满完成专项任务，安全高效组织成品油出库轮换，顺利接收首批中央应急救灾物资。督导三三八处和中央救灾物资武汉库向河南省 3 个地区紧急发运救灾物资，为维护人民生命财产安全提供了坚实物资保障。在库国储物资质清量准，严格执行储备物资管理制度，库内环境达到“四无六净”标准，温湿度符合规定，物资垛卡、“四本两图”标准规范，垛型垛位稳固整齐，备品摆放有序，报表档案完备规范，未发生数质量事故和安全事故。社会代储物资管理标准完善，监管程序严格。

二是精心组织实施中储粮考核。按照“制定考核方案、组织人员培训、开展自评督导、审阅自评报告、严格实地考核”方法步骤，顺利完成 2020 年度中储粮考核。针对发现的涉粮问题，坚持整改不彻底不放过、追责问责不到位不放过，认真做好考核下半篇文章，确保考核取得实效。

三是扎实做好中央储备日常监管。顺利完成粮油库存检查，开展中央储备粮季度普查、豆油增储、调节储备玉米、周转储备大豆、部分最低收购价小麦划转中央储备和秋粮收购监管，核实 2021 年度中央储备粮轮入计划调整有关问题。组织对粮食收购、储存、出库、轮换等全流程进行调研，探讨“穿透式”监管实现途径。为辖区中央防汛抗旱和救灾物资储备库配备远程在线监管系统，对特殊时段物资调运及作业全程实现远程实时监控。与湖北省粮食局、农发行湖北省分行以及省应急管理厅建立协同监管机制，提升在地监管合力。

四是严格履行执法督查监管职责。一体推进全国粮食流通“亮剑 2021”专项执法行动和粮食购销领域腐败问题专项整治工作，主动向湖北省纪委监委转交涉粮违规违法问题线索 873 条，聚焦重点突出问题，形成涉粮问题清单。深入开展国家战略应急物资储备大清查发现问题整改“回头看”，完成 11 家承储单位现场复核验收，发现问题 85 项，已整改 78 项。认真组织实施盈余油问题专项清理整治，制定完善管理制度，建立健全长效机制。有机衔接《粮食流通管理条例》，完善《粮食和物资储备执法督查工作规程》相关配套监管工作规程，建立执法督查工作专业人才库，6 名同志取得行政执法证。

二 重融合、强机制，改革发展活力更加充足

一是认真谋划“十四五”发展。聚焦高质量发展，紧紧围绕“八个走在前列”总体思路，编制湖北局事业发展“十四五”规划。指导基层单位按照“一处一品牌一特色”谋划发展思路，湖北局“十四五”事业发展格局基本形成。

二是全力推进重大项目建设。三三七处综合性储备基地建设项目稳步推进，三三七处、五三八处安全综合整治项目主体完工，三三八处、五七六处民生工程项目和三三八处、七三六处新建仓库项目通过验收并投入使用。

三是持续深化事企改革。聚焦改革完善体制机制加强战略和应急物资储备安全管理的相关要求，印发湖北局深化事企改革工作方案并启动实施，推进湖北国储物流股份有限公司完善现代企业管理体系，探索推进完善设计院、物检所体制机制工作。事企经营业态持续优化，服务主责主业效能不断提升。

三 补短板、夯底板，高质量发展基础更加稳固

一是统筹发展和安全。深入开展安全生产专项整治三年行动，谋划启动安全治理提升三年行动，完成火油库安全评价和重大危险源评估，制定形成安全规章目录和技术岗位规范目录，开展反恐、防火、防汛等预案演练 28 余次、安全检查 282 次，全年无等级以上安全责任事故。定期召开季度安全稳定形势分析会，常态化开展信访“三性”问题和重大风险隐患排查，坚持控增量、减存量，全局形势总体稳定。全年未发生失泄密事件。

二是大力实施“人才兴储”。组建工程系列中级职称评审委员会，开展中级、初级职称评审和聘用工作，推动管理、专技、工勤三类人才均衡开发利用。顺利完成 2021 年事业单位公开招聘，80 名新招聘人员报到入职。规范选拔机关处长 1 名、副处长 2 名，职级晋升 12 名，选配 5 名事业单位副处级干部，干部职工队伍得到加强。

三是积极实施“科技兴储”。制定科技发展规划，九三五处与长江大学，五七六处、七三六处与武汉理工大学“产学研”三对接，建成并投入使用全局视频会议系统和火油库安防自动化系统。制定三类仓库物管业务标准化实操手册，综合物资和应急救灾物资接收、在库、出库安全操作规程。会同湖北省粮食局、武汉轻工业大学，承办世界粮食日活动和粮食安全周活动。

四是深入开展法治建设。强化普法宣传教育，建立学法普法“每月一主题”工作机制。持续推进制度体系建设，将机构改革以来 75 项制度纳入制度汇编。落实“谁执法、谁普法”要求，结合中储粮年度考核和粮油库存情况检查，向监管企业宣讲《粮食流通管理条例》。

四 强引领、促导向，党建和党风廉政建设更加深入

一是旗帜鲜明讲政治。坚持将贯彻落实党中央决策部署作为分党组会议的第一议题，专题研究习近平总书记等中央领导同志重要指示批示和中央有关会议精神的贯彻落实措施 12 次，专题研究国家发展和改革委员会、国家粮食和物资储备局领导同志重要批示讲话精神和重要会议精神 13 次，专题研究党建和党风廉政建设工作 6 次，迅速将上级安排部署和工作要求转化到具体行动中。

二是深入开展党史学习教育。精心制定活动方案，召开动员部署会，成立指导组督导各基层单位开展党史学习教育。主要负责同志和班子成员为全局干部职工和分管基层单位作辅导报告 7 次，讲专题党课 14 次。组织处级以上党员干部专题培训，开展“微党课、微课堂”活动 160 余次、主题党日活动 260 余次，扎实推进“我为群众办实事”活动。隆重庆祝建党一百周年，举办“七一”表彰、文艺汇演、党史知识竞赛等活动，获国家粮食和物资储备局“粮储心向党 奋斗新征程”主题征文二等奖，获湖北省“中国梦・劳动美”职工演讲比赛三等奖。

三是持之以恒正风肃纪。认真落实国家粮食和物资储备局全面从严治党工作会议和驻委纪检监察组重要部署要求，召开湖北局全面从严治党专题会议，研究制定责任清单和问题整改方案。开展政治执行力和权力运行情况专项监督检查，精心组织企业专项审计整改，对 4 家基层单位开展巡察，实现一届任期内巡察全覆盖。扎实推进垂管单位纪检监察体制改革试点工作，专题向驻委纪检监察组汇报全面从严治党工作情况，主动对接湖北省纪委监委三室，就常态化工作机制问题达成一致。结合“监督执纪质量年”活动，深入开展“以案为鉴”专题警示教育、问题线索处置和案件质量评查整改，清廉机关（单位）建设效果显著。

四是凝聚为国管粮管储责任担当。1 个基层单位被评为“第 20 届全国青年文明号”，2 个基层单位被评为国家粮食和物资储备局“干事创业好团队”，1 个基层单位被评为“省直机关先进基层党组织”，2 个基层党支部被评为湖北省直机关“红旗党支部”；1 人被评为国家粮食和物资储备局“创建模范机关先进个人”，6 名同志被评为国家粮食和物资储备局“担当作为好干部”，1 名党员被评为“湖北省直机关优秀共产党员”，1 名党员被评为“湖北省直机关优秀党务工作者”，1 人荣获“全省脱贫攻坚先进个人”称号。

国家粮食和物资储备局湖北局领导班子成员

张映芳　分党组书记、局长
杨　志　分党组成员、副局长
张后福　分党组成员、副局长
路立恩　分党组成员、纪检组长

（撰稿单位：国家粮食和物资储备局湖北局；撰稿人：王帅、彭玉；审稿人：张映芳、李凯）

2021 年 7 月 20 日，湖北局分党组书记、局长张映芳（前排左二）陪同国家粮食和物资储备局安全仓储与科技司有关负责同志在五七六处检查调研工作。

2021 年 7 月 23 日，湖北局分党组成员、副局长杨志（前排左二）前往三三八处，现场督导向河南灾区发运中央应急救灾物资工作。

2021年5月6日，湖北局一级巡视员曾新同志（右一）带队前往中储粮天门直属库开展2020年度中储粮实地考核，现场查看粮情。

国家粮食和物资储备局湖南局

基本情况

国家粮食和物资储备局湖南局（以下简称“湖南局”）成立于1950年，现有13个下属企事业单位：10个储备仓库（事业单位），2个附属事业单位和1个公司。截至2021年12月31日，干部职工总数1613人，其中机关在职人员40人，12个下属事业单位在编在职人员637人，离退休人员830人，1个公司现有员工106人。

2021年工作

一 聚焦主责主业，扛稳管粮管储政治责任

一是认真履行中央储备在地监管职能。认真把握“考核办法＋年度重点”新要求，采取组建实地考核临时党支部、纪检部门随机督导等新方法，圆满完成2020年度中储粮年度考核工作，工作做法得到国家粮食和物资储备局督导组肯定。协同湖南省粮食和物资储备局开展粮油库存检查和全省政策性粮食出库专项督促检查，有关专项报告获得毛伟明省长圈阅。严肃开展粮食购销领域腐败问题专项整治和“亮剑2021”专项行动，实现“四个第一次”（异地联合办案、移送纪检监察机关、协同多级多类职能部门、深入市场流通环节），强化震慑、彻查根治，工作成效得到国家粮食和物资储备局和省纪委监委肯定。以案为鉴，建立中央储备粮轮换验收质量检验的监测考核机制，组织轮换收购质量管控专项督查，随机抽样117份，有力压实企业质量管控主体责任。

二是坚决扛稳为国管储重任。严格督导、安全稳妥完成相关专项和防汛救灾物资收储任务。根据国务院大宗商品保供稳市工作部署和国家粮食和物资储备局安排，组织三三六处、六三三处和一五四处开展国家储备物资轮换出库工作，向市场投放国家储备铜铝锌和成品油等物资，有效发挥国家储备市场调节作用。

二 统筹规划引领，奋力推动“十四五”开局

一是认真规划制定“路线图”“时间表”。聚焦“深化改革，转型发展”时代主题，坚持“牢牢把

住六个主动权”，明确“一二三四”工作思路，细化8个方面31项改革发展工作要点，成立“三化建设”“规划项目”“储备发展”“人才兴储”等5个工作专班，挂图作战，倒排工期，压茬推进。

二是深化推进储地融合深度发展。强化储地融合，与湖南省粮食和物资储备局签订《全面协同监管战略合作协议》，联合建立中央事权粮食日常监管等4项工作机制；加入湖南省安委会成员单位，与国家石油管网华中分公司、湖南省兵器工业集团等单位签订战略合作协议。

三是持之以恒汲取经验开拓创新。派员赴山东局、广东局等单位观摩见学，汲取改革发展经验。认真做好全国人大建议办理工作，联合科研机构开展“发挥天然洞库优势，打造种子特色储备基地”课题研究，组织召开天然洞库种子储存研讨评审会，专家给予肯定性结论。

三 完善制度流程，巩固提升依法治理能力

一是进一步压实责任推动落实。湖南局分党组部署开展“贯彻落实国家局党组‘两决定一意见’”专项督查，每月总结梳理履行主责主业情况和“三化建设”“五大基地”等重点工作推进情况，推动国家粮食和物资储备局党组“两决定一意见”精神在湖南局落地落实。

二是持续推进“三化建设”工作。坚持“当下改”和“长久立”、“治标”和“治本”相结合，在制度建设、安全管理、物资管理、设施设备、监管检查、文化标识、内控管理、党建工作等八个方面推进规范化、信息化、标准化。聚力推动执法监管效能提升，完善执法流程文书。建设应急指挥平台和视频会议系统，线上培训占比达58.3%，以信息化手段为基层减负。

三是扎实推进制度流程“立改废”。湖南局机关完成新建规章制度27项，修订41项，废止27项，制定完善业务流程47项，指导基层单位制定完善安全管理体系文件、搭建制度流程体系，逐步构建依法依规管权管事管人的工作新格局。

四 推进人才兴储，积极营造和谐向上氛围

一是深入开展党史学习教育。用好湖南省域红色资源，组织赴湖南党史陈列馆等红色教育基地开展革命传统教育，发放“光荣在党50年”纪念章132人，踊跃参加国家粮食和物资储备局主题征文活动，并获得优秀组织奖；扎实开展“我为群众办实事”实践活动，梳理汇总一线职工作业用餐、生活区提质改造等民生事项60项，推进黄金加油站置换、复退军人招聘等历史遗留问题解决。

二是努力营造干事创业氛围。大力宣传表彰先进典型，1人被推荐为“全国普法工作先进个人”，1人被评为“湖南省脱贫攻坚先进个人”，2人分获湖南省直机关“优秀共产党员”和“优秀党务工作者”称号，选树优秀党员10名、优秀党务工作者6名、先进党支部6个。利用《粮储湖南学习园地》、“季度主题电子专刊”等载体，广泛宣扬疫情防控、保供稳市和推动改革经验做法，凝聚守粮管储、干事创业意志力量。

三是着力提升干部能力素质。持续推动“人才兴储”，组织青年干部参加国家粮食和物资储备局第二届青年干部论坛，开展干部双向交流15人次，招聘事业单位人员63人，考取在职研究生2人，申报公职律师2人。持续用好“局处长讲业务”“青年之家”等平台，充分发挥青工委、团委、青年

学习小组等作用，带动干部强学习、长才干，不断厚实事业发展基础。

五 坚持固本强基，守牢安全稳定廉政底线

一是严肃做好问题整改以案促改。根据国家粮食和物资储备局党组巡视反馈问题，认真组织实施“规范事企分开建立现代企业管理制度”和“违反中央八项规定及其实施细则精神整治”两个自选专项行动，确保真改实改、应改尽改。狠抓“以案促改、以案促治”，以违纪违法案例为戒，严肃认真开展“以案为鉴”警示教育，制定纪检组《政治监督清单》《日常监督清单》，出台对企事业单位“一把手”和领导班子成员监督实施细则，采取签订廉政承诺书、组织明察暗访等方式将监督触角延伸到年度考核等重大任务一线，完成对 4 个基层单位党委巡察。

二是守牢安全底线抓好综合治理。深入开展平安单位建设，扎实开展安全生产月和《安全生产法》教育活动，组织安全业务培训，强化安全意识，树牢安全发展理念。结合实际完善应急预案和专项预案，督促指导基层单位提高应急处突能力。认真贯彻落实国家粮食和物资储备局垂管系统安全生产座谈会议精神，召开季度安全形势分析会议，深入开展“三共”活动，加强与驻地政府部门联动，完成一五四处安全隐患整改和复工复产，妥善解决三三六处跨铁路危桥重大安全隐患。

国家粮食和物资储备局湖南局领导班子成员情况

王　军　分党组书记、局长（2022 年 4 月任职）
黄公明　分党组成员、一级巡视员
卢东风　分党组成员、副局长
魏国栋　分党组成员、纪检组长
李建辉　二级巡视员

（撰稿单位：国家粮食和物资储备局湖南局；撰稿人：徐昊；审稿人：王臻颖）

2021 年 11 月 1 日，湖南局分党组副书记、副局长王军（前排右一）赴一五四处督导国家储备成品油轮换出库工作。

2021 年 12 月 15 日，湖南局分党组成员、副局长卢东风（右一）带队赴中储粮郴州直属库开展粮食购销领域腐败问题专项整治督导检查。

2021 年 12 月 8 日，湖南局在三三六处召开“三化建设”现场会议。

国家粮食和物资储备局广东局

基本情况

国家粮食和物资储备局广东局（以下简称“广东局”）是国家粮食和物资储备局直属的垂直管理行政机构，成立于 1972 年 4 月，2019 年 9 月挂牌更名，实行以国家粮食和物资储备局为主与广东省政府双重领导的管理体制，主要职能职责是：负责监管广东、海南中央事权储备粮棉管理情况，国家战略物资售出、轮换、出库的组织实施和日常管理，监管广东、海南省石油、天然气、食糖和中央救灾物资等中央储备，以及落实重大灾害及突发性事件有关中央储备物资保障工作等。内设 10 个职能处室。下属事业单位 10 个，事业单位出资设立 2 家企业。

2021 年工作

一 坚持高站位、深谋划，以实际行动践行“两个维护”

扎实开展党史学习教育，深入学习习近平总书记系列重要讲话精神以及党的十九届六中全会精神，开展“四史”学习教育以及储备史学习，着力夯实理论武装基础，落实“第一议题”。组织“学党史、感党恩、颂党情、跟党走、展风采”系列活动，开展“我为群众办实事”实践活动，梳理汇总事项清单 64 项并已完成 63 项。突出抓好处级以上干部和青年干部理论武装，形成领导班子带头学、机关党委督导学、基层支部自主学、青年读书班分享学的“四维”学习机制。全年召开分党组会学习贯彻“第一议题”30 个，组织理论学习中心组学习研讨 11 次，青年读书班开展活动 13 次。注重党建引领，持续推动党支部书记家访走深走实取得成效，党员家访活动实现全覆盖。开展“每月一星”“党员先锋岗”“两优一先”等评比活动，切实发挥党员先锋模范作用。持续推进“大学习、深调研、真落实”活动，承担国家粮食和物资储备局软科学课题项目 1 项并被评为具有一定学术水平和实用价值，开展调研课题 17 项。研究编制广东局“十四五”事业发展规划、信息化建设规划、安全生产专项整治三年行动计划、贯彻“科技兴储”“人才兴储”措施、事业单位转型发展建议等，统筹谋划好发展蓝图。深入推进模范机关建设，研究提出“一二三四”工作部署，使模范机关创建过程成为全面提高党建质量、破解难题、推动发展的过程。2021 年，广东局荣获“国家粮食和物资储备局创建模范机关先进单位”称号，广东局办公室被广东省直机关工委评为“省直机关模范机关创建先进单位”，七三三处专职消防队被评为“全国青年文明号”。

二 坚持强监督、严管理，坚决守住管好“天下粮仓”“大国储备”

发挥在地监管作用，探索与地方政府行政主管部门形成综合监管，与承储企业主管部门形成直接监管的“三方协同”监管体系，不断深化监管合力。与粤琼两省粮食和物资储备局、中储粮分支机构、省属粮食企业等签订粮食安全保障协同机制合作协议，与两省应急管理厅建立应急物资保障联系机制，与广西局建立跨区域协同执法督查机制，加强央地互联、信息互通、工作互助、人员互动。高度重视并配合开展好粮食购销领域腐败问题专项整治工作，启动“大起底、大排查”行动，组织三个核查组深入中储粮直属库点进行问题线索核查，及时向有关部门移交相关问题线索并积极参与联合调查工作。抓实粮食流通“亮剑 2021”及问题整改“回头看”等专项执法行动，梳理整改清单 96 项，督促承储企业完成整改 92 项。按照“双随机、一公开”和“四不两直”的要求，加强日常监管，建立健全粮食库存检查巡查、抽查制度，强化常态化监管，在辖区内中央储备物资承储库点公布 12325 举报电话、设立举报箱并接受投诉。落实国家粮食和物资储备局关于大宗商品保供稳价工作部署，七三三处、八三〇处提前近 1 个月分别安全高效完成中央储备成品油、储备铜铝锌出库任务，为缓解阶段性供应紧缺，促进产业链、供应链稳定发挥了积极作用。八三〇处、海南处进一步规范应急救灾物资管理，制定完善调运预案并开展演练。推进科技兴储，开展以“小发明、小创造、小设计”为核心的“三小”活动，以科技创新提升仓储管理水平。

三 坚持抓项目、增效益，不断筑牢事业可持续发展的基础

以“不获全胜决不收兵”的决心推进项目建设。加快推进两个新建开工前期准备工作。八三〇处综合国家储备基地建设项目于年底启动，按照“三高一样板”要求全力推进。海南处主动争取地方政府支持，加快推进应急救灾库项目落地。三五三处、七三三处扩建工程正抓紧完成工程竣工结算及决算工作，并积极接入国家油气管网，提升油品收发输转能力。加强与地方政府储备融合联动，八三〇处为广东省以及“中国—太平洋岛国”应急物资储备提供仓储和物流服务保障。积极依靠自身力量盘活资产，搞活经营，弥补经费，创新发展，印发直管企业监管事项责任清单，推动广东国储供应链股份有限公司建立现代企业制度，加强内部管理和风险管控，下大力气克服疫情反复和市场疲软等不利因素，所属事企业单位 2021 年经营创收实现逆势上扬，为事业有序发展提供保障。

四 坚持提能力、补短板，不断增强干事创业的本领

认真落实新时代好干部标准，科学推进干部选拔调配工作，为事业发展提供人才保障。全年选拔任用 16 名机关及事业单位处级领导干部，晋升 10 名公务员职级，选派 2 名干部致力乡村振兴，机关 2 名处级领导干部下挂锻炼，新招聘 27 名事业单位人员。全面落实干部能力素质提升计划第二年的

24 项任务，进一步在培训对象个性化、差异化，以及培训内容针对性、有效性上下功夫见成效，组织开展基层单位负责人、中青年干部、新入职人员等综合性培训，以及成品油化验、应急物资管理、人事干部档案管理等业务培训和实训共计 2227 人次，全方位、多角度推进人才队伍建设。进一步完善激励机制，建立重要任务、重点工作专项表彰制度，对在信息报送、职称考试、专项工作、青年读书班活动中表现突出的积极分子及时表彰奖励。完善年度考核和平时考核管理办法，加大考核结果运用力度，激励形成狠抓落实的良好氛围。2021 年，广东局获得省直以上机关表彰的集体荣誉 8 项，个人荣誉 6 项，全局上下呈现出人心思进、事业思干、发展思变的良好态势。

五 坚持治隐患、防风险，牢牢守住安全稳定的底线

深入推进“问题大起底，隐患大排查大治理”专项行动，起底安全隐患“死账”“坏账”，进行拉网式隐患排查，科学评估隐患等级，分级分类落实整改，以零容忍实现零隐患，确保零事故。开展成品油储备库安全风险评估工作，所属油库均被评为低风险等级。全面开展风险分级管控和隐患排查治理双重预防机制建设工作，推进安全生产关口前移。加大安全生产教育培训力度，通过安全文化建设带动安全生产硬实力和软实力提升。2021 年，全局各单位安全生产投入 2365.2 万元，安全检查 600 次，发现隐患 570 项，完成整改 543 项，隐患整改率 95.3%，开展应急演练 42 次，组织安全教育 365 次，全年新培养 2 位注册安全工程师，累计达到 13 人，实现危化品仓库全覆盖。

六 坚持转作风、树形象，着力营造风清气正的政治生态

强化作风建设，部署开展以“讲政治、顾大局，讲纪律、守规矩，讲作风、树形象，讲学习、提能力，讲担当、勇作为”为主要内容的“纪律作风能力建设年”工作，下大力气推动干部职工勤学奋进、务实重行、清正廉洁，及时通报曝光不正确履职、违反制度规定、工作作风不严不实等问题。持之以恒推动正风肃纪，加强对基层单位“一把手”和领导班子监督，重点围绕落实中央八项规定及其实施细则精神情况，以及国有资产、企业投资经营、基建工程项目和盈余油清理等工作开展专项监督检查，持续释放从严信号。充分发挥巡察利剑作用，完成对九三八处、二十八处政治巡察，实现十九大以来基层单位巡察全覆盖。扎实开展“以案为鉴”专题警示教育活动，认真汲取案件教训。坚持“严”的主基调，做实做细日常监督，精准规范运用“四种形态”。

国家粮食和物资储备局广东局领导班子成员

张依涛　分党组书记、局长
王可顺　分党组成员、副局长
何正罗　分党组成员、纪检组长
廖桂兴　分党组成员、副局长
傅　铁　分党组成员、副局长（2022 年 3 月免职）

（撰稿单位：国家粮食和物资储备局广东局；撰稿人：解笑愚；审稿人：薛浩）

2021 年 12 月 31 日，广东局分党组书记、局长张依涛（右四）参加八三〇处综合性国家储备基地建设项目启动仪式。

2021 年 3 月 3 日，广东局在七三三处牵头组织召开辖区粮食安全保障工作央地协同机制联席会议。会后，与会代表前往红色教育基地开展党史学习教育。

2021 年 5 月 18 日，广东局机关拍摄《唱支山歌给党听》音乐视频，作为“学党史、感党恩、颂党情、跟党走、展风采”系列活动之一。

国家粮食和物资储备局广西局

基本情况

国家粮食和物资储备局广西局（以下简称“广西局”）机关内设职能处室9个，分别为：办公室、粮棉糖和救灾物资监管处、战略物资和能源监管处、规划建设处、财务审计处、安全仓储与科技处、执法督查与法规处、人事处（离退休干部处）、机关党委（纪委）；下辖事业单位6个，分别为：七三二处、四七九处、九三一处，钦州港口办事处、防城港口办事处，机关服务中心。

2021年工作

一 抓党建、强引领，深化政治机关建设

一是强化政治理论武装。注重发挥分党组理论学习中心组示范引领作用，推动学习型党组织建设不断深入；深入学习领会习近平总书记“七一”重要讲话和党的十九届六中全会精神、习近平总书记视察广西“4·27”重要讲话精神以及习近平总书记等中央领导同志关于粮食和物资储备工作的指示批示精神，按要求将学习宣贯情况上报国家粮食和物资储备局党组。全年进行分党组理论学习中心组（扩大）学习8次，开展“局长讲坛”讲座2次，局领导讲党课8次。

二是扎实开展党史学习教育。认真学习领会习近平总书记在党史学习教育动员大会上的重要讲话精神，贯彻落实国家粮食和物资储备局党史学习教育工作部署，深入开展党史学习教育系列活动，创新开展“三问一思考”活动，开展“讲好党史故事 弘扬优良传统”主题巡回宣讲；召开党史学习教育专题民主生活会、党史学习教育专题研讨会，落实“我为群众办实事”35项，切实做到学党史、悟思想、办实事、开新局。

三是深化模范机关创建。认真落实国家粮食和物资储备局关于深化模范机关创建的工作要求，开展支部品牌创建、党员示范岗评比等活动，狠抓作风整顿，规范工作流程，把政治机关建设融入日常、抓在经常，不断巩固扩大模范机关创建成果；推进党支部标准化规范化建设，广西局所属基层党支部全部通过区直机关工委达标复核；结合贯彻国家粮食和物资储备局召开的创建模范机关先进单位和先进个人暨“两优一先”表彰大会精神，以更高的标准、更严格的要求，开展“学先进找差距 补

短板开新局”活动；坚持党建引领改革发展，聚焦年度重点工作任务，制定了《广西局关于破解“两张皮”推进党建业务融合发展的实施方案》，把党建与业务工作同部署、同落实、同检查、同考核。

四是全面推进法治机关建设。深入学习贯彻习近平法治思想，开展“宪法日”“全民国家安全教育日”及《民法典》《粮食流通管理条例》等内容普法宣传教育讲座活动；教育引导党员领导干部带头学法用法，积极参加自治区年度国家工作人员普法考试，达到全员合格；充分发挥机关法律顾问和公职律师作用，开展“送法下基层”活动，为分党组重大决策及事业单位经营活动、人员聘用、工程项目建设等提供专业法律服务。

五是深入落实新时代党的组织路线。坚持新时代好干部标准和德才兼备、以德为先用人导向，选好干部、用好干部，出台《广西局公务员平时考核实施办法》《广西局事业单位中层领导干部绩效综合考评暂行办法》，坚持在急难险重任务、乡村振兴工作一线培养使用和考察识别干部；完成系统内部 13 名干部挂职交流轮岗（含乡村振兴工作队员），推荐 2 名干部到国家粮食和物资储备局挂职、跟班学习，完成 8 名机关公务员职级晋升和 1 名军转干部定级、2 名机关副处级干部选拔任用以及 7 名机关事业单位处级干部试用期满转正考核、2 名新招录公务员试用期满转正定级工作，机关安置接收 1 名军转干部，事业单位招聘 6 名工作人员。

二 抓改革、促发展，强力推动工作落实

一是严格执法强化粮食监管。严密组织年度粮食考核和粮油库存检查工作，成立专项考核组，广西局领导靠前指挥、深入一线，从严开展实地考核检查，实现库点全覆盖，督促粮食承储企业对存在问题进行整改，切实履行在地监管职责；认真组织开展粮食流通“亮剑 2021”专项执法行动，积极协助广西壮族自治区纪委监委开展粮食购销领域系统性腐败问题专项整治；加强监管队伍能力建设，实现监管人员“五个一口清”。

二是不断完善监管机制建设。完善辖区中央储备粮日常监管台账，结合库点粮食轮换进展情况，采取“四不两直”方式抽查检查，发挥监管震慑作用；注重提升信息化监管水平，建立广西辖区中央储备粮动态监管系统监控室，开展网上巡查，及时处理国家粮食和物资储备局推送的预警信息，确保网上监管到位；与自治区粮食和物资储备局建立辖区内粮食和物资储备协同监管机制，与广东局探索建立跨区域协同执法督查机制，创新协同监管，强化监管合力。

三是强化主责主业意识。广西局把国家储备铜铝锌出库工作作为一项重要政治任务来抓，成立督导工作专班，安全顺利高效完成国家储备铜铝锌出库任务；加强对辖区中央储备糖、原油和应急物资日常监管；加强在库物资管理，制定印发《广西局战略物资管理监督检查工作办法》；加快推进标杆仓库建设，建立健全标杆仓库建设工作目标责任评价、评定和奖惩制度，发挥好标杆仓库示范引领作用，推动基层仓库物资管理水平不断提升。

四是坚持规划引领转型发展。积极推进广西局基础设施建设“十四五”规划编制工作，探索储备仓库改革转型发展路径，编制《广西局 732 处综合储备基地项目建议书（初稿）》；大力加快干部综合素质和专业能力提升，制定《广西局“十四五”人才队伍建设规划》《广西局关于适应新时代要求大力发现培养选拔优秀年轻干部的暂行办法》；建立和完善四七九处安防系统运行和维护管理制度，切实落实国家粮食和物资储备局关于“高水平运行”的工作要求。

五是加强“平安粮储广西”建设。实施“平安粮储广西”专项工作，深入推进“安全生产专项整治三年行动集中攻坚”，持续巩固“两大三化”成果，积极开展“安全生产月”活动，安全生产标准化创建快步推进，机械化作业试点工作持续提升；制定印发《广西局信访突发事件应急处置工作预案》，加强信访工作针对性；严格落实保密工作责任制，认真开展保密学习宣传教育；扎实推进“储备仓库安全治理提升三年行动”，多层次全要素开展动员部署，组建专班，压实责任，建立常态化工作机制，每月召开专班推进会，把此项工作作为落实国家粮食和物资储备局党组“两决定一意见”和“五句话”总体要求的具体实践、检验干部能力素质的试金石、考察识别干部的重要渠道。全年开展安全检查、“四不两直”和“双随机”检查18次，查找问题隐患198项，完成整改193项，整改完成率97%。

六是稳妥推进事业单位改革。坚持“以稳促改、以改保稳”的工作原则，认真研究起草《广西局关于桂林办事处撤并工作实施方案》，召开动员部署大会，开展资产清算、人员安置、档案资料移交、人财物（经营）工作移交、法人注销登记等工作，防止国有资产损失和流失，妥善处理各项历史遗留问题，实现主业回归、队伍稳定、资源整合。广西局主动而为、破立并举，以“小切口”撬动“大转型”，较好完成了桂林办事处撤并工作。对广西局机关服务中心下属企业广西华储房地产开发公司进行公司制改革和重组合并，完善法人治理结构，健全内控制度，规范企业经营，实现良性发展。

三　抓廉政、严自律，落实全面从严治党

一是压紧压实两个责任。广西局分党组书记与其他班子成员、机关处室和基层单位主要负责人签订《党风廉政建设责任书》19份，指导督促基层单位签订72份；制定《2021年党风廉政建设责任分解一览表》，细化分解党风廉政建设工作任务；三次召开广西局全面从严治党专题会议，聚焦党建工作存在的问题、薄弱环节，认真分析原因，制定解决措施和办法，研究部署全面从严治党任务。

二是认真做好巡视巡察问题整改。巡视指出问题15个，完成整改13个，持续推进整改1个，未完成整改1个，完成率93.3%；巡视组移交的1个问题线索已核查处理予以了结；认真落实巡察工作主体责任，指导督促基层单位做好巡察问题整改。

三是常态化开展纪律教育和案件警示教育。组织收看广西勤廉榜样先进事迹主题情景报告会，在全体党员干部中发起争当“廉内助”倡议书135份；注重以案为鉴，开展“案例+行动学习”警示教育会，召开“以案为鉴”专题民主生活会和组织生活会。全年开展廉政警示教育98次，受教育1578人次。

四是严肃监督执纪问责。认真完成纪检监察体制改革试点任务，建立“三为主一报告”纪检工作机制；持续开展“监督执纪质量年”活动，完善监督执纪制度体系，加强纪检干部业务培训；修订2021年廉政风险防控手册，推进廉政风险防控动态管理；深化运用监督执纪“四种形态”，对问题线索进行核查，对涉及的相关责任人进行问责，全年提醒谈话12人次、诫勉谈话9人次。

五是深入开展治“四风”树新风活动。落实中央八项规定及其实施细则精神，大力纠治“四风”，深入查摆问题不足，共查摆出执行财经纪律不严格、违规发放津补贴、形式主义屡禁不止等方面12个具体问题，建立清单台账，细化整改措施，切实纠正“四风”突出问题；开展分党组成员到基层单位蹲点调研，常态化开展分党组成员下访接访，把问题解决在萌芽状态、化解在基层。

国家粮食和物资储备局广西局领导班子成员

黄玉涛　分党组书记、局长

杨　刚　分党组成员、副局长

左炳衡　分党组成员、纪检组长

朱华仁　分党组成员、副局长

（撰稿单位：国家粮食和物资储备局广西局；撰稿人：莫少雄；审稿人：黄明贵）

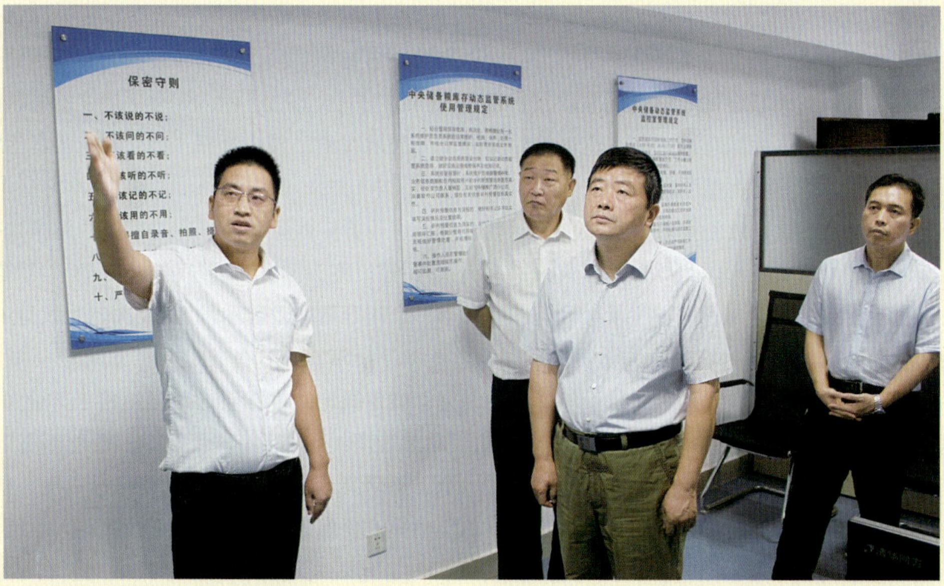

2021 年 9 月 2 日，广西壮族自治区人民政府副主席方春明（右二）到广西局开展工作调研，广西局分党组书记、局长黄玉涛（右三）一同调研。

2021 年 1 月 28 日，广西局召开 2021 年工作会议，分党组书记、局长黄玉涛（中）作工作报告。

2021 年 10 月 27 日，广西局组织党员干部前往自治区档案馆开展“传承红色基因 赓续红色血脉”主题党日活动。

国家粮食和物资储备局四川局

基本情况

国家粮食和物资储备局四川局（以下简称“四川局”）是国家粮食和物资储备局的垂直管理机构，有关粮食和物资储备监管职责范围为四川省、重庆市。局机关设 9 个内设机构和机关党委，下辖四三五处、四三六处、四三七处、四三八处、二七一处、四七三处、六七四处、一五七处、二五五处、机关服务中心 10 个事业单位。

2021 年工作

一 强化“四个着力”，做强主责主业践使命

一是着力构建中央储备粮棉监管执法新格局。开创健全“一套机制”、融合“两项制度”、夯实“三大支撑”、用活“四个抓手”的粮棉监管“一二三四”工作法；选调 4 名基层骨干充实监管队伍、选拔 46 人组建执法人才库、邀请 21 名专家进入监督专家库。扎实推进“亮剑 2021”专项行动、粮食购销领域腐败问题专项整治工作。

二是着力构建统一的国家物资储备体系。主动融入成渝地区双城经济圈建设，坚持融合发展同步推进，联合川渝两地发展和改革委员会、粮食和物资储备部门、中储粮成都分公司等达成粮食安全战略合作，与重庆市达成成品油安全战略合作。

三是着力推进粮棉考核规范化。聚焦年度考核任务，细化优化年度考核方案，建立执法督查工作规程和考核机制，研究出台《四川局中央储备粮监管办法（试行）》《四川局中央储备粮监管执法行为实施细则》，推动粮棉考核工作规范化、制度化、常态化。

四是着力发挥战略应急物资应急保障作用。有序推进专项任务、成品油收储、铜铝投放任务高效安全落实，做到了方案无纰漏、数量无差错、合同无遗漏、安全无事故。应对四川泸县“9·16 地震”，督导发运应急救灾物资 1.3 万多件，充分发挥战略应急物资应急保障作用。

二 坚持“五个不断”，守牢安全底线强保障

一是不断提高政治站位。认真学习贯彻习近平总书记重要论述，立足“两个大局”、坚持“两个

至上”、践行“两个维护”，不断增强政治自觉、思想自觉和行动自觉，做到既干事又干净。

二是不断完善全员安全责任体系。一体落实主体责任、监管责任、一岗双责，压茬推进明责、履责、考责、问责、追责形成闭环，构筑全员、全时、全域安全责任体系，打造“穿透式”监管体系。

三是不断提升安全整体能力。坚持软硬兼施、内外兼修，协同推进宣传教育、风险隐患治理、“三年行动计划”、应急体系建设等工作；组织安全培训206次、6370人次；组织处级以上干部开展安全检查152次，发现隐患482条、整改449条，全年投入安全资金1180余万元，开展应急演练64次。2次会同重庆市九龙坡区政府进行成品油泄露应急演练，受到人民网、新华网等主流媒体关注。

四是不断推进“科技兴储”。构建政产研用协同格局，与海康威视、京邦达物流达成战略合作。指导“智慧油库”建设，研发“智能发油系统”，开展“全线上、全自动”出库新模式，发油速度同比提升20%，等候时间同比减少30%。自行研制的气动码垛机4.0版推广到近10个兄弟单位，创造了可复制经验。

五是不断巩固联防联动格局。加强与属地政府、驻库武警、周边村社协同合作，落实联席会议制度、完善联防联控机制，提升思想共建、队伍共管、安全共保能力。

三 突出“四个加强”，做优“第一资源”强支撑

一是“站高”加强党的领导。把牢党管干部“方向盘”，树牢“凭实干立身、靠实绩进步”的选人用人导向，不论资排辈、不远近亲疏、不平衡照顾，大胆选用想干事、能干事、干成事、不出事的干部。

二是“望远”加强顶层设计。坚持远近结合、上下联动，研究制定干部人才队伍建设五年规划、加快提升干部综合素质和专业能力实施方案、事业单位中层干部选拔实施办法、年轻干部培养选拔实施意见等系列配套文件；选拔任用10名处级干部、12名科级干部。

三是“补钙”加强能力提升。以提升干部综合素质和专业化能力为引领，坚持“补钙”和“充电”同步推进，结合党史学习教育和业务工作、专项任务不断抓“德”的修炼、“才”的锻炼、“行”的历练，组织各类培训16期、1413人次。

四是“搭台”加强实践磨砺。统筹机关、基层事业单位、出资企业干部“三支队伍”，以跨单位跨领域使用、横向轮岗交流、跟班以岗代训、上下互动互派等方式强化实践锻炼、丰富工作阅历、增强履职能力。2021年轮岗交流26名干部，选拔机关3名年轻干部任基层单位“一把手”，下派3名机关干部挂职，选拔21名干部到机关跟班培训。

四 做到“三个用力”，强化党建引领抓落实

一是在当好治党“领头雁”上持续用力。四川局分党组坚定自觉走好“第一方阵”、建设模范机关，深刻领悟“两个确立”的决定性意义，不断提高政治判断力、政治领悟力、政治执行力，加强政治监督，切实树牢“四个意识”、坚定“四个自信”、做到“两个维护”，把党中央决策部署落实到各领域全过程。

二是在解决认识“总开关”上持续用力。发挥分党组理论学习中心组示范带动作用，推动理论武装走深走心走实，加强形势政策教育和意识形态工作，不断砥砺初心使命。四川局分党组中心组集中学习 12 次，其中党史学习教育专题学习 9 次；58 名处级以上干部参加“党史百年”网上专题班，全体党员每天登录“学习强国”参加“学党史・我打卡”，实现党史学习教育全覆盖。

三是在用好党史“传家宝”上持续用力。深入开展党史学习教育、庆祝建党 100 周年和“五好党支部”创建等活动，严格落实三会一课、主题党日活动、专题组织生活会制度，开展学党史主题征文、知识竞赛、“颂歌献给党”歌咏比赛、祭奠英烈、参观红色教育基地等活动，抓实“我为群众办实事”94 件，营造了党史学习浓厚氛围。

五 抓住“两个重点”，以案促改促治净生态

一是摸清底数、完善机制，切实抓住防风险这个重点。打出提前量、下好先手棋，及时深入各企事业单位，对合同管理、项目管理、对外投资、债权债务、司法诉讼等进行“拉网式”排查大起底，做到“心中有数”。发挥律师团队作用，集中力量、逐项落实、堵塞漏洞，筑牢企业风险“防火墙”，最大限度保护国有资产权益。紧盯重点领域、关键环节，完善廉政风险防控机制，细化防控措施、压实防控责任。厘清政事企的责任边界，督促各基层事业单位依法依规管理所出资开办企业，推动完善“四大清单”，建立“权责法定、权责透明、协调运转、有效制衡”的企业治理机制。

二是纠偏治乱、严肃执纪，切实抓住正风气这个重点。积极肃清袁昌模案影响，传递全面从严信号，形成高压震慑。深入开展专题警示教育，坚持依法行政、制度管人、流程管事，制定落实机关绩效考核办法、公务员平时考核实施办法（试行），大力整治“茫茫然不知情、昏昏然不思进、怅怅然不知羞”现象，党风政风持续向好。

国家粮食和物资储备局四川局领导班子成员

关路林　分党组书记、局长
熊　兴　分党组副书记、副局长
陈长民　分党组成员、副局长
朱晓东　分党组成员、纪检组长（2022 年 3 月免职）
张　浩　分党组成员、副局长
刘典兵　分党组成员、纪检组长（2022 年 3 月任职）

（撰稿单位：国家粮食和物资储备局四川局；撰稿人：余华东、范文静；审稿人：王荣鑫）

2021 年 3 月 5 日，四川局分党组书记、局长关路林（主席台右一）代表四川局与重庆市粮食局、四川省粮食和物资储备局、中储粮成都分公司签订川渝粮食安全战略合作协议。

2021 年 7 月 27 日，四川局分党组书记、局长关路林（中）率分党组全体成员慰问武警四川省总队。

2021 年 9 月 2 日，四川局机关党支部开展“感悟建党精神 汲取奋进力量”主题党日活动，组织党员干部集体参观四川省庆祝中国共产党成立 100 周年主题展览。

国家粮食和物资储备局贵州局

基本情况

国家粮食和物资储备局贵州局（以下简称“贵州局”）机关内设9个处室：办公室（法规体改处）、粮棉糖和救灾物资监管处、战略物资和能源监管处、规划建设处、财务审计处、安全仓储与科技处、执法督查处、人事处（离退休干部处）、机关党委；下辖8个国家战略物资储备仓库、1个机关服务中心及1家贵州国储物流有限公司。截至2021年底，局机关在职公务员39人，离退休62人；所属事业单位在编在职331人，离退休556人。

2021年工作

一 坚持党建引领，第一时间凸显“第一属性”，政治建设实现高质量发展

一是以理论武装为重点，不断强化党的政治建设。贵州局分党组坚持把学习习近平新时代中国特色社会主义思想、习近平总书记最新重要讲话精神和十九届六中全会精神作为“第一议题”，开展中心组学习28次。

二是以党史学习教育为动力，不断厚植爱党爱国情怀。分阶段开展党史专题学习，贵州局领导作专题党课宣讲，各直属单位党委成员、支部书记为党员干部职工上党课。开展庆祝建党100周年系列活动，组织合唱比赛及党史知识竞赛，依托遵义红色资源，举办2期党史学习教育培训班，264名党员参加培训。

三是以组织建设为抓手，不断提升队伍凝聚力执行力战斗力。开展“我为群众办实事”实践活动，26件事项得到落实。助力乡村振兴工作，贵州局领导6次率队到对口帮扶村调研，派驻4名干部开展驻村工作。

二 坚持健全体系，瞪起眼睛看好“大国粮仓”，监管水平实现高质量发展

一是强化日常监管。督促中储粮贵州分公司每月报送中央储备粮轮换情况，适时开展实地督导检

查。用好动态监管信息系统，强化实时监管能力。

二是强化专项监管。开展专项整治，从严惩治涉粮问题，加强与贵州省纪委监委协同，积极配合核查问题线索。开展问题整改“回头看”专项行动、全国粮食流通“亮剑 2021”专项执法行动、全国政策性粮油库存检查。

三是强化协同监管。与农发行贵州省分行签订《中央储备粮协同监管协议》，与贵州省粮食和物资储备局、中储粮贵州分公司签订《共同承担贵州省内粮食安全战略合作协议》，发挥优势互补作用，构建齐抓共管协同监管格局。

四是把创新监管和依法监管贯穿始终。一方面，积极创新监管增成效。全程督查中储粮春、秋普，构建以督查促监管、促整改、促学习、促考核的“四促”长效机制。采取春、秋普和年度考核库点互补原则，对中储粮库点检查实现年度全覆盖。另一方面，严格依法监管出效果。落实“一规定两守则”要求，加强对《粮食流通管理条例》《粮食储备管理问责办法（试行）》等规章制度的学习，把依法监管贯穿始终，形成监管体系合力。完成 2020 年度考核工作，实地考核率达 42.9%，发现问题 13 项，结合中储粮秋普开展考核“回头看”，已督促全面完成整改。

三 坚持提升效能，严格规范管好“大国储备”，物资储备管理水平实现高质量发展

一是落实储备主体责任，做好大清查发现问题整改后半篇文章。根据发现问题整改和“回头看”要求，做到及时整改，坚持举一反三，加强源头管控，规范业务流程。

二是稳妥高效抓好储备物资出库任务。分三批完成国家储备铜铝锌出库任务，顺利完成成品油轮换出库任务。

三是提升应急救灾保障能力。完成 2020 年度中央救灾物资和中央防汛抗洪物资入库中央防汛物资贵阳仓库、六三一处仓库验收工作。坚持守正与创新，开展应急物资储备调研，调研课题《加强央地应急物资储备融合发展　提升贵州省应急救灾保障能力》获评省直机关创新项目二等奖。

四 坚持压茬推进，围绕突出主业加强项目建设，储备能力提升实现高质量发展

一是全面推进国家成品油储备能力建设二五八处工程项目。截至 2021 年底，已取得建设规划许可，辅助作业罐区桩基础全部完成。

二是增强承储能力。加快推进五三一处安全综合整治提升建设项目，新建丙 2 类仓库，可用于增储中央应急救灾物资，为辐射周边应急救灾工作发挥积极作用。

三是提升储运能力。一五八处、二五八处、五五〇处油库接入管输项目已列为贵州省油气产业发展“十四五”规划重点项目。

四是积极参加省级成品油储备推进会，主动对接国储仓库代储地方成品油储备事宜。

五 坚持树牢理念，紧盯重点完善安全长效机制，安全管理水平实现高质量发展

一是深入学习领会习近平总书记关于安全生产重要论述精神。贵州局各单位组织开展集中学习，观看《生命重于泰山》电视专题片 10 场次，参加学习 680 人次。

二是明确安全责任，构筑安全管理立体网络。出台《直属单位全员安全生产责任制规定（试行）》，明确各直属单位全员安全生产责任制工作程序、教育培训和监督考核等要求。

三是深入推进三年行动。打好安全生产专项整治三年行动攻坚战，分解 43 项重点任务，实施清单管理。推进储备仓库安全治理提升三年行动，召开动员部署会议，印发实施意见，明确重点任务。

四是扎实开展成品油库安全风险评估工作。制定《安全风险评估检查表》，细化 16 个方面、440 项检查内容。强化成品油库安全风险辨识管控，有效防范和遏制安全生产事故发生。

六 坚持能力提升，狠抓后继有人这个根本大计，队伍建设实现高质量发展

一是抓牢学习。贵州局分党组专题研究出台《关于加强青年理论学习小组建设的意见》，指导各直属单位成立青年理论学习小组，激励青年强化理论学习和实践运用成果转换，切实推进人才兴粮、人才兴储。

二是健全制度。制定出台《公务员平时考核办法》等制度，充分发挥考核“指挥棒”作用。

三是搭建平台。完成 3 名机关处室负责人、3 名事业单位“一把手”和 3 名副处级领导干部交流轮岗；选送 4 名机关青年干部到基层挂职锻炼；遴选 10 名基层同志到机关跟班学习。

四是引进人才。完成事业单位公开招聘 38 人，不断优化基层仓库“三支队伍”专业、年龄结构。

五是强化培训。举办粮食考核、国储物资管理、安全生产、基建管理、财务管理、人事法规等培训班 15 场次，545 人次接受培训及岗位实操锻炼。

七 坚持全面从严，落实管党治党要求，自身建设实现高质量发展

一是加大对所属企业监管工作力度，抓好国企改革三年行动方案落实。推进建立现代企业制度，完善公司法人治理结构，扎实推进改革工作。

二是推进巡察工作。探索运用“12621”巡察工作经验，完成对 2 个基层单位政治巡察。

三是扎实开展“监督执纪质量年”活动。深化驻委纪检监察组线索处置及案件质量评查发现问题整改，加强调研和检查指导，对问题线索处置和案件办理进行全链条、各环节规范。

四是扎实开展“以案为鉴”专题警示教育。召开分党组扩大会、警示教育大会、专题民主生活会，认真做到以案为鉴、以案促改、以改促治。

国家粮食和物资储备局贵州局领导班子成员

宋念柏　分党组书记、局长
陈　命　分党组成员、纪检组长
龚显波　分党组成员、副局长
刘　暄　分党组成员、副局长

（撰稿单位：国家粮食和物资储备局贵州局；撰稿人：肖天佑；审稿人：宋念柏）

2021 年 8 月 18 日，贵州省委常委、常务副省长李再勇（前排中）到六三一处调研应急物资储备工作，贵州局分党组书记、局长宋念柏（左一）一同调研。

2021 年 1 月 22 日，贵州局召开 2021 年工作会议，部署年度重点工作。

2021 年 6 月 15 日，贵州局在遵义市举办党史学习教育培训班。

国家粮食和物资储备局云南局

基本情况

国家粮食和物资储备局云南局（以下简称“云南局”）主要负责云南辖区中央储备成品油、有色金属、贵金属、天然橡胶等物资的收储、轮换和日常管理等，对云南辖区中央储备粮棉糖、原油、航空煤油、煤炭、天然气、救灾物资、防汛抗旱物资等进行监管。内设机构 10 个，下辖事业单位 6 个，分别是：三七一处、四七四处、五三〇处、六七六处、七七四处和机关服务中心，企业 1 个：云南国储物流有限公司。截至 2021 年底，全局机关公务员 41 人，事业编内在职 188 人，退休人员 432 人，离休人员 4 人。

2021 年工作

一 聚焦政治统领，提升队伍战斗力

一是压实从严治党责任。印发年度全面从严治党责任清单以及党建和党风廉政建设工作要点，层层签订《党建工作责任书》《党风廉政建设责任书》。召开云南局分党组扩大会专题研究党建和党风廉政建设工作，召开云南局全面从严治党会议和“以案为鉴”警示教育大会，对云南局全面从严治党“两个责任”突出问题进行严肃通报。在检查考核中将党建工作作为重要内容，做到与业务工作同谋划、同部署、同落实、同检查。坚持政治巡察定位，对六七六处、七七四处开展巡察“回头看”，对五三〇处、机关服务中心开展常规巡察，实现巡察全覆盖。通过机关下派优秀干部、交流等方式选优配强党委班子。

二是扎实开展党史学习教育。以分党组（党委）理论学习中心组学习、专家讲座、党支部“三会一课”、主题党日等形式，系统深入学习指定材料。组织党员干部到中共云南省委一大会址、西南联大蒙自分校、革命烈士陵园开展主题党日活动，缅怀革命先烈，传承红色基因。结合建党一百周年庆祝活动，与相关单位联合开展主题读书会、唱红歌诵经典活动、文艺晚会等，在庆祝建党 100 周年之际对“两优一先”进行隆重表彰。

三是做好巡视整改。全力配合国家粮食和物资储备局党组第九巡视组对云南局分党组开展巡视工作，先后四次召开分党组专题会议，对照巡视反馈的四个方面 15 个问题，制定 142 项整改措施。建立问题整改对账销号制度，做到整改一个问题、销号一个问题、改进一个方面工作，确保整改的高标

准、严要求、收实效。

四是融合党建业务。成功创建省级文明单位，持续推进“云南模范机关”创建，以“一支部一品牌”为抓手，深化“寻标对标达标创标”行动，将各基层党组织的对标标准和措施与业务工作统筹结合，一体推进，将党建对标效果体现在业务工作的规范和提升上。

五是加快干部能力素质提升。围绕执法监管、国储专项等重点任务，抽调人员组成专班和后备梯队，以实践磨练干部。到国家粮食和物资储备局跟班学习、援疆、乡村振兴、机关与基层双向交流18人次，多岗位锻炼干部。多形式开展培训超过1000人次。举办“局长讲坛”2期，“处长讲业务”23期，“青年干部讲坛”和读书分享9期。加强新招大学生培养，构建“一对一”师傅带徒弟式的“传帮带”机制。

二 聚焦主责主业，提升履职监管效力

一是持续强化粮食监管执法工作。加强领导，完善机制，统筹整合专项整治、“亮剑2021”、中储粮年度考核、线索核查、粮油库存检查“回头看”等专项任务。组建监管执法人才库，加强业务培训，开展实战练兵，提升监管执法能力。加强与云南省纪委监委、云南省粮食和物资储备局的协调沟通，构建专项工作协调机制，汇聚工作合力。检查考核前做足功课，做到“一行动一方案”“一组一方案”和“四个事先”，即：事先梳理一遍对象库点历次检查问题清单、事先制定一套工作底稿、事先开展一次业务培训、事先召开一次动员部署暨廉政提醒会。检查考核中发扬斗争精神，对发现的问题线索依法依规依职能进行处置。检查考核后督促中储粮各直属库点对各类发现问题应改尽改、真改实改，压实企业主体责任，督促健全风险控制和合规管理制度。

二是坚决做好国储专项任务。按照“一库一批一方案”要求，成立专项工作领导小组，与州市两级政府建立工作机制，完善作业方案和应急预案，组织实战演练，建设转运站前置指挥所，圆满完成年度专项任务。周密部署，精心组织，安全顺利完成国储铜铝投放及成品油轮换出库任务，有效缓解供需紧张情况，为保供稳价作出积极贡献。

三是规范国储物资管理。扎实开展盈余油专项整治，强化国储物资管理，规范代储物资管理。加强火工库房温湿度管控力度，未发生超标现象。完成五三〇处阴极铜转库工作，物资整齐稳固，实物码单清晰，数量真实准确。完成六七六处火工物资转库工作，切实整改了安全距离不符的隐患。对三七一处收发油作业流程进行梳理完善，堵塞漏洞，防范风险。

四是做好中央救灾物资增储及监管。完成辖区23.3万件（套）中央救灾物资的增储，督促承储库点完善制度，加强管理，开展应急调运演练。5月21日云南漾濞发生6.4级地震后，根据国家粮食和物资储备局紧急调令，第一时间现场督导中央救灾物资昆明仓库高效完成3.5万件物资出库任务。督导完成“冬春救助”物资调运工作。

三 聚焦安全稳定，提升风险防控能力

一是压实安全责任。坚持一级抓一级、层层抓落实，建立完善安全责任体系。按季度召开安全形势分析会，研究部署季节性防火防汛及重要敏感时间节点的安全工作。深化“三共”建设，完善库警

联防、库社联防机制。

二是深化安全文化建设。扎实开展“安全生产大练兵”“安全生产月”和“百日安全无事故”活动，以“身边人身边事讲安全”，举办安全宣传咨询、安全知识讲座、安全文化征文等，不断提升全员安全意识和安全能力。

三是加大安全检查和隐患治理力度。采取“四不两直”、内部交叉等方式，加大安全检查力度。全年开展安全检查合计 89 次，接受属地安全监管部门检查 12 次，累计发现一般隐患问题 132 项，整改完成 127 项，整改完成率 96.2%，其余 5 项均已采取有效管控措施。

四是加强现场监管。重点针对基层处作业和施工现场，划定安全管理责任区，明确责任主体、指定责任人，压实各部门、各岗位责任。

五是维护稳定局面。加强“三性”问题研判，畅通信访渠道，解决好职工合理诉求，用心用情为离退休人员服务。

四 聚焦高质量发展，提升自身综合实力

一是加快储备能力建设。三七一处工程 2 月 28 日开工，强力督促施工单位优化施工组织设计，加快推进工程进度。全力推动 652 工程开工前置条件审批。

二是做好基本项目建设。五三〇处、六七六处、七七四处安全综合整治项目建设全部完成。机关办公楼加装电梯、四七四处变配电设施改造以及云南局自筹资金的 3 个民生工程项目年内全部完成。

三是规范公司管理。规范公司经营行为，修订股东会议事规则，完善治理结构和内部规章制度，督促五三〇处、四七四处履行出资人职责，对公司主要负责人进行调整。防范经营风险，梳理各类合同，健全对外合同协议必须经法律顾问审核机制，提升对外合作的风险防控能力。

国家粮食和物资储备局云南局领导班子成员

张三中　分党组副书记、副局长（主持工作，2021 年 10 月任职）
刘嘉礼　分党组书记、局长（2021 年 10 月免职）
杨文锋　分党组成员、纪检组长
谢　东　分党组成员、副局长
陈　宇　分党组成员、副局长
马真彦　分党组成员
杨　勇　二级巡视员

（撰稿单位：国家粮食和物资储备局云南局；撰稿人：李彦达；审稿人：张灿柏）

2021 年 12 月 9 日，云南局分党组副书记、副局长张三中（左一），分党组成员、纪检组长杨文锋（左二）一行到中储粮云南分公司大理直属库检查调研。

2021 年 12 月 10 日，云南局分党组副书记、副局长张三中（右二）到保山市施甸县组军门村调研乡村振兴工作。

2021 年 12 月 14 日，云南局分党组副书记、副局长张三中（右二），分党组成员、副局长谢东（右一）一行到工地选址踏勘。

国家粮食和物资储备局陕西局

基本情况

国家粮食和物资储备局陕西局（以下简称“陕西局”）是国家粮食和物资储备局的垂直管理机构，主要职责是：负责监管辖区内中央储备粮棉管理情况，会同地方有关部门监督检查中央事权粮棉政策执行情况，承担有关年度考核工作。按权限查处有关案件，并提出相关处理意见和追责建议。负责辖区内国家战略物资收储、轮换、出库的组织实施和日常管理，监督检查储备物资数量、质量和存储安全。负责监管辖区内石油、天然气、食糖和中央救灾物资等中央储备。按照国家粮食和物资储备局指令，落实重大灾害及突发性事件的有关中央储备物资保障工作。下设 10 个正处级事业单位（9 个基层储备仓库和 1 个机关服务中心），另有 1 个国储物流公司。截至 2021 年底，全局在职职工 801 人，离退休人员 1185 人。

2021 年工作

一 立足主责，切实扛牢在地监管责任

一是不断增强执法监管的科学性和规范性。先后出台 7 项监管办法和执法规程，全年累计开展各类执法监管检查 60 余次，涉及承储库点 44 个。

二是加强协同监管和常态化监管。分别与宁夏局、山西局、安徽局建立了监管协作机制，与陕西省粮食和物资储备局联合开展“亮剑 2021”专项执法行动，顺利完成中储粮年度实地考核和政策性粮油库存检查。

三是深入开展交流学习。选派业务骨干到陕西省粮储局下属单位蹲点学习，安排职能部门前往中储粮西安分公司、陕西粮农集团调研交流，每季度与宁夏局等单位开展联合培训，统筹力量组建执法监管专家库和后备人才库。

二 聚焦中心，着力提升为国管储工作效能

一是认真落实国储物资收储轮换、保管保养任务。积极服务经济宏观调控需要，二七二处、

五七五处安全顺利完成 3 批专项物资出库任务，一五九处高效完成 1 批国储油料紧急出库任务，五三三处、六三〇处顺利完成 3 批铜铝锌出库任务。严格落实各项管理制度，在库物资质清量准，未发生数质量事故。

二是做好应急救灾物资收储调运。坚决落实国家粮食和物资储备局指令，顺利接收增储中央防汛抗旱和救灾物资共计 9.4 万件，及时调运 3 批物资支援河南平顶山、陕西铜川、陕西渭南等地区的抢险救灾，物资储备“稳定器”作用进一步彰显。

三是扎实推进专项工作。认真开展盈余油问题专项清理整治工作，对 3 个成品油库和国储物流公司存油情况进行全面清理。

三 多点发力，稳步推进重点工程项目

一是综合性国家储备基地建设暨五三三处资产置换项目取得突破性进展。西咸新区建设用地完成竞拍摘牌，项目优化设计方案经专题会议审议通过，正在加紧推进开工准备工作。

二是成品油储备能力建设顺利完工。二五〇处、四五六处两个油库能力建设项目顺利通过竣工验收，正在组织设备设施生产试运行，辖区内成品油保供能力大幅提升。

三是顺利完成安全综合整治项目。一五九处、二七二处、四七七处、五七五处安全综合整治项目收效良好，二七二处转运站安全综合整治提升建设项目顺利推进，一批安全隐患得到有效治理。

四是加强信息化建设。陕西局机关完成 OA 系统需求调研和测试工作，3 个基层单位内网系统投入使用，二七二处试点开展财务信息化项目建设，“科技兴粮兴储”成为引领事业发展新的强大动力。

四 深化共识，融合发展迈出新步伐

一是科学规划改革发展“施工图”。认真领会党中央、国务院关于粮食和物资储备改革发展的系列文件精神，对标国家粮食和物资储备局规划，调整充实陕西局及各基层单位的“十四五”发展规划，提出“14212 行动计划”，进一步明确改革发展的努力方向。深度分析三类储备仓库资源优势，指导基层单位稳妥推进转型发展工作。

二是积极“走出去请进来”。认真落实国家储备融合发展指导意见，积极对接陕西省委、省政府及相关部门，邀请有关部门调研指导，加快构建融合发展机制。与湖北局、四川局共同签订《融合发展区域协作协议》，努力实现资源共享、优势互补。准确掌握合作对象的代储需求，进一步做大、做强、做优军品代储业务。

三是加紧驶入融合发展“快车道”。与陕西省能源、铁路、银行、物流等部门建立良好的合作关系，与延长石油集团签订《战略合作协议》，积极参与地方经济社会发展，陕西局被陕西省政府评为“服务陕西经济社会发展优秀中央驻陕单位”。在新冠肺炎疫情等多重负面因素影响下，全局经营服务收入突破亿元，总体上达到了稳中求进的预期目标。

五 闻令而动，坚决打赢疫情防控“阻击战”

针对2021年末西安暴发的新冠肺炎疫情，成立陕西局疫情防控工作领导小组，制定疫情防控方案和应急预案。第一时间启动应急响应机制，主动向省政府汇报应急响应工作开展和存储、监管物资情况，及时向西安市政府、省应急厅、陕西省粮食和物资储备局去电发函，加入协同保障体系，积极参与抗疫工作。指导中储粮西安分公司、应急救灾物资承储库点紧急备战，做好出库准备工作。积极响应陕西省委、省政府、省直机关工委号召，组织190余名党员干部志愿者下沉社区，以实际行动展现“粮储人”的时代担当。加强特殊时期工作统筹，在做好疫情防控的同时，各项重要工作均实现正常有序开展。

六 强基固本，严守安全稳定廉政“三条底线”

一是安全生产责任进一步压实。认真落实国家粮食和物资储备局《安全生产专项整治三年行动计划》和《储备仓库安全治理提升三年行动方案》，专题召开安全生产工作会议，顺利完成年度重点任务。每季度召开安全稳定廉政形势分析会并下发通报，进一步夯实基层单位主体责任。全年组织应急演练24次，开展各类安全检查41次、接受地方政府部门检查39次，共发现隐患722项、完成整改699项，整改率达96.8%，连续4年实现安全生产“零”事故。

二是和谐稳定环境进一步巩固。扎实开展“我为群众办实事”活动，落实32项工作任务，彻底解决4个基层单位的交通出行、冬季取暖和生活用水问题。二七二处采用“共建、共享”新模式完成行政区和生活区综合整治，机关服务中心高效完成机关办公环境提升工程，其他基层单位也立足实际解决了一批群众“急难愁盼”的问题，干部职工获得感、幸福感显著提升。

三是“越往后越严”的信号进一步释放。加快落实纪检监察体制改革任务，及时出台配套制度规定，刚性执行“三为主一报告”要求。深入开展“监督执纪质量年”活动，分类精准处置问题线索。制定《2021—2023年度巡察规划》，认真完成对五七五处、五三二处、一五九处的常规巡察，对国储物流公司等5家单位开展了巡察“回头看”。与陕西省市场监管局、农发行陕西省分行建立监管协作机制，配合省纪委监委一体推进粮食购销领域腐败问题专项整治工作。

七 举旗铸魂，不断强化党建引领作用

坚持强化理论武装，陕西局分党组全年组织13次中心组集体学习，举办1期处级干部学习全会精神研讨班，局级干部先后9次讲党课。不断深化政治机关和模范机关建设，扎实开展党史学习教育，在完成“规定动作”的同时，立足实际开展了“永远跟党走”庆祝建党100周年文艺汇演等20项主题鲜明的“自选”活动，在国家粮食和物资储备局督导检查中得到充分肯定。“七一”前夕，评选表彰20名优秀共产党员、19名优秀党务工作者、12个先进基层党组织，2名同志、1个基层党支部荣获省直机关“两优一先”表彰。将“对标定位、晋级争星”“党员积分制管理”等活动与基层党

组织规范化建设有机结合，完成对 9 个基层党委和 41 个党支部的规范化建设达标验收，五七五处第一党支部获评“省直机关规范化标准化示范党支部”。积极推进精神文明创建活动，陕西局获评陕西省直机关文明单位，正在积极申创 2021—2023 年省级文明单位。

八 凝心聚力，激发干部队伍使命担当

完成基层单位 1 名正处级、8 名副处级领导干部的选拔任用工作，并在机关组织开展了 10 名调研员、6 名主任科员的职级晋升，为想干事、能干事、干成事的干部提供了更加广阔的舞台。组织基层单位 17 名班子成员进行交流轮岗，安排机关、基层单位 10 名干部进行双向挂职，顺利开展了机关公务员平时考核工作。制定出台《陕西局加快推进“人才兴粮兴储”三年行动计划》，召开干部素质能力提升工作现场会，组织 83 名领导干部参加在陕西省委党校、复旦大学举办的能力素质提升培训班，全年举办 11 期青年读书分享会和 1 次青年专题学习。广大干部职工在状态、有激情，2 个集体和 6 名干部分别被国家粮食和物资储备局授予“干事创业好团队”和“担当作为好干部”称号，“风清气正、担当作为”已经成为全局上下的普遍共识和行动方向。

国家粮食和物资储备局陕西局领导班子成员

邹　皓　分党组书记、局长
阎红兵　分党组成员、纪检组长
吕克兵　分党组成员、副局长（任职至 2021 年 10 月）
闫国强　分党组成员、副局长
风平志　一级巡视员（2022 年 9 月退休）

（撰稿单位：国家粮食和物资储备局陕西局；撰稿人：张文娟；审稿人：邹皓、张鹏）

2021 年 8 月 10 日，陕西省委副秘书长尹清辽（左三），陕西省粮食和物资储备局党组成员、副局长王晓霞（左二）一行到陕西局调研座谈。陕西局分党组书记、局长邹皓（右二）介绍陕西局工作情况。

2021 年 6 月 28 日，陕西局举办“永远跟党走”庆祝建党 100 周年文艺汇演。

2021 年 10 月，陕西局组织执法监管人员对辖区内中央储备粮质量进行检查。

国家粮食和物资储备局甘肃局

基本情况

国家粮食和物资储备局甘肃局（以下简称“甘肃局”），主要负责监管中储粮兰州公司12个直属库储存的中央储备粮和中央事权粮食；监管中储棉兰州公司1个直属库储存的中央事权棉花；监管国家原油储备兰州基地储存的原油；监管中央防汛抗旱物资兰州库、中央救灾物资兰州储备库储存物资；监管中石油西北销售公司3个库点代储国家成品油。甘肃局下辖6个战略物资储备仓库。局机关设粮棉糖和救灾物资监管处、战略物资和能源监管处等10个内设机构。全局编制1014人，2021年底在职527人。其中局机关编制42人，在职32人；事业单位编制972人，在职495人。全局离退休758人。在职及离退休共计1285人。

2021年工作

一 切实提升政治能力，扛稳政治责任

不断深化分党组理论学习中心组“四讲”学习机制，组织中心组集中学习28次，重点发言30人次，自办培训300余人次，撰写心得体会80余篇，高质量开好专题民主生活会和组织生活会，分党组政治生活进一步规范，中心组学习质量明显提升，广大党员政治判断力、政治领悟力、政治执行力不断增强，在疫情防控、粮棉监管、乡村振兴等急难险重任务中冲锋在前，践行“为国管粮、为国管储”政治责任。甘肃局被评为全国粮食和物资储备系统“创建模范机关先进单位”。坚持高标准、严要求，每半年高质量开展分党组与纪检组会商全面从严治党工作，开展落实全面从严治党“两个责任”问题排查。对照驻委纪检组对甘肃局分党组、纪检组提出的工作建议和要求，逐项逐条抓好落实。全力支持国家粮食和物资储备局党组第十巡视组开展巡视，认真抓好巡视反馈问题整改工作，16项反馈问题已完成整改13项，其他项持续推进。持续强化巡视巡察上下联动，实现基层单位政治巡察全覆盖。组织开展“以案为鉴”警示教育活动，制定印发《关于加强对系统各级党组织“一把手”和领导班子监督的实施意见》，动态调整《廉政风险防控手册》。持续开展“党章党规落实”专项行动、“监督执纪质量年”活动，综合运用检查督查、走访调研、廉政谈话等方式，加强对各级干部行使权力、履职

情况等常态化政治监督和纪律教育。开展遵守中央八项规定及其实施细则精神自查自纠工作，对相关基层单位超次数、超标准接待问题，进行严肃批评教育、责令书面检查并退还超标准接待费用。持续强化正风肃纪，对有关责任人员提出党纪政纪处理建议，推动全面从严治党责任和党风廉政建设工作向纵深拓展，营造风清气正政治生态。

二 扎实开展党史学习教育，庆祝建党百年

分党组成员讲专题党课 8 次，机关召开专题交流分享会 4 期，撰写心得体会 160 余篇。组织党员赴南梁革命纪念馆开展“知史爱党、初心如磐”主题党日活动，组织开展主题演讲比赛、文艺演出、评先奖优等形式多样的庆祝建党百年系列活动。在甘肃省直机关“党史和党内法规知识竞答”活动中获评“优秀组织奖”，1 名党员获评“优秀个人”。各级党组织聚焦重点、精准发力，解决职工群众急难愁盼问题，梳理形成“我为群众办实事”事项清单 12 项、具体措施 42 条，已完成 41 条。甘肃局机关志愿服务队与驻地社区常态化开展新时代文明实践志愿服务活动，为社区群众解决实际困难，机关服务中心党支部被兰州市城关区评为“凝心聚力、我为群众办实事”实践活动先进党支部，1 名机关干部被评为“兰州市创建全国文明城市模范市民”，与定点帮扶村开展结对共建活动，1 名帮扶干部获评“全省脱贫攻坚先进个人”。

三 党建业务深度融合

结合实际创新载体抓手，深入开展“六维党建”主题实践活动，通过全面打造“融合维、发展维、学教维、执行维、管理维、提升维”互促党建平台，实现党建对中心工作多维度驱动、多引擎加速、多层面升级的良好局面，甘肃局《“六维党建”强力助推粮储事业发展》在中央和国家机关工委组织的全国第三届党建创新成果展示交流活动中，获“百优案例”殊荣。着力打造各具特色、百花齐放的品牌支部，激发党组织生机活力，涌现出“红柳”“春泥”等 10 余个特色品牌支部，“党员示范岗”“红旗库（罐）”创建激发党员主动担当和模范带头作用，党旗在基层一线高高飘扬。甘肃局分党组成员深入基层开展党建专题调研，建立“两级联动破解难题、提高党建质量”活动清单，持续深化党支部建设标准化提质增效行动、基层党组织建设质量提升三年行动等，年内各基层单位依规依程序完成两委换届改选工作。甘肃局 1 个党支部被命名为“全省标准化先进党支部”，2 个党支部被命名为第三批“省直机关标准化建设示范党支部”，1 名年轻党员干部被授予省直机关“青年学习标兵”称号。

四 粮食安全监管不断强化

组织召开 2021 年度甘肃粮食和物资储备四方联席会议，以贯彻《粮食流通管理条例》为主线，落实粮食购销领域腐败问题专项整治工作任务为重点，深入交流研讨，补短板、强弱项，进一步增强监管效能，巩固深化粮食协同监管机制。提高政治站位，扎实开展粮食购销领域专项整治工作。制定印发《甘肃局中央储备粮监管办法（试行）》，为规范开展常态化监管提供制度支撑。认真做好中央事

权粮棉年度考核工作，成立工作组、制定方案、组织参加业务培训，完成 6 个直属库、17 个库点实地考核。认真开展政策性粮油库存检查，对中储粮兰州分公司 3 个直属库 65 个粮食货位、18 个油罐逐仓逐货位进行实地测量，对相关企业政策执行、安全生产、问题整改等情况进行全面检查，并配合国家粮食和物资储备局联合抽查组对 2 个直属库开展联合抽查，督促问题整改，进一步压实企业主体责任。深入贯彻落实《粮食流通管理条例》，开展“亮剑 2021”执法专项行动，聚焦重点环节，综合分析涉粮问题整改“回头看”、政策性粮油库存检查、12325 全国粮食和物资储备监管热线等，梳理出 300 项各类问题，建立台账，认真逐一检查销号，对有关问题提出追责问责建议。

五　战略和应急物资保障更加有力

制定印发《库房管理考核指导意见》等，坚持物资管理业务知识“每月一考核”，物管人员业务能力和物资管理基础水平明显提升。在大宗商品保供稳价工作中主动作为，细化作业方案，强化出库督导，保质保量保急需完成四批次有色金属出库任务。严格按照“一库一批一方案”要求，认真做好重点物资收储各项工作。加强能源监管，每季度对企业代储国家储备成品油开展监管检查，主动与兰州国储石油基地对接原油监管事宜，研究制定《甘肃局国家储备原油监管办法（暂行）》，进一步提升规范化监管水平。甘肃局六三八处完成 7 个品种 25 万件中央救灾物资接收任务，督导中央救灾物资兰州储备库完成 7 个品种 9.4 万件物资验收入库工作。督导中央防汛抗旱物资兰州仓库对 4 大类 26 种防汛物资进行维护保养，做好 2020 年返还物资和增储物资验收入库工作，进一步增强甘肃域内应急救灾物资保障能力。在加强日常管理的基础上，督导各仓库做好物资调运各项准备，确保“储得好、调得出、用得上”，组织向河南省紧急调运折叠桌椅 7699 套支持抗洪救灾工作。认真落实“冬春救助”计划，组织向陕西省、山西省调运棉大衣 1.3 万件、棉被 1 万床，向天水市、平凉市等地调运棉大衣 1 万件、棉被 1.6 万床，支援受灾群众温暖过冬。

六　项目建设稳步推进

2021 年 5 月，甘肃局完成国家成品油储备能力建设二五七处工程竣工验收工作，各项设施设备运转正常，顺利投产。2021 年 9 月二五七处能建工程获得中国化工施工企业协会化学工业优质精品工程奖。五三四处安全综合整治提升项目和五七四处专用线安全改造项目实现当年立项、当年开工建设。组织各单位编制 2022—2024 三年项目储备库和民生工程三年行动计划，六三八处、一七三处可研报告已获批复。完成上报六三八处应急仓库改造项目建议书等，“十四五”重大项目建设前期工作稳步推进。

七　预算资产和基础管理不断规范

严格落实压减预算和过紧日子要求，2021 年同比核减公共预算支出 3.84%。加强对预算执行监管和统筹调剂力度，保证各单位正常运转和人员收入，积极努力将新招录 127 名工作人员纳入 2022

年预算基数。组织第三方审计机构对各单位预算执行及大清查专项经费开展审计。认真落实原主要负责人经济责任审计整改工作任务，7 类 34 个问题已完成整改 33 个，明确目标要求长期推进整改 1 个。在 2020 年深入开展经营风险排查整治专项行动的基础上，持续开展经营风险排查工作，完善制度体系，建立健全经营风险防范长效机制。年初与各单位签订《经营目标责任书》，每季度专题研究经营工作并开展重点督导，基层单位抵支收入连续两年实现两位数增长。自筹资金建设智能视频会议系统，率先实现国家粮食和物资储备局、垂管局及基层单位三级联网。OA 自动化办公系统投入运行，日常工作流程均已实现计算机和手机端网络化办理。以信息化建设助推人员思想观念转变、提升办公效率的同时，以法制化建设为抓手，续聘法律顾问、选聘公职律师，大力组织开展法治宣传。研究制定涵盖物资管理、监管执法、资产管理、人员管理等各项职能的 10 余项制度，开展制度汇编工作，不断健全内控制度体系，进一步夯实规范化管理基础。

八　安全稳定基础进一步夯实

甘肃局作为甘肃省安委会成员单位，认真履行安全生产工作职责，全年无等级安全事故。持续推进平安甘肃建设，被评为良好等次。以落实全员安全生产责任制为抓手，巩固安全区域三级责任制成效。认真落实安全生产专项整治三年行动计划重点任务。组织开展春节、“两会”期间防火维稳等安全专项及“四不两直”检查，排查隐患 56 条、提出工作建议 70 条，已全部整改。制定印发《甘肃局储备仓库安全治理提升三年行动实施方案》，大力开展安防系统技能培训考核，逐岗逐人抓好考核验收。自筹资金建设低空无人机防御系统试点项目，进一步提升国储仓库安全综合整治项目科技水平和应用效能。按照武警甘肃总队首长要求，自筹资金在重点守卫目标增设防冲撞升降柱，各单位联合地方相关部门及驻库武警开展各类应急演练 15 次，全年安全投入达到 508 万元，着力构建人防、技防、物防一体化安全防范长效机制。与驻库武警、当地政府、公安、消防加强联系，增强库区外围管控力度，形成联防联控合力。

九　强组织抓班子带队伍育人才

依规依程序完成事业单位招聘工作，针对基层单位人员老化、青黄不接问题，超前谋划、严格程序，为 6 个事业单位新招聘 127 名新职工，政治上严格要求，工作上传帮带，生活上关心照顾，拴心留人。积极稳妥开展基层事业单位班子调整，完成基层单位 1 名主要负责人和 6 名副处级管理人员选拔任用，对 3 名主要负责人进行调整，基层单位完成 20 名科级干部提任、9 名科级干部交流轮岗，基层单位领导班子结构明显优化，功能显著增强。研究制定《甘肃局干部交流办法（试行）》，统筹安排 10 名干部交流任职，继续选派 6 名干部支援新疆局工作、3 名干部到国家粮食和物资储备局及直属单位跟班学习、2 名干部到乡村振兴帮扶点驻村帮扶，选调 10 名基层优秀干部到机关跟班学习，强化干部多岗位锻炼，提高履职能力。组织开展参培人员 135 名、为期 18 天的事业单位新招聘人员入职培训，有效提升新入职人员认同感和归属感。组织干部职工参加各类培训 52 期、724 人次，进一步提高广大干部职工政治素质和综合能力。研究制定《公务员平时考核实施办法（试行）》，认真开展干部人事档案专项审核，从严做好个人有关事项报告、经商办企业、兼职返聘等监督管理，把严格监督管理贯穿干部队伍建设全过程。

国家粮食和物资储备局甘肃局领导班子成员

赵　川　分党组书记、局长

王英志　分党组成员、副局长（2021 年 9 月调离）

李总社　分党组成员、副局长

王世辉　分党组成员、纪检组长

（撰稿单位：国家粮食和物资储备局甘肃局；撰稿人：魏志云；审稿人：王世辉）

2021 年 8 月 26 日，甘肃局分党组书记、局长赵川（左一）以“学习贯彻‘七一’重要讲话”为主题讲专题党课。

2021 年 3 月 5 日，甘肃局机关联合驻地社区开展志愿者服务活动。

2021 年 5 月，甘肃局分两批组织机关全体在职党员赴南梁爱国主义教育基地开展“知史爱党 初心如磐”主题党日活动。

国家粮食和物资储备局青海局

基本情况

国家粮食和物资储备局青海局（以下简称“青海局”），2019年6月机构改革后受国家粮食和物资储备局垂直领导，正司局级单位。主要职责是：贯彻落实党中央关于粮食和物资储备工作的方针政策和决策部署，履行全面从严治党责任；负责监管辖区内中央储备粮棉管理情况，承担有关年度考核工作（粮食安全省长责任制考核、辖区内中储粮年度工作考核）；按权限查处有关案件，并提出相关处理意见和追责建议；负责辖区内国家战略物资收储、轮换、出库的组织实施和日常管理；负责监管辖区内石油、天然气、食糖和中央救灾物资等中央储备；按照国家粮食和物资储备局指令，落实重大灾害及突发性事件的有关中央储备物资保障工作。监管范围为：青海省、西藏自治区。

2021年工作

一 坚持政治引领，抓宣传教育落实

深入学习贯彻习近平新时代中国特色社会主义思想，贯彻党中央、国务院领导同志关于做好国家粮食和物资储备工作的指示批示精神，持续将深化改革、转型发展向纵深推进，不断提高储备能力建设。认真落实“书记抓、抓书记”工作机制，将各级党组织落实全面从严治党“两个责任”纳入领导干部评价考核体系，做到责任不减、标准不降、压力不松。加强政治机关教育，紧紧围绕打造政治机关、学习机关、服务机关、执行机关为目标，全局党组织和党员干部政治意识明显提升。认真落实中心组“四个一”学习机制，发挥领学促学作用，全方位多层次深入学习党的最新理论成果。全年分党组中心组学习21次，专题研讨6次，各基层处党委中心组平均学习12次。

二 坚持目标导向，抓“三条底线”落实

战略物资管理达到“四保”要求。加强战略应急物资管理和监管水平，强化静动态管理，标杆仓库建设取得积极成效。扎实做好国储物资出入库准备工作，库存物资数量准确，质量合格，储存安

全。严格落实国家战略应急物资储备投放收储任务，完成国家储备铜铝出库。安全管控实现“四无”目标。牢固树立安全发展理念、底线思维意识，全面夯实安全主体责任。开展安全生产专项整治三年行动，强化隐患排查整治，开展反恐应急演练，强化应急处置能力，深化“三共”建设，加强治安管理，加强安全培训教育，强化安全基础建设，全年全局安全形势总体可控。稳定基础管理牢固。以思想政治网格化机制为载体，牢牢掌握意识形态的主动权。强化“三性”问题研判，积极推进历史遗留问题和职工关心关注事项的解决，关注民生工程，多措并举依据相关规定提高职工收入，谋划解决房产证办理等历史遗留问题，实现离退休人员“两个保障”，职工获得感、幸福感不断增强。

三　坚持问题导向，抓“六稳”“六保”落实

保粮食能源安全，节假日期间组成工作组，联合粮食部门对西宁市及周边保供稳价及安全生产工作进行检查，督促经营者严格执行粮食质量安全检验制度，确保辖区内粮油市场保供稳价，提高粮食应急保障能力。中储粮考核全覆盖，建立青海、西藏中央储备粮协同监管机制，完成 2021 年全国政策性粮食库存数量质量检查、中央储备粮管理和中央事权粮食政策执行情况年度考核工作，守住管好“青藏粮仓”责任进一步夯实。组织召开“四省五局两公司”青藏辖区中央事权粮食执法监管工作联席会，形成《关于进一步完善青藏辖区中央事权粮食执法监管协同联动机制的意见》，形成中央事权储备监管发展共同体，守住管好“青藏粮仓”。开展“亮剑 2021”专项执法行动，以宣贯《粮食流通管理条例》为主线，对辖区内粮食承储企业开展专项执法检查，形成依法管粮治粮新格局。

四　坚持过程导向，抓监管效能落实

组织实施国家战略应急物资储备大清查整改“回头看”，对整改责任再落实，对整改情况再跟踪，加强中央政策性粮食、战略物资、应急救灾物资、抗旱物资监管工作。发挥应急物资监管职能，积极与辖区内各部门深化“联动 + 互动”模式，凝聚“管理 + 监管”合力，严把入库验收关口，棉帐篷、折叠床等应急物资累计入库 12.4 万件，圆满完成 2020 年度增储任务，应对突发事件和风险挑战的物质基础更加厚实。青海玛多“5・22”地震发生后，迅速开展灾害隐患排查，协助并监督调（转）运棉帐篷等救灾物资 47 车 2.82 万件。督导调运“冬春救助”救灾物资 7544 件，确保中央救灾物资调得快、用得上。

五　坚持重点导向，抓基础设施提升落实

积极谋划青海粮食和物资储备发展的战略性、全面性、长远性问题，高质量编制青海局“十四五”发展规划。二五一处成品油工程、五三五处煤改气项目、一七四处水毁修复项目已竣工验收，五三五处安全综合整治提升项目有序推进。稳步推进“民生工程三年行动”，库区环库消防、道路改造、职工宿舍改造、老旧小区改造等基础硬件设施建设基本完成，解决了干部职工“急难愁盼”问题。通过工程项目建设，制约安全发展的短板得到有效解决，仓储功能和保障能力进一步提升，基础设施保障

能力进一步强化。

六 坚持精准导向，抓乡村振兴落实

成立乡村振兴领导小组，召开年度扶贫工作会议暨衔接乡村振兴座谈会，研究脱贫成效巩固工作思路。邀请相关镇、村“两委”召开座谈会共商乡村振兴工作。抓党建助推扶贫工作，指导联点帮扶村党支部制定党史学习教育计划，集中学习和自学相结合，开展支部“主题党日”、“三会一课”、送学上门等活动，组织开展庆“七一”“党建 + 扶贫工作”主题党日活动，定期组织人员到扶贫点黄藏寺村慰问并送慰问金，与村委会开展“爱心超市”共建活动。做好脱贫户返贫预警，做好后续产业发展，做到巩固脱贫成果与乡村振兴的有效衔接。鼓励职工积极采购贫困地区优质农副产品，营造消费扶贫良好氛围。加强对驻村一线帮扶干部工作生活保障力度。

七 坚持人才导向，抓干事创业落实

以新职能新业务为依托，大力开展教育培训，打造一支高素质专业化干部队伍。开展“岗位大练兵、技能大比武、能力大提升”活动，加强干部政治理论、专业能力培训和知识培训，参加内部和地方各类培训班 1090 人次，通过“外输”“内培”，补齐能力素质短板。通过选拔任用、职级晋升、轮岗交流、双向挂职，优化队伍结构，加快了干部的成长。招录和聘用机关、事业单位人员 19 人。加强典型人才培养，打造道德讲堂、青年理论小组、青年读书会等学习平台，开展交流研讨、实地观摩学习、参加继续教育、岗位实践锻炼等，健全激励机制。

八 坚持基础导向，抓补齐短板落实

聚焦“履职敬业奉献、勇于担当作为”，开展“敬业担当年”活动，加快提升干部综合素质和专业能力，持续加强政治引领、激励担当作为，围绕 16 项主要任务、11 项重点举措，有力推动各项工作高效完成。注重研究保密工作出现的新情况新问题，确实履行维护好国家安全和利益的重大政治责任。强化公文办理，规范办公秩序，优化办事程序，基层减负成效明显。严格财务预算和执行，提高资金使用效益，对机关财务进行资源整合。深化执法督查和法治机关建设，开展“法律进机关”“法律进单位”活动，提升依法决策、依法行政、依法履职、依法监管能力。

九 坚持责任导向，抓党建和党风廉政落实

夯实党建基础工作，扎实开展“组织体系建设三年行动”，大力推进党支部标准化规范化建设。组织召开直属机关工会第一次代表大会、指导各基层召开第一次党员大会，配齐配强基层党组织书记带头人。丰富特色支部创建，积极争创模范机关，以积极打造政治型、学习型、服务型、效率型

机关为目标，深入开展“做好‘三个表率’ 服务‘一优两高’”模范机关创建活动，多措并举推动各项创建措施落实落地。召开庆祝建党 100 周年表彰大会，对 8 名优秀共产党员、6 名优秀党务工作者和 4 个先进基层党组织进行表彰，为 10 名老党员颁发“光荣在党 50 年纪念章”。局机关获评国家粮食和物资储备系统“创建模范机关先进单位”；青海国储物流有限公司机械队获评“全国青年文明号”；一七四处物管党支部获评“青海高原工人先锋号”“全省先进基层党组织”；一七四处获评“国家战略和应急物资储备大清查先进单位”；机关 1 名党员被评为“青海省直机关优秀共产党员”、1 名同志被评为“2016—2020 年全省普法工作先进个人”。开展“监督执纪质量年”活动，实施“一案一宣讲”“层级廉政月月谈”、廉政形势分析等，强化规矩意识和纪律意识，对三个基层处开展巡察。制定《青海局分党组关于加强对所属事业单位“一把手”和领导班子监督的实施意见》，完善动态廉政风险防控机制。加强与驻地纪检监察部门协作，首次与青海省纪委监委签订《协作备忘录》和《协同推动纪检工作高质量发展合作框架协议》，建立“共商、共议、共建、共享”协作机制。以党内监督为主导，推动纪检、巡察、执法督查等各类监督贯通协同，形成“1+N”贯通协同机制，营造风清气正发展环境。

国家粮食和物资储备局青海局领导班子成员

孙　彪　分党组书记、局长（2021 年 9 月任职）
鲁炳松　分党组成员、纪检组长
陈军贤　分党组成员、副局长
王巧萍　分党组成员、副局长（2022 年 3 月任职）
房立中　二级巡视员

（撰稿单位：国家粮食和物资储备局青海局；撰稿人：李淼；审稿人：孙彪）

2021 年 9 月 27 日，青海局直属机关工会召开第一次代表大会，选举产生青海局直属机关工会第一届委员会、经费审查委员会和女职工委员会，分党组书记、局长孙彪（主席台左二）出席会议。

2021 年 5 月 28 日，玛多地震后，青海局联合中国青海银行分行、共青团青海省委成立慰问小组前往玛多县慰问人民医院的医护人员及救援官兵等。

2021 年 6 月 25 日，青海局召开庆祝中国共产党成立 100 周年暨表彰大会，为“两优一先”荣誉称号获得者颁奖。

国家粮食和物资储备局宁夏局

基本情况

国家粮食和物资储备局宁夏局（以下简称“宁夏局”）共有编制318名，其中局机关行政编制39名，现有33人，内设8个处室（含机关党委）。2018年机构改革以来，通过公务员招录，干部队伍结构得到显著优化，40岁以下人员占57.6%，大学本科及以上学历占97%，党员占91%。下辖1个中心和3个国家储备仓库，即机关服务中心，一七七处、五三六处和九三〇处，现有171人。机关和事业单位离退休职工178人。为积极发挥仓储设施资源和储备人才队伍优势，基层单位成立了宁夏国储物流公司，主要开展集装箱、钢材等物流业务，服务地方经济发展。

2021年工作

一　持续推进模范机关创建

一是深化理论武装，把学习习近平新时代中国特色社会主义思想作为首要政治任务，深入学习宣传贯彻党的十九大和十九届历次全会精神，深刻领悟“两个确立”的决定性意义，切实增强“四个意识”、坚定“四个自信”、做到“两个维护”，不断提高政治判断力、政治领悟力、政治执行力。

二是扎实开展党史学习教育，深入学习贯彻习近平总书记在党史学习教育动员大会和庆祝中国共产党成立100周年大会上的重要讲话精神，认真学习《中共中央关于党的百年奋斗重大成就和历史经验的决议》，开展“七一”重要讲话和党的十九届六中全会精神宣讲，组织“庆祝建党100周年”系列主题党日活动，举办“青年读书班”，赴六盘山开展“重走红军长征路”教育，召开“两优一先”表彰大会，慰问“光荣在党50年”老党员。深入开展“我为群众办实事”实践活动，按政策规定解决历史遗留问题。

三是加强党的组织建设，圆满完成直属机关党委和各基层处党委换届工作，优化班子结构，保证各项工作平稳有序推进。

四是持续深化党建工作创新，深入推进“党建+”工作模式，扎实开展“五有一好”、评星定级等特色工作，细化创建举措，创新方法载体，党建工作与业务工作深度融合。

五是驰而不息加强党风廉政建设，认真做好巡视“后半篇文章”，深入推进问题整改，开展“领导干部廉政警示教育周”等活动，每季度召开廉政形势分析会，引导全局党员干部明法纪、知敬畏、守底线。认真组织分党组巡察和“回头看”，开展工程建设廉政集体谈话和专项监督检查。与自治区纪委监委签订纪检监察工作协作备忘录，提升纪检监察工作协作水平。组织开展垂管系统所属企业专项审计，防范化解风险，扎实做好问题整改。

二 加强基础管理和制度建设

一是注重加强疫情防控，严格落实地方政府疫情防控要求，组织引导职工进行疫苗接种和核酸检测，及时向属地有关部门报告情况。先后派出 23 名机关干部下沉社区，积极投身抗疫志愿服务。

二是注重加强制度建设，构建长效机制，坚持靠制度管人管事管权，先后制修订重大行政决策合法性审查办法、干部挂职锻炼和跟班学习管理办法、宁夏局年度综合考核办法等 16 项制度，并严格执行，进一步规范管理行为，提升工作质量和效率。发挥标杆库作用，基层仓库承担 2 项国家储备标准规范起草制定工作。

三是注重信息化建设，完成机关办公内网线路布设，配备内网电脑，为实现 OA 网上办公创造了条件。

四是注重公司运营规范管理，围绕服务国家储备主责主业，科学确定国储物流公司功能定位、经营规模、经营范围、经营方式，进一步理顺事企关系，加强人才统筹，配齐配强公司管理人员，修改完善规章制度，开展重大事项前置讨论，提高运行效率，确保依法合规经营。发挥集装箱物流特色和钢材集散中心优势，全年货物吞吐量近 500 万吨，较好服务了地方经济发展。

三 认真履行中央储备粮监管

一是在重要时间节点有针对性地开展监督检查，注重将日常监管与年度考核、专项检查有机衔接，实现监管工作常态化。

二是全力抓好粮食购销领域专项整治，问题整改完成 3 个，督促企业按要求尽快整改完成其余 2 个问题。完成对国家粮食和物资储备局转发的第二批和第三批问题线索的核查任务。

三是发挥与陕西局建立的监管交流合作机制作用，联合印发 2021 年度中储粮考核方案，成立实地考核工作组，联合举办线上业务培训，互派人员参与两省区实地考核，促进协调配合。从考核情况看，宁夏辖区中央储备粮油数量基本真实，质量总体良好，储存相对安全，管理基本到位，对粮食质量管理、安全储粮和安全生产、国家粮食政策执行等方面存在的 5 个问题，已向被考核企业进行了反馈并责成限期整改到位。

四 切实做好国储物资管理和项目建设

一是坚决落实国务院关于大宗商品保供稳价决策部署，抗疫情战酷暑斗严寒，安全高效完成 4 批次铜铝锌物资出库任务。

二是借鉴战略物资管理经验，全面完成应急救灾物资收储任务，日常保管执行 ISO9001 质量管理体系和“5S+2S”现场管理标准，制定管理办法和应急调运预案。

三是坚决落实工程建设项目法人责任制、工程监理制、招投标制、合同管理制和竣工验收制“五制”管理，加强指导监督，压茬推进五三六处、九三〇处项目建设。

五 深化巩固安全管理工作

深入学习贯彻习近平总书记关于安全生产重要论述，落实全员安全生产责任制，逐级签订安全稳定责任书并督促落实，通过巡回宣讲，组织安全生产知识竞赛等，加强新修订的《安全生产法》宣贯，增强干部职工安全意识；紧密衔接储备仓库安全整治三年行动与安全治理提升三年行动，成立工作专班，统筹使用安全管理专业人才，通过召开“双周”推进会，推动储备仓库安全治理提升三年行动任务落实；加强安全隐患排查治理，以“四不两直”方式，强化敏感时段安全检查，与属地有关部门联动，开展消防和反恐联合演练，宁夏局安全生态总体形势平稳、持续向好。

六 主动谋划“十四五”建设规划

认真组织开展“大学习、深调研、真落实”活动，深入基层单位蹲点调研，找准找实事业发展的突出问题，剖析原因症结，理清发展思路，统一思想认识，谋大谋远谋新谋实，科学确定各储备仓库的功能定位，编制宁夏局储备仓库“十四五”建设规划，为事业长远发展打好基础。

七 着力加强干部人才队伍建设

一是重实干实绩，树立鲜明选人用人导向，全面落实新时代好干部标准，2021 年选拔任用处级干部 5 人，调任 1 人，到基层挂职 2 人，基层到机关跟班学习 3 人，招录公务员 5 名，机关干部队伍知识结构、年龄结构进一步优化。

二是常态化开展“处长讲业务”和执法督查、公文写作等学习培训，组织开展“走出去”调研学习，多措并举提升干部综合素质和专业能力；受上海局委托，完成 30 余人培训任务，为探索建立行业技能人才驻库实训基地积累了经验。

三是严格政策制度执行，开展公务员法及配套法规贯彻落实情况自查；认真开展公务员平时考核，强化正向激励；每月为干部职工过集体生日，举行干部荣誉退休仪式，定期走访慰问困难职工和离退休老干部，成功举办宁夏局第十四届职工运动会，不断增强干部职工荣誉感、归属感。

国家粮食和物资储备局宁夏局领导班子成员

罗守全　分党组书记、局长（2022 年 1 月任职）
石春山　分党组成员、副局长
赵克东　分党组成员、纪检组长

（撰稿单位：国家粮食和物资储备局宁夏局；撰稿人：刘晓清；审稿人：海林）

2021 年 5 月 23 日，宁夏局离退休党支部在九三〇处开展庆祝建党百年主题党日活动，宁夏局分党组副书记、副局长罗守全（前排左二），分党组成员、副局长石春山（前排右二），分党组成员、纪检组长赵克东（前排左一）参加活动。

2021 年 12 月 20 日，宁夏局分党组副书记、副局长罗守全（左一）带队赴中电投宁夏青铜峡能源铝业集团有限公司开展调研。

2021 年 7 月，宁夏国储物流有限公司铁路专用线上，集装箱发运锰硅合金。

国家粮食和物资储备局新疆局

基本情况

国家粮食和物资储备局新疆局（以下简称“新疆局”）是国家粮食和物资储备局的垂直管理机构，行政编制 40 名，内设机构 9 个：办公室、粮棉糖和救灾物资监管处、战略物资和能源监管处、规划建设处、财务审计处、安全仓储与科技处、执法督查和法规处、人事处（离退休干部处）、机关党委。截至 2021 年底，实有人数 35 人。事业单位 4 个：九七六处、八三五处、六五三处、机关服务中心。事业编制 158 名，实有人数 74 人。派驻自治区“访惠聚”驻村工作队村 1 个：喀什地区伽师县卧里托格拉克镇托格热克斯木村（4 村）；派驻第一书记村 2 个：喀什地区伽师县卧里托格拉克镇塔格艾日克村（1 村）和喀塔尔墩村（5 村）。

2021 年工作

一 扛稳政治建设责任，推动党建工作创新发展

一是加强政治建设，抓好“三个模范”创建。深入推进党建和业务融合发展，创建模范机关工作成果丰硕，新疆局荣获国家粮食和物资储备局创建模范机关先进单位称号，局办公室荣获自治区区直机关创建模范机关先进单位称号。2021 年度机关党建工作被自治区党委直属机关工委项目绩效考核定为最高级别“好”的等次，连续两年取得佳绩。党支部建设质量提升三年攻坚行动拓展深化，党支部标准化规范化建设取得新进步，直属机关党委、驻村工作队党支部荣获自治区先进基层党组织称号、八三五处第二党支部荣获自治区区直机关先进基层党组织称号。建党 100 周年前夕，9 名同志分别荣获国家粮食和物资储备局、新疆维吾尔自治区区直机关、新疆局优秀共产党员称号。

二是强化理论武装，抓实“三个学习”机制。抓实中心组引领学习，持续学习贯彻习近平新时代中国特色社会主义思想，跟进学习习近平总书记最新重要讲话和指示批示精神。组织分党组中心组学习 21 次，200 余人次参加，提高了政治站位，推动了工作落实。抓实党支部集体学习，依托“三会一课”、主题党日、道德讲堂等形式，组织党员干部每月至少开展 1 次集中学习，开展庆祝建党 100 周年系列党建活动，组织青年理论学习小组开展活动 9 次。党支部战斗堡垒作用进一步增强。抓实党员自觉学习，配发学习书籍材料 300 余册，用好“学习强国”、法宣在线、“国储党建”等学习平台载

体，在“国储党建”、《机关党建信息》、《粮食和物资储备工作简报》、《中国粮食经济》刊发信息 46 篇，“三个学习”机制成效显著。

三是围绕党建任务，抓细“三个专题”。抓细全面从严治党，召开全面从严治党工作会议，签订党风廉政建设责任书，层层压紧压实责任。高质量完成驻委纪检监察组指出系统存在问题的整改落实工作。抓细党史学习教育，深入学习贯彻习近平总书记关于党史学习教育方面的重要论述，认真落实党中央、国家粮食和物资储备局党组关于党史学习教育的决策部署，圆满完成规定动作，自选动作亮点纷呈。新疆局分党组成员讲党课 8 次，举办“党史大家讲”活动 10 期，组织观看影片、祭英烈、捐书、参观、竞赛等活动 10 余次，共梳理“我为群众办实事”事项 29 项，完成 27 项，剩余 2 项正持续推进，取得聚民心、惠民生的良好成效。抓细巡视巡察审计整改，针对 16 个巡视问题 35 个具体表现，完成整改 33 个，完成率 94%，细化 76 项整改措施已落实 70 项，完成率 92%。建立健全巡察工作相关制度，对 653 工程筹建处党总支开展巡察工作，对九七六处党委、八三五处党委开展巡察“回头看”工作，持续巩固巡察成果；经济责任审计指出的 24 项问题，已整改 23 项，完成率 95%。

四是守好廉政底线，筑牢“三个堤坝”防线。筑牢“不敢腐”堤坝，逐级落实“三为主一报告”制度，开展“监督执纪质量年”活动，推动问题线索处置，开展提醒谈话、批评教育及诫勉谈话 5 人次。组织纪检干部参与培训、练兵考试，强化纪检干部队伍建设。筑牢“不能腐”堤坝，自查评估落实中央八项规定精神情况，自查自纠“四风”突出问题，严肃个人重大事项报告制度，加强对“三重一大”等决策程序的廉政监督。筑牢“不想腐”堤坝，召开案例警示教育大会，结合党史学习教育、党风廉政教育月、每季度廉政形势分析会、节前廉政教育会、月度纪检干部视频集中培训班等形式，警钟长鸣，筑牢防线。

二 把住改革发展主动权，持续激发内生动力

一是守住“一条主线”。对贯彻落实国家粮食和物资储备局“两决定一意见”和“五句话”总体要求情况进行效果评估，及时总结经验、查找不足。

二是建强“一个团队”。加强干部队伍建设，进一步激励广大干部担当作为，牢牢把握新时代好干部标准，全年选拔 11 名处级领导干部、11 名公务员职级晋升、9 名机关干部轮岗交流，进一步营造干事创业良好氛围。充分发挥 653 工程干部培养平台的作用，选拔事业单位 5 名同志参加 653 工程建设工作，使年轻同志历风雨、长才干、促成长，为事业发展提供人才保障。

三是加强援疆干部人才管理及服务。建立健全机制，解决援疆干部人才工作和生活中遇到的难题，发挥人才作用，为工程建设和事业发展增添动力，激发活力。

四是加强重点任务督办，以“贯彻落实年”活动为抓手，聘请第三方机构对巡视整改效果进行评估。

三 把住安全发展主动权，确保安全稳定

一是聚焦新时代党的治疆方略，扛稳“三个责任”。扛稳意识形态工作责任，每季度召开一次形

势分析会，持续开展去极端化教育和“三非”治理，确保意识形态安全。扛稳“访惠聚”驻村工作责任，始终做好群众工作，开展“九送”，宣传群众3万余人次。驻村工作队被自治区党委授予先进工作队。扛稳民族团结工作责任，巩固和加强民族团结，开展线上线下结亲10次，捐助帮扶资金75000元，筑牢中华民族共同体意识。

二是深化隐患排查治理，落实“三个整改”。落实自查整改，加大安全监管和隐患排查力度，组织自查23次，查出并整改隐患问题68项，整改率100%。落实检查整改，排查安全隐患86项，整改完成82项，整改率95%，未整改隐患已采取有效措施，加强管控。落实评估整改，扎实开展油库安全风险评估，发现问题隐患12项，已整改10项，剩余2项正按计划推进整改。

三是压实全员安全责任制，构建“三化联动”。宣传教育多元化，充分利用每周一学、LED显示屏、宣传展板等形式，常态化开展安全宣传教育，做到安全工作入眼入脑入心，安全常识过目难忘。安全培训常态化，强化三级安全教育、消防知识培训、危化品仓库管理人员培训、技能培训，将安全工作与考核挂钩，不断提高全员安全生产意识和业务技能水平。预案演练实战化，按照安全生产事故应急预案，常态化开展培训17次，定期与地方政府、公安、消防、武警联合开展应急演练5次。全局和帮扶村连续保持了安全稳定良好局面。

四 把住高质量发展主动权，强化“三个中心”培育

一是夯实基础，培育九七六处国储中心。加强预案编制，突出实战练兵，从建章立制、日常管理、队伍建设等方面着手，进一步提升物资管理工作规范化、制度化、精细化程度，火工物资、国储糖、应急救灾物资“三位一体”新格局更加牢固。

二是统筹谋划，培育八三五处大宗物资集散中心。积极推进安全综合整治提升工程，完善配套设施。完成中央防汛抗旱物资移库收储工作。加强标杆仓库建设，完成中央救灾物资规范化管理试点工作，为打造应急综合保障物资、城乡保供物资为龙头的大宗物资集散中心夯实基础。

三是积极稳妥，培育653成品油仓储批发零售中心。完成武警营房设计重大变更，完成项目“三查四定”工作，完成铁路专用线、防雷防静电检测、罐容标定、消防设备设施检测等单项验收，积极与国有石油石化企业接洽，已初步与兵团石油达成战略合作意向，为批发零售中心培育筑牢基础。

五 把住融合发展主动权，推进“两个基地”项目

一是突出时代主题，在有关单位的大力支持下，完成了南疆基地项目建议书。

二是推进乌鲁木齐综合储备基地谋划。与乌鲁木齐市政府多次对接，达成初步合作意向，拟通过置换将八三五处异地迁建，发挥国有资产效能，解决八三五处因城市发展规划带来的制约。

六 把住依法监管主动权，积极稳妥抓好“四类监管”

一是抓好各项检查，强化粮棉糖监管。开展粮食流通“亮剑2021”专项执法、对中储粮新疆机

构2020年度考核、专项整治行动，落实国家粮食和物资储备局、自治区纪委监委交办转办问题线索查办，强化中央储备棉、糖动态监管。加强中储粮新疆分公司春秋季普查、夏粮及秋粮收购监督检查，实现新疆区域内所有中央储备粮直属库点全覆盖。通过年度考核发现问题75项，督促整改完成69项；大清查问题整改“回头看”，发现问题8项，督促整改完成7项，发挥了监管利剑作用，维护了大国粮仓安全。

二是抓好日常管理，强化战略物资管理。制定《关于进一步深化标杆库创建的意见》，组织召开工作推进会，提升战略物资监管效能。严格执行国储物资管理，确保“物、证、账、卡、图、表”六相符，落实国储物资出库任务，确保质清、量准、发运便捷。持续跟进战略物资大清查“回头看”成效转化，完善了风险隐患排查工作机制，共排查风险隐患32项，督促完成问题整改25项。

三是抓好调查研究，强化能源监管。有针对性开展国储石油基地调研工作，掌握油品管理情况，制定《粮储新疆局中央储备能源监管工作流程图》，规范能源监管工作，建立能源监管专家库，开展现场检查，强化日常监管能力，确保基地油品质量良好、数量准确、储存安全。

四是抓好收储轮换，强化救灾物资监管。认真履行监管职能，组成专班，开展数量、质量检测等工作。扎实做好2021年中央应急救灾物资收储工作，完成9个品类、14.91万件中央应急救灾物资收储。发挥职能，紧急调拨救灾物资，用于事故救援。

国家粮食和物资储备局新疆局领导班子成员

戴文辉　分党组书记、副局长
郭洪伟　分党组副书记、局长（2021年8月调离）
吕克兵　分党组副书记、副局长（2021年9月任职）
朱　江　分党组成员、副局长
石振忠　分党组成员、纪检组长

（撰稿单位：国家粮食和物资储备局新疆局；撰稿人：步云沁；审稿人：许昱博）

2021 年 3 月 12 日，国家粮食和物资储备局人事司有关同志到六三五工程筹建处调研。

2021 年 5 月 10 日，新疆局分党组书记、副局长戴文辉（中）带领考核组对伊犁直属库昭苏库点开展实地考核。

2021 年 7 月 1 日，新疆局召开庆祝中国共产党成立 100 周年暨“两优一先”表彰大会。

国家粮食和物资储备局上海局

基本情况

国家粮食和物资储备局上海局（以下简称“上海局”）成立于 1992 年，为原国家物资储备局下属的副厅级中央驻沪行政单位，2018 年 4 月转隶国家粮食和物资储备局。机关设有办公室、粮棉糖和救灾物资监管处（执法督查处）、战略物资和能源监管处、规划建设处（法规体改处）、财务审计处、安全仓储与科技处、人事处（离退休干部处）、机关党委 8 个职能处室，公务员编制 40 名，机关公务员编制 40 名（控制数 36 名），2021 年底实有 33 人。下辖 5 个县处级事业单位，分别是七处、九三六仓库、九三七处、港口办事处和机关服务中心。事业编制 142 名，2021 年底实有在编人员 75 人。事业单位出资成立了上海国储物流股份有限公司和江苏国储物流股份有限公司。

2021 年工作

一　抓好战略和应急物资管理

一是高质量完成战略物资年度投放出库任务。以高度政治责任迅速落实国务院常务会议关于大宗商品保供稳价工作部署，各储备仓库成立工作专班，按照“一库一批一方案”的要求，实行 24 小时响应服务，顺利高效完成了 4 批次国储物资投放出库任务。

二是提升应急物资规范化管理水平。在九三七处开展标杆单位创建试点，重新设计仓库功能布局分区和行车动线，修订物资管理规范和作业指导书，提升战略物资管理水平。制定《中央应急物资仓库管理办法》和《中央防汛和救灾物资码垛技术标准》，提升应急物资规范化管理水平。九三七处加强应急物资保管保养，建立完善调运预案，加强汛期值班值守，确保关键时刻能调得出、用得上。

三是着眼构建快速调运机制。与铁路上海局集团公司专题会商，并与京东物流华东分公司签署意向协议。与中石油、中石化联动，建立辖区内成品油供应和价格监测机制。开展油气储备项目可行性调研，探索保障区域能源安全的方式和途径。

四是加强战略物资日常管理指导监督。上海局落实对储备仓库日常管理工作的经常性监督检查，每年两次对物资管理等工作进行重点检查，监督各储备仓库加强战略物资管理。截至 2021 年底，上海局所辖储备仓库共储存国家战略物资数量准确、质量合格、存储安全。

二 监管辖区内中央储备粮棉糖管理、中央事权粮棉政策执行情况以及中央救灾物资管理情况

一是抓好48号文收官，强化在地监管职能。深入开展贯彻落实48号文件“回头看”工作，用好“双随机一公开”等日常监管手段，开展信用监管调研，精心开展中储粮年度考核，压实为国管粮的政治责任。在内抓培训的同时，注重发挥粮食监管专家库“外脑”作用，不断提升监管工作质量。2021年，实现了对辖区内中储粮直属企业考核全覆盖。

二是全力以赴抓好粮食购销领域专项整治。高度重视专项整治工作，在加强组织领导，以及动员部署的基础上，全面开展自查自纠，共查找出14项问题，制定23项整改措施，整改率达到100%；上海局主要领导深入中储粮上海分公司督导自查自纠情况。成立工作专班开展涉粮违规违法问题线索核查62条，坚决扛稳保障粮食安全的政治责任。

三是加强中央储备粮在地监管。完善监管制度体系，修订《粮食储备监管办法》，制定《中储粮年度考核实施细则》，建立“一企一库一仓一台账”。抓好“亮剑2021”专项执法行动、全国政策性粮油库存检查，开展各类检查13次，参与检查119人次，发现问题30项。建立定期开展涉粮案例学习分析制度，分析根源、吸取教训，提升执法监管能力。与上海市粮食和物资储备局联合印发《协同联动开展执法督查暂行办法》，深化央地融合。

四是大力加强执法监管能力建设。每周对粮食监管常用法规政策制度等学习的基础上，建立“每周案例一分析”制度，加大对涉粮案件学习、讨论力度，找准监管重点要点。开展“两普及一提升”学习培训，通过自培和邀请专家培训，普及粮食基础知识、监管知识，提升监管能力。组织机关公务员到中储粮上海直属库和郊桥粮库参加作业实训，全面了解粮食仓库开展粮食出入库作业、粮食保管、仓储管理、日常检查、储粮安全、保管账登统计等工作流程和操作规范，积累实践经验，提升监管能力，共组织7批次45人次开展驻库实训。

三 系统发展情况

一是贯彻国家重大战略，抢抓发展机遇。第一时间学习贯彻中共中央国务院关于支持浦东新区高水平改革开放打造社会主义现代化建设引领区意见，明确46项任务。落实长三角一体化战略，牵头推动组建江浙沪皖四省市垂管局专家咨询委员会，参与联合培训2期36人次。成立“优化和稳定产业链供应链，保障国家安全”“深化体制机制改革，提升储备效能”两个课题组，聚焦国家粮食和物资储备安全核心职能开展调研，并已完成“深化体制机制改革，提升储备效能”可研报告。

二是深化改革转型发展。深化事企分开改革，厘清战略物资收储轮换、日常管理事企职责界面，强化事业单位国有资产出资管理，压实储备仓库出资人职责，通过“三会”加强对重大经营事项的管控。港口办事处充实粮食能源监管技术人员6人，并开展3个月驻库实训，初步实现向为机关履行监管职责提供技术辅助保障转型。

三是统筹发展安全与稳定。深入推进安全生产专项整治三年行动。各单位建立健全了安全隐患排查和安全预防控制体系，整治成效明显，任务清单完成率100%。开展安全问题大起底、苗头大排查、隐患大整改专项活动，共起底问题530项，编写安全警示案例96篇，开展安全警示教育5000多人次，建立完善10项安全管理制度。开展各类检查98次，发现安全问题174项，整改完成率100%。持续抓好常态化疫情防控，实现全局零感染防疫目标，切实守住防控底线。全力抓好稳定工作，深入开展"我为群众办实事"，每季度开展舆情调查，及早化解苗头隐患。全局未发生安全生产责任事故或群体性事件，安全稳定发展环境进一步巩固。

四是强力推进公司发展。提出公司发展必须坚持经营、管理、队伍建设"三驾马车"齐头并进的目标要求。大力拓展业务，新增客户282家，深化银行战略合作，推动"四链"融合。提高管理水平，规范公司治理，完善内设机构和岗位设置，新建修订制度，规范业务流程。加强人才队伍建设，重点引进关键岗位人才，开展全员竞聘，完善薪酬体系，强化绩效激励作用。2021年底，上海国储物流公司实现扭亏，累计完成营业同比增长116.51%。

五是加强干部人才队伍建设。引进重点岗位人才27人，选任事业单位班子成员2人，完成12名处级干部试用期考核和7名干部职级晋升，确定10名重点培养对象，交流轮岗6人，选派干部至机关跟班学习或至基层锻炼9人。分批次有重点选派干部职工70余人次至地方粮库和宁夏局536处驻库实训。组建19人的青年讲师团，放大实训效果。制定《关于人才跟踪培养锻炼提升素质能力的意见》，探索建立源头培养、跟踪培养、全程培养的干部培养体系。创建"一室两组"，加强理论学习，开展调查研究，探索技术革新。开展相关业务流程规范再造。制定素质能力提升计划75项，每月督办，及时总结经验做法。

六是推进重大项目建设。全年研究审议项目建设议题达30余个。加快推进项目建设，年内九三七处安全综合整治提升项目通过初步验收；九三七处综合性储备基地项目突破报建障碍，启动设计招标；七处安全综合整治提升项目启动施工招标。认真落实关于加强建设领域风险防控的要求，从2021年11月起，建设项目全部在上海市公共资源交易中心开展招评标工作。全力推进重点工程项目建设总包招标等工作，完成与江苏局关于重点工程项目移交。

四 党建工作情况

一是始终把党的政治建设放在首位。始终坚持以习近平新时代中国特色社会主义思想为指导，认真学习贯彻党的十九大和十九届历次全会精神。坚持执行第一议题制度，及时跟进学习习近平总书记重要讲话精神和指示批示。全年共开展分党组中心组学习13次，事企各单位中心组学习57次，"三会一课"、主题党日、青年理论学习300余次，切实把"两个维护"铭记在头脑里、落实在行动上、体现在工作中。

二是扎实推进党史学习教育走深走实。分党组提出"五大结合"要求，组织全体党员开展在中共一大会址纪念馆重温入党誓词、参观浦东开发开放30周年纪念展等10余项活动，重温党百年光辉历史，弘扬伟大建党精神，坚定党员干部管好"大国粮仓"和"大国储备"的初心使命。成立督导组，对事企业单位开展4次现场督导检查。制定"我为群众办实事"事项清单33项任务，完成率达100%，干部群众获得感、幸福感、安全感不断提升。

三是深化模范机关创建。召开模范机关创建推进会，制定深化模范机关创建工作方案，建立专项考核办法，推动党员干部在急难险重任务中发挥先锋模范作用。制定《促进党建和业务工作深度融合以高质量党建推动粮食和物资储备高质量发展实施细则》，把支部建在处室(科室)，压实“一岗双责”，着力破解“两张皮”问题，坚决走好第一方阵。

四是压实全面从严治党责任。局分党组与局纪检组专题会商3次，强化分党组纪检组长专责履行纪检监察和监督职责。研究制定《上海局分党组纪检组监督事项清单》《落实党风廉政建设“一岗双责”的实施意见》。制定212条贯彻落实国家粮食和物资储备局党组全面从严治党问题整改措施，并按时限抓好整改。

五是扎实开展“作风整顿年”和“监督执纪质量年”活动。开展警示教育，印发31期“一旬一案例”。修订深入贯彻中央八项规定精神实施细则，制定中央八项规定精神监督检查办法，形成专项检查常态化机制。通过远程视频学习、交流研讨、应知应会测试等方式，提升纪检干部监督执纪工作水平。

六是注重廉政风险防控体系建设。重新制定廉政风险防控手册，梳理工作事权65项，权力运行图65张，廉政风险点118个，防控措施169条，堵塞产生腐败行为的体制机制漏洞。开展廉政教育28次，开展任前廉政谈话11人次，约谈、提醒谈话4人次，批评教育32人次，诫勉谈话1人次，做到咬耳扯袖常态化。

七是深化巡视审计整改任务落实。召开巡视整改会议16次，整改完成率达99.1%。对2家事业单位开展巡察。对巡视、巡察及历次审计中发现执行财务管理制度和财经纪律不严格等问题进行专项治理，指导基层单位规范会计基础工作，坚决纠正和查处各种财经违法违纪行为。

八是加强法治机关建设。结合“以案为鉴”警示教育，强化自觉遵守党纪国法的意识。共健全制度51项，为规范履职打下坚实基础。积极宣贯《反食品浪费法》《粮食流通管理条例》，营造爱粮节粮良好氛围。

九是强化文化精神引领。广泛征集、分级分类概括提炼出上海局及所属企事业单位的核心价值理念、文化理念、发展宗旨和职业道德规范。制定《文化精神指导意见》，利用多种形式加强宣贯。开展“每月一星”“岗位能手”等评选活动。涌现出国家粮食和物资储备局模范机关创建先进个人、上海市三八红旗手、市级机关文明单位和“两优一先”等一批先进集体和先进个人，激励广大干部职工履职尽责争先进、立足岗位创一流。

国家粮食和物资储备局上海局领导班子成员

潘一闽　分党组书记、局长

纪珉仕　分党组成员、一级巡视员

陈黄新　分党组成员、副局长

庄春涛　分党组成员、纪检组长

（撰稿单位：国家粮食和物资储备局上海局；

撰稿人：王俊、卜凡义、黄维、郑振宇；审稿人：潘一闽）

2021 年 9 月 9 日，上海局分党组书记、局长潘一闽（左四）会同国家粮食和物资储备局江苏局一行，与泰兴市委、市政府主要领导就加快推进重点工程项目建设工作进行会商。

2021 年 10 月 22 日，上海局分党组书记、局长潘一闽（右三）带队赴上海联合产权交易所调研，双方就深化交流合作，提升储备效能达成意向。

2021 年 7 月 7 日，上海局与上海市粮食和物资储备局联合开展党史学习教育活动，观看建党百年献礼原创话剧《前哨》。

国家粮食和物资储备局江苏局

基本情况

国家粮食和物资储备局江苏局（以下简称“江苏局”），主要负责江苏省辖区内中央事权粮棉、石油、天然气、食糖和中央救灾物资储备的监管，以及辖区内战略物资储备的管理。行政编制 40 名，设局长 1 名，副局长 2 名，纪检组长 1 名。内设 8 个正处级机构：办公室（法规体改处）、粮棉糖和救灾物资监管处（执法督查处）、战略物资和能源监管处、规划建设处、财务审计处、安全仓储与科技处、人事处（离退休干部处）、机关党委（纪委）。下属 3 个基层单位：连云港港口办事处、六五五工程筹建处、机关服务中心。

2021 年工作

一　聚焦党史学习，党的建设全面加强

一是丰富载体活动。开展“沿着长江寻找红色足迹”活动，邀请江苏省检察院、江苏省级机关工委、中共中央党校（国家行政学院）教授专家分别作专题报告，不断提高党史学习成效。

二是共建学习平台。牵头与江苏省粮食和物资储备局、省粮食集团联合成立“金谷”党建联盟，共享党建资源，联办党建活动。

三是打造特色品牌。江苏局“青匠学堂”与省自然资源厅“读书会”、江苏省级机关工委“青年学堂”开展共学活动，打造常态化党史学习教育特色品牌。

四是扎实办好实事。制定“我为群众办实事”清单，8 个事项、14 条推进措施全部落地见效，得到国家粮食和物资储备局党史学习教育第九指导组充分肯定。务实做好与连云港东海县九龙村城乡结对、文明共建，累计筹措 100 万元资金，新建村文体广场，满足群众健身休闲需求。

二　聚焦主责主业，监管执法规范高效

一是压茬推进专项整治。在江苏省纪委监委统一指挥下，扎实开展粮食购销领域腐败问题专项整

治，围绕中纪委交办第一批 21 条案件线索，牵头完成核查技术方案和实地核查工作手册制定；成立两个实地核查小组，深入库点开展全程追溯核查，圆满完成核查任务。同时，指定江苏局继续牵头做好其余 220 条线索核查，对查实的违纪违法问题及时移交纪委监委处置。

二是从严落实日常监管责任。围绕精准监管、高效监管，创新建立“三库”（企业基本信息库、问题整改清单库、业务监管数据库），为年度考核、库存检查提供有力支撑。与南京财经大学合作，率先探索辖区中央储备粮棉糖和救灾物资储备监管辅助决策信息系统开发和试点应用，在推进“穿透式”监管上先试先行。与财政部江苏监管局、农发行江苏分行建立三方协作机制，定期会商、联合巡查，着力构建广覆盖、常态化、多方参与的监管体系。

三是扎实开展中储粮年度考核。立足实际，将中储粮考核与 2021 年度政策性粮油库存检查相结合，成立 2 个督查组，按照“考核办法 + 年度重点”模式，深入辖区库点开展检查考核，发现问题 19 个，立行立改 14 个，其余 5 个全部建档留底，跟踪督促，限期整改。

四是认真做好中央防汛抗旱物资监管。全面履行辖区中央防汛抗旱物资监管职能，与江苏省水利防汛物资储备中心签订《2021 年度中央防汛抗旱物资储备管理合同》，深入镇江、苏州仓库，认真查看物资储备管理、日常维护及应急保障情况，做到有仓必到、有货必查，确保数量真实、储存安全。

五是顺利完成物资大清查问题整改“回头看”。围绕中糖世纪江苏分公司等单位 51 项风险隐患，拉清单、建台账，已完成的看成效，不达标的再督促，未整改的查责任，实行销号管理，坚决堵塞漏洞、消除隐患。

三 聚焦项目建设，储备能力加快提升

一是加快建设落地项目。国家成品油储备能力建设项目六五五工程有序实施，库区、码头工程均已启动建设。按照“内部派、外部聘、系统选 ”的工作思路，通过选派责任心和工作能力强的干部参与筹建工作，招聘有相关工作经验的人员充实工程建设一线，迅速健全工程筹建处，确保工程有序推进。

二是科学做好规划项目。瞄准国家“十四五”规划布局，积极推动重大项目落户江苏，战略和应急物资综合储备基地项目纳入国家粮食和物资储备局“十四五”专项规划。

四 聚焦队伍建设，能力素质全面提升

一是班子建设不断加强。牢固树立总体国家安全观，立足“两个大局”，心怀“国之大者”，始终在思想上政治上行动上同以习近平同志为核心的党中央保持高度一致。全面贯彻个人有关事项报告两项规定，明确江苏局分党组向国家粮食和物资储备局党组、江苏省委省政府请示报告事项 27 项；先后研究出台《关于聚焦职能强化担当切实扛稳保障国家粮食安全和战略应急物资储备安全政治责任的通知》等系列文件，并逐条逐项抓好执行。

二是干部队伍支撑有力。选举产生江苏局机关党委、机关纪委、机关工会，并设立 4 个党支部；圆满完成连云港港口办事处移交接收；六五五工程筹建处、局机关服务中心顺利获批，组织机构逐步

健全。先后完成干部选调 12 名、公务员招录 13 名，机关在编人员达 30 人，平均年龄 38.2 周岁，研究生以上学历干部占比达 61.3%。先后牵头组织长三角四省市垂管局，在南京财经大学、江苏科技大学开展业务培训，干部素质能力逐步提升，2 篇调研报告获评国家粮食和物资储备局第二届青年干部论坛优秀论文；2 名同志书画作品入选国家发展改革委《庆祝中国共产党成立 100 周年书画作品展作品集》，并获江苏省级机关书画摄影比赛佳作奖；1 名同志获江苏省级机关“唱党歌、颂党恩”独唱铜奖。

五 聚焦防范风险，“三条底线”持续巩固

一是疫情防控有力有序。坚决贯彻江苏省委省政府、国家粮食和物资储备局疫情防控工作部署，调整充实江苏局疫情防控应急工作领导小组，做到防控措施不放松、工作力度不降低。加大对干部职工教育引导，做好应急值班值守，重要事项和突发情况及时报告处置；全面落实新冠病毒疫苗“应种尽种”和核酸检测“应检尽检”，彻底切断病毒传播链。

二是安全生产形势平稳。压实责任，纳入江苏省安委会成员单位，调整充实安全生产领导小组，每季召开安全生产会议，研判形势、部署任务，层层签订《安全稳定责任书》，形成“层层负责、各负其责”责任体系。明确重点，制定印发《局领导班子成员 2021 年安全生产重点工作清单》，精准施策、对标整改，高质量完成年度整改任务。注重实效，认真开展“安全生产月”、“6·16”安全宣传咨询等主题活动；紧扣春节、两会等关键节点深入监管企业，查隐患、压责任、抓落实，确保各类风险隐患发现在早、处置在小。

三是党风廉政底线巩固。思想教育不断强化，每季度召开廉政风险分析会，认真组织开展警示教育；严肃党内政治生活，严格落实“三会一课”制度。持续强化建章立制，已制定出台局分党组议事规则等 56 项制度，并汇编成册，逐步建立起江苏局制度体系的“四梁八柱”。健全局机关廉政风险防控机制，及时发现遏制苗头性、倾向性问题；积极营造健康“亲”“清”政商关系，在六五五工程、安防系统等项目招投标以及建设过程中，全面推行事前向机关纪委报备工作机制，主动接受监督，推动全面从严治党各项要求落地落实。

国家粮食和物资储备局江苏局领导班子成员

吴永顺　分党组书记、局长
曲金虎　分党组成员、副局长
刘学明　分党组成员、纪检组长
高　巍　分党组成员、副局长、二级巡视员

（撰稿单位：国家粮食和物资储备局江苏局；撰稿人：李殿君；审稿人：吴永顺）

2021年3月26日，江苏局组织党员干部赴淮安周恩来同志故居、周恩来同志纪念馆开展党史学习教育。分党组书记、局长吴永顺（第二排左五），分党组成员、副局长曲金虎（第二排右三）参加活动。

2021年12月18日，江苏局召开国家成品油储备项目安全稳定廉政会议。分党组书记、局长吴永顺（左二），分党组成员曲金虎（左三）、刘学明（左一）、高巍（左四）出席会议。

2021 年 4 月 7 日，江苏局机关召开第一次党员大会、第一次工会会员大会。

国家粮食和物资储备局浙江局

基本情况

国家粮食和物资储备局浙江局（以下简称“浙江局”）是国家粮食和物资储备局在浙江设立的垂直管理机构，2019年9月正式挂牌成立。履行中央在浙江、福建两省粮棉、石油、天然气、食糖、应急救灾物资、防汛抗旱物资的监管职能和战略物资的管理职能。行政编制46名，内设机构9个，下辖6家事业单位。其中，浙江省内4家：七六三处、八三七处、机关服务中心、六五六工程筹建处；福建省2家：七五五处、泉州港口办事处。

2021年工作

一 始终把党的领导贯穿改革发展全过程

一是政治机关建设成效突出。注重强化政治机关意识教育，深化模范机关创建，以党史学习教育和学习贯彻十九届六中全会精神为抓手，落实“第一议题”要求，狠抓习近平总书记重要讲话和指示批示精神跟进学习，不断提高政治判断力、政治领悟力、政治执行力。

二是理论武装持续走深走实。发挥领导干部理论学习“领头雁”作用，以“关键少数”带动“绝大多数”，采取理论学习中心组专题学与党员干部扩大学、邀请专家教授作客讲堂与红色教育基地参观见学等形式，活跃学习氛围，提升学习质效。浙江局分党组集中学习研讨16次，领导班子上专题党课7次，邀请专家授课4次，开展讲书大赛、党史知识竞赛以及“重走一大之路”“参观古田会议会址”等学习教育和主题党日活动10余次，起到领学促学作用。

三是基层基础工作扎实有效。坚持大抓基层鲜明导向，认真落实各项组织生活制度，党支部标准化规范化建设扎实推进，基层党组织凝聚力、战斗力不断增强。顺利完成机关党委、机关纪委换届选举，调整优化机关党支部设置，持续用好“两优一先”评选载体，广泛开展“讲好身边优秀党员故事”“点亮微心愿”等活动，发挥党组织战斗堡垒和党员先锋模范作用。

四是党建与业务工作紧密融合。坚持围绕中心抓党建，抓好党建促发展，深化支部品牌创建成果，开展“处长讲业务”“青年大讲堂”“大学习、深调研、真落实”等活动，不断发挥党建引领力，推动业务工作与机关党建同谋划、同部署、同推进，促进党建和业务共同提高。

二 坚决扛稳粮食和物资储备核心重任

一是主动作为，油库项目取得重大突破。认真落实国家粮食和物资储备局部署要求，坚持把加快推进油库项目落地作为头等大事来抓。积极争取浙江省委省政府和衢州市委市政府支持，统筹力量，抽组精干人员，先后组建工作专班和筹建处，通过一年的共同努力，项目筹建经过用地、选址、可研、评估“四道关口”，完成土地价格、水保、稳评、安评、动林等 13 项前置条件评估。衢州选址和可研报告已由国家粮食和物资储备局会议研究通过，初设报告和土地收储等工作正在压茬推进。

二是主动出击，在地粮食和能源监管成效明显。坚持以“亮剑 2021”专项执法行动为抓手，加大涉粮问题线索查办力度，压实承储企业问题整改主体责任，责成管理公司严肃追责问责，查清查实 12325 监管热线匿名举报事项，首次向辖区中储粮分支机构发出责令改正通知书。扎实开展中储粮年度考核和政策性粮油库存检查，发现各类问题 103 个，督促建立问题整改台账，严格实施问题销号管理，加强跟踪督导，压实整改责任。针对辖区原油储量大、情况复杂，全面盘查摸底，加强代储库风险监管，确保国家原油储备安全。

三是主动对接，积极履行储运基地建设专班成员职责。贯彻落实李克强总理关于建设宁波舟山国家大宗商品储运基地的重要指示精神，根据浙江省委省政府部署，以“浙江精神”“浙江速度”，高标准、严要求，对标对表、推进任务，参与储运基地建设方案编制，牵头研究提出重要矿石储备采购、轮换、调用机制等建议。

四是主动谋划，围绕改革发展调研成果显著。围绕中央关于粮食和物资储备改革重要文件，组织专题学习，深入走访调研，研究落地举措；为深入了解辖区粮食安全保障情况，组成 3 个调研组，分赴浙江 10 个地市开展专项调研，形成 4 万余字的调研报告。积极参与全系统调研活动，其中“浙江地区应急物资储备建设现状、问题及对策”获一等奖、“在浙江设立长三角数字粮食创新示范区的思考与建议”进入决赛。

五是主动担当，安全稳定发展局面持续向好。闻令而动，高标准、高质量、高效率完成 4 批次国储物资出库。落实国家粮食和物资储备局专项任务部署会议精神，积极争取地方政府支持，2021 年 10 月浙江省政府专题召开协调会，明确各方职责，推进工作落实。修订完善“一库一批一方案”，落实安全保障条件，为专项任务打下坚实基础。深入开展安全隐患大排查、危化品重大危险源专项检查以及重要时间节点“四不两直”等行动，全年安全检查 30 余次，发现问题 123 项，整改 118 项，整改率 96%，实现年度安全稳定责任目标。

三 着力提升干部队伍建设水平

一是拓宽引人渠道。统筹使用公务员招录、事业单位招聘、军转干部接收等多种渠道，全年共招录机关公务员 3 名，招聘事业单位人员 31 名，接收转业干部 2 名，机关行政人员较上年度增加 23%，事业单位人员较上年度增加 42%，进一步充实干部队伍、增强创业活力。

二是丰富育人载体。持续加大干部挂职交流力度，全局交流挂职 25 人次，其中局机关 13 人次，事业单位 12 人次，充分利用好机关、事业、企业三个锻炼平台，让挂职干部在关键岗位上、重要任务中练就真功夫，锤炼真本领。积极组织参加各类培训，通过举办 2021 年度新录（聘）用人员培训班、开展“处长讲业务”专题培训和青工委集体学习等多种渠道和方式，持续补齐能力短板，填补知识弱项，营造“比学赶帮超”浓厚氛围，促进干部履职能力不断迈上新台阶。

三是严把选人关口。严格执行干部选拔任用工作程序，全面考察干部的德、能、勤、绩、廉，规范动议、民主推荐、组织考察、分党组讨论决定和办理任职手续等程序，坚持“凡提四必”，对领导干部个人事项、档案内容、廉洁情况进行重点审核，杜绝干部“带病”提拔现象发生。按照“人岗相适、人尽其才”的选人用人原则，严格考察程序，坚持公开透明，2021 年晋升 5 名机关干部，考察 6 名处级干部，群众认可度明显提高，为保障国家粮食和战略应急物资储备安全提供了坚强的组织保障和人才支持。

四 推动全面从严治党纵深发展

一是抓实责任分解。修订完善全面从严治党责任清单，明确履责内容，细化责任分解，形成分党组主体责任、纪检组监督责任、书记第一责任和班子成员“一岗双责”的具体“责任清单”。结合巡察、审计、专项检查以及廉政风险排摸等工作，共同查找管党治党突出问题和廉政风险点，形成“问题清单”，推进分党组主体责任和班子成员“一岗双责”清单化管理。

二是构建责任链条。坚持在净化党内政治生态、强化党内监督、运用监督执纪“四种形态”、推进标本兼治等方面协同发力，把分党组、纪检组、分党组书记、班子成员四类责任主体的横向协作与分党组、直属机关党委、基层党组织的纵向压力传导结合起来，逐级签订《党风廉政建设责任书》，定期通报全面从严治党主体责任和监督责任落实情况，构建一级抓一级、层层抓落实的责任链条。

三是推动责任落实。坚持把落实管党治党责任纳入年度述职考评内容，不断完善考核评价指标。强化巡视反馈问题整改责任，紧贴实际制订整改方案，明确责任分工，抓好整改落实，整改率达 83.3%。发挥政治巡察利剑作用，紧盯基层党组织在政治建设、组织建设和作风建设等方面存在的突出问题，发现问题 160 余项。抓实袁昌模严重违纪违法案警示教育，以案为鉴、以案明纪、以案促改。彻底事企分开，规范经营行为，坚决堵塞漏洞。落实驻委纪检监察组要求，推进纪检监察体制改革，抓实驻委纪检组指出问题整改，开展“监督执纪质量年”活动，推动全面从严治党向纵深发展。

国家粮食和物资储备局浙江局领导班子成员

王来保　分党组书记、局长
胡立明　分党组成员、副局长
王　琦　分党组成员、副局长
周　辉　分党组成员、纪检组长

（撰稿单位：国家粮食和物资储备局浙江局；撰稿人：郭尚华、康旭；审稿人：王来保）

2021 年 6 月 17 日，浙江局分党组书记、局长王来保（左三）在宁波参加首届中国宁波粮油食品博览会并出席开幕式启动仪式。

2021 年 6 月 28 日，浙江局在嘉兴召开第一届直属机关党委、纪委选举大会，分党组书记、局长王来保（中）出席会议。

2021 年 10 月 12 日，浙江局分党组书记、局长王来保（右二），分党组成员、副局长胡立明赴油库选址调研，浙江省军区办公室主任潘诚大校（左二）、衢州军分区参谋长李骏大校（左三）参加调研。

6

第六篇

政策与法规文件

中共中央、国务院文件

中共中央 国务院关于全面推进乡村振兴加快农业农村现代化的意见

中发〔2021〕1号

党的十九届五中全会审议通过的《中共中央关于制定国民经济和社会发展第十四个五年规划和二〇三五年远景目标的建议》，对新发展阶段优先发展农业农村、全面推进乡村振兴作出总体部署，为做好当前和今后一个时期“三农”工作指明了方向。

“十三五”时期，现代农业建设取得重大进展，乡村振兴实现良好开局。粮食年产量连续保持在1.3万亿斤以上，农民人均收入较2010年翻一番多。新时代脱贫攻坚目标任务如期完成，现行标准下农村贫困人口全部脱贫，贫困县全部摘帽，易地扶贫搬迁任务全面完成，消除了绝对贫困和区域性整体贫困，创造了人类减贫史上的奇迹。农村人居环境明显改善，农村改革向纵深推进，农村社会保持和谐稳定，农村即将同步实现全面建成小康社会目标。农业农村发展取得新的历史性成就，为党和国家战胜各种艰难险阻、稳定经济社会发展大局，发挥了“压舱石”作用。实践证明，以习近平同志为核心的党中央驰而不息重农强农的战略决策完全正确，党的“三农”政策得到亿万农民衷心拥护。

“十四五”时期，是乘势而上开启全面建设社会主义现代化国家新征程、向第二个百年奋斗目标进军的第一个五年。民族要复兴，乡村必振兴。全面建设社会主义现代化国家，实现中华民族伟大复兴，最艰巨最繁重的任务依然在农村，最广泛最深厚的基础依然在农村。解决好发展不平衡不充分问题，重点难点在“三农”，迫切需要补齐农业农村短板弱项，推动城乡协调发展；构建新发展格局，潜力后劲在“三农”，迫切需要扩大农村需求，畅通城乡经济循环；应对国内外各种风险挑战，基础支撑在“三农”，迫切需要稳住农业基本盘，守好“三农”基础。党中央认为，新发展阶段“三农”工作依然极端重要，须臾不可放松，务必抓紧抓实。要坚持把解决好“三农”问题作为全党工作重中之重，把全面推进乡村振兴作为实现中华民族伟大复兴的一项重大任务，举全党全社会之力加快农业农村现代化，让广大农民过上更加美好的生活。

一 总体要求

（一）指导思想。以习近平新时代中国特色社会主义思想为指导，全面贯彻党的十九大和十九届二中、三中、四中、五中全会精神，贯彻落实中央经济工作会议精神，统筹推进“五位一体”总体布局，协调推进“四个全面”战略布局，坚定不移贯彻新发展理念，坚持稳中求进工作总基调，坚持加强党对“三农”工作的全面领导，坚持农业农村优先发展，坚持农业现代化与农村现代化一体设计、一并推进，坚持创新驱动发展，以推动高质量发展为主题，统筹发展和安全，落实加快构建新发展格局要求，巩固和完善农村基本经营制度，深入推进农业供给侧结构性改革，把乡村建设摆在社会主义现代化建设的重要位置，全面推进乡村产业、人才、文化、生态、组织振兴，充分发挥农业产品供给、生态屏障、文化传承等功能，走中国特色社会主义乡村振兴道路，加快农业农村现代化，加快形成工农互促、城乡互补、协调发展、共同繁荣的新型工农城乡关系，促进农业高质高效、乡村宜居宜业、农民富裕富足，为全面建设社会主义现代化国家开好局、起好步提供有力支撑。

（二）目标任务。2021年，农业供给侧结构性改革深入推进，粮食播种面积保持稳定、产量达到1.3万亿斤以上，生猪产业平稳发展，农产品质量和食品安全水平进一步提高，农民收入增长继续快于城镇居民，脱贫攻坚成果持续巩固。农业农村现代化规划启动实施，脱贫攻坚政策体系和工作机制同乡村振兴有效衔接、平稳过渡，乡村建设行动全面启动，农村人居环境整治提升，农村改革重点任务深入推进，农村社会保持和谐稳定。

到2025年，农业农村现代化取得重要进展，农业基础设施现代化迈上新台阶，农村生活设施便利化初步实现，城乡基本公共服务均等化水平明显提高。农业基础更加稳固，粮食和重要农产品供应保障更加有力，农业生产结构和区域布局明显优化，农业质量效益和竞争力明显提升，现代乡村产业体系基本形成，有条件的地区率先基本实现农业现代化。脱贫攻坚成果巩固拓展，城乡居民收入差距持续缩小。农村生产生活方式绿色转型取得积极进展，化肥农药使用量持续减少，农村生态环境得到明显改善。乡村建设行动取得明显成效，乡村面貌发生显著变化，乡村发展活力充分激发，乡村文明程度得到新提升，农村发展安全保障更加有力，农民获得感、幸福感、安全感明显提高。

二 实现巩固拓展脱贫攻坚成果同乡村振兴有效衔接

（三）设立衔接过渡期。脱贫攻坚目标任务完成后，对摆脱贫困的县，从脱贫之日起设立5年过渡期，做到扶上马送一程。过渡期内保持现有主要帮扶政策总体稳定，并逐项分类优化调整，合理把握节奏、力度和时限，逐步实现由集中资源支持脱贫攻坚向全面推进乡村振兴平稳过渡，推动“三农”工作重心历史性转移。抓紧出台各项政策完善优化的具体实施办法，确保工作不留空档、政策不留空白。

（四）持续巩固拓展脱贫攻坚成果。健全防止返贫动态监测和帮扶机制，对易返贫致贫人口及时发现、及时帮扶，守住防止规模性返贫底线。以大中型集中安置区为重点，扎实做好易地搬迁后续帮扶工作，持续加大就业和产业扶持力度，继续完善安置区配套基础设施、产业园区配套设施、公共服务设施，切实提升社区治理能力。加强扶贫项目资产管理和监督。

（五）接续推进脱贫地区乡村振兴。实施脱贫地区特色种养业提升行动，广泛开展农产品产销对接活动，深化拓展消费帮扶。持续做好有组织劳务输出工作。统筹用好公益岗位，对符合条件的就业困难人员进行就业援助。在农业农村基础设施建设领域推广以工代赈方式，吸纳更多脱贫人口和低收入人口就地就近就业。在脱贫地区重点建设一批区域性和跨区域重大基础设施工程。加大对脱贫县乡村振兴支持力度。在西部地区脱贫县中确定一批国家乡村振兴重点帮扶县集中支持。支持各地自主选择部分脱贫县作为乡村振兴重点帮扶县。坚持和完善东西部协作和对口支援、社会力量参与帮扶等机制。

（六）加强农村低收入人口常态化帮扶。开展农村低收入人口动态监测，实行分层分类帮扶。对有劳动能力的农村低收入人口，坚持开发式帮扶，帮助其提高内生发展能力，发展产业、参与就业，依靠双手勤劳致富。对脱贫人口中丧失劳动能力且无法通过产业就业获得稳定收入的人口，以现有社会保障体系为基础，按规定纳入农村低保或特困人员救助供养范围，并按困难类型及时给予专项救助、临时救助。

三 加快推进农业现代化

（七）提升粮食和重要农产品供给保障能力。地方各级党委和政府要切实扛起粮食安全政治责任，实行粮食安全党政同责。深入实施重要农产品保障战略，完善粮食安全省长责任制和“菜篮子”市长负责制，确保粮、棉、油、糖、肉等供给安全。“十四五”时期各省（自治区、直辖市）要稳定粮食播种面积、提高单产水平。加强粮食生产功能区和重要农产品生产保护区建设。建设国家粮食安全产业带。稳定种粮农民补贴，让种粮有合理收益。坚持并完善稻谷、小麦最低收购价政策，完善玉米、大豆生产者补贴政策。深入推进农业结构调整，推动品种培优、品质提升、品牌打造和标准化生产。鼓励发展青贮玉米等优质饲草饲料，稳定大豆生产，多措并举发展油菜、花生等油料作物。健全产粮大县支持政策体系。扩大稻谷、小麦、玉米三大粮食作物完全成本保险和收入保险试点范围，支持有条件的省份降低产粮大县三大粮食作物农业保险保费县级补贴比例。深入推进优质粮食工程。加快构建现代养殖体系，保护生猪基础产能，健全生猪产业平稳有序发展长效机制，积极发展牛羊产业，继续实施奶业振兴行动，推进水产绿色健康养殖。推进渔港建设和管理改革。促进木本粮油和林下经济发展。优化农产品贸易布局，实施农产品进口多元化战略，支持企业融入全球农产品供应链。保持打击重点农产品走私高压态势。加强口岸检疫和外来入侵物种防控。开展粮食节约行动，减少生产、流通、加工、存储、消费环节粮食损耗浪费。

（八）打好种业翻身仗。农业现代化，种子是基础。加强农业种质资源保护开发利用，加快第三次农作物种质资源、畜禽种质资源调查收集，加强国家作物、畜禽和海洋渔业生物种质资源库建设。对育种基础性研究以及重点育种项目给予长期稳定支持。加快实施农业生物育种重大科技项目。深入实施农作物和畜禽良种联合攻关。实施新一轮畜禽遗传改良计划和现代种业提升工程。尊重科学、严格监管，有序推进生物育种产业化应用。加强育种领域知识产权保护。支持种业龙头企业建立健全商业化育种体系，加快建设南繁硅谷，加强制种基地和良种繁育体系建设，研究重大品种研发与推广后补助政策，促进育繁推一体化发展。

（九）坚决守住 18 亿亩耕地红线。统筹布局生态、农业、城镇等功能空间，科学划定各类空间管控边界，严格实行土地用途管制。采取“长牙齿”的措施，落实最严格的耕地保护制度。严禁违规占用耕地和违背自然规律绿化造林、挖湖造景，严格控制非农建设占用耕地，深入推进农村乱占耕地建房专项整治行动，坚决遏制耕地“非农化”、防止“非粮化”。明确耕地利用优先序，永久基本农田重点用于粮食特别是口粮生产，一般耕地主要用于粮食和棉、油、糖、蔬菜等农产品及饲草饲料生产。明确耕地和永久基本农田不同的管制目标和管制强度，严格控制耕地转为林地、园地等其他类型农用地，强化土地流转用途监管，确保耕地数量不减少、质量有提高。实施新一轮高标准农田建设规划，提高建设标准和质量，健全管护机制，多渠道筹集建设资金，中央和地方共同加大粮食主产区高标准农田建设投入，2021 年建设 1 亿亩旱涝保收、高产稳产高标准农田。在高标准农田建设中增加的耕地作为占补平衡补充耕地指标在省域内调剂，所得收益用于高标准农田建设。加强和改进建设占用耕地占补平衡管理，严格新增耕地核实认定和监管。健全耕地数量和质量监测监管机制，加强耕地保护督察和执法监督，开展“十三五”时期省级政府耕地保护责任目标考核。

（十）强化现代农业科技和物质装备支撑。实施大中型灌区续建配套和现代化改造。到 2025 年全部完成现有病险水库除险加固。坚持农业科技自立自强，完善农业科技领域基础研究稳定支持机制，深化体制改革，布局建设一批创新基地平台。深入开展乡村振兴科技支撑行动。支持高校为乡村振兴提供智力服务。加强农业科技社会化服务体系建设，深入推行科技特派员制度。打造国家热带农业科学中心。提高农机装备自主研制能力，支持高端智能、丘陵山区农机装备研发制造，加大购置补贴力度，开展农机作业补贴。强化动物防疫和农作物病虫害防治体系建设，提升防控能力。

（十一）构建现代乡村产业体系。依托乡村特色优势资源，打造农业全产业链，把产业链主体留在县城，让农民更多分享产业增值收益。加快健全现代农业全产业链标准体系，推动新型农业经营主体按标生产，培育农业龙头企业标准“领跑者”。立足县域布局特色农产品产地初加工和精深加工，建设现代农业产业园、农业产业强镇、优势特色产业集群。推进公益性农产品市场和农产品流通骨干网络建设。开发休闲农业和乡村旅游精品线路，完善配套设施。推进农村一二三产业融合发展示范园和科技示范园区建设。把农业现代化示范区作为推进农业现代化的重要抓手，围绕提高农业产业体系、生产体系、经营体系现代化水平，建立指标体系，加强资源整合、政策集成，以县（市、区）为单位开展创建，到 2025 年创建 500 个左右示范区，形成梯次推进农业现代化的格局。创建现代林业产业示范区。组织开展“万企兴万村”行动。稳步推进反映全产业链价值的农业及相关产业统计核算。

（十二）推进农业绿色发展。实施国家黑土地保护工程，推广保护性耕作模式。健全耕地休耕轮作制度。持续推进化肥农药减量增效，推广农作物病虫害绿色防控产品和技术。加强畜禽粪污资源化利用。全面实施秸秆综合利用和农膜、农药包装物回收行动，加强可降解农膜研发推广。在长江经济带、黄河流域建设一批农业面源污染综合治理示范县。支持国家农业绿色发展先行区建设。加强农产品质量和食品安全监管，发展绿色农产品、有机农产品和地理标志农产品，试行食用农产品达标合格证制度，推进国家农产品质量安全县创建。加强水生生物资源养护，推进以长江为重点的渔政执法能力建设，确保十年禁渔令有效落实，做好退捕渔民安置保障工作。发展节水农业和旱作农业。推进荒漠化、石漠化、坡耕地水土流失综合治理和土壤污染防治、重点区域地下水保护与超采治理。实施水系连通及农村水系综合整治，强化河湖长制。巩固退耕还林还草成果，完善政策、有序推进。实行林长制。科学开展大规模国土绿化行动。完善草原生态保护补助奖励政策，全面推进草原禁牧轮牧休牧，加强草原鼠害防治，稳步恢复草原生态环境。

（十三）推进现代农业经营体系建设。突出抓好家庭农场和农民合作社两类经营主体，鼓励发展多种形式适度规模经营。实施家庭农场培育计划，把农业规模经营户培育成有活力的家庭农场。推进农民合作社质量提升，加大对运行规范的农民合作社扶持力度。发展壮大农业专业化社会化服务组织，将先进适用的品种、投入品、技术、装备导入小农户。支持市场主体建设区域性农业全产业链综合服务中心。支持农业产业化龙头企业创新发展、做大做强。深化供销合作社综合改革，开展生产、供销、信用“三位一体”综合合作试点，健全服务农民生产生活综合平台。培育高素质农民，组织参加技能评价、学历教育，设立专门面向农民的技能大赛。吸引城市各方面人才到农村创业创新，参与乡村振兴和现代农业建设。

四 大力实施乡村建设行动

（十四）加快推进村庄规划工作。2021年基本完成县级国土空间规划编制，明确村庄布局分类。积极有序推进“多规合一”实用性村庄规划编制，对有条件、有需求的村庄尽快实现村庄规划全覆盖。对暂时没有编制规划的村庄，严格按照县乡两级国土空间规划中确定的用途管制和建设管理要求进行建设。编制村庄规划要立足现有基础，保留乡村特色风貌，不搞大拆大建。按照规划有序开展各项建设，严肃查处违规乱建行为。健全农房建设质量安全法律法规和监管体制，3年内完成安全隐患排查整治。完善建设标准和规范，提高农房设计水平和建设质量。继续实施农村危房改造和地震高烈度设防地区农房抗震改造。加强村庄风貌引导，保护传统村落、传统民居和历史文化名村名镇。加大农村地区文化遗产遗迹保护力度。乡村建设是为农民而建，要因地制宜、稳扎稳打，不刮风搞运动。严格规范村庄撤并，不得违背农民意愿、强迫农民上楼，把好事办好、把实事办实。

（十五）加强乡村公共基础设施建设。继续把公共基础设施建设的重点放在农村，着力推进往村覆盖、往户延伸。实施农村道路畅通工程。有序实施较大人口规模自然村（组）通硬化路。加强农村资源路、产业路、旅游路和村内主干道建设。推进农村公路建设项目更多向进村入户倾斜。继续通过中央车购税补助地方资金、成品油税费改革转移支付、地方政府债券等渠道，按规定支持农村道路发展。继续开展“四好农村路”示范创建。全面实施路长制。开展城乡交通一体化示范创建工作。加强农村道路桥梁安全隐患排查，落实管养主体责任。强化农村道路交通安全监管。实施农村供水保障工程。加强中小型水库等稳定水源工程建设和水源保护，实施规模化供水工程建设和小型工程标准化改造，有条件的地区推进城乡供水一体化，到2025年农村自来水普及率达到88%。完善农村水价水费形成机制和工程长效运营机制。实施乡村清洁能源建设工程。加大农村电网建设力度，全面巩固提升农村电力保障水平。推进燃气下乡，支持建设安全可靠的乡村储气罐站和微管网供气系统。发展农村生物质能源。加强煤炭清洁化利用。实施数字乡村建设发展工程。推动农村千兆光网、第五代移动通信（5G）、移动物联网与城市同步规划建设。完善电信普遍服务补偿机制，支持农村及偏远地区信息通信基础设施建设。加快建设农业农村遥感卫星等天基设施。发展智慧农业，建立农业农村大数据体系，推动新一代信息技术与农业生产经营深度融合。完善农业气象综合监测网络，提升农业气象灾害防范能力。加强乡村公共服务、社会治理等数字化智能化建设。实施村级综合服务设施提升工程。加强村级客运站点、文化体育、公共照明等服务设施建设。

（十六）实施农村人居环境整治提升五年行动。分类有序推进农村厕所革命，加快研发干旱、寒冷地区卫生厕所适用技术和产品，加强中西部地区农村户用厕所改造。统筹农村改厕和污水、黑臭水体治理，因地制宜建设污水处理设施。健全农村生活垃圾收运处置体系，推进源头分类减量、资源化处理利用，建设一批有机废弃物综合处置利用设施。健全农村人居环境设施管护机制。有条件的地区推广城乡环卫一体化第三方治理。深入推进村庄清洁和绿化行动。开展美丽宜居村庄和美丽庭院示范创建活动。

（十七）提升农村基本公共服务水平。建立城乡公共资源均衡配置机制，强化农村基本公共服务供给县乡村统筹，逐步实现标准统一、制度并轨。提高农村教育质量，多渠道增加农村普惠性学前教育资源供给，继续改善乡镇寄宿制学校办学条件，保留并办好必要的乡村小规模学校，在县城和中心镇新建改扩建一批高中和中等职业学校。完善农村特殊教育保障机制。推进县域内义务教育学校校长教师交流轮岗，支持建设城乡学校共同体。面向农民就业创业需求，发展职业技术教育与技能培训，建设一批产教融合基地。开展耕读教育。加快发展面向乡村的网络教育。加大涉农高校、涉农职业院校、涉农学科专业建设力度。全面推进健康乡村建设，提升村卫生室标准化建设和健康管理水平，推动乡村医生向执业（助理）医师转变，采取派驻、巡诊等方式提高基层卫生服务水平。提升乡镇卫生院医疗服务能力，选建一批中心卫生院。加强县级医院建设，持续提升县级疾控机构应对重大疫情及突发公共卫生事件能力。加强县域紧密型医共体建设，实行医保总额预算管理。加强妇幼、老年人、残疾人等重点人群健康服务。健全统筹城乡的就业政策和服务体系，推动公共就业服务机构向乡村延伸。深入实施新生代农民工职业技能提升计划。完善统一的城乡居民基本医疗保险制度，合理提高政府补助标准和个人缴费标准，健全重大疾病医疗保险和救助制度。落实城乡居民基本养老保险待遇确定和正常调整机制。推进城乡低保制度统筹发展，逐步提高特困人员供养服务质量。加强对农村留守儿童和妇女、老年人以及困境儿童的关爱服务。健全县乡村衔接的三级养老服务网络，推动村级幸福院、日间照料中心等养老服务设施建设，发展农村普惠型养老服务和互助性养老。推进农村公益性殡葬设施建设。推进城乡公共文化服务体系一体建设，创新实施文化惠民工程。

（十八）全面促进农村消费。加快完善县乡村三级农村物流体系，改造提升农村寄递物流基础设施，深入推进电子商务进农村和农产品出村进城，推动城乡生产与消费有效对接。促进农村居民耐用消费品更新换代。加快实施农产品仓储保鲜冷链物流设施建设工程，推进田头小型仓储保鲜冷链设施、产地低温直销配送中心、国家骨干冷链物流基地建设。完善农村生活性服务业支持政策，发展线上线下相结合的服务网点，推动便利化、精细化、品质化发展，满足农村居民消费升级需要，吸引城市居民下乡消费。

（十九）加快县域内城乡融合发展。推进以人为核心的新型城镇化，促进大中小城市和小城镇协调发展。把县域作为城乡融合发展的重要切入点，强化统筹谋划和顶层设计，破除城乡分割的体制弊端，加快打通城乡要素平等交换、双向流动的制度性通道。统筹县域产业、基础设施、公共服务、基本农田、生态保护、城镇开发、村落分布等空间布局，强化县城综合服务能力，把乡镇建设成为服务农民的区域中心，实现县乡村功能衔接互补。壮大县域经济，承接适宜产业转移，培育支柱产业。加快小城镇发展，完善基础设施和公共服务，发挥小城镇连接城市、服务乡村作用。推进以县城为重要载体的城镇化建设，有条件的地区按照小城市标准建设县城。积极推进扩权强镇，规划建设一批重点镇。开展乡村全域土地综合整治试点。推动在县域就业的农民工就地市民化，增加适应进城农民刚性需求的住房供给。鼓励地方建设返乡入乡创业园和孵化实训基地。

（二十）强化农业农村优先发展投入保障。继续把农业农村作为一般公共预算优先保障领域。中央预算内投资进一步向农业农村倾斜。制定落实提高土地出让收益用于农业农村比例考核办法，确保按规定提高用于农业农村的比例。各地区各部门要进一步完善涉农资金统筹整合长效机制。支持地方政府发行一般债券和专项债券用于现代农业设施建设和乡村建设行动，制定出台操作指引，做好高质量项目储备工作。发挥财政投入引领作用，支持以市场化方式设立乡村振兴基金，撬动金融资本、社会力量参与，重点支持乡村产业发展。坚持为农服务宗旨，持续深化农村金融改革。运用支农支小再贷款、再贴现等政策工具，实施最优惠的存款准备金率，加大对机构法人在县域、业务在县域的金融机构的支持力度，推动农村金融机构回归本源。鼓励银行业金融机构建立服务乡村振兴的内设机构。明确地方政府监管和风险处置责任，稳妥规范开展农民合作社内部信用合作试点。保持农村信用合作社等县域农村金融机构法人地位和数量总体稳定，做好监督管理、风险化解、深化改革工作。完善涉农金融机构治理结构和内控机制，强化金融监管部门的监管责任。支持市县构建域内共享的涉农信用信息数据库，用 3 年时间基本建成比较完善的新型农业经营主体信用体系。发展农村数字普惠金融。大力开展农户小额信用贷款、保单质押贷款、农机具和大棚设施抵押贷款业务。鼓励开发专属金融产品支持新型农业经营主体和农村新产业新业态，增加首贷、信用贷。加大对农业农村基础设施投融资的中长期信贷支持。加强对农业信贷担保放大倍数的量化考核，提高农业信贷担保规模。将地方优势特色农产品保险以奖代补做法逐步扩大到全国。健全农业再保险制度。发挥“保险＋期货”在服务乡村产业发展中的作用。

（二十一）深入推进农村改革。完善农村产权制度和要素市场化配置机制，充分激发农村发展内生动力。坚持农村土地农民集体所有制不动摇，坚持家庭承包经营基础性地位不动摇，有序开展第二轮土地承包到期后再延长 30 年试点，保持农村土地承包关系稳定并长久不变，健全土地经营权流转服务体系。积极探索实施农村集体经营性建设用地入市制度。完善盘活农村存量建设用地政策，实行负面清单管理，优先保障乡村产业发展、乡村建设用地。根据乡村休闲观光等产业分散布局的实际需要，探索灵活多样的供地新方式。加强宅基地管理，稳慎推进农村宅基地制度改革试点，探索宅基地所有权、资格权、使用权分置有效实现形式。规范开展房地一体宅基地日常登记颁证工作。规范开展城乡建设用地增减挂钩，完善审批实施程序、节余指标调剂及收益分配机制。2021 年基本完成农村集体产权制度改革阶段性任务，发展壮大新型农村集体经济。保障进城落户农民土地承包权、宅基地使用权、集体收益分配权，研究制定依法自愿有偿转让的具体办法。加强农村产权流转交易和管理信息网络平台建设，提供综合性交易服务。加快农业综合行政执法信息化建设。深入推进农业水价综合改革。继续深化农村集体林权制度改革。

五 加强党对“三农”工作的全面领导

（二十二）强化五级书记抓乡村振兴的工作机制。全面推进乡村振兴的深度、广度、难度都不亚于脱贫攻坚，必须采取更有力的举措，汇聚更强大的力量。要深入贯彻落实《中国共产党农村工作条例》，健全中央统筹、省负总责、市县乡抓落实的农村工作领导体制，将脱贫攻坚工作中形成的组织推动、要素保障、政策支持、协作帮扶、考核督导等工作机制，根据实际需要运用到推进乡村振兴，建立健全上下贯通、精准施策、一抓到底的乡村振兴工作体系。省、市、县级党委要定期研究乡村振兴工作。县委书记应当把主要精力放在“三农”工作上。建立乡村振兴联系点制度，省、市、县级党委和政府负责同志都要确定联系点。开展县乡村三级党组织书记乡村振兴轮训。加强党对乡村人才工作的领导，将乡村人才振兴纳入党委人才工作总体部署，健全适合乡村特点的人才培养机制，强化人才服务乡村激励约束。加快建设政治过硬、本领过硬、作风过硬的乡村振兴干部队伍，选派优秀干部到乡村振兴一线岗位，把乡村振兴作为培养锻炼干部的广阔舞台，对在艰苦地区、关键岗位工作表现突出的干部优先重用。

（二十三）加强党委农村工作领导小组和工作机构建设。充分发挥各级党委农村工作领导小组牵头抓总、统筹协调作用，成员单位出台重要涉农政策要征求党委农村工作领导小组意见并进行备案。各地要围绕“五大振兴”目标任务，设立由党委和政府负责同志领导的专项小组或工作专班，建立落实台账，压实工作责任。强化党委农村工作领导小组办公室决策参谋、统筹协调、政策指导、推动落实、督促检查等职能，每年分解“三农”工作重点任务，落实到各责任部门，定期调度工作进展。加强党委农村工作领导小组办公室机构设置和人员配置。

（二十四）加强党的农村基层组织建设和乡村治理。充分发挥农村基层党组织领导作用，持续抓党建促乡村振兴。有序开展乡镇、村集中换届，选优配强乡镇领导班子、村“两委”成员特别是村党组织书记。在有条件的地方积极推行村党组织书记通过法定程序担任村民委员会主任，因地制宜、不搞“一刀切”。与换届同步选优配强村务监督委员会成员，基层纪检监察组织加强与村务监督委员会的沟通协作、有效衔接。坚决惩治侵害农民利益的腐败行为。坚持和完善向重点乡村选派驻村第一书记和工作队制度。加大在优秀农村青年中发展党员力度，加强对农村基层干部激励关怀，提高工资补助待遇，改善工作生活条件，切实帮助解决实际困难。推进村委会规范化建设和村务公开“阳光工程”。开展乡村治理试点示范创建工作。创建民主法治示范村，培育农村学法用法示范户。加强乡村人民调解组织队伍建设，推动就地化解矛盾纠纷。深入推进平安乡村建设。建立健全农村地区扫黑除恶常态化机制。加强县乡村应急管理和消防安全体系建设，做好对自然灾害、公共卫生、安全隐患等重大事件的风险评估、监测预警、应急处置。

（二十五）加强新时代农村精神文明建设。弘扬和践行社会主义核心价值观，以农民群众喜闻乐见的方式，深入开展习近平新时代中国特色社会主义思想学习教育。拓展新时代文明实践中心建设，深化群众性精神文明创建活动。建强用好县级融媒体中心。在乡村深入开展“听党话、感党恩、跟党走”宣讲活动。深入挖掘、继承创新优秀传统乡土文化，把保护传承和开发利用结合起来，赋予中华农耕文明新的时代内涵。持续推进农村移风易俗，推广积分制、道德评议会、红白理事会等做法，加大高价彩礼、人情攀比、厚葬薄养、铺张浪费、封建迷信等不良风气治理，推动形成文明乡风、良好家风、淳朴民风。加大对农村非法宗教活动和境外渗透活动的打击力度，依法制止利用宗教干预农村公共事务。办好中国农民丰收节。

（二十六）健全乡村振兴考核落实机制。各省（自治区、直辖市）党委和政府每年向党中央、国务院报告实施乡村振兴战略进展情况。对市县党政领导班子和领导干部开展乡村振兴实绩考核，纳入党政领导班子和领导干部综合考核评价内容，加强考核结果应用，注重提拔使用乡村振兴实绩突出的市县党政领导干部。对考核排名落后、履职不力的市县党委和政府主要负责同志进行约谈，建立常态化约谈机制。将巩固拓展脱贫攻坚成果纳入乡村振兴考核。强化乡村振兴督查，创新完善督查方式，及时发现和解决存在的问题，推动政策举措落实落地。持续纠治形式主义、官僚主义，将减轻村级组织不合理负担纳入中央基层减负督查重点内容。坚持实事求是、依法行政，把握好农村各项工作的时度效。加强乡村振兴宣传工作，在全社会营造共同推进乡村振兴的浓厚氛围。

让我们紧密团结在以习近平同志为核心的党中央周围，开拓进取，真抓实干，全面推进乡村振兴，加快农业农村现代化，努力开创“三农”工作新局面，为全面建设社会主义现代化国家、实现第二个百年奋斗目标作出新的贡献！

中华人民共和国国务院令

第 740 号

《粮食流通管理条例》已经 2021 年 1 月 4 日国务院第 121 次常务会议修订通过，现将修订后的《粮食流通管理条例》公布，自 2021 年 4 月 15 日起施行。

总 理 李克强

2021 年 2 月 15 日

粮食流通管理条例

（2004 年 5 月 26 日中华人民共和国国务院令第 407 号公布　根据 2013 年 7 月 18 日《国务院关于废止和修改部分行政法规的决定》第一次修订　根据 2016 年 2 月 6 日《国务院关于修改部分行政法规的决定》第二次修订　2021 年 2 月 15 日中华人民共和国国务院令第 740 号第三次修订）

第一章　总则

第一条　为了保护粮食生产者的积极性，促进粮食生产，维护经营者、消费者的合法权益，保障国家粮食安全，维护粮食流通秩序，根据有关法律，制定本条例。

第二条　在中华人民共和国境内从事粮食的收购、销售、储存、运输、加工、进出口等经营活动（以下统称粮食经营活动），应当遵守本条例。

前款所称粮食，是指小麦、稻谷、玉米、杂粮及其成品粮。

第三条　国家鼓励多种所有制市场主体从事粮食经营活动，促进公平竞争。依法从事的粮食经营活动受国家法律保护。严禁以非法手段阻碍粮食自由流通。

国有粮食企业应当转变经营机制，提高市场竞争能力，在粮食流通中发挥主渠道作用，带头执行国家粮食政策。

第四条　粮食价格主要由市场供求形成。

国家加强粮食流通管理，增强对粮食市场的调控能力。

第五条　粮食经营活动应当遵循自愿、公平、诚信的原则，不得损害粮食生产者、消费者的合法权益，不得损害国家利益和社会公共利益，并采取有效措施，防止和减少粮食损失浪费。

第六条　国务院发展改革部门及国家粮食和储备行政管理部门负责全国粮食的总量平衡、宏观调控和重要粮食品种的结构调整以及粮食流通的中长期规划。国家粮食和储备行政管理部门负责粮食流通的行政管理、行业指导，监督有关粮食流通的法律、法规、政策及各项规章制度的执行。

国务院市场监督管理、卫生健康等部门在各自的职责范围内负责与粮食流通有关的工作。

第七条　省、自治区、直辖市应当落实粮食安全党政同责，完善粮食安全省长责任制，承担保障本行政区域粮食安全的主体责任，在国家宏观调控下，负责本行政区域粮食的总量平衡和地方储备粮等的管理。

县级以上地方人民政府粮食和储备行政管理部门负责本行政区域粮食流通的行政管理、行业指导；县级以上地方人民政府市场监督管理、卫生健康等部门在各自的职责范围内负责与粮食流通有关的工作。

第二章　粮食经营

第八条　粮食经营者，是指从事粮食收购、销售、储存、运输、加工、进出口等经营活动的自然人、法人和非法人组织。

第九条 从事粮食收购的经营者（以下简称粮食收购者），应当具备与其收购粮食品种、数量相适应的能力。

从事粮食收购的企业（以下简称粮食收购企业），应当向收购地的县级人民政府粮食和储备行政管理部门备案企业名称、地址、负责人以及仓储设施等信息，备案内容发生变化的，应当及时变更备案。

县级以上地方人民政府粮食和储备行政管理部门应当加强粮食收购管理和服务，规范粮食收购活动。具体管理办法由省、自治区、直辖市人民政府制定。

第十条 粮食收购者收购粮食，应当告知售粮者或者在收购场所公示粮食的品种、质量标准和收购价格。

第十一条 粮食收购者收购粮食，应当执行国家粮食质量标准，按质论价，不得损害农民和其他粮食生产者的利益；应当及时向售粮者支付售粮款，不得拖欠；不得接受任何组织或者个人的委托代扣、代缴任何税、费和其他款项。

粮食收购者收购粮食，应当按照国家有关规定进行质量安全检验，确保粮食质量安全。对不符合食品安全标准的粮食，应当作为非食用用途单独储存。

第十二条 粮食收购企业应当向收购地的县级人民政府粮食和储备行政管理部门定期报告粮食收购数量等有关情况。

跨省收购粮食，应当向收购地和粮食收购企业所在地的县级人民政府粮食和储备行政管理部门定期报告粮食收购数量等有关情况。

第十三条 粮食收购者、从事粮食储存的企业（以下简称粮食储存企业）使用的仓储设施，应当符合粮食储存有关标准和技术规范以及安全生产法律、法规的要求，具有与储存品种、规模、周期等相适应的仓储条件，减少粮食储存损耗。

粮食不得与可能对粮食产生污染的有毒有害物质混存，储存粮食不得使用国家禁止使用的化学药剂或者超量使用化学药剂。

第十四条 运输粮食应当严格执行国家粮食运输的技术规范，减少粮食运输损耗。不得使用被污染的运输工具或者包装材料运输粮食，不得与有毒有害物质混装运输。

第十五条 从事粮食的食品生产，应当符合食品安全法律、法规和标准规定的条件和要求，对其生产食品的安全负责。

国家鼓励粮食经营者提高成品粮出品率和副产物综合利用率。

第十六条 销售粮食应当严格执行国家粮食质量等有关标准，不得短斤少两、掺杂使假、以次充好，不得囤积居奇、垄断或者操纵粮食价格、欺行霸市。

第十七条 粮食储存期间，应当定期进行粮食品质检验，粮食品质达到轻度不宜存时应当及时出库。

建立粮食销售出库质量安全检验制度。正常储存年限内的粮食，在出库前应当由粮食储存企业自行或者委托粮食质量安全检验机构进行质量安全检验；超过正常储存年限的粮食，储存期间使用储粮药剂未满安全间隔期的粮食，以及色泽、气味异常的粮食，在出库前应当由粮食质量安全检验机构进行质量安全检验。未经质量安全检验的粮食不得销售出库。

第十八条 粮食收购者、粮食储存企业不得将下列粮食作为食用用途销售出库：

（一）真菌毒素、农药残留、重金属等污染物质以及其他危害人体健康的物质含量超过食品安全标准限量的；

（二）霉变或者色泽、气味异常的；

（三）储存期间使用储粮药剂未满安全间隔期的；

（四）被包装材料、容器、运输工具等污染的；

（五）其他法律、法规或者国家有关规定明确不得作为食用用途销售的。

第十九条 从事粮食收购、加工、销售的规模以上经营者，应当按照所在地省、自治区、直辖市人民政府的规定，执行特定情况下的粮食库存量。

第二十条 粮食经营者从事政策性粮食经营活动，应当严格遵守国家有关规定，不得有下列行为：

（一）虚报粮食收储数量；

（二）通过以陈顶新、以次充好、低收高转、虚假购销、虚假轮换、违规倒卖等方式，套取粮食价差和财政补贴，骗取信贷资金；

（三）挤占、挪用、克扣财政补贴、信贷资金；

（四）以政策性粮食为债务作担保或者清偿债务；

（五）利用政策性粮食进行除政府委托的政策性任务以外的其他商业经营；

（六）在政策性粮食出库时掺杂使假、以次充好、调换标的物，拒不执行出库指令或者阻挠出库；

（七）购买国家限定用途的政策性粮食，违规倒卖或者不按照规定用途处置；

（八）擅自动用政策性粮食；

（九）其他违反国家政策性粮食经营管理规定的行为。

第二十一条 国有粮食企业应当积极收购粮食，并做好政策性粮食购销工作，服从和服务于国家宏观调控。

第二十二条 对符合贷款条件的粮食收购者，银行应当按照国家有关规定及时提供收购贷款。

中国农业发展银行应当保证中央和地方储备粮以及其他政策性粮食的信贷资金需要，对国有粮食企业、大型粮食产业化龙头企业和其他粮食企业，按企业的风险承受能力提供信贷资金支持。

政策性粮食收购资金应当专款专用，封闭运行。

第二十三条 所有从事粮食收购、销售、储存、加工的经营者以及饲料、工业用粮企业，应当建立粮食经营台账，并向所在地的县级人民政府粮食和储备行政管理部门报送粮食购进、销售、储存等基本数据和有关情况。粮食经营台账的保存期限不得少于 3 年。粮食经营者报送的基本数据和有关情况涉及商业秘密的，粮食和储备行政管理部门负有保密义务。

国家粮食流通统计依照《中华人民共和国统计法》的有关规定执行。

第二十四条 县级以上人民政府粮食和储备行政管理部门应当建立粮食经营者信用档案，记录日常监督检查结果、违法行为查处情况，并依法向社会公示。

粮食行业协会以及中介组织应当加强行业自律，在维护粮食市场秩序方面发挥监督和协调作用。

第二十五条 国家鼓励和支持开发、推广应用先进的粮食储存、运输、加工和信息化技术，开展珍惜和节约粮食宣传教育。

县级以上人民政府粮食和储备行政管理部门应当加强对粮食经营者的指导和服务，引导粮食经营者节约粮食、降低粮食损失损耗。

第三章 宏观调控

第二十六条 国家采取政策性粮食购销、粮食进出口等多种经济手段和必要的行政手段，加强对粮食市场的调控，保持全国粮食供求总量基本平衡和市场基本稳定。

第二十七条 国家实行中央和地方分级粮食储备制度。粮食储备用于调节粮食供求、稳定粮食市场，以及应对重大自然灾害或者其他突发事件等情况。

政策性粮食的采购和销售，原则上通过规范的粮食交易中心公开进行，也可以通过国家规定的其他方式进行。

第二十八条 国务院和地方人民政府建立健全粮食风险基金制度。粮食风险基金主要用于支持粮食储备、稳定粮食市场等。

国务院和地方人民政府财政部门负责粮食风险基金的监督管理，确保专款专用。

第二十九条 为保障市场供应、保护种粮农民利益，必要时可由国务院根据粮食安全形势，结合财政状况，决定对重点粮食品种在粮食主产区实行政策性收储。

当粮食价格显著上涨或者有可能显著上涨时，国务院和省、自治区、直辖市人民政府可以按照《中华人民共和国价格法》的规定，采取价格干预措施。

第三十条 国务院发展改革部门及国家粮食和储备行政管理部门会同国务院农业农村、统计、市场监督管理等部门负责粮食市场供求形势的监测和预警分析，健全监测和预警体系，完善粮食供需抽查制度，发布粮食生产、消费、价格、质量等信息。

第三十一条 国家鼓励粮食主产区和主销区以多种形式建立稳定的产销关系，鼓励培育生产、收购、储存、加工、销售一体化的粮食企业，支持建设粮食生产、加工、物流基地或者园区，加强对政府储备粮油仓储物流设施的保护，鼓励发展订单农业。在执行政策性收储时国家给予必要的经济优惠，并在粮食运输方面给予优先安排。

第三十二条 在重大自然灾害、重大疫情或者其他突发事件引起粮食市场供求异常波动时，国家实施粮食应急机制。

第三十三条 国家建立突发事件的粮食应急体系。国务院发展改革部门及国家粮食和储备行政管理部门会同国务院有关部门制定全国的粮食应急预案，报请国务院批准。省、自治区、直辖市人民政府根据本地区的实际情况，制定本行政区域的粮食应急预案。

第三十四条 启动全国的粮食应急预案，由国务院发展改革部门及国家粮食和储备行政管理部门提出建议，报国务院批准后实施。

启动省、自治区、直辖市的粮食应急预案，由省、自治区、直辖市发展改革部门及粮食和储备行政管理部门提出建议，报本级人民政府决定，并向国务院报告。

设区的市级、县级人民政府粮食应急预案的制定和启动，由省、自治区、直辖市人民政府决定。

第三十五条 粮食应急预案启动后，粮食经营者必须按照国家要求承担应急任务，服从国家的统一安排和调度，保证应急的需要。

第三十六条 国家鼓励发展粮食产业经济，提高优质粮食供给水平，鼓励粮食产业化龙头企业提供安全优质的粮食产品。

第四章 监督检查

第三十七条 国家建立健全粮食流通质量安全风险监测体系。国务院卫生健康、市场监督管理以及国家粮食和储备行政管理等部门，分别按照职责组织实施全国粮食流通质量安全风险监测；省、自治区、直辖市人民政府卫生健康、市场监督管理、粮食和储备行政管理等部门，分别按照职责组织实施本行政区域的粮食流通质量安全风险监测。

第三十八条 粮食和储备行政管理部门依照本条例对粮食经营者从事粮食收购、储存、运输活动和政策性粮食的购销活动，以及执行国家粮食流通统计制度的情况进行监督检查。

粮食和储备行政管理部门在监督检查过程中，可以进入粮食经营者经营场所，查阅有关资料、凭证；检查粮食数量、质量和储存安全情况；检查粮食仓储设施、设备是否符合有关标准和技术规范；向有关单位和人员调查了解相关情况；查封、扣押非法收购或者不符合国家粮食质量安全标准的粮食，用于违法经营或者被污染的工具、设备以及有关账簿资料；查封违法从事粮食经营活动的场所。

第三十九条 市场监督管理部门依照有关法律、法规的规定，对粮食经营活动中的扰乱市场秩序行为、违法交易行为以及价格违法行为进行监督检查。

第四十条 县级以上地方人民政府应当加强本行政区域粮食污染监控，建立健全被污染粮食收购处置长效机制，发现区域性粮食污染的，应当及时采取处置措施。

被污染粮食处置办法由国家粮食和储备行政管理部门会同国务院有关部门制定。

第四十一条 任何单位和个人有权对违反本条例规定的行为向有关部门检举。有关部门应当为检举人保密，并依法及时处理。

第五章 法律责任

第四十二条 违反本条例规定，粮食和储备行政管理部门和其他有关部门不依法履行粮食流通管理和监督职责的，对负有责任的领导人员和直接责任人员依法给予处分。

第四十三条 粮食收购企业未按照规定备案或者提供虚假备案信息的，由粮食和储备行政管理部门责令改正，给予警告；拒不改正的，处 2 万元以上 5 万元以下罚款。

第四十四条 粮食收购者有未按照规定告知、公示粮食收购价格或者收购粮食压级压价，垄断或者操纵价格等价格违法行为的，由市场监督管理部门依照《中华人民共和国价格法》、《中华人民共和国反垄断法》的有关规定予以处罚。

第四十五条 有下列情形之一的，由粮食和储备行政管理部门责令改正，给予警告，可以并处 20 万元以下罚款；情节严重的，并处 20 万元以上 50 万元以下罚款：

（一）粮食收购者未执行国家粮食质量标准；

（二）粮食收购者未及时向售粮者支付售粮款；

（三）粮食收购者违反本条例规定代扣、代缴税、费和其他款项；

（四）粮食收购者收购粮食，未按照国家有关规定进行质量安全检验，或者对不符合食品安全标准的粮食未作为非食用用途单独储存；

（五）从事粮食收购、销售、储存、加工的粮食经营者以及饲料、工业用粮企业未建立粮食经营台账，或者未按照规定报送粮食基本数据和有关情况；

（六）粮食储存企业未按照规定进行粮食销售出库质量安全检验。

第四十六条 粮食收购者、粮食储存企业未按照本条例规定使用仓储设施、运输工具的，由粮食和储备行政管理等部门按照职责责令改正，给予警告；被污染的粮食不得非法销售、加工。

第四十七条 粮食收购者、粮食储存企业将下列粮食作为食用用途销售出库的，由粮食和储备行政管理部门没收违法所得；违法销售出库的粮食货值金额不足1万元的，并处1万元以上5万元以下罚款，货值金额1万元以上的，并处货值金额1倍以上5倍以下罚款：

（一）真菌毒素、农药残留、重金属等污染物质以及其他危害人体健康的物质含量超过食品安全标准限量的；

（二）霉变或者色泽、气味异常的；

（三）储存期间使用储粮药剂未满安全间隔期的；

（四）被包装材料、容器、运输工具等污染的；

（五）其他法律、法规或者国家有关规定明确不得作为食用用途销售的。

第四十八条 从事粮食的食品生产，不符合食品安全法律、法规和标准规定的条件和要求的，由市场监督管理部门依照《中华人民共和国食品安全法》、《中华人民共和国食品安全法实施条例》等有关规定予以处罚。

第四十九条 从事政策性粮食经营活动，有下列情形之一的，由粮食和储备行政管理部门责令改正，给予警告，没收违法所得，并处50万元以上200万元以下罚款；情节严重的，并处200万元以上500万元以下罚款：

（一）虚报粮食收储数量；

（二）通过以陈顶新、以次充好、低收高转、虚假购销、虚假轮换、违规倒卖等方式，套取粮食价差和财政补贴，骗取信贷资金；

（三）挤占、挪用、克扣财政补贴、信贷资金；

（四）以政策性粮食为债务作担保或者清偿债务；

（五）利用政策性粮食进行除政府委托的政策性任务以外的其他商业经营；

（六）在政策性粮食出库时掺杂使假、以次充好、调换标的物，拒不执行出库指令或者阻挠出库；

（七）购买国家限定用途的政策性粮食，违规倒卖或者不按照规定用途处置；

（八）擅自动用政策性粮食；

（九）其他违反国家政策性粮食经营管理规定的行为。

粮食应急预案启动后，不按照国家要求承担应急任务，不服从国家的统一安排和调度的，依照前款规定予以处罚。

第五十条 对粮食经营活动中的扰乱市场秩序、违法交易等行为，由市场监督管理部门依照有关法律、法规的规定予以处罚。

第五十一条 从事粮食经营活动的企业有违反本条例规定的违法情形且情节严重的，对其法定代表人、主要负责人、直接负责的主管人员和其他直接责任人员处以其上一年度从本企业取得收入的1倍以上10倍以下罚款。

第五十二条 违反本条例规定，阻碍粮食自由流通的，依照《国务院关于禁止在市场经济活动中实行地区封锁的规定》给予处罚。

第五十三条 违反本条例规定，构成违反治安管理行为的，由公安机关依法给予治安管理处罚；构成犯罪的，依法追究刑事责任。

第六章 附则

第五十四条 本条例下列用语的含义是：

粮食收购，是指向种粮农民、其他粮食生产者或者粮食经纪人、农民专业合作社等批量购买粮食的活动。

粮食加工，是指通过处理将原粮转化成半成品粮、成品粮以及其他食用或者非食用产品的活动。

政策性粮食，是指政府指定或者委托粮食经营者购买、储存、加工、销售，并给予财政、金融等方面政策性支持的粮食，包括但不限于政府储备粮。

粮食经纪人，是指以个人或者家庭为经营主体，直接向种粮农民、其他粮食生产者、农民专业合作社批量购买粮食的经营者。

技术规范，是指尚未制定国家标准、行业标准，国家粮食和储备行政管理部门根据监督管理工作需要制定的补充技术要求。

第五十五条 大豆、油料和食用植物油的收购、销售、储存、运输、加工、进出口等经营活动，适用本条例除第九条第二款以外的规定。

粮食进出口的管理，依照有关法律、法规的规定执行。

第五十六条 本条例自2021年4月15日起施行。

联合发文

关于公布 2021 年稻谷最低收购价格的通知

发改价格〔2021〕272 号

各省、自治区、直辖市发展改革委、财政厅（局）、农业农村厅（局、委）、粮食和物资储备局（粮食局）、农业发展银行分行：

2021 年国家继续在稻谷主产区实行最低收购价政策。综合考虑粮食生产成本、市场供求、国内外市场价格和产业发展等因素，经国务院批准，2021 年生产的早籼稻（三等，下同）、中晚籼稻和粳稻最低收购价分别为每 50 公斤 122 元、128 元和 130 元。

各地要引导农民合理种植，加强田间管理，促进稻谷稳产提质增效。

国家发展改革委 财政部 农业农村部
粮食和储备局 中国农业发展银行
2021 年 2 月 25 日

中央储备糖管理办法

发展改革委、财政部令〔2021〕第 41 号

《中央储备糖管理办法》已经 2020 年 12 月 31 日国家发展和改革委员会第 14 次委务会议审议通过和财政部审签，现予公布，自 2021 年 4 月 10 日起施行。

国家发展改革委主任　何立峰　财政部部长　刘昆

2021 年 3 月 5 日

中央储备糖管理办法

第一章 总则

第一条 为加强中央储备糖规范管理，确保数量真实、质量合格、储存安全、节约高效，确保管得好、拿得出、调得快、用得上，制定本办法。

第二条 本办法所称中央储备糖，是指中央政府为实施市场调控、稳定市场预期、应对突发事件引发的市场异常波动而储备的食糖，包括原糖和白砂糖。

中央储备糖实行严格的计划管理，任何单位和个人不得侵占、破坏、挪用。

第三条 从事中央储备糖管理、监督检查等活动，适用本办法。

第二章 职责分工

第四条 国家发展改革委负责中央储备糖市场调控管理，会同国家粮食和物资储备局、财政部研究提出中央储备糖规划、总量计划和年度调控意见，报国务院批准后协调落实。

第五条 国家粮食和物资储备局负责中央储备糖行政管理，负责中央储备糖利息费用补贴的预算编制、申请及使用管理，对中央储备糖数量、质量、储存安全及计划执行情况实施监督检查。

第六条 财政部负责中央储备糖财政财务管理，安排和管理中央储备糖财政补贴资金，组织指导财政部各地监管局开展财务秩序和财政资金监管，定期清算并根据需要开展绩效评估评价。

第七条 中国农业发展银行负责按照国家有关信贷政策和中央储备糖计划，及时发放和收回中央储备糖贷款，对发放的中央储备糖贷款实施信贷监管，确保资金安全。

第八条 国家发展改革委、国家粮食和物资储备局会同财政部指定储备运营机构。储备运营机构负责中央储备糖的日常管理，储备运营业务与商业经营实行人员、实物、财务、账务管理严格分开，严格执行国家有关部门行政指令，具体实施中央储备糖收储、销售、轮换、动用计划，按月报告计划落实情况、储备管理情况和有关统计报表，对中央储备糖数量、质量和储存安全负责。

第三章 计划管理

第九条 中央储备糖的总量规模、品种结构、区域布局，由国家发展改革委会同国家粮食和物资储备局、财政部，根据国家宏观调控需要和财政承受能力等，结合绩效评估评价结果提出建议，报国务院批准。国家发展改革委会同国家粮食和物资储备局、财政部确定收储、销售的原则、方式、数量和时机等，国家粮食和物资储备局会同国家发展改革委、财政部下达收储、销售计划。

第十条 中央储备糖原则上实行均衡轮换。原糖年度轮换数量按 15—20% 比例掌握，根据市场调控需要可适当增减，原则上不超过库存总量的 30%；白砂糖原则上每年轮换一次。

第十一条 中央储备糖的轮换，由储备运营机构统筹中央储备糖储存品质、年限、承储企业的管理情况等因素，于每年 11 月底前研究提出下一年度轮换计划建议，报送国家粮食和物资储备局、财政部和国家发展改革委。国家发展改革委会同国家粮食和物资储备局、财政部确定轮换原则、方式、数量和时机等，国家粮食和物资储备局、财政部会同国家发展改革委下达轮换计划。

第十二条 中央储备糖收储、销售、轮换相关费用构成、标准以及盈亏处理等，由财政部会同国家粮食和物资储备局等有关部门按规定确定。

第十三条 中央储备糖的动用，由国家发展改革委会同国家有关部门提出建议，经国务院批准后，由国家粮食和物资储备局会同有关部门下达动用计划。

第十四条 发生下列情形之一的，可以动用中央储备糖：

（一）全国或部分地区食糖明显供不应求或市场价格异常波动的；

（二）发生重大自然灾害或其他突发事件需要动用中央储备糖的；

（三）国务院认为需要动用中央储备糖的其他情形。

第十五条 储备运营机构具体实施中央储备糖的收储、销售、轮换、动用计划，并接受国家有关部门监督指导。因不可抗力等因素不能按时完成的，要及时报国家粮食和物资储备局、财政部和国家发展改革委批复。

第十六条 中央储备糖的收储、销售、轮换主要通过规范的交易平台以公开竞价交易方式进行。根据国家有关规定和要求，也可采取邀标竞价、委托包干、单一来源采购等方式进行。

第四章 仓储管理

第十七条 储备运营机构按照中央储备糖区域布局等要求，根据国家有关部门制定的中央储备糖储存库资质条件等相关标准，选择其直属企业储存，也可采取公开、公平、公正的方式选择具备条件的其他企业代储。储备运营机构要将直属企业和代储企业（统称承储企业）名单、具体储存库点和储存数量、质量及时报告国家粮食和物资储备局。

第十八条 储备运营机构和承储企业不得擅自变更中央储备糖储存库点，不得擅自串换中央储备糖品种，不得虚报中央储备糖数量，不得故意拖延中央储备糖出入库。

第十九条 储备运营机构和承储企业要严格执行国家关于中央储备糖管理的规章制度、标准，健全完善内部管理制度和工作机制，严格仓储管理，加强质量安全管理。要加强中央储备糖经常性检查，及时排查风险隐患，妥善处理数量、质量和储存安全等方面问题，并由储备运营机构及时报告国家粮食和物资储备局。中央储备糖出现数量、质量和储存安全问题造成的损失，由储备运营机构先行赔偿，再向相关责任单位追偿。

第二十条 承储企业要对中央储备糖实行专仓储存、专人保管、专账记载和挂牌明示，不同年份、不同品种应分垛码放，保证账账相符、账实相符、质量合格和储存安全。

第二十一条 承储企业应当对中央储备糖进行糖权公示，在储存中央储备糖的仓房仓门、外墙涂刷明显标识，悬挂统一标牌。

第二十二条 因不可抗力等因素需安排中央储备糖移库的，由储备运营机构提出移库计划建议，经国家粮食和物资储备局、财政部和国家发展改革委同意后具体实施。

第二十三条 在库中央储备糖应当统一办理财产保险，由储备运营机构在财政部北京监管局监督下通过招标方式进行。

第五章 质量管理

第二十四条 中央储备糖应当符合国家有关质量和食品安全要求。储备原糖应当符合国家标准，储备白砂糖应当符合国标一级及以上。不符合食品安全法律法规和食品安全标准要求的中央储备糖，不得用作原料生产食品，也不得投放食品市场进行销售。

第二十五条 中央储备糖出入库质量检验，由储备运营机构委托经国家粮食和物资储备局认可的第三方检验机构进行。储备运营机构将检验结果及时汇总报国家粮食和物资储备局，并向承储企业提供出入库质量检验结果。承储企业如对质量检验结果有异议，应在收到检验报告 7 个工作日内向国家粮食和物资储备局提出书面复检申请，国家粮食和物资储备局按有关规定进行处理。

第二十六条 中央储备糖在库质量安全管理执行定期质量监测制度，由国家粮食和物资储备局组织实施，每年对储备原糖开展一次监测，监测批次比例不低于 10%；每年对储备白砂糖开展一次逐批次全覆盖监测。

第六章 监督检查

第二十七条 国家粮食和物资储备局、财政部按照各自职责，依法对储备运营机构和承储企业中央储备糖管理情况进行监督检查和核查。在监督检查和核查过程中，可以行使下列职权：

（一）进入承储企业检查中央储备糖数量、质量和储存安全；

（二）向有关单位和人员了解中央储备糖收储、销售、轮换、动用等计划执行情况；

（三）调阅中央储备糖管理有关资料、凭证；

（四）对违法违规行为，依法依规予以处理。

第二十八条 中国农业发展银行按照信贷政策和规定，加强对中央储备糖贷款的信贷监管。储备运营机构应及时提供有关资料和情况。

第二十九条 国家粮食和物资储备局垂直管理局负责辖区内中央储备糖日常监管和计划执行情况的监督检查，督促承储企业严格落实中央储备糖计划，按规定对有关库存案件进行查处，提出处理和追责建议。

国家粮食和物资储备局垂直管理局检查发现承储企业未执行中央储备糖有关管理规定，存在管理不规范、质量把关不严格、制度执行不力等问题，应及时向承储企业指出，责令其予以改正；发现承储企业存在严重违纪违规、不适于储存中央储备糖等情况，应及时向国家粮食和物资储备局报告。

第三十条 储备运营机构及承储企业对国家有关部门单位的监督检查和核查，应当予以配合。任何单位和个人不得拒绝、阻挠、干涉国家有关部门单位的监督检查和核查。

第三十一条 储备运营机构应加强对承储企业中央储备糖管理情况的内部管控，及时发现并解决问题。重大问题报请国家粮食和物资储备局、财政部处理。

第七章 罚则

第三十二条 国家工作人员违反本办法规定，有下列行为之一的，依照《中华人民共和国公务员法》等有关规定，给予相应处分；构成犯罪的，依法追究刑事责任：

（一）不及时下达中央储备糖收储、销售、轮换、动用计划的；

（二）发现承储企业存在不适于储存中央储备糖的情况不责成其限期整改的；

（三）接到举报、发现违规问题不及时查处的；

（四）有其他违反本办法行为的。

第三十三条 储备运营机构违反本办法规定，有下列行为之一的，由国家粮食和物资储备局、财政部按照各自职责，责成储备运营机构限期整改；情节严重的，扣拨管理费补贴，对直接负责的主管人员和其他直接责任人员提出处理建议，按权限由有关部门或单位给予相应处分；构成犯罪的，依法追究刑事责任：

（一）拒不实施或擅自改变中央储备糖收储、销售、轮换、动用计划的；

（二）选择不符合有关资质条件的企业承储中央储备糖的；

（三）发现中央储备糖数量、质量和储存安全等方面问题不及时采取措施处理并按照规定报告的；

（四）有其他违反本办法行为的。

第三十四条 承储企业违反本办法规定，有下列行为之一的，由国家粮食和物资储备局、财政部、国家粮食和物资储备局垂直管理局按照各自职责，责成其限期整改；情节严重的，调出其承储的中央储备糖，责令退回财政补贴；有违法所得的，由财政部按有关规定收缴；构成犯罪的，依法追究刑事责任：

（一）拒不执行或擅自改变中央储备糖收储、销售、轮换、动用计划的；

（二）擅自动用中央储备糖的；

（三）以中央储备糖对外担保或清偿债务的；

（四）虚报、瞒报中央储备糖数量的；

（五）在中央储备糖中掺杂掺假，以次充好的；

（六）擅自串换中央储备糖品种，变更中央储备糖储存库点的；

（七）未对中央储备糖实行专仓储存、专人保管、专账记载，中央储备糖账账不符、账实不符的；

（八）因管理不善等人为因素造成中央储备糖数量、质量和储存安全等方面出现问题的；

（九）有其他违反本办法行为的。

第八章 附则

第三十五条 本办法由国家发展改革委会同财政部、国家粮食和物资储备局负责解释。

第三十六条 本办法自 2021 年 4 月 10 日起施行，2008 年 1 月 24 日发布的《中央储备糖管理办法》（商务部国家发展改革委财政部令 2008 年第 1 号）同时废止。

关于印发《粮食等重要农产品仓储设施中央预算内投资专项管理办法》的通知

发改经贸规〔2021〕568 号

各省、自治区、直辖市及计划单列市、新疆生产建设兵团发展改革委、粮食和储备局，供销合作总社，中国储备粮管理集团有限公司、中粮集团有限公司、北大荒农垦集团有限公司：

为贯彻落实党中央、国务院决策部署，发挥中央预算内投资引导带动作用，规范粮食等重要农产品仓储设施专项管理，提高中央预算内投资使用效率，根据《政府投资条例》和中央预算内投资管理的相关规定，我们研究制定了《粮食等重要农产品仓储设施中央预算内投资专项管理办法》，现印发给你们，请按照执行。

国家发展改革委　粮食和储备局

2021 年 4 月 22 日

粮食等重要农产品仓储设施中央预算内投资专项管理办法

第一章 总则

第一条 为规范粮食等重要农产品仓储设施专项（以下简称“本专项”）管理，提高中央预算内投资使用效率，根据《政府投资条例》（国务院令第 712 号）、《中央预算内投资补助和贴息项目管理办法》（国家发展改革委令第 45 号）等有关规定，制定本办法。

第二条 本专项根据国家粮食安全和乡村振兴等重大战略实施和重要农产品市场调控需要，按照中央和地方事权划分原则，安排粮食、棉花、食糖以及其他重要农产品仓储设施中央预算内投资。

第三条 本专项以投资补助方式将中央预算内投资下达到中央企业（含中央本级单位）的具体项目或将资金规模切块下达地方。

第二章 支持范围

第四条 本专项重点支持以下项目建设：

（一）中央储备粮食仓储物流设施项目。

（二）中央储备棉花、食糖直属库仓储设施项目。

（三）与地方政府粮食储备配套的粮食仓储物流设施项目，政策性粮食收购有仓容缺口区域的粮食仓储设施项目，以及位于粮食物流重点线路、节点上的粮食仓储物流项目。

（四）根据党中央、国务院决策部署，需国家支持的其他重要农产品仓储物流设施项目。

第三章 补助标准

第五条 国家发展改革委根据专家评审核算的相关设施投资测算中央预算内投资安排方案。

第六条 中央储备直属粮食仓储物流项目、棉花和食糖仓储项目补助比例不高于核算后相关设施投资的 50%，其他中央企业和地方项目补助比例不高于 30%。西藏自治区及青海、四川、云南、甘肃省涉藏州县（以下简称“四省涉藏州县”）粮食仓储设施项目给予全额补助。西藏自治区及四省涉藏州县的其他项目以及新疆地区的项目补助比例不高于 50%。

第七条 中央储备直属粮食仓储物流项目、棉花和食糖仓储项目，单个项目补助资金不超过 2.5 亿元；其他项目，单个项目补助资金不超过 1 亿元，且均为一次性安排。

第四章 项目申报与审核

第八条 中央企业、省级发展改革部门会同省级粮食等相关部门组织有关单位按照本办法规定，编制三年滚动投资计划和年度投资计划。中央企业组织所属企业，省级发展改革部门会同粮食等有关部门组织市县发展改革等部门，对项目进行实地调研，审核项目真实性、建设必要性、技术可行性和资金合理性等，并将通过审核的项目录入国家重大建设项目库。

第九条 中央企业、省级发展改革部门应按照本专项当年投资计划编制要求向国家发展改革委提出中央预算内投资计划申请。

省级发展改革部门申请中央预算内投资计划应符合当地财政承受能力和政府投资能力，确保不造成地方政府债务风险，并按照《国家发展改革委关于规范中央预算内投资资金安排方式及项目管理的通知》（发改投资规〔2020〕518 号）明确的直接投资、资本金注入、补助、贷款贴息等资金安排方式，根据所申报项目的具体情况提出拟采取的资金安排方式。

第十条 拟申报的项目应符合以下条件：

（一）符合国家和地方粮食仓储物流设施布局建设相关要求；

（二）已列入三年滚动投资计划并录入国家重大建设项目库；

（三）依法获得审批（核准、备案）和相关前期手续，项目建设自筹资金已落实；

（四）拟新建项目中央预算内投资计划下达后即可按期开工建设；已开工建设但申报时实际完成投资比例未超过 70%；

（五）未获得过其他中央财政性资金支持；

（六）项目单位未列入严重失信主体名单；

（七）有关法律法规政策规定的其他条件。

第十一条 中央企业应在本专项当年投资计划申报时限内向国家发展改革委提交中央预算内投资申请文件和资金申请报告。省级发展改革部门应在本专项当年投资计划申报时限内按照国家发展改革委要求报送中央预算内投资申请文件及项目单行材料。

第十二条 中央企业项目资金申请报告需附每个项目资金申请报告，地方申报项目需提交具体项目单行材料。西藏、新疆上报的粮食仓储设施项目可合并编写单行材料；其他类型项目应按具体项目编写单行材料。

第十三条 国家发展改革委会同粮食和储备局组织专家对中央企业资金申请报告和地方粮食项目单行材料进行评审。专家根据本办法规定，提出符合本专项支持方向且通过评审的项目清单，并核算相关设施投资。

第十四条 国家发展改革委根据专家评审结果及其核算投资，确定地方拟纳入中央预算内投资支持范围的项目清单，由省级发展改革部门对项目建设条件及前期手续进行复核。除西藏自治区、四省涉藏州县及新疆地区粮食仓储设施项目外，其他项目核算投资低于 1000 万元的项目不纳入支持范围。

第五章 计划编制下达

第十五条 国家发展改革委根据储备调控需要和专家评审意见，结合上年度审计、项目管理、日常调度等情况，根据本办法有关规定确定拟支持中央企业项目清单和中央预算内投资规模。

第十六条 中央企业应按照国家发展改革委确定的项目清单，督促项目建设单位依法依规办理相关手续，在规定时间内向国家发展改革委报送申请下达投资计划和绩效目标请示。中央企业报送的下达投资计划请示中需明确所报项目各项建设条件已落实，以及每个项目的项目单位（法人）和项目责任人、日常监管直接责任单位和监管责任人，并同时通过重大建设项目库进行报备。

第十七条 国家发展改革委会同粮食和储备局对符合条件的中央企业粮食项目下达年度中央预算内投资计划和绩效目标，一并批复资金申请报告；中央企业其他项目年度中央预算内投资计划和绩效目标及资金申请报告由国家发展改革委下达批复。中央企业收到年度中央预算内投资计划和绩效目标后，应在 10 个工作日内转发下达给项目单位。

第十八条 国家发展改革委会同粮食和储备局根据专家核算投资和地方复核意见，综合考虑本专项年度中央预算内投资规模及上年度审计、项目管理、日常调度情况等因素，统筹平衡后测算确定地方年度中央预算内投资切块规模。测算切块规模低于 500 万元的省当年不予安排中央预算内投资。

第十九条 省级发展改革部门根据国家发展改革委测算确定的分省中央预算内投资切块规模向国家发展改革委报送申请下达中央预算内投资计划和绩效目标请示。

第二十条 国家发展改革委以切块方式向省级发展改革部门下达分省年度中央预算内投资计划和绩效目标。收到年度中央预算内投资计划后，省级发展改革部门可组织专家对通过审核的项目前期手续落实、相关设施投资等情况进行再复核，要在 20 个工作日内按照统一标准将投资计划和绩效目标分解下达到条件成熟、依法依规应办理的相关手续齐全的具体项目，并按照《国家发展改革委关于规范中央预算内投资资金安排方式及项目管理的通知》（发改投资规〔2020〕518 号）有关规定明确各项目的具体资金安排方式。

投资计划下达表通过重大建设项目库生成，表中需注明每个项目的项目单位（法人）和项目责任人、日常监管直接责任单位和监管责任人，并在“备注”栏注明每个项目的核算投资。

第二十一条 中央企业转发、省级发展改革部门分解下达投资计划后，应将相关文件及时报国家发展改革委备案，并通过重大建设项目库进行项目报备。

第二十二条 日常监管直接责任单位应为项目直接管理单位（对项目单位财务或人事管理行使管理职责的上一级单位），没有直接管理单位的，则为当地行业主管部门。监管责任人由日常监管直接责任单位派出，是日常监管的直接责任人。日常监管直接责任单位及监管责任人对项目申报、建设管理、信息报送等履行日常监管职责。

第六章 项目管理

第二十三条 中央预算内投资项目的财务管理按照财政部门的有关管理规定执行。中央企业和地方各级发展改革部门要配合有关部门做好资金拨付工作，确保中央预算内投资和其他资金按期拨付。项目单位应开设资金专户或专账，单独核算，按规定用途使用资金。严禁转移、侵占或者挪用中央预算内投资。

除中央预算内投资之外的项目建设所需其他资金，应及时足额落实到位。

第二十四条 中央企业、地方各级发展改革部门负责监督指导项目单位按规定落实项目建设进度，协调解决项目建设中存在的问题，保证项目建设质量。

第二十五条 项目单位不得擅自改变主要建设内容、降低建设标准。

因建设主体、建设内容、建设规模、总投资等发生重大变更导致项目无法实施确需调整投资计划的，中央企业项目应及时报请国家发展改革委进行调整；地方项目由省级发展改革部门负责调整并报国家发展改革委备案，如需调整到其他专项，应报国家发展改革委进行调整。中央企业、省级发展改革部门要及时在重大建设项目库中对投资计划调整的项目进行更新更正。

第二十六条 中央企业、省级发展改革部门负责督促指导项目单位每月 10 日前填报项目建设进度，包括项目开工情况、投资完成情况、工程形象进度等数据，负责审核项目单位填报的数据；负责依托重大建设项目库对项目实施情况按月调度，对项目建设信息反映出来的问题及时进行预警。

第二十七条 项目完工后，项目单位应及时按照《建设工程质量管理条例》等有关规定做好竣工验收工作，并按程序及时将验收结果报中央企业或省级发展改革部门备案。上报内容包括：实际建设内容、建设规模、竣工决算、建设进度总结等。

第七章 监督检查

第二十八条 国家发展改革委组织对本专项绩效目标实现情况进行评估考核。中央储备粮食企业粮食项目评估考核由国家发展改革委会同粮食和储备局负责。

第二十九条 国家发展改革委通过投资项目在线审批监管平台和重大项目建设库对项目进行动态监管，对发现的问题督促项目单位及时整改。其中，中央储备粮食企业粮食项目由国家发展改革委会同粮食和储备局负责。

中央企业、省级发展改革部门会同省级粮食部门按照职责分工负责项目建设事中事后监管，组织项目现场检查，督促日常监管直接责任单位和监管责任人履行日常监管职责，逐项整改监督检查发现的问题，重大问题应按要求及时报告国家发展改革委。项目单位应当自觉接受审计、纪检监察、财政等部门依据职能分工进行的监督检查，及时提供有关档案资料。

第三十条 项目出现下列情形之一的，国家发展改革委可根据情节采取通报批评、约谈相关中央企业和省级发展改革部门负责人、责令限期整改、在一定时期和范围内不再受理其报送的资金申请报告或核减下年度中央预算内投资规模等处罚措施，在粮食安全省长责任制考核中予以扣分。

（一）下达投资计划后一年内未开工或建设进度缓慢、超期未完工的；

（二）未按规定审核筛选复核，造成投资计划下达后项目调整的；

（三）项目申报、审核、分解下达年度计划出现严重失误的；

（四）项目调度不及时、重大项目库数据填报失误的；

（五）发生重大安全质量事故的；

（六）其他违反法律法规和本办法有关规定的行为。

第三十一条 项目单位出现下列情形之一的，国家发展改革委可采取责令整改、暂停或停止拨付、收回中央预算内补助资金、在一定时期和范围内不再受理其报送的资金申请报告或核减其下年度中央预算内投资规模等处罚措施。同时，将相关信息纳入全国信用信息共享平台并依法在“信用中国”网站公开，在粮食安全省长责任制考核中予以扣分，情节严重的提请有关机关依法追究相关责任人行政或法律责任。

（一）提供虚假情况、骗取投资补助资金的；

（二）转移、侵占或者挪用投资补助资金的；

（三）擅自改变主要建设内容和建设标准的；

（四）项目建设规模、标准和内容发生重大变化不及时报告的；

（五）其他违反法律法规和本办法有关规定的行为。

第八章 附则

第三十二条 本办法中所称“省”“省级”包括省、自治区、直辖市和计划单列市、新疆生产建设兵团。

第三十三条 本办法由国家发展改革委负责解释。

第三十四条 本办法自发布之日起施行，有效期5年。原《粮食安全保障调控和应急设施中央预算内投资专项管理办法》（发改经贸规〔2017〕1987号）同时废止。

关于开展2021年全国食品安全宣传周活动的通知

食安办〔2021〕6号

按照《中共中央国务院关于深化改革加强食品安全工作的意见》关于“持续开展‘食品安全宣传周’”的要求，国务院食品安全办等26部门将于6月8日启动2021年全国食品安全宣传周活动。为切实做好宣传周筹备工作，现就有关事项通知如下：

一 活动主题

2021年全国食品安全宣传周的主题为：“尚俭崇信守护阳光下的盘中餐”。

食品安全事关人民群众的身体健康和生命安全，关系中华民族的未来。俭以养德、诚信为本是中华民族的传统美德，保障食品安全更需要尚俭崇信、德法并举。进入全面小康社会，人民群众对食品安全营养健康的需求不断提升，必须坚持“四个最严”，严格源头治理，严格过程监管，严厉打击食品安全违法犯罪。既要强化市场主体诚信自律，全面落实食品安全主体责任，又要发动社会各界参与食品安全社会共治，勤俭节约，营养膳食，倡导理性消费，遏制食品浪费，共享食品安全成果，不断增强人民群众的获得感、幸福感、安全感。

二 宣传重点

（一）深入宣传贯彻习近平新时代中国特色社会主义思想和党的十九大、十九届二中、三中、四中、五中全会精神，围绕宣传周主题，突出宣传“尚俭崇信”的食品安全理念。

（二）集中展示各地区各有关部门立足新发展阶段，贯彻新发展理念，构建新发展格局，助力食品产业高质量发展，维护食品安全方面的新思路新举措新成效。

（三）引导食品行业市场主体严格自律，树立风险防控意识，提升管理水平，对从业人员广泛开展诚信守法教育，营造尚德守法的市场环境，促进企业诚信守法经营。

（四）倡导社会各界积极参与食品安全治理，加强科普宣传，强化风险交流，推动提升公众食品安全素养，弘扬勤俭节约的传统美德，树立科学消费理念，营造良好食品安全氛围。

三 活动安排

（一）国务院食品安全办等26部门组织开展，共同制定《全国食品安全宣传周国家层面重点活动及分工方案》（见附件）。各有关部门和单位按照方案组织开展活动。

（二）各地食品安全办联合同级有关部门和单位，参照国家层面活动方案，结合本地实际和特色，组织开展宣传周活动。

（三）各地区各有关部门动员和指导各类社会团体、市场主体、协（学）会，广泛开展面向广大消费者、食品从业者和媒体记者的诚信从业、知识普及等主题宣传活动。

四 活动要求

（一）高度重视。将食品安全宣传周活动作为宣传贯彻习近平总书记关于食品安全工作重要指示批示精神，推动实施食品安全战略的重要抓手，作为落实《中共中央 国务院关于深化改革加强食品安全工作的意见》、带动全社会积极参与食品安全治理、推动形成共治共享格局的重要举措。

（二）加强领导。建立各级食品安全办组织协调、有关部门各负其责、全社会积极参与的工作机制。加强人员和经费保障，确保各项活动顺利进行并形成规模声势。按照疫情防控相关要求，部署消防、交通、防踩踏等安全防护措施，严格排查，消除隐患，落实应急预案，严防事故发生。

（三）增强实效。使用统一的“全国食品安全宣传周”标志。鼓励和引导专业机构、协（学）会以及新闻媒体等多方力量，围绕宣传重点，开展丰富多彩、互动性强的传播活动。加强宣传周期间相关舆情监测，及时研判，稳妥发布，确保舆论环境平稳有序。

（四）严肃纪律。严格遵守中央八项规定及其实施细则精神，厉行勤俭节约、轻车简从，严禁铺张浪费、大讲排场和形式主义。

（五）及时总结。请各地区各有关部门注意总结宣传周活动的成效和经验，总结报告电子版于 7 月 12 日前报送国务院食品安全办。

附件：全国食品安全宣传周国家层面重点活动及分工方案（略）

国务院食品安全委员会办公室

2021 年 5 月 28 日

关于深入推进优质粮食工程的意见

财建〔2021〕177 号

各省、自治区、直辖市财政厅（局）、粮食和物资储备局（粮食局），新疆生产建设兵团财政局、粮食和物资储备局，有关中央企业：

党中央、国务院高度重视优质粮食工程建设。习近平总书记对深入推进优质粮食工程，做好粮食市场和流通的文章作出重要指示，党的十九届五中全会、《中华人民共和国国民经济和社会发展第十四个五年规划和 2035 年远景目标纲要》、《中共中央 国务院关于全面推进乡村振兴加快农业农村现代化的意见》对深入推进优质粮食工程作出部署。为深入贯彻落实习近平总书记重要指示精神和党中央、国务院有关决策部署，现就指导各地"十四五"时期深入推进优质粮食工程提出以下意见：

一 充分认识深入推进优质粮食工程的重大意义

（一）深入推进优质粮食工程，是全面落实国家粮食安全战略，牢牢把住粮食安全主动权的内在要求。有利于深入实施优粮优产、优粮优购、优粮优储、优粮优加、优粮优销"五优联动"，推进优质优价，实现稳产增产和提质增收，提升粮食供给安全保障能力。

（二）深入推进优质粮食工程，是构建新发展格局，加快粮食产业高质量发展的迫切需要。有利于大力推动延伸产业链、提升价值链、打造供应链"三链协同"，发展粮食全产业链经营模式，提高粮食产业质量效益和竞争力，更好满足人民群众粮油消费升级需要。

（三）深入推进优质粮食工程，是全面实施乡村振兴战略，推动乡村产业发展的有效载体。有利于优化农业结构，强化产业集聚，促进乡村一二三产业融合发展，让农民更多分享产业增值收益，形成粮食兴、产业旺、经济强的良性循环，推进巩固拓展脱贫攻坚成果同乡村振兴有效衔接。

二 以"六大提升行动"为重点深入推进优质粮食工程

充分运用 2017 年以来实施优质粮食工程既有成效，大力推进"三链协同"，深入实施"五优联动"，做实粮食绿色仓储、品种品质品牌、质量追溯、机械装备、应急保障能力、节约减损健康消费提升等"六大提升行动"，打造"十四五"时期优质粮食工程升级版，加快粮食产业高质量发展。

（一）粮食绿色仓储提升行动。依托现有粮食仓储资源，鼓励因地制宜升级改造仓储设施，提升仓房的气密和保温隔热性能，推动粮仓分类分级管理和使用，满足"优粮优储"需要；推广应用气调、机械或热泵制冷控温、内环流控温等绿色储粮技术，完善粮情在线监测和智能化控制功能，提高收储环节粮食品质保障能力。

（二）粮食品种品质品牌提升行动。强化流通反馈激励机制，推进优质优价市场化订单收购，优化粮食供给结构。强化标准和质量导向，鼓励结合实际组织制定、发布地方特色粮油产品团体质量标准和评价体系，鼓励企业推行更高质量标准，加强营养健康粮油产品研发；持续开展“中国好粮油”产品分级遴选；“中国好粮油”区域公共品牌和优质粮油产品推广；搭建国家“中国好粮油”电子交易平台、进驻电商平台，依托好粮油门店、军粮供应和应急网点、主食厨房等，开展产销对接，完善优质粮食线上线下销售网络。

（三）粮食质量追溯提升行动。完善粮食质量安全监测平台功能和检验监测体系，加强粮油标准体系建设，优化粮食质检培训体系。建立健全粮食质量检测系统，开展粮食质量调查、品质测报和安全风险监测服务。制定“好粮油”产品追溯规范，依托企业建立“好粮油”产品追溯平台。

（四）粮食机械装备提升行动。加大关键粮食机械装备自主研发和推广应用力度，在粮食清理、干燥、仓储、装卸、运输、加工等环节，推广应用粮食机械装备自主创新成果，升级配置粮食收储机械化、自动化、智能化、环保型装备和“四散化”运输、集装箱运输、成品粮冷链运输装备等，改造升级粮食加工生产线，促进粮机装备企业应用数字化、自动化、智能化生产装备，提升装备生产技术，提升行业节粮减损装备的制造水平，促进国产化加工装备使用率。

（五）粮食应急保障能力提升行动。发展壮大“中国好粮油”示范企业，提升粮食应急生产、加工、物流和储存能力，拓展“好粮油”门店应急功能，增强粮食保供能力，健全地方粮食应急保障网络，加强粮情监测预警和应急指挥，健全平时服务、急时保供、战时应急的供应体系，充分发挥粮食产业优势，确保市场粮油供应充足、价格稳定、响应迅速。

（六）粮食节约减损健康消费提升行动。倡导营养、均衡、健康消费理念。开展全社会爱粮节粮宣传教育，深入开展“爱粮节粮”进社区、进家庭、进学校、进军营、进食堂等行动，培养节约习惯，营造浪费可耻、节约为荣的氛围。推进农户科学储粮项目，推广粮油适度加工技术成果。

三　切实抓好优质粮食工程组织实施

（一）加强组织领导。各省（区、市）要坚持系统观念，制定本省（区、市）“十四五”深入推进优质粮食工程实施方案，科学确定“十四五”主要目标指标，明确年度重点任务和实施内容。创新完善优质粮食产购储加销体系，充分发挥大型龙头企业的示范带动作用。中央企业要与各省（区、市）做好衔接，一并纳入省级方案统筹考虑、整体推进。

（二）统筹政策支持。地方要综合考虑本地区优质粮食工程实施方案、财政收支情况等因素，加强资金统筹，包括中央财政安排的产粮大县奖励资金、粮食风险基金等，积极支持优质粮食工程开展。要不断完善财政资金使用方式，包括先建后补、贷款贴息等，并做好同其他政策的协调配合，有效带动社会资本加大投入，形成共同参与深入推进优质粮食工程的合力。要加强财政资金监管，确保资金安全、规范使用，不断提高使用效益。

（三）强化考核监督。深入推进优质粮食工程，纳入强化落实粮食安全省长责任制考核的重要内容。各地要强化责任落实，加强项目审核、调度和督导，及时掌握项目执行和资金使用情况。各省（区、市）在编制实施方案时，要加强与国家粮食和物资储备局沟通，并将实施方案报国家粮食和物资储备局备案，将项目建设内容和资金安排情况同步上传国家粮食和物资储备局优质粮食工程项目库管理系统，每月通过项目库上报资金执行和项目进展情况。各省（区、市）要确保各项数据的真实性、准确性和完整性。

财政部 国家粮食和物资储备局

2021 年 6 月 18 日

关于公布 2022 年小麦最低收购价格的通知

发改价格〔2021〕1447 号

各省、自治区、直辖市发展改革委、财政厅（局）、农业农村厅（局、委）、粮食和物资储备局（粮食局）、农业发展银行分行：

2022 年国家继续在小麦主产区实行最低收购价政策。综合考虑粮食生产成本、市场供求、国内外市场价格和产业发展等因素，经国务院批准，2022 年生产的小麦（三等）最低收购价为每 50 公斤 115 元。

各地要引导农民合理种植，加强田间管理，促进小麦稳产提质增效。

国家发展改革委　财政部　农业农村部

粮食和储备局　中国农业发展银行

2021 年 10 月 12 日

关于印发《反食品浪费工作方案》的通知

发改办环资〔2021〕949 号

教育部、民政部、住房城乡建设部、文化和旅游部、广电总局、统计局、国管局、网信办办公厅（办公室、秘书局），各省、自治区、直辖市及新疆生产建设兵团发展改革委、商务厅（局、委）、市场监管局、粮食和储备局：

为贯彻落实习近平总书记关于坚决制止餐饮浪费行为重要批示精神，深入实施《中华人民共和国反食品浪费法》，推动完成《中共中央办公厅、国务院办公厅关于印发〈粮食节约行动方案〉的通知》（厅字〔2021〕40 号）部署的工作任务，我们联合制定了《反食品浪费工作方案》。现印发给你们，请抓好落实。

国家发展改革委办公厅 商务部办公厅

市场监管总局办公厅 粮食和储备局办公室

2021 年 11 月 30 日

反食品浪费工作方案

为贯彻落实习近平总书记关于坚决制止餐饮浪费行为重要指示精神，深入实施《中华人民共和国反食品浪费法》，推动完成《中共中央办公厅、国务院办公厅关于印发〈粮食节约行动方案〉的通知》（厅字〔2021〕40 号）部署的工作任务，制定反食品浪费工作方案如下：

一 推进粮食节约减损

（一）推进粮食消费前各环节减损。在粮食仓储环节，指导配置农户科学储粮装具，持续发挥粮食产后服务中心功能。建设绿色低温仓储设施，提高仓房的气密性、隔热性，分类、分品种、分仓储藏。在粮食物流环节，推广散粮运输专用工具，发展规范化、标准化、信息化散粮运输服务体系。在粮食加工环节，推动提高粮油产品出品率，推进粮食无害化处理和资源合理化利用，提升粮食加工业数字化管理水平，促进淘汰落后产能。（粮食和储备局、国家发展改革委等部门按职责分工负责）

（二）完善粮食节约减损标准体系。加快构建符合节粮减损要求的粮食全产业链标准体系，鼓励有关行业协会、企业制定相关团体标准、企业标准。在仓储环节着重加强仓储设备建设、虫霉防治和减损降耗等相关标准研制；在运输环节着重于降低包装、装卸抛洒、散漏损失率等相关标准研制；在加工环节着重于限制产品过度加工、科学界定产品加工等级以及副产物综合利用率等相关标准研制。（粮食和储备局、市场监管总局等部门按职责分工负责）

（三）开展粮食仓储环节浪费调查评估。探索粮食仓储环节 损失浪费调查评估方法，研究制定粮食仓储环节损失浪费评价方法和评估指标体系，开展数据汇总和分析评估。（粮食和储备局、统计局、国家发展改革委等部门按职责分工负责）

二 遏制餐饮行业食品浪费

（四）加强餐饮行业管理。各级商务部门采取措施鼓励餐饮 服务经营者提供分餐服务、向社会公开其反食品浪费情况。督促餐饮外卖平台、餐饮服务经营者以显著方式提醒消费者按需适量点餐。支持自助餐服务单位实施对消费者浪费行为适当加收费用的措施。建立健全餐饮行业反食品浪费的制度规范。加强对旅行社管理人员和导游人员培训，引导游客文明用餐，合理安排团队用餐。（商务部、文化和旅游部和各地方有关部门负责）

（五）完善餐饮行业标准与规范。推动餐饮行业出台反食品浪费的团体标准和行业自律规范。宣贯落实《绿色餐饮经营与管理》《宴席节约服务规范》，制修订《餐饮企业节约管理规范》《餐饮服务企业打包服务管理要求》。加大中央厨房、智慧餐饮等领域标准研制力度。将反食品浪费作为重要内容列入正在制修订的旅游餐饮业、住宿业和景区标准中。（商务部、文化和旅游部、市场监管总局等部门按职责分工负责）

（六）大力推动餐饮行业自律。指导餐饮等行业协会发出制止餐饮浪费的倡议，支持餐饮行业协会对有浪费行为的会员采取必要的自律措施，引导会员自觉开展反食品浪费活动。（商务部等部门按职责分工负责）

（七）开展反餐饮浪费政策效果评估。指导餐饮行业协会对餐饮浪费情况进行监测，加强分析评估。督促餐饮行业协会每年向社会公布有关反餐饮浪费情况及监测评估结果。（商务部等部门按职责分工负责）

三 加强公共机构餐饮节约

（八）推进机关单位食堂反食品浪费。推动落实《"十四五"公共机构节约能源资源工作规划》，大力开展反食品浪费行动。建立机关食堂反食品浪费工作成效评估和通报制度，将反食品浪费纳入公共机构节约能源资源考核和节约型机关创建活动内容。加强公务接待、会议、培训等公务活动用餐管理。曝光餐饮浪费典型案例及推动工作不力的单位。鼓励有条件的公共机构使用餐厨垃圾就地资源化处理设备。（国管局负责）

（九）开展学校食堂餐饮节约行动。推动落实《教育系统"制止餐饮浪费培养节约习惯"行动方案》中明确的五项具体行动。组织编写《高校食堂反食品浪费工作指南》，提出学校食堂食品原材料采购、储藏、加工、制作和销售等环节节约减损工作方案。研究制定《高校智慧食堂建设规范》，开展全流程智慧食堂试点建设工作。（教育部、国管局负责）

四 促进食品合理利用

（十）建立食品捐赠需求对接机制。引导食品生产经营者等在保证食品安全的前提下向有关社会组织、福利机构、救助机构等组织或者个人捐赠食品。有关组织根据需要，及时接收、分发食品。指导有关慈善行业组织依法研究制定食品捐赠需求对接相关团体标准和行业自律规范。（民政部、市场监管总局负责）

（十一）健全临期食品销售体系。优化食品标识制度，鼓励食品生产者在食品包装上明确标识"最佳食用日期"和"保质日期"，支持食品生产经营者以优惠价格销售临近"最佳食用日期"的食品。指导超市、商场等食品经营者加强日常检查，对临近保质期的食品分类管理，作特别标识或者集中陈列出售。（商务部、市场监管总局等部门按职责分工负责）

（十二）推进厨余垃圾资源化利用。指导地方建立厨余垃圾收集、投放、运输、处理体系。加大对厨余垃圾资源化利用企业的支持，加强厨余垃圾资源化利用产品的市场推广，推动堆肥、沼液、沼渣等产品在农林业生产中应用。（住房城乡建设部等部门负责）

五 严格执法监督

（十三）加强反食品浪费日常监督检查。加强对食品生产经营者反食品浪费情况的监督，督促落实反食品浪费措施。鼓励单位和个人举报食品生产经营者食品浪费行为。开通举报热线，收集问题线索，

加强执法监督。（各级市场监管部门负责）

（十四）加强反食品浪费执法。各地市场监督管理部门开展反食品浪费日常监管和执法，加强执法稽查培训，依法依职责执行《反食品浪费法》有关规定。各地市场监督管理部门或地方政府指定的部门对未主动向消费者进行防止食品浪费提示提醒的餐饮服务经营者，给予警告；对诱导、误导消费者超量点餐造成明显浪费的餐饮服务经营者，给予警告或处以罚款；对生产经营过程中发生严重浪费食品的食品生产经营者，进行约谈、责令改正或处以罚款。文化和旅游部门将反食品浪费作为重点列入星级饭店、A级景区和旅行社的明查暗访检查项目，加强重大典型案件的督察督办。（市场监管总局、商务部、文化和旅游部和各地方有关部门按职责分工负责）

（十五）严格食品浪费相关信息监管。禁止广播电台、电视台、网络音视频服务提供者制作、发布、传播宣扬量大多吃、暴饮暴食等浪费食品的节目或者音视频信息，对拒不改正或情节严重的，处以罚款、通报批评或节目停播整顿，对直接负责的主管人员和其他直接责任人员依法依规追究责任。（广电总局、网信办等部门按职责分工负责）

六 强化组织实施

（十六）加强组织领导。国家发展改革委加强对全国反食品浪费工作的组织协调，会同有关部门完善工作机制，加强工作调度，分析评估总结食品浪费情况，开展粮食节约和反食品浪费综合性示范。各地要加强对反食品浪费工作的组织领导，按照法律要求，明确反食品浪费目标任务，建立健全反食品浪费工作机制和监督检查机制，对食品浪费情况进行监测、调查、分析和评估。各专项工作牵头部门要提出年度目标任务和落实措施，评估本领域食品浪费情况，及时总结工作进展和成效。（国家发展改革委牵头，各有关部门按职责分工负责）

（十七）宣传推广典型经验做法。以世界粮食日和全国粮食安全宣传周活动等为契机，对各地区、各部门、各行业反食品浪费的经验做法进行集中报道。以餐饮环节反浪费和促节约为切入点，推出一批互动性强的融媒体作品。聚焦《反食品浪费法》实施，加强政策解读和法律宣传。开展反食品浪费相关标准、技术和知识的宣传普及。（广电总局、网信办等部门按职责分工负责）

（十八）营造勤俭节约社会氛围。旗帜鲜明反对铺张浪费不良风气，引导公众树立正确饮食消费观念。曝光浪费现象，对食品浪费行为进行舆论监督。深化反食品浪费公益宣传，精心制作播出节约粮食公益广告，努力营造勤俭节约、浪费可耻的浓厚氛围。（广电总局、网信办等部门按职责分工负责）

国家粮食和物资储备局文件
局发文部分

关于印发《粮食和物资储备标准化工作管理办法》的通知

国粮发规〔2021〕13号

各省、自治区、直辖市及新疆生产建设兵团粮食和物资储备局（粮食局），各司局、直属单位、联系单位，各垂直管理局：

《粮食和物资储备标准化工作管理办法》，已经2020年12月30日国家粮食和物资储备局第68次局长办公会审议通过。现印发给你们，请认真遵照执行。

国家粮食和物资储备局

2021年1月14日

粮食和物资储备标准化工作管理办法

第一章 总则

第一条 为贯彻落实新发展理念，加强粮食和物资储备标准化工作，充分发挥标准引领作用，推动粮食和物资储备事业高质量发展，根据《中华人民共和国标准化法》等法律法规，制定本办法。

第二条 粮食和物资储备领域国家标准的拟订与行业标准的制定，国家标准和行业标准的实施与监督检查，以及对相关团体标准的指导等工作，适用本办法。

第三条 粮食和物资储备标准化工作的主要任务是：贯彻国家有关标准化法律法规，建立健全粮食和物资储备标准化工作机制，制定并实施粮食和物资储备标准化工作规划计划，建立完善粮食和物资储备标准体系，制定、组织实施粮食和物资储备标准，以及对粮食和物资储备标准的制定、实施进行监督。

第四条 粮食和物资储备标准化工作纳入粮食和物资储备事业发展规划，并保障所需必要经费。粮食和物资储备标准相关研究纳入粮食和物资储备科研计划，有关重要研究成果应当适时转化为粮食和物资储备相关标准。

第五条 鼓励企业、社会团体和教育、科研机构等参与或开展粮食和物资储备标准化工作。

第六条 积极推动参与国际标准化活动，加强粮食和物资储备标准化对外合作与交流，立足实际，对接国际，转化国际先进标准，参与制定国际标准。

第二章 组织管理

第七条 粮食和物资储备标准化工作遵循统一领导、归口管理、分工负责的原则。

第八条 国家粮食和物资储备局统一领导本部门、本行业的标准化工作，制定粮食和物资储备标准化相关规章制度，决定重要事项。国家粮食和物资储备局标准化主管单位（标准质量管理办公室）（以下简称标准化主管单位）归口管理粮食和物资储备标准化工作，组织拟订粮食流通和物资储备、粮食质量国家标准及行业标准，主要承担下列职责：

（一）组织贯彻落实国家标准化法律法规和方针政策，拟订粮食和物资储备标准化相关规章制度；

（二）组织粮食和物资储备标准体系建设，编制、组织实施标准化发展规划计划；

（三）组织粮食和物资储备国家标准制修订项目申报、报批和复审等工作；

（四）组织粮食和物资储备行业标准制修订项目立项、技术审查、编号、发布、出版、备案和复审等工作；

（五）组织粮食和物资储备国际标准制修订项目申报，参与国际标准化活动；

（六）对粮食和物资储备领域标准化技术委员会进行管理、指导和协调；

（七）组织粮食和物资储备标准宣贯、实施和监督；建立标准制定与科技创新、产业发展协同机制，完善信息公开服务平台；

（八）组织开展粮食和物资储备标准化试点示范；

（九）综合指导地方粮食和物资储备标准化工作；

（十）指导粮食和物资储备团体标准化工作；

（十一）归口管理粮食和物资储备标准化其他相关工作。

第九条 国家粮食和物资储备局有关司局单位、垂直管理局根据各自职责承担下列工作：

（一）参与粮食和物资储备标准化发展规划编制和实施，参与有关标准体系框架设计；

（二）提出标准项目需求和制修订建议，参与相关标准立项、起草、技术审查、复审等工作；

（三）参与相关标准的宣贯和监督，将标准实施纳入工作计划并具体组织实施，向标准化主管单位反馈标准实施过程中的问题和建议。

第十条 各省级粮食和储备部门主要承担下列职责：

（一）贯彻落实国家有关标准化法律法规和方针政策，制定相关制度；

（二）组织制定本行政区域粮食和物资储备标准化工作规划计划并实施，组织申报粮食和物资储备标准制修订项目；

（三）组织粮食和物资储备标准在本行政区域内的实施和监督，向标准化主管单位反馈标准实施过程中的问题和建议；

（四）其他标准化工作相关任务。

第十一条 粮食和物资储备领域标准化技术委员会（含分技 术委员会）归口负责相关工作领域国家标准和行业标准的起草、征求意见、技术审查、复审等工作。

第三章 标准的制定

第十二条 下列领域的技术要求，可以制定粮食和物资储备标准（含标准样品）：

（一）粮食领域：

1. 粮食行业通用技术术语、图形符号、编码、图例、图标；

2. 原粮（含饲料用粮）及制品、油料油脂及制品质量要求；粮油加工过程、扦样、检验方法，及包装、储藏、运输、溯源等技术要求；

3. 粮油加工厂、粮库、油库，粮油加工与储运设施、设备，及粮油检验仪器的设计、生产、测试、操作等技术要求；

4. 粮食行业管理，粮油贸易、工业生产，粮油企业分等分级等技术要求；

5. 粮食储运机械、粮油加工机械、售粮机械、粮食检验仪器、粮食食品机械等技术要求；

6. 粮食信息化建设技术要求；

7. 其他粮食有关基础通用技术要求。

（二）物资储备领域：

1. 国家物资储备术语、图形符号、标识分类与编码；

2. 国家储备物资品种和质量要求；

3. 国家储备物资包装、质量检验、损溢处置等技术要求；

4. 国家储备物资出入库、装卸、码垛、储存等相关技术和管理要求；

5. 国家物资储备专用仓库设计规范，相关项目实施技术要求，储备仓库设施设备配置、安装、使用、维护、停用、报废和可靠性评价等技术要求；

6. 国家物资储备信息化建设技术要求；

7. 其他物资储备有关基础通用技术要求。

第十三条 制定粮食和物资储备标准应当在科学技术研究成果和社会实践经验的基础上，以需求为牵引，深入调查论证，广泛征求意见，保证标准的科学性、规范性、时效性，提高标准质量。

第十四条 粮食和物资储备强制性标准应当突出安全底线要求；推荐性标准应当符合经济社会发展实际，突出标准引领作用。对涉及人身健康和生命财产安全、国家安全以及满足经济社会管理基本需要的粮食和物资储备领域相关技术要求，应当制定强制性国家标准。对满足基础通用、与强制性国家标准配套、需要在全国范围内统一的粮食和物资储备领域相关技术要求，可以制定推荐性国家标准。对没有推荐性国家标准、需要在粮食和物资储备行业范围内统一的相关技术要求，可以制定行业标准。为满足市场和创新需要，对粮食和物资储备领域新技术、新业态、新模式和新产品，可以由相关社会团体协调相关市场主体 共同制定团体标准。推荐性国家标准、行业标准的技术要求不得低于强制性国家标准的相关技术要求。粮食和物资储备团体标准不得低于国家标准、行业标准相关技术要求。

第十五条 粮食和物资储备标准制定包括项目立项、起草、征求意见、技术审查、批准发布等环节，具体细则按有关标准规定执行。

第十六条 粮食和物资储备标准制修订应当纳入标准制修订计划。立项时应当对有关行政主管部门以及企业、社会团体、消费者和教育、科研机构等方面的实际需求进行详细调查，对制修订标准的必要性、可行性充分进行论证评估。国家标准制修订计划由标准化主管单位报国务院标准化行政主管部门批准后下达，行业标准制修订计划由标准化主管单位报国家粮食和物资储备局批准后下达。

第十七条 粮食和物资储备标准制修订项目由负责起草单位牵头实施。制定项目一般不超过 24 个月，修订项目一般不超过 18 个月。

第十八条 粮食和物资储备标准制修订计划下达后一般不作调整，特殊情况需要调整的，由负责起草单位按规定程序提出书面调整申请，报立项批准部门审批。

第十九条 起草粮食和物资储备标准应当符合《标准化工作导则》等基础性系列国家标准的要求。在制修订过程中，应当按照便捷有效的原则采取多种方式征求各有关方面意见，组织对标准内容进行调查分析、实验验证、科学论证，并做到有关标准之间的协调配套。

第二十条 粮食和物资储备国家标准由标准化主管单位报国务院标准化行政主管部门批准、编号、发布。行业标准由标准化主管单位报国家粮食和物资储备局批准、编号、发布，并向国务院标准化行政主管部门备案。团体标准由粮食和物资储备相关社会团体批准、编号、发布。

第二十一条 粮食和物资储备标准制修订过程中形成的有关资料，应当按照档案管理的有关规定及时整理归档。

第二十二条 粮食和物资储备标准化工作中涉及国家安全、国家秘密的，应当遵守国家相关法律法规要求。

第二十三条 为促进国际贸易、经济、技术交流与合作，对于已发布或已立项的粮食和物资储备标准，可编译标准外文版。鼓励标准及其外文版同步立项、同步制定、同步发布。

第四章 标准的实施

第二十四条 粮食和物资储备国家标准、行业标准由标准化主管单位组织宣贯和实施，团体标准由社会团体组织推广和应用。对于强制性标准或重要推荐性标准，应当在标准起草过程中同步编写宣贯教材。

第二十五条 粮食和物资储备标准发布日期与实施日期之间应当留出合理时间作为标准实施过渡期。在过渡期内，相关方可开展标准试行有关工作。

第二十六条 各有关单位应当将实施粮食和物资储备标准所需的人员、技术条件等纳入本单位的业务建设、技术改造和培训工作，将所需经费列入预算管理，将标准实施的相关要求作为管理考核目标。

第二十七条 标准化主管单位应当建立标准实施信息反馈和评估机制，采取多种形式收集标准实施信息。对于存在协调性、一致性、规范性及其他技术问题的标准，应当及时开展研究、评估，并纳入标准制修订计划。

第二十八条 有关单位应当配合标准化主管单位开展标准实施情况评估，及时反馈意见建议。

第二十九条 标准化主管单位应当根据标准实施信息反馈和评估情况，组织标准化技术委员会、有关单位等对标准进行复审。复审周期一般不超过五年。复审结论为需要修订的标准，按照相关程序进行修订。复审结论为废止的标准，属于国家标准的，由标准化主管单位向国务院标准化行政主管部门提出废止建议；属于行业标准的，在国家粮食和物资储备局政府网站公示 30 天，未收到异议或异议已处理的，标准化主管单位报国家粮食和物资储备局批准后，由国家粮食和物资储备局公告废止。复审结论为继续有效的标准，属于国家标准的，由标准化主管单位向国务院标准化行政主管部门报告；属于行业标准的，自动有效。团体标准由有关社会团体组织复审，确定标准修订、废止或继续有效。

第三十条 鼓励开展粮食和物资储备标准化试点示范和宣传工作，传播标准化理念，推广标准化经验，充分发挥粮食和物资储备标准对深化改革、转型发展的引领和支撑作用。

第五章 监督管理与奖励

第三十一条 标准化主管单位对粮食和物资储备标准的制修订进行指导和监督。标准化主管单位牵头有关司局单位、垂直管理局、省级粮食和储备部门按照职责分工对相关标准的实施进行监督检查。

第三十二条 粮食和物资储备标准制修订项目未按时完成起草、征求意见或技术审查等工作的，标准化主管单位责令标准化技术委员会和负责起草单位限期改正。

第三十三条 粮食和物资储备推荐性国家标准、行业标准、团体标准低于强制性国家标准相关技术要求的，标准化主管单位责令负责起草单位和社会团体及时改正。

第三十四条 标准化主管单位应当主动回应影响较大的国家标准、行业标准相关社会质疑；有关社会团体应当主动回应影响较大的团体标准相关社会质疑。对于发现确实存在问题的，要及时改正。

第三十五条 任何单位和个人有权向标准化主管单位或相关部门举报、投诉违反本办法规定的行为。对举报、投诉，受理单位可采取约谈、调阅材料、实地调查、专家论证等方式进行调查处理，有关单位应当主动予以配合。

第三十六条 粮食和物资储备标准及相关研究成果纳入专业技术职称任职资格评审条件。

第三十七条 对于技术水平高并取得显著成效的标准，纳入粮食和物资储备科学技术成果奖励范围。

对于标准化工作突出的单位和个人，纳入粮食和物资储备表彰范围。

第六章 附则

第三十八条 粮食和物资储备工程建设相关标准化工作可参照本办法执行。

第三十九条 本办法由国家粮食和物资储备局标准质量管理办公室负责解释。

第四十条 本办法自印发之日起施行，有效期5年。原国家粮食局印发的《粮油行业标准管理办法》(国粮通〔2007〕7号）自行废止。

关于印发《政府储备粮食仓储管理办法》的通知

国粮仓规〔2021〕18号

各省、自治区、直辖市及新疆生产建设兵团粮食和物资储备局（粮食局），中国储备粮管理集团有限公司：

为落实粮食储备体制机制改革精神，聚焦国家储备安全核心职能，进一步规范和加强政府储备粮食仓储管理，制定《政府储备粮食仓储管理办法》，并已经国家粮食和物资储备局局长办公会议审议通过。现予印发，请认真遵照执行。

国家粮食和物资储备局

2021年1月27日

政府储备粮食仓储管理办法

第一章 总则

第一条 为贯彻落实粮食储备体制机制改革精神，保障政府储备粮食（以下简称政府储备）安全，加强政府储备仓储管理，确保政府储备在仓储环节数量真实、质量良好、储存安全、管理规范，根据《粮食流通管理条例》《中央储备粮管理条例》《粮油仓储管理办法》《国有粮油仓储物流设施保护办法》等，制定本办法。

第二条 政府储备包括中央储备和地方储备。本办法适用于政府储备原粮、油料和食用植物油的仓储管理。

政府储备的成品粮（油）直接服务于地方应急保供需要，具体仓储管理办法由粮权所属的地方政府粮食和物资储备行政管理部门制定。

第三条 中国储备粮管理集团有限公司直属企业为专门储存中央储备的企业，不得委托代储或者租赁其他单位的仓储设施储存中央储备。

地方储备承储单位根据粮食事权归属由各地具体规定。

第四条 政府储备的管理应当做到数量、质量、品种、地点“四落实”，实行专仓储存、专人保管、专账记载，确保账实相符、账账相符。

第五条 国家粮食和物资储备行政管理部门制定政府储备仓储管理全国性政策和制度并组织实施，开展业务指导。各垂直管理局依据职能在管辖区域内开展相关工作。

第六条 地方各级粮食和物资储备行政管理部门根据事权所属制定地方储备仓储管理政策和制度并组织实施，开展业务指导；对本行政区域内中央储备仓储管理工作给予支持和协助，加强政府储备仓储物流设施保护。

中国储备粮管理集团有限公司负责全面落实中央储备仓储管理工作。

第七条 承储单位应当执行相关法律法规、规章、国家标准和相关规定，建立健全内控管理制度，规范政府储备的仓储管理及相关业务，按照“谁储粮、谁负责，谁坏粮、谁担责”的原则对政府储备承担储存安全责任。

第八条 各级粮食和物资储备行政管理部门，中国储备粮管理集团有限公司及其所属分（子）公司，地方储备粮管理机构以及承储单位，对政府储备负有相关信息安全管理及保密责任。

第二章 基本要求

第九条 政府储备承储单位实行分类管理。中央储备承储单位应当符合本章所规定的要求。

地方储备承储单位的具体要求由省级粮食和物资储备行政管理部门结合本地区实际参照制定。

第十条 承储单位应当加强对政府储备的仓储管理，提升规范化水平，符合或者达到规范化管理评价内容及要求。

第十一条 承储单位应当按照有关规定进行仓储单位及仓储物流设施备案，履行政府储备仓储物流设施保护义务。

第十二条 承储单位仓储区的地坪应当根据生产需要予以硬化并保持完好，排水设施完善，库区防洪标准达到《粮食仓库建设标准》规定的50年一遇的要求。

库区周边规定范围内没有威胁库存粮食安全的污染源、危险源，不得新设影响政府储备正常储存保管的场所和设施。库区消防设施设备配置齐全，满足消防需要。

交通条件至少具备铁路专用线、专用码头或者三级及以上公路中任何一种，与库区距离均不超过1公里（洞库除外）。

第十三条 承储单位应当根据政府储备储存保管任务需要，配备经过专业培训，掌握相应知识和技能的仓储管理、质量检验等专业技术人员。相关人员应为本单位在职职工。

电工、机修工、锅炉司炉、压力容器和特种设备操作工等特种作业人员，应当持特种作业证书上岗。

第十四条 承储单位应当遵守粮食质量安全管理相关法律法规、制度和标准规范，具备与承储任务相适应的仪器设备、检验场地，具备粮食常规质量、储存品质及主要食品安全指标检验能力。

第十五条 承储单位储存政府储备的仓房（油罐），平房仓单仓（廒）的容量不宜小于0.1万吨，不宜大于0.8万吨。食用植物油罐单罐的容量不宜小于0.3万吨。对应仓（罐）容规模及单仓（罐）容量，配备可有效实施的储藏保管技术条件和接收发放能力。

第十六条 承储单位用于储存政府储备的仓房（油罐）等存储及附属设施、地理位置和环境条件等应当符合《粮油储藏技术规范》《粮食仓库建设标准》《植物油库建设标准》等规定。仓房（油罐）及其配套设施质量良好、功能完备、安全可靠。

房式仓墙体结构采用砖砌体或者混凝土，浅圆仓、立筒仓等筒式仓的仓壁采用混凝土。其他仓型结构材料宜采用混凝土。简易仓囤（含钢结构散装房式简易仓、钢罩棚、钢筋囤、千吨囤等）、木板墙体仓房、木屋架仓房等储粮设施，钢板筒仓和其他未正式竣工验收的标准仓房（油罐）不得承担中央储备储存任务。

第十七条 承储单位用于储存政府储备的仓房，墙体或者仓壁、仓顶的传热系数应当符合《粮油储藏技术规范》的规定；气密性达到或者比照《粮油储藏平房仓气密性要求》的规定。

第十八条 承储单位用于储存政府储备的仓房，应当因地制宜配备多参数（多功能）粮情测控、机械通风、制冷控温、有害生物综合防治等技术条件，具备所需技术应用能力。

第十九条 承储单位应当具有与粮油储存功能、仓（罐）型、进出仓方式、粮油品种、储存周期等相适应的仓储设备条件，满足政府储备收储、轮换、调运等的物流要求。

基本设备应当符合《粮油储藏技术规范》的要求，具有粮食装卸、输送、清理、降尘、计量等设备；具有植物油接发、油泵、计量、排水、防溢等装置。

第二十条 承储单位的仓储条件应当支持政府储备控温储藏，有能力达到低温或者准低温储藏功效，技术上可实现在正常储存年限的基础上再安全储存1年。

第三章 管理规范

第二十一条 承储单位应当规范政府储备仓储管理行为，执行国家有关标准规范和相关规定要求，并接受业务指导和监管。

第二十二条 承储单位应当按照规定的质量等级收购政府储备粮源，准确计量并制作凭证。应当及时整理并达到储存安全的要求，平仓验收储存品质为宜存，食品安全指标符合国家规定，按照规定记录与收购有关的信息并存档备查。

第二十三条 承储单位应当遵守安全生产相关法律法规和标准规范，执行《粮油储存安全责任暂行规定》和《粮油安全储存守则》《粮库安全生产守则》等规定，确保储存安全和生产安全。

第二十四条 承储单位不得超限装粮。平房仓、楼房仓等房式仓储存除稻谷以外的品种时，不得超过设计装粮线；储存粮食密度超过 800kg/m^3 的，应当由粮仓设计单位确认最大储存量，粮堆高度亦不得超过设计装粮线。储存稻谷时，粮面与屋盖水平构件之间的净高不得小于 1.8 米。

浅圆仓、立筒仓等筒式仓储粮不得超过设计仓容。

立式植物油罐储油应当考虑膨胀因素，不得超过设计液位高度，符合消防相关规定。

其他仓（罐）型按照设计要求使用，确保结构和使用安全。

第二十五条 承储单位应当对政府储备实行“专仓储存”，在仓外显著位置悬挂或者喷涂规范的标牌或者标识，标明储粮性质，体现粮权所属。

政府储备入仓前，承储单位应当对目标承储仓房进行空仓验收，查验仓房及相关设施设备是否完好。政府储备应当按照不同品种、年份、等级、性质、权属，采用独立仓廒分开储存（洞库、地下仓分货位储存），不得与其他粮食混存。仓号一经确定，在储粮周期内不得变动。

第二十六条 承储单位应当在政府储备入仓前，指定保管人员专门负责粮油进出仓及保管工作，对相关账卡簿记载内容的完整性、真实性负责，对保管期间粮食的数量、质量、储存安全负责。

第二十七条 承储单位应当对政府储备建立专门的保管账、统计账、会计账，账目记载规范，记账凭证和原始单据保存完好；库存情况发生变化的，应当准确记录、及时更新货位卡和有关账目。

储存周期结束后，保管总账和分仓保管账应当及时整理归档，存档期不少于 5 年。

第二十八条 承储单位应当加强政府储备账务管理，做到实物、专卡、保管账“账实相符”，保管账、统计账、会计账“账账相符”。在此基础上，如实向粮食和物资储备行政管理部门或者上级单位提供购销存数据。

第二十九条 承储单位应当严格执行政府储备计划，确保数量、质量、品种、地点“四落实”。未经粮权单位（或授权管理部门）书面批准同意，不得擅自动用政府储备，不得擅自调整质量等级，不得擅自串换品种，不得擅自变更储存库点。

第三十条 承储单位应当建立和落实政府储备粮情定期检查和分析研判制度，做好粮情分析记录并归档备查。出现粮情异常状况应及时处置，防止损失扩大。发生储存事故，应当按照有关规定及时上报。

第三十一条 承储单位应当因地制宜利用自然条件，合理配置先进、适用的技术装备，在政府储备储存期间进行温湿度测控，实现储存功效。

第三十二条 承储单位应当坚持“以防为主、综合防治”方针，落实储粮有害生物综合防治要求，规范储粮药剂管理和使用，促进用药减量增效，着力实现绿色储粮。

第三十三条 中央储备的保管自然损耗定额为：

原粮：储存 6 个月以内的，不超过 0.1%；储存 6 个月以上—9—12 个月以内的，不超过 0.15%；储存 12 个月以上的，累计不超过 0.2%（不得按年叠加）。

油料：储存 6 个月以内的，不超过 0.15%；储存 6 个月以上 12 个月以内的，不超过 0.2%；储存 12 个月以上的，累计不超过 0.23%（不得按年叠加）。

食用植物油：储存 6 个月以内的，不超过 0.08%；储存 6 个月以上 12 个月以内的，不超过 0.1%；储存 12 个月以上的，累计不超过 0.12%（不得按年叠加）。

地方储备的保管自然损耗标准由粮权所属的地方政府粮食和物资储备行政管理部门会同同级财政部门制定。

第三十四条 粮食储存损耗包括保管自然损耗和水分杂质减量。超过保管自然损耗定额的部分即超耗，作为储存事故处置；水分杂质减量应当实核实销，入仓前及入仓期间发生的水分杂质减量在形成货位后核销，储存期间的水杂减量在一个货位或者批次粮油出清后核销。

承储单位应当在一个货位或者批次的粮食出清后，根据进出仓检验、计量凭证，一次性处理政府储备储存期间发生的粮食储存损耗；以一个货位或者批次为单位分别计算，不得混淆，不得冲抵其他货位或者批次粮食的损耗和损失。

进仓、出仓的粮食水分和杂质含量，分别以平仓验收、出仓检验的粮食质量检验报告和档案记载为准。

第三十五条 承储单位应当加强政府储备储存期间的管理，发现政府储备有数量、质量、储存安全等方面的问题，应当及时有效处置，按照规定报告；超出处置能力的，及时向上级管理单位报告。

第三十六条 承储单位应当建立健全仓储管理和技术研发应用投入机制，提升政府储备仓储管理效能和科学储粮水平。

第三十七条 承储单位应当加强信息化建设，提升政府储备信息化管理水平，将政府储备业务相关信息纳入全国粮食储备地理信息系统和政府储备库存监管应用系统。

第三十八条 政府储备保管费用应当根据经济发展水平、保管成本的变化合理确定。在综合考虑不同品种、区域和储粮技术条件等基础上，可适当体现差异。保管费用的使用应当遵循节本增效的原则。

第三十九条 中国储备粮管理集团有限公司应当定期检查中央储备承储单位的仓储条件和仓储管理情况等，按照规定向国家发展改革部门、国家粮食和物资储备行政管理部门、国务院财政部门及中国农业发展银行报告。

地方储备承储主体应当定期检查地方储备的仓储管理情况，及时向同级地方政府相关管理部门报告。

第四章 附则

第四十条 本办法所称承储单位，是指实际承担政府储备储存任务、具有法人资格的企事业单位，包括其具体承储库点。

第四十一条 粮食储存年限以当季收获新粮（进口粮采购回国后）首次入仓，形成政府储备保管货位并建立专卡当月起算。食用植物油以加工后（进口油采购回国后）首次入罐，形成政府储备保管货位并建立专卡当月起算。

第四十二条 本办法所称“以上”，包含本数；“以内”，不包含本数。

第四十三条 本办法由国家粮食和物资储备局负责解释。

第四十四条 本办法自印发之日起施行，有效期 5 年。

关于印发《政府储备粮食质量安全管理办法》的通知

国粮发规〔2021〕30号

各省、自治区、直辖市及新疆生产建设兵团粮食和物资储备局（粮食局），中国储备粮管理集团有限公司，各垂直管理局：

为落实中共中央、国务院关于加强粮食储备安全管理的政策要求，强化质量管理，确保政府储备粮食质量安全，我局制定了《政府储备粮食质量安全管理办法》，并经2021年1月20日国家粮食和物资储备局第72次局长办公会审议通过。现予以印发，请遵照执行。

国家粮食和物资储备局

2021年2月6日

政府储备粮食质量安全管理办法

第一章 总则

第一条 为保障政府储备粮食质量安全，规范质量管理，依据《粮食流通管理条例》《中央储备粮管理条例》《粮食质量安全监管办法》等法规制度和国家关于加强粮食储备安全管理的有关政策规定，制定本办法。

第二条 政府储备粮食入库、储存、出库环节质量安全管控及相关监督检查活动，适用本办法。

本办法所称政府储备粮食指中央储备和地方储备，包括原粮、成品粮、油料和食用植物油。

第三条 粮食和物资储备行政管理部门（以下简称粮食和储备部门）在本级政府领导下，负责本级政府储备粮食质量安全管理和监督检查；指导下一级粮食和储备部门开展政府储备粮食质量安全管理和监督检查。

国家粮食和储备部门负责对中央储备粮质量安全管理情况依法实施监管和年度考核。

国家粮食和储备部门垂直管理局（以下简称垂管局）负责监管辖区内中央储备粮质量安全管理情况。

地方粮食和储备部门在本级政府领导下，负责本级地方储备粮质量安全管理。对辖区内收购、储存环节中央储备的食品安全属地管理责任依照现行规定执行。

第四条 中国储备粮管理集团有限公司（以下简称中储粮集团公司）和地方储备运营主体对承储的政府储备粮食质量安全负责。承担政府储备粮食储存任务、具有法人资格的单位（以下简称承储单位）履行粮食质量安全主体责任，依照相关法律法规、标准规范和政策规定从事政府储备粮食活动。

第二章 入库质量管控

第五条 采购的中央储备粮源应为最近粮食生产季生产的新粮，各项常规质量指标符合国家标准中等（含）以上质量标准，储存品质指标符合宜存标准，食品安全指标符合食品安全国家标准限量规定。

采购的中央储备食用植物油应为近期新加工的产品，各项常规质量指标符合相关产品国家标准要求，储存品质指标符合宜存要求，食品安全指标符合食品安全国家标准限量规定。

地方储备原粮、油料和食用植物油质量安全要求可参照中央储备执行。采购的地方储备成品粮原则上应为30天内加工的产品，各项常规质量指标及包装标签标识符合国家标准要求，食品安全指标符合食品安全国家标准。地方储备粮的具体质量要求由省级粮食和储备部门牵头确定。

第六条 承储单位应具有能够保障政府储备粮食储存安全和质量安全的仓储设施和设备，并符合国家有关规定。具备与承储任务相适应的等级、水分、杂质等指标检验的仪器设备、检验场地以及相应的专业检验人员。建立健全粮食质量管理制度，明确质量管理岗位和责任人。

第七条 实行粮食收购入库质量安全检验制度。承储单位采购政府储备粮，应当按照相关标准和规定进行质量安全检验。

不符合政府储备粮食质量安全要求和有关规定，经整理后仍不达标的，不得入库。入库水分应符合安全水分要求。

第八条 建立政府储备粮食质量安全验收检验制度。粮食入库平仓后应进行验收检验，验收检验应包括常规质量指标、储存品质指标和食品安全指标。验收检验合格的，方可作为政府储备粮食。

验收检验应遵循客观、公正、科学、合理原则，委托有资质的粮食检验机构承担。

中储粮集团公司统一组织中央储备的验收检验，验收检验结果应及时抄送监管地垂管局以及省级粮食和储备部门备案。地方储备的验收检验要求由本级粮食和储备部门确定。

各级粮食和储备部门依职责对验收检验结果进行抽查。

第三章 储存和出库质量管控

第九条 承储单位应对验收合格确认为政府储备的粮食，实行专仓储存、专人保管，不得将品种、生产年份、等级和粮权不同的粮食混存。严禁虚报、瞒报政府储备质量、品种。按要求严格储粮化学药剂的使用和管理。

第十条 储存期间承储单位应严格执行质量管控相关规定，定期开展常规质量指标和储存品质指标检验，根据实际情况开展食品安全指标检验。政府储备粮食每年开展逐货位检验不少于2次，检验结果于每年6月末、11月末前统一报粮食和储备部门。中央储备检验结果由中储粮集团公司分公司（或分支机构，下同）汇总后报中储粮集团公司，同时抄报监管地垂管局；中储粮集团公司汇总整理后报国家粮食和储备部门。地方储备检验结果按程序报本级和省级粮食和储备部门。

第十一条 对发现的不宜存粮食，应及时结合年度轮换计划报请轮换。对于储存期间发生结露、虫害、发热、霉变等情况，承储单位应立即采取有效措施进行处置，最大限度降低损失。

第十二条 建立政府储备粮食出库检验制度。出库检验应按规定委托有资质的粮食检验机构，检验结果作为出库质量依据。未经质量安全检验的粮食不得销售出库。出库粮食应附检验报告原件或复印件。出库检验项目应包括常规质量指标和食品安全指标。在储存期间施用过储粮药剂且未满安全间隔期的，还应增加储粮药剂残留检验，检验结果超标的应暂缓出库。食品安全指标超标的粮食，不得作为食用用途销售出库。

第十三条 政府储备粮食入库后，应按规定及时建立逐货位质量安全档案。按时间顺序如实准确记录入库检验、自检、出库检验结果及有关问题整改情况，完整保存检验报告、原始记录的原件或复印件，不得伪造、篡改、损毁、丢失。政府储备粮食应加强信息化管理，承储单位应按照要求实行线上动态更新有关质量信息。

第十四条 通过粮食交易平台销售的政府储备粮食，应公告粮食质量安全情况，且与交易粮食实物质量安全相符。

第十五条 鼓励承储单位主动对采购粮源质量安全状况进行提前了解，根据市场需求，选购优质储备粮源；根据不同品种和品质，实施精细化收储，应用绿色储粮或其他先进适用技术；在出库时可主动提供加工品质、营养品质、食味品质以及储存情况等信息。

第十六条 承储单位应定期对从事质量管理和检验等有关人员进行政策和技术培训，使有关人员及时掌握政府储备粮食质量政策规定、标准和检验技术。对不能履行职责的检验人员应及时调整。

承储单位应定期维护、按规定报废和更新检验仪器设备；属于计量器具，应按要求进行检定；快检仪器设备应当定期校验。

粮食和储备部门应加强对承储单位质量安全管理工作的指导和服务，适时开展相关政策、技术培训和考核，引导和支持承储单位强化管理意识、健全管理制度，提升管理能力。

第四章 检验机构要求

第十七条 承担政府储备委托检验的各级粮食检验机构应按照国家有关规定取得资质认定，熟悉政府储备粮食质量政策要求。粮食检验实行粮食检验机构与检验人负责制。检验人对出具的检验数据负责，审核签发人承担管理责任，检验机构对出具的检验报告负责。

第十八条 对存在出具虚假检验数据等情况的检验机构，纳入诚信记录，按规定进行处理，并不再委托其承担政府储备粮食的检验任务。

第十九条 政府储备粮食委托检验应现场扦样，不得由承储单位送样检验；扦样方法、程序和扦样人员应符合国家有关规定或标准。扦样采取录像或拍照等有效方式，确保扦样过程规范、公正、真实。

扦样机构和扦样人员对扦样合规性、样品真实性、信息准确性负责。

承储单位应提供真实货位信息、扦样用具和样品暂存地点等条件，选派辅助人员，配合做好扦样工作，不得弄虚作假，调换样品。

第二十条 扦样过程中，应重点关注是否存在粮食发热、霉变、异味、严重虫粮等异常情况，是否存在仓房底部或其他部位以陈顶新、掺杂使假、以次充好、筛下物堆集等行为，是否存在埋样、换样及调换标的物等舞弊行为。

对存在以上情况的，扦样人员应按相关规定采取有针对性的扦样方式，单独扦样、单独评价，如实记录异常粮食数量，告知承储单位及时采取有效措施处理，并报告委托方。属于中央储备的，还应通报监管地垂管局和中储粮集团公司分公司。相关部门和单位应对有关情况进行核查。

第二十一条 检验机构应按委托方要求的报告形式、报送时间和报送渠道，及时将检验结果报送委托方，并对检验结果承担保密责任。

检验机构应妥善留存抽样单、检验原始记录等相关材料，留存时间应不少于6年。

第二十二条 承储单位对监督检查中的检验结果存在争议的，应自接到结果反馈起10日内，以书面形式提出复检申请，处理原则按照《粮食质量安全监管办法》有关规定执行。

第五章 监督检查

第二十三条 粮食和储备部门依职责对政府储备粮食质量管理、质量安全状况、验收检验结果等情况进行定期或不定期监督检查。年度检查情况应报上一级粮食和储备部门备案。

检查内容主要包括粮食质量安全状况，执行出入库检验制度、质量管理制度等情况。根据实际情况，年度检查比例一般不低于辖区内本级政府储备规模的30，检查覆盖面不低于承储单位数量的30。年度内已检查过的承储库点或已抽检过的粮食，未发现问题的，原则上不再重复检查或抽检。

承储单位应积极配合粮食和储备部门开展监督检查工作，提供检查所需的各类文件、材料、记录凭证，安排必要的辅助人员和相应的仪器设备。

第二十四条 政府储备粮食发生严重霉变、食品安全指标超标等质量安全事故（事件），承储单位应及时报告，并按有关要求及时妥善处置。

中央储备承储单位，应第一时间报告监管地垂管局及所在地省级粮食和储备部门。地方储备承储单位，应第一时间报告本级粮食和储备部门。

第二十五条 建立粮食质量安全问题整改机制。对检查发现的质量不达标、储存品质不宜存和食品安全超标等粮食质量安全问题，监督检查部门应及时通报中储粮集团公司或地方储备运营主体，提出整改要求。

中储粮集团公司和地方储备运营主体应及时反馈承储单位，并督促指导所属承储单位制定整改方案，明确整改措施、时限、责任人，并对整改工作跟踪督办。

第二十六条 承储单位应严格按照法律法规和政策规定以及监督检查部门的整改要求，采取有效措施及时进行整改。对水分、杂质、不完善粒含量等质量不达标的粮食，及时采取烘干、清杂、整理等措施，加强粮情监测、注意通风，确保储存安全和质量安全；对储存品质不宜存粮食要按照相关规定进行妥善处置；对检出的食品安全指标不符合国家标准的粮食，及时结合年度轮换计划报请轮换。超标粮食按照推进无害化处理和资源合理化利用的原则，根据当地省级政府或有关部门的相关规定进行处置，严禁不符合食品安全标准的粮食流入口粮市场和食品生产企业。有关整改情况按时报送监督检查部门。

第二十七条 承储单位存在以陈顶新、掺杂使假、以次充好、筛下物堆集，以及埋样、换样及调换标的物等舞弊行为，或在监督检查中发现违纪违法违规问题和未按要求及时整改的，依据核查结果和管理权限，对承储单位和有关责任人员依纪依法依规处理。

承担委托检验的粮食检验机构和人员，违反相关规定，不规范扦样、未采用规定的检验方法、未按规范的检验程序检验、出具虚假检验数据等违纪违法违规行为，依照有关法律法规处理。

第二十八条 任何组织和个人有权通过 12325 粮食和物资储备监管热线等方式，举报政府储备粮食活动中存在的质量安全违纪违法违规行为。

第六章 附则

第二十九条 进口粮食转为中央储备的质量安全管理要求，由国家粮食和物资储备局会同相关部门另行制定。

第三十条 本办法由国家粮食和物资储备局负责解释。

第三十一条 本办法自 2021 年 4 月 1 日起实施，有效期至 2024 年 3 月 31 日。

关于印发《粮食和物资储备行业标准化技术委员会管理办法》的通知

国粮发规〔2021〕41 号

各省、自治区、直辖市及新疆生产建设兵团粮食和物资储备局（粮食局），各司局、直属单位、联系单位，各垂直管理局：

《粮食和物资储备行业标准化技术委员会管理办法》，已经 2021 年 2 月 7 日国家粮食和物资储备局第 73 次局长办公会审议通过。现印发给你们，请认真遵照执行。

国家粮食和物资储备局

2021 年 2 月 20 日

粮食和物资储备行业标准化技术委员会管理办法

第一章 总则

第一条 为规范粮食和物资储备行业标准化技术委员会管理，提高粮食和物资储备行业标准制定质量，根据《中华人民共和国标准化法》等有关规定，制定本办法。

第二条 本办法所指粮食和物资储备行业标准化技术委员会（以下简称标委会），是由国家粮食和物资储备局批准组建的，从事粮食和物资储备领域一定业务范围内行业标准起草、技术审查等标准化工作的非法人技术组织。

本办法适用于标委会的构成、组建、换届、调整和监督管理。

第三条 国家粮食和物资储备局负责标委会的统一领导，制定标委会管理相关的政策和制度，决定标委会组建、调整、撤销、注销等重大事项。

国家粮食和物资储备局标准化主管单位（标准质量管理办公室）（以下简称标准化主管单位）负责标委会的规划、协调、组建和管理，履行以下职责：

（一）组织实施标委会管理相关的政策和制度；

（二）规划标委会建设布局；

（三）协调标委会的组建、换届、调整、撤销、注销等事项；

（四）组织标委会相关人员的培训；

（五）监督检查标委会的工作，组织对标委会进行考核评估；

（六）其他与标委会管理有关的职责。

第四条 标委会应当科学合理、公开公正、规范透明地开展工作，在业务范围内承担以下工作职责：

（一）提出标准化工作的政策和措施建议；

（二）编制行业标准体系，提出行业标准制修订项目建议；

（三）开展行业标准的起草、征求意见、技术审查、报批、复审和后评估，以及有关行业标准外文版的组织翻译和审查工作；

（四）开展行业标准宣贯、标准实施情况评估和标准起草人员培训工作；

（五）受标准化主管单位委托，承担归口行业标准的解释工作；

（六）组织开展国内外标准一致性比对分析，跟踪、研究国际标准化的发展趋势和工作动态；

（七）承担标准化主管单位交办的其他工作。

第二章 组织机构

第五条 标委会由委员组成，委员应当具有广泛性和代表性，可以来自生产经营单位、科研院校、检测机构、政府部门、行业学会协会、消费者等相关方。来自任意一方的委员人数不得超过委员总数的1/2。

第六条 标委会委员一般不少于 19 人，其中主任委员 1 名，副主任委员不超过 3 名。

同一单位在同一标委会任职的委员不得超过 3 名。主任委员、副主任委员均不得来自同一单位。同一人不得同时在粮食和物资储备领域 3 个以上标委会担任委员。

第七条 标委会委员应当具备以下条件：

（一）具有中级以上专业技术职称，或者具有与中级以上专业技术职称相对应的职务；

（二）熟悉业务工作，熟悉国内粮食和物资储备领域法律和政策，具有较高理论水平、扎实的专业知识和丰富的实践经验；

（三）掌握标准化基础知识，热心标准化事业，能积极参加标准化活动，认真履行委员的各项职责和义务；

（四）制定的行业标准与国际标准密切相关的标委会，其三分之二以上的委员应熟悉行业标准国际化制度规则；

（五）在我国境内依法设立的法人组织任职的人员，并经其任职单位同意推荐；

（六）具有良好的道德修养，未被列入失信被执行人名单；

（七）标委会章程规定的其他条件。

第八条 标委会主任委员和副主任委员应当具备以下条件：

（一）业务范围内的技术专家；

（二）在业务范围内享有较高声誉，具有影响力；

（三）具有高级以上专业技术职称，或者具有与高级以上专业技术职称相对应的职务；

（四）熟悉标委会管理程序和工作流程；

（五）能够高效、公正履行职责。

第九条 标委会设秘书处，负责标委会日常工作。秘书处承担单位应当符合以下条件：

（一）在我国境内依法设立、具有独立法人资格的企事业单位或者社会团体；

（二）有较强的技术实力和行业影响力；

（三）有连续 3 年以上开展标准化工作的经验，牵头起草过 2 项以上国际标准、国家标准或者行业标准；

（四）为秘书处开展工作提供必要的经费和办公条件；

（五）安排工作人员，确保秘书处各项工作正常有效开展；

（六）标准化主管单位规定的其他条件。

第十条 标委会秘书处设秘书长 1 名，副秘书长不超过 2 名。秘书长、副秘书长应当由委员兼任，均不得来自同一单位。

秘书长应当由秘书处承担单位技术专家担任，具有较强的组织协调能力，熟悉业务范围内技术发展情况以及国内外标准化工作情况，具有连续 3 年以上标准化工作经历。

第十一条 标委会委员应当积极参加标委会的活动，履行以下职责：

（一）开展标准需求调研，提出行业标准制修订等方面的工作建议；

（二）按时参加行业标准技术审查和标准复审，按时参加标委会年会等工作会议；

（三）履行委员投票表决事项；

（四）监督主任委员、副主任委员、秘书长、副秘书长及秘书处的工作；

（五）监督标委会经费的使用；

（六）及时反馈标委会归口标准实施情况；

（七）参与业务范围内的国际标准化工作；

（八）参加标准化主管单位及标委会组织的培训；

（九）承担标委会职责范围内的相关工作；

（十）标委会章程规定的其他职责。

委员为履行职责，有权获取标委会的相关资料和文件。

第十二条 主任委员负责标委会全面工作，应当保持公平公正立场。主任委员负责签发会议决议、标准报批文件等标委会重要文件。主任委员可以委托副主任委员签发标准报批文件等重要文件。

第十三条 秘书长负责秘书处日常工作，副秘书长协助秘书长开展工作。秘书处、秘书长和副秘书长具体职责由标委会章程规定。秘书处工作制度由秘书处工作细则规定。

第十四条 标委会应当每年至少召开一次年会，总结上年度工作，安排下年度计划，通报经费使用情况等。全体委员应当参加年会。标委会可以根据需要不定期召开会议，研究处理相关工作。召开会议时，应当提前通知全体委员。

第十五条 以下事项应当由秘书处形成提案，提交全体委员审议，并形成会议纪要：

（一）标委会章程和秘书处工作细则；

（二）工作计划；

（三）行业标准体系；

（四）行业标准制修订立项建议；

（五）行业标准送审稿；

（六）标委会委员调整建议；

（七）工作经费的预决算及执行情况；

（八）标委会章程规定应当审议的其他事项。

审议（一）、（四）、（五）、（六）、（七）事项时，应当进行投票表决，参加投票的委员不得少于3/4。参加投票委员2/3以上赞成，且反对意见不超过参加投票委员的1/4，方为通过。表决结果应当形成决议，由秘书处存档。

第十六条 标委会开展行业标准制修订工作的程序按照有关标准规定执行。

第十七条 标委会委员、秘书处工作人员等在工作中涉及国家安全、国家秘密和企业商业秘密的，应当遵守国家相关法律法规要求。

第三章 组建、换届、调整

第十八条 标委会组建应当符合以下条件：

（一）符合国家标准化发展战略、规划要求，标准化业务范围明晰，与现有的标委会无业务交叉；

（二）符合粮食和物资储备事业发展需要，标准体系框架明确，有较多的行业标准制修订工作需求；

（三）秘书处承担单位具备开展工作的能力和条件。

已有全国专业标准化技术委员会或分技术委员会能够满足粮食和物资储备行业需求的，原则上不再新增相关业务范围的标委会。

第十九条 标委会的组建程序包括遴选、公示、筹建、成立。

第二十条 按照标委会建设布局，结合工作实际，标准化主管单位组织遴选秘书处承担单位。秘书处承担单位填写筹建材料提交标准化主管单位评审。筹建材料应当说明标委会筹建的必要性、可行性、业务范围、标准体系框架、国内外相关技术组织情况、秘书处承担单位有关情况等。

第二十一条 经评审符合组建条件的，由标准化主管单位对外公示标委会的名称、业务范围、秘书处承担单位等。公示期为 30 日。

公示期届满，标准化主管单位报请国家粮食和物资储备局研究筹建事项，符合要求的，国家粮食和物资储备局批准筹建，并由标准化主管单位公开征集意向委员。

第二十二条 秘书处承担单位应当在国家粮食和物资储备局批准筹建后 6 个月内，向标准化主管单位报送组建方案。组建方案应当包括：

（一）标委会基本信息表；

（二）标委会委员名单和委员登记表；

（三）标委会章程草案，包括业务范围，工作原则、任务、程序，秘书处职责，秘书长和副秘书长职责，委员条件和职责，经费管理等；

（四）秘书处工作细则草案，包括工作原则、工作人员条件和职责、会议制度、文件制度、档案制度、财务制度等；

（五）行业标准体系框架及标准体系表草案；

（六）秘书处承担单位支持措施；

（七）未来 3 年工作规划以及下一年度工作计划草案；

（八）标准化主管单位规定的其他内容。

第二十三条 标准化主管单位应当将标委会委员名单向社会公示，公示期为 30 日。公示期届满，符合要求的，由标准化主管单位报请国家粮食和物资储备局公告成立。

第二十四条 标委会由标准化主管单位统一顺序编号，编号为 LSWZ/TC×××。

第二十五条 标委会委员证书由标准化主管单位统一制发。

第二十六条 标委会每届任期 5 年，任期届满应当换届。换届前应当公开征集委员，秘书处提出换届方案，于标委会任期届满前 3 个月报送标准化主管单位。换届方案应当包括：

（一）标委会基本信息表；

（二）标委会委员名单和委员登记表；

（三）标委会章程草案；

（四）秘书处工作细则草案；

（五）行业标准体系表；

（六）秘书处承担单位支持措施。

标准化主管单位按照本办法第二十三条规定进行公示，符合要求的，由标准化主管单位报请国家粮食和物资储备局批准换届。

第二十七条 根据工作需要，经标委会委员审议和表决，标委会可提出增加、减少、替换委员等调整建议，报送标准化主管单位审批。被调整的委员不参与对委员调整建议的投票表决。委员调整原则上每年不得超过一次，每次调整不得超过委员总数的 1/5。

第二十八条 根据工作需要，秘书处可以向标准化主管单位申请调整业务范围、名称以及注销标委会等事项。标准化主管单位审核后报请国家粮食和物资储备局予以调整、注销。

第二十九条 根据标委会建设布局和业务工作变化需要，标准化主管单位可以报请国家粮食和物资储备局直接调整标委会业务范围、名称、秘书处承担单位等。对标准化工作需求很少或者相关工作可并入其他标委会的，标准化主管单位报请国家粮食和物资储备局对标委会予以注销。

第四章 监督管理

第三十条 标准化主管单位应当对标委会工作进行监督检查。标准化主管单位建立考核评估制度，定期对标委会工作进行考核评估，并将考核评估结果向社会公开。

第三十一条 标委会应当建立内部监督检查制度，加强自律管理，并接受社会监督。

第三十二条 秘书处承担单位应当严格按照国家有关财务制度的规定，将标委会的工作经费纳入单位财务统一管理，单独核算，专款专用。

禁止标委会以营利为目的收取费用。严禁采取摊派、有偿署名等方式收取费用。

第三十三条 行业标准制修订补助经费按照财政经费有关规定进行列支。任何单位和个人不得截留或者挪用行业标准制修订补助经费。秘书处承担单位应当接受标准化主管单位对行业标准制修订补助经费使用情况的监督检查，应当接受审计机关的审计。

第三十四条 标委会印章由标准化主管单位统一制发，秘书处负责管理。标委会撤销、注销、变更名称时，应当在10个工作日内将原印章交还标准化主管单位。

标委会印章属于业务专用章，主要用于上报材料、请示工作、征求意见、召开会议、对外联络以及标准化主管单位规定的其他事项，不得超出范围使用。印章使用需经标委会主任委员或者其授权的副主任委员签字批准。

第三十五条 标委会应当按照标准档案管理的相关要求管理标准档案。标委会日常工作的文件材料应当及时归档，妥善保管。

第三十六条 标委会应当每年向标准化主管单位报送年度工作报告。

第三十七条 任何单位和个人可以向标准化主管单位或相关部门举报、投诉标委会、委员和秘书处违反本办法规定的行为。举报、投诉的受理单位应当及时调查。对查证属实的，由标准化主管单位或相关部门作出处理决定。

第三十八条 标委会有下列情形之一的，标准化主管单位责令其限期整改：

（一）未按计划完成行业标准制修订和复审任务，且无正当理由的；

（二）行业标准质量出现严重问题的；

（三）未按本办法有关规定履行表决程序的；

（四）未按规定使用和管理工作经费的；

（五）违规使用标委会印章的；

（六）考核评估不合格的；

（七）存在其他违规情形的。

限期整改期间，标准化主管单位不再向其下达新的工作任务。整改期满后仍不符合要求的，标准化主管单位报请国家粮食和物资储备局调整秘书处承担单位或者重新组建、撤销标委会。

被撤销的标委会的工作并入标准化主管单位指定的标委会。

第三十九条 秘书处承担单位有下列情形之一的，标准化主管单位报请国家粮食和物资储备局同意后，对秘书处承担单位进行调整：

（一）秘书处工作不力，致使标委会无法正常开展工作的；

（二）利用标委会工作为本单位或者相关方谋取不正当利益的；

（三）违反规定使用标委会经费，情节严重的；

（四）存在其他重大违规情形的。

第四十条 标委会有下列情形之一的，标准化主管单位报请国家粮食和物资储备局同意后，重新组建：

（一）排斥相关方参与行业标准制修订活动、为少数相关方谋取不正当利益，严重影响行业标准制修订工作的公正、公平的；

（二）在工作中有弄虚作假行为的；

（三）连续三年不开展工作的；

（四）存在其他重大违法违规情形的。

重新组建期间，标委会停止一切活动。

第四十一条 委员有下列行为之一的，由标委会报请标准化主管单位撤销其委员资格：

（一）未履行本办法和标委会章程规定的职责的；

（二）连续两次无故不参加投票表决的；

（三）利用委员身份为相关企业、产品进行宣传或代言，或利用委员身份为本人、他人或其他组织谋取不正当利益的；

（四）存在违法违纪行为的；

（五）违反保密义务的；

（六）存在其他给标委会造成不良影响行为的。

对于违反保密义务、利用委员身份为企业产品宣传代言等严重违法违规行为的，列入黑名单，不得再次参与粮食和物资储备行业标准制修订工作，不得再次加入标委会。

第四十二条 对违反本办法有关规定的标委会直接责任人，由标准化主管单位通报其所在单位，由所在单位视情节依规给予处分。

第五章 附 则

第四十三条 本办法由国家粮食和物资储备局标准质量管理办公室负责解释。

第四十四条 本办法自印发之日起施行，有效期 5 年。

附件：1. 粮食和物资储备行业标准化技术委员会基本信息表（略）

2. 粮食和物资储备行业标准化技术委员会委员登记表（略）

关于印发《粮食储备管理问责办法（试行）》的通知

国粮执法规〔2021〕141 号

各省、自治区、直辖市及新疆生产建设兵团发展和改革委员会、粮食和物资储备局（粮食局），中国储备粮管理集团有限公司、中粮集团有限公司、中国供销集团有限公司、中国中化控股有限责任公司、北大荒农垦集团有限公司，国家粮食和物资储备局各垂直管理局：

为认真贯彻落实党中央、国务院关于改革完善体制机制加强粮食储备安全管理的重大决策部署，进一步加强对粮食储备管理部门和承储企业的管理与监督，规范从业人员行为，确保权责一致，切实依法履行粮食储备管理和监管职责，国家发展和改革委员会、国家粮食和物资储备局制定了《粮食储备管理问责办法（试行）》，现予印发，请遵照执行。

国家发展和改革委员会 国家粮食和物资储备局

2021 年 7 月 9 日

粮食储备管理问责办法（试行）

第一章 总则

第一条 为加强对粮食储备管理与监督，确保权责一致，切实依法履行粮食储备管理职责，根据《中华人民共和国监察法》《中华人民共和国公务员法》《粮食流通管理条例》《中央储备粮管理条例》《中央企业违规经营投资责任追究实施办法》，以及有关法律、行政法规，制定本办法。

第二条 各级粮食和储备行政管理部门（含国家粮食和物资储备局各垂直管理局）及其工作人员，法律、法规授权或者受委托从事粮食储备的企事业单位（组织）及其工作人员，在开展粮食储备管理过程中不作为、慢作为、乱作为等不履职尽责行为的问责，适用本办法。其他政策性粮食管理问责可参照本办法执行。

第三条 粮食储备管理问责应当坚持依规依纪依法、客观公正，权责统一、责任清晰，惩戒与教育相结合的原则，做到事实清楚、证据确凿、定性准确、处理恰当、程序合规、手续完备，防止问责不力或者问责泛化、简单化。

第四条 国家粮食和物资储备局指导粮食储备管理问责工作，负责情节严重，影响恶劣或者上级批办处置的需要问责的问题。国家粮食和物资储备局各垂直管理局按照权限负责实施本辖区内粮食储备问责工作，并定期向国家粮食和物资储备局报告有关情况。按照职责依规依纪依法处置本辖区涉及中央储备粮管理，以及国家粮食和物资储备局授权处置的需要问责的问题。地方各级粮食和储备行政管理部门负责处置职权范围内以及上级交办的储备粮管理工作中需要问责的问题，并定期向上一级粮食和储备行政管理部门、同级纪检监察机关报告粮食储备管理问责情况。

第五条 粮食和储备行政管理部门应当建立健全粮食失职失责行为调查制度和责任追究制度，明确调查范围、职责、程序和纪律要求。加强对下级粮食和储备行政管理部门储备管理问责工作的指导和管理。强化调查取证装备配备和能力建设。

第二章 问责情形

第六条 粮食和储备行政管理部门、事业单位违反本办法规定，有下列情形之一的，由其上一级管理部门（单位）进行问责处理；对管理人员和直接责任人员，应当依规依纪依法给予问责：

（一）不尽责、不担当、不作为，玩忽职守、弄虚作假，造成严重不良影响或者重大损失的；

（二）违反规定乱决策、乱拍板、乱作为，事前不请示、事后不报告，造成严重不良影响或者重大损失的；

（三）发现粮食储备数量、质量、储存安全、安全生产等方面存在违法违规问题，不责成相关承储企业限期整改造成不良影响的；

（四）对群体性、突发性事件应对不力，处置不当，导致事态严重恶化的；

（五）接到投诉举报、发现违法违规行为不及时处理的；

（六）干预储备企业正常生产经营，检查不客观、公正，造成严重不良影响或者重大损失的；

（七）在行政活动中，强令、授意实施违法行政行为的；

（八）利用职权提出不合理要求，获取不正当利益的；

（九）拒不执行上级提出的问责决定，履行问责职责不到位的；

（十）其他应当问责的情形。

第七条 粮食储备企业违反本办法，有下列情形之一的，由粮食和储备行政管理部门责令整改，并由其上一级管理部门（单位）予以问责；对管理人员和直接责任人员，应当依规依纪依法予以问责：

（一）政府储备主体责任履行不到位的；

（二）不执行国家粮食储备管理政策或者消极应付、变通执行，面对急难险重任务不积极作为、未有效处置的；

（三）拒不执行或者擅自改变储备粮收购、销售、轮换计划和动用命令的；

（四）内部管控不规范，重要管理档案、账簿及原始凭证等材料严重缺失、伪造或者篡改的；

（五）发现储备粮数量、质量存在问题不及时纠正，或者发现危及粮食储存安全的重大问题和安全生产隐患，不立即采取有效措施并按规定报告的；

（六）拒绝、阻挠、干涉粮食和储备行政管理、财政、审计等部门的监督检查人员依法履行监督检查职责的；

（七）拒不执行上级决定，未按要求责令企业整改或者对直接负责的主管人员和其他直接责任人员给予处理的；

（八）其他应当问责的情形。

第八条 有下列情形之一的，可以从轻或者减轻问责：

（一）主动交代违规违纪违法问题或者检举他人违规违纪违法问题经查证属实的；

（二）对检查发现的问题能够主动整改到位的；

（三）主动挽回损失、消除不良影响，或者有效阻止严重危害后果发生的；

（四）积极配合调查或者有立功表现的；

（五）有其他从轻、减轻情节的。

第九条 有下列情形之一的，应当从重或者加重问责：

（一）对职责范围内发生问题不及时采取措施，导致危害扩大或者造成重大损失的；

（二）对职责范围内发生的问题推卸、转嫁责任的；

（三）在调查中，对应当问责的问题线索知情不报或者对发生的问题进行掩盖、袒护，故意为被调查对象开脱责任的；

（四）其他法规对从重加重情形有特别规定的，按相关规定进行问责。

第十条 符合本办法规定应当予以问责的情形，情节轻微，没有造成严重后果的，可不予问责。已经履职尽责，但因不可抗力、难以预见等因素造成损失的，可不予或者免予问责。

第三章 问责线索调查

第十一条 对下列途径发现的问题线索需要问责的，应当按照问题线索来源、管理权限和程序由相关部门和单位进行调查：

（一）上级粮食和储备行政管理部门的监督检查；

（二）纪检监察、审计等机构的监督检查；

（三）本单位的内部监督检查；

（四）行政诉讼、行政复议；

（五）公民、法人和其他组织的投诉、控告、检举；

（六）公共媒体披露符合本办法规定的应当予以问责的情形；

（七）其他途径。

第十二条 问题调查应当组成调查组，实行组长负责制，依规依纪依法开展调查。查明事实后，调查组应当撰写事实材料，听取被调查对象陈述和申辩，并记录在案；对合理意见，应当予以采纳；不予采纳的，应当说明理由。被调查对象应当在事实材料上签署意见，对签署不同意见或者拒不签署意见的，调查组应当作出说明或者注明情况。调查工作结束后，调查组应当集体讨论，形成调查结论，撰写调查报告。调查报告应当包括被调查对象基本情况、调查依据、调查过程，问责事实，调查对象的态度、认识及其申辩，具体问责处理意见建议及依据，调查组组长及有关人员签名等内容。问责处理意见建议应当履行审批手续。

第十三条 被调查单位及个人应当积极配合，如实提供调查所需资料，保证客观、详细、准确，并对所提供资料的真实性、完整性负责。

第十四条 实施协助调查制度。涉及多个辖区、单位的问题，主办单位可商请相关单位协助调查取证。

第四章 问责方式与实施

第十五条 粮食和储备行政管理部门、事业单位问责方式：责令作出书面检查、通报批评；其工作人员问责方式：谈话提醒、责令检查、诫勉、组织调整。粮食储备企业问责方式：责令作出书面检查、通报批评；其工作人员问责方式：组织处理、扣减薪酬、禁入限制、辞退或解聘。粮食和储备行政管理部门、事业单位、储备企业工作人员违反本办法规定的，按照法律法规和其他有关规定应当给予纪律处分的，不得以前款规定的问责方式代替纪律处分，也不得以纪律处分代替前款规定的问责方式，需要给予处分或者作出其他处理的，由任免机关、单位或者纪检监察机关处理；涉嫌犯罪的，移送有关机关依法处理。问责方式可以单独使用，也可以依据规定合并使用。问责方式有影响期的，按照有关规定执行。法律、行政法规对问责方式另有规定的，从其规定。

第十六条 对粮食和储备行政管理部门、事业单位进行问责，按照管理权限由上一级管理部门（单位）决定并组织实施；对储备企业进行问责，由上一级管理部门（单位）决定并组织实施，也可由粮食和储备行政管理部门提出建议，由其上一级管理部门（单位）组织实施；对粮食和储备行政管理部门、事业单位、储备企业工作人员进行问责，按照管理权限由本级或者上一级管理部门（单位）决定，提交纪检监察机关、任免机关按规定组织实施。

（一）对粮食和储备行政管理部门、事业单位和储备企业工作人员实施问责应当区分管理责任和直接责任，并根据行为性质、主观故意或者重大过失、责任划分、情节轻重等因素确定问责具体适用。

（二）对问责进行调查的，应当及时调查处理，自决定调查之日起 60 日内作出问责处理决定。情况复杂的，经问责机关（单位）主要负责人批准，可以适当延长办理期限，但延长期限不得超过 30 日。

（三）问责处理决定应当在 3 个工作日内送达受问责单位或者人员；有关机关要求处理或者公民、法人和其他组织实名投诉、控告、检举的，应当告知其处理结果。

（四）实行终身问责。对失职失责性质恶劣后果严重的，不论其责任人是否调离、转岗、提拔或者退休等，都应当实施问责。

第十七条 被问责单位和人员对问责处理决定不服的，可向问责机关（单位）提出申诉，问责机关（单位）应当根据申诉情况及时作出复查决定；对复查决定仍不服的，可向问责机关（单位）上一级机关申请复核，问责机关（单位）上一级机关应当根据申请复核情况作出复核决定。经复查复核，认定原问责决定错误的，原问责机关（单位）应当及时予以纠正，并在原问责信息发布范围内公布复查复核决定；造成经济损失的，应当依法予以补偿。申诉、复核的处理时间、范围、程序、方式等按被问责单位、人员性质，依照相关法律法规具体实施。

第五章 附则

第十八条 本办法中所称粮食，是指小麦、稻谷、玉米、杂粮及其成品粮，大豆、油料和食用植物油。

第十九条 本办法由国家粮食和物资储备局负责解释。

第二十条 本办法自发布之日起施行，有效期 5 年。

关于印发行政执法证管理办法的通知

国粮执法规〔2021〕159号

各省、自治区、直辖市及新疆生产建设兵团粮食和物资储备局（粮食局），各司局、直属单位、联系单位，各垂直管理局：

《国家粮食和物资储备局行政执法证管理办法》，已经2021年7月16日国家局第86次局长办公会议审议通过。现予印发，请遵照执行。

国家粮食和物资储备局

2021年8月5日

国家粮食和物资储备局行政执法证管理办法

第一条 为认真落实行政执法公示制度、执法全过程记录制度、重大执法决定法制审核制度，加强国家粮食和物资储备局行政执法证管理，规范行政执法人员执法行为，保障和监督执法人员依法行使职责，根据《中华人民共和国行政处罚法》《粮食流通管理条例》等有关法律法规规定，制定本办法。

第二条 本办法所称的行政执法证，是国家粮食和物资储备局（含所属各垂直管理局）行政执法人员依法开展行政执法活动的有效身份证明。

第三条 按照《全国统一行政执法证件标准样式》有关规定，行政执法证由国家粮食和物资储备局统一制发，载明持证人姓名、工作单位、证件编号、监制机关、有效期限，并附有持证人正面免冠照片（样式见附件 1）。

行政执法证不得擅自变动或者涂改，凡擅自变动或者涂改的一律作废，不得使用。

第四条 国家粮食和物资储备局执法督查局（以下简称执法督查局）负责行政执法证核发和管理的具体工作。

第五条 行政执法证限持证人在法定职权范围内使用，不得转借他人使用。各垂直管理局持证人员根据国家粮食和物资储备局授权或者委派，可在本局监管职责范围外使用。

第六条 从事行政执法工作人员应当持有行政执法证，未取得行政执法证的，不得从事行政执法工作。行政执法人员依法开展行政执法活动时，应当主动出示行政执法证。

第七条 行政执法证申领范围：国家粮食和物资储备局（含所属各垂直管理局）行政执法相关工作人员。

第八条 持有行政执法证的人员应当具备以下条件：

（一）公务员或者经局党组批准在机关工作的事业编制人员，以及法律、行政法规、部门规章规定的符合条件的其他人员；

（二）从事或者参与粮食和物资储备执法督查工作；

（三）具有良好的政治、业务素质和道德品行；

（四）具有本科及以上学历，从事或者参与行政执法相关工作 1 年以上；其他学历的，需从事或者参与行政执法相关工作 5 年以上；

（五）参加国家粮食和物资储备局行政执法培训并通过行政执法资格考试。

第九条 国家粮食和物资储备局原则上每年组织一次行政执法培训和资格考试。

第十条 行政执法培训和资格考试内容：行政执法相关的法律法规、规章制度，粮食和物资储备行政执法有关的法律法规、规章制度、技术规范，基础业务理论知识。

国家粮食和物资储备局建立并适时更新考试题库，随机抽题确定资格考试试题。

第十一条 首次申领行政执法证程序：

（一）国家粮食和物资储备局机关司局、各垂直管理局（以下简称相关单位）行政执法相关工作人员，根据工作需要向所在单位提出申请，填写《国家粮食和物资储备局行政执法证申领表》（见附件 2），所在单位审核汇总后报送执法督查局，执法督查局组织复核。相关单位对本单位申领人员申领资格及填报信息真实性负责。

（二）相关单位负责组织本单位复核通过人员参加国家粮食和物资储备局行政执法培训和资格考试。

（三）对考试通过者，国家粮食和物资储备局向其制发行政执法证。

第十二条 相关单位应当做好本单位行政执法证日常管理，详实记录证件使用情况，协助执法督查局做好补证、换证、暂扣、作废、注销、吊销等相关工作。

第十三条 行政执法人员应当妥善保管行政执法证；丢失或者损毁的，应当及时向所在单位报告，所在单位15个工作日内向执法督查局申请挂失并补办新证。收到新的行政执法证前，相关人员不得执行行政执法任务。

第十四条 行政执法人员在国家粮食和物资储备局（含所属各垂直管理局）内部交流、轮岗、调动的，行政执法证应当由原单位收回并办理注销手续；继续从事行政执法相关工作的，由现任职单位向执法督查局申领行政执法证。

第十五条 行政执法证有效期5年。有效期届满前3个月内，由持证人员所在单位向执法督查局提出换发新证申请，并出具申请人的行政执法岗位资格能力证明。有效期届满未申请换证的，原证件自动作废。

换发新证人员必须在近3年内参加过国家粮食和物资储备局组织的行政执法培训。

第十六条 行政执法人员有下列情形之一的，由所在单位报执法督查局暂扣行政执法证：

（一）受到开除以外政务处分的；

（二）不当执法、拒绝或者拖延履行行政执法职责等，造成轻微不良后果的；

（三）其他应予暂扣的情形。

行政执法证暂扣期限不少于30天，一般不超过3个月；超过3个月仍需暂扣的，由执法督查局按程序决定延长暂扣时间，每次暂扣时间不超过30天。暂扣由所在单位具体实施，暂扣期满的，所在单位应当及时归还证件。

证件暂扣期间，原持证人不得从事行政执法活动，其所在单位应当责令其改正。

第十七条 行政执法人员有下列情形之一的，所在单位应当收回其行政执法证，交执法督查局注销：

（一）调离国家粮食和物资储备局（含所属各垂直管理局）或者调离所在单位行政执法岗位的；

（二）辞职、被辞退的；

（三）长期休假超过六个月（不含孕产假），以及退休、死亡的；

（四）其他不能实际履行粮食和物资储备行政执法职责的情形。

第十八条 行政执法人员有下列情形之一的，由所在单位报执法督查局吊销其行政执法证：

（一）受到开除政务处分的；

（二）被刑事处罚的；

（三）行政执法证被暂扣期间屡教不改或者被暂扣2次以上的；

（四）违规执法、拒绝或者拖延履行行政执法职责等，造成严重不良后果的；

（五）利用行政执法证谋取私利、违法违纪的；

（六）其他严重违法违纪需要吊销的情形。

被吊销行政执法证的人员不得再从事粮食和物资储备行政执法工作。

第十九条 行政执法人员存在第十三、十四、十五、十六、十七、十八条相关情形，需要补证、换证、暂扣、作废、注销、吊销的，所在单位应当及时填写《国家粮食和物资储备局行政执法证变动审批表》（见附件3），报执法督查局审批。

第二十条 任何单位或者个人不得伪造、涂改、买卖、出租、出借行政执法证。

第二十一条 执法督查局建立国家粮食和物资储备局行政执法证件档案，如实记录培训和证件发放、变更等情况。

第二十二条 行政执法人员对暂扣、注销、吊销行政执法证等行为有异议的，可以向执法督查局提出书面申诉。执法督查局接到申诉后，应当进行复查。经复查确有错误的，应当及时纠正。

第二十三条 相关单位有下列情形之一的，由纪检监察机构责令改正；情节严重造成不良后果的，应当追究相关责任人员责任；涉嫌违法的，依法追究法律责任：

（一）不按规定的条件、范围和程序组织申领行政执法证的；

（二）未严格执行第十六、十七、十八、十九、二十条规定的。

第二十四条 本办法由国家粮食和物资储备局负责解释。

第二十五条 本办法自印发之日起施行，有效期5年。2005年3月9日原国家粮食局制定的《粮食监督检查证件管理规定》同时废止；原国家粮食局监制的粮食监督检查证失效并停止使用。

附件：1. 国家粮食和物资储备局行政执法证样式（略）

2. 国家粮食和物资储备局行政执法证申领表（略）

3. 国家粮食和物资储备局行政执法证变动审批表（略）

关于切实做好 2021 年秋粮收购工作的通知

国粮粮〔2021〕177 号

各省、自治区、直辖市及新疆生产建设兵团发展改革委、粮食和储备局（粮食局）、财政厅（局）、交通运输厅（局、委）、农业农村厅（局、委），市场监督管理厅（局），人民银行上海总部和各分行、营业管理部、各省会（首府）城市中心支行、各副省级城市中心支行，各银保监局，各铁路局集团公司，各有关商业银行，中国农业发展银行，中国储备粮管理集团有限公司、中粮集团有限公司、中国供销集团有限公司、中国中化控股有限责任公司、中国农业发展集团有限公司、北大荒农垦集团有限公司，中国粮食行业协会：

为认真贯彻落实中央经济工作会议、中央农村工作会议和中央一号文件精神，做好 2021 年秋粮收购工作，现就有关事项通知如下：

一 深化认识提高站位，进一步增强使命担当

今年是中国共产党成立 100 周年，也是“十四五”开局、全面建设社会主义现代化国家新征程开启之年，抓好秋粮收购，保护好种粮农民利益，切实维护粮食市场平稳运行，具有重要现实意义。当前，粮食市场形势错综复杂，加之新冠肺炎疫情面临短时间内多源多点发生的复杂局面，部分地区自然灾害频发，不稳定不确定因素较多，秋粮又是全年粮食收购大头，涉及的品种多、范围广、数量大，做好收购工作面临较大压力挑战。各地和有关中央企业要统一思想认识，提高政治站位，认真贯彻党中央关于扎实做好“六稳”工作、全面落实“六保”任务的决策部署，坚决贯彻粮食安全党政同责要求，强化落实粮食安全省长责任制，把抓好秋粮收购工作作为深化党史学习教育“我为群众办实事”实践活动的重要举措，摆在更加突出的位置，精心谋划、精准施策，坚决防范在秋粮集中上市期出现区域性、阶段性农民“卖粮难”。

二 激发活力压实责任，全力以赴抓好两个收购

各地和有关中央企业要牢固树立市场化理念，充分发挥市场配置粮食资源的决定性作用，紧紧围绕“做好粮食市场和流通的文章”，整合多种资源，优化营商环境，组织好市场化收购。要进一步深化粮食产销合作，建立健全粮食收购市场化融资支持机制，完善粮食铁路、公路、水路运输需求与运力供给对接机制，千方百计提高粮食流通效率，降低流通成本。要指导粮食企业科学安排运输计划，均衡流量流向，强化港口公共中转仓库属性，加快港口粮食提离，防止出现压港压库。要深入推进优质粮食工程，鼓励大型骨干企业特别是国有大型粮食企业发挥渠道、仓容、资金等优势，推动实现优粮优价、优粮优

销。同时，各地要认真贯彻“放管服”改革精神，加快推进和规范粮食收购企业备案管理各项工作，指导企业及时向收购地的县级人民政府粮食和物资储备行政管理部门备案，依法依规开展粮食收购工作。

中储粮集团公司要认真履行政策执行主体责任，严格落实《小麦和稻谷最低收购价执行预案》（国粮发〔2018〕99 号）、《关于 2021 年稻谷最低收购价有关政策的通知》（国粮粮〔2021〕42 号）有关规定，组织做好政策性粮食收购，切实发挥政策托底作用。要根据粮源分布合理布设收购网点，加强收购进度监测，严格按照规定启动、停止收购。要严格执行质价政策，按质论价，在收购过程中不得压级压价、抬级抬价、拒收符合标准的粮食，不得收“人情粮”“关系粮”，不得损害种粮农民利益。收购全过程要公开透明，开展“阳光操作”，主动接受社会各方监督。针对因环境污染、自然灾害、极端天气等影响可能出现的不达标粮食，各地要及时研究制定收购预案妥善应对，必要时可采取地方临时收储等方式，满足农民售粮需要。同时，要强化农险风险保障，切实保障农民权益。

三 持续深化宗旨意识，提升为农为企服务水平

各地和有关企业要牢固树立以人民为中心的发展思想，紧贴售粮农民需要，强化举措、优化方式，切实提高服务水平。要优化收购现场服务，督促收购库点在醒目位置公示收购品种、质量要求和价格标准，必要时早开门晚收秤，做到随到随收。要积极推广“互联网 +”收购，利用现代化信息手段让售粮农民少排队、快售粮。要充分利用粮食产后服务体系，开展清理、干燥、储存、加工、销售等服务，帮助农民减损增收。要引导鼓励企业与粮食种植户开展深层次合作，通过订单收购、代储代销等方式，建立健全利益分享、风险共担的长期合作机制。同时，要积极开展粮食节约行动，落实好节粮减损各项举措，减少各环节粮食损失浪费；继续指导农户科学储粮，积极推广新型装具，搞好技术培训和服务；开展绿色仓储提升行动，推动仓储技术创新升级，大力推广应用绿色储粮技术，在确保粮食储存安全的基础上，促进优粮优储，提升粮食保质保鲜储存水平。

四 强化市场监测预警，积极主动做好宣传引导

当前市场面临的不确定因素多，形势变化快。各地要持续加强粮食市场监测预警，密切跟踪粮食市场动态，随时调度和掌握购销情况，紧盯重点地区、重点时段和重点环节，适时加大监测频率和力度，充分发挥监测预警效能。要扎实做好收购进度统计和价格监测等工作，定期开展农户和经纪人存粮专项调查，及时了解农民售粮进展情况。要强化分析研判，及时发现并解决苗头性、倾向性、潜在性问题。要多渠道宣传解读粮食收购政策，坚持正面引导，适时召开新闻通气会、发布会等，促进农民有序卖粮、企业均衡收粮，尽量规避因市场波动带来的经营风险。要健全信息发布和舆情引导工作机制，及时向社会发布粮油供求、购销、价格等信息，主动回应社会关切，为秋粮收购工作营造良好氛围。

五 协同联动多措并举，确保粮食市场稳定运行

各地要在疫情防控常态化背景下，统筹做好秋粮收购和保供稳价工作，做到同频共振、同向发力。

要综合采取多种措施加强调控，持续释放积极信号，稳定市场预期。要密切关注疫情发展变化和自然灾害影响，提前制定应急预案，健全应急处置工作机制，做到有备无患。要指导辖区内中央和地方储备粮承储企业在储备轮换品种、数量、区域安排上加强衔接，把握好储备轮换时机、节奏，充分发挥储备吞吐调节作用，进一步增强协同效应。要抓好粮源组织调度，协调好收购、储存、加工、销售等重点环节，确保粮油供应不脱销、不断档。有关中央企业要带头主动服从服务于国家宏观调控，合理把握收购节奏力度，有序组织安排粮源加工销售，积极发挥引领示范作用。国家有关部门将根据市场形势变化，合理确定政策性粮食销售时机、节奏和力度，保障粮食市场供应，促进市场平稳运行。

六 从严采取监管举措，维护良好市场秩序

各地要不折不扣落实《粮食流通管理条例》要求，严格按照国家有关部门关于切实加强国家政策性粮食收储和销售出库监管的相关规定，持续强化粮食流通监管，坚决做到监管全覆盖、无遗漏，确保良好收购秩序。要全面推行“双随机、一公开”检查，加大“四不两直”执法和“飞行检查”力度，充分发挥“12325”监管热线作用，从速从严从重查处违规定点、以陈顶新、以次充好、先收后转、虚假收购、拖欠粮款等各类违法违规行为，配合有关部门严厉打击压级压价、囤积居奇、哄抬价格等价格违法行为，营造诚信经营、公平交易的市场环境。要深入开展粮食流通“亮剑 2021”专项执法行动，组织对粮食收购的专项检查，适时宣传专项行动成效，公开曝光典型案件，强化警示作用，惩一儆百，增强震慑，国家有关部门将对此进行督查。粮食行业协会等团体要强化社会责任感，加强行业自律，有效发挥桥梁纽带作用，引导企业依法经营、守法经营。

七 强化收购组织领导，推动工作落到实处

各地要认真贯彻党中央、国务院决策部署，在地方党委、政府统一领导下，切实承担保障本地区粮食安全的主体责任，稳步推动粮食收购和保供稳价各项工作。要强化部门间协调配合、上下联动协同发力，明确责任分工，层层分解任务，细化责任到人，持续传导压力，确保国家各项收购政策落细落实。要坚持问题导向和底线思维，及时研究解决新情况、新问题，确保收购工作顺利开展。要扎实做好收购期间疫情防控，开展常态化消杀工作，改善收购场所环境卫生，做到疫情防控和粮食收购两不误。要压紧压实安全生产主体责任，强化隐患排查治理、安全培训和作业监管，坚决防范重特大事故发生，确保人民群众生命和财产安全。同时，要加强督导调研，深入基层一线、田间地头，现场解决收购过程中存在的新情况新问题。如遇重大问题，要及时向当地党委、政府和国家有关部门报告。

国家发展和改革委员会 国家粮食和物资储备局 财政部
交通运输部 农业农村部 中国人民银行 国家市场监督管理总局
中国银行保险监督管理委员会 中国国家铁路集团有限公司
2021 年 9 月 8 日

关于印发《粮食应急保障企业管理办法》的通知

国粮仓规〔2021〕193 号

各省、自治区、直辖市及新疆生产建设兵团粮食和物资储备局（粮食局）：

为加强粮食应急保障体系建设，进一步规范粮食应急保障企业管理，确保在应急状态下有效发挥粮食应急保障作用，国家粮食和物资储备局制定了《粮食应急保障企业管理办法》，已经 2021 年 9 月 8 日第 90 次局长办公会议审议通过。现予印发，请认真遵照执行。

国家粮食和物资储备局

2021 年 9 月 22 日

粮食应急保障企业管理办法

第一章 总则

第一条 为加强粮食应急保障体系建设，进一步规范粮食应急保障企业管理，确保在应急状态下有效发挥粮食应急保障作用，依据《中华人民共和国突发事件应对法》《中华人民共和国安全生产法》《粮食流通管理条例》等有关法律法规，制定本办法。

第二条 本办法所称粮食应急保障企业，是指经国家、省、市、县四级粮食和储备行政管理部门确定，承担所在地区粮食（含食用油）应急保障任务的企业，包括应急储运企业、应急加工企业、应急配送中心、应急供应网点和应急保障中心五种类型。

第三条 按照“以人为本、生命至上，党委领导、政府负责，科学布局、全面覆盖，平时自营、急时应急”的要求，充分整合现有资源，统筹规划应急储运、加工、配送、供应网点布局，建立和完善响应迅速、运转高效、保障有力的粮食应急保障体系。

第四条 粮食应急保障企业的管理，应坚持动员推荐、择优确定，分级负责、逐级备案，动态管理、强化监管的原则，充分发挥各级粮食应急保障企业在应急保供中的示范带动作用。

第五条 粮食应急保障企业的有关信息应主动公开，法律法规规定不予公开的除外。

第二章 条件和标准

第六条 粮食应急保障企业应具备以下基本条件：

（一）严格执行国家有关法律法规和政策规定，依法、诚信经营，具有良好信誉，无违法经营行为；

（二）生产经营的粮食产品质量指标和食品安全指标应符合国家标准、行业标准，近一年内未发生质量安全事故或在抽检抽样中未出现不达标的情况；

（三）生产经营环境符合要求，严格落实污染防护有关规定，相关措施和设备能够确保粮食不受到污染；

（四）严格落实安全生产有关规定，近一年内未发生安全生产责任事故或存在重大安全生产隐患。

第七条 粮食应急储运企业应以承担中央事权、地方事权粮食收储轮换任务为主；具备符合国家要求的原粮和成品粮储存仓库和设施，仓库使用面积应满足需要，库房硬件条件应符合储存要求；区位条件能够较好满足当地成品粮油储备和运输配送需要，具备一定的运输配送能力。

第八条 粮食应急加工企业应具备较强的粮食应急加工能力和小包装粮油生产能力；具备一定储存、运输能力；具备生产合格产品所需的工艺设备、检化验仪器和检化验能力；从业人员应具备岗位所需的国家职业资格。

第九条 粮食应急配送中心应具备较强的配送能力，有满足配送需要的运输和装卸设施，有较成熟的配送资源和渠道；配送能力符合应急布局需要，在应急状态下具备较强的动员调度能力，能够高效定点配送粮食；具备一定的周转仓容，仓库应符合国家分类商品的仓储条件；有满足配送业务需要的厢式密闭运货车辆及停车场，有必要的叉车和输送机械等装卸设备。

第十条 粮食应急供应网点应位于物流配送和居民采购均较为便利的位置；经营商品应以粮油产品和居民日用消费品为主，销售的商品均应明码标价，具备与经营商品和规模相匹配的陈列货架或柜台，营业场所内装修简洁，店内通风、明亮，营业面积、仓储能力和库房条件满足应急供应需要；配备满足经营需要的网络及通讯等设施。

第十一条 粮食应急保障中心应具备粮油储存、物流配送、供应、加工等多种功能；具备一定规模的成品粮油储备库存；具备较强的应急调度功能和动员能力，确保在接到应急指令后按时限要求将成品粮油配送至指定的应急供应网点。

第十二条 各级粮食应急保障企业应具备的应急储运、加工、配送、供应等能力，详见有关标准(附件 1)。

第十三条 省级及以下粮食和储备行政管理部门可结合本地实际和应对特定突发事件需要，参照第六至十二条规定的条件和标准，制定本地粮食应急保障企业的条件、标准和布局规划。

第三章 确定和备案程序

第十四条 粮食应急保障企业的确定和备案工作，应坚持公平公开、科学规范、高效便捷的原则。

第十五条 粮食应急保障企业的确定和备案的主要步骤：

（一）企业申报。包括自主申报和部门推荐两种方式。每年底，各级粮食和储备行政管理部门按照粮食应急工作实际和布局规划，可积极组织动员辖区内综合实力和应急保供能力较强、经营情况良好、符合布局要求、具备社会责任感的涉粮企业，自主申报特定类型的粮食应急保障企业；也可在涉粮企业自愿的前提下，择优推荐。

（二）初步确定。各级粮食和储备行政管理部门应对申报企业信息严格把关，统筹考虑有关条件和标准，粮食应急保障规划布局等，择优初步确定粮食应急保障企业。

（三）实地查看。各级粮食和储备行政管理部门可组织对初步确定企业的储运、加工、配送和供应条件等进行实地查看，也可委托下级粮食和储备行政管理部门代为实地查看，应重点核查企业报送信息的真实性。实地查看期间，发现企业有资料弄虚作假或其他不符合要求情形的，不得作为确定对象。实地查看无异议的，按程序确定为粮食应急保障企业。

（四）签订协议。各级粮食和储备行政管理部门应与确定的粮食应急保障企业签订《粮食应急保障协议书》，约定权利、责任、义务，并授予牌匾。确定的粮食应急保障企业名单等信息应在本地范围内公开。

（五）逐级备案。粮食应急保障企业信息应采取书面方式，逐级备案至国家粮食和物资储备局。备案完成后，应及时通过粮食应急保障信息系统录入企业信息，逐级提交至国家粮食和物资储备局。

第十六条 各地可结合实际，在第十五条规定步骤的基础上，进一步优化完善程序，确保科学、高效、便捷。

第四章 日常管理和监督

第十七条 各级粮食和储备行政管理部门应加强对粮食应急保障企业的日常管理和监督，协调解决应急准备或应急保供中存在的困难，督促其落实责任、义务，完成应急任务。

第十八条 各级粮食和储备行政管理部门应按照时间节点动态维护企业信息。每季度末，各地通过粮食应急保障信息系统，更新粮食应急保障企业信息或对企业进行调整（新增或退出）。其他时间段，有企业信息更新或调整需求的，需要由省级粮食和储备行政管理部门书面请示国家粮食和物资储备局同意，然后登陆粮食应急保障信息系统进行操作。

各级粮食和储备行政管理部门对粮食应急保障企业数据的使用，应符合数据管理有关规定。

第十九条 各级粮食和储备行政管理部门应结合实际研究制定具体扶持政策，积极协调有关部门，在粮食等重要农产品仓储设施专项、优质粮食工程、粮食风险基金、信贷支持行动等项目资金中为符合条件的粮食应急保障企业争取支持。

各级粮食和储备行政管理部门每年应至少组织一次调研活动，了解粮食应急保障企业的应急准备情况，听取意见建议，协调解决困难。

第二十条 各级粮食和储备行政管理部门应加强应急演练和培训，制定计划并组织实施，引导粮食应急保障企业学习借鉴成熟有效的粮油应急保供经验，增强应急保供能力。

第二十一条 各级粮食和储备行政管理部门应积极推进信息化建设，加强粮食应急指挥调度，统筹用好“中国好粮油电子交易平台”等资源，有效提升粮食应急保障信息化水平。

第二十二条 各级粮食和储备行政管理部门应依照企业的申报材料，每三年对粮食应急保障企业的应急保障能力、生产经营能力、承担社会责任、企业生产资料类固定资产投资建设和应急配套设施设备等情况进行评估。

第二十三条 各级粮食和储备行政管理部门应结合每年粮食应急保障企业的确定工作，有计划地对已签订协议的企业责任义务落实情况进行现场检查。同时，上级粮食和储备行政管理部门应对下级粮食应急保障企业进行抽查，原则上每年抽查不少于一次。

第二十四条 各级粮食和储备行政管理部门在定期评估和监督检查中发现企业落实应急保障责任义务不到位、企业资质和应急保障能力明显不符合有关条件和标准等情形的，应责令其限期整改。

企业出现以下情形之一的，应终止协议，收回牌匾，并按程序及时补充新的粮食应急保障企业：

（一）在粮食和储备行政管理部门责令限期整改后，整改不到位的；

（二）通过隐瞒情况、提供虚假材料，或以欺骗、贿赂等不正当手段确定为粮食应急保障企业的；

（三）发生重大变故或存在重大经营风险，影响企业正常经营的；

（四）违反粮食生产、流通和储备等相关规定的；

（五）造成生产安全事故或存在重大生产安全隐患的；

（六）企业因故被列入不良信用记录的；

（七）在粮食应急保供中不服从有关部门的统一安排调度，拒不执行应急保供任务，或执行不力，落实任务不到位的；

（八）对粮食应急保供工作造成危害的其他行为的。

第五章 责任与义务

第二十五条 国家粮食和物资储备局负责全国粮食应急保障体系总体规划和国家级粮食应急保障企业

的管理工作，对地方粮食应急工作进行业务指导和监督。省级及以下粮食和储备行政管理部门负责辖区内粮食应急保障体系建设和粮食应急保障企业的管理工作，并结合地方实际完善粮食应急保障各环节功能，建成满足当地应急需求、优化协同高效的粮食应急保障网络，同时做好对下一级粮食应急工作的业务指导和监督。

第二十六条 进入应急状态或启动粮食应急预案后，各级粮食和储备行政管理部门负责协调粮源调度以及储运、加工、配送、供应各环节有效衔接。

第二十七条 粮食应急保障企业平时应按市场化运作，自主经营、自负盈亏；应急保供时应积极承担各项应急任务。

第二十八条 粮食应急保障企业在平时应遵守粮食生产、流通、储备各项规定，主动接受粮食和储备行政管理部门的监督检查，出现涉及粮食应急保障的重大经营情况变动的应及时报告。进入粮食应急状态或启动粮食应急预案后，应严格遵守《粮食应急保障协议书》中约定的责任和义务，在有关部门的统一安排调度下，及时行动、履行协议，完成好各项粮食应急保障任务，确保各项措施有效落实。法律法规另有规定的，从其规定。

第六章 附则

第二十九条 省级及以下粮食和储备行政管理部门应依据本办法，制定粮食应急保障企业管理细则，并报上级粮食和储备行政管理部门备案。

第三十条 国家粮食和物资储备局负责设计粮食应急保障企业牌匾样式（附件 2），各级粮食和储备行政管理部门负责本级粮食应急保障企业牌匾的制作和发放。

第三十一条 其他承担粮食应急保障任务的非企业性质的社会主体，参照本办法管理。

第三十二条 本办法由国家粮食和物资储备局负责解释，自印发之日起施行，有效期 5 年。

附件：1. 粮食应急保障企业标准（略）

2. 牌匾样式（略）

关于公布第一批国家级粮食应急保障企业名单的通知

国粮仓〔2021〕197号

各省、自治区、直辖市及新疆生产建设兵团粮食和物资储备局（粮食局）：

为深入贯彻习近平总书记关于加强粮食安全的重要指示精神，认真落实党中央、国务院决策部署，扎实做好“六稳”工作、全面落实“六保”任务，积极发挥粮食应急保障企业保供稳市作用，加强粮食应急保障体系建设，有效提升应对突发事件能力，确保国家粮食安全，按照《粮食应急保障企业管理办法》（国粮仓规〔2021〕193号）有关规定，国家粮食和物资储备局按程序认定中粮集团有限公司等68家企业为第一批国家级粮食应急保障企业，现予以公布。

公布的国家级粮食应急保障企业平时按市场化运作，自主经营；粮食应急状态下，要服从国家粮食和物资储备局统一指挥和调度，保证粮油的应急加工和销售，保持必要的粮油库存量，切实做好粮油供应配送工作，确保粮油供应充足、质量良好、价格稳定。国家粮食和物资储备局建立动态调整机制，对不具备应急保障能力、不履行应急保障义务的企业，经核实后，不再确定为国家级粮食应急保障企业。

附件：第一批国家级粮食应急保障企业名单

国家粮食和物资储备局

2021年9月29日

附件

第一批国家级粮食应急保障企业名单

（68 家，排名不分先后）

1. 中粮集团有限公司
2. 中国储备粮管理集团有限公司
3. 北京首农食品集团有限公司
4. 顺丰速运有限公司
5. 北京京邦达贸易有限公司
6. 物美科技集团有限公司
7. 京粮（天津）粮油工业有限公司
8. 五得利面粉集团有限公司
9. 和为贵农业科技有限公司
10. 内蒙古恒丰集团银粮面业有限责任公司
11. 沈阳市万谷园米业有限公司
12. 松原粮食集团有限公司
13. 黑龙江秋然米业有限公司
14. 北大荒农垦集团有限公司
15. 黑龙江省粮食产业集团有限公司
16. 江苏省粮食集团有限责任公司
17. 江苏省农垦米业集团有限公司
18. 安徽正宇面粉有限公司
19. 安徽金鸽面业股份有限公司
20. 江西金佳谷物股份有限公司
21. 山东金胜粮油食品有限公司
22. 滨州中裕食品有限公司
23. 河南粮食投资集团有限公司
24. 想念食品股份有限公司
25. 周口市雪荣面粉有限公司
26. 湖北荆楚粮油股份有限公司
27. 湖北国宝桥米有限公司
28. 湖北庄品健实业（集团）有限公司
29. 中百控股集团股份有限公司
30. 金健米业股份有限公司

31. 道道全粮油股份有限公司
32. 成都市新兴粮油有限公司
33. 成都市花中花农业发展有限责任公司
34. 怀仁市龙首山粮油贸易有限责任公司
35. 重庆市储备粮管理有限公司
36. 凯欣粮油有限公司
37. 桂林金土地粮油食品有限公司
38. 贵州茅贡米业有限公司
39. 贵州金杨油脂有限公司
40. 昆明国家粮食储备有限公司
41. 云南省粮食产业集团有限公司
42. 云南滇雪粮油有限公司
43. 拉萨堆龙净土朗孜糌粑股份有限公司
44. 西安爱菊粮油工业集团有限公司
45. 陕西老牛面粉有限公司
46. 陕西陕富面业有限责任公司
47. 陕西粮农集团有限责任公司
48. 陇南祥宇油橄榄开发有限责任公司
49. 甘肃红太阳面业集团有限责任公司
50. 宁夏塞北雪面粉有限公司
51. 宁夏晶润生物食品科技有限公司
52. 青海新丁香粮油有限责任公司
53. 新疆盛康宏鑫（集团）有限公司
54. 昌吉回族自治州粮油购销（集团）有限责任公司
55. 天康生物股份有限公司
56. 上海垠海贸易有限公司
57. 农工商超市（集团）有限公司
58. 上海良友（集团）有限公司
59. 浙江省粮食集团有限公司
60. 杭州富义仓米业有限公司
61. 浙江宝隆米业有限公司
62. 福建旭禾米业有限公司
63. 福建泉州市金穗米业有限公司
64. 广州市粮食集团有限责任公司
65. 深圳市深粮控股股份有限公司
66. 华润万家有限公司
67. 东莞穗丰粮食集团有限公司
68. 海南恒达伟实业有限公司

关于印发优质粮食工程“六大提升行动”方案的通知

国粮规〔2021〕236 号

各省、自治区、直辖市及新疆生产建设兵团粮食和物资储备局（粮食局），有关中央企业：

为深入贯彻习近平总书记关于深入推进优质粮食工程、做好粮食市场和流通文章的重要指示精神和党中央、国务院有关决策部署，认真落实财政部、国家粮食和物资储备局《关于深入推进优质粮食工程的意见》（财建〔2021〕177 号），确保优质粮食工程升级版建设取得实实在在成效，我局制定了粮食绿色仓储、粮食品种品质品牌、粮食质量追溯、粮食机械装备、粮食应急保障能力、粮食节约减损健康消费提升等“六大提升行动”方案。现印发给你们，请结合实际认真试行，并认真总结完善，务求好事办好。

附件：1. 粮食绿色仓储提升行动方案（试行）
2. 粮食品种品质品牌提升行动方案（试行）
3. 粮食质量追溯提升行动方案（试行）
4. 粮食机械装备提升行动方案（试行）
5. 粮食应急保障能力提升行动方案（试行）
6. 粮食节约减损健康消费提升行动方案（试行）

国家粮食和物资储备局

2021 年 11 月 13 日

附件 1

粮食绿色仓储提升行动方案（试行）

为深入贯彻习近平总书记关于深入推进优质粮食工程、做好粮食市场和流通文章的重要指示精神，认真落实党中央、国务院有关决策部署，抓好财政部、国家粮食和物资储备局《关于深入推进优质粮食工程的意见》（财建〔2021〕177 号，以下简称《意见》）落地见效，现制定粮食绿色仓储提升行动方案。

一 总体要求

以习近平新时代中国特色社会主义思想为指导，深入落实保障国家粮食安全战略，紧扣绿色、生态、环保、节能要求，聚焦国家粮食储备安全核心职能，以绿色仓储为抓手，深入推进优质粮食工程，持续提高科学储粮水平和品质保障能力，切实提升储备粮质量，增加绿色优质粮油产品有效供给，着力推动粮食储备高质量发展，更好保障国家粮食安全。

（一）突出质效、功用适配。推广应用绿色储粮技术，全面提升仓储设施的储藏功效性能，加强储备环节精细化管理。根据储备、收纳、中转、备料等不同用途，合理选择仓房及工艺配置，优化仓型构成和仓廒设置，提高粮食整体存储质量，利于“长储长新”。

（二）绿色环保、综合防治。实施有害生物综合防治，综合运用粮堆生态温湿度控制、气调等技术手段，积极使用国家批准的绿色安全储粮药剂，加强整仓防护和局部除治，探索应用物理、生物等防治方法，实现绿色储粮。

（三）储产联动、协同发展。发挥绿色仓储传导作用，推进储备和产业衔接，在“产购储加销”体系中凸显仓储特别是政府储备仓储的核心竞争力，发挥好粮食仓储支点作用，推动仓储向两端延伸，促进“五优联动”。

（四）分类施措、因地制宜。针对南北方气候差异，兼顾先进性和适用性及节能和环保要求，科学合理选配应用仓储设施设备和绿色储粮技术工艺，不惟尖惟全，不照搬照抄，着力补短板、强弱项、促升级，注重系统增效。

“十四五”期间，重点升级改造条件较好的现有储备类仓房，结合仓储设施布局和结构优化，加强高标准粮仓建设，配备先进适用技术条件，完善绿色储粮功能；优化仓储作业流程，减少库区扬尘、噪音。到 2025 年，力争政府储备基本实现控温储藏保质保鲜、药剂使用减量增效、仓储作业环境友好。

二 重点任务

（五）建设一批高标准粮仓。改造和新建一批高标准粮仓，强化粮仓的气密和保温隔热等关键性能。新建仓房屋面宜优先采用整体现浇工艺，对围护结构综合运用动静态结合方式提升保温隔热能力，有条件的可引入仓顶太阳能光伏板、新型辐射制冷材料等。落实碳达峰、碳中和要求，升级改造和技术应用要注重节能减排，降低能耗、提高效能。

（六）改造提升仓房的气密和保温隔热性能。加强对粮仓相关性能衰减变化情况的监测，对不适应绿色储粮需求的，针对仓顶、墙体、门窗、地面、孔洞以及接缝处和向阳面等不同部位具体情况，实施气密和保温隔热升级改造。按绿色储粮要求，提升粮食企业现有仓储设施性能，升级改造控温成品粮仓。

（七）推广应用绿色储粮技术。我国地域广阔，总体上北方气温低、干燥，南方气温高、湿润，自然条件差异对粮食储藏影响较大。因地制宜选配适用绿色储粮技术，既要考虑不同储粮生态区的因素，也要兼顾大生态区中小生态区的特点，根据当地和企业情况及实际需要，充分利用自然条件，合理选择应用制冷控温、内环流控温、气调储粮和平房仓横向通风集成等技术，注重成本效益，优化"四合一"储粮技术应用，实现政府储备粮食绿色仓储全覆盖。充分发挥政策引导和市场机制作用，加强储粮新技术、新工艺、新材料、新仓型的研发试验、开展适用性研究和推广应用。

（八）发展多参数多功能粮情测控系统。积极应用传感器技术，从原来单一的粮温检测向温度、湿度、水分、害虫、霉菌、气体等多参数多功能在线粮情测控转变，加强粮情数据的多样化、自动化采集和中长期积累。鼓励粮食企业应用基于粮堆货位的粮情监测预警模型，完善动态实时智能监测功能，探索建立平台型远程粮情诊断系统。

（九）提升清理净粮能力。针对粮库仓储作业扬尘、噪音等问题，对装卸、输送、清理等采取防尘和降噪措施，优化接发和清理工艺，提升设备性能和效率，推动环保高效作业。鼓励粮食产后服务中心拓宽产后服务范围，提供深度清理净粮服务，探索开展烘干、清杂、除尘、杀虫一站式社会化专业化服务，做到粮食充分除尘清杂后再入仓，更好满足粮库收储需要。

（十）推动粮仓分类分级。顺应粮食仓储专业化和精细化管理的新要求，服务粮食储备安全和产业发展，避免仓型错配错用造成资源浪费或危及储存安全。制订粮仓分类分级标准，推动低温准低温储藏、参数控制自动通风、气调储粮、人工制冷控制粮温等技术应用，促进绿色仓储规范化管理。根据仓储设施结构、材料及性能和配备的粮情测控、通风、杀虫、制冷等储粮工艺技术级差，开展粮仓科学评价，提高储粮效能。

三 保障措施

（十一）突出政策引领。依托粮食等重要农产品仓储物流设施建设专项，支持建设高标准粮仓和开展粮食绿色仓储提升行动。各地各单位要因地制宜，细化落实绿色仓储提升重点举措，推动粮食"产购储加销"协同联动，促进粮食产业高质量发展。

（十二）强化科技支撑。建立绿色仓储与"人才兴粮""科技兴粮"协同推进机制，打造"产学研用"深度融合互动平台。加强粮食仓储人才队伍培养，发挥好专业技能人才和科研力量作用。加大绿色储粮领域重点科研攻关力度，加快科技成果转化，推广应用绿色仓储技术。

（十三）落实资金保障。各地要认真落实《意见》要求，统筹用好中央财政安排的产粮大县奖励资金、粮食风险基金等，谋划实施一批绿色仓储项目。积极协调农业发展银行等金融机构，加大对粮食仓储企业尤其是政府储备承储企业绿色仓储信贷支持力度。鼓励企业拓宽融资渠道，吸引社会资本，加大资金投入，提高资金使用效益，不断提升绿色储粮水平。

（十四）完善标准体系。在执行现行粮食仓储技术标准的基础上，鼓励创新探索，推动绿色储粮企业标准、团体标准、地方标准和行业标准、国家标准等制修订，健全点面结合、兼容并蓄、各有侧重的绿色储粮标准体系。

（十五）典型示范带动。总结推广绿色仓储先进经验，培树创新实践示范典型，促进交流互鉴。大力弘扬“大国粮仓”工匠精神，营造各方共同关注、支持绿色仓储的良好氛围。对于积极探索并取得良好成效的，在政策和资金支持上予以优先考虑。

（十六）提升智能化水平。结合粮食绿色仓储提升行动，加快仓储管理信息化、智能化，推动粮库信息系统接入国家及省级粮食和物资储备管理平台，实现互联互通、数据自动采集与共享。运用大数据、云计算、区块链、人工智能等技术，使粮情感知、分析预测、远程监控、专家诊断及相关业务数据协同处理更加系统高效，不断提升粮食储备管理水平。

附件 2

粮食品种品质品牌提升行动方案（试行）

为深入贯彻习近平总书记关于深入推进优质粮食工程、做好粮食市场和流通文章的重要指示精神，认真落实党中央、国务院有关决策部署，抓好财政部、国家粮食和物资储备局《关于深入推进优质粮食工程的意见》（财建〔2021〕177 号，以下简称《意见》）落地见效，现制定粮食品种品质品牌提升行动方案。

一 总体要求

以习近平新时代中国特色社会主义思想为指导，立足新发展阶段，贯彻新发展理念，构建新发展格局，推动高质量发展，深入落实国家粮食安全战略、乡村振兴战略和健康中国战略，持续开展“中国好粮油”行动，聚焦增加绿色优质粮油产品供给，着力优化粮食供给结构，促进粮油品质提升，打造优质粮食品牌，搞活粮食市场和流通，加快粮食产业创新发展、转型升级、提质增效。

（一）市场主导、政府引导。充分发挥市场在资源配置中的决定性作用，增强市场主体活力，促进资源要素向品种选优、品质提升、品牌打造集聚；更好发挥政府政策扶持和引导作用，健全市场监督机制，营造公平竞争的市场环境。

（二）绿色导向、标准引领。坚持资源节约、环境友好的绿色理念，完善优质粮油标准，强化标准执行，实施全过程质量监管，提高品质、提升品牌，更好满足粮油消费升级需要。

（三）抓住关键、突出重点。抓好“粮头食尾”和“农头工尾”，突出资源整合、特色挖掘、动态管理、信用监管，加强技术创新、标准制定、品质追溯和市场评价，提升粮油品牌市场竞争力，提高粮食产业质量效益。

到 2025 年，优质粮食供给更加丰富，粮食品质明显提升，粮食品牌体系更加完善，粮油品牌和营销市场竞争力持续提升。建立一批优质粮源基地，完善一批引领优质粮食的相关标准，培育一批优质粮油品牌，优质粮食增加量年均增长 10% 以上。充分融合“好粮油”销售示范点、粮食应急供应网点、军粮供应网点和主食厨房等，健全线上线下营销体系，加快由“吃得饱”向“吃得好”“吃得营养健康”转变。

二 重点任务

（四）引导优质粮食种植

优化粮食品种结构。坚持因地制宜，引导优选优质品种和示范种植，支持推广优质品种集中连片种植，推行适度规模经营。结合国家粮食安全产业带建设，以市场需求为导向，调整优化粮食品种结构，促进优质品种和特色品种向优势产区集中，实现优质、高产、高效、生态、安全相统一。

推进粮食种植标准化。充分发挥粮食产业龙头企业和种粮大户的带动作用，推广绿色生产技术，推动实行种植品种、肥水管理、病虫防控、技术指导、机械作业标准化生产，实现良田、良种、良法、良机、良制配套，加快转变粮食产业发展方式，促进粮食产能稳定、品质提升、农民增收、效益增加，增强可持续发展能力。

建立合作联结机制。支持“好粮油”示范县建设优质粮源基地，鼓励由一家企业牵头或多家企业共同发起，组织粮食产后服务中心、质检机构、加工企业、收储企业、粮机企业、基层供销社与科研院所、农民专业合作社、家庭农场、村集体组织等多元主体共同组建粮食产业化联合体，构建紧密的利益联结机制，根据市场需求实施优质粮食订单生产，完善优粮优购市场化机制，向下游延伸推动全产业链一体化经营。

（五）提升粮油产品品质

强化标准引领。分品种筛选粮油品质核心指标。鼓励因地制宜制定地方标准、团体标准和评价体系，完善粮食质量标准体系。持续开展企业标准“领跑者”活动，鼓励企业推行更高质量标准，加快优质粮油产品品质等方面标准的推广实施。建立全国主要粮食品质和营养成分数据库，健全品质评价方法标准。

推动全链条品质提升。支持各地立足自然禀赋，推动稻谷、小麦、玉米、青稞、杂粮等谷物和大豆、花生、油菜籽、葵花籽、亚麻籽等油料作物全链条多业态融合发展。鼓励分品种分仓分等级储存，实行成品粮低温储存，提高绿色储粮水平。引导优化加工能力布局，倡导稻谷、小麦适度加工，减少资源浪费和营养流失；支持精深加工发展，延长产品链条，提高粮食加工综合利用率，实现“吃干榨净、循环发展”。聚焦解决产购储加销各环节品质提升的难点和“卡脖子”问题，推动全链条协同联动，加强全过程品质监测，实现标准化、精细化管理。监督指导粮食生产经营者落实主体责任，逐步建立粮食品质追溯体系。

丰富优质产品供给。大力发展全谷物等新型营养健康食品，开发优质粮油新产品，增加多元化、定制化、个性化产品供给。推进主食制品工业化、社会化供应，积极发展方便米饭、米粉（米线）、米粥等米制主食品，大力发展馒头、面条（挂面、鲜湿面条）、饺子等各类面制主食品，开发多种规格和风味的杂粮主食制品和功能性食品，提高传统米面和杂粮主食的即食性，保证产品质量。

（六）打造优质粮食品牌

培育“中国好粮油”品牌。完善指标体系和遴选程序，持续开展“中国好粮油”产品分级遴选。有序推进“中国好粮油”产品图形证明商标许可使用，逐步推动产品遴选和证明商标合并运行，提高消费者认知度。推动“中国好粮油”示范企业和销售示范点纳入粮食应急保障和军粮供应体系，实现融合发展，不断提升社会影响力。

建设品牌体系。发挥“中国好粮油”带动作用，推动构建“中国好粮油”—省级“好粮油”区域公用品牌—企业品牌—产品品牌四位一体的粮油品牌体系。以市场需求为导向，以标准化生产、科技化支撑、品牌化营销为手段，以当地优势产业为依托，结合自然地理资源禀赋，建设地方特色区域公共品牌。鼓励粮油生产加工优势企业提升科技研发和质量管控水平，深挖产品特性内涵，培育一批具有辨识度、知名度和美誉度的产品品牌和企业品牌，提升市场竞争力。

维护品牌信誉。结合“中国好粮油”产品分级遴选，严把产品准入关，确保质量过硬。建立动态管理和退出机制，依托“中国好粮油”品牌提升联合体和省级产业（企业）联盟、行业协会，共同维护产品质量和品牌信誉。积极开展地理标志、品质证明商标注册工作，规范标志使用规则，维护良好市场秩序，营造品牌建设良好环境。加大粮食品牌知识产权保护力度，提高维护行业品牌的意识和能力。

加强品牌宣传。各地要充分挖掘品牌历史文化内涵，加大宣传力度，构筑品牌宣传网络，形成“中国好粮油”、省级“好粮油”区域公用品牌、企业品牌和产品品牌四位一体宣传模式。推动品牌宣传与政策措施同频共振，讲好“中国好粮油”品牌故事，传播“中国好粮油”行动成果，以品牌宣传带动提升粮食产业市场竞争力。

（七）加强“好粮油”营销

开展营销推介。持续办好中国粮食交易大会、区域性交易会和洽谈会，用好展会、论坛和博览会以及“中国品牌日”“世界粮食日”等平台，打造“7.16 粮油品牌日”，开展大范围、高频度、多渠道推介和营销，促进产销深度融合。

完善营销网络。推动线上线下融合，实现生产、经营、消费无缝链接，不断提升优质粮油产品消费体验。大力发展电子商务等新型营销模式，依托国家粮食交易平台，完善以“中国好粮油”电子交易平台为主体，区域性优质粮食产销合作平台一体化运作的线上交易机制。鼓励依托脱贫地区农副产品网络销售平台（“832 平台”）创建“好粮油”产品专区，推介脱贫地区的“中国好粮油”和省级“好粮油”产品。积极开展产销对接，依托“好粮油”销售示范点、军粮供应和应急供应网点、主食厨房等，健全特色优质产品直供直营直销体系，提升物流运输、资金结算等服务功能。

三 保障措施

（八）健全实施机制。强化统筹协调，建立省级组织、市县实施、粮食部门牵头、相关部门参与落实的机制，充分调动加工收储企业、质检机构、粮食产后服务中心、基层农民专业合作社等各类主体的积极性和创造性，协同推进粮食品种品质品牌提升行动。省级粮食和物资储备部门要根据本地实际，细化实施方案，明确职责分工，强化责任落实，确保落地见效。

（九）统筹政策支持。各地要落实《意见》要求，加强中央财政安排的产粮大县奖励资金、粮食风险基金等资金统筹，积极支持开展粮食品种品质品牌提升行动。拓宽政策性金融支粮新模式新途径，争取金融机构信贷支持。持续完善财政资金使用方式，包括先建后补、贷款贴息等，并做好同其他政策的协调配合，有效带动社会资本加大投入，形成共同参与推进的合力。加强财政资金监管，确保资金安全、规范使用，不断提高使用效益。

（十）强化科技和人才支撑。鼓励发挥大专院校、科研院所优势，积极搭建科技创新平台，加强品种、品质关键技术攻关，加大对营养健康、质量安全、加工转化等方面支持力度。强化优质粮油产品研发，推动优质产品上规模、特色产品标准化、绿色产品创品牌。加快专业化人才队伍建设，持续开展科技成果、人才、机构“三对接”活动，创新“产学研用”合作机制，加快科技成果转化。

（十一）加强考核监管。结合粮食安全省长责任制考核，增加优质粮食增量、优质粮食品牌建设等指标落实执行情况的考核内容，充分发挥考核指挥棒作用。各地要加强项目审核和实施全过程监管，监督指导各类资金使用，确保专款专用、安全高效。完善粮食行业信用体系建设，强化信用监管，加大对粮食品质和品牌违法违规行为核查力度。

附件3

粮食质量追溯提升行动方案（试行）

为深入贯彻习近平总书记关于深入推进优质粮食工程、做好粮食市场和流通文章的重要指示精神，认真落实党中央、国务院有关决策部署，抓好财政部、国家粮食和物资储备局《关于深入推进优质粮食工程的意见》（财建〔2021〕177号，以下简称《意见》）落地见效，现制定粮食质量追溯提升行动方案。

一 总体要求

以习近平新时代中国特色社会主义思想为指导，认真贯彻习近平总书记“四个最严”重要指示精神，强化绿色导向、标准引领和粮食质量安全监管，充分运用粮食质量安全检验监测体系建设现有成果，以建立粮食质量安全监测平台为基础，以完善粮油标准体系和提升粮食质量安全检验监测体系能力为支撑，逐步实现粮食特别是“好粮油”产品全链条质量安全全程可追溯，让人民群众吃得安全放心、吃得营养健康。

（一）坚持权责一致、压实主体责任。按照粮食安全省长责任制和食品安全属地管理的要求，进一步压实粮食质量安全属地管理责任。严格落实企业保障质量安全和质量追溯主体责任，鼓励“好粮油”产品生产企业先行先试，建立健全产品追溯体系。

（二）坚持问题导向、着力补齐短板。聚焦粮食标准包括“好粮油”标准不完善、部分粮食质量安全检验监测机构能力不适应、追溯制度不健全等问题，加大补短板、强弱项、促升级力度，加快完善粮食质量安全保障体系。

（三）坚持目标导向、实行全程追溯。以保证粮食产品质量安全为目标，健全粮油标准体系，充分发挥粮食质量安全检验监测机构作用，强化企业内控制度建设，提高粮食产品全链条质量安全追溯能力。

到2025年，粮食质量安全监测平台、粮油标准体系、粮食质量安全检验监测体系和“好粮油”产品追溯技术规范、追溯标签标识制度和追溯管理办法“一平台两体系三制度”基本建立，实现“好粮油”产品责任主体、产品流向、检验检测、监督抽查等信息可追溯和查询，保障从田间到餐桌的质量安全和绿色优质、营养健康。

二 重点任务

（四）建设粮食质量安全监测平台

建立粮食质量安全监测系统。各省（区、市）充分利用现有信息管理系统，建立本省份统一的粮油产品质量安全监测平台，整合集成粮食特别是“好粮油”产品产购储加销各环节检验监测等信息资源，形成粮食产品质量安全动态信息数据库。强化数据采集、传输、应用和共享，整合建立集保障粮食产品质量安全检验化验、监测预警、信息通报、应急处置、监督检查于一体的信息系统。

提升质量安全检验监测数字化水平。运用大数据、物联网、区块链等信息技术，实现质量安全检验监测信息化，进一步提高检验监测结果的可靠性、及时性，确保粮食质量安全数据的真实性、代表性。做好与国家及省级平台的对接，确保互联互通、信息共享，避免重复建设和资源浪费。

（五）加强粮油标准体系建设

修订发布一批国家标准。推动发布小麦、大豆、稻谷等强制性国家标准，守住质量安全底线。制定“好粮油”系列标准，制修订“中国好粮油”系列大米、小麦粉、花生、油菜籽、葵花籽、杂粮等标准和全谷物标准，引领粮食产业高质量发展。

出台口粮适度加工和节粮减损标准。制修订小麦粉、大豆油、菜籽油等口粮适度加工技术规程，完善高标准粮仓建设、绿色储粮、节粮减损相关标准，有效减少粮食和“好粮油”产品损失浪费。

鼓励支持地方、社会团体、企业标准制修订。鼓励地方、社会团体制定具有地方特色、服务于团体会员高质量发展的粮油地方标准或团体标准。支持企业制定优于国家标准、行业标准相关技术要求的企业“好粮油”等产品标准。

（六）提升粮食质量安全检验监测体系能力

强化粮食质量安全检验监测体系建设。进一步统筹发挥现有粮食质量安全检验监测机构和企业检化验室，以及其他粮食质量安全检验机构作用，合理高效使用原有和新配置仪器设备，通过深化改革转型发展，全面提升粮食质量安全检验监测能力。国家级和省级粮食质量安全检验监测机构注重发挥示范带动和公益性服务作用；市县级机构注重发挥基础性作用，服务粮食质量安全第三方检验监测；企业检化验室注重发挥内部质量管控作用，共同为粮食产品从生产到销售各环节提供检验服务，全方位服务“好粮油”产品质量追溯。

提高粮食检验监测专业化能力。强化粮食质量安全检验监测人才队伍建设，加大技能培训力度，着力提高专业素养，不断提升服务粮食质量特别是“好粮油”产品质量、储存品质及食品安全指标检验化验、快速检测能力和水平。

依托具备条件的各级粮食质量安全检验监测机构积极开展粮食质量安全第三方检验监测。在政策性粮食入库平仓验收、储存、销售出库等环节开展第三方检验监测；同时，为种粮农民、粮食交易双方等提供方便快捷灵活的质量安全检验服务。

积极开展风险监测工作。省级粮食和物资储备部门根据本地主要粮食种植品种、商品量、库存量、消费量、消费方式等实际情况，制定并实施粮食质量安全风险监测计划，做好收获环节质量调查、品质测报等工作，科学设定样品数量，确保样品代表性，为服务粮食质量追溯提供基础数据。

（七）建立“好粮油”产品追溯技术规范和管理制度

制定“好粮油”产品追溯技术规范。以落实主体责任、保障质量安全和服务追溯管理为核心，制定数据采集指标、传输格式、接口和编码规则等技术规范，为实现“好粮油”产品追溯提供技术基础。

建立“好粮油”产品追溯标签标识制度。针对不同“好粮油”产品生产流通特性，结合“中国好粮油”和省级“好粮油”系列标准，制定追溯标签标识制度，涵盖原料来源、生产过程、产品检验、销售流向等内容，确保全链条各环节信息通查通识。

制定“好粮油”产品追溯管理办法。以强化“好粮油”产品生产企业主体责任为核心，制定“好粮油”产品追溯管理办法，明确追溯要求，规范追溯流程，健全管理规则，建立整改、退出和责任追究机制。

（八）开展“好粮油”产品追溯

依托“好粮油”企业联盟等组织，推动企业开展“好粮油”产品追溯试点。支持“中国好粮油”示范企业和市县级“好粮油”龙头骨干企业完善必要追溯条件，先行先试，确保原粮来源可查询、产品去向可追溯、事故责任可追究。省级粮食和物资储备部门要及时总结试点经验，形成可推广、可复制的模式，鼓励其他具备条件的粮食企业参照“好粮油”做法，积极开展质量追溯。

三 保障措施

（九）加强组织领导。各地要明确目标任务，完善工作机制，细化职责分工，强化协调配合，层层压实责任，确保落地见效。省级粮食和物资储备部门要加强统筹协调，及时解决实施中出现的问题，督促指导“好粮油”产品企业严格落实“好粮油”产品追溯主体责任，建立健全追溯制度，确保“好粮油”产品质量安全。

（十）加大科技创新力度。充分发挥各级粮食质量安全检验监测机构、科研院所、大专院校以及粮食企业优势和技术特长，促进检学研用结合，提升追溯技术基础研究和实际需求相结合的能力。加快粮食质量安全评价与检测技术开发、科技成果转化和推广应用，服务粮食质量追溯。

（十一）强化人才队伍建设。各地要加快完善涉及粮食质量追溯的人才培养培育机制，组织相关人员开展质量追溯、检验检测技术特别是实操能力等培训，深入学习掌握粮食质量安全法律法规、政策规定，为粮食质量追溯提供强有力的人才支撑。

（十二）落实经费保障。各地要认真落实《意见》要求，加强对中央财政安排的产粮大县奖励资金和粮食风险基金等资金统筹，积极支持开展粮食质量追溯提升行动。地方粮食和物资储备部门要主动加强与同级财政、市场监管等部门的沟通协调，以开展粮食质量追溯提升行动为契机，落实粮食质量安全检验机构经费保障，为提升质量追溯能力创造条件。

附件 4

粮食机械装备提升行动方案（试行）

为深入贯彻习近平总书记关于深入推进优质粮食工程、做好粮食市场和流通文章的重要指示精神，认真落实党中央、国务院有关决策部署，抓好财政部、国家粮食和物资储备局《关于深入推进优质粮食工程的意见》（财建〔2021〕177 号，以下简称《意见》）落地见效，现制定粮食机械装备提升行动方案。

一 总体要求

以习近平新时代中国特色社会主义思想为指导，深入实施粮食安全战略、创新驱动发展战略、制造强国战略，大力推动粮油加工先进装备研发和产业化，大力推广应用具有自主知识产权和核心技术的粮油加工成套装备、粮食清理烘干装备、粮食仓储物流机械、粮食检测仪器等，促进粮机装备制造技术与数字化、智能化等技术深度融合，推动粮机装备产业转型升级，增强粮机装备制造业竞争优势，更好地服务粮食产业高质量发展。

（一）坚持市场主导、政府引导。以产业需求为导向，突出市场主体地位，激发市场活力和企业创新动力。强化规划引领、政策扶持、监管服务等作用，着力营造粮机装备产业发展良好环境。

（二）坚持创新驱动、做强做优。发挥行业科技创新的支撑引领作用，加快粮机装备制造企业体制机制、经营方式和商业模式创新。整合资源，培育壮大粮机装备制造企业规模，扩大自主品牌影响力，提升粮机装备核心竞争力。

（三）坚持研用结合、双轮驱动。加强现代粮机装备产业战略性、前沿性、颠覆性技术研发和设备生产，根据不同区域、不同领域、不同主体的实际情况，鼓励粮食企业选用具有自主知识产权的现代粮机装备。

到 2025 年，我国粮机装备制造业技术水平整体提升，生产数字化、智能化和企业现代化管理水平明显提高，粮机装备及配件设计、加工、制造工艺水平进一步提升。粮机装备创新体系更加完善，基础研究、应用研究取得重大进展，解决一批在绿色仓储、粮油加工、环保烘干、物流接卸、节粮减损、检验监测等领域制约粮机装备产业发展的关键问题。科技成果加快转化，拥有自主知识产权的先进粮机装备推广使用范围不断扩大，产学研用深度融合，技术转移和应用成效不断提升，粮机装备科技人才队伍结构更加合理。

二 主要任务

（四）提高优质粮油加工装备自主化水平。强化粮机装备关键基础材料自主研制能力，加强粮机装备关键核心技术自主研发，提升粮机装备自主设计能力，推进粮机装备制造智能、使用稳定。鼓励稻谷加工装备科研机构研究创新砻谷等工艺原理，引导新装备技术转化。优化磨粉机磨辊材质，利用高精度加工母机提高装备加工精度。鼓励油脂装备企业开展3000t/d以上规模浸出器、3000t/d以上规模蒸脱机、200t/d以上规模蝶式分离机研发，以及规模化混合器、脱臭塔、真空设备等研发。引导粮食深加工成套装备自主研发，促进米蛋白、小麦糊粉层、专用油脂等高附加值产品产出。鼓励粮机装备企业与仪表、阀门、电机、减速器、自控仪表等生产企业跨行业联合自主创新，构建粮机装备产业自主化生态。

（五）夯实粮机装备产业研发技术基础。组织粮机装备科研机构和企业联合开展绿色加工装备技术基础研究，优化装备结构设计，探索应用新材料，降低传统物料消耗，提高机械加工精度。开展粮机装备先进传感器应用研究，提高粮机装备作业环境现场感知、实时监测、自动导航、按需精准变量作业和远程运维等能力。开展基于工业互联网的粮仓机械数据通讯和存储标准研究，高起点研发智能化新型粮仓机械设备。引导开展基于虚拟样机技术粮机装备研发，充分运用人工智能技术促进粮机装备设计生产制造流程自动化。梳理粮机装备标准，研提标准制修订计划，健全粮机装备标准体系。

（六）支持粮机装备制造企业技术升级改造。鼓励拥有自主知识产权的粮机装备制造企业开展全链条生产装备标准化应用，运用新工艺、新设备改造传统生产线，提升智能化水平，淘汰落后产能，促进粮机装备产品质量提升，增强市场竞争力。支持粮机装备制造企业改造升级数字化制造技术装备，建设智能化与柔性化生产线，提高核心零部件的精度和稳定性。建设智能检验检测系统，提高产品在线监测、在线控制和全生命周期质量追溯能力。鼓励粮机装备制造企业提升设计水平和研发能力，促进产品更新换代。

（七）提升粮机装备绿色环保节能制造水平。引导粮机装备制造企业清洁生产技术改造，升级改造金属表面前处理、喷涂生产、车间烟尘处理等工艺，采用先进环保喷涂生产、车间烟尘处理等系统，全面提升行业加工制造绿色环保水平。推广应用能够改善工作环境、降低劳动强度、保障员工健康的工艺装备，满足国家环保要求。推动环保烘干机械的研制及推广应用，加强热泵烘干机械研发，促进节能减排。

（八）强化粮机装备制造信息化应用能力。促进粮机装备企业应用数字化、自动化、智能化生产装备，提升装备生产技术。建设智能车间、智能工厂，探索人机一体、集约高效的新型制造模式。建设工业4.0粮机装备示范生产企业，鼓励应用虚拟技术、数字模拟技术，提高一体化设计施工能力和产品装配准确度。开展工业云服务平台示范建设，开发配套专用化软件，构建信息服务体系，制定行业互联网相关标准。开展行业大数据平台建设及示范应用，加强企业内部与外部数据整合共享。加快粮机装备互联网平台数据标准体系建设，推广示范应用，满足现代粮机装备产业发展的需要。

（九）建设粮机装备研发测试平台体系。建设粮机装备关键系统及部件试验检测平台，提升进出仓、散料输送、安全清仓等关键装备系统试验检测能力。建设储备库原粮仓储装备系统试验检测平台，提高多品种、多制式装备试验检测能力，满足新产品开发及认证需要。支持具有较强技术研发、试验、检测及技术扩散和服务能力的国内骨干粮机装备制造企业、科研院所建设面向行业服务的重点产品开发检验测试平台。支持产品检验检测平台和第三方认证机构建设，完善粮机装备质量监督监测机制。

（十）鼓励粮食企业应用自主研发的先进适用粮机装备。鼓励企业采购自主研发的先进粮机装备，以应用引导粮机装备制造企业提升研发水平，扩大高端自主化粮机装备产品市场占有率，提高粮机装备产业整体竞争力。在稻谷加工方面，引导应用柔性碾米装备；在小麦加工方面，鼓励使用先进的数字化磨粉机；在油脂加工方面，推广应用先进性、稳定性和可靠性强的大型成套油脂加工装备。

（十一）促进自主研发关键装备示范应用。推广应用自主研发的先进绿色生态储粮、现代物流、环保烘干、加工减损等技术及相关装备。应用依托 RFID 技术的粮食“一卡通”，以及气体传感器、高清摄像设备和算法、专用害虫传感器等，促进物联网技术与粮仓管理深度融合。利用仓储保管技术数字化、信息化手段，提高粮食减损管理水平。加强新型专用散粮、成品粮集装运输装备及配套装卸设备的研制与应用，降低流通转运过程粮食破损率。探索推广使用热泵、生物质等新型热源技术方案，在满足环保要求的同时，提高粮食烘干后品质。推进适度加工技术研发和应用，完善适度加工标准体系，加强行业急需的质量安全快速检测设备研发，减少不必要的粮食损失和能源消耗。

（十二）建设高水平粮机装备技术创新联盟和创新中心。在现有技术平台基础上，支持国家、省（区、市）技术创新中心及制造业创新中心等高水平平台建设，优化粮机装备行业布局，积极融入国家、区域创新体系。鼓励以行业创新型龙头企业、科研院所、高等院校为依托，在粮机装备相关领域建立创新联盟等联合体，开展行业关键技术攻关，打通基础研究—应用研究—工程化产业化创新链条，形成较强的自主创新能力。搭建粮机装备产业生态联盟，促进粮机装备制造产业健康发展。围绕行业关键技术难题，强化服务指导。完善创新中心等平台评估评价体系，促进高质量发展。

三 保障措施

（十三）加强组织领导。各地要落实《意见》要求，加强中央财政产粮大县奖励资金、粮食风险基金等资金统筹，积极支持开展粮机装备提升行动。加强统筹协调，因地制宜优化完善本地区粮机装备产业研发、应用布局。完善财政资金使用方式，包括先建后补、贷款贴息等，并做好同其他政策的协调配合，有效带动社会资本加大粮机产业投入。发挥好粮食相关行业协会、学会、商会在标准、信息、人才、机制、管理等方面的作用，合力推进粮机装备产业转型升级。

（十四）强化科技和人才支撑。促进创新要素向企业集聚，加快培育一批具有市场竞争力的创新型粮机装备领军企业，引导企业加大研发投入和开展创新活动。鼓励科研机构、高校与企业通过共同设立研发基金、实验室、成果推广工作站等方式，开展现代粮机装备研发和应用。凝聚高水平领军人才和创新团队为粮机装备产业服务，发展粮机装备领域高等教育和职业教育，开设粮机装备相关专业和课程，加快培养行业短缺的实用型人才。

（十五）抓好经验总结推广。加大试点示范工作力度，积极推广生产制造先进模式，促进生产制造全过程优化管理。加强对试点示范工作的指导，学习借鉴国内外先进经验，合理确定试点示范领域，认真做好评估和绩效评价工作，及时总结成功经验并推广复制。

（十六）加强横向纵向协作配合。各级粮食和物资储备部门要强化系统上下联动机制，及时沟通、反馈有关问题和情况，通过建立工作联系点、持续跟踪分析等方式，加强对粮机装备产业发展重大问题的分析研判。强化与发展改革、工信等部门的协调配合，主动沟通信息和会商情况，形成工作合力。与研究机构加强交流合作，及时掌握行业发展前沿动态，提高决策科学性。

附件 5

粮食应急保障能力提升行动方案（试行）

为深入贯彻习近平总书记关于深入推进优质粮食工程、做好粮食市场和流通文章的重要指示精神，认真落实党中央、国务院有关决策部署，抓好财政部、国家粮食和物资储备局《关于深入推进优质粮食工程的意见》（财建〔2021〕177 号，以下简称《意见》）落地见效，现制定粮食应急保障能力提升行动方案。

一 总体要求

以习近平新时代中国特色社会主义思想为指导，认真落实国家粮食安全战略，坚持问题导向和底线思维，聚焦补齐短板，防范化解粮食领域重大风险，统筹融合深入推进优质粮食工程和粮食应急保障体系建设，更好发挥服务宏观调控、调节稳定市场、应对突发事件等方面重要作用，有效提升粮食应急保障能力。

（一）政府主导。按照分级负责的原则，加强应急设施建设和维护工作，强化国有龙头企业示范带动，充分调动各类主体承担粮食应急保障任务的积极性，确保粮食应急状态下产购储加销体系各环节有序衔接、协同联动。

（二）统筹资源。注重实物与产能相结合，整合现有粮食应急加工、储运、配送、供应等资源，有效利用社会资源，进一步优化布局结构，提升区域应急保障能力。

（三）平急结合。立足于满足应急保障需要，将提升粮食应急保障能力与实施优质粮食工程、军粮供应工程建设有机融合，做到一举多得、一体多用，提升平时服务、急时保供综合效能。

（四）高效管用。加强粮食应急保障基础设施建设，完善应急功能，提高应急组织协调和快速响应能力，确保应急状态下拿得出、调得快、用得上。

到 2025 年，基本建成布局合理、设施完备、运转高效、保障有力的粮食应急保障体系。应急加工、储运、配送、供应网络更为健全，应急设施布局更加优化完善，应急响应更加迅速高效，风险防控更加精准，粮食应急保障信息系统更加通畅，粮食应急保障能力全面提升。

二 主要任务

（五）提升粮食应急供应能力。将“好粮油”销售示范点、军粮供应网点纳入粮食应急供应网点建设，支持粮食零售网点、连锁超市、商场、粮油批发市场等应急供应网点开设“好粮油”销售专柜，促进粮食应急保障体系与“中国好粮油”行动、军粮供应体系融合发展。原则上不新建应急供应网点，主要根据不同地区、应对不同突发事件的需求，制定应急供应网点的布局和标准，充分发挥现有网点作用，配备相应设施装备，提升粮油应急供应能力。

（六）提升成品粮油仓储能力。建立适度规模的成品粮储备，提高小包装成品粮油储备比例，36个大中城市的地方成品粮油（含必要小包装）储备，达到15天以上（含15天）市场供应量。其他地区统筹区域粮食安全、调控应急需要、人口规模、经济发展等情况，保有一定天数市场供应量的成品粮油储备库存。新建或改建一定规模的成品粮油储备库，配备加热隔热、防潮、调温等设施设备，推广应用低温储存技术，满足成品粮油储备需要。

（七）提升粮食应急生产加工能力。以现有粮油应急加工企业和加工能力为基础，统筹粮源分布、重要物流通道和节点布局，调整优化应急加工能力布局，提升主食加工能力。鼓励和支持一批优质粮食工程示范企业围绕提升应急加工能力进行技术改造，加强小包装灌装粮油生产能力建设，支持推进米面、玉米、杂粮及薯类主食制品的工业化生产，完善应急设施设备，提升粮油应急加工企业仓储和配送能力，确保应急日加工能力与市场日供应量需求相适应。

（八）提升粮食应急物流能力。积极对接国家物流枢纽布局和建设规划，完善辖区内粮食应急物流网络，提升高原地区等复杂条件下粮食应急运输协同保障能力。充分发挥国家粮食和物资储备局垂直管理局所属储备仓库货场、铁路专用线等物流设施优势，为粮食应急运输提供接收、中转、配送等物流服务。支持一批优质粮食工程示范园区、粮食应急配送中心、粮食物流园区，改造升级应急配套设施设备，完善成品粮、集装箱装卸设施和成品粮、主食产品冷链配送功能，提升粮食应急物流信息化水平，提高粮食应急物流效率和配送能力。

（九）提升粮食应急指挥调度能力。加快建设统一的粮食和物资储备应急指挥中心，完善粮食应急保障信息系统，实现各级管理平台、企业平台、粮库系统互联互通、"一张网"运行，提升应急保障效能。加速推动大数据、人工智能、云计算等新技术与粮食应急保障体系深度融合，提升粮食应急保障信息化、智能化水平。积极融入地方应急资源管理平台，发挥综合应急调度作用，在应急状态下实现粮食和重要物资统一调度、重大信息统一发布、关键指令实时下达、多级组织协同联动、发展趋势科学预判。

（十）提升粮食应急区域保障能力。按照集中管理、统一调拨、平时服务、急时应急、节约高效的原则，通过与优质粮食工程示范企业（园区、基地）、综合性储备基地、军粮应急保障基地共建等多种方式，在重点城市群和重要节点城市建设集粮食储备加工、高效物流配送、多级联动等功能于一体的区域粮食应急保障中心，统筹粮食筹措、储备调度、运输配送、紧急供应等资源，提升区域粮食应急保障能力。在重点城市选择地方粮油储备企业、应急加工企业、购销企业、供应网点等进行应急功能升级改造，承担应急任务。建设省级粮食应急保障中心，提升粮食应急加工、主食加工、应急配送等能力，在灾害易发频发地区，建设一批市、县粮食应急保障中心，加强粮食加工、中转配送、仓储应急能力建设，基本形成由都市区"1小时"、周边城市"3小时"、城市群"5小时"构成的"全国粮食135应急保障圈"。

三 保障措施

（十一）加强组织领导。强化各级政府粮食应急保障主体责任，综合考虑粮食产销、灾害发生、经济发展等因素，因地制宜，分类施策，统筹推进粮食加工、储运、物流、供应能力建设，切实增强粮食应急保障能力。

（十二）加强资金保障。各地要落实《意见》要求，加强资金统筹，积极支持开展粮食应急保障能力提升行动。完善财政资金使用方式，包括先建后补、贷款贴息等，并做好同其他政策的协调配合，有效带动社会资本加大投入。鼓励各地设立粮食应急保障专项资金，支持粮食应急保障企业发展。

（十三）加强政策扶持。积极协调相关部门，争取税收、用地、用电、用工、物流运输等政策支持，鼓励和扶持粮食应急保障企业发展，强化仓储设施、政策性粮油销售、粮油储备、成品粮应急储备等方面能力提升，更好承担应急保障任务。

（十四）加强金融信贷服务。认定一批应急保障能力强、生产经营能力强、积极承担应急任务的优质粮食工程示范企业和粮食应急保障企业，作为重点信贷支持企业，协调金融机构在风险可控的前提下按规定予以优先重点支持。

附件 6

粮食节约减损健康消费提升行动方案（试行）

为深入贯彻习近平总书记关于深入推进优质粮食工程、做好粮食市场和流通文章的重要指示精神，认真落实中共中央办公厅、国务院办公厅印发的《粮食节约行动方案》等决策部署，抓好财政部、国家粮食和物资储备局《关于深入推进优质粮食工程的意见》（财建〔2021〕177 号，以下简称《意见》）落地见效，现制定粮食节约减损健康消费提升行动方案。

一 总体要求

以习近平新时代中国特色社会主义思想为指导，立足新发展阶段，贯彻新发展理念，构建新发展格局，推动高质量发展，全面实施国家粮食安全战略、创新驱动发展战略和健康中国战略，强化粮食产后各环节损失控制，推动粮食科学减损和营养健康消费，提升粮食供给品质，为保障国家粮食安全、促进粮食产业高质量发展提供有力支撑。

（一）突出全链条减损。聚焦粮食收购、清理烘干、仓储物流、加工利用、销售和消费等环节，全面推进粮食产后各环节减损。加强指导农户科学储粮。

（二）突出多措并举。采取科研攻关、成果推广、标准制修订、管理提升、强化宣传等多种措施，系统促进减少粮食损失浪费。

（三）突出创新引领。加大科技创新力度，加强节粮减损技术和装备研发，促进资源节约和高效利用。

（四）突出高质量减损。构建节粮减损与提质增效融合促进、节粮减损与营养健康协同发展、节粮减损与产业升级同步推进的良好局面。

“十四五”期间，积极推进粮食产后减损技术应用，促进产后各环节减损降耗，进一步制定完善节粮减损相关法律和标准体系，强化科技创新，深入开展爱粮节粮、科学减损宣传教育，使节粮减损和健康消费成效更加显著。在粮食收购环节，充分发挥粮食产后服务体系作用；在粮食储藏环节，着力降低农户储粮损失，积极推进绿色仓储技术应用；在粮食物流环节，着力强化多式联运技术等推广应用；在粮食加工环节，大力推广适度加工技术装备，推动粮油副产物“吃干榨净”；在粮食消费环节，持续加强营养健康粮油产品供给，倡导营养、均衡、健康消费理念。

二 主要任务

（五）强化粮食收获后减损。充分发挥粮食产后服务体系作用，引导粮食产后服务中心及时为农民提供收储、清理、烘干、加工、销售等服务，降低收获后损失。推广使用新型绿色烘干热源技术，鼓励各类主体为农民提供粮食烘干服务，提高粮食烘干能力。探索建设粮食清理中心，促进粮食清理环保设备推广应用。联合供销社为农服务中心、中化现代农技服务中心等新型农业经营主体，提升综合服务效能，加强农户粮食整理晾晒指导，通过提供信息服务、科技特派员等方式，指导农户做好庭院保粮。

（六）强化粮食储藏减损。推广节粮减损提质增效新技术、现代粮仓构建技术和现代物流配套技术，推进横向通风等储粮“四合一”升级新技术广泛应用，助力老旧仓房升级改造。深入研究粮堆温、湿、热迁移规律，推进低温低能耗成套储粮技术集成创新。开展低温储粮技术筛选，推广低成本、高效率储粮减损技术应用，推进绿色储粮。推广使用储粮新仓型，促进粮食仓储信息化。积极指导农户科学储粮，为农户提供科学储粮技术培训和服务，推广经济适用的钢板仓、钢网仓等储粮新装具，有效减少“地趴粮”和粮食霉变。研发生物、植物源新型储粮药剂，推广使用多杀菌素、川楝子素等储粮生物药剂，以及防霉抑菌技术应用。

（七）强化粮油加工减损。推广稻谷、小麦、玉米、大豆等粮油适度加工和粮油副产物综合利用成果，用市场化手段推进低温升、高效柔性等碾米设备在粮油加工企业应用。促进智能化小麦磨粉新装备应用，提高出粉率，引导适度加工小麦粉产品销售。鼓励使用拥有自主知识产权的高效成套油脂加工设备，对油脂加工生产线开展技术改造。改进制油工艺，提高杂粕质量。提高粮油加工行业数字化管理水平，促进减损增效。开发全谷物原料质量稳定控制、食用品质改良、活性保持等技术，推进全谷物粮油加工技术开发和应用。开发杂粮食品生产品质控制技术。通过节约型粮油加工示范等，引导淘汰高耗粮、高耗能、高污染的落后产能和工艺设备。制修订粮油加工标准，确定合理加工精度，引导适度加工。

（八）强化粮食物流减损。加强原粮转运、装卸设备开发和应用。开发粮食接卸、粮食防分级防破碎入仓装置和设备，推广新型专用散粮、成品粮集装运输装备及配套装卸设备，应用集装箱散粮运输、公铁水多式联运技术，推动粮食减损物流装备升级，降低粮食流通转运破碎率，探索短途粮食物流减损技术，推进粮食物流标准化。推广应用物联网、大数据、云计算、5G 等信息技术，优化物流线路，降低运输周期。探索粮食物流商业新模式，加强成品粮物流管理，避免成品粮运输压货滞期等问题。开发粮食产业链溯源技术。开发农村粮食物流技术装备。

（九）强化消费环节减损。大力倡导科学消费、文明消费，树立节俭风尚，鼓励提供“小份菜”“小份饭”，严禁铺张浪费。严格落实中央八项规定及其实施细则精神，加强接待、会议、培训等公务活动用餐管理，科学安排饭菜数量，推行简餐和标准化饮食，杜绝公务活动用餐浪费行为。合理安排原料采购，从源头减少餐厨垃圾。粮食和物资储备部门要当好表率，以良好的作风引领社会风尚，并积极配合有关部门落实餐饮环节减少食物浪费的要求。

（十）强化粮油循环利用和综合利用。推进粮油组分分析开发，促进我国油脂加工产业中豆粕、花生粕、菜籽粕、葵花籽粕、亚麻籽粕等副产物的增值利用，研制多样化健康产品。研发应用米糠、麸皮、玉米皮、玉米芯、饼粕等粮油加工副产物高效转化生产蛋白质、活性多糖、膳食纤维、功能活性物质等新技术。探索以粮油加工副产物为原料的生物质材料高效生产技术。推动粮油加工副产物循环利用、高值利用和梯次利用，提高粮食加工副产物综合利用水平，实现转化增值。鼓励粮食企业应用绿色、低碳、环保设备和技术，构建循环经济系统，降低单位产品能耗和物耗水平。

（十一）强化粮食减损法规体系和标准体系构建。全面推进节粮减损相关法律立法进程，加强《中华人民共和国反食品浪费法》《粮食流通管理条例》宣贯。指导地方开展粮食立法修规，强化依法管粮，促进节粮减损。坚持制度管粮和技术管粮相结合，严格执行《粮油仓储管理办法》和《粮油储藏技术规范》，以及《粮油储存安全责任暂行规定》《粮油安全储存守则》《粮库安全生产守则》等制度标准，深入落实储粮质量安全责任制和各项管理措施，确保储存粮食数量、质量和卫生安全。加强储存、物流、加工等环节节粮减损相关标准研究和制订，强化标准引领，促进节粮减损。研究设置粮食产后损失观察点，了解粮食产后有关损失情况。

（十二）强化粮油营养健康技术创新和应用。构建粮油营养成分及公众营养健康数据平台，系统研究粮食加工储运过程中食物营养组分的变化规律与人体健康的关系。研究膳食模式与糖脂代谢、肠道菌群等之间的关系，开发适合不同人群的营养健康食品，引导健康消费。构建粮油品质综合评价方法与标准体系，引导粮油及其制品品质升级。开发基于微量营养素保留的粮油精准加工技术和生物加工技术，升级小麦原料清理技术，重点突破小麦和稻谷碾磨与分级及油脂精炼环节技术。开发营养食品靶向设计与制造技术，科学提高生物利用率。研究以粮油食品为核心的健康膳食解决方案并开展示范。

（十三）强化营养健康粮油产品生产和消费。鼓励企业研发生产并推广营养健康粮油产品。支持粮油加工企业开展高品质健康粮油电子商务，推广“线上粮油商店”“健康厨房”等新型粮油零售业态，实现高品质营养健康粮油产品从农场到餐桌的“一站式”服务。推进“特色粮油生产＋研发基地”示范工程，建立产学研用融合的主粮、杂粮和粮油制品研发基地，促进营养学科研究成果在大中型粮油企业转化。开发并推广全谷物粮油食品，系统推进全谷物科技行动和全谷物多场景示范行动。探索实施融合精准营养食品智能制造体系的“精准营养食品＋智能制造”工程。推进粮油加工为主导产业的国家农业高新技术产业示范区建设。推广新技术成果，助力饲料粮减量替代。

（十四）强化节粮减损国内国际合作。积极探索制定粮食产后减损工作方案，系统指导粮食仓储、运输、加工、消费等环节减损工作。围绕《联合国2030年可持续发展议程》减损任务，积极推进节粮减损国际合作，在政策对话、技术推广、科技创新、标准制定、能力构建、项目示范、人员培训、装备设施展示等方面与联合国粮食及农业组织（FAO）、世界粮食计划署（WFP）等国际组织及有关国家和地区开展务实合作。与“一带一路”国家和地区、非洲联盟等国际组织开展粮食产后科技合作。推动国际粮食减损大会机制化，加强粮食产后减损对外交流。

（十五）强化人才培养推进减损工作可持续发展。推进科技与人才深度融合，推动产学研协同发展。加强职业技能教育培训，开展岗位练兵，大力培树典型，加强高技能人才培养工作，发挥人才对节粮减损的有效支撑作用。完善有关减损数量调查核算方法，强化粮食产后损失评估监控。结合科普宣传和教育培训，加强节粮减损宣传教育。通过科技创新和成果推广，为节粮减损工作提供可持续的发展动力。

（十六）强化宣传营造爱粮节粮良好氛围。组织开展世界粮食日和全国粮食安全宣传周、全国粮食和物资储备科技活动周、粮食质量安全宣传日等主题活动。创新宣传形式，积极开展爱粮节粮宣传教育，加强节粮减损技术和粮油营养健康知识宣传和普及，宣传科学消费知识。发挥“国家爱粮节粮科普平台”作用，继续深入打造“节约一粒粮”宣传教育活动品牌。推进粮食节约宣传教育进机关、进学校、进企业、进社区、进农村、进家庭、进军营。继续创建全国粮食安全宣传教育基地，发挥已认定宣传教育基地作用。开展“节粮减损”志愿者活动。深入推进单位食堂节粮，倡导按需取用，自觉践行“光盘行动”，切实防止“舌尖上的浪费”。大力宣传节约光荣、浪费可耻的观念，努力营造厉行节约、反对浪费的社会风气。

三 保障措施

（十七）加强政策指导。系统推进节粮减损工作，积极促进各项节粮减损和营养健康相关工作取得实效。各地各单位要强化政策引领和路径设计，因地制宜做好粮食减损管理和产业发展的衔接，细化粮食减损行动的具体举措，积极培育项目，提升粮食产业节粮减损水平。

（十八）加大支持力度。发挥创新第一动力、人才第一资源的积极作用，为科学高效节粮减损提供智力支持。各地要落实《意见》要求，加强中央财政安排的产粮大县奖励资金、粮食风险基金等资金统筹，积极支持开展粮食节约减损健康消费提升行动。创新投融资方式，不断完善财政资金使用方式，包括先建后补、贷款贴息等，并做好同其他政策的协调配合，有效带动社会资本加大节粮减损领域投入，提高节粮减损装备和技术水平。

（十九）推进交流协作。充分调动多元市场主体和协会、学会等社会组织的积极性，共同推进节粮减损工作。及时总结节粮减损行动典型经验，选树推广先进典型，促进相互学习借鉴。大力弘扬工匠精神，传承“四无粮仓”精神，营造各方共同关注、支持节粮减损工作的良好氛围。

关于公布第三批全国粮食安全宣传教育基地名单的通知

国粮发〔2021〕237 号

各省、自治区、直辖市及新疆生产建设兵团粮食和物资储备局（粮食局）、农业农村（农牧）厅（局、委）、教育厅（教委、教育局）、科技厅（委、局）、妇联：

为认真贯彻落实党中央、国务院关于改革完善体制机制加强粮食储备安全管理的决策部署，根据国家粮食和物资储备局、农业农村部、教育部、科技部、全国妇联《关于做好 2021 年世界粮食日和全国粮食安全宣传周活动的通知》（国粮发〔2021〕167 号）安排，现确定湖北省现代农业展示中心等 70 家单位为第三批全国粮食安全宣传教育基地。

确定发布全国粮食安全宣传教育基地是深入开展粮食安全宣传教育、营造保障国家粮食安全浓厚氛围的重要内容。各基地要按照《全国粮食安全宣传教育基地管理办法》（国粮发规〔2020〕145 号）有关规定，结合本单位地域、行业、职能等特色优势，创新组织开展形式多样的粮食安全主题宣传教育活动，不断放大宣传教育实际效果；按照要求及时报送工作总结报告及相关材料。

附件：第三批全国粮食安全宣传教育基地名单

国家粮食和物资储备局 农业农村部
教育部 科技部 全国妇联
2021 年 11 月 12 日

附件

第三批全国粮食安全宣传教育基地名单

（排名不分先后）

序号	名称
1	湖北省现代农业展示中心
2	泗洪县稻米文化馆
3	北京林业大学
4	上海师范大学
5	华东理工大学
6	吉林农业大学
7	四川师范大学
8	辛集市马兰农场
9	辽宁省农业科学院
10	黑龙江八一农垦大学
11	舒城县农业科学研究所
12	江西省农业科学院基地管理中心
13	河南农业大学
14	湖北省农业科学院粮食作物研究所
15	澧县城头山国家考古遗址公园管理处
16	天津丰盈米业股份有限公司
17	内蒙古蒙清农业科技开发有限责任公司
18	吉林省荣发生态农业开发有限公司
19	常州市东南有机稻米种植专业合作社
20	浙江省丽水市遂昌县新路湾镇蕉川村
21	南昌金进果粮油有限公司
22	余江县富昌水稻种植专业合作社
23	东莞市太粮米业有限公司
24	哈尔滨市东跃现代农机专业合作社
25	皖西北（阜南）粮食产业园
26	于都县富硒产业发展中心
27	武汉轻工大学
28	新疆工业经济学校（新疆经济贸易技师学院）
29	银川市军粮供应有限公司
30	滁州市军粮供应站
31	山东省粮油检测中心
32	湖北省粮油食品质量监督检测中心
33	广西壮族自治区粮油质量检验中心
34	陕西省粮食质量安全中心
35	贵阳市粮油质量检测中心
36	黑龙江省五常金禾米业有限责任公司

37	北京市经济管理学校
38	天津利达粮油有限公司
39	石家庄鹿泉区省级粮食储备库
40	山西省粮食和物资储备局山西粮食文化主题展厅
41	乌拉盖管理区哈拉盖图农牧场
42	辽宁大连金州国家粮食储备库
43	吉林省长春市九台区龙嘉街道红光村
44	吉林工商学院
45	上海松江粮油购销有限公司
46	南方小麦交易市场有限公司
47	宁波市鄞州粮食收储有限公司（宁波粮食文化陈列馆）
48	安徽科技贸易学校（安徽粮食经济技师学院）
49	福建省储备粮管理有限公司长乐直属库
50	福建泉州市金穗米业有限公司
51	福建农林大学
52	福建经贸学校
53	江西省储备粮永修有限公司
54	山东富世康工贸集团有限公司
55	山东省台儿庄古城旅游集团有限公司（中国运河粮仓博物馆）
56	河南郑州兴隆国家粮食储备库
57	湖南省粮油产品质量监测中心
58	湖南杂交水稻研究中心
59	佛山文创古镇粮食博物馆
60	广州岭南穗粮谷物股份有限公司
61	广西农业职业技术大学
62	海口市粮油产品质量监测站
63	红蜻蜓（重庆）植物油脂有限公司
64	西南财经大学
65	昆明国家粮食储备有限公司
66	西藏拉萨国家粮食储备库
67	甘肃财贸职业学院
68	青海江河源农牧科技发展有限公司
69	新疆维吾尔自治区储备粮管理有限责任公司
70	阿拉尔市文化馆

关于印发《国家粮食流通统计调查制度》等3项制度的通知

国粮粮规〔2021〕250号

各省、自治区、直辖市粮食和物资储备局（粮食局），中国储备粮管理集团有限公司：

为适应粮食流通工作新形势新要求，切实提高粮食统计数据质量，更好地发挥统计工作在服务宏观调控中的重要作用，结合新修订的《粮食流通管理条例》，我局对《国家粮食流通统计调查制度》进行了优化调整，并已经国家统计局审核批准。同时，对《国家粮食流通统计调查制度实施细则》和《关于防范和惩治粮食流通统计造假弄虚作假责任制规定（试行）》进行了修订完善。现一并印发给你们，请认真遵照执行。

附件：1. 国家粮食流通统计调查制度（略）
2. 国家粮食流通统计调查制度实施细则（略）
3. 关于防范和惩治粮食流通统计造假弄虚作假责任制规定（试行）（略）

国家粮食和物资储备局
2021年11月21日

关于印发《粮食企业执行会计准则有关粮油业务会计处理指引》的通知

国粮财〔2021〕281 号

各省、自治区、直辖市及新疆生产建设兵团粮食和物资储备局（粮食局），中国储备粮管理集团有限公司、中粮集团有限公司、中国供销集团有限公司：

为指导粮食企业更好执行《企业会计准则》等制度，加强财务管理、规范会计核算、完善内控体系建设，现将《粮食企业执行会计准则有关粮油业务会计处理指引》印发给你们，请结合工作实际，抓好贯彻落实。

国家粮食和物资储备局

2021 年 12 月 17 日

粮食企业执行会计准则有关粮油业务会计处理指引

一 有关粮油业务会计处理

（一）关于粮油库存成本的核算。设置“储备粮油”一级科目，核算粮食企业库存的用于调节粮食供求总量、稳定粮食市场，以及应对重大自然灾害或突发事件的中央储备粮油、地方储备粮油、最低收购价粮食、国家临时储存粮油等政策性粮油的实际成本。该科目可按政策性粮油的权属和品种进行明细核算。有定向供应粮油业务的企业可在该科目下设置“定向供应粮油”二级科目，核算粮食企业按照政府指令，向军队、受灾人员、低收入人员、执行退耕还林（退牧还草、禁牧舍饲）政策的农牧民等特定群体以及为平抑市场粮价限价销售等特定目标供应的粮油商品的实际成本。该科目可根据不同供应人群类别进行明细核算。设置“轮换粮油”一级科目，核算粮食企业按照主管部门下达的轮换计划轮换中央或地方储备粮油的实际成本。储备粮油应按历史成本计价，不计提存货跌价准备，国家对政策性粮油成本计价有特殊规定的，从其规定。

设置“商品粮油”一级科目，核算粮食企业库存的自营商品粮油的实际成本。

外购粮油存货成本具体包括：购买价款，以及达到入库储存状态前发生的运输费、装卸费、保险费、包装费、烘晒费、运输途中的合理损耗、入库前挑选整理费用和实际发生的合理损耗以及按规定可以计入粮油成本的税金及其他费用。其中，有关政策性粮油库存成本需经政府有关部门审核确定的，应先将购买粮食所支付的价款通过“储备粮油”科目下设的“待核 ×× 粮油价款”明细科目归集，发生的收购、运输等入库前费用通过“待核 ×× 粮油费用”明细科目归集；政府有关部门核定粮油成本后，将购进粮食价款和费用，转入相应的政策性粮油库存成本；企业实际成本支出与政府部门核定成本之间的差额通过“储备粮油结算价差收入”和“储备粮油结算价差支出”科目核算，计入当期损益。

（二）关于储备粮油轮换。储备粮油轮换采取成本不变、实物推陈储新方式进行。企业轮出储备粮油，按销售额借记“银行存款”科目，贷记“主营业务收入－×× 粮油轮换销售收入”科目。储备粮油轮换成本结转按照以下原则：已轮入的粮油按购进成本结转，尚未轮入的粮油暂按售价结转，待轮入后再根据实际购价进行调整。借记“主营业务成本－×× 粮油轮换销售成本”科目，贷记“轮换粮油”科目。地方储备粮油成本结转有相关具体财务管理规定的，从其规定。

储备粮油轮换采取财政承担价差亏损或盈余、成本重新核定方式进行的，轮出粮油参照储备粮油销售处理，销售成本按账面库存成本结转，轮入粮油参照储备粮油购进处理。

（三）关于储备粮油等政策性粮油移库。政策性粮油移库储存时，调出企业在会计处理上直接核减粮油库存和贷款，不作销售处理；调入库点按照购进处理，相应增加粮油库存和贷款。跨省铁（水）路运输费用由农发行贷款解决，经财政部门审核后计入移库粮食库存成本。其他费用（包括出入库费用、短途运输费用、包装物费用、运输损耗、运输保险、站台费用及装卸费等合理必要的费用支出）由财政部门按计划内调运粮食数量及包干补贴标准核算。在税务处理上，储备粮油等政策性粮油移库视同销售处理，调出方应按有关规定向调入企业开具发票。地方储备粮油等政策性粮油移库有相关具体财务管理规定的，从其规定。

（四）关于储备粮油等政策性粮油销售。粮食企业按政府指令性计划销售储备粮油等政策性粮油，按销售额借记“银行存款”或“应收账款”科目，贷记“主营业务收入－××粮油销售收入”科目；月末按库存成本，借记“主营业务成本－××粮油销售成本”科目，贷记“储备粮油”科目。价差盈余时，借记“主营业务收入－××粮油销售收入”科目，贷记“其他应付款－应上交财政价差款”科目；上缴时，借记“其他应付款－应上交财政部门差价款”科目，贷记“银行存款”科目。价差亏损按财政确定的弥补数额，借记“递延收益－××粮油价差补贴”科目，贷记“其他收益”科目；收到时，借记“银行存款”科目，贷记“递延收益－××粮油价差补贴”科目。

（五）关于粮食损耗、损失和溢余。企业应加强粮食流通过程中收购、销售、调拨、存储和加工等各环节的实物管理，减少损失和溢余。对于发生损耗、损失和溢余的，应分清情况，规范、及时、准确进行账务处理，确保账实相符。

粮食损耗包括自然损耗和水分杂质减量等，损耗量的确定以实际出入库检斤数量为准。粮食损耗以每个独立货位（仓、囤）出清时计算确认。损耗分为定额损耗和非定额损耗，发生定额损耗计入“销售费用－粮油损耗”；非定额损耗，应查清原因，按相关规定处理。粮食出库后应及时处理损耗，损耗单价可以是成本价或成交价。

粮油在储存和流转过程中，由于自然灾害或责任事故造成的非正常损失，在未经批准处理之前，将损失金额计入“待处理财产损溢”科目，待调查清楚明确责任后，属于人为因素造成的，按应扣除过失人的赔偿金额，借记“其他应收款”等科目；属不可抗力原因造成的，按批准金额借记“营业外支出”科目。损失单价按照成本价计价。

计算溢余应以每个独立货位（仓、囤）出清或盘点时计算确认，不得冲抵其他货位（仓、囤）的损耗或损失。对发生的粮食溢余，要进一步分析原因，特别是有没有超标准扣水扣杂，有没有对农民压级压价。发生溢余时通过“待处理财产损溢”科目核算。借记“商品粮油”或“储备粮油”科目，贷记“待处理财产损溢”科目。批准处理后，冲减“销售费用－粮油损耗”或计入“营业外收入”。溢余未经批准不得处置。

在政策性粮油收购过程中，粮食企业收购农民粮食，对农民交售的高水分、高杂质粮食，按照国家粮油质量标准扣量，其中弥补烘干入库整理费用等扣量形成的库存按权属记入“储备粮油”科目。

（六）关于粮油品种兑换。粮油品种兑换账务处理适用《企业会计准则第 14 号—收入》准则，视同销售处理。借记存货等科目，贷记“主营业务收入”科目；同时结转成本，借记“主营业务成本”科目，贷记存货等科目。如兑换业务涉及补价及税金，按有关政策执行。

（七）关于粮油代购、代储、代销、代加工的处理

1. 关于粮食代购。粮食企业代其他市场化收购经营主体收购粮食，视同中介收取手续费方式代购的，企业收到委托代购粮油款时，借记“银行存款”或“库存现金”等科目，贷记“预收账款”科目。按约定价格收购入库时，借记“受托代购商品”科目，贷记“银行存款”或“现金”等科目，同时借记“预收账款”科目，贷记“受托代购商品款”科目。代购粮油出库时，借记“受托代购商品款”科目，贷记“受托代购商品”科目。视同购销方式代购的，企业按照粮食购进和销售进行处理，确认损益。

2. 关于粮食代储。粮食企业代农储粮或接受其他单位委托代储粮油时，按照双方协议价格或市价，借记“受托代储商品”科目，贷记“受托代储商品款”科目，代储行为结束，作相反会计分录。

3. 关于粮食代销。粮食企业代其他市场化收购经营主体销售粮食，视同中介收取手续费方式代销的，企业收到委托代销粮油，按约定价格借记“受托代销商品”科目，贷记“受托代销商品款”科目。按约定价格销售代销粮油，借记“银行存款”科目，贷记“应付账款”等科目，同时借记“受托代销商品款”科目，贷记“受托代销商品”科目。交付代销款时，借记“应付账款”科目，贷记“银行存款”科目。

视同购销方式代销的，按实际销售额确认销售收入，借记“银行存款”科目，贷记“主营业务收入”科目；按约定价格和价款结转销售成本，借记“主营业务成本”科目，贷记“受托代销商品”科目，同时借记“受托代销商品款”等科目，贷记“应付账款”科目。

4. 关于粮食代加工。粮食企业收到受托加工材料物资时，借记“受托加工物资”科目，贷记“受托加工物资款”科目。加工完成，将加工物资发给委托方作相反分录。

企业代购、代销、代储、代加工，收取的手续费，借记“银行存款”科目，贷记“其他业务收入”科目。

5. 政策性粮油代储业务，代储企业应建立备查账进行管理，确保账账相符、账证相符、账实相符。

（八）粮食竞价交易

1. 关于粮食交易市场。交易市场向客户收取的保证金和货款分会员、分性质、分类别细化核算。

客户向交易市场汇款用于粮食交易及履约时，借记“现金”“银行存款”等科目，贷记“其他应付款－会员资金－可用资金（××客户）”科目。交易市场向客户退款时，做相反会计分录。

客户竞价交易成功，资金由可用资金划转为保证金时，借记“其他应付款－会员资金－可用资金（××客户）”或其他相关科目，贷记“其他应付款－会员资金－冻结交易保证金（××客户）”“其他应付款－会员资金－冻结履约保证金（××客户）”科目。若交易不成功或客户履约结束，交易市场退回客户保证金时做相反会计分录。

客户支付合同汇款，资金由可用资金划转为货款时，借记“其他应付款－会员资金－可用资金（××客户）”或其他相关科目，贷记“其他应付款－会员资金－冻结货款（××客户）”科目。根据相关规定，可将保证金转为货款的，借记“其他应付款－会员资金－冻结交易保证金（××客户）”“其他应付款－会员资金－冻结履约保证金（××客户）”科目，贷记“其他应付款－会员资金－冻结货款（××客户）”科目。双方验收确认，交易市场进行货款结算时，借记“其他应付款－会员资金－冻结货款（××客户）”科目，贷记“其他应付款－会员资金－可用资金（××客户）”“其他应付款－应上交财政差价款”等科目；交易市场将货款资金汇款至卖方客户时，借记“其他应付款－会员资金－可用资金（××客户）”或其他相关科目，贷记“现金”“银行存款”等科目。

若客户履行合同违约，交易市场代受损方扣取违约方违约金时，借记“其他应付款－会员资金－冻结履约保证金（××客户）”科目，贷记“其他应付款－会员资金－可用资金（××客户）”或其他相关类科目。

交易市场向买卖双方收取交易手续费和违约金时，借记“其他应付款－会员资金－冻结交易保证金（××客户）”及其他相关科目，贷记“其他应付款－市场收入－可用资金（交易市场）”科目。交易市场确认手续费、违约金收入时，若交易市场为企业性质的，借记“现金”“银行存款”等科目，贷记“主营业务收入”科目；若交易市场为事业单位性质，需按政府会计准则平行记账的，借记“现金”“银行存款”等科目，贷记“事业收入”科目，同时，借记“现金”“银行存款”等科目，贷记“事业预算收入”科目。

2. 关于粮食企业进场交易。粮食企业向交易市场交存保证金时，借记“其他应收款－保证金”科目，贷记“银行存款”科目；划回保证金，作相反会计分录。竞价交易成功后，按交易细则履约，买方支付给交易市场结算货款时，借记“应付账款”科目，贷记“银行存款”科目；验收入库时，按照粮食竞买价款和手续费等支出，借记“商品粮油”或政策性粮油类科目，贷记“应付账款”等科目。卖方收到交易市场转来的货款时，借记“银行存款”科目，贷记“主营业务收入”科目，同时按照有关规定结转销售成本。若粮食企业发生违约，交易市场扣交保证金时，借记“营业外支出”科目，贷记“其他应收款－保证金”科目。

（九）关于政策性粮食财务挂账。粮食企业对中央或地方政府清理认定的政策性粮食财务挂账，设置“政策性财务挂账”科目，按照认定金额和挂账类别，借记“政策性财务挂账－老粮食财务挂账、新增粮食财务挂账、陈化粮差价亏损挂账、保护价粮差价亏损挂账、其他政策性亏损挂账（以下简称“×× 挂账”）或政策性财务挂账利息”科目，贷记“其他应收款－应收补贴款”“应收账款”“待处理财产损溢”“其他应收款”“利润分配－未分配利润”等科目。同时，将政策性财务挂账占用的银行借款，从“短期借款”“长期借款”的明细科目中转出，借记“短期借款－×× 贷款”“长期借款－×× 贷款”科目，贷记“长期借款－政策性财务挂账借款－×× 挂账贷款”科目。

若政府拨款消化政策性粮食财务挂账，根据政府文件和贷款归还手续，借记“银行存款”科目，贷记“政策性财务挂账－×× 挂账或政策性财务挂账利息”科目，同时借记“长期借款－政策性财务挂账借款－×× 挂账贷款”科目，贷记“银行存款”科目。

若政府剥离企业政策性粮食财务挂账，根据政策性粮食财务挂账会计分录作相反处理。

（十）关于粮食企业取得的财政资金。企业应规范对取得财政资金核算、计提和收取的账务处理，加强对政府补助资金使用的管理，确保资金使用规范，分类及核算准确，确认及时。真实反映企业收到的各类财政资金情况，严禁套取、截留财政补助资金，防止因随意扩大或缩小补助范围、延长或缩短补助时间、提高或降低补助标准，调整企业经营损益。

1.关于政府补助。对粮食企业取得各项政府补助，应按照款项的性质、种类和规定用途，区分为与收益相关或与资产相关。一般情况下，政府部门无偿拨付给企业，用于弥补企业日常生产费用开支，支付固定资产维修费用，或对开展特定的经济活动所给予的专项经费应纳入政府补助进行核算，如优质粮食工程建设政府补助资金、粮食应急保供项目建设补助资金、建仓贷款贴息、粮油利息费用补助、价差补贴、仓房维修补助、网点改造补助等。

与收益相关的政府补助，企业依据政府及有关部门下发的文件、规章制度和管理办法中所确定的标准和金额，借记“其他应收款－应收补贴款”科目，贷记“递延收益”科目。确认收益时，应区分是否与日常经营活动相关，按照配比原则，借记“递延收益”科目，与日常经营活动相关的贷记“其他收益”科目或冲减相关成本费用，与日常经营活动不相关的贷记“营业外收入”科目。

与资产相关的政府补助，包括政府无偿划拨资产或专项经费在使用过程中形成的长期资产等，企业取得时，应当冲减相关资产的账面价值或确认为递延收益。确认为递延收益的，借记“银行存款”“固定资产”等科目，贷记“递延收益”科目。自相关资产达到预定可使用状态时起，在该资产使用寿命内平均分配，分次计入以后各期的损益，借记“递延收益”科目，贷记“其他收益”“营业外收入”科目。固定资产按期计提折旧，借记费用类科目，贷记“累计折旧”科目。相关资产在使用寿命结束前被出售、转让、报废或发生毁损的，应将尚未分配的递延收益余额一次性转入资产处置当期的损益。粮食企业待转拨所属或其他企业的粮油补贴，通过“其他应付款－待拨政策性补贴资金”科目核算。

关于储备粮油补贴资金。包括价差补贴、利息和费用补贴、其他补贴。企业按照权责发生制计提补贴，计提补贴时，借记“递延收益”科目，贷记“其他收益”科目；收到补贴时，借记“银行存款”科目，贷记“递延收益”科目。其中，关于利息补贴：贴息资金直接拨付给贷款银行的，企业不做账务处理；贴息资金直接拨付给企业的，企业应当将对应的贴息冲减相关借款费用。

政府补助的会计核算处理应当遵循一致性原则，即一定会计核算期间内，会计核算方法应当一致，不得随意变更。

2. 关于政府投资。企业收到政府作为投资人直接投资、资本注入的货币资金或非货币性资产时，应增加所有者权益，借记“银行存款”“固定资产”“无形资产”等科目，按其在注册资本或股本中所占份额，贷记“实收资本”或“股本”科目，按其差额，贷记“资本公积”科目。

企业收到政府拨付的具有导向性的、专门用于提升企业生产能力、发挥长期效用、改善基础设施的投资补助，如：粮食仓储物流设施新建或重建及改扩建投资、粮食产业化投资、粮食质量安全检验监测能力建设投资等，借记“银行存款”等科目，贷记“专项应付款”科目；将拨款用于工程项目，借记“在建工程”“固定资产”等科目，贷记“银行存款”等科目；专项拨款形成的长期资产，文件明确由全体股东共同享有的，借记“专项应付款”科目，贷记“资本公积”科目，如明确归属某个投资者，贷记“实收资本”科目；对未形成长期资产的支出，直接借记“专项应付款”科目，贷记“银行存款”等科目；拨款结余需要返还的，借记“专项应付款”科目，贷记“银行存款”科目。

3. 关于由企业转付给自然人的财政资金，如分流安置职工款等，计入“专项应付款”科目，进行往来核算。

4. 关于粮食企业因城镇整体规划、库区建设、棚户区改造、沉陷区治理等公共利益进行搬迁，收到政府从财政预算直接拨付的搬迁补偿款，应作为“专项应付款”处理。其中，属于对企业在搬迁和重建过程中发生的固定资产和无形资产损失、有关费用性支出、停工损失及搬迁后拟新建资产进行补偿的，应自“专项应付款”转入“递延收益”，并按照《企业会计准则第 16 号—政府补助》进行会计处理。企业取得的搬迁补偿款扣除转入递延收益的金额后如有结余的，应当作为“资本公积”处理。企业政策性搬迁涉及的所得税有关问题按照国家税务总局有关规定执行。

企业收到除上述之外（非公共利益）的搬迁补偿款，应当按照《企业会计准则第 4 号—固定资产》《企业会计准则第 16 号—政府补助》等会计准则进行处理。

5. 粮食企业取得的政府转贷、偿还性资助的财政资金，如世界银行贷款项目资金等，根据企业会计准则的规定作为“长期借款”进行会计处理。

6. 粮食企业取得的税收返还款是政府按照国家有关规定采取先征后返（退）、即征即退等办法向企业返还的税款，属于以税收优惠形式给予的一种政府补助。与收益相关的，用于补偿企业已发生的相关费用或损失的，直接计入当期损益；用于补偿企业以后期间相关费用或损失的，确认为递延收益，并在确认相关费用期间，计入当期损益。与资产相关的，应当确认为递延收益，并在相关资产使用寿命内平均分配，计入当期损益。

二 有关财务报表列报要求

（一）“储备粮油”“轮换粮油”“商品粮油”科目余额在资产负债表的“存货”及“库存商品”项目内反映。

（二）“受托代销商品”和“受托代销商品款”、“受托代购商品”和“受托代购商品款”、“受托代储商品”和“受托代储商品款”、“受托加工物资”和“受托加工物资款”科目，月末余额可借贷相互抵销，不在资产负债表内列示。

（三）“政策性财务挂账”科目余额在资产负债表的“其他非流动资产”项目内反映。

（四）“应付保证金”和“应付交割款”科目余额在资产负债表的“其他应付款”项目内反映。

（五）“储备粮油结算价差收入”科目累计发生额在利润表的“营业收入”项目内反映。

（六）“储备粮油结算价差支出”科目累计发生额在利润表的“营业成本”项目内反映。

（七）有关政府补助指标表项目，可根据“其他应收款－应收财政补贴款”“递延收益”“专项应付款”“其他收益”“营业外收入”以及相关成本费用等科目分析填列。

对以上内容，国务院财政部门另有规定的，从其规定。

局办公室发文

关于认真落实《粮食流通管理条例》取消粮食收购资格许可有关事项的通知

国粮办粮〔2021〕100号

各省、自治区、直辖市及新疆生产建设兵团粮食和物资储备局（粮食局）：

修订后的《粮食流通管理条例》（国务院令第740号，以下简称《条例》）取消了粮食收购资格许可。为进一步加强粮食收购管理和服务，规范粮食收购活动，现就有关事项通知如下：

一、统一思想认识。随着粮食收储制度改革的深入推进，粮食市场主体更为多元，粮食购销活动更加活跃，粮食收购更趋均衡化、常态化。取消粮食收购资格许可，是顺应粮食购销形势新变化、落实“放管服”改革精神要求的重要举措。要充分认识此项改革的重要意义，准确把握改革精神及现实要求，切实增强市场理念和法治思维，着力营造公开透明、规范有序的市场环境。

二、严禁变相审批。《条例》自2021年4月15日施行后，要不折不扣落实取消粮食收购资格许可相关规定，不得“明放暗不放”，不得以任何理由、任何形式变相搞收购许可，不得以备案之名行审批之实。

三、规范备案管理。《条例》规定，粮食收购企业应向收购地的县级人民政府粮食和储备行政管理部门备案企业名称、地址、负责人以及仓储设施等信息。要加强统筹指导，坚持公开透明、灵活高效、便民利企的原则，结合实际采取信函、传真、电子邮件、网上提报等多种方式，做好备案及备案变更工作。要加强宣传引导，帮助企业尽快了解政策变化、熟悉备案要求。要推动信息共享，加强社会监督，确保备案工作有序开展。

四、优化收购服务。要牢固树立以人民为中心的发展思想，在取消粮食收购资格许可后，创新服务方式、提高服务效能，引导多元主体积极入市，持续提升为农为企服务水平。要加强市场监测预警，密切跟踪收购形势，主动回应社会关切，引导售粮主体均衡有序卖粮、收购企业合理把握收购节奏，确保粮食市场平稳运行。

国家粮食和物资储备局办公室

2021年4月14日

关于印发《全国粮食流通“亮剑 2021”专项执法行动方案》的通知

国粮办执法〔2021〕138 号

各省、自治区、直辖市及新疆生产建设兵团粮食和物资储备局（粮食局），各垂直管理局：

为贯彻落实新修订的《粮食流通管理条例》，主动履职担当，强化粮食流通事中事后监管，严肃查处违法违规行为，经研究，决定开展全国粮食流通“亮剑 2021”专项执法行动。现将《全国粮食流通“亮剑 2021”专项执法行动方案》印发给你们，请认真组织实施。

国家粮食和物资储备局办公室

2021 年 5 月 21 日

全国粮食流通“亮剑 2021”专项执法行动方案

为贯彻落实新修订的《粮食流通管理条例》，主动履职担当，强化粮食流通事中事后监管，严肃查处违法违规行为，特制定全国粮食流通“亮剑 2021”专项执法行动实施方案（以下简称“专项行动”），具体如下。

一 总体目标

深入贯彻党的十九大和十九届二中、三中、四中、五中全会精神，紧扣党史学习教育、“我为群众办实事”实践活动要求，坚持问题导向、目标导向、结果导向，统筹各项监管任务，聚焦重点环节、重点问题，集中力量查处一批粮食流通违法违规案件，加快形成知法用法、依法监管和守法诚信经营的良好氛围，切实维护粮食流通市场秩序，保护种粮农民和消费者合法权益，保障国家粮食安全。

二 组织实施

（一）实施主体。国家粮食和物资储备局负责组织全国粮食流通“亮剑 2021”专项执法行动，并适时开展督导；地方粮食和储备部门负责辖区内粮食流通领域、地方储备粮、除中央储备粮和周转储备以外的其他中央事权粮食、原粮质量卫生以及安全生产、安全储粮等违法违规问题线索的查处；各垂直管理局（以下简称“垂管局”）负责辖区内中央储备粮、周转储备违法违规问题线索的查处。

（二）实施范围。各级粮食和储备部门对粮食经营者从事粮食收购、储存、运输活动和政策性粮食的购销活动，以及执行国家粮食流通统计制度的情况进行专项执法检查。

三 工作任务

（一）梳理问题清单。要结合中央储备粮棉管理和中央事权粮食政策执行情况年度考核、涉粮问题整改“回头看”专项行动、2021 年全国政策性粮油库存检查、12325 全国粮食和物资储备监管热线、群众投诉举报以及信访等渠道反映的辖区内涉粮重点问题、重点环节、重点企业，认真排查梳理，形成问题清单。对辖区内多发易发问题和企业，特别是对影响区域粮食安全、种粮农民获得感、消费者反映强烈的问题要高度关注，建立快速执法通道，依法依规依职责进行严肃查处。

（二）明确执法重点

1. 收购环节。重点关注：一是粮食收购者未执行国家粮食质量标准。二是粮食收购者未及时向售粮者支付售粮款。三是粮食收购者违反《粮食流通管理条例》规定代扣、代缴税费和其他款项。四是粮食收购者收购粮食，未按照国家有关规定进行质量安全检验，或者对不符合食品安全标准的粮食未作为非食用用途单独储存。

2. 储存环节。重点关注：一是粮食收购者、粮食储存企业未按照《粮食流通管理条例》规定使用仓储设施。二是粮食应急预案启动后，不按照国家要求承担应急任务，不服从国家的统一安排和调度。

3. 销售出库环节。重点关注：一是粮食储存企业未按照规定进行粮食销售出库质量安全检验。二是粮食收购者、粮食储存企业将真菌毒素、农药残留、重金属等污染物质以及其他危害人体健康的物质含量超过食品安全标准限量，霉变或者色泽、气味异常，储存期间使用储粮药剂未满安全间隔期，被包装材料、容器、运输工具等污染，其他法律、法规或者国家有关规定明确不得作为食用用途销售的粮食，作为食用用途销售出库。

4. 运输环节。重点关注：粮食收购者、粮食储存企业未按照《粮食流通管理条例》规定使用运输工具的行为。

5. 政策性粮食经营方面。重点关注：一是虚报粮食收储数量。二是通过以陈顶新、以次充好、低收高转、虚假购销、虚假轮换、违规倒卖等方式，套取粮食价差和财政补贴，骗取信贷资金。三是挤占、挪用、克扣财政补贴、信贷资金。四是以政策性粮食为债务作担保或者清偿债务。五是利用政策性粮食进行除政府委托的政策性任务以外的其他商业经营。六是在政策性粮食出库时掺杂使假、以次充好、调换标的物，拒不执行出库指令或者阻挠出库。七是购买国家限定用途的政策性粮食，违规倒卖或者不按照规定用途处置。八是擅自动用政策性粮食。九是其他违反国家政策性粮食经营管理规定的行为。

6. 统计制度执行情况方面。重点关注：从事粮食收购、销售、储存、加工的粮食经营者以及饲料、工业用粮企业未建立粮食经营台账，或者未按照规定报送粮食基本数据和有关情况的行为。

（三）严查涉粮案件。针对专项行动中发现的问题线索，要建立案件查办台账，强化对案件立案、调查取证、法制审核、送达与执行、结案等重点环节的管理，规范执法行为。对辖区内重大涉粮案件，粮食和储备部门主要负责同志要亲自挂帅，协调相关业务部门，全力以赴开展调查工作。同时，要加大执法保障力度，配齐配全执法人员、设备以及必要的专业法律服务资源，确保重大案件查处经得起历史检验。对影响国家或者区域粮食安全、性质恶劣的重大涉粮案件，国家粮食和储备局、省级粮食和储备部门视情提级管辖，组织力量直接查办。

（四）依规处罚追责。对查实的涉粮违法违规行为，要按照《粮食流通管理条例》相关规定，依法依规给予粮食经营者行政处罚；对从事粮食经营活动的企业存在违反《粮食流通管理条例》相关规定的违法情形且情节严重的，粮食和储备部门要依法依规追究其法定代表人、主要负责人、直接负责的主管人员和其他直接责任人员责任；对粮食和储备部门工作人员违反《粮食流通管理条例》规定，不依法履行粮食流通管理和监督职责的，由上级粮食和储备部门通过相关机关，对负有责任的领导人员和直接责任人员依法给予处分。

（五）发挥警示作用。要加大对重大涉粮典型案件的曝光力度，选择通报一批辖区内的重大典型案件，发挥预警教育作用，惩一儆百，增强震慑力。坚持用身边的案件教育粮食经营者，及时梳理典型案例、新发案件，常态化开展“以案说法、以案说责、以案说德”警示教育，举一反三、引为镜鉴，切实让粮食经营者做到知敬畏、存戒惧、守底线，从思想源头上消除违法违规之念。在严厉惩治的同时，要从问题入手，抽丝剥茧，查找根源，针对案件暴露出来的问题，督促相关粮食经营者查漏补缺、建章立制，不断提升管理能力和水平。

四 实施阶段

专项行动实施时间为2021年6月至12月底。分4个阶段。

（一）部署启动。2021年6月上旬前，国家粮食和储备局组织对新修订的《粮食流通管理条例》进行宣贯、解读；地方各级粮食和储备部门按照相关要求，结合工作实际，制定具体实施方案。

（二）具体实施。2021年6月中旬至2021年11月底，各地结合中央储备粮棉管理和中央事权粮食政策执行情况年度考核、2021年全国政策性粮油库存检查、粮食收购检查、政策性粮食销售出库检查等，开展专项行动。国家粮食和储备局适时选择部分重点地区进行督导。

（三）总结验收。2021年12月上旬前，各省级粮食和储备部门、垂管局完成本辖区专项行动的总结验收，汇总填报相关表格（见附件1、2、3），并形成总结报告，报送国家粮食和储备局。

（四）成果展示。2021年12月下旬前，国家粮食和储备局完成专项行动情况汇总，组织召开新闻通气会，通报一批粮食流通领域典型案件，展示行动成果。期间，各地可视情况，开展典型案件通报。

五 工作要求

（一）加强组织领导。专项行动由地方各级粮食和储备部门主要负责同志牵头负责，分管负责同志具体落实。各地要根据本地区实际，结合年度工作计划，突出重点和关键领域，制定专项行动实施方案，安排部署好专项行动，确保执法成效。要统筹协调各方力量，加强形势研判，及时研究解决专项行动中遇到的重大问题，并指定一名工作人员担任联络员（省级联络员名单格式见附件4，6月14日前报国家粮食和储备局执法督查局）。联络员应按要求定期调度专项行动成效，报送专项行动进展情况。重大情况及时报告。

（二）完善执法机制。要加强与公安、农业农村、市场监管、海关、能源等相关部门的沟通协调，积极争取支持配合，推动完善联合执法、联合办案，特别是省级粮食和储备部门、垂管局之间要强化协同配合，建立常态化信息通报机制，及时共享相关信息。要敢于较真碰硬，对发现的大案要案要坚决查处、依法公开；强化粮食执法与刑事司法衔接，对违纪和涉嫌犯罪的问题线索，要及时移送纪检监察和司法机关，达到“查办一起、震慑一片”的效果。

（三）创新执法方法。要结合粮食收储制度改革新形势，《粮食流通管理条例》新要求，立足职能，在工作手段、资源整合、平台搭建等方面加强创新，提升队伍履职能力。加大12325全国粮食和物资储备监管热线宣传力度，充分发挥社会监督作用。按照“双随机、一公开”监管要求，用好粮食行业“双随机”抽查应用系统，发挥随机检查震慑作用。大力推行信用监管，对有不良信用记录、风险等级较高的地区和企业要加大关注和抽查力度，对企业严重违法失信行为依法依规进行公示，建立失信企业“黑名单”，探索实施联合惩戒。

（四）积极宣传引导。要将执法宣传摆到更加突出位置，与专项行动同研究、同部署、同推进、同落实，营造“有法必依、执法必严、违法必究”的执法氛围。通过电视、电台、报纸等主流媒体，及时宣传专项行动的好经验、好做法和取得的成效，回应专项行动中的热点敏感信息，持续释放“大国粮仓”

强监管信号。

（五）锻炼执法队伍。要加强执法队伍建设，把讲政治、业务强、敢担当的人才充实到执法队伍中。加大对执法人员的培训力度，营造良好的学法、懂法、用法、守法氛围。通过专项行动，提高执法队伍的整体素质，造就一支政治坚定、业务精通、作风优良、纪律严明、公正廉洁、坚持法治原则、坚守法律底线的执法队伍。

附件：（略）

关于进一步加强2021年夏季粮油收购监督检查工作的通知

国粮办执法〔2021〕141号

各省、自治区、直辖市及新疆生产建设兵团粮食和物资储备局（粮食局），中国储备粮管理集团有限公司、中粮集团有限公司、中国供销集团有限公司、中国中化控股有限责任公司、北大荒农垦集团有限公司，各垂直管理局：

为认真贯彻落实国家有关部门《关于印发小麦和稻谷最低收购价执行预案的通知》（国粮发〔2018〕99号）、《关于切实做好2021年夏季粮油收购工作的通知》（国粮粮〔2021〕87号）等文件精神，切实保护种粮农民利益，严格落实国家收储政策，确保夏季粮油收购工作顺利进行，现就进一步加强2021年夏季粮油收购监督检查工作有关事项通知如下：

一 提高站位，高度重视夏季粮油收购监督检查

做好夏季粮油收购监督检查工作，强化粮食收购市场监管，确保收购工作有序开展，对于保护种粮农民利益、提高重农抓粮积极性，保障粮食市场稳定、端稳端牢中国饭碗，具有十分重要的意义。当前夏粮收购工作将全面展开，各地粮食和储备部门要讲政治、顾大局，以严格贯彻新修订的《粮食流通管理条例》为契机，以高度负责的态度，科学研判和准确把握收购形势，周密制定检查方案，畅通举报渠道，细化对策措施，着力增强针对性和实效性。收储矛盾突出的地区，要抓紧制定检查工作预案，切实履行好收购监督检查职责。

二 多措并举，扎实开展夏季粮油收购监督检查

（一）坚决压实收购各方责任。按照粮食安全党政同责和粮食安全省长责任制要求，充分发挥地方政府在开展粮食收购和维护粮食市场收购秩序方面的监管主体作用。各地粮食和储备部门要会同有关部门单位严格按照国家有关部门《关于进一步强化国家政策性粮食日常管理和依法监管有关问题的通知》（国粮执法〔2021〕85号）要求，规范粮食收储企业的收购行为，严查收储企业内部人员在收购活动中利用职权向售粮群众吃拿卡要、索要费用等行为，夯实收购企业的管理责任。严格落实中储粮集团公司政策性粮食收购政策执行主体责任，确保国家政策落实到位、规范执行。严格落实地方政府及粮食和储备部门的属地监管责任，切实加强粮食收购过程中食品安全和安全生产的属地管理。

（二）突出收购监督检查重点。各地粮食和储备部门要结合本地区实际做好收购监督检查工作，做到早准备、早部署、早开展。在《关于加强2019年夏季粮油收购监管工作的通知》（国粮执法〔2019〕179号）要求的基础上，重点抓好以下方面的监督检查。

1. 突出对政策性粮食收购定点环节的检查。重点检查在政策性粮食收购定点过程中，是否存在违反程序、审核不严、弄虚作假等不符合定点要求的行为，排查定点企业是否存在不良信用记录、财务资金状态等，防范违规挂靠等导致管理失控危及储粮安全等问题发生。排查国家政策性粮食收储库点确定流程是否合理合规，是否存在违规租仓或委托储粮、启用未经报批和现场审核的仓房、启用存在安全隐患或已涉粮案件的企业仓房储粮等违规行为。

2. 突出粮食收购入库质量检验制度执行情况的检查。重点检查政策性粮食收储企业（库点）是否配齐检、化验仪器等设备、培训业务人员；是否准确执行最低收购价粮食收购质量标准和质价政策，严格做好收购入库验质定等工作，以有效防止收储不符合质量要求的粮食，避免压级压价、抬级抬价等损害农民或国家利益的行为；是否采取措施加强对小麦真菌毒素、稻谷重金属等食品安全指标的检验把关，对不符合食品安全标准的粮食作为非食用用途单独储存，严防不符合食品安全标准的粮食进入国家政策性库存；是否建立健全粮食质量入库档案管理制度，如实记录每批次入库粮食质量情况；是否完善粮食入库验收制度，严格执行国粮发〔2018〕99 号文件有关最低收购价粮食验收检验和不达标粮食处置的规定。

3. 突出对粮食收购中拖欠农民售粮款问题的检查。重点检查粮食收购经营者是否严格执行粮食收购“五要五不准”收购守则和“一手粮，一手钱，不打白条”的规定，在粮食收购中做到现款结算；有关中央粮食企业是否督促直属企业及其租仓储粮点、委托收储库点严格落实国家粮食收购政策，采取切实措施，严格规范粮食收购、资金结算工作流程，防止发生任何形式的“打白条”问题；结合本地区收购实际，适时开展专项整治，排查是否存在挪用收购资金、“高息”骗用农民售粮款等违规违法行为。

（三）创新收购监督检查方法。在收购期间，要创新监管方式，对辖区内企业实行分类监管，对问题易发多发地区和企业进行重点监管。按照“双随机、一公开”原则，采取“不发通知、不打招呼、不听汇报、不用陪同、直奔基层、直插现场”方式，扎实开展监督检查。特别要结合全国粮食流通“亮剑 2021”专项执法行动，加大对收购期间违法违规行为案件查处力度，对不严格执行国家粮食质量标准、压级压价、抬级抬价、短斤缺两、违规收费、“打白条”或不及时支付售粮款等违反条例规定、损害国家利益、坑害种粮农民利益的行为一律严肃查处，并按照有关规定及时移送纪检监察和司法机关处理。根据工作需要，组织开展跨部门、跨地区联合执法，消除监管盲区，实现监管全覆盖。

三　强化保障，严格履行夏季粮油收购监督检查职责

（一）加强组织领导，形成监管合力。省级粮食和储备部门要按照粮食安全党政同责和粮食安全省长责任制的要求，切实加强对收购监督检查工作的组织领导，主要负责同志亲自抓，分管负责同志具体抓，一级抓一级，层层抓落实。要加强督导检查，做到辖区内参与收购企业全覆盖。要结合安全生产专项整治三年行动，将落实安全生产条件作为收购督导内容，督促企业严格执行“一规定两守则”，确保作业安全。建立部门联动和区域协调监管机制，与市场监管等部门开展联合执法，形成监管合力，协调解决收购中出现的矛盾和问题，把各类问题化解在基层和收储现场，确保收购顺利进行。各垂直管理局要积极主动配合省级粮食和储备部门做好收购监督检查工作，为做好中央储备粮棉管理和中央事权粮食政策执行情况年度考核奠定基础。

（二）加强政策宣传，营造良好氛围。要通过主流新闻媒体，积极宣传收购政策，并做好有关政策解读，引导企业遵规守纪和种粮农民运用法律手段维护自身权益。向广大售粮农民、用粮企业、行业

职工宣传普及 12325 监管热线，及时受理群众举报投诉；对 12325 热线转办和本级接收的违法违规问题线索，要立即组织精干力量进行核查处理。高度关注社会舆情，妥善解决媒体曝光和群众举报的涉粮案件，及时回应社会关切，为收购工作创造良好舆论环境。

（三）加强层级监督，严肃检查纪律。各地粮食和储备部门，要建立健全收购监督检查工作责任制和问责机制。在收购高峰期，上级粮食和储备部门要组织力量深入一线进行督导检查，及时协调解决重点难点问题。对因工作不力影响粮食收购安全、造成较大影响的，要追究有关部门和责任人的责任。在开展检查时，要认真落实中央八项规定精神和相关纪律要求，切实做到秉公执法、清正廉洁。

各省级粮食和储备部门要在夏季粮油收购结束后 15 日内，将落实本通知要求的情况书面报送国家粮食和物资储备局执法督查局。

国家粮食和物资储备局办公室

2021 年 5 月 25 日

关于开展 2021 年粮油产品企业标准“领跑者”活动的通知

国粮办标〔2021〕142 号

各省、自治区、直辖市及新疆生产建设兵团粮食和物资储备局（粮食局），有关单位：

为全面贯彻党的十九届五中全会“强化绿色导向、标准引领和质量安全监管”“深入开展质量提升行动”重大决策部署，认真落实中共中央办公厅、国务院办公厅《建设高标准市场体系行动方案》及国家标准委《2021 年全国标准化工作要点》（国标委发〔2021〕7 号）等有关要求，根据国家粮食和物资储备局党组 2021 年工作要点具体安排，经研究，决定继续组织开展 2021 年粮油产品企业标准“领跑者”活动。现将有关事项通知如下。

一 活动目标和产品类别

（一）活动目标。通过持续开展粮油产品企业标准“领跑者”活动，引导更多粮油企业声明公开更高质量的标准，提升粮油产品质量和品牌美誉度，以质量品牌为重点，满足消费者对优质粮油的需求，促进消费向绿色、健康、营养、安全方向发展。

（二）产品类别。包括稻谷、小麦、食用植物油、杂粮、玉米加工产品和米、面制品（具体见附件 1）。

二 活动程序

（一）声明公开企业标准。有意主动参加“领跑者”活动的粮油企业，需将经所在省份卫生健康部门备案的本企业产品标准，于 6 月 30 日前在企业标准信息公共服务平台（www.qybz.org.cn）公开，且企业标准应为已量产销售的产品实际执行的标准。

（二）遴选确定评估机构。2020 年确定的评估机构继续开展相应产品的评估工作。对于新增的产品类别，有意申报评估机构的单位，根据产品特点，选取核心指标，编制“领跑者”评估方案（模板见附件 2），于 6 月 30 日前通过企业标准领跑者管理信息平台（www.qybzlp.com）提交。中国标准化研究院将组织专家对评估方案进行评审，确定评估机构。

（三）修改完善评估方案。新增评估机构根据专家评审意见修改评估方案。2020 年已开展评估工作的评估机构，需根据实践进一步完善评估方案。修改完善后的评估方案在企业标准领跑者管理信息平台公示 10 天，无异议后作为正式评估方案公布。

（四）比对评选建议名单。评估机构通过中国标准化研究院获取同类产品企业标准数据，按照评估方案进行比对评选，于 8 月 20 日前提出建议名单。国家粮食和物资储备局标准质量管理办公室将适时组织专家组听取评估机构汇报评估工作情况。

（五）组织开展检验复核。国家粮食和物资储备局标准质量管理办公室组织粮油标准验证机构对建议名单中的产品进行检验，产品不符合标准规定或存在其他违规事项的，从建议名单中剔除。复核后的“领跑者”名单向社会公示 10 天。

（六）发布评估结果名单。评估机构在企业标准领跑者管理信息平台填报有关数据。国家粮食和物资储备局在相关活动上公布评估结果，并集中向社会进行宣传和展示。

三 激励措施

（一）利用粮食科技活动周、质量安全宣传周、世界粮食日、世界标准日、粮食交易大会等活动，积极向社会宣传推广企业标准“领跑者”活动和“领跑者”产品。

（二）支持“领跑者”企业优先参与粮食领域国家标准、行业标准制修订工作。优先支持“领跑者”企业开展标准化试点示范。鼓励在地方评奖、品牌评价中采信企业标准“领跑者”结果。

（三）鼓励各地在实施优质粮食工程时，对符合条件的“领跑者”企业，在资金安排上给予一定的支持。

四 工作要求

（一）各省级粮食和储备部门要采取多种方式宣传“领跑者”活动对于促进粮食产业高质量发展的重要意义，积极动员粮油企业参与“领跑者”活动。

（二）粮油企业要保证公开的企业标准合法合规、真实可靠。入围“领跑者”的企业应向评估机构提供产品检测报告、质量承诺书、企业信用承诺书及其他证明材料。

（三）评估机构要遵循公平、公正、公开的原则开展评估，确保评估质量，并不得向企业收取费用。实施退出机制，对弄虚作假造成不良后果的评估机构，将在相关平台上公告，且五年内不得参与粮油产品企业标准“领跑者”评估工作。

附件：1. 2021 年粮油产品企业标准“领跑者”活动评估产品类别（略）
2. 2021 年粮油产品企业标准“领跑者”活动评估方案模板（略）

国家粮食和物资储备局办公室
2021 年 5 月 21 日

关于做好 2021 年秋粮收购监督检查工作的通知

国粮办执法〔2021〕266 号

各省、自治区、直辖市及新疆生产建设兵团粮食和物资储备局（粮食局），中国储备粮管理集团有限公司、中粮集团有限公司、中国供销集团有限公司、中国中化控股有限责任公司、北大荒农垦集团有限公司，各垂直管理局：

为认真贯彻落实国家有关部门《关于切实做好 2021 年秋粮收购工作的通知》（国粮粮〔2021〕177 号）等文件精神，保障国家粮食收购政策落实到位，保护种粮农民利益，现就做好 2021 年秋粮收购监督检查工作通知如下：

一 检查对象

辖区内从事粮食收购活动的各类主体（含确定政策性收储库点的管理单位、粮食企业和库点）。其中，政策性粮食委托收储库点和租赁库点为重点检查对象。

二 检查内容

各地各单位要结合正在开展的粮食购销领域专项整治和全国粮食流通“亮剑 2021”专项执法行动，根据今年秋粮收购形势特点，认真分析研判辖区内秋粮收购工作中存在的风险隐患，积极适应收储制度改革深入推进和市场化收购比重不断提高的新形势，突出抓好政策性收储和市场化收购两个市场的监督检查。

（一）加强对政策性粮食收购的监督检查。积极适应收购市场的形势变化，强化对最低收购价粮食收购各环节，特别是定点、收购验收环节的监督检查。

1. 定点环节。重点检查在政策性粮食收购定点过程中，是否存在违反程序、审核不严、弄虚作假等不符合定点要求的行为，排查定点企业是否存在不良信用记录、财务资金状态等，防范违规挂靠、“国皮民骨”导致管理失控危及政策性粮食安全等问题发生。排查国家政策性粮食收储库点确定流程是否合理合规，是否存在违规租仓或委托储粮、启用未经报批和现场审核的仓房、启用存在安全隐患或已涉粮案件的企业仓房储粮等违规行为。

2. 收购环节。一是检查空仓验收制度执行情况。排查是否按规定对拟定收储企业库存粮食进行登记封存，是否锁定已验收的空仓仓号，相关影像资料留存是否完整。二是检查收购入库流程和业务管理情况。排查收购业务流程是否规范，是否严格执行粮食收购入库质量安全检验制度以及国家相关质量和食品安全标准，是否严格执行国家增扣量规定，是否存在拖欠售粮款，是否存在“以次充好”“先收后转”“转圈粮”“以陈顶新”“掺杂使假”“拒收合格粮食”等违法违规行为。三是核查收购资金和利息费用补贴拨付结算情况。是否存在区域性“卖粮难”风险，是否存在克扣补贴、“打白条”或拖欠农民售粮款等违法违规行为。四是检查收购业务公平公正公开和留痕情况。是否规范使用政策性粮食收储“一卡通”系统，粮食出库凭证、影像资料、车辆出入库记录等资料是否妥善保管，是否价格上墙、标准上榜、样品上台；收购定等定质、扣水扣杂标准是否公开，质量检验相关仪器设备是否按规定检定校验。五是切实加强粮食入库验收环节的监督检查。重点检查是否存在入库验收走过场，虚假验收现象，是否对发现的质量不达标、食品安全指标不合格以及政府储备粮食储存品质不宜存的入库粮食及时退出政策性收购并妥善处置，是否建立规范严格的数量、质量管理档案，是否对验收发现的通过填埋杂质等外来物质方式充抵库存行为进行严肃处理。

（二）加强对市场化粮食收购的监督检查。认真落实新修订实施的《粮食流通管理条例》，做好粮食收购许可改为企业备案相关工作，做到规范备案管理、优化收购服务。依法依规加大对粮食收购市场秩序的监督检查力度，积极引导多元主体入市收购，监督指导粮食收储企业严格遵守“五要五不准”收购守则，核查收储企业是否在收购场所显著位置公布粮食收购品种、质量要求、量（价）折扣规则、12325 全国粮食和物资储备监管热线等相关信息，强化为农服务意识，满足售粮农民需要，让农民交“明白粮”“放心粮”“舒心粮”；重点加强粮食收购活动现场监督检查，排查是否存在拖欠售粮款、坑农害农等行为。在粮食收购中做到现款结算、不打白条；有关中央粮食企业是否督促直属企业及其租仓储粮点、委托收储库点严格落实国家粮食收购政策，采取切实措施，严格规范粮食收购、资金结算工作流程，防止发生任何形式的“打白条”、“高息”骗用农民售粮款等违规违法行为。密切配合有关部门严厉打击压级压价、囤积居奇、哄抬物价等价格违法行为，营造诚信经营、公平交易的市场环境。

三 检查时间

秋粮收购监督检查工作自本通知印发之日起开始，至 2022 年 3 月底结束。国家粮食和物资储备局将适时派出工作组对各地开展秋粮收购监督检查工作进行督导。

四 工作要求

（一）加强组织领导。秋粮收购监督检查工作是深入贯彻党中央、国务院领导同志重要批示指示精神，认真落实有关决策部署，强化行政监管，确保国家粮食安全的重要手段。各地各单位要进一步提高政治站位，坚持结果导向、问题导向，认真制定具体检查方案，明确责任分工，高质量开展监督检查，确保不走过场，不流于形式。

（二）分清压实各方责任。各地要在当地党委、政府的统一领导下，按照粮食安全实行党政同责的要求，严格执行《关于进一步强化国家政策性粮食日常管理和依法监管有关问题的通知》（国粮执法〔2021〕85 号）等粮食收储政策规定，切实规范粮食收储企业的收购行为，夯实收购企业的管理责任。严格落实中储粮集团公司政策性粮食收购政策执行主体责任，确保国家政策落实到位、规范执行。严格落实地方政府及粮食和储备部门的属地监管责任，切实加强粮食收购过程中食品安全和安全生产的属地管理。

（三）强化社会宣传和监督。各地各单位要广泛宣传国家粮食收购政策，引导收储企业主动守法、诚信经营，引导种粮农民提高利用法律武器维护自身合法权益的能力。畅通诉求渠道，用好 12325 全国粮食和物资储备监管热线，主动接受社会监督。强化舆论宣传和引导，及时回应社会关切，相关检查情况要以适当方式向社会公布。对检查发现的情节严重、性质恶劣的典型案件，要坚决予以曝光，以案示警、以案促改，持续营造良好氛围。

（四）创新监督检查方式。各地要坚决落实“双随机、一公开”检查要求，规范使用全国粮食行业“双随机”抽查应用平台。采取定期检查和随机抽查相结合、明查和暗访相结合的方式，全面掌握粮食收购政策执行情况。将强化外部执法检查与加强企业内部管理结合起来，不断规范粮食收购行为。

（五）有效形成监管合力。各地粮食和储备部门要主动向当地政府汇报检查情况，及时有效处理解决检查发现的问题。加强与纪检监察、财政、市场监管、农发行等相关部门单位的沟通协调，建立长效监管机制，提升监管效能。对检查发现的不属于本部门管辖的问题线索，应当按规定及时移交相关部门。有关工作总结及典型案例请于 2022 年 4 月 5 日前书面报送国家粮食和物资储备局执法督查局。重大情况请及时报告。

附件：2021 年秋粮收购检查典型案例登记表（略）

国家粮食和物资储备局办公室

2021 年 9 月 30 日

关于印发《全国粮食和物资储备高水平人才选拔培养管理办法》的通知

国粮办人规〔2021〕270 号

各省、自治区、直辖市及新疆生产建设兵团粮食和物资储备局（粮食局），各直属单位、联系单位，各垂直管理局，各有关中央企业，有关高校：

为深入实施新时代人才强国战略，加快培养造就国家粮食和物资储备高水平人才队伍，我局制定了《全国粮食和物资储备高水平人才选拔培养管理办法》。现印发给你们，请结合实际，认真组织实施。

国家粮食和物资储备局办公室

2021 年 10 月 9 日

全国粮食和物资储备高水平人才选拔培养管理办法

第一章 总 则

第一条 为深入贯彻习近平总书记关于人才工作的重要论述，认真落实党中央、国务院决策部署，加快实施新时代人才强国战略，着力推进人才兴粮兴储，培养造就国家粮食和物资储备高水平人才队伍，制定本办法。

第二条 全国粮食和物资储备高水平人才（以下简称“高水平人才”）主要包括：

（一）全国粮食和物资储备领军人才（以下简称“领军人才”），指在国家粮食和物资储备自然科学、工程技术和社会科学等领域，主持重大项目（课题）、领衔高层次创新团队、领导重点学科建设的专业技术人才，其研究工作具有重大创新、重要影响和发展前景。

（二）全国粮食和物资储备青年拔尖人才（以下简称“青年拔尖人才”），指具有特别优秀的科学研究和技术创新潜能的专业技术人才，其研究方向符合国家粮食和物资储备发展急需，具有取得重大原始创新的潜力。

（三）全国粮食和物资储备技能大师（以下简称“技能大师”），指长期在粮食和物资储备基层一线工作，具有精湛技艺、突出的创新创造能力和传技带徒贡献的优秀高技能人才。

第三条 高水平人才的选拔培养应坚持以下原则：爱国奉献、求实创新；高端引领、服务发展；科学规范、公平公正；以用为本、激发活力。

第四条 国家粮食和物资储备局负责组织选拔各类高水平人才，指导有关单位加强管理，优化支持服务措施，共同推动建设粮食和物资储备高水平人才队伍。

第五条 各类高水平人才选拔工作一般每两年开展一次。

领军人才、青年拔尖人才选拔工作同步进行，每次产生不超过 3 名领军人才、不超过 10 名青年拔尖人才。

技能大师由选拔和直接确定两种方式产生。每次选拔产生不超过 20 名；全国粮食和物资储备职业技能竞赛决赛各职业组一、二等奖获得者，符合技能大师申报资格条件的，经国家粮食和物资储备局党组批准同意，可直接确定为技能大师。

第二章 资格条件

第六条 高水平人才应坚决拥护中国共产党领导，热爱祖国，长期奋战在粮食和物资储备科研和生产第一线，热爱粮食和物资储备事业，品行端正、遵纪守法，自觉践行科学家精神和工匠精神，恪守学术道德、坚守诚信底线，身体健康。

第七条 领军人才一般不超过 55 周岁（含），具有相关专业博士学位或正高级职称，在粮食和物资储备相关领域取得下列业绩之一：

（一）主持完成国家级科研或工程项目（课题），成果达到国内领先、国际先进水平；

（二）拥有重大原始理论创新或发明创造，能够突破关键核心技术，推动现代粮食产业和国家储备事业高质量发展，为提升国家粮食和物资储备安全保障能力作出重要贡献；

（三）在国家粮食和物资储备宏观政策、经济理论研究方面有显著成果，被党中央、国务院采纳；

（四）主持研发的原创性新产品、新装备、新工艺、新材料得到广泛应用，取得显著的经济和社会效益；

（五）作为主要完成人获国家级科学技术或社会科学奖励，或省部级科学技术或社会科学一等奖。

第八条 青年拔尖人才一般不超过 40 周岁（含），具有相关专业博士学位或高级职称，在粮食和物资储备相关领域取得下列业绩之一：

（一）主持完成省部级及以上科研或工程项目（课题），成果达到国内先进水平；

（二）取得一定的原始理论创新或发明创造，有助于突破关键核心技术；

（三）主持或作为主要完成人，研发的新产品、新装备、新工艺、新材料取得较大的经济和社会效益；

（四）相关政策、理论研究成果被国家粮食和物资储备局采纳；

（五）作为主要完成人获省部级及以上科学技术或社会科学奖励。

第九条 技能大师应从事本职业（岗位）工作 5 年以上，具备相应职业（工种）技师及以上国家职业技能等级，所在单位支持其牵头成立工作室，并在工作中取得下列业绩之一：

（一）刻苦钻研本职业（岗位）技术技能，具备同行公认的绝技绝活；

（二）积极开展技术革新、技能创造，“小发明”“小创造”“小改革”取得了明显的经济和社会效益；

（三）能够有效解决关键生产技术问题、较快地熟悉掌握新技术、新装备、新工艺，有效提升工作效率；

（四）在排除重大安全生产隐患，消除产品质量通病等方面作出突出贡献；

（五）在传授技艺、培养人才方面发挥积极作用，具有广泛的影响力。

工作室的基本要求：

（一）能够由入选人员牵头，组建不少于 3 人的技术技能创新团队；

（二）具有明确的技术攻关、技能创新和高技能人才培养任务，预期能取得明显的经济和社会效益；

（三）本单位能够为工作室提供必要的场所、设备条件，以及相应的资金支持；

（四）本单位高度重视技能人才队伍建设，具备完善的技能人才管理制度和培养措施。

第十条 对于创新能力、业绩和贡献特别突出，长期扎根艰苦边远地区的高水平人才，可以适当放宽学历、资历和年龄等条件要求。

第三章 选拔程序

第十一条 高水平人才一般应自下而上、择优推荐选拔产生。选拔高水平人才要突出品德、能力和业绩导向，克服唯论文、唯职称、唯学历、唯奖项倾向。坚持把高水平人才的创新能力、质量、实效、贡献，前瞻性判断力、跨学科理解能力，作为评价人才的重要依据。

第十二条 各省级粮食和物资储备行政管理部门，有关中央企业，各直属单位、垂直管理局和有关高校作为归口推荐单位，分别负责本地区、本单位高水平人才的推荐申报工作。中国粮油学会会员单位也可通过学会进行申报。

每家单位只能从单个归口推荐单位申报，不得多头申报或重复申报。

第十三条 符合条件的人员向本人所在单位提出申请，经审核同意，并在本单位范围内公示无异议后，向归口推荐单位申报。

申报人员及其所在单位应对其思想政治表现，业绩、成果和贡献的真实性负责。

第十四条 归口推荐单位受理申报后，应严格审核申报人员的资格条件。组织同行专家初评，并在本地区本单位公示无异议后，按照推荐名额和程序要求，择优向国家粮食和物资储备局推荐。

第十五条 国家粮食和物资储备局聘请行业知名专家，组建相应的高水平人才专家评审委员会，组织同行评议和综合评审，产生建议人选。

同行评议一般采取审阅材料、个人述职、面试答辩等方式进行。好中选优、优中选强，推荐合适人选参加综合评审。

综合评审以无记名投票表决产生建议人选。出席综合评审的专家应不少于该评审委员会专家总数的2/3，同意票数达到出席综合评审专家人数的2/3以上，视为入选建议名单。未出席综合评审的专家不得委托他人投票或补充投票。

第十六条 建议人选名单报经国家粮食和物资储备局党组核审同意，并经公示无异议后，由国家粮食和物资储备局公开发布。

第四章 培养措施

第十七条 国家粮食和物资储备局视中央财政资金预算批复情况，对选拔产生的高水平人才给予一定的经费资助，支持其开展前瞻性、预研性研究，创新团队建设和人才培养等工作。资助经费一次性拨付，在支持周期内统筹使用。其中，领军人才支持周期一般为3年、青年拔尖人才和技能大师支持周期一般为2年。

各归口推荐单位和高水平人才所在单位应积极统筹创新资源，搭建干事创业平台，大力支持入选人员开展创新活动。

第十八条 各有关司局单位和垂直管理局在开展政策咨询，项目或工程论证、评审及验收，规划和标准制修订等工作时，可优先聘请有关高水平人才参加。

第十九条 在高水平人才申报行业重大项目（课题）时，应给予一定倾斜。突出实践锻炼，把团队中青年拔尖人才、技能大师的占比，作为重大项目（课题）立项的重要参考；把人才培养成果纳入重大项目（课题）绩效考核指标体系；优先聘请高水平人才担任“科技特派员”，参与科技对接服务等工作。

第二十条 国家粮食和物资储备局分类实施高水平人才知识更新和技能提升培训，不断提升入选人员的理论素养和创新思维。

各归口推荐单位和高水平人才所在单位应优先选派入选人员参加相关的培训、进修和国际交流等活动。

第二十一条 国家粮食和物资储备局优先推荐领军人才、青年拔尖人才参评院士或国家重大人才工程。原则上从技能大师中推荐“中华技能大奖”“全国技术能手”人选。

第五章 服务管理

第二十二条 国家粮食和物资储备局向相应的高水平人才颁发“全国粮食和物资储备领军人才”“全国粮食和物资储备青年拔尖人才”或“全国粮食和物资储备技能大师”证书。

第二十三条 高水平人才所在单位应按照财政部、国家粮食和物资储备局及有关部门规定，规范经费使用管理。入选人员可按规定自主使用经费。入选人员调整工作单位的，应与原单位积极协商，确保经费使用效益。

第二十四条 国家粮食和物资储备局及各归口推荐单位和高水平人才所在单位应大力宣传高水平人才先进事迹，积极培树先进典型，充分营造尊重劳动、尊重知识、尊重人才、尊重创造的良好氛围。

第二十五条 建立高水平人才联系机制。各归口推荐单位负责跟踪了解高水平人才学习、工作、生活情况，指导入选人员所在单位按规定落实好岗位聘任、收入分配等人才激励政策，不断优化创新创造环境，为人才免除后顾之忧，支持入选人员作出更大贡献。

第二十六条 各归口推荐单位要主动联系本地区人才工作相关管理部门，积极拓宽成长发展通道，探索建立行业高水平人才分级选拔培养机制。注重发现、培养一大批青年拔尖人才、技能大师的后备军，加强高水平人才储备。

第二十七条 高水平人才资助项目由入选人员所在单位督促实施，并纳入其年度考核范畴。项目结束后，由入选人员本人提出申请，国家粮食和物资储备局组织绩效评估。评估结果作为进一步使用、培养高水平人才的参考依据。

在支持周期内，各归口推荐单位结合平时了解情况和入选人员年度考核结果，于每年年底前向国家粮食和物资储备局报备入选人员取得的主要业绩、成果，资助项目实施进度和经费使用情况，以及下一年工作目标等。

第二十八条 强化高水平人才称号的学术性、荣誉性本质，对入选人员实行动态管理。对于入选后，长期无法完成资助项目、年度考核连续不合格，或发生违反学术道德、违纪违法行为的人员，或因其所在单位未落实高水平人才培养措施、经费管理混乱等造成恶劣影响的，国家粮食和物资储备局有权取消其入选资格，收回资助经费，并依规依纪追究相关单位和人员的责任。

第二十九条 对于弄虚作假取得入选资格的人员，一经查实，取消其入选资格、收回资助经费。取消其所在单位下一次申报高水平人才项目的资格。

第六章 附 则

第三十条 本办法由国家粮食和物资储备局人事司负责解释。

第三十一条 本办法自印发之日起施行，有效期5年。《全国粮食行业领军人才选拔培养管理办法》(国粮办发〔2018〕310号)、《全国粮食行业青年拔尖人才优先培养实施办法》(国粮办人〔2016〕285号)、《全国粮食行业技能拔尖人才选拔使用管理实施办法》(国粮办人〔2015〕307号)同时废止。

关于印发《粮食产后服务中心运营指南》的通知

国粮办仓〔2021〕338 号

各省、自治区、直辖市及新疆生产建设兵团粮食和物资储备局（粮食局），各有关中央企业：

党中央、国务院高度重视优质粮食工程。为充分发挥粮食产后服务中心的重要作用，根据中共中央办公厅、国务院办公厅印发的《粮食节约行动方案》，以及财政部、国家粮食和物资储备局《关于深入推进优质粮食工程的意见》（财建〔2021〕177 号）等有关要求，我局制定了《粮食产后服务中心运营指南》。现印发给你们，并提出如下要求，请结合实际认真执行。

一、高度重视，强化指导。加强粮食产后服务中心运营管理，建立长效运营机制，巩固拓展建设成效。着力提升粮食产后服务中心为农服务水平，提高设施设备利用率、增强持续运营能力。做好政策和服务保障，定期调度业务开展情况，科学总结为农服务成效。

二、典型引领，突出重点。发挥典型经验的示范引领带动作用，率先抓好重点区域的重点主体，培树一批粮食产后服务中心运营的典型单位，以点带面、扩大影响。强化宣传引导，提升粮食产后服务中心的社会影响力和认可度。

三、统筹协调，发挥实效。粮食产后服务中心运营要与优质粮食工程“六大提升行动”做好衔接，实现功能互补、协同联动，补齐“产购储加销”链条中的短板。围绕更好发挥各项服务功能，指导粮食产后服务中心在减少粮食损失浪费、促进粮食提档升级、助农丰产增收等方面持续发挥更大作用。

国家粮食和物资储备局办公室

2021 年 12 月 2 日

粮食产后服务中心运营指南

粮食产后服务中心是对收获后的粮食进行清理、烘干、收储、加工、销售等提供有偿服务的新型社会化服务组织。粮食产后服务中心依托现有业态和资源，为种粮农民等生产经营主体提供优质服务，促进粮食提质进等、推动节粮减损、提高议价能力，有利于农民增收。

粮食产后服务中心运营要坚持政府引导与市场运作相结合，牢牢把握为农服务的方向，发挥市场在资源配置中的决定性作用；坚持需求对接和供给提升相结合，在聚焦主业的基础上，提供个性化服务，创新运营模式，补齐服务短板，着力提高粮食产后服务中心运行效率和经营效益，增强经济实力、市场竞争力和抗风险能力。

一 夯实基础服务主业

粮食产后服务中心要聚焦并夯实基础服务主业，为种粮农民提供粮食收获后急需的各项服务，不断提高服务效率，改善服务体验，保障种粮农民收益，有效降低产后损失。

（一）清理烘干。粮食产后服务中心通过提供清理、烘干服务，使收获后的粮食能够得到及时有效清理和保质烘干，减少粮食霉变等造成的损失浪费，满足安全储粮和加工要求。鼓励有条件的粮食产后服务中心建立集烘干、清杂、除尘、杀虫于一体的粮食整理中心，推动环保高效作业。

（二）应急保粮。粮食产后服务中心在汛期或极端天气等条件下，应服务大局，全力开展潮粮烘干，减少产后粮食损失。

（三）储粮保管。粮食产后服务中心依托现有仓储设施资源，通过维修改造提升仓储保管、接收发放等硬件设施水平，为粮食储存安全提供保障。鼓励升级改造满足优质粮食储存的仓房，开展精细化储存等，为实现优粮优储提供支撑。

（四）加工转化。具备粮食加工能力的粮食产后服务中心，应发挥连接种粮农民和市场的纽带作用，引导种粮农民按市场需求种植生产；通过加工转化实现粮食产品增值，并将增值收益部分返给种粮农民，促进农民增收；采用适度加工技术，减少粮食加工环节损失浪费。

（五）市场销售。贸易型或具备加工能力的粮食产后服务中心，可依托现有营销网络开展原粮、成品粮销售，延长产业链；其他粮食产后服务中心应主动开拓市场渠道，实现粮食品种、质量和数量信息上网，搭建产销衔接的平台。

二 拓宽增值服务业务

鼓励粮食产后服务中心在有效开展基础性服务以外，以种粮农民的实际需求为导向，着力补齐粮食产后服务链条中的短板。推动服务覆盖产业链全过程，拓展服务的广度和深度。从供给侧发力，使服务可持续，让收益能共享。

（六）交售运输。鼓励粮食产后服务中心拓展预约售粮、代收代运等服务功能，既方便农民售粮，提高服务的精准性和效率，又通过集约化管理，降低运输成本。同时减少传统收获运输环节粮食频繁落地、装卸运输等造成的损失浪费。

（七）种植服务。鼓励有条件的特别是以农民专业合作社等为主体的粮食产后服务中心，发挥自身优势，开展订单粮食收购，为农民提供种子、化肥等农资，以及植保、收获等技术服务。提升粮食生产现代化水平，从源头上实现优质粮食种植，更好掌握粮源。

（八）信息服务。鼓励具有一定规模的粮食产后服务中心参考国家粮油信息中心、国家粮食交易中心和省级粮食交易平台等发布的信息，结合购销需求，对接粮油市场，拓宽服务受众面；同时为种粮农民提供及时的购销信息，方便农民择机售粮。鼓励粮食产后服务中心贴近种粮农民，宣传国家粮食生产和收购政策，提供市场价格信息，发布粮油质量信息等。

（九）粮食兑换。具备规模、运营稳定、信誉良好的粮食产后服务中心，可在经营许可范围内探索为种粮农民提供成品粮和农资兑换等灵活服务业务。

（十）公益服务。鼓励有条件的粮食产后服务中心通过减免服务费用、开辟绿色通道等方式，对特殊群体开展优惠服务，与乡村振兴有效衔接，巩固拓展脱贫攻坚成果。

（十一）技术服务。鼓励粮食产后服务中心对种粮农民大力宣传家庭储粮装具使用技术和常规保管粮食常识。对种粮大户等规模化经营主体开展科学储粮技术指导，为粮食减损增效提供技术支持。

三 创新运营模式

鼓励粮食产后服务中心打破地域壁垒和企业所有制限制，积极探索新型合作模式。通过开展合作，补齐建设主体自身业务、体制机制不完善的短板，发挥各自优势。推进粮食产后服务中心经营服务市场化，按照市场规律创新发展战略，实施有效的经营服务策略，建立可持续的运行机制。

（十二）合作运营。可由两个或两个以上的粮食产后服务中心开展合作运营，实现优势互补，并根据合作机制，确定各方承担的责任义务、经营分工和利益分配方式。

（十三）业务委托。鼓励粮食产后服务中心与其他主体开展委托业务合作，开展委托业务的费用可由粮食产后服务中心直接与合作方按照事前约定进行结算。

（十四）产销衔接。鼓励主产区粮食产后服务中心与销区开展跨区域合作，提供代收代烘代储等服务，促进粮食产销衔接。

（十五）委托运营。探索委托有一定市场服务能力和专业技能的第三方，对粮食产后服务中心开展委托运营管理，履行粮食产后服务中心主体职责，提高服务水平和设施利用率。

（十六）共享服务。粮食产后服务中心除烘干粮食外，还可烘干其他经济作物，提高设施设备利用率。鼓励通过建立动态信息网、开发手机 APP、成立粮食产后服务中心协会、烘干联合会（体）等方式，科学合理利用当地烘干资源，充分发挥粮食产后服务体系协同效应。

四 加强制度规范约束

（十七）粮食产后服务中心要严格遵守国家法律法规，坚持平等、自愿、诚信、互利原则，以合同形式明确与农户双方的权利和义务，维护双方合法权益。合理收取费用，严禁利用各种方式变相扩大收费范围或提高收费标准。

（十八）粮食产后服务中心应规范服务经营，主动公开服务范围、服务流程、收费标准、收费依据等，自觉接受社会监督；应制定设备操作、维护保养、安全管理等制度。

（十九）粮食产后服务中心清理、烘干、加工等作业，应符合环保部门有关要求，推广使用节能环保设备和清洁能源。加大绿色热源烘干设备推广力度。

（二十）粮食产后服务中心应加强财政资金投资建设的设施设备等资产的管理，做好产权登记、资产评估和统计等工作，确保资产安全、完整，避免造成资产流失。

五 做好政策服务保障

（二十一）省级粮食和储备行政管理部门要会同相关部门，认真落实中共中央办公厅、国务院办公厅印发的《粮食节约行动方案》关于“烘干用地用电统一按农用标准管理”的相关要求。

（二十二）各级粮食和储备行政管理部门要积极协调农业发展银行等金融机构，加大对粮食产后服务中心的金融支持力度，争取降低融资成本。

（二十三）地方粮食和储备行政管理部门牵头，通过网络平台等方式对粮食产后服务中心人员定期组织专业培训，提高技术水平和操作技能，提升服务效率和劳动生产率。

（二十四）地方粮食和储备行政管理部门要指导粮食产后服务中心主动与高等院校、科研院所等开展合作，优化设备技术参数，改造升级仓储设施功效性能，选配绿色储粮技术，提升粮食烘后和储存品质等，发挥科技对运营的支撑作用。

（二十五）鼓励具有一定规模和服务能力的粮食产后服务中心牵头成立区域性粮食产后公益性服务组织，规范运营行为，加强行业自律，实现资源、服务共享，发挥协同效应。

六 强化组织领导和统筹协调

（二十六）县（市）级粮食和储备行政管理部门具体指导辖区内粮食产后服务中心开展对农服务，规范服务行为，提高经营管理水平；定期采集粮食产后服务中心清理烘干或收储粮食的数量、品质信息，以及服务收益情况等；组织开展绩效评价，对粮食产后服务中心运营情况进行总结等，为进一步改善服务质量提供指导；对于受到群众投诉的粮食产后服务中心，应切实履行管理职责，限期督促整改。

（二十七）有条件的县（市）级粮食和储备行政管理部门要探索建立基层粮食科技特派员队伍，加强对粮食产后服务中心粮食烘干、储存、加工等环节的技术指导，支持引导农户科学储粮，减少粮食流通环节损失浪费。

（二十八）各级粮食和储备行政管理部门要加强对粮食产后服务中心运营典型案例的挖掘总结、培育扶持、宣传推广，充分发挥示范单位的引领带动作用。

（二十九）各级粮食和储备行政管理部门要指导粮食产后服务中心运营主体做好对农宣传，鼓励建立统一标识，提升粮食产后服务中心信誉度和影响力。

关于下达粮食行业标准制修订和标准样品计划的通知

国粮办标〔2021〕370 号

全国粮油标准化技术委员会各分技术委员会，各有关单位：

为深入贯彻习近平总书记“四个最严”重要指示精神，贯彻落实党的十九届五中、六中全会有关部署，认真落实《中华人民共和国反食品浪费法》《国家标准化发展纲要》《粮食节约行动方案》等规定，充分发挥标准引领作用，健全粮食全产业链标准体系，服务粮食产业高质量发展。经研究，现下达粮食行业标准制修订和标准样品计划 48 项（见附件）。请各项目第一起草单位抓紧组织实施，深入开展调查研究，广泛征求意见，加强与相关单位的沟通协调，按时高质量完成标准制修订任务。各分技术委员会（SC）要加强对项目执行情况的跟踪指导和监督管理，确保研制单位高标准高质量完成任务。

附件：粮食行业标准制修订和标准样品计划（略）

国家粮食和物资储备局办公室

2021 年 12 月 30 日

公　告

2021 年第 1 号公告

根据《国务院办公厅关于加强行政规范性文件制定和监督管理工作的通知》（国办发〔2018〕37 号）、《国务院办公厅关于印发 2020 年政务公开工作要点的通知》（国办发〔2020〕17 号）精神，国家粮食和物资储备局对截至 2020 年 11 月底发布的行政规范性文件进行了清理。经清理，继续有效的行政规范性文件 79 件，废止 9 件，宣布失效 3 件，现予以公布。

附件 1

继续有效的行政规范性文件

序号	文件名称	文号	发布时间	备注
1	国家粮食局关于取消《市镇居民粮食供应转移证明》的通知	国粮调〔2001〕38号	2001年3月9日	
2	国家粮食局印发关于发展粮食订单收购推进粮食产业化经营的意见的通知	国粮政〔2001〕106号	2001年8月1日	
3	国家发展和改革委员会 国家粮食局 财政部 卫生部 国家工商行政管理总局 国家质量监督检验检疫总局关于印发《粮食流通监督检查暂行办法》的通知	国粮检〔2004〕230号	2004年11月16日	
4	国家粮食局关于印发《粮食监督检查工作规程（试行）》《粮食监督检查行政处罚程序（试行）》和《粮食监督检查证件管理规定》的通知	国粮检〔2005〕31号	2005年3月9日	《国家粮食和物资储备局关于印发粮食和物资储备执法督查工作规程的通知》（国粮执法规〔2020〕245号）已废止《粮食监督检查工作规程（试行）》。
5	国家粮食局办公室关于印发粮食销售出库检验报告样式的通知	国粮办发〔2005〕115号	2005年6月16日	
6	粮食行政复议办法	国粮通〔2005〕1号	2005年7月4日	
7	发布 2 项强制性行业标准和 1 项推荐性行业标准	国粮通〔2005〕2号	2005年7月19日	
8	国家粮食局关于进一步促进粮食批发市场发展的意见	国粮政〔2005〕192号	2005年12月26日	
9	国家粮食局办公室关于印发《粮食行业特有工种职业技能鉴定规程》等12项规章制度的通知	国粮办人〔2006〕45号	2006年3月2日	
10	国家发展改革委 国家粮食局 财政部 中国农业发展银行关于印发《粮食库存检查暂行办法》的通知	国粮检〔2006〕139号	2006年9月5日	
11	粮食仓库行业全面停止使用甲基溴的公告	国家粮食局国家环境保护总局公告2006年第4号	2006年9月26日	
12	国家粮食局关于建立国家粮食质量监测体系的通知	国粮发〔2006〕146号	2006年10月14日	
13	国家粮食局办公室关于加强粮食行业特有工种职业技能鉴定工作的通知	国粮办人〔2006〕246号	2006年11月27日	
14	国家粮食局办公室关于院校职业技能鉴定免理论知识考试有关问题的通知	国粮办人〔2007〕110号	2007年5月28日	
15	国家粮食局关于印发《粮食工程建设标准管理办法（试行)》的通知	国粮展〔2007〕128号	2007年6月11日	
16	国家粮食局办公室关于印发《粮食行业特有职业（工种）技师和高级技师技能鉴定考评办法（试行）》的通知	国粮办人〔2007〕165号	2007年9月5日	
17	粮食行政复议工作规程（试行）	国粮通〔2007〕4号	2007年10月26日	

序号	文件名称	文号	发布时间	备注
18	粮食立筒仓设计规范、粮食工程设计文件编制深度规定、粮食工程施工图设计文件审查要点	国粮通〔2007〕6号	2007年11月1日	
19	国家粮食局办公室关于印发《粮食质量档案样本（试行）》的通知	国粮办发〔2007〕228号	2007年12月19日	
20	粮油行业标准管理办法	国粮通〔2007〕7号	2007年12月19日	
21	发布1项强制性行业标准和2项推荐性行业标准	国粮通〔2008〕5号	2008年4月22日	
22	粮食仓房维修改造技术规程	国粮通〔2009〕2号	2009年2月16日	
23	国家粮食局办公室关于印发《国家粮食局重点实验室暂行管理办法》的通知	国粮办展〔2009〕63号	2009年3月6日	
24	国家粮食局办公室关于做好报废储粮化学药剂处置工作的通知	国粮办展〔2009〕230号	2009年10月16日	
25	国家粮食局办公室关于发布《粮食仓储企业规范化管理水平评价暂行办法》的通知	国粮办展〔2009〕281号	2009年12月9日	
26	国家粮食局关于进一步加强粮食库存管理的若干意见	国粮检〔2010〕20号	2010年2月11日	
27	国家粮食局关于印发《国家粮食质量检验监测机构管理暂行办法》的通知	国粮发〔2010〕161号	2010年10月14日	
28	国家发展改革委 国家粮食局关于印发《中央粮食企业最低最高库存量标准》的通知	国粮政〔2010〕179号	2010年11月19日	
29	国家发展改革委 国家粮食局关于印发《中央粮食企业最高库存量核定办法》的通知	国粮政〔2010〕186号	2010年11月29日	
30	国家粮食局关于印发《中央储备粮油质量检查扦样检验管理办法》的通知	国粮发〔2010〕190号	2010年12月2日	
31	国家粮食局关于印发《粮食企业自然灾害损失统计报告暂行办法》的通知	国粮展〔2011〕102号	2011年6月14日	
32	国家粮食局关于加强行业指导规范企业代农储粮有关工作的通知	国粮调〔2011〕142号	2011年8月19日	
33	国家发展改革委 国家粮食局 财政部关于印发《农户科学储粮专项管理办法》的通知	国粮展〔2011〕184号	2011年11月25日	
34	国家粮食局办公室关于暂停使用自吸过滤式防毒面具的通知	国粮办展〔2012〕90号	2012年4月18日	
35	国家粮食局办公室关于印发《国家级粮食现代物流示范单位管理暂行办法》的通知	国粮办展〔2012〕132号	2012年6月1日	
36	民政部关于印发《中央救灾物资储备库管理暂行办法》的通知	民发〔2012〕139号	2012年8月9日	
37	国家粮食局办公室关于印发《粮食公益性行业科研专项经费管理暂行办法》的通知	国粮办展〔2012〕282号	2012年12月28日	
38	国家粮食局关于印发《粮食企业执行会计准则有关粮油业务会计处理的规定》的通知	国粮财〔2013〕311号	2013年12月26日	
39	发布1项强制性行业标准	国粮通〔2014〕1号	2014年1月7日	
40	国家粮食局办公室关于印发《国家粮油标准研究验证测试机构管理办法》的通知	国粮办发〔2014〕33号	2014年2月13日	
41	国家粮食局关于切实加强“粮安工程”建设项目资金管理工作的通知	国粮财〔2014〕84号	2014年5月6日	

序号	文件名称	文号	发布时间	备注
42	国家粮食局 工业和信息化部 国家质量监督检验检疫总局关于促进粮油加工业节粮减损的通知	国粮展〔2014〕81 号	2014 年 5 月 7 日	
43	国家粮食局关于大力促进节粮减损反对粮食浪费的通知	国粮发〔2014〕160 号	2014 年 7 月 31 日	
44	民政部财政部关于印发《中央救灾物资储备管理办法》的通知	民发〔2014〕221 号	2014 年 10 月 27 日	
45	国家粮食局办公室关于印发《国家粮食局科技兴粮示范单位遴选暂行办法》的通知	国粮办展〔2014〕254号	2014 年 11 月 13 日	
46	国家粮食局办公室关于做好“千吨囤”安全储粮和安全生产工作的通知	国粮办储〔2015〕302号	2015 年 11 月 23 日	
47	国家粮食局关于印发《粮食收购资金筹集和兑付管理暂行办法》的通知	国粮财〔2015〕208 号	2015 年 11 月 25 日	
48	国家粮食局办公室关于印发《全国粮食行业技能拔尖人才选拔使用管理实施办法》的通知	国粮办人〔2015〕307号	2015 年 12 月 1 日	
49	国家粮食局办公室关于印发《粮食竞价销售交易规则》的通知	国粮办发〔2016〕6 号	2016 年 1 月 7 日	
50	国家发展和改革委员会 国家粮食局 财政部 中国农业发展银行关于进一步加强国家政策性粮食出库管理工作的通知	国粮检〔2016〕12 号	2016 年 1 月 18 日	
51	国家发展改革委 国家粮食局 财政部 农业部 中国农业发展银行 中国储备粮管理总公司关于印发小麦和稻谷最低收购价执行预案的通知	国粮调〔2016〕55 号	2016 年 4 月 5 日	
52	国家粮食局关于规范粮食行业信息化建设的意见	国粮财〔2016〕74 号	2016 年 4 月 15 日	
53	国家粮食局办公室关于印发《推荐国家科技奖粮食行业候选项目试行办法》的通知	国粮办储〔2016〕93 号	2016 年 4 月 18 日	
54	国家发展和改革委员会 国家粮食局 财政部 中国农业发展银行关于修订印发《租赁社会粮食仓储设施收储国家政策性粮食的指导意见(试行)》的通知	国粮检〔2016〕106 号	2016 年 5 月 16 日	
55	国家粮食局关于印发《粮油储存安全责任暂行规定》的通知	国粮储〔2016〕136 号	2016 年 6 月 30 日	
56	国家粮食局关于大力促进粮食科技成果转化的实施意见	国粮储〔2016〕148 号	2016 年 7 月 12 日	
57	国家粮食局关于印发《粮食流通涉嫌违纪违法案件移送纪检和司法机关暂行办法》的通知	国粮检〔2016〕182 号	2016 年 8 月 19 日	
58	国家粮食局关于进一步加强“粮安工程”建设项目资金使用管理工作的通知	国粮财〔2016〕203 号	2016 年 9 月 9 日	
59	国家粮食局关于印发《粮食收购资格审核管理办法》的通知	国粮政〔2016〕207 号	2016 年 9 月 14 日	
60	国家粮食局关于印发《粮油安全储存守则》和《粮库安全生产守则》的通知	国粮储〔2016〕234 号	2016 年 10 月 20 日	
61	国家粮食局办公室关于印发《全国粮食行业青年拔尖人才优先培养实施办法》的通知	国粮办人〔2016〕285号	2016 年 10 月 31 日	
62	国家粮食局随机抽查事项清单	国家粮食局公告 2016 年第 4 号	2016 年 11 月 29 日	
63	国家粮食局“双随机一公开”监管工作细则	国家粮食局公告 2017 年第 1 号	2017 年 2 月 20 日	
64	国家粮食局关于做好政策性粮食销售出库监管工作的紧急通知	国粮电〔2017〕8 号	2017 年 8 月 23 日	

序号	文件名称	文号	发布时间	备注
65	国家粮食局办公室关于印发《地方粮库信息化建设技术指引（试行）》《地方粮库信息化建设验收规范（试行）》《粮食行业省级平台建设技术指引（试行）》和《粮食行业省级平台建设验收规范（试行）》的通知	国粮办发〔2017〕217号	2017 年 9 月 9 日	
66	国家发展改革委 国家粮食局 财政部 国家食品药品监管总局关于印发《大米竞价销售试点方案》的通知	国粮调〔2017〕190 号	2017 年 9 月 15 日	
67	国家粮食局办公室关于印发《粮食产后服务中心建设技术指南（试行）》和《粮食产后服务中心服务要点（试行）》的通知	国粮办储〔2017〕266号	2017 年 10 月 11 日	
68	国家粮食局关于粮食产业科技创新联盟建设的指导意见	国粮储〔2018〕17 号	2018 年 1 月 19 日	
69	国家粮食局办公室关于印发《国家粮食电子交易平台交收仓库管理办法（试行）》和《国家粮食电子交易平台仓单管理办法（试行）》的通知	国粮办发〔2018〕26 号	2018 年 1 月 31 日	
70	国家粮食局办公室关于印发《粮库信息系统与政策性粮食收购“一卡通”系统数据交换规范（试行）》的通知	国粮办发〔2018〕92 号	2018 年 3 月 27 日	
71	国家粮食和物资储备局关于印发《国家粮食技术创新中心管理办法（试行）》的通知	国粮发〔2018〕103 号	2018 年 5 月 14 日	
72	国家粮食和物资储备局关于印发《国家粮食技术转移中心管理办法（试行）》的通知	国粮发〔2018〕104 号	2018 年 5 月 14 日	
73	国家发展改革委 国家粮食和物资储备局 财政部 农业部 中国人民银行 中国银行保险监督管理委员会关于印发小麦和稻谷最低收购价执行预案的通知	国粮发〔2018〕99 号	2018 年 5 月 18 日	
74	国家粮食和物资储备局办公室关于印发《全国粮食行业领军人才选拔培养管理办法》的通知	国粮办发〔2018〕310号	2018 年 10 月 23 日	
75	国家粮食和物资储备局关于印发《国家粮食流通统计调查制度》的通知	国粮发〔2018〕263 号	2018 年 11 月 7 日	
76	国家发展和改革委员会 国家粮食和物资储备局 财政部 中国农业发展银行关于切实加强国家政策性粮食收储和销售出库监管的意见	国粮发〔2018〕264 号	2018 年 11 月 8 日	
77	国家粮食和物资储备局 国家标准化管理委员会关于改革粮食和物资储备标准化工作 推动高质量发展的意见	国粮发〔2019〕273 号	2019 年 9 月 24 日	
78	国家粮食和物资储备局 农业农村部 教育部 科技部 全国妇联关于印发《全国粮食安全宣传教育基地管理办法》的通知	国粮发规〔2020〕145号	2020 年 6 月 16 日	
79	国家粮食和物资储备局关于印发粮食和物资储备执法督查工作规程的通知	国粮执法规〔2020〕245 号	2020 年 9 月 11 日	

附件 2

废止的行政规范性文件

序号	文件名称	文号	发布时间
1	国家粮食储备局关于发布《国家粮食储备局粮食运输管理规则（试行）》的通知	国粮储〔1997〕255号	1997年11月28日
2	国家粮食局办公室关于印发《国家粮食局质量监督检验测试中心管理办法》等五个文件的通知	国粮办发〔2000〕79号	2000年11月1日
3	国家粮食局 财政部 中国农业发展银行关于印发《中央储备粮油轮换管理办法（试行）》的通知	国粮调〔2001〕209号	2001年12月29日
4	国家粮食局关于加强粮食仓储管理工作的通知	国粮管〔2004〕133号	2004年8月6日
5	国家粮食局办公室关于印发《全国粮食行业技术能手评选表彰管理办法》和《全国粮食行业技能人才培育突出贡献奖评选表彰管理办法》的通知	国粮办人〔2008〕99号	2008年6月6日
6	国家粮食局关于进一步做好国家政策性粮食竞价销售和出库工作的通知	国粮调〔2014〕150号	2014年7月25日
7	国家粮食局办公室关于印发《粮食科技在研项目督导评估管理办法》的通知	国粮办储〔2016〕220号	2016年9月5日
8	国家粮食局关于印发《国家粮食流通统计制度》及其实施细则的通知	国粮调〔2016〕225号	2016年9月30日
9	中央储备粮代储资格管理办法实施细则	国家粮食局公告 2017 年第 3 号	2017年9月11日

附件 3

宣布失效的行政规范性文件

序号	文件名称	文号	发布时间
1	国家粮食局关于做好全国粮食仓储行业淘汰甲基溴工作的通知	国粮管〔2005〕112 号	2005 年 8 月 8 日
2	国家粮食局办公室关于印发《粮食公益性行业科研专项实施方案》的通知	国粮办展〔2013〕34 号	2013 年 2 月 25 日
3	国家粮食局办公室关于印发《粮食行业危险化学品安全治理实施方案》的通知	国粮办储〔2016〕367 号	2016 年 12 月 30 日

2021 年第 2 号公告

按照国务院常务会议关于做好大宗商品保供稳价工作部署，国家粮食和物资储备局将于近期分批投放铜、铝、锌等国家储备。投放面向有色金属加工制造企业，实行公开竞价，相关工作由国家物资储备调节中心具体负责（详细事宜另行公布）。

国家粮食和物资储备局

2021 年 6 月 16 日

2021 年第 3 号公告

为进一步贯彻落实党中央、国务院“放管服”改革精神，根据《粮食流通管理条例》(国务院令第 740 号)相关规定，决定废止《国家粮食局关于印发〈粮食收购资格审核管理办法〉的通知》(国粮政〔2016〕207 号)。

本公告自发布之日起生效。

国家粮食和物资储备局

2021 年 10 月 26 日

2021 年第 4 号公告

为进一步贯彻落实党中央、国务院“放管服”改革精神，根据《中华人民共和国会计法》等有关规定，决定废止《国家粮食局关于印发〈粮食企业执行会计准则有关粮油业务会计处理的规定〉的通知》（国粮财〔2013〕311 号）。

本公告自发布之日起生效。

国家粮食和物资储备局

2021 年 12 月 17 日

2021年第5号公告

为进一步规范12325全国粮食和物资储备监管热线举报处理工作，根据《粮食流通管理条例》和《中央储备粮管理条例》等有关法规政策，国家粮食和物资储备局修订了《12325全国粮食和物资储备监管热线举报处理规定》，现予公告。原国家粮食局2018年2月22日印发的《12325全国粮食流通监管热线举报处理规定（试行）》自行废止。

国家粮食和物资储备局

2021年12月30日

12325 全国粮食和物资储备监管热线举报处理规定

第一章 总则

第一条 为保障公民、法人或者其他组织（以下统称举报人）依法举报涉粮涉储违规违法行为的权利，规范 12325 全国粮食和物资储备监管热线（以下简称热线）举报处理工作，根据《粮食流通管理条例》《中央储备粮管理条例》及有关法律、法规、规章，制定本规定。

第二条 热线实行统一受理、分级负责、实事求是、便民高效的处置原则。

第三条 国家粮食和物资储备局负责热线的统一管理。地方粮食和储备行政管理部门、国家粮食和物资储备局各垂直管理局（以下简称垂管局）及有关单位按照属地原则和管理职责负责承办查处举报线索等工作。

第二章 接收受理

第四条 举报人可拨打热线电话或者登录国家粮食和物资储备局政府网站等渠道进行举报，电话受理时间为法定工作日 8:30—12:00，13:00—17:00；网站全天候 24 小时接收举报。

第五条 热线提倡实名举报。举报人应遵守诚实信用原则，客观真实反映问题，尽可能提供详细情况，对其真实性负责，并保持预留联系方式畅通。

第六条 举报有下列情形之一的，不予受理：

（一）不属于粮食和储备行政管理部门职责范围的；

（二）无明确被举报对象、诉求目的描述不清等举报基本要件不全的；

（三）通过诉讼、仲裁、行政复议等法定途径已经解决、正在解决，或者已由其他机关受理的；

（四）不予受理的其他情形。

第七条 热线接到举报后，国家粮食和物资储备局一般在 7 个工作日内（含第 7 个工作日，下同）作出是否受理的决定。实名举报不予受理的，应自接到举报之日起 10 个工作日内告知举报人并说明原因。

第八条 举报人可拨打热线电话查询举报受理情况及核查进度。

第九条 话务人员在接听或者拨打举报人电话时，应使用文明用语并主动表明身份。

第三章 办理

第十条 国家粮食和物资储备局统一受理涉及粮食、国家战略和应急物资储备违规违法行为的举报，自受理之日起 3 个工作日内向承办单位分办。

第十一条 一般情况下，举报应在相关规定时限内核查办结，特殊情况下，可延长办理期限，延长期限原则上不超过 30 个工作日。对于涉嫌违规违法行为性质严重，群众反映强烈，社会影响较大，或者具有突发性、需要紧急处置的举报，由国家粮 食和物资储备局另行指定核查期限。

第十二条 承办查处举报线索单位应对核查结果负责，核查过程要全程记录留痕。

第十三条 对已受理的举报，举报人有提供证据资料的，由举报核查单位与举报人联系，依法办理交接手续。

第四章 投诉

第十四条 举报人对热线服务态度或者服务质量不满意，对热线受理举报核查结果有异议，或者认为举报核查人员行为不当的，可通过热线投诉线路进行投诉。

第十五条 投诉有下列情形之一的，不予受理：

（一）针对热线受理举报范围以外问题投诉的；

（二）无正当理由投诉的；

（三）投诉对象和投诉内容不明确的；

（四）无法提供必要证据的；

（五）其他依法不予受理的投诉事项。

第十六条 热线接到投诉后，应在 5 个工作日内作出是否受理的决定。实名投诉不予受理的，应自收到投诉之日起 7 个工作 日内反馈投诉人。投诉应在相关规定时限内核查办结。有特殊情况的，可延期一次，最长延期 15 个工作日。

第十七条 热线受理的投诉，由被投诉人所在单位或者其上级单位按有关规定进行核查。

第五章 督促反馈

第十八条 各级粮食和储备行政管理部门、垂管局和有关单位应及时核查分办至本单位的举报，密切跟踪转办举报的核查情况，建立层级催办督办制度。重要举报要挂牌督办。

第十九条 实名举报和投诉核查结束后，核查单位应在 5 个工作日内答复举报人或投诉人。热线不定期随机抽取核查办结的举报，进行电话回访。

第六章 信息管理

第二十条 国家粮食和物资储备局建立热线系统平台，并负责平台的日常运行维护。各级粮食和储备行政管理部门、垂管局及有关单位应充分利用系统平台，规范举报处理流程。

第二十一条 各级粮食和储备行政管理部门、垂管局及有关单位应依照《中华人民共和国档案法》等法律法规有关规定，对举报核查相关文字、音像资料等立卷归档。内容涉密的，按照国家有关保密规定管理。

第二十二条 各级粮食和储备行政管理部门、垂管局及有关单位如需调阅热线线索相关资料，应按照《粮食行政执法记录信息资料调阅使用管理办法》及有关规定进行。

第二十三条 各级粮食和储备行政管理部门、垂管局及有关单位应充分利用热线加强对涉粮涉储违规违法问题的监测和统计分析，制定有效措施，防范粮食和物资储备安全问题隐患。

第七章 监督与责任

第二十四条 各级粮食和储备行政管理部门、垂管局及有关单位在核查举报过程中应严格履行法定程序，遵守执法人员行为 规范和时限要求，自觉接受监督；核查人员与被举报对象和举报事项有利害关系的，应当回避。

第二十五条 举报核查过程中存在滥用职权、玩忽职守、徇私舞弊或者违反本规定行为的，举报超过时限仍未核查办结且造成严重后果的，对举报人进行打击报复的，依规依纪依法追究相关人员责任；涉嫌犯罪的，依法移送司法机关追究刑事责任。

第二十六条 各级粮食和储备行政管理部门、垂管局及有关单位举报核查人员应严格遵守保密规定，依法保护举报人和被举报对象的合法权益。不得私自摘抄、复制、扣押、藏匿、销毁举报材料；严禁泄露举报人和被举报对象信息；不得泄露被举报对象商业秘密。

第二十七条 举报人反映问题应客观真实，不得诬告陷害他人，不得采取暴力、胁迫或者通过其他违法手段干扰正常工作秩序。出现此类行为违反治安管理法律法规的，交由公安机关处理；构成犯罪的，移送司法机关处理。

第二十八条 举报人、投诉人具有下列情形之一，经热线提醒仍不改正的，纳入热线管理黑名单，情节严重的移送司法机关处理：

（一）发表违规违法及反动言论的；

（二）恶意举报或投诉，侮辱、谩骂、骚扰热线工作人员，恶意中伤他人的；

（三）同一举报事项，无实质补充内容，反复举报，或已告知查办结果，仍反复举报的；

（四）其他恶意举报或投诉的情形。

第八章 附则

第二十九条 办理期限中，检验检测、鉴定以及其他部门协助调查所需时间不计算在办理期限内。法律法规另有规定的，从其规定。

第三十条 本规定由国家粮食和物资储备局负责解释。

第三十一条 本规定自 2022 年 1 月 10 日起施行，有效期 5 年。

通　告

国粮通〔2021〕1号

根据《中华人民共和国标准化法》规定，现发布1项行业标准，其编号和名称如下：

LS/T 3212—2021《挂面》

本标准自2021年11月24日起实施。

特此通告。

国家粮食和物资储备局

2021年5月24日

⑤
④

附　录

2021年大事记

一月

1月8日，国家粮食和物资储备局召开机关新任司处级干部集体谈话会。

1月8日，国家粮食和物资储备局举行新任司处级国家工作人员宪法宣誓仪式。

1月12日，全国粮食和物资储备工作视频会议召开。会议以习近平新时代中国特色社会主义思想为指导，深入贯彻党的十九大和十九届二中、三中、四中、五中全会精神，认真落实中央经济工作会议和中央农村工作会议部署，按照全国发展和改革工作会议要求，全面总结“十三五”成效，准确把握“十四五”思路，部署2021年粮食流通和物资储备工作。

1月25日，国家粮食和物资储备局召开2021年春节及“两会”期间粮油市场保供稳市工作视频会议。会议深入贯彻习近平总书记重要指示批示精神，认真落实国务院常务会议和联防联控机制安排，通报国家粮食和物资储备局应对疫情应急保供工作情况，重点部署2021年春节及“两会”期间粮油保供稳市工作。

1月28日，国家粮食和物资储备局召开优质粮食工程视频会，调度交流优质粮食工程实施成效、经验做法，对下步深入推进作出安排部署。

1月28日，国家粮食和物资储备局召开专家研讨会，围绕深入贯彻习近平总书记有关重要指示精神，加快推进粮食节约减损立法工作进行座谈研讨。

二月

2月3日，国家粮食和物资储备局党组与驻国家发展改革委纪检监察组围绕2020年度全面从严治党工作会商。

2月4日，国家粮食和物资储备局召开各司局、直属联系单位2020年度集中述职述廉会议。

2月5日，国家粮食和物资储备局召开垂直管理局2020年度集中述职述廉视频会议。

2月6日，国家粮食和物资储备局北京局举行揭牌仪式。

2月8日，国家粮食和物资储备局召开局机关2020年度工作总结表彰会议。

春节前夕，国家粮食和物资储备局领导分别以电话等方式慰问了白美清、聂振邦、朱长国、郄建伟、杨兵、张桂凤、吴子丹、赵忠权、曾丽瑛、韩卫江、肖贵林等老领导老同志，致以诚挚的新春祝福和美好祝愿。

2月23日，国家粮食和物资储备局党组召开扩大会议，传达学习贯彻习近平总书记在党史学习教育动员大会上的重要讲话精神，对开展好党史学习教育作出部署安排。

三月

3 月 10 日，国家粮食和物资储备局召开全面从严治党工作会议。深入学习贯彻习近平总书记在十九届中央纪委五次全会上的重要讲话精神，认真落实中央和国家机关党的工作暨纪检工作会议部署，全面总结 2020 年特别是全系统党的建设和党风廉政建设会议以来的工作进展成效，分析研判当前形势，安排部署 2021 年全面从严治党各项任务。

3 月 16 日至 18 日，国家粮食和物资储备局在河南召开实行党政同责强化落实粮食安全省长责任制考核座谈会，并就夏粮生产形势进行调研。

3 月 17 日至 19 日，国家粮食和物资储备局在河南郑州举办局党组第四轮巡视专题培训，深入学习贯彻习近平总书记关于巡视工作的重要论述，贯彻落实党中央关于巡视工作新部署新要求，切实提高巡视干部专业能力素质。

3 月 18 日，国家粮食和物资储备局召开定点帮扶安徽省阜南县工作座谈会。

3 月 19 日，国家粮食和物资储备局召开“实行党政同责强化落实粮食安全责任制”专家咨询论证会。国家粮食安全政策专家咨询委员会王春正顾问、陈锡文顾问、赵中权副主任委员等有关专家出席会议，并就研究起草的相关文件代拟稿发表了咨询意见建议。

3 月 22 日至 27 日，国家粮食和物资储备局在中央民族干部学院，分两期举办全局司处级干部培训班，深入学习贯彻习近平总书记在党史学习教育动员大会上的重要讲话精神，学习贯彻党的十九届五中全会精神。

3 月 25 日，国家粮食和物资储备局党组召开第四轮巡视工作动员会，部署对国家粮食和物资储备局内蒙古、辽宁、吉林、安徽、江西、河南、湖南、广西、云南、甘肃、宁夏、新疆局分党组开展常规巡视。

3 月 29 日至 31 日，国家粮食和物资储备局在山东德州召开全国粮食和物资储备系统军粮供应工作会议暨主副食集约化保障现场会。

3 月 30 日，国家粮食和物资储备局在中国储备粮管理集团有限公司召开 2020 年度中央储备粮棉管理和中央事权粮食政策执行情况考核动员部署会议。

3 月 31 日，国家粮食和物资储备局召开垂管系统安全生产视频会议，认真传达李克强总理关于安全生产工作重要批示和国务院安全生产委员会全体会议、全国安全生产电视电话会议精神，部署安全生产和专项工作。

四月

4 月 8 日，《粮食流通管理条例》贯彻实施座谈会在北京召开，会议围绕宣传贯彻《条例》对于“牢牢把住粮食安全主动权”的重要意义和《条例》修订主要内容进行了深入座谈。

4 月 21 日，国家粮食和物资储备局举办 2021 年全国政策性粮油库存检查视频培训。

五月

5 月 7 日，国家粮食和物资储备局召开对口支援江西省于都县工作座谈会。

5 月 10 日，国家粮食和物资储备局召开全国夏粮收购工作视频会议，分析研判夏粮收购形势，安排部署收购工作。

5 月 19 日，国家粮食和物资储备局召开乡村振兴工作领导小组 2021 年第一次全体会议，认真学习贯彻习近平总书记关于定点帮扶工作的重要指示以及全国东西部协作和中央单位定点帮扶工作推进会精神，研究部署 2021 年定点帮扶工作。

5 月 20 日至 21 日，国家粮食和物资储备局党组举办理论学习中心组学习扩大会暨《粮食流通管理条例》贯彻实施培训班，深入学习习近平法治思想，认真落实党中央关于依法行政、建设法治政府的部署要求，贯彻实施新修订出台的《粮食流通管理条例》。

5 月 24 日，国家粮食和物资储备局与四川省人民政府在成都签署共同保障国家粮食安全推进粮食和物资储备事业高质量发展战略合作协议。

5 月 24 日，2021 年全国粮食和物资储备科技活动周启动仪式在四川成都举行。

5 月 24 日，国家粮食和物资储备局在四川成都召开 2021 年全国粮食和物资储备系统科技和人才兴粮兴储现场经验交流会议。

5 月 27 日，国家粮食和物资储备局在福建省龙岩古田干部学院举行干部党性教育培训基地签约揭牌仪式。

六月

6 月 7 日，中共中央政治局常委、国务院副总理韩正同志到国家粮食和物资储备局调研并主持召开座谈会，深入学习习近平总书记关于确保粮食安全的重要讲话和指示批示精神，总结粮食和物资储备改革发展情况，研究部署有关重点工作。

6 月 8 日，党史学习教育中央第十九指导组与局党史学习教育领导小组见面，指导组组长郭庆平传达党史学习教育中央指导组培训会议精神，并对下一步工作提出要求。

6 月 9 日，国家粮食和物资储备局主持召开第 122 次局党组（扩大）会议，认真传达学习中共中央政治局常委、国务院副总理韩正同志在国家粮食和物资储备局调研座谈重要讲话精神，研究贯彻落实的意见和分工方案，部署安排重点工作举措，着力增强国家粮食安全和战略应急物资储备安全保障能力。

6 月 10 日，国家粮食和物资储备局召开全国粮食流通“亮剑 2021”专项执法行动暨夏粮收购监督检查动员部署视频会。

6 月 18 日，国家粮食和物资储备局召开垂管系统安全生产视频会议，认真传达贯彻习近平总书记关于加强安全生产工作的重要指示、李克强总理等领导同志重要批示和全国安全生产电视电话会议精神，部署当前和今后一个时期安全生产重点工作。

6 月 21 日，国家粮食和物资储备局对中国储备粮管理集团有限公司开展 2020 年度总体情况考核。

6 月 21 日，国家粮食和物资储备局召开党史学习教育指导动员会，部署对各司局、单位党组织和各垂管局分党组党史学习教育工作开展检查指导。

6 月 22 日，国家粮食和物资储备局在安徽省阜南县召开全国深入推进优质粮食工程加快粮食产业高质量发展第二次现场经验交流会。

6 月 22 日，国家粮食和物资储备局隆重举行“光荣在党 50 年”纪念章颁发仪式，向老党员代表颁发纪念章。

6 月 22 日，国家粮食和物资储备局发布《国家粮食和物资储备局公告》(2021 年第 2 号)，按照国务院常务会议关于做好大宗商品保供稳价工作部署，国家粮食和物资储备局分批投放铜、铝、锌等国家储备。

6 月 23 日至 24 日，国家粮食和物资储备局在山东泰安主持召开实行粮食安全党政同责制定考核办法研讨会和粮食安全立法修规工作座谈会。

6 月 23 日，国家粮食和物资储备局在安徽省阜南县召开定点帮扶和对口支援挂职干部座谈会。

6 月 25 日，国家粮食和物资储备局“粮储心向党 奋斗新征程”庆祝中国共产党成立 100 周年书画展开幕。

6 月 27 日，国家粮食和物资储备局、重庆市人民政府共同主办的 2021 年“全国食品安全宣传周·粮食质量安全宣传日”主会场活动在重庆举行。

6 月 29 日，国家粮食和物资储备局召开大会，表彰全局全系统创建模范机关先进单位、先进个人和国家粮食和物资储备局优秀共产党员、优秀党务工作者、先进基层党组织。

6 月 29 日，国家粮食和物资储备局召开“赓续辉煌成就 谱写粮安新篇”专题座谈会。

七月

7 月 1 日，国家粮食和物资储备局认真组织全局全系统干部职工，通过多种方式收听收看中国共产党成立 100 周年大会盛况，第一时间学习领会习近平总书记重要讲话精神。

7 月 2 日，国家粮食和物资储备局党组召开扩大会议，认真学习贯彻习近平总书记在庆祝中国共产党成立 100 周年大会上的重要讲话精神，研究审议深入学习贯彻的实施方案。

7 月 15 日，国家粮食和物资储备局组织党员干部赴国家博物馆，参观“让党中央放心、让人民群众满意——新时代中央和国家机关党的建设成就巡礼展”，各基层党组织优秀党务工作者、专兼职党务干部等近 100 名党员干部参观展览。

7 月 23 日，国家粮食和物资储备局党组理论学习中心组赴中国共产党历史展览馆，参观“不忘初心、牢记使命——中国共产党历史展览”，开展“重温百年奋斗路、坚定信仰再出发”党史学习教育主题党日活动。

7 月 26 日至 27 日，国家粮食和物资储备局党组理论学习中心组举办党史学习教育专题读书班，集体研读习近平总书记在庆祝中国共产党成立 100 周年大会上的重要讲话，深入开展交流研讨。

7 月 31 日，国家粮食和物资储备局召开全国粮食和物资储备改革发展视频会，深入贯彻习近平总书记“七一”重要讲话精神和党中央、国务院关于做好下半年经济工作的重要部署，认真落实韩正副总理到国家粮食和物资储备局调研座谈重要讲话精神，以及上半年发展改革形势通报会有关精神，总结上半年成效，分析当前形势，部署下半年工作，确保如期完成全年目标任务，更好推进粮食和物资储备高质量发展。

八月

8月26日，全国粮食和物资储备系统对口援藏援疆工作会议在北京召开。

九月

9月16日，国家粮食和物资储备局召开全国秋粮收购工作视频会议，传达贯彻秋粮收购有关政策和文件精神，分析研判收购形势，安排部署收购工作。

9月17日，国家粮食和物资储备局对北京市中秋国庆“两节”期间粮油市场供应保障工作开展调研。

9月23日至27日，国家粮食和物资储备局先后在河北石家庄、四川成都召开部分省份粮食购销领域腐败问题专项整治工作专题座谈会，并开展督导调研。

十月

10月8日，国家粮食和物资储备局召开全系统“以案为鉴”警示教育大会。会议深入贯彻习近平总书记关于全面从严治党的重要论述精神，通报全局全系统严重违纪违法典型案件和突出问题，深入剖析、举一反三，以案为鉴、以案促治，教育引导广大党员干部知敬畏、存戒惧、守底线，推动党风廉政建设和反腐败斗争向纵深发展。

10月13日，国家粮食和物资储备局召开垂管系统储备仓库安全治理提升三年行动动员部署视频会，认真贯彻落实习近平总书记关于安全生产重要论述，贯彻落实韩正副总理在国家粮食和物资储备局调研座谈时重要讲话精神，对垂管系统储备仓库安全治理提升三年行动作出部署。

10月15日至16日，国家粮食和物资储备局在湖北召开全国粮食应急保障体系建设现场经验交流会，深入贯彻习近平总书记关于保障国家粮食安全的重要指示精神，认真总结推广新冠肺炎疫情期间粮食应急保供行之有效的做法，进一步加强粮食应急保障体系建设。

10月16日，国家粮食和物资储备局、农业农村部、教育部、科技部、全国妇联，湖北省人民政府以及联合国粮农组织在湖北武汉联合主办2021年世界粮食日和全国粮食安全宣传周主会场活动。

10月17日，国家粮食和物资储备局召开部分省份粮食和物资储备局局长座谈会，听取贯彻落实中央领导同志重要指示精神的情况，以及根治粮食购销领域系统性腐败的意见建议。

十一月

11 月 3 日，国家粮食和物资储备局召开 2021 年垂管系统所属企业专项审计整改落实暨下轮专项审计动员部署视频会议。

11 月 12 日，国家粮食和物资储备局举行新办公区升旗仪式，以此为标志，国家粮食和物资储备局月坛北街 25 号院新办公区正式启用。

11 月 12 日，国家粮食和物资储备局召开党组（扩大）会议，认真传达学习党的十九届六中全会精神。

十二月

12 月 2 日，国家粮食和物资储备局召开粮食购销领域腐败问题专项整治工作调度督导视频会议，深入贯彻落实习近平总书记重要批示精神和中央纪委国家监委关于粮食购销领域腐败问题专项整治工作的部署要求，认真落实国务院常务会议关于做好秋粮收购工作的有关安排部署，调度督导各地专项整治自查自纠、粮食流通“亮剑 2021”专项执法行动、2021 年秋粮收购等工作开展情况。

12 月 3 日，国家粮食和物资储备局举行深入学习贯彻党的十九届六中全会精神宣讲报告会。

12 月 9 日，国家粮食和物资储备局召开定点帮扶安徽省阜南县工作座谈会。

12 月 28 日，全国粮食和物资储备工作会议召开。会议以习近平新时代中国特色社会主义思想为指导，深入落实党的十九大和十九届历次全会精神，认真传达贯彻中央经济工作会议、中央农村工作会议精神，以及全国发展和改革工作会议精神，总结 2021 年粮食和物资储备工作，部署 2022 年重点任务。会议传达了李克强总理、韩正副总理、胡春华副总理的重要批示。

12 月 29 日，国家粮食和物资储备局安全生产领导小组召开全体会议。会议认真贯彻落实习近平总书记关于安全生产重要论述，贯彻落实国务院安委会有关工作部署，听取 2021 年度安全生产工作汇报，审议安全生产监督管理相关规章制度，推动落实储备仓库安全治理提升三年行动，分析安全生产形势，部署安全生产工作。

（撰稿单位：国家粮食和物资储备局办公室；
撰稿人：薄传敏、张宇阳、刘江波、马雯婧、李冬良、王家民、李明建；审稿人：方进）

统计资料

表 1 全国主要粮食及油料播种面积(1978—2021年)

单位:千公顷

年份	粮食	稻谷	小麦	玉米	大豆	油料
1978	120587	34421	29183	19961	7144	6222
1979	119263	33873	29357	20133	7247	7051
1980	117234	33878	28844	20087	7226	7928
1981	114958	33295	28307	19425	8024	9134
1982	113462	33071	27955	18543	8419	9343
1983	114047	33136	29050	18824	7567	8390
1984	112884	33178	29576	18537	7286	8678
1985	108845	32070	29218	17694	7718	11800
1986	110933	32266	29616	19124	8295	11415
1987	111268	32193	28798	20212	8445	11181
1988	110123	31987	28785	19692	8120	10619
1989	112205	32700	29841	20353	8057	10504
1990	113466	33064	30753	21401	7560	10900
1991	112314	32590	30948	21574	7041	11530
1992	110560	32090	30496	21044	7221	11489
1993	110509	30355	30235	20694	9454	11142
1994	109544	30171	28981	21152	9222	12081
1995	110060	30744	28860	22776	8127	13102
1996	112548	31407	29611	24498	7471	12555
1997	112912	31765	30057	23775	8346	12381
1998	113787	31214	29774	25239	8500	12919
1999	113161	31283	28855	25904	7962	13906
2000	108463	29962	26653	23056	9307	15400
2001	106080	28812	24664	24282	9482	14631
2002	103891	28202	23908	24634	8720	14766
2003	99410	26508	21997	24068	9313	14990
2004	101606	28379	21626	25446	9589	14431
2005	104278	28847	22793	26358	9591	14318
2006	104958	28938	23613	28463	9304	11738
2007	105999	28973	23762	30024	8801	12344
2008	107545	29350	23704	30981	9225	13232
2009	110255	29793	24425	32948	9339	13445
2010	111695	30097	24442	34977	8700	13695
2011	112980	30338	24507	36767	8103	13471
2012	114368	30476	24551	39109	7405	13435
2013	115908	30710	24440	41299	7050	13438
2014	117455	30765	24443	42997	7098	13395
2015	118963	30784	24567	44968	6827	13314
2016	119230	30746	24666	44178	7599	13191
2017	117989	30747	24478	42399	8245	13223
2018	117038	30189	24266	42130	8413	12872
2019	116064	29694	23728	41284	9332	12925
2020	116768	30076	23380	41264	9882	13129
2021	117631	29921	23567	43324	8415	13102

注：2007-2017年粮食及油料数据根据2016年第三次农业普查情况做了相应衔接修订。

数据来源:国家统计局统计资料。

表 2 全国主要粮食及油料产量(1978—2021年)

单位:万吨

年份	粮食					油料
		稻谷	小麦	玉米	大豆	
1978	30477	13693	5384	5595	757	522
1979	33212	14375	6273	6004	746	644
1980	32056	13991	5521	6260	794	769
1981	32502	14396	5964	5921	933	1021
1982	35450	16160	6847	6056	903	1182
1983	38728	16887	8139	6821	976	1055
1984	40731	17826	8782	7341	970	1191
1985	37911	16857	8581	6383	1050	1578
1986	39151	17222	9004	7086	1161	1474
1987	40473	17442	8777	7982	1218	1528
1988	39408	16911	8543	7735	1165	1320
1989	40755	18013	9081	7893	1023	1295
1990	44624	18933	9823	9682	1100	1613
1991	43529	18381	9595	9877	971	1638
1992	44266	18622	10159	9538	1030	1641
1993	45649	17751	10639	10270	1531	1804
1994	44510	17593	9930	9928	1600	1990
1995	46662	18523	10221	11199	1350	2250
1996	50454	19510	11057	12747	1322	2211
1997	49417	20073	12329	10431	1473	2157
1998	51230	19871	10973	13295	1515	2314
1999	50839	19849	11388	12809	1425	2601
2000	46218	18791	9964	10600	1541	2955
2001	45264	17758	9387	11409	1541	2865
2002	45706	17454	9029	12131	1651	2897
2003	43070	16066	8649	11583	1539	2811
2004	46947	17909	9195	13029	1740	3066
2005	48402	18059	9745	13937	1635	3077
2006	49804	18172	10847	15160	1508	2640
2007	50414	18638	10949	15512	1279	2787
2008	53434	19261	11290	17212	1571	3037
2009	53941	19620	11580	17326	1522	3139
2010	55911	19723	11609	19075	1541	3157
2011	58849	20288	11857	21132	1488	3213
2012	61223	20653	12247	22956	1344	3286
2013	63048	20629	12364	24845	1241	3348
2014	63965	20961	12824	24976	1269	3372
2015	66060	21214	13256	26499	1237	3390
2016	66044	21109	13319	26361	1360	3400
2017	66161	21268	13424	25907	1528	3475
2018	65789	21213	13144	25717	1597	3433
2019	66384	20961	13360	26078	1809	3493
2020	66949	21186	13425	26067	1960	3586
2021	68285	21284	13694	27255	1640	3613

注：2007-2017年粮食及油料数据根据2016年第三次农业普查情况做了相应衔接修订。

数据来源:国家统计局统计资料。

表3 全国主要粮食及油料单位面积产量(1978—2021年)

单位:公斤/公顷

年份	粮食					油料
		稻谷	小麦	玉米	大豆	
1978	2527	3978	1845	2803	1059	839
1979	2785	4244	2137	2982	1029	913
1980	2734	4130	1914	3116	1099	970
1981	2827	4324	2107	3048	1162	1117
1982	3124	4886	2449	3266	1073	1265
1983	3396	5096	2802	3623	1290	1257
1984	3608	5373	2969	3960	1331	1372
1985	3483	5256	2937	3607	1361	1338
1986	3529	5338	3040	3705	1400	1291
1987	3637	5418	3048	3949	1443	1366
1988	3579	5287	2968	3928	1434	1243
1989	3632	5508	3043	3878	1269	1233
1990	3933	5726	3194	4524	1455	1480
1991	3876	5640	3100	4578	1379	1421
1992	4004	5803	3331	4533	1427	1428
1993	4131	5848	3519	4963	1619	1619
1994	4063	5831	3426	4693	1735	1647
1995	4240	6025	3541	4917	1661	1718
1996	4483	6212	3734	5203	1770	1761
1997	4377	6319	4102	4387	1765	1742
1998	4502	6366	3685	5268	1783	1791
1999	4493	6345	3947	4945	1789	1871
2000	4261	6272	3738	4597	1656	1919
2001	4267	6163	3806	4698	1625	1958
2002	4399	6189	3777	4924	1893	1962
2003	4332	6061	3932	4813	1653	1875
2004	4620	6311	4252	5120	1815	2125
2005	4642	6260	4275	5287	1705	2149
2006	4745	6280	4593	5326	1621	2249
2007	4756	6433	4608	5167	1454	2258
2008	4969	6563	4763	5556	1703	2295
2009	4892	6585	4741	5258	1630	2335
2010	5006	6553	4750	5454	1771	2305
2011	5209	6687	4838	5748	1836	2385
2012	5353	6777	4989	5870	1814	2446
2013	5440	6717	5059	6016	1760	2491
2014	5446	6813	5246	5809	1787	2517
2015	5553	6891	5396	5893	1811	2546
2016	5539	6866	5400	5967	1789	2578
2017	5607	6917	5484	6110	1854	2628
2018	5621	7027	5417	6104	1898	2667
2019	5720	7059	5630	6317	1939	2702
2020	5734	7044	5742	6317	1983	2732
2021	5805	7113	5811	6291	1948	2758

注：2007-2017年粮食及油料数据根据2016年第三次农业普查情况做了相应衔接修订。

数据来源:国家统计局统计资料。

表 4 全国粮食和油料作物播种面积（2020—2021年）

单位：千公顷

	2020年	2021年	2021年比2020年增加	
			绝对数	%
一、粮食	116768.2	117630.8	862.7	0.7
其中：夏收粮食	26172.5	26437.9	265.5	1.0
（一）谷物	97964.2	100176.7	2212.4	2.3
1、稻谷	30075.5	29921.1	-154.4	-0.5
（1）早稻	4750.7	4734.1	-16.6	-0.3
（2）中稻和一季晚稻	20147.3	20097.4	-50.0	-0.2
（3）双季晚稻	5177.5	5089.7	-87.8	-1.7
2、小麦	23380.0	23567.1	187.1	0.8
（1）冬小麦	22157.2	22408.7	251.5	1.1
（2）春小麦	1222.8	1158.3	-64.4	-5.3
3、玉米	41264.3	43324.2	2060.0	5.0
4、其它谷物	3244.4	3364.2	119.8	3.7
其中：谷子	905.8	928.5	22.8	2.5
高粱	634.7	713.2	78.5	12.4
大麦	509.0	542.0	33.0	6.5
（二）豆类	11593.5	10120.7	-1472.7	-12.7
其中：大豆	9882.5	8415.4	-1467.1	-14.8
绿豆	383.8	329.1	-54.7	-14.2
红小豆	134.7	152.5	17.8	13.2
（三）薯类	7210.5	7333.4	122.9	1.7
其中：马铃薯	4656.1	4632.5	-23.6	-0.5
二、油料作物	13129.1	13102.2	-26.9	-0.2
其中：花生	4730.8	4805.3	74.5	1.6
油菜籽	6764.7	6991.6	226.9	3.4
芝麻	292.1	285.4	-6.7	-2.3
胡麻籽	191.4	179.1	-12.3	-6.4
葵花籽	872.7	703.6	-169.0	-19.4

注：大麦面积中包括了青稞，下同。

数据来源：国家统计局统计资料。

表5 全国粮食和油料作物产量（2020—2021年）

单位：万吨

	2020年	2021年	2021年比2020年增加	
			绝对数	%
一、粮食	66949.2	68284.7	1335.6	2.0
其中：夏收粮食	14285.6	14595.7	310.1	2.2
（一）谷物	61674.3	63275.7	1601.4	2.6
1、稻谷	21186.0	21284.2	98.3	0.5
（1）早稻	2729.3	2801.6	72.3	2.7
（2）中稻和一季晚稻	15350.1	15406.6	56.5	0.4
（3）双季晚稻	3106.5	3076.0	−30.5	−1.0
2、小麦	13425.4	13694.4	269.1	2.0
（1）冬小麦	12887.6	13176.3	288.7	2.2
（2）春小麦	537.8	518.1	−19.7	−3.7
3、玉米	26066.5	27255.1	1188.5	4.6
4、其它谷物	996.4	1041.9	45.5	4.6
其中：谷子	280.7	288.6	8.0	2.8
高粱	297.0	337.7	40.7	13.7
大麦	203.6	213.4	9.8	4.8
（二）豆类	2287.5	1965.5	−321.9	−14.1
其中：大豆	1960.2	1639.5	−320.6	−16.4
绿豆	50.8	44.4	−6.4	−12.6
红小豆	20.8	23.2	2.4	11.5
（三）薯类	2987.4	3043.5	56.1	1.9
其中：马铃薯	1798.3	1790.7	−7.6	−0.4
二、油料作物	3586.4	3613.2	26.8	0.7
其中：花生	1799.3	1830.8	31.5	1.8
油菜籽	1404.9	1471.4	66.4	4.7
芝麻	45.7	45.5	−0.2	−0.3
胡麻籽	28.4	26.3	−2.1	−7.5
葵花籽	257.0	215.4	−41.6	−16.2

数据来源：国家统计局统计资料。

表 6 全国粮食和油料作物单位面积产量（2020—2021年）

单位：公斤/公顷

	2020年	2021年	2021年比2020年增加	
			绝对数	%
一、粮食	5733.5	5805.0	71.5	1.2
其中：夏收粮食	5458.3	5520.7	62.5	1.1
（一）谷物	6295.6	6316.4	20.8	0.3
1、稻谷	7044.3	7113.4	69.2	1.0
（1）早稻	5745.1	5918.0	173.0	3.0
（2）中稻和一季晚稻	7618.9	7666.0	47.1	0.6
（3）双季晚稻	6000.0	6043.5	43.5	0.7
2、小麦	5742.3	5810.8	68.6	1.2
（1）冬小麦	5816.4	5880.0	63.6	1.1
（2）春小麦	4398.0	4472.9	74.9	1.7
3、玉米	6317.0	6290.9	−26.0	−0.4
4、其它谷物	3071.1	3097.1	26.0	0.8
其中：谷子	3098.5	3108.6	10.1	0.3
高粱	4679.2	4735.5	56.3	1.2
大麦	3999.8	3937.7	−62.1	−1.6
（二）豆类	1973.1	1942.1	−31.0	−1.6
其中：大豆	1983.5	1948.3	−35.2	−1.8
绿豆	1322.9	1348.4	25.6	1.9
红小豆	1547.6	1523.7	−23.9	−1.5
（三）薯类	4143.1	4150.2	7.1	0.2
其中：马铃薯	3862.3	3865.4	3.1	0.1
二、油料作物	2731.6	2757.7	26.0	1.0
其中：花生	3803.3	3809.9	6.6	0.2
油菜籽	2076.8	2104.5	27.6	1.3
芝麻	1564.3	1595.6	31.2	2.0
胡麻籽	1485.0	1468.1	−16.9	−1.1
葵花籽	2945.3	3061.3	116.0	3.9

数据来源：国家统计局统计资料。

表7 各地区粮食播种面积（2020—2021年）

单位：千公顷

地 区	2020年	2021年	2021年比2020年增加	
			绝对数	%
全国总计	116768.2	117630.8	862.7	0.7
东部地区	24892.6	25089.4	196.8	0.8
中部地区	34330.7	34437.2	106.4	0.3
西部地区	33897.5	34288.2	390.7	1.2
东北地区	23647.3	23816.1	168.8	0.7
北 京	48.9	60.9	12.0	24.6
天 津	350.2	373.5	23.3	6.6
河 北	6388.8	6428.6	39.8	0.6
山 西	3130.0	3138.1	8.0	0.3
内 蒙 古	6833.2	6884.3	51.2	0.7
辽 宁	3527.2	3543.6	16.4	0.5
吉 林	5681.8	5721.3	39.5	0.7
黑 龙 江	14438.4	14551.3	112.9	0.8
上 海	114.3	117.4	3.1	2.7
江 苏	5405.6	5427.5	21.9	0.4
浙 江	993.4	1006.7	13.3	1.3
安 徽	7289.5	7309.6	20.1	0.3
福 建	834.4	835.1	0.7	0.1
江 西	3772.4	3772.8	0.5	0.0
山 东	8281.5	8355.1	73.6	0.9
河 南	10738.8	10772.3	33.5	0.3
湖 北	4645.3	4686.0	40.7	0.9
湖 南	4754.8	4758.4	3.6	0.1
广 东	2204.7	2213.0	8.3	0.4
广 西	2806.1	2822.9	16.8	0.6
海 南	270.7	271.4	0.7	0.3
重 庆	2003.1	2013.2	10.1	0.5
四 川	6312.6	6357.7	45.1	0.7
贵 州	2754.1	2787.7	33.6	1.2
云 南	4167.4	4191.4	24.0	0.6
西 藏	182.3	186.5	4.2	2.3
陕 西	3001.0	3004.3	3.3	0.1
甘 肃	2638.3	2676.8	38.5	1.5
青 海	290.0	302.4	12.4	4.3
宁 夏	679.2	689.3	10.1	1.5
新 疆	2230.2	2371.7	141.5	6.3

注：东部地区包括：北京、天津、河北、上海、江苏、浙江、福建、山东、广东、海南等10省市；中部地区包括：山西、安徽、江西、河南、湖北、湖南等6省；西部地区包括：重庆、四川、贵州、云南、西藏、陕西、甘肃、青海、宁夏、新疆、内蒙古、广西等12省区市；东北地区包括：辽宁、吉林、黑龙江等3省。

数据来源：国家统计局统计资料。

表 8 各地区粮食总产量（2020—2021年）

单位：万吨

地区	2020年	2021年	2021年比2020年增加	
			绝对数	%
全国总计	66949.2	68284.7	1335.6	2.0
东部地区	15843.0	16006.7	163.8	1.0
中部地区	20175.7	20084.0	−91.7	−0.5
西部地区	17247.7	17748.3	500.6	2.9
东北地区	13682.8	14445.7	762.9	5.6
北　京	30.5	37.8	7.2	23.7
天　津	228.2	249.9	21.7	9.5
河　北	3795.9	3825.1	29.2	0.8
山　西	1424.3	1421.2	−3.0	−0.2
内蒙古	3664.1	3840.3	176.2	4.8
辽　宁	2338.8	2538.7	199.9	8.5
吉　林	3803.2	4039.2	236.1	6.2
黑龙江	7540.8	7867.7	326.9	4.3
上　海	91.4	94.0	2.5	2.8
江　苏	3729.1	3746.1	17.0	0.5
浙　江	605.7	620.9	15.2	2.5
安　徽	4019.2	4087.6	68.3	1.7
福　建	502.3	506.4	4.1	0.8
江　西	2163.9	2192.3	28.5	1.3
山　东	5446.8	5500.7	53.9	1.0
河　南	6825.8	6544.2	−281.6	−4.1
湖　北	2727.4	2764.3	36.9	1.4
湖　南	3015.1	3074.4	59.2	2.0
广　东	1267.6	1279.9	12.3	1.0
广　西	1370.0	1386.5	16.5	1.2
海　南	145.5	146.0	0.6	0.4
重　庆	1081.4	1092.8	11.4	1.1
四　川	3527.4	3582.1	54.7	1.6
贵　州	1057.6	1094.9	37.2	3.5
云　南	1895.9	1930.3	34.4	1.8
西　藏	102.9	106.2	3.3	3.2
陕　西	1274.8	1270.4	−4.4	−0.3
甘　肃	1202.2	1231.5	29.2	2.4
青　海	107.4	109.1	1.7	1.6
宁　夏	380.5	368.4	−12.1	−3.2
新　疆	1583.4	1735.8	152.4	9.6

注：东部地区包括：北京、天津、河北、上海、江苏、浙江、福建、山东、广东、海南等10省市；中部地区包括：山西、安徽、江西、河南、湖北、湖南等6省；西部地区包括：重庆、四川、贵州、云南、西藏、陕西、甘肃、青海、宁夏、新疆、内蒙古、广西等12省区市；东北地区包括：辽宁、吉林、黑龙江等3省。

数据来源：国家统计局统计资料。

表9 各地区粮食单位面积产量（2020—2021年）

单位：公斤/公顷

地区	2020年	2021年	2021年比2020年增加	
			绝对数	%
全国总计	5733.5	5805.0	71.5	1.2
东部地区	6364.5	6379.9	15.4	0.2
中部地区	5876.9	5832.1	−44.8	−0.8
西部地区	5088.2	5176.2	88.0	1.7
东北地区	5786.2	6065.5	279.3	4.8
北　京	6243.9	6196.8	−47.0	−0.8
天　津	6515.7	6690.3	174.6	2.7
河　北	5941.5	5950.1	8.6	0.1
山　西	4550.4	4529.1	−21.3	−0.5
内蒙古	5362.2	5578.3	216.1	4.0
辽　宁	6630.9	7164.4	533.5	8.0
吉　林	6693.6	7060.1	366.5	5.5
黑龙江	5222.7	5406.9	184.2	3.5
上　海	8002.6	8004.7	2.1	0.0
江　苏	6898.5	6902.0	3.6	0.1
浙　江	6097.2	6167.6	70.4	1.2
安　徽	5513.7	5592.0	78.3	1.4
福　建	6019.9	6064.0	44.1	0.7
江　西	5736.1	5810.8	74.7	1.3
山　东	6577.1	6583.7	6.6	0.1
河　南	6356.2	6075.0	−281.2	−4.4
湖　北	5871.4	5899.1	27.7	0.5
湖　南	6341.3	6461.0	119.7	1.9
广　东	5749.4	5783.3	34.0	0.6
广　西	4882.3	4911.7	29.3	0.6
海　南	5373.2	5379.8	6.6	0.1
重　庆	5398.8	5428.4	29.6	0.5
四　川	5587.9	5634.3	46.4	0.8
贵　州	3840.2	3927.5	87.3	2.3
云　南	4549.3	4605.4	56.1	1.2
西　藏	5642.7	5692.4	49.8	0.9
陕　西	4248.0	4228.6	−19.3	−0.5
甘　肃	4556.8	4600.6	43.8	1.0
青　海	3703.8	3607.4	−96.4	−2.6
宁　夏	5602.2	5345.2	−257.0	−4.6
新　疆	7099.8	7318.9	219.0	3.1

注：东部地区包括：北京、天津、河北、上海、江苏、浙江、福建、山东、广东、海南等10省市；中部地区包括：山西、安徽、江西、河南、湖北、湖南等6省；西部地区包括：重庆、四川、贵州、云南、西藏、陕西、甘肃、青海、宁夏、新疆、内蒙古、广西等12省区市；东北地区包括：辽宁、吉林、黑龙江等3省。

数据来源：国家统计局统计资料。

表 10 2021年各地区粮食及油料播种面积和产量(一)

单位：千公顷；万吨；公斤/公顷

地 区	粮 食			稻 谷		
	播种面积	总 产 量	每公顷产量	播种面积	总 产 量	每公顷产量
全国总计	117630.8	68284.7	5805.0	29921.1	21284.2	7113.4
东部地区	25089.4	16006.7	6379.9	5860.0	4365.6	7449.8
中部地区	34437.2	20084.0	5832.1	12785.9	8709.0	6811.4
西部地区	34288.2	17748.3	5176.2	6049.9	4186.7	6920.2
东北地区	23816.1	14445.7	6065.5	5225.3	4023.0	7699.1
北 京	60.9	37.8	6196.8	0.3	0.2	5659.7
天 津	373.5	249.9	6690.3	58.5	54.7	9355.1
河 北	6428.6	3825.1	5950.1	78.4	49.6	6330.5
山 西	3138.1	1421.2	4529.1	2.6	1.8	6628.5
内蒙古	6884.3	3840.3	5578.3	155.1	115.3	7432.1
辽 宁	3543.6	2538.7	7164.4	520.6	424.6	8155.9
吉 林	5721.3	4039.2	7060.1	837.3	684.7	8177.4
黑龙江	14551.3	7867.7	5406.9	3867.4	2913.7	7534.1
上 海	117.4	94.0	8004.7	103.8	85.1	8199.9
江 苏	5427.5	3746.1	6902.0	2219.2	1984.6	8943.0
浙 江	1006.7	620.9	6167.6	633.4	469.1	7406.8
安 徽	7309.6	4087.6	5592.0	2512.2	1590.4	6330.9
福 建	835.1	506.4	6064.0	599.4	393.2	6560.0
江 西	3772.8	2192.3	5810.8	3419.2	2073.9	6065.6
山 东	8355.1	5500.7	6583.7	113.0	97.5	8622.9
河 南	10772.3	6544.2	6075.0	608.2	476.1	7827.8
湖 北	4686.0	2764.3	5899.1	2272.6	1883.6	8288.4
湖 南	4758.4	3074.4	6461.0	3971.1	2683.1	6756.6
广 东	2213.0	1279.9	5783.3	1827.4	1104.4	6043.6
广 西	2822.9	1386.5	4911.7	1756.7	1017.9	5794.3
海 南	271.4	146.0	5379.8	226.6	127.1	5609.0
重 庆	2013.2	1092.8	5428.4	658.9	493.05	7482.9
四 川	6357.7	3582.1	5634.3	1875.0	1493.4	7964.8
贵 州	2787.7	1094.9	3927.5	645.2	417.4	6468.2
云 南	4191.4	1930.3	4605.4	753.8	491.9	6525.3
西 藏	186.5	106.2	5692.4	0.8	0.4	5806.3
陕 西	3004.3	1270.4	4228.6	106.1	72.9	6869.4
甘 肃	2676.8	1231.5	4600.6	3.1	1.8	5765.1
青 海	302.4	109.1	3607.4			
宁 夏	689.3	368.4	5345.2	50.8	41.0	8064.3
新 疆	2371.7	1735.8	7318.9	44.3	41.7	9406.6

注：东部地区包括：北京、天津、河北、上海、江苏、浙江、福建、山东、广东、海南等10省市；中部地区包括：山西、安徽、江西、河南、湖北、湖南等6省；西部地区包括：重庆、四川、贵州、云南、西藏、陕西、甘肃、青海、宁夏、新疆、内蒙古、广西等12省区市；东北地区包括：辽宁、吉林、黑龙江等3省。

数据来源：国家统计局统计资料。

表10 2021年各地区粮食及油料播种面积和产量(二)

单位:千公顷;万吨;公斤/公顷

地 区	小 麦			玉 米		
	播种面积	总 产 量	每公顷产量	播种面积	总 产 量	每公顷产量
全国总计	23567.1	13694.4	5810.8	43324.2	27255.1	6290.9
东部地区	8856.1	5582.8	6303.9	8302.9	5206.0	6270.2
中部地区	10162.5	6156.3	6057.8	8089.8	4286.2	5298.3
西部地区	4473.9	1926.4	4305.8	13281.9	8406.7	6329.5
东北地区	74.5	29.0	3892.8	13649.7	9356.1	6854.4
北 京	13.1	6.8	5241.6	42.8	29.0	6789.3
天 津	118.5	72.2	6089.0	185.6	118.3	6371.5
河 北	2246.6	1469.1	6539.4	3454.1	2066.8	5983.5
山 西	536.8	243.4	4533.4	1772.6	977.6	5515.0
内蒙古	442.1	157.2	3556.2	4204.6	2994.2	7121.4
辽 宁	2.7	1.1	3989.4	2724.2	2008.4	7372.5
吉 林	4.5	1.6	3631.7	4401.2	3198.4	7267.2
黑龙江	67.3	26.3	3906.2	6524.2	4149.2	6359.7
上 海	10.9	7.4	6741.4	1.0	0.7	6705.7
江 苏	2357.9	1342.2	5692.5	500.6	300.1	5994.0
浙 江	114.8	48.3	4210.1	58.0	25.6	4410.0
安 徽	2846.0	1699.7	5972.3	1252.7	677.5	5407.8
福 建	0.1	0.0	2605.6	34.0	15.3	4513.4
江 西	13.6	3.2	2375.0	50.9	21.8	4282.9
山 东	3994.0	2636.7	6601.5	3897.0	2589.5	6644.9
河 南	5690.7	3802.8	6682.5	3853.3	2051.7	5324.6
湖 北	1052.1	399.3	3795.8	762.7	323.5	4241.9
湖 南	23.4	7.8	3330.5	397.6	234.1	5888.1
广 东	0.2	0.1	3666.6	129.8	60.8	4684.3
广 西	3.8	0.6	1651.8	615.0	285.2	4636.2
海 南						
重 庆	18.7	6.1	3291.5	443.8	254.6	5736.3
四 川	582.9	245.3	4208.1	1849.4	1084.7	5865.1
贵 州	135.3	33.3	2457.5	550.4	256.6	4661.6
云 南	291.1	61.9	2127.0	1879.4	992.6	5281.5
西 藏	32.5	20.1	6191.3	4.8	3.0	6197.2
陕 西	955.1	424.6	4445.7	1182.5	601.7	5088.4
甘 肃	711.3	279.7	3933.0	1051.8	643.0	6112.8
青 海	98.8	38.7	3919.2	22.5	15.3	6770.2
宁 夏	67.0	19.0	2826.9	367.4	263.4	7168.8
新 疆	1135.3	639.8	5635.3	1110.3	1012.7	9120.8

注:东部地区包括:北京、天津、河北、上海、江苏、浙江、福建、山东、广东、海南等10省市;中部地区包括:山西、安徽、江西、河南、湖北、湖南等6省;西部地区包括:重庆、四川、贵州、云南、西藏、陕西、甘肃、青海、宁夏、新疆、内蒙古、广西等12省区市;东北地区包括:辽宁、吉林、黑龙江等3省。

数据来源:国家统计局统计资料。

表 10 2021年各地区粮食及油料播种面积和产量(三)

单位：千公顷；万吨；公斤/公顷

地 区	大豆			油料		
	播种面积	总产量	每公顷产量	播种面积	总产量	每公顷产量
全国总计	8415.4	1639.5	1948.3	13102.2	3613.2	2757.7
东部地区	591.6	161.5	2729.6	1907.6	683.1	3581.1
中部地区	1460.2	276.5	1893.6	5853.6	1587.9	2712.7
西部地区	2119.3	402.9	1901.4	4710.5	1126.6	2391.7
东北地区	4244.4	798.6	1881.6	630.5	215.5	3418.2
北 京	1.4	0.3	2441.3	1.5	0.5	3562.0
天 津	2.4	0.5	2150.8	0.9	0.3	3433.0
河 北	66.8	16.3	2438.4	350.3	118.4	3379.1
山 西	92.2	14.4	1562.3	84.3	15.5	1832.4
内蒙古	893.2	168.5	1886.7	815.7	213.9	2622.3
辽 宁	103.9	25.1	2413.3	334.8	116.2	3469.9
吉 林	252.7	54.7	2165.7	254.6	85.8	3367.9
黑龙江	3887.8	718.8	1848.9	41.1	13.6	3308.3
上 海	0.5	0.1	2767.7	1.6	0.5	3018.4
江 苏	192.8	50.7	2629.9	296.4	97.8	3300.0
浙 江	76.0	21.3	2800.5	141.9	31.7	2234.4
安 徽	587.2	90.9	1548.2	542.2	167.1	3082.6
福 建	34.6	9.6	2783.0	80.4	23.3	2897.7
江 西	106.0	27.4	2580.2	713.4	130.9	1835.0
山 东	182.8	53.5	2926.6	646.8	285.9	4420.3
河 南	333.2	74.8	2244.9	1604.4	657.3	4096.8
湖 北	223.8	37.2	1663.0	1429.5	354.1	2477.4
湖 南	117.8	31.8	2702.0	1479.8	263.0	1777.2
广 东	32.6	8.6	2647.2	357.4	117.3	3281.6
广 西	101.5	15.9	1570.4	267.1	75.9	2840.5
海 南	1.8	0.5	2674.5	30.5	7.5	2449.7
重 庆	99.4	20.6	2067.7	338.0	68.5	2026.1
四 川	443.4	104.4	2354.5	1652.0	416.6	2521.9
贵 州	211.7	23.1	1093.0	502.6	94.9	1888.0
云 南	149.6	31.6	2113.2	305.8	63.9	2089.3
西 藏	0.1	0.0	2191.7	19.0	4.6	2410.6
陕 西	151.4	25.1	1658.3	263.8	58.3	2211.0
甘 肃	47.5	7.8	1639.8	262.7	58.8	2237.7
青 海				143.5	31.9	2221.8
宁 夏	2.4	0.2	950.8	27.3	4.8	1768.2
新 疆	19.0	5.6	2965.7	113.2	34.6	3057.6

注：东部地区包括：北京、天津、河北、上海、江苏、浙江、福建、山东、广东、海南等10省市；中部地区包括：山西、安徽、江西、河南、湖北、湖南等6省；西部地区包括：重庆、四川、贵州、云南、西藏、陕西、甘肃、青海、宁夏、新疆、内蒙古、广西等12省区市；东北地区包括：辽宁、吉林、黑龙江等3省。

数据来源：国家统计局统计资料。

表11　2021年各地区分季粮食播种面积和产量(一)

单位:千公顷；万吨；公斤/公顷

地　区	全年粮食总计			1、夏收粮食		
	播种面积	总产量	每公顷产量	播种面积	总产量	每公顷产量
全国总计	117630.8	68284.7	5805.0	26437.9	14595.7	5520.7
东部地区	25089.4	16006.7	6379.9	9254.2	5751.9	6215.4
中部地区	34437.2	20084.0	5832.1	10566.0	6287.7	5950.9
西部地区	34288.2	17748.3	5176.2	6617.7	2556.1	3862.6
东北地区	23816.1	14445.7	6065.5			
北　京	60.9	37.8	6196.8	13.1	6.9	5235.3
天　津	373.5	249.9	6690.3	118.5	72.2	6089.0
河　北	6428.6	3825.1	5950.1	2270.8	1482.7	6529.3
山　西	3138.1	1421.2	4529.1	536.8	243.4	4533.4
内蒙古	6884.3	3840.3	5578.3			
辽　宁	3543.6	2538.7	7164.4			
吉　林	5721.3	4039.2	7060.1			
黑龙江	14551.3	7867.7	5406.9			
上　海	117.4	94.0	8004.7	11.8	7.9	6665.1
江　苏	5427.5	3746.1	6902.0	2461.6	1380.7	5609.1
浙　江	1006.7	620.9	6167.6	166.2	65.3	3931.4
安　徽	7309.6	4087.6	5592.0	2846.6	1699.9	5971.5
福　建	835.1	506.4	6064.0	55.2	24.4	4418.0
江　西	3772.8	2192.3	5810.8	70.6	22.6	3203.7
山　东	8355.1	5500.7	6583.7	3995.5	2637.2	6600.5
河　南	10772.3	6544.2	6075.0	5692.1	3803.2	6681.5
湖　北	4686.0	2764.3	5899.1	1305.8	473.4	3625.6
湖　南	4758.4	3074.4	6461.0	113.9	45.2	3965.9
广　东	2213.0	1279.9	5783.3	137.9	64.6	4683.6
广　西	2822.9	1386.5	4911.7	116.0	26.6	2293.0
海　南	271.4	146.0	5379.8	23.7	10.1	4264.6
重　庆	2013.2	1092.8	5428.4	371.8	121.1	3255.8
四　川	6357.7	3582.1	5634.3	1090.4	429.2	3936.6
贵　州	2787.7	1094.9	3927.5	883.6	255.9	2896.2
云　南	4191.4	1930.3	4605.4	971.0	261.8	2696.2
西　藏	186.5	106.2	5692.4			
陕　西	3004.3	1270.4	4228.6	1104.7	470.6	4260.1
甘　肃	2676.8	1231.5	4600.6	867.2	329.9	3804.2
青　海	302.4	109.1	3607.4			
宁　夏	689.3	368.4	5345.2	73.7	19.7	2678.4
新　疆	2371.7	1735.8	7318.9	1139.4	641.3	5628.6

注：东部地区包括：北京、天津、河北、上海、江苏、浙江、福建、山东、广东、海南等10省市；中部地区包括：山西、安徽、江西、河南、湖北、湖南等6省；西部地区包括：重庆、四川、贵州、云南、西藏、陕西、甘肃、青海、宁夏、新疆、内蒙古、广西等12省区市；东北地区包括：辽宁、吉林、黑龙江等3省。

数据来源:国家统计局统计资料。

表 11 2021年各地区分季粮食播种面积和产量(二)

单位:千公顷;万吨;公斤/公顷

地区	2、早稻			3、秋粮		
	播种面积	总产量	每公顷产量	播种面积	总产量	每公顷产量
全国总计	4734.1	2801.6	5918.0	86458.8	50887.4	5885.7
东部地区	1168.9	717.0	6134.3	14666.3	9537.8	6503.2
中部地区	2729.5	1587.4	5815.6	21141.7	12209.0	5774.8
西部地区	835.7	497.3	5950.1	26834.7	14694.9	5476.1
东北地区				23816.1	14445.7	6065.5
北京				47.8	30.9	6460.2
天津				255.0	177.7	6969.8
河北				4157.8	2342.4	5633.8
山西				2601.2	1177.9	4528.2
内蒙古				6884.3	3840.3	5578.3
辽宁				3543.6	2538.7	7164.4
吉林				5721.3	4039.2	7060.1
黑龙江				14551.3	7867.7	5406.9
上海				105.6	86.1	8154.2
江苏				2965.9	2365.4	7975.1
浙江	102.0	62.8	6160.9	738.6	492.7	6671.6
安徽	170.9	99.2	5804.5	4292.1	2288.5	5331.9
福建	97.0	61.9	6378.0	682.9	420.1	6152.4
江西	1218.8	673.0	5521.8	2483.4	1496.7	6026.8
山东				4359.7	2863.5	6568.3
河南				5080.2	2741.0	5395.4
湖北	120.2	71.4	5937.8	3259.9	2219.5	6808.5
湖南	1219.6	743.8	6098.7	3424.9	2285.4	6672.9
广东	858.6	524.2	6105.0	1216.6	691.1	5681.0
广西	807.5	480.0	5944.2	1899.4	879.9	4632.7
海南	111.3	68.1	6123.3	136.5	67.8	4967.0
重庆				1641.4	971.8	5920.6
四川				5267.3	3152.9	5985.8
贵州				1904.1	838.9	4406.0
云南	28.2	17.3	6119.8	3192.1	1651.2	5172.8
西藏				186.5	106.2	5692.4
陕西				1899.7	799.8	4210.4
甘肃				1809.6	901.6	4982.2
青海				302.4	109.1	3607.4
宁夏				615.6	348.7	5664.3
新疆				1232.3	1094.5	8881.6

注:东部地区包括:北京、天津、河北、上海、江苏、浙江、福建、山东、广东、海南等10省市;中部地区包括:山西、安徽、江西、河南、湖北、湖南等6省;西部地区包括:重庆、四川、贵州、云南、西藏、陕西、甘肃、青海、宁夏、新疆、内蒙古、广西等12省区市;东北地区包括:辽宁、吉林、黑龙江等3省。

数据来源:国家统计局统计资料。

表12 2021年各地区粮油产量及人均占有量排序

单位:万吨、公斤

地 区	粮食产量		粮食人均占有量		油料产量		油料人均占有量	
	绝对数	位次	绝对数	位次	绝对数	位次	绝对数	位次
全国总计	68284.7		483.5		3613.2		25.6	
北 京	37.8	31	17.2	31	0.5	29	0.2	29
天 津	249.9	26	181.1	25	0.3	31	0.2	30
河 北	3825.1	7	513.0	9	118.4	9	15.9	15
山 西	1421.2	16	407.8	18	15.5	24	4.4	27
内蒙古	3840.3	6	1599.1	3	213.9	6	89.1	1
辽 宁	2538.7	12	598.5	7	116.2	11	27.4	10
吉 林	4039.2	5	1692.2	2	85.8	14	35.9	7
黑龙江	7867.7	1	2499.3	1	13.6	25	4.3	28
上 海	94.0	30	37.8	30	0.5	30	0.2	31
江 苏	3746.1	8	441.2	15	97.8	12	11.5	21
浙 江	620.9	23	95.5	29	31.7	22	4.9	26
安 徽	4087.6	4	669.1	5	167.1	7	27.4	11
福 建	506.4	24	121.3	27	23.3	23	5.6	25
江 西	2192.3	13	485.2	12	130.9	8	29.0	8
山 东	5500.7	3	541.0	8	285.9	4	28.1	9
河 南	6544.2	2	660.2	6	657.3	1	66.3	2
湖 北	2764.3	11	477.6	13	354.1	3	61.2	3
湖 南	3074.4	10	463.5	14	263.0	5	39.6	6
广 东	1279.9	18	101.1	28	117.3	10	9.3	22
广 西	1386.5	17	275.8	23	75.9	15	15.1	16
海 南	146.0	27	143.7	26	7.5	26	7.3	23
重 庆	1092.8	22	340.4	19	68.5	16	21.3	14
四 川	3582.1	9	427.9	16	416.6	2	49.8	5
贵 州	1094.9	21	284.0	22	94.9	13	24.6	12
云 南	1930.3	14	410.2	17	63.9	17	13.6	18
西 藏	106.2	29	290.0	21	4.6	28	12.5	20
陕 西	1270.4	19	321.3	20	58.3	19	14.8	17
甘 肃	1231.5	20	493.5	11	58.8	18	23.6	13
青 海	109.1	28	183.8	24	31.9	21	53.7	4
宁 夏	368.4	25	509.6	10	4.8	27	6.7	24
新 疆	1735.8	15	670.3	4	34.6	20	13.4	19

数据来源：国家统计局统计资料。

表13 2021年各地区人均粮食占有量

单位：公斤/人

地区	粮食	其中：谷物	稻谷	小麦	玉米	大豆
全国总计	483.5	448.0	150.7	97.0	193.0	11.6
北　京	17.2	16.7	0.1	3.1	13.3	0.2
天　津	181.1	180.0	39.7	52.3	85.7	0.4
河　北	513.0	491.5	6.7	197.0	277.2	2.2
山　西	407.8	382.8	0.5	69.8	280.5	4.1
内蒙古	1599.1	1469.5	48.0	65.5	1246.8	70.2
辽　宁	598.5	585.9	100.1	0.3	473.5	5.9
吉　林	1692.2	1655.5	286.8	0.7	1339.9	22.9
黑龙江	2499.3	2256.8	925.6	8.3	1318.1	228.3
上　海	37.8	37.6	34.2	3.0	0.3	0.1
江　苏	441.2	429.8	233.7	158.1	35.3	6.0
浙　江	95.5	84.2	72.1	7.4	3.9	3.3
安　徽	669.1	650.5	260.3	278.2	110.9	14.9
福　建	121.3	98.3	94.2	0.0	3.7	2.3
江　西	485.2	464.8	459.0	0.7	4.8	6.1
山　东	541.0	524.9	9.6	259.3	254.7	5.3
河　南	660.2	640.2	48.0	383.7	207.0	7.5
湖　北	477.6	451.3	325.5	69.0	55.9	6.4
湖　南	463.5	442.0	404.5	1.2	35.3	4.8
广　东	101.1	92.1	87.3	0.0	4.8	0.7
广　西	275.8	259.9	202.4	0.1	56.7	3.2
海　南	143.7	125.1	125.1			0.5
重　庆	340.4	237.2	153.6	1.9	79.3	6.4
四　川	427.9	344.0	178.4	29.3	129.6	12.5
贵　州	284.0	196.3	108.3	8.6	66.6	6.0
云　南	410.2	341.2	104.5	13.2	210.9	6.7
西　藏	290.0	283.8	1.2	55.0	8.1	0.1
陕　西	321.3	286.4	18.4	107.4	152.2	6.3
甘　肃	493.5	389.1	0.7	112.1	257.6	3.1
青　海	183.8	127.0		65.3	25.7	
宁　夏	509.6	458.2	56.7	26.2	364.3	0.3
新　疆	670.3	658.1	16.1	247.1	391.1	2.2

数据来源：国家统计局统计资料。

表14 2021年各地区人均农产品占有量

单位：公斤/人

地 区	粮食	棉花	油料	糖料	水果	水产品
全国总计	483.5	4.1	25.6	81.1	212.2	47.4
北 京	17.2	0.0	0.2		22.3	1.0
天 津	181.1	0.3	0.2	0.0	35.8	19.8
河 北	513.0	2.1	15.9	5.3	193.8	14.5
山 西	407.8	0.0	4.4	0.1	279.7	1.5
内蒙古	1599.1	0.0	89.1	150.8	79.5	4.4
辽 宁	598.5		27.4	0.3	201.9	113.7
吉 林	1692.2		35.9	0.5	68.7	10.5
黑龙江	2499.3		4.3	5.1	58.5	22.8
上 海	37.8	0.0	0.2	0.0	13.1	9.2
江 苏	441.2	0.1	11.5	0.8	114.1	58.2
浙 江	95.5	0.1	4.9	6.5	111.1	92.1
安 徽	669.1	0.5	27.4	1.6	127.4	38.7
福 建	121.3	0.0	5.6	6.9	194.1	204.4
江 西	485.2	0.4	29.0	13.4	164.8	59.7
山 东	541.0	1.4	28.1	0.0	298.3	84.0
河 南	660.2	0.1	66.3	1.0	247.7	9.5
湖 北	477.6	1.9	61.2	4.7	193.4	83.5
湖 南	463.5	1.2	39.6	5.3	179.9	40.1
广 东	101.1		9.3	103.3	154.7	69.9
广 西	275.8	0.0	15.1	1464.8	620.8	70.6
海 南	143.7		7.3	92.9	517.4	161.5
重 庆	340.4		21.3	2.6	172.3	17.0
四 川	427.9	0.0	49.8	4.6	154.2	19.9
贵 州	284.0	0.0	24.6	13.9	169.6	6.8
云 南	410.2		13.6	336.6	242.8	14.0
西 藏	290.0		12.5		8.2	0.2
陕 西	321.3	0.0	14.8	0.1	541.4	4.3
甘 肃	493.5	1.2	23.6	6.4	354.1	0.6
青 海	183.8		53.7		5.0	3.1
宁 夏	509.6		6.7	0.1	363.4	23.0
新 疆	670.3	198.1	13.4	133.8	640.9	6.6

数据来源：国家统计局统计资料。

表 15 农产品生产者价格指数（2010—2021年）

（上年=100）

指　标	2010年	2011年	2012年	2013年	2014年	2015年	2016年	2017年	2018年	2019年	2020年	2021年
农产品生产者价格指数	110.9	116.5	102.7	103.2	99.8	101.7	103.4	96.5	99.1	114.5	115.0	97.8
农业产品	116.6	107.8	104.8	104.3	101.8	99.2	97.0	99.5	101.2	100.8	102.8	110.6
谷物	112.8	109.7	104.8	103.1	102.7	98.7	92.2	100.5	102.3	100.3	104.1	113.8
小麦	107.9	105.2	102.9	106.7	105.1	99.2	94.1	104.4	100.1	100.1	100.5	106.6
稻谷	112.8	113.3	104.1	102.2	102.2	101.6	98.8	100.7	99.7	96.5	100.8	101.9
玉米	116.1	109.9	106.6	100.2	101.7	96.5	86.8	97.1	105.1	102.0	107.6	125.5
大豆	107.9	106.3	105.7	105.7	101.8	99.0	97.6	97.7	97.9	100.1	105.5	112.8
油料	112.1	112.1	105.2	102.4	99.9	100.8	101.1	100.5	99.1	105.2	107.9	107.2
棉花	157.7	79.5	98.1	103.9	87.1	87.5	118.4	100.8	97.9	97.8	98.5	117.3
糖料	106.0	125.5	105.0	98.9	99.7	98.8	106.5	106.3	98.8	97.7	103.1	100.9
蔬菜	116.8	103.4	109.9	106.9	98.5	104.6	107.0	95.6	103.6	101.2	105.2	105.6
水果	118.9	106.2	103.9	106.2	106.4	99.7	92.5	104.8	101.1	103.6	95.3	99.7
林业产品	122.8	114.9	101.2	99.1	99.4	97.9	96.1	104.9	98.9	100.1	100.7	102.4
畜牧产品	103.0	126.2	99.7	102.4	97.1	104.2	110.4	90.8	95.6	133.5	132.4	82.1
猪（毛重）	98.3	137.0	95.9	99.3	92.2	108.9	119.4	86.0	85.6	150.5	155.7	64.9
牛（毛重）	104.7	108.1	116.8	113.1	104.4	99.1	98.7	98.8	104.9	112.5	110.5	106.1
羊（毛重）	108.7	115.7	107.8	109.1	100.8	89.4	93.6	107.1	114.7	114.3	110.4	102.3
家禽（毛重）	107.0	112.0	103.8	103.2	104.4	101.3	99.6	96.7	107.7	107.8	92.9	104.7
蛋类	107.5	112.6	100.5	105.8	105.7	96.9	94.3	92.8	117.6	102.1	85.9	115.5
奶类	115.3	108.1	103.9	111.0	107.9	92.2	96.2	100.0	101.3	105.6	101.5	107.8
渔业产品	107.6	110.0	106.2	104.3	103.1	102.5	103.4	104.9	102.6	99.4	100.2	108.8
海水养殖产品		111.5	101.0	100.7	101.9	101.0	104.1	107.9	101.4	97.2	96.3	105.6
海水捕捞产品		111.2	110.9	107.7	103.1	106.0	106.2	103.1	104.7	100.6	99.6	103.0
淡水养殖产品		109.5	106.8	104.7	103.8	102.1	102.0	102.4	102.2	99.8	102.0	112.4
淡水捕捞产品		103.7	107.2	103.5	101.5							

数据来源：国家统计局统计资料。

表16 分地区农产品生产者价格指数（2010—2021年）

（上年=100）

指 标	2010年	2011年	2012年	2013年	2014年	2015年	2016年	2017年	2018年	2019年	2020年	2021年
全 国	110.9	116.5	102.7	103.2	99.8	101.7	103.4	96.5	99.1	114.5	115.0	97.8
北 京	106.5	110.7	104.7	104.7	99.7	99.8	99.7	96.2	103.6	109.9	110.9	98.2
天 津	110.2	105.0	105.3	105.4	102.9	100.7	103.0	95.5	104.2	108.8	114.9	109.8
河 北	115.1	110.9	100.7	105.1	100.2	97.5	96.8	96.2	104.7	107.1	111.5	108.1
山 西	110.2	111.0	101.3	106.1	101.5	95.8	95.2	95.9	104.7	115.2	109.4	104.8
内蒙古	111.4	112.8	104.7	103.3	102.7	98.0	95.1	95.6	102.0	105.6	111.0	107.6
辽 宁	110.6	114.2	106.6	101.1	101.7	99.5	100.7	93.6	103.7	107.6	108.1	105.1
吉 林	111.8	116.8	105.1	100.4	102.9	100.6	93.1	89.5	106.1	108.7	117.1	109.3
黑龙江	109.2	116.5	105.9	101.0	101.0	98.7	93.6	95.1	100.8	106.2	118.5	111.1
上 海	107.1	110.9	101.4	104.1	99.5	102.4	106.6	98.4	100.5	105.6	106.7	104.4
江 苏	108.8	112.1	103.7	103.4	101.3	102.3	104.0	97.9	100.9	109.3	107.5	100.3
浙 江	114.8	113.6	104.3	103.0	99.5	102.0	104.5	99.1	100.8	109.9	107.3	99.3
安 徽	110.8	112.8	102.9	103.7	100.2	99.8	101.0	98.4	99.0	109.3	115.6	101.3
福 建	111.5	113.3	102.7	103.0	100.3	101.2	108.3	98.9	102.6	106.9	102.3	104.5
江 西	107.5	114.3	103.5	102.3	100.3	103.7	104.1	97.3	97.4	113.2	111.0	96.1
山 东	118.8	109.7	102.5	105.9	100.5	100.1	102.8	98.6	100.5	112.2	108.7	104.2
河 南	112.5	111.5	102.9	102.6	97.5	100.7	103.2	94.9	97.9	119.9	116.8	98.0
湖 北	112.3	111.7	103.3	101.8	100.0	99.5	106.2	99.3	96.6	110.1	118.1	101.0
湖 南	109.9	121.9	100.2	102.1	98.6	104.1	104.7	98.0	95.4	118.0	123.3	90.1
广 东	107.6	112.4	103.4	103.5	102.2	102.3	106.5	99.4	101.3	107.3	104.7	98.8
广 西	107.6	124.5	99.4	102.5	98.1	102.0	106.1	98.2	97.3	115.5	115.5	94.9
海 南	107.9	115.3	103.3	100.0	105.6	99.1	106.7	101.9	97.3	109.2	112.8	106.3
重 庆	103.2	120.2	104.6	103.0	100.2	102.4	109.8	96.8	99.7	112.1	113.6	98.4
四 川	105.9	117.8	104.0	102.6	99.9	103.3	105.6	97.8	100.2	115.6	116.1	94.3
贵 州	106.7	120.3	104.3	102.4	99.5	104.6	108.7	96.7	92.6	116.2	122.6	86.4
云 南	112.5	117.9	110.7	104.9	100.6	101.3	103.9	98.7	96.9	109.6	120.2	96.8
西 藏												
陕 西	121.7	113.8	102.6	107.4	102.1	96.3	98.0	98.4	100.9	107.7	112.3	99.3
甘 肃	113.8	111.3	105.9	105.9	102.1	99.8	99.2	99.1	101.7	109.9	106.6	101.9
青 海	124.3	117.3	108.2	110.4	100.0	96.1	104.5	101.0	100.3	109.6	122.6	104.1
宁 夏	117.0	111.3	103.6	106.7	98.3	98.4	98.7	99.3	105.0	106.4	113.1	106.5
新 疆	131.5	103.7	103.2	108.5	97.8	90.4	107.6	100.7	106.3	99.6	111.0	114.2

数据来源：国家统计局统计资料。

表 17 粮食成本收益变化情况表（1991—2021年）

单位：元

年份	每50公斤平均出售价格				每亩总成本				每亩净利润			
	粮食平均	稻谷	小麦	玉米	粮食平均	稻谷	小麦	玉米	粮食平均	稻谷	小麦	玉米
1991	26.1	28.5	30.0	21.1	153.9	188.4	138.4	135.3	34.3	62.4	6.3	34.0
1992	28.4	29.3	33.1	24.3	163.8	192.3	149.3	150.6	44.0	67.7	21.2	42.3
1993	35.8	40.4	36.5	30.2	178.6	211.2	169.8	155.2	92.3	145.1	35.6	95.8
1994	59.4	71.2	56.5	48.2	239.4	298.1	213.2	206.7	190.7	316.7	82.3	173.3
1995	75.1	82.1	75.4	67.0	321.8	391.4	281.7	292.2	223.9	311.1	130.5	230.1
1996	72.3	80.6	81.0	57.2	388.7	458.3	359.5	351.2	155.7	247.5	92.9	123.8
1997	65.1	69.4	70.1	55.8	386.1	450.2	349.5	358.4	105.4	171.8	74.8	69.8
1998	62.1	66.9	66.6	53.8	383.9	437.4	357.5	356.6	79.3	155.9	−6.2	88.2
1999	53.0	56.6	60.4	43.7	370.7	425.2	351.5	337.2	25.6	75.8	−12.1	11.2
2000	48.4	51.7	52.9	42.8	356.2	401.7	352.5	330.6	−3.2	50.1	−28.8	−6.9
2001	51.5	53.7	52.5	48.3	350.6	400.5	323.6	327.9	39.4	81.4	−27.5	64.3
2002	49.2	51.4	51.3	45.6	370.4	415.8	342.7	351.6	4.9	37.6	−52.7	30.8
2003	56.5	60.1	56.4	52.7	368.3	419.1	339.6	347.6	42.9	94.9	−30.3	62.8
2004	70.7	79.8	74.5	58.1	395.5	454.6	355.9	375.7	196.5	285.1	169.6	134.9
2005	67.4	77.7	69.0	55.5	425.0	493.3	389.6	392.3	122.6	192.7	79.4	95.5
2006	72.0	80.6	71.6	63.4	444.9	518.2	404.8	411.8	155.0	202.4	117.7	144.8
2007	78.8	85.2	75.6	74.8	481.1	555.2	438.6	449.7	185.2	229.1	125.3	200.8
2008	83.5	95.1	82.8	72.5	562.4	665.1	498.6	523.5	186.4	235.6	164.5	159.2
2009	91.3	99.1	92.4	82.0	630.3	716.7	592.0	582.3	162.4	217.6	125.5	144.2
2010	103.8	118.0	99.0	93.6	672.7	766.6	618.6	632.6	227.2	309.8	132.2	239.7
2011	115.4	134.5	104.0	106.1	791.2	897.0	712.3	764.2	250.8	371.3	117.9	263.1
2012	119.9	138.1	108.3	111.1	936.4	1055.1	830.4	924.2	168.4	285.7	21.3	197.7
2013	121.1	136.5	117.8	108.8	1026.2	1151.1	914.7	1012.0	72.9	154.8	−12.8	77.5
2014	124.4	140.6	120.6	111.9	1068.6	1176.6	965.1	1063.9	124.8	204.8	87.8	81.8
2015	116.3	138.0	116.4	94.2	1090.0	1202.1	984.3	1083.7	19.6	175.4	17.4	−134.2
2016	108.4	136.8	111.6	77.0	1093.6	1201.8	1012.5	1065.6	−80.3	142.0	−82.2	−299.7
2017	111.6	137.9	116.6	82.2	1081.6	1210.2	1007.6	1026.5	−12.5	132.6	6.1	−175.8
2018	109.7	129.4	112.2	87.8	1093.8	1223.6	1012.9	1044.8	−85.6	65.9	−159.4	−163.3
2019	109.4	127.2	112.3	89.6	1108.9	1241.8	1028.9	1055.7	−30.5	20.4	15.1	−126.8
2020	122.5	137.5	114.2	115.6	1119.6	1253.5	1026.5	1080.0	47.1	49.0	−16.6	107.8
2021	128.5	135.6	123.1	126.6	1157.2	1281.2	1040.9	1148.8	116.8	60.0	129.1	162.1

数据来源：国家发展和改革委员会统计资料

表18 2021年粮食收购价格分月情况表

单位：元/50公斤

月份	三种粮食平均	稻谷平均	早籼稻	晚籼稻	粳稻	小麦	玉米	大豆
1月	126.67	135.46	125.27	138.10	143.03	123.40	121.14	260.36
2月	129.90	136.38	125.84	139.57	143.72	124.42	128.90	265.21
3月	130.47	136.39	126.15	139.82	143.19	123.84	131.18	271.69
4月	129.43	135.80	126.02	139.46	141.92	123.12	129.38	271.52
5月	130.64	135.41	125.86	139.05	141.31	123.12	133.39	272.72
6月	130.57	135.02	125.91	138.78	140.36	122.77	133.91	273.43
7月	130.33	134.83	126.90	138.38	139.23	123.59	132.56	270.75
8月	130.45	135.71	129.70	138.13	139.30	124.49	131.14	271.07
9月	129.24	134.58	129.33	136.69	137.73	124.75	128.38	272.37
10月	127.74	133.21	128.82	135.30	135.50	126.18	123.84	277.70
11月	128.77	132.65	127.94	135.12	134.89	131.78	121.87	286.99
12月	129.94	133.39	128.05	135.52	136.62	133.62	122.81	290.96
全年平均	129.51	134.90	127.15	137.83	139.73	125.42	128.21	273.73

数据来源：国家发展和改革委员会统计资料。

表19 2021年成品粮零售价格分月情况表

单位：元/500克

月份	标一晚籼米	标一粳米	标准粉	富强粉
1月	2.76	2.91	2.48	2.76
2月	2.75	2.90	2.50	2.77
3月	2.74	2.87	2.51	2.77
4月	2.73	2.88	2.51	2.76
5月	2.71	2.87	2.50	2.75
6月	2.70	2.86	2.50	2.75
7月	2.71	2.86	2.50	2.76
8月	2.72	2.85	2.50	2.76
9月	2.71	2.85	2.50	2.76
10月	2.71	2.85	2.50	2.76
11月	2.72	2.88	2.52	2.79
12月	2.71	2.88	2.55	2.80
全年平均	2.72	2.87	2.51	2.77

数据来源：国家发展和改革委员会统计资料。

表20 2021年粮食主要品种批发市场价格表

单位：元/吨

月份	三等白小麦	二等黄玉米	标一早籼米	标一晚籼米	标一粳米	三等大豆
1月	2535	2813	3744	4226	4647	5762
2月	2562	2929	3745	4265	4692	5875
3月	2556	2931	3744	4266	4695	6035
4月	2542	2825	3746	4212	4644	5879
5月	2558	2867	3756	4158	4589	5949
6月	2549	2851	3725	4137	4547	5890
7月	2551	2759	3680	4101	4509	5827
8月	2575	2728	3671	4073	4525	5854
9月	2597	2635	3666	4038	4508	5890
10月	2667	2547	3657	3999	4508	5977
11月	2822	2653	3656	3964	4494	6261
12月	2858	2655	3654	3970	4463	6291
全年平均	2614	2766	3703	4117	4568	5958

数据来源：国家发展和改革委员会统计资料。

表 21 2021年国内期货市场小麦、玉米、早籼稻、大豆、白糖、棉花分月价格表

单位：元/吨

月份	强筋小麦	普通小麦	玉米	早籼稻	国产大豆	进口大豆	白糖	棉花
1月	2665	2519	2714	/	5717	4287	5215	14785
2月	2750	2520	2777	/	5873	4310	5390	16240
3月	2761	2446	2631	2719	5732	3924	5269	14715
4月	2741	2525	2733	2699	5809	4132	5464	15600
5月	2773	/	2666	/	5700	4193	5548	15475
6月	2769	/	2613	/	5561	4164	5605	16060
7月	2765	2478	2573	/	5678	4436	5621	17335
8月	2699	2602	2487	2547	5749	4473	5871	17270
9月	2838	2500	2520	2747	5920	4588	5812	20005
10月	2913	/	2627	2719	6244	4334	5978	21345
11月	2928	/	2645	2747	6099	4083	5889	20055
12月	2946	/	2672	2699	5878	4247	5777	20715

注：1.玉米为大连商品交易所玉米。
2.早籼稻为郑州商品交易所早籼稻。
3.国产大豆为大连商品交易所黄大豆1号，进口大豆为大连商品交易所黄大豆2号。
4.均为最近主力合约月末收盘价格，按四舍五入计算

数据来源：国家粮油信息中心统计资料。

表22 2021年美国芝加哥商品交易所谷物和大豆分月价格表

单位：美元/吨

月份	小麦	玉米	稻米	大豆
1月	248	209	257	520
2月	243	217	250	509
3月	237	216	255	521
4月	240	232	256	521
5月	260	254	267	585
6月	243	225	242	538
7月	247	218	260	507
8月	280	224	267	503
9月	262	210	272	476
10月	270	207	273	448
11月	304	227	278	462
12月	278	231	268	463

注：1.各品种均为美国芝加哥商品交易所标准品。
2.按美元整数四舍五入计算。
3.均为最近主力合约每月中旬收盘价格。

数据来源：国家粮油信息中心统计资料。

表23 国有粮食企业主要粮食品种收购量（2005—2021年）

单位：万吨

项目	原粮	小麦	稻谷				玉米	大豆
				早籼稻	中晚籼稻	粳稻		
2005年	12617.45	3745.20	3695.95				4529.90	506.00
2006年	13199.30	6039.95	3096.25				3424.70	492.20
2007年	11039.30	4733.15	2856.95				3008.30	321.45
2008年	17008.00	6712.70	5142.10				4754.20	313.40
2009年	16386.50	6833.95	3800.95				4988.45	653.00
2010年	13352.15	6177.70	3082.10				3333.65	648.80
2011年	12672.05	4650.40	4028.70	669.05	1566.90	1792.75	3428.10	465.65
2012年	13498.40	4871.40	3709.30	681.70	1289.05	1738.55	4260.90	563.90
2013年	18630.90	4023.80	5722.90	1027.90	2164.35	2530.65	8472.70	317.20
2014年	20656.75	5779.05	5497.55	790.90	1859.40	2847.25	8995.50	317.05
2015年	26122.90	5095.30	5787.10	721.90	1979.25	3085.95	15046.60	140.10
2016年	22514.25	5939.75	6114.80	749.80	1914.90	3450.10	10331.50	66.55
2017年	16397.50	5250.00	5144.50	627.50	1469.50	3047.00	5801.50	145.50
2018年	12595.00	3120.00	5012.00	548.00	1723.00	2741.50	4218.50	175.00
2019年	14871.88	5234.86	4285.63	449.59	1658.37	2177.66	5126.93	151.68
2020年	13853.48	3690.14	4134.98	435.05	1097.92	2602.01	5879.84	80.46
2021年	13745.80	4474.55	4099.10	414.55	1255.55	2429.00	4860.80	234.15

数据来源：国家粮食和物资储备局统计资料。

表24 国有粮食企业主要粮食品种销售量（2005—2021年）

单位：万吨

项目	原粮	小麦	稻谷				玉米	大豆
				早籼稻	中晚籼稻	粳稻		
2005年	13275.10	4276.90	3693.55				4348.75	841.70
2006年	13209.30	4246.10	3846.50				4133.20	847.60
2007年	14230.60	5104.00	4168.35				3890.35	892.75
2008年	16635.80	7352.90	4430.90				3985.40	755.90
2009年	17974.45	7094.20	4335.35				5261.40	1145.75
2010年	20280.35	7569.00	4416.85				6454.75	1662.95
2011年	20513.80	7342.20	5200.80	1240.65	2343.40	1616.75	5839.05	1992.20
2012年	18154.70	6929.95	4296.05	798.50	1706.15	1791.40	4548.00	2188.10
2013年	20814.20	7623.60	4435.80	833.90	1761.40	1840.50	6179.65	2418.00
2014年	22860.05	6124.95	5586.30	839.30	2040.00	2707.00	8226.25	2618.10
2015年	20400.50	5616.00	5717.30	959.60	2019.80	2737.90	5639.40	2704.60
2016年	26906.30	5957.70	6867.90	1016.80	2339.65	3511.45	10523.15	2950.60
2017年	33269.50	6769.50	7375.00	1172.00	2719.50	3483.50	14271.00	4210.50
2018年	40183.00	6688.00	7863.50	1251.00	2770.00	3844.50	20955.00	4145.50
2019年	35103.26	6695.43	8558.20	1280.10	2971.41	4306.69	14652.38	4782.98
2020年	45054.45	8886.73	9674.32	1276.87	3272.70	5124.76	20073.64	5627.96
2021年	45128.80	13452.35	11350.20	1186.80	3527.40	6636.00	12849.65	5739.40

数据来源：国家粮食和物资储备局统计资料。

表 25 2021年国有粮食企业分品种收购情况表

单位：万吨

项目	原粮	小麦	稻谷				玉米	大豆
				早籼稻	中晚籼稻	粳稻		
全国合计	13745.8	4474.6	4099.1	414.6	1255.6	2429.0	4860.8	234.2
北京	984.5	348.2	35.7		26.0	9.7	600.6	0.1
天津	21.1	14.6	5.5			5.5	0.7	0.1
河北	643.8	477.0	1.5			1.5	163.5	
山西	142.0	61.0					75.2	
内蒙古	415.1	22.7	10.6			10.6	337.1	35.6
辽宁	561.4	13.7	114.5			114.5	424.3	4.9
吉林	1133.8	1.2	95.9			95.9	1028.7	5.2
黑龙江	3412.1	12.3	1648.8			1648.8	1599.9	148.2
上海	79.0	19.8	58.9		3.1	55.9	0.1	
江苏	1318.6	846.1	453.1		105.1	348.0	18.1	0.3
浙江	175.6	11.4	162.8	56.7	46.7	59.4	1.5	
安徽	605.5	286.0	300.3	4.8	259.7	35.8	15.0	0.1
福建	62.7		62.7	3.8	58.9			
江西	332.7	2.5	329.9	140.3	189.6		0.3	
山东	879.8	742.7	3.0	0.1		3.0	134.1	
河南	913.8	754.7	75.1		72.8	2.3	79.1	2.8
湖北	249.4	54.6	192.5	4.4	187.1	1.0	1.1	0.2
湖南	248.6	0.1	248.2	101.1	147.1		0.3	
广东	182.5	79.8	39.0	27.1	11.9		28.2	35.5
广西	92.4		92.4	74.0	18.4			
海南	4.2		4.2	2.4	1.8			
重庆	23.7	2.2	20.0		20.0		1.2	
四川	121.9	31.4	83.7		83.4	0.3	4.7	1.3
贵州	28.4	5.9	5.1		5.1		0.2	
云南	47.2	3.5	23.3	0.1	16.0	7.2	19.8	
西藏	2.8	0.6						
陕西	470.8	326.8	3.2		3.2		139.9	
甘肃	108.6	33.2	6.7			6.7	52.8	
青海	0.6	0.1						
宁夏	43.0	9.2	17.8			17.8	16.0	
新疆	440.9	314.0	5.6			5.6	119.0	0.1

数据来源：国家粮食和物资储备局统计资料。

表26 2021年国有粮食企业分品种销售情况表

单位：万吨

项目	原粮	小麦	稻谷				玉米	大豆
				早籼稻	中晚籼稻	粳稻		
全国合计	45128.8	13452.4	11350.2	1186.8	3527.4	6636.0	12849.7	5739.4
北京	4207.1	779.0	658.7	13.8	4.4	640.6	2159.3	314.1
天津	875.0	287.5	56.4			56.4	115.7	331.7
河北	1375.5	704.8	25.3			25.3	443.9	158.4
山西	282.0	156.9	10.2			10.2	99.6	0.2
内蒙古	655.1	64.4	24.3			24.3	545.9	12.1
辽宁	2316.8	52.0	165.7			165.7	1611.7	473.1
吉林	1814.1	11.5	168.5			168.5	1500.7	126.3
黑龙江	5347.0	160.4	2564.9		51.1	2513.8	2489.7	127.0
上海	1884.0	259.5	1108.8	40.8	113.4	954.7	263.5	208.5
江苏	5766.2	2569.5	1027.9	5.7	219.9	802.3	225.3	1908.0
浙江	1670.4	354.9	848.7	128.1	162.1	558.5	218.5	228.4
安徽	2547.2	1559.4	895.8	8.4	730.2	157.2	73.2	4.7
福建	2763.1	471.0	214.6	45.9	123.1	45.7	851.2	359.3
江西	690.6	5.4	669.1	375.2	293.8	0.1	16.2	
山东	2007.9	1283.4	15.6	0.1		15.5	399.1	308.9
河南	2783.5	2370.8	181.9		176.6	5.3	153.6	76.2
湖北	1114.4	299.9	621.6	8.5	605.5	7.7	160.5	29.5
湖南	505.1	21.3	408.9	158.7	244.5	5.8	37.0	32.9
广东	1939.9	623.6	468.8	203.3	229.6	36.0	494.7	217.9
广西	754.6	20.0	227.7	169.0	58.0	0.8	96.2	408.6
海南	71.4	24.9	15.0	6.6	7.5	0.9	25.6	2.7
重庆	155.4	35.4	87.6	0.2	79.1	8.3	17.2	5.4
四川	978.4	216.8	298.6	0.2	257.0	41.5	220.9	165.0
贵州	387.3	101.9	197.4	11.0	109.1	77.3	53.1	14.4
云南	673.0	55.7	254.3	10.6	51.7	192.0	139.4	222.0
西藏	14.4	5.7	5.1	0.6	2.6	1.9		
陕西	648.6	383.2	85.6	0.5	8.7	76.4	175.6	3.1
甘肃	225.3	138.1	8.2			8.2	63.6	0.3
青海	40.6	29.1	8.8			8.8		
宁夏	93.5	30.0	19.1			19.1	43.2	1.2
新疆	542.3	377.2	8.0			8.0	156.5	0.1

数据来源：国家粮食和物资储备局统计资料。

表27 2021年分地区粮食产业企业数量表

单位：个

项目	企业总数	成品粮油加工企业			饲料企业	养殖企业	食品及副食酿造企业		粮食深加工企业		
		小麦粉加工企业	大米加工企业	食用植物油加工企业				制酒企业	酒精企业	淀粉企业	其他粮油深加工企业
全国合计	21768	2446	9734	1657	3767	406	2585	692	90	199	167
北　京	92	7	14	4	26	1	40	4	0	0	0
天　津	98	14	18	11	32	1	19	2	1	0	2
河　北	538	187	64	31	197	21	20	11	2	15	1
山　西	345	149	1	18	79	17	73	13	3	3	2
内蒙古	283	60	35	40	88	12	29	21	4	11	4
辽　宁	929	7	524	20	289	30	50	30	1	2	6
吉　林	724	2	536	21	120	7	15	4	10	12	1
黑龙江	2047	49	1560	105	168	19	92	32	23	23	8
上　海	112	3	24	15	18	1	49	4	0	0	2
江　苏	1389	156	821	90	179	9	113	22	6	8	7
浙　江	547	9	186	41	97	17	179	63	0	4	14
安　徽	1644	189	856	130	168	22	247	46	5	10	17
福　建	374	21	185	30	84	7	46	8	0	1	0
江　西	1340	4	1035	77	155	9	48	10	2	4	6
山　东	1415	493	41	101	558	23	144	42	1	41	13
河　南	1763	567	175	117	260	70	502	78	16	28	28
湖　北	1828	76	1165	155	169	26	220	47	1	8	8
湖　南	1521	8	936	160	197	8	184	22	0	4	24
广　东	794	23	385	44	244	13	79	16	2	1	3
广　西	453	5	272	16	129	10	17	6	4	0	0
海　南	38	0	14	6	16	2	0	0	0	0	0
重　庆	215	5	117	16	45	6	25	7	0	0	1
四　川	834	35	328	114	184	10	153	85	3	1	6
贵　州	270	5	122	52	33	8	45	16	0	0	5
云　南	461	33	174	27	102	28	91	53	3	2	1
西　藏	20	2	0	6	3	0	9	7	0	0	0
陕　西	301	86	59	46	48	13	37	14	1	7	4
甘　肃	168	72	1	24	27	12	27	20	1	4	0
青　海	45	12	0	24	6	0	3	3	0	0	0
宁　夏	167	33	62	35	15	3	9	0	0	9	1
新　疆	296	134	24	81	31	1	20	6	1	1	3

数据来源：国家粮食和物资储备局统计资料。

表28 2021年分地区粮食产业主要经济指标情况表

单位：亿元

项目	工业总产值	销售收入	利润总额
全国合计	37663.5	39608.3	2790.9
北 京	342.3	441.7	32.9
天 津	612.2	697.9	24.0
河 北	1390.9	1403.1	45.7
山 西	464.2	423.4	62.3
内蒙古	543.9	593.8	36.4
辽 宁	1262.4	1254.2	33.4
吉 林	723.4	774.1	12.1
黑龙江	1695.6	1745.2	46.5
上 海	331.6	434.9	24.2
江 苏	3368.4	3468.3	207.7
浙 江	807.7	857.9	36.2
安 徽	2897.4	2786.3	148.8
福 建	916.9	967.4	40.5
江 西	1003.0	1017.5	33.3
山 东	4975.0	5404.6	182.3
河 南	2656.4	2642.9	140.9
湖 北	1878.2	1871.5	103.5
湖 南	1657.2	1551.9	61.4
广 东	2800.4	3117.7	160.1
广 西	1282.2	1315.2	46.1
海 南	128.5	125.8	5.1
重 庆	421.8	460.0	32.9
四 川	2560.5	3093.5	536.7
贵 州	1261.3	1244.4	628.9
云 南	367.3	530.0	31.2
西 藏	8.5	10.9	1.4
陕 西	540.6	516.7	23.3
甘 肃	164.0	155.5	10.2
青 海	17.0	22.2	1.8
宁 夏	138.8	147.1	5.3
新 疆	446.0	532.4	35.6

数据来源：国家粮食和物资储备局统计资料。

表 29 2021年分地区成品粮油及饲料生产能力汇总表

单位：万吨

项目	年处理小麦	年处理稻谷	年处理玉米	年处理油料	年精炼油脂	年生产饲料
全国合计	21862.3	38166.7	2015.1	17703.8	7589.5	41517.5
北　京	91.5	80.0	0.0	0.9	6.0	286.7
天　津	140.1	76.3	15.3	639.4	242.8	361.8
河　北	2277.9	274.3	89.9	706.9	209.1	1295.5
山　西	385.7	2.1	21.7	15.4	6.4	645.8
内蒙古	270.6	175.6	74.2	227.0	60.7	843.4
辽　宁	113.7	1867.3	143.1	780.9	146.2	2575.0
吉　林	14.3	1955.5	97.4	192.2	55.1	961.4
黑龙江	232.9	7023.5	229.9	850.2	160.6	1224.5
上　海	45.0	168.8	0.0	62.7	158.0	146.3
江　苏	1495.4	3624.9	619.5	2463.7	1022.3	2172.1
浙　江	139.6	660.7	21.2	380.9	169.3	770.1
安　徽	1899.5	4600.1	114.8	440.9	250.8	2113.5
福　建	241.8	720.9	0.0	537.5	286.1	1462.3
江　西	28.3	3544.2	18.9	154.7	203.9	2005.9
山　东	5057.4	240.9	119.9	2637.2	786.6	5662.4
河　南	5845.7	1132.1	211.2	855.9	356.2	2698.2
湖　北	625.1	5068.2	91.2	1038.7	469.9	1844.3
湖　南	32.0	3049.3	11.7	511.8	524.7	2515.5
广　东	577.0	827.6	26.1	1687.3	640.7	4128.2
广　西	19.3	621.9	0.0	1572.8	346.8	2354.0
海　南	25.0	11.1	0.0	107.2	34.7	366.8
重　庆	47.8	344.5	0.0	176.0	156.4	520.6
四　川	231.3	1038.0	3.9	676.4	350.0	2109.0
贵　州	11.5	271.2	9.7	71.6	45.5	416.6
云　南	69.3	341.6	8.6	48.8	45.8	752.2
西　藏	0.5	0.0	0.0	2.4	0.8	4.5
陕　西	696.5	137.3	75.3	232.4	131.2	441.5
甘　肃	366.4	0.0	0.2	30.1	34.9	227.7
青　海	24.9	2.0	0.3	112.1	46.3	24.1
宁　夏	148.9	240.5	1.9	37.8	28.2	244.6
新　疆	707.7	66.4	9.3	452.0	613.6	342.6

数据来源：国家粮食和物资储备局统计资料。

表30 2021年分地区粮食产业主要产品产量汇总表

单位：万吨

项目	小麦粉	大米	食用植物油（精炼）	商品淀粉	酒精	饲料
全国合计	8074.0	8506.7	3461.2	2618.6	747.4	25325.5
北　京	60.3	24.7	0.0	0.0	0.0	152.0
天　津	74.3	16.8	189.3		0.0	162.1
河　北	1275.0	61.8	138.8	306.2	6.0	840.7
山　西	65.3	0.0	0.7	29.3	0.6	362.7
内蒙古	40.2	14.2	10.3	218.1	21.3	419.2
辽　宁	51.3	436.4	118.5	42.1	21.9	1644.5
吉　林	1.5	307.8	31.3	196.8	184.2	460.5
黑龙江	35.5	1473.7	30.3	481.5	246.8	516.9
上　海	19.0	19.3	109.0			87.0
江　苏	603.0	955.5	614.0	25.9	36.3	1370.7
浙　江	71.1	181.3	104.8	1.1	0.0	485.2
安　徽	792.4	1425.4	92.7	53.2	66.6	1114.5
福　建	118.3	200.7	97.4			781.2
江　西	2.3	750.3	49.4	1.5	3.8	1095.9
山　东	1780.4	34.5	481.7	1119.8	16.9	4106.4
河　南	1886.2	207.1	68.4	51.7	82.9	1321.9
湖　北	109.3	839.9	88.4	26.6	5.1	1041.0
湖　南	1.6	749.1	205.2	0.6	0.0	1206.3
广　东	331.9	315.7	441.6	10.7	9.2	2980.4
广　西	5.4	113.9	197.5	0.0	13.4	1802.3
海　南	8.7	6.3	4.0			269.2
重　庆	27.5	77.4	87.8	0.0		355.0
四　川	77.7	142.4	83.3	0.0	24.5	1233.2
贵　州	0.2	44.4	11.8	0.0	0.0	204.2
云　南	26.0	39.2	48.7	0.2	2.8	492.6
西　藏	0.0	0.0	0.1	0.0		4.5
陕　西	288.7	18.9	86.1	40.9	0.0	252.7
甘　肃	76.9	0.0	1.2	5.9	0.2	150.2
青　海	1.6	0.1	1.0			5.8
宁　夏	24.0	38.2	3.7	2.0		86.8
新　疆	218.4	11.6	64.1	4.6	5.1	320.1

注：大米产量为含二次加工产量，食用植物油产量为精炼产量。

数据来源：国家粮食和物资储备局统计资料。

表 31 全国粮油进口情况表（2001—2021年）

单位：万吨

年份	粮食	谷物					大豆	食用植物油				
			小麦	大米	玉米	大麦			豆油	菜籽油	棕榈油	花生油
2001年	1950.4	1950.4	344.3	73.9	3.9	236.8	1393.9	149.2	7.0	4.9	136.0	0.9
2002年	1605.1	1605.1	284.9	63.2	0.8	190.7	1131.4	266.3	87.0	7.8	169.5	0.4
2003年	2525.8	2525.8	208.0	44.7	0.1	136.3	2074.1	441.2	188.4	15.2	232.8	0.7
2004年	3351.5	3351.5	974.5	725.8	0.2	170.7	2023.0	529.1	251.6	35.3	239.0	0.0
2005年	3647.0	3647.0	627.1	353.9	0.4	217.9	2659.0	471.9	169.4	17.8	283.8	0.0
2006年	3713.8	3713.8	358.2	61.3	6.5	213.1	2823.7	581.3	154.3	4.4	418.7	0.0
2007年	3731.0	3731.0	155.5	10.1	3.5	91.3	3081.7	767.5	282.3	37.5	438.7	1.1
2008年	4130.6	4130.6	154.0	4.3	5.0	107.6	3743.6	752.8	258.6	27.0	464.7	0.6
2009年	5223.1	5223.1	315.0	90.4	8.4	173.8	4255.1	816.2	239.1	46.8	511.4	2.1
2010年	6695.4	6695.4	570.7	123.1	157.3	236.7	5479.8	687.2	134.1	98.5	431.4	6.8
2011年	6390.0	6390.0	544.6	125.8	175.4	177.6	5263.7	656.8	114.3	55.1	470.1	6.1
2012年	8024.6	8024.6	1398.2	370.1	520.8	252.8	5838.4	845.1	182.6	117.6	523.0	6.3
2013年	8645.2	8645.2	1458.1	553.5	326.6	233.5	6337.5	809.8	115.8	152.7	487.4	6.1
2014年	10042.4	10042.4	1951.0	300.4	259.9	541.3	7139.9	650.2	113.5	81.0	396.9	9.4
2015年	12477.5	12477.5	3270.4	300.6	473.0	1073.2	8169.2	676.5	81.8	81.5	431.2	12.8
2016年	11467.6	11467.6	2198.9	341.2	316.8	500.5	8391.3	552.8	56.0	70.0	315.7	10.7
2017年	13061.5	13061.5	2559.2	442.2	282.7	886.3	9552.6	577.3	65.3	75.7	346.5	10.8
2018年	11554.8	11554.8	1649.6	309.9	352.4	681.5	8803.1	629.0	54.9	129.5	357.2	12.8
2019年	11144.4	11144.4	1785.1	348.8	479.3	592.9	8851.1	953.3	82.6	161.5	561.2	19.4
2020年	13926.6	13926.6	3573.6	837.6	1129.6	807.9	10032.7	983.1	96.3	193.2	465.6	26.9
2021年	16453.9	16453.9	6535.9	977.0	2835.2	1248.0	9651.8	1039.2	112.0	215.3	465.1	28.1

数据来源：国家发展和改革委员会根据《海关统计》整理。

表32 全国粮油出口情况表（2001—2021年）

单位：万吨

年份	粮食	稻谷	小麦	大米	玉米	大豆	食用植物油	豆油	菜籽油
2001年	991.2	875.6	71.3	185.9	600.0	24.8	13.5	6.0	5.4
2002年	1619.6	1482.2	97.7	198.2	1167.5	27.6	9.7	4.7	1.8
2003年	2354.6	2194.7	251.4	260.5	1640.1	26.7	6.0	1.1	0.5
2004年	620.4	473.4	108.9	89.8	232.4	33.5	6.5	1.9	0.5
2005年	1182.3	1013.7	60.5	67.4	864.2	39.6	22.5	6.3	3.1
2006年	774.4	605.2	151.0	124.0	309.9	37.9	39.9	11.8	14.5
2007年	1169.5	986.7	307.3	134.3	492.1	45.6	16.6	6.6	2.2
2008年	378.9	181.2	31.0	97.2	27.3	46.5	24.8	13.4	0.7
2009年	328.3	131.7	24.5	78.0	13.0	34.6	11.4	6.9	0.9
2010年	275.1	119.9	27.7	62.2	12.7	16.4	9.2	5.9	0.4
2011年	287.5	116.4	32.8	51.6	13.6	20.8	12.2	5.1	0.3
2012年	276.6	96.0	28.5	27.9	25.7	32.0	10.0	6.5	0.7
2013年	243.1	94.7	27.8	47.8	7.8	20.9	11.5	9.0	0.6
2014年	211.4	70.9	19.0	41.9	2.0	20.7	13.4	10.0	0.7
2015年	163.5	47.8	12.2	28.7	1.1	13.4	13.5	10.4	0.5
2016年	190.1	58.1	11.3	39.5	0.4	12.7	11.3	8.0	0.5
2017年	280.2	155.7	18.3	119.7	8.6	11.2	20.0	13.3	2.1
2018年	365.9	238.7	28.6	208.9	1.2	13.4	29.5	21.8	1.5
2019年	434.5	318.0	31.3	274.8	2.6	11.4	26.7	19.7	1.1
2020年	354.5	254.4	18.1	230.5	0.3	8.0	17.1	10.8	0.3
2021年	330.6	259.4	8.4	242.3	0.6	7.4	12.1	7.0	0.2

数据来源：国家发展和改革委员会根据《海关统计》整理。

表 33 2021年早籼稻收获质量情况调查表

单位：个，%

地区	样品数	覆盖市数	出糙率	等级比例							整精米率									不完善粒含量
				三等以上	一等	二等	三等	四等	五等	等外	平均值	其中								
												≥44	≥50	50—47	47—44	44—41	41—38	＜38		
合计	3463	87	77.9	91	24	40	28	5	3	1	53.4	89	69	9	10	4	4	4		4.3
安徽	113	7	76.4	83	7	34	42	12	4	1	52.4	85	65	12	7	4	4	6		5.2
福建	98	7	78.0	94	32	46	16	1	4	1	50.8	72	54	6	12	14	3	10		4.8
江西	899	11	77.6	96	22	45	30	3	1	0	56.4	92	81	7	5	3	2	3		4.2
湖北	72	6	76.6	81	4	44	32	18	1	0	57.7	99	92	4	3	0	1	0		4.8
湖南	1441	11	77.1	89	23	34	32	6	4	1	50.2	83	53	13	17	6	5	6		3.1
广东	425	16	76.9	88	19	38	31	6	3	3	53.6	89	71	8	10	3	4	4		5.1
广西	330	14	78.1	93	37	44	12	3	2	2	54.0	94	73	10	11	1	2	3		5.0
海南	85	15	77.5	96	19	54	22	2	1	1	51.6	79	68	8	3	4	11	6		4.5

数据来源：国家粮食和物资储备局标准质量中心统计资料。

表 34 2021年夏收小麦质量情况调查表

单位：个，%

地区	样品数	覆盖市数	千粒重g	容重g/L	等级比例							不完善粒率
					中等以上	一等	二等	三等	四等	五等	等外	
合计	12520	112	45.3	787	93.6	51.6	29.5	12.5	3.5	1.6	1.4	5.4
河北	1525	10	44.7	796	99.4	67.5	25.6	6.3	0.5	0.1	0	3.4
山西	226	4	42.2	790	98.2	55.8	37.2	5.3	0.0	1.8	0.0	3.2
江苏	1406	13	42.5	785	96.9	41.5	38.8	16.6	2.3	0.7	0.1	5.2
浙江	55	6	40.4	790	100	52.7	32.7	14.6	0	0	0	7.8
安徽	1600	15	45.3	780	85.4	39.8	27.7	17.9	7.4	2.1	5.1	7.2
山东	2619	16	45.5	789	97.7	53.2	31.5	13.0	1.7	0.5	0.1	4.3
河南	3811	18	46.2	792	97.3	60.6	28.3	8.4	1.9	0.6	0.2	4.8
湖北	491	12	42.7	749	55.4	6.3	23.8	25.3	18.3	15.3	11	20.9
四川	192	5	48.5	750	53.6	12	15.6	26	22.4	11.5	12.5	6.1
陕西	405	8	47.4	785	91.3	48.4	26.9	16	4.7	3.5	0.5	3.8
宁夏	190	5	45.0	783	93.7	37.9	37.9	17.9	5.8	0.5	0	2.3

数据来源：国家粮食和物资储备局标准质量中心统计资料。

表 35 2021年中晚稻、粳稻收获质量情况调查表

单位：个，%

种类	省份	样品数	覆盖市数	出糙率	等级比例							整精米率							不完善粒	谷外糙米率
					中等以上	一等	二等	三等	四等	五等	等外	其中								
												中等以上	一等	二等	三等	四等	五等	等外		
中晚籼稻	合计	9212	111	77.7	94.8	23.7	46.1	25.0	3.7	1.1	0.4	94.6	79.2	8.0	7.3	2.0	1.2	2.0	3.5	0.6
	安徽	1325	15	78.1	97.6	28.3	55.9	13.4	1.8	0.2	0.4	97.8	86.6	5.8	5.4	1.0	0.7	0.5	3.3	0.8
	江西	1141	11	77.6	95.4	20.7	48.3	26.4	3.5	0.9	0.3	96.9	90.2	2.8	3.9	0.9	0.9	1.3	4.1	0.7
	河南	472	7	78.1	99.4	39.4	35.2	24.8	0.6	0.0	0.0	91.7	73.1	11.4	7.2	3.6	1.5	0.0	2.9	0.5
	湖北	1465	15	77.6	95.4	14.6	57.3	23.4	3.5	0.8	0.4	95.9	86.0	6.1	3.8	2.1	1.0	1.1	3.4	0.5
	湖南	2651	14	77.7	92.4	27.6	36.3	28.6	5.2	1.9	0.6	88.8	65.2	11.6	12.0	4.1	2.3	4.8	2.7	0.8
	广西	408	16	78.5	97.1	42.2	40.7	14.2	2.9	0.0	0.0	98.8	95.1	2.5	1.2	0.0	0.2	1.0	3.0	0.5
	广东	253	14	78.2	98.8	32.4	44.3	22.1	0.8	0.4	0.0	97.6	92.5	1.6	3.5	0.8	0.4	1.2	4.0	0.7
	四川	1497	19	77.1	91.3	14.2	42.2	34.9	5.7	2.2	0.8	94.5	65.5	15.3	13.8	1.6	1.3	2.6	4.7	0.4
粳稻	合计	6328	59	80.2	95.3	35.3	40.4	19.6	3.7	0.9	0.1	97.5	78.9	14.6	3.9	1.7	0.4	0.4	4.1	1.5
	辽宁	581	12	81.0	99.3	56.6	35.7	7.0	0.5	0.2	0.0	99.7	95.5	3.9	0.3	0.0	0.0	0.2	3.0	0.5
	吉林	702	9	80.1	95.2	33.5	42.7	18.9	3.8	1.0	0.0	97.7	78.5	14.4	4.8	1.3	0.7	0.3	3.1	0.4
	黑龙江	2780	13	79.1	91.8	5.7	52.3	33.8	6.5	1.5	0.2	96.5	66.1	24.4	6.0	3.0	0.5	0.0	4.8	1.4
	江苏	1745	13	81.6	98.7	68.7	24.4	5.6	1.1	0.1	0.1	99.6	94.4	4.30	0.90	0.20	0.1	0.1	3.9	2.2
	安徽	201	8	81.1	99.5	59.7	36.8	3.0	0.0	0.5	0.0	98.0	85.1	7.0	6.0	1.5	0.0	0.5	2.8	1.3
	宁夏	319	4	81.8	99.7	79.0	18.5	2.2	0.0	0.3	0.0	41.4	23.5	10.7	7.2	10.7	12.9	35.1	0.3	0.6

数据来源：国家粮食和物资储备局标准质量中心统计资料。

表 36 2021年新收获玉米质量情况调查表

单位：个，%

地区	样品数	覆盖市数	容重(g/L)	等级比例							不完善粒率/%		淀粉/%	粗蛋白/%	粗脂肪/%
				三等以上	一等	二等	三等	四等	五等	等外	≤8.0	其中霉变粒≤2.0			
合计	21591	189	718	95.9	50.1	29.5	16.3	3.4	0.5	0.1	92.6	96.9	73.3	9.2	4.2
河北	2071	13	724	97.5	60.7	32.1	4.7	2.3	0.2	0.0	95.5	92.0	72.2	9.3	3.7
山西	190	8	739	99.5	83.7	13.2	2.6	0.5	0.0	0.0	89.5	87.4	71.6	9.5	3.7
内蒙古	2393	9	725	97.2	60.8	31.7	4.7	2.8	0.0	0.0	98.0	100.0	72.9	8.4	3.9
辽宁	2129	13	748	100.0	94.9	4.7	0.5	0.0	0.0	0.0	98.6	97.1	71.8	9.1	4.2
吉林	1298	9	723	99.2	53.5	35.7	9.9	0.7	0.1	0.0	99.8	100.0	71.8	9.2	3.9
黑龙江	3800	13	687	90.6	10.9	30.3	49.4	8.0	1.4	0.0	96.2	98.7	72.4	9	4.4
安徽	654	12	692	81.7	22.0	33.0	26.6	16.5	1.8	0.0	71.3	87.2	74.1	8.7	4
山东	2690	16	712	95.9	41.5	41.4	13.1	2.4	0.6	1.0	80.7	96.5			
河南	2263	18	704	94.5	30.3	42.7	21.5	4.9	0.4	0.2	80.0	92.9	72.6	9.5	3.8
湖北	239	9	715	97.9	45.2	41.4	11.3	1.7	0.4	0.0	83.3	97.5	72	9.3	4.3
广西	230	6	767	99.9	99.1	0.4	0.4	0.1	0.0	0.0	93.5	97.5			
重庆	252	1	711	97.6	37.3	45.6	14.7	2.0	0.4	0.0	89.7	98.4			
四川	480	9	699	92.7	25.4	35.2	32.1	6.0	1.0	0.2	89.0	99.6			
贵州	220	9	727	92.3	70.5	20.9	0.9	0.9	5.5	1.4	98.2	100.0	85	10.2	4.9
云南	1084	16	756	99.7	89.0	8.0	2.7	0.3	0.0	0.0	97.6	99.7	70.1	9	4.3
陕西	676	11	732	99.1	64.1	27.2	7.8	0.9	0.0	0.0	100.0	97.5			
甘肃	614	12	744	98.7	82.9	14.3	1.5	1.1	0.2	0.0	98.0	98.7	72.3	9.3	3.7
宁夏	308	5	760	100	98.1	1.9	0.0	0.0	0.0	0.0	96.8	100.0	75.4	8.3	5

数据来源：国家粮食和物资储备局标准质量中心统计资料。

表 37 2021年大豆质量情况调查表

单位：个，%

地区	样品数	涉及市数	完整粒率								粗蛋白（干基）		粗脂肪（干基）	
			平均值	一等（≥95）	二等（≥90）	三等（≥85）	四等（≥80）	五等（≥75）	等外（< 75）	三等以上	平均值	达标高蛋白大豆比例	平均值	达标高油大豆比例
合计	1469	61	89.8	0.1	0.4	0.4	0.1	0.0	0.0	86.0	39.9	40.2	20.2	50.0
内蒙古	162	1	89.4	0.0	0.6	0.4	0.0	0.0	0.0	1.0	39.6	38.3	19.7	37.7
辽宁	42	4	94.1	0.5	0.3	0.1	0.0	0.0	0.0	97.6	41.9	56.0	20.1	36.0
吉林	91	4	90.8	13.2	45.1	29.7	11.0	1.1	0.0	87.9	38.3	23.3	22.0	93.3
黑龙江	920	12	89.4	0.1	0.3	0.5	0.1	0.0	0.0	82.6	39.1	27.5	20.1	43.5
安徽	99	11	90.0	0.4	0.3	0.1	0.1	0.1	0.1	76.8	43.7	93.3	21.1	80.0
河南	97	12	92.0	0.3	0.5	0.2	0.0	0.0	0.0	94.8	41.2	66.7	20.3	73.4
湖南	43	11	85.4	0.2	0.2	0.3	0.2	0.0	0.2	62.8	45.5	100.0	19.0	20.0

数据来源：国家粮食和物资储备局标准质量中心统计资料。

表 38 2021年发布粮油国家标准和行业标准统计表

序号	标准名称	执行标准代号
1	青稞	GB/T 11760-2021
2	芝麻	GB/T 11761-2021
3	小麦粉	GB/T 1355-2021
4	菜籽油	GB/T 1536-2021
5	玉米干燥技术规范	GB/T 21017-2021
6	橄榄油、油橄榄果渣油	GB/T 23347-2021
7	粮油储藏 储粮机械通风均匀性评价方法	GB/T 40150-2021
8	牡丹籽油	GB/T 40622-2021
9	挂面	GB/T 40636-2021
10	方便面	GB/T 40772-2021
11	食用调和油	GB/T 40851-2021
12	挂面	LS/T 3212-2021

数据来源：国家粮食和物资储备局标准质量中心统计资料。

表 39 2021年粮食行业单位与从业人员情况总表

单位：单位数，个；人数，人

项目	单位总数	从业人员													
		从业人员总数					长期职工按学历划分					长期职工按年龄划分			
		小计	在岗职工			其他从业人员	研究生	大学本科	大学专科	中专	高中及以下	35 岁及以下	36 岁至 45 岁	46 岁至 54 岁	55 岁及以上
			小计	长期职工	临时职工										
全国总计	52414	1927525	1900492	1719551	180941	27033	25952	231130	349709	268172	844588	582977	569000	431682	135892
一、行政机关	2594	33127	32711	31580	1131	416	2477	15720	9303	1970	2110	5938	8411	10349	6882
二、事业单位	1768	27745	27132	26047	1085	613	5915	10326	6088	1651	2067	6630	8027	7378	4012
参公管理事业单位	372	6503	6498	6344	154	5	1540	2366	1772	281	385	1270	2217	1933	924
三、粮食经营企业	48052	1866653	1840649	1661924	178725	26004	17560	205084	334318	264551	840411	570409	552562	413955	124998
国有及国有控股企业	13086	468136	455389	434366	21023	12747	6400	75615	105021	68554	178776	121208	125803	133624	53731
非国有企业	34966	1398517	1385260	1227558	157702	13257	11160	129469	229297	195997	661635	449201	426759	280331	71267

数据来源：国家粮食和物资储备局统计资料。

表 40 2021年度国家粮食和物资储备局软科学课题评价结果统计表

序号	完成单位	题目	评定等级
1	中国农业科学院农业信息研究所、中国粮食研究培训中心	推进优质饲料粮建设，助力粮食产业高质量发展研究	较高学术水平和实用价值
2	国家粮油信息中心	新形势下我国大豆市场面临的挑战与机遇研究	较高学术水平和实用价值
3	国家粮食和物资储备局科学研究院	战略性新兴产业发展对储备品种的影响研究	较高学术水平和实用价值
4	国家粮食和物资储备局储备安全和应急物资保障中心	国家粮食和物资储备系统风险隐患双重预防体系建设研究	较高学术水平和实用价值
5	中国粮食经济学会	中国历史上粮食法律若干问题研究	较高学术水平和实用价值
6	北京市粮食和物资储备局	北京市粮食绿色仓储能力提升研究	较高学术水平和实用价值
7	山西省粮食和物资储备局	发展特色粮食产业助推乡村振兴对策研究	较高学术水平和实用价值
8	上海市粮食和物资储备局	上海成品粮储备“优粮优储”研究	较高学术水平和实用价值
9	江苏省粮食和物资储备局	加快推动省域应急物资储备体制机制改革研究	较高学术水平和实用价值
10	安徽省粮食和物资储备局	加快粮食产业集群建设推动安徽粮食产业高质量发展对策研究	较高学术水平和实用价值
11	河南省粮食和物资储备局	河南省“十四五”时期粮食安全面临的问题与对策研究	较高学术水平和实用价值
12	广东省粮食和物资储备局	粮食安全保障央地协同机制在广东的实践与探索研究	较高学术水平和实用价值
13	贵州省粮食和物资储备局	加强粮库信息化建设，提升地方粮食储备监管效能的探索研究	较高学术水平和实用价值
14	国家粮食和物资储备局河北局	中央储备粮在地监管体系研究	较高学术水平和实用价值
15	国家粮食和物资储备局内蒙古局	西部地区国家物资储备系统数字化转型有关问题研究	较高学术水平和实用价值
16	国家粮食和物资储备局吉林局	我国粮食全产业链质量监测工作存在的问题及对策研究——以吉林省为例	较高学术水平和实用价值
17	国家粮食和物资储备局安徽局	长三角地区战略和应急物资储备保高质量一体化发展研究	较高学术水平和实用价值
18	国家粮食和物资储备局湖南局	改革完善中央储备粮监管机制，健全粮食安全保障体系研究	较高学术水平和实用价值
19	四川省粮油中心监测站（特约调研员）	构建“一体化”服务平台，助推“天府菜油”产业发展研究	较高学术水平和实用价值
20	国贸食品科学研究院有限公司	政策性储备物资信息化建设及应用研究——以中粮集团为例	较高学术水平和实用价值
21	北大荒农垦集团有限公司、黑龙江省农垦管理干部学院	推动粮食产业链、价值链、供应链、创新链“四链融合”研究	较高学术水平和实用价值
22	河南工业大学	粮食安全责任制考核的党政同责问题研究	较高学术水平和实用价值
23	武汉轻工大学	我国粮食储备安全管理制度优化研究	较高学术水平和实用价值

续表

序号	完成单位	题目	评定等级
24	国家粮食和物资储备局法规体改司	关于加快实现依法管粮、依法治粮的路径和机制研究	一定学术水平和实用价值
25	国家粮食和物资储备局财务审计司	粮食和物资储备领域增值税政策研究	一定学术水平和实用价值
26	中国粮食研究培训中心	我国重要资源能源供给风险及防范研究	一定学术水平和实用价值
27	国家粮食和物资储备局粮食交易协调中心	探索基于国家粮食交易平台推广玉米基差交易研究	一定学术水平和实用价值
28	浙江省粮食和物资储备局、湖州市粮食和物资储备局	深化"五优联动"湖州模式打造浙江"优质粮食工程"升级版对策研究	一定学术水平和实用价值
29	福建省粮食和物资储备局	建立粮食加工企业社会责任储备制度的探索和研究	一定学术水平和实用价值
30	海南省粮食和物资储备局	RCEP 与海南自由贸易港制度交融背景下粮油产业经济发展面临的机遇与挑战研究	一定学术水平和实用价值
31	重庆市发展和改革委员会（重庆市粮食局）	打造千亿级产值重庆小面产业链路径及关键节点研究	一定学术水平和实用价值
32	四川省粮食和物资储备局	建党 100 周年视野下国家粮食安全保障政策制度研究	一定学术水平和实用价值
33	新疆维吾尔自治区粮食和物资储备局	新疆粮食安全和农民收入可持续增长的协调发展与保障机制研究	一定学术水平和实用价值
34	国家粮食和物资储备局黑龙江局	新冠肺炎疫情下产粮大省储备管理和应急保障效能研究	一定学术水平和实用价值
35	国家粮食和物资储备局江西局	新形势下国储通用仓库功能定位及管理体制、运行机制改革研究	一定学术水平和实用价值
36	国家粮食和物资储备局广东局	中央应急物资储备在粤琼两省的布局研究	一定学术水平和实用价值
37	国家粮食和物资储备局云南局、云南省粮食和物资储备局、中储粮云南分公司	优化粮食储备布局，提升应急保障能力，确保云南粮食安全研究	一定学术水平和实用价值
38	国家粮食和物资储备局青海局	提高青藏高原储粮效能，构建粮食安全保障体系研究	一定学术水平和实用价值
39	国家粮食和物资储备局宁夏局	垂管系统所属企业经营定位及治理体系研究——以宁夏国储物流公司为例	一定学术水平和实用价值
40	安徽省粮食和物资储备局（特约调研员）	构建长三角粮食安全保障一体化体系研究	一定学术水平和实用价值
41	山东省粮食和物资储备局（特约调研员）	粮食安全背景下山东城市居民餐饮浪费行为因素的诱发机制及政策建议研究	一定学术水平和实用价值
42	河南省粮食和物资储备局（特约调研员）	河南省探索以绿色控温储粮技术应用推进节粮减损提质增效研究	一定学术水平和实用价值
43	中国粮食行业协会	打造国际知名区域粮食品牌的对策研究	一定学术水平和实用价值
44	南京财经大学	促进节粮减损、构筑无形粮田的对策研究	一定学术水平和实用价值
45	江南大学	粮食产后流通损失水平评估与优质粮食工程推进策略研究	一定学术水平和实用价值
46	青岛理工大学	粮食收储过程中市场监测预警研究	一定学术水平和实用价值

注：2021年度部分国家粮食和物资储备局软科学课题研究成果未予列示 。
数据来源：中国粮食研究培训中心统计资料。

表 41 2021年度中国粮油学会科学技术奖获奖项目表

序号	登记号	项目名称	主要完成单位	主要完成人	推荐单位
一等奖					
1	43	小麦高值化综合利用关键技术集成创新与示范	河南工业大学、合肥工业大学、齐鲁工业大学、河南飞天农业开发股份有限公司、菱花集团有限公司、安徽省凤宝粮油食品（集团）有限公司、滨州中裕食品有限公司	王晓曦、黄继红、魏兆军、侯银臣、廖爱美、马森、臧立华、孙冰华、董得平、杨玉岭、杜丽平、李力	河南工业大学
2	5	菜籽油精深加工关键技术创新及产业化	武汉轻工大学、丰益（上海）生物技术研发中心有限公司、长沙理工大学、西北农林科技大学、道道全粮油股份有限公司、防城港澳加粮油工业有限公司、成都市新兴粮油有限公司	何东平、姜元荣、吴苏喜、罗质、于修烛、雷芬芬、胡传荣、潘坤、包李林、张慧、姜敏杰、田华	中国粮油学会油脂分会
3	8	大型智能化醇法制备大豆浓缩蛋白成套装备技术开发及产业化	山东凯斯达机械制造有限公司、河南工业大学、济宁市机械设计研究院	张明、郭兴凤、郑峰、刘昆仑、林凤岩、莫重文、曹瑞军、李肖、程杰、陈兴安、杨盛华、王伟	中国粮油学会油脂分会
4	40	营养健康面制品关键技术开发及产业化	丰益（上海）生物技术研发中心有限公司、河南工业大学、益海嘉里金龙鱼粮油食品股份有限公司	邱寿宽、陈洁、胡杰、吕莹果、王春娥、姚科、徐学兵、李雪琴、林艳华、王娜、赵安雪、刘丽	中国粮油学会食品分会
5	22	优质稻谷保质减损储藏关键技术研发与应用	中储粮成都储藏研究院有限公司、武汉轻工大学、辽宁省粮食科学研究所、浙江工业大学、南京财经大学、中储粮荆门直属库有限公司、中储粮湖州直属库有限公司	舒在习、曹毅、刘胜强、卓磊、周绪霞、石嘉怿、王平坪、闵炎芳、吴军里、高兴明、刘意辉、张威	中国粮油学会储藏分会
6	66	《大米》国家标准（GB/T 1354-2018）研究与修订	国粮武汉科学研究设计院有限公司、国家粮食和物资储备局标准质量中心、湖南粮食集团有限责任公司、金健米业股份有限公司、湖北省粮油食品质量监督检测中心	谢健、熊宁、王正友、徐广超、张艳、谢天、李启盛、杨会宾、左家瑞、郭亚丽	中国粮油学会粮油质检研究分会
7	13	粮食真菌毒素检验监测技术体系创建与应用	国家粮食和物资储备局科学研究院、国家粮食和物资储备局标准质量中心、上海市农业科学院、江南大学、国家食品安全风险评估中心、北京东孚久恒仪器技术有限公司、坛墨质检科技股份有限公司	王松雪、叶金、张艳、韩铮、孙嘉笛、吴宇、李丽、李森、韩小敏、周明慧、季一顺、方燕飞	国家粮食和物资储备局科学研究院
8	20	粮食柔性包装智能化成套装备研制与产业化应用	合肥工业大学、安徽永成电子机械技术有限公司、北京农业信息技术研究中心、北京工商大学、中国科学院合肥物质科学研究院、无锡中粮工程科技有限公司、合肥学院	郑磊、李文勇、王小艺、张志荣、刘长虹、傅正兵、金学波、张心全、吴卫东、刘伟、黄海军、汤玉泉	安徽省粮食和物资储备局

续表

序号	登记号	项目名称	主要完成单位	主要完成人	推荐单位
二等奖					
9	37	主要储粮虫螨分子鉴定分析系统建立与应用	国家粮食和物资储备局科学研究院、中国农业大学、南京财经大学、中储粮成都储藏研究院有限公司、河南工业大学	伍祎、曹阳、唐培安、严晓平、鲁玉杰、汪中明、冯士骞、白春启、孙为伟	国家粮食和物资储备局科学研究院
10	9	高性能植物绝缘油关键技术研发及产业化应用	国网河南省电力公司电力科学研究院、重庆大学、中国电力科学研究院有限公司、中粮工科（西安）国际工程有限公司、广西大学	杨涛、王飞鹏、王吉、张小勇、蔡胜伟、黄正勇、张四红、郑含博、姚伟	中国粮油学会油脂分会
11	38	全麦粉稳态化制备关键技术及产业化	中粮营养健康研究院有限公司、中粮海嘉（厦门）面业有限公司、中粮面业（海宁）有限公司、中粮面业（秦皇岛）鹏泰有限公司、中粮丰通（北京）食品有限公司	任晨刚、杨书林、郇美丽、陈艳、杜昱蒙、张瑞雪、陶轶杰、庞美蓉、龚贺	中粮营养健康研究院有限公司
12	11	粮食仓储企业安全生产关键技术研发与应用	国家粮食和物资储备局科学研究院、中国科学技术大学、辽宁省粮食科学研究所、北京首农食品集团有限公司、杭州贝斯特气体有限公司	张涛、王鑫、郝立群、胡源、高玉树、崔鹏程、陈鑫、曹阳、王莉君	国家粮食和物资储备局科学研究院
13	25	粮食中真菌毒素高效膨化脱除技术与装备的研发及示范应用	山东省粮油检测中心、山东省物资储备管理中心、国家粮食和物资储备局科学研究院、山东绿地食品有限公司	胡学春、任凌云、刘宏文、刘虎军、岳霞、王丽娟、金增伟、吴真真、王峻	山东省粮食和物资储备局
14	65	高精度高速拆垛、码垛成套装备粮油行业推广应用及产业化	青岛宝佳自动化设备有限公司	高明作、曹现仁、任雷、张光瑞、刘学、于建国、马吉天、魏连平、李发堂	青岛宝佳自动化设备有限公司
15	35	玉米胚及其制油生产中真菌毒素控制和脱除关键技术研发应用	河南工业大学、河北玉星食品有限公司	刘玉兰、王戬东、马宇翔、裴娅晓、张振山、田原、魏安池、郑婷婷、刘阳	河南工业大学
16	4	粮食中重金属高灵敏快速检测技术研究与应用	江南大学	徐丽广、宋珊珊、刘丽强、郝昌龙、王忠兴、胥欣欣、郭玲玲、孙茂忠、马伟	江南大学
17	59	气膜混凝土球形仓绿色储粮成套技术研发与应用	国家粮食和物资储备局科学研究院、国贸工程设计院、山西天舍建筑工程有限责任公司、大连海关技术中心	张忠杰、尹君、邱平、王晋春、姚渠、徐凤敏、王丽燕、李瑞敏、朱毓珊	国家粮食和物资储备局科学研究院
18	15	粮食脂肪酸值自动测定系统的开发与应用	中储粮成都储藏研究院有限公司、成都中储粮质量监督检测有限公司	董德良、刘鹏、石恒、刘奕、吴莉、艾春涛、贺波、王小庆、陈戈	中国粮油学会储藏分会
19	51	绿色高效智能化微小颗粒挤压膨化生产线的研发及产业化	江苏丰尚智能科技有限公司、南京理工大学	范文海、张鹏飞、武凯、张贵阳、马凤德、彭君建、王禹、唐军、糜长雨	江苏丰尚智能科技有限公司
20	42	粉条传统加工工艺挖掘及创新利用	西南大学、彭水县龙须晶丝苕粉有限公司、重庆市黄海食品有限公司、重庆椿林聚业食品有限公司	叶发银、赵国华、陈嘉、明建、葛先萍、黄廷刚、朱彬、章道明	西南大学

续表

序号	登记号	项目名称	主要完成单位	主要完成人	推荐单位
21	16	粮油机械油脂系列标准研究与制定	中粮工科（西安）国际工程有限公司、国粮武汉科学研究设计院有限公司、中国农业机械化科学研究院	魏冰、曹国锋、杨帆、杜宣利、相海、龚任、蒋守业、唐佳芮、胡淑珍	中粮工科（西安）国际工程有限公司
22	41	基于信息挖掘与营养评价的健康主食设计及产业化	中粮营养健康研究院有限公司、中粮面业（海宁）有限公司、中粮米业（宁夏）有限公司	王黎明、应剑、应欣、亓盛敏、王梦倩、董志忠、金向非、林娜、王曦	中粮营养健康研究院有限公司
23	50	基于横向风网的五面控温绿色储粮技术集成应用	浙江省储备粮管理有限公司、浙江省粮食局直属粮油储备库、浙江中穗实业有限责任公司	黄志军、高彬彬、金建德、张云峰、刘林生、沈波、陈永根、应玲红、刘益云	中国粮油学会储藏分会
24	7	进境大豆加工副产物无害化资源化处理技术与系列成套装备开发应用	迈安德集团有限公司	方世文、黄文攀、钱雨、崔淼、徐静、吴贵松、郭红磷、卢超、彭小磊	中国粮油学会油脂分会
25	23	多工况高效智能杂粮色选装备关键技术及其产业化	安徽中科光电色选机械有限公司	张凯、张议升、袁苑、汪庆花、王乔、蔡丽、疏义桂、熊杨寿	安徽中科光电色选机械有限公司
26	56	饲料中玉米赤霉烯酮生物降解及快速检测关键技术研究与应用	河南工业大学、江苏省苏微微生物研究有限公司	王金荣、张海涛、赵银丽、杨婷婷、苏兰利、张彩云、华洵璐、李溪、陆廷瑾	中国粮油学会饲料分会
27	6	多通道全自动脂肪酸值滴定系统	安徽省粮油产品质量监督检测站、北京同信天博科技发展有限公司、昆明市粮油饲料产品质量检验中心、河北中检之星仪器仪表有限公司	季一顺、胡斌、王新文、李维香、刘爱新、朱亚红、伍先绍、闵国春、范艺凡	安徽省粮食和物资储备局
28	26	粮食个性化加工技术研创及应用	天津科技大学、国家粮食和物资储备局科学研究院、中粮营养健康研究院有限公司、国投中鲁果汁股份有限公司、长融汇通（天津）食品科技研发有限公司	李喜宏、白木群、杨维巧、姜云斌、常弋、冷传祝、郑艳丽、陈兰、贾晓昱	天津科技大学
三等奖					
29	55	小麦品质陈化机理及储藏环境控制技术	河南工业大学、中原粮食集团、中央储备粮郑州直属库有限公司	王若兰、张玉荣、赵妍、宋永令、黄亚伟、渠琛玲	河南工业大学
30	62	钢筋混凝土粮食筒仓结构体系可靠度及减灾技术研究	河南工业大学、郑州中粮科研设计院有限公司	黄海荣、陈桂香、李坤由、王军、刘超赛、岳龙飞	河南工业大学
31	53	粮油检验图像辅助教学系统	中国储备粮管理集团有限公司、中储粮成都储藏研究院有限公司	巩福生、姜涛、王华、徐晓涛、唐洁、张志航	中国粮油学会储藏分会
32	27	国储库稻谷绿色生态储藏工艺技术优化研究与示范	辽宁省粮食科学研究所、河南天硕机电设备工程有限公司	高树成、刘长生、赵旭、李佳、王赫、闫石	辽宁省粮油学会
33	57	油脂预脱色新技术研发与应用	中储粮油脂（天津）有限公司、深圳市优德油脂工程技术有限公司	曾红卫、季茂忠、曾华、杨幸元、刘满、庞红梅	中国粮油学会油脂分会
34	21	中式面制品主食的营养健康创制理论与应用	河南科技大学、河南省农业科学院农副产品加工研究中心、武汉轻工大学	罗登林、张康逸、李佩艳、王学东、许国震、徐云凤	河南科技大学

序号	登记号	项目名称	主要完成单位	主要完成人	推荐单位
35	2	营养健康型食用菌面食加工技术及产业化	山东省农业科学院农产品研究所、山东玉皇粮油食品有限公司、山东天晴生物科技有限公司	王文亮、崔文甲、贾凤娟、弓志青、张剑、曹方晶	山东省农业科学院农产品研究所
36	60	粮食入仓作业线粉尘防控研究与规模化应用	中国储备粮管理集团有限公司、中储粮成都储藏研究院有限公司	巩福生、王华、唐洁、毛根武、张明友、邱家志	中国粮油学会储藏分会
37	61	预糊化花色挂面技术研发与推广应用	青岛品品好食品发展有限公司	王超、马智刚、吴晓、张崇山、李明凯	青岛品品好粮油集团有限公司
38	17	L- 苏氨酸代谢调控关键技术及产业化	呼伦贝尔东北阜丰生物科技有限公司	赵兰坤、孙钦波、王小平、王峰、赵凤良、白红兵	扎兰屯市发展和改革委员会
39	31	基于生物传感和光子测量的储粮品质检测技术	河南工业大学	吴才章、赵志科、徐振方、郑维、徐坤、吴建章	中国粮油学会信息与自动化分会

注：以上一、二、三等奖各获奖项目的“主要完成单位”和“主要完成人”按照申报材料提供的信息，依据贡献大小按照从左到右、从上到下的顺序依次排序，其中一等奖单项授奖人数不超过 12 人，单位不超过 7 个；二等奖单项授奖人数不超过 9 人，单位不超过 5 个；三等奖单项授奖人数不超过 6 人、单位不超过 3 个。

数据来源：中国粮油学会统计资料。

表 42 2021年国民经济与社会发展速度指标（一）

指标	2021 年为下列各年 %				平均每年增长（%）		
	1978 年	1990 年	2000 年	2020 年	1979-2021 年	1991-2021 年	2001-2021 年
人口							
年末总人口	146.7	123.6	111.5	100.0	0.9	0.7	0.5
城镇人口	530.2	302.8	199.2	101.3	4.0	3.6	3.3
乡村人口	63.1	59.2	61.6	97.7	-1.1	-1.7	-2.3
国民经济核算							
国内生产总值	4336.5	1538.1	570.4	108.1	9.2	9.2	8.6
第一产业	632.7	331.8	229.7	107.1	4.4	3.9	4.0
第二产业	6496.3	2145.8	605.7	108.2	10.2	10.4	9.0
第三产业	6277.5	1736.2	654.8	108.2	10.1	9.6	9.4
就业和失业							
就业人员	185.9	115.3	103.6	99.5	1.5	0.5	0.2
# 城镇就业人员	491.6	274.5	202.0	101.1	3.8	3.3	3.4
城镇登记失业人员	196.2	271.4	174.8	89.7	1.6	3.3	2.7
能源							
一次能源生产总量	689.8	416.7	312.5	106.3	4.6	4.7	5.6
能源消费总量	917.0	530.9	356.5	105.2	5.3	5.5	6.3
固定资产投资							
全社会固定资产投资总额		12240.1	1679.6	104.9		18.7	16.7
# 房地产开发		58271.7	2961.5	104.4		25.4	20.2
对外贸易和实际利用外资							
货物进出口总额	110143.2	7032.4	995.6	121.4	17.7	14.7	11.6
出口额	129682.3	7279.3	1053.3	121.2	18.1	14.8	11.9
进口额	92668.6	6746.0	931.7	121.5	17.2	14.6	11.2
外商直接投资		4975.1	426.1	120.2		13.4	7.1
主要农业、工业产品产量							
粮食	224.1	153.0	147.7	102.0	1.9	1.4	1.9
棉花	264.5	127.1	129.7	97.0	2.3	0.8	1.2
油料	692.5	224.0	122.3	100.7	4.6	2.6	1.0
肉类	953.3	314.7	149.5	116.0	5.4	3.8	1.9
原煤	667.6	382.0	298.1	105.7	4.5	4.4	5.3
原油	191.1	143.8	122.0	102.1	1.5	1.2	1.0
水泥	3645.2	1134.0	398.3	99.3	8.7	8.1	6.8
粗钢	3257.5	1560.3	805.6	97.2	8.4	9.3	10.4
发电量	3326.5	1373.8	629.6	109.7	8.5	8.8	9.2

数据来源：国家统计局统计资料。

表 42 2021年国民经济与社会发展速度指标（二）

指标	2021 年为下列各年（%）				平均每年增长（%）		
	1978 年	1990 年	2000 年	2020 年	1979-2021 年	1991-2021 年	2001-2021 年
建筑业							
建筑业总产值		21790.3	2345.1	111.0		19.0	16.2
消费品零售							
社会消费品零售总额	28283.3	5311.1	1146.6	112.5	14.0	13.7	12.3
运输和邮电							
客运量	326.9	107.5	56.2	85.9	2.8	0.2	-2.7
货运量	1658.7	545.9	390.0	112.1	6.7	5.6	6.7
移动电话用户		8967874.3	1943.4	103.1		44.5	15.2
固定电话用户	9384.9	2637.8	124.8	99.3	11.1	11.1	1.1
科技、教育、卫生、文化							
研究与试验发展经费支出			3111.0	114.2			17.8
技术市场成交额			5731.0	132.0			21.3
在校学生数							
# 普通本专科	4084.3	1694.7	628.7	106.4	9.0	9.6	9.1
普通高中	167.7	363.2	216.9	104.5	1.2	4.2	3.8
初中	100.5	128.1	80.2	102.1	0.0	0.8	-1.0
普通小学	73.7	88.1	82.8	100.5	-0.7	-0.4	-0.9
医院数	398.1	257.4	226.7	104.5	3.3	3.1	4.0
医院床位数	673.8	396.6	342.0	103.9	4.5	4.5	6.0
执业（助理）医师	438.3	243.2	206.5	104.9	3.5	2.9	3.5

注：1. 国内生产总值按可比价格计算，固定资产投资总额平均每年增长速度按累计法计算，其他价值量指标按当年价格计算。

2. 能源生产和消费总量、固定资产投资 2020 年比上年速度按可比口径计算。

数据来源：国家统计局统计资料。

表 43 国民经济与社会发展总量指标（1978—2021年）（一）

指标	单位	1978 年	1990 年	2000 年	2020 年	2021 年
人口						
年末总人口	万人	96259	114333	126743	141212	141260
城镇人口	万人	17245	30195	45906	90220	91425
乡村人口	万人	79014	84138	80837	50992	49835
国民经济核算						
国内生产总值	亿元	3678.7	18872.9	100280.1	1013567.0	1143669.7
第一产业	亿元	1018.5	5017.2	14717.4	78030.9	83085.5
第二产业	亿元	1755.1	7744.1	45663.7	383562.4	450904.5
第三产业	亿元	905.1	6111.6	39899.1	551973.7	609679.7
人均国内生产总值	元	385	1663	7942	71828	80976
就业和失业						
就业人员	万人	40152	64749	72085	75064	74652
# 城镇就业人员	万人	9514	17041	23151	46271	46773
城镇登记失业人员	万人	530	383	595	1160	1040
居民收入						
全国居民人均可支配收入	元	171	904	3721	32189	35128
城镇居民人均可支配收入	元	343	1510	6256	43834	47412
农村居民人均可支配收入	元	134	686	2282	17131	18931
财政						
一般公共预算收入	亿元	1132.3	2937.1	13395.2	182913.9	202538.9
一般公共预算支出	亿元	1122.1	3083.6	15886.5	245679.0	246321.5
能源						
一次能源生产总量	万吨标准煤	62770	103922	138570	407295	433000
能源消费总量	万吨标准煤	57144	98703	146964	498314	524000
固定资产投资						
全社会固定资产投资总额	亿元		4517.0	32917.7	527270.3	552884.2
# 房地产开发	亿元		253.3	4984.1	141442.9	147602.1
对外贸易和实际利用外资						
货物进出口总额	亿元	355.0	5560.1	39273.3	322215.2	391008.5
出口额	亿元	167.6	2985.8	20634.4	179278.8	217347.6
进口额	亿元	187.4	2574.3	18638.8	142936.4	173660.9
外商直接投资	亿美元		34.9	407.2	1443.7	1734.8
主要农业、工业产品产量						
粮食	万吨	30477	44624	46218	66949	68285
棉花	万吨	217	451	442	591	573
油料	万吨	522	1613	2955	3586	3613
肉类	万吨	943	2857	6014	7748	8990
原煤	亿吨	6.18	10.80	13.84	39.02	41.26
原油	万吨	10405	13831	16300	19477	19888
水泥	万吨	6524	20971	59700	239471	237811
粗钢	万吨	3178	6635	12850	106477	103524
发电量	亿千瓦小时	2566	6212	13556	77791	85342

数据来源：国家统计局统计资料。

表 43 国民经济与社会发展总量指标（1978—2021年）（二）

指标	单位	1978 年	1990 年	2000 年	2020 年	2021 年
建筑业						
建筑业总产值	亿元		1345	12498	263947	293079
消费品零售和旅游						
社会消费品零售总额	亿元	1559	8300	38447	391981	440823
运输和邮电						
客运量	万人	253993	772682	1478573	966540	830257
货运量	万吨	319431	970602	1358682	4725862	5298499
邮政业务总量	亿元	14.9	46.0	232.8	21053.2	13698.3
电信业务总量	亿元	19.2	109.6	4559.9	136763.3	16960.2
移动电话用户	万户		1.8	8453	159407	164282
固定电话用户	万户	193	685	14483	18191	18070
金融						
金融机构人民币各项存款余额	亿元	1155	13943	123804	2125721	2322500
金融机构人民币各项贷款余额	亿元	1890	17511	99371	1727452	1926903
科技、教育、卫生、文化						
研究与试验发展经费支出	亿元			896	24393	27864
技术市场成交额	亿元			651	28252	37294
在校学生数						
# 普通、职业高等学校	万人	86	206	556	3285	3496
普通高中	万人	1553	717	1201	2494	2605
初中	万人	4995	3917	6256	4914	5018
普通小学	万人	14624	12241	13013	10725	10780
医院数	万个	0.93	1.44	1.63	3.54	3.70
医院床位数	万张	110	187	217	713	741
执业（助理）医师	万人	98	176	208	409	429
社会保障						
参加基本养老保险人数	万人		6166	13617	99865	102872
参加基本医疗保险人数	万人			3787	136131	136424
参加失业保险人数	万人			10408	21689	22958
参加工伤保险人数	万人			4350	26763	28284
参加生育保险人数	万人			3002	23567	23851
社会保险基金收入	亿元		187	2645	75513	96347

注：1. 2000年社会消费品零售总额根据第四次全国经济普查结果及有关制度规定进行了修订。

2. 本表价值量指标中,邮政、电信业务总量2000年及以前按1990年不变价格计算；2020年邮政业务总量按2010年不变价格计算、电信业务总量按2015年不变价格计算;2021年邮政业务总量按2020年不变价格计算、电信业务总量按上年不变价格计算；其余指标按当年价格计算。

3. 2021年社会保障数据为快报数。2017年及以后大部分省份参加新型农村合作医疗的人员并入城乡居民基本医疗保险参保人数中；2016年及以前主要为城镇基本医疗保险参保人数。

数据来源：国家统计局统计资料。